Leopold
Swoboda.

Alain Baccigalupo
Professeur titulaire d'administration publique
Directeur du département de science politique
de l'Université Laval

Les grands rouages de la machine administrative québécoise

**LES ÉDITIONS
AGENCE D'ARC INC.**
Montréal, Canada

Les opinions émises dans ce livre
n'engagent que la responsabilité de l'auteur.

Maquette de la couverture:
Louis Beaupré

Tableaux: Jaoudat Jbeyly

© Copyright, Ottawa 1978
Les Éditions Agence d'ARC Inc.

Dépôt légal: 4e trimestre 1978
Bibliothèque Nationale du Canada
Bibliothèque Nationale du Québec

ISBN: 0-88586-004-7

À mon pays adoptif.

REMERCIEMENTS

REMERCIEMENTS

L'auteur tient à remercier très sincèrement tous les députés, tous les membres des cabinets politiques des gouvernements libéral et péquiste, tous les hauts-fonctionnaires de la province oeuvrant pour le compte des ministères et organismes para-publics et les nombreux professionnels de l'administration publique québécoise pour avoir bien voulu, avec cordialité et compétence, répondre à ses questions orales et écrites et ce, souvent pendant de longues heures, malgré la charge de travail qu'entraînait presque toujours pour eux, le service de l'État.

Les citer tous est évidemment impensable. Toutefois, l'auteur tient à exprimer toute sa gratitude et sa reconnaissance tout spécialement à quelques-uns d'entre eux qui, en raison du poids ou de la fréquence de leurs interventions ont rendu possible le déroulement de plusieurs enquêtes importantes. En effet, sans le soutien décisif de M. Guy Coulombe secrétaire général du Conseil Exécutif, de MM. Claude Bélanger et Roland Vandal respectivement sous-ministre et responsable de la direction des systèmes de gestion au ministère de la Fonction Publique, de MM. Benoît Morin et Jean-Roch Boivin respectivement chefs de cabinet de l'ancien Premier Ministre Robert Bourassa et de l'actuel Premier Ministre René Lévesque, aucune des grandes enquêtes présentées dans cet ouvrage n'aurait pu être entreprise.

L'auteur tient aussi beaucoup à remercier le personnel de soutien et d'accueil de l'administration publique québécoise qui contribue tant par sa présence et son travail à l'humanisation de la bureaucratie gouvernementale, pour l'avoir, toujours avec amabilité et gentillesse, guidé à travers le labyrinthe des coulisses du Pouvoir.

L'auteur ne saurait non plus oublier ni le personnel de soutien de l'Université Laval à qui revint la tâche difficile de déchiffrer les nombreux manuscrits peu lisibles qu'il leur remit au cours de ces dernières années, ni les centaines d'étudiants qui à l'intérieur de ses cours et de ses séminaires, contribuèrent tant, par leur apport et leur discussion à son enrichissement personnel.

L'auteur entend aussi féliciter pour leur excellent travail de révision, d'actualisation des données, de mise à jour bibliographique et d'élaboration des index, deux de ses assistantes: Mlles Maya Raic et Elizabeth Morency.

Très conscient en tant qu'administrativiste, de l'importance vitale du facteur budgétaire dans toute activité humaine, l'auteur ne saurait non plus passer sous silence l'appui financier indispensable apporté à ses travaux par le Conseil des Arts du Canada, le Ministère québécois de l'Éducation et le Laboratoire d'études politiques et administratives de la Faculté des Sciences Sociales de l'Université Laval. Aussi entend-il ne pas laisser s'envoler l'occasion qui lui est donnée aujourd'hui, d'exprimer à l'endroit de ces organismes sa plus sincère et sa plus vive reconnaissance.

Enfin, les remerciements de l'auteur s'adressent aux éditeurs et rédacteurs en chef de journaux qui ont autorisé la réimpression d'articles publiés antérieurement, par leurs propres maisons d'édition. Sans leur cordiale compréhension jamais cet ouvrage n'aurait pu être publié.

A.B.

AVANT-PROPOS INTRODUCTIF

AVANT-PROPOS INTRODUCTIF

D'un côté comme de l'autre de l'Atlantique, en Europe comme en Amérique du Nord, pour des raisons multiples mais souvent identiques, l'Administration publique ne jouit guère, très souvent, d'une bonne réputation.

Au seul mot de «fonctionnaire» s'éveillent immédiatement dans l'esprit des citoyens, à quelqu'échelon social qu'ils se situent, toute une série de clichés si bien mis en évidence dans les oeuvres de Courteline, Kafka, Gogol, Dostoievski et tant d'autres.

Ces clichés sont connus. L'administration de l'État serait budgétivore, lourde et paperassière, à la fois lointaine, inaccessible, secrète et lente en même temps qu'omniprésente, envahissante et tentaculaire. Les fonctionnaires seraient, eux, des espèces de robots distants et tâtillons, parfois méprisants, peu travailleurs, pas très intelligents sinon franchement incompétents, considérant le citoyen comme un numéro matricule, un fraudeur en puissance qu'il convient donc de surveiller, contrôler, espionner.

Qui ne connaît cette description humoristique mais aussi symptômatique des fonctionnaires français, selon laquelle ceux qui arrivent le matin au travail en retard, croisent dans les escaliers ceux qui partent en avance.

Qui ne s'est fait raconter au Québec cette histoire selon laquelle des touristes américains passant en calèche sur la Grande-Allée et demandant au cocher, en lui désignant l'édifice G du gouvernement, «Combien y a-t-il de personnes qui travaillent là-dedans?», s'entendirent répondre par lui: «Bof! environ la moitié!».

Les fonctionnaires, ces mal-aimés de la Société, n'ont décidément pas de chance. Ou les citoyens les accusent de lenteur, de passivité, de routine et les qualifient des termes péjoratifs de bureaucrates et recouvrent du terme méprisable de «bureaucratie» les organisations qui les emploient. Ou bien les citoyens les accusent d'autoritarisme, de dynamisme, les soupçonnent de vouloir tout réformer, et d'accaparer les leviers de contrôle de l'appareil de l'État. C'est alors les vocables à peine moins péjoratifs de «technocrates» et de «technocratie» qui servent à les désigner à la vindicte des hommes politiques et des contribuables.

Les citoyens n'aiment pas l'administration. Mais très souvent aussi les fonctionnaires ne nourrissent pas vis-à-vis des citoyens une opinion très flatteuse.

Cette méfiance réciproque, cette attitude d'opposition qui caractérise les relations État-Citoyens sont-elles vraiment fondées? Ne découlent-elles pas plutôt d'une méconnaissance profonde des uns par rapport aux autres? La Fonction Publique ne constitue-t-elle pas trop souvent un bouc émissaire bien commode servant à excuser les erreurs des hommes politiques?

Contribuer à une meilleure connaissance de leur administration par les citoyens de ce pays, voilà qui conférerait déjà à ces recherches et à cet ouvrage un intérêt indiscutable. Mais est-ce là la seule raison que l'on peut avancer pour justifier de tels travaux? La réponse est évidemment: non.

En effet, dans le monde d'aujourd'hui, organisé, structuré, rationalisé, hiérarchisé, dans lequel l'État a été historiquement appelé au fil des années à jouer un rôle majeur en matière de développement économique et de justice distributive, citoyens et fonctionnaires sont condamnés à vivre ensemble.

Par conséquent, connaître les structures, le fonctionnement, les processus, les hommes qui constituent les rouages essentiels de la machine administrative est une nécessité à laquelle on ne peut plus échapper.

Dans un cas comme dans l'autre, on le voit très nettement, une meilleure connaissance de la machine administrative s'impose.

En Europe, les études juridico-institutionnelles découlant principalement de l'abondance du contentieux administratif, soumis à l'examen des juridictions spécialisées, ont longtemps été à la source d'une certaine connaissance de l'appareil de l'État.

Aux État-Unis, où le système de dualité de juridiction était inconnu, c'est principalement par le biais de la sociologie des organisations privées (industries, commerces, etc...) qu'une meilleure connaissance de la machine administrative publique a pu, par contre-coup, être obtenue.

Au Québec, où traditionnellement le secteur primaire (agriculture) l'emportait sur le secteur secondaire et tertiaire (industrie, commerce, services), où l'administration publique et para-publique ne connut son véritable «bond en avant» qu'à partir des années soixante, et où l'enseignement et la recherche universitaire en sciences sociales datent à peine d'une vingtaine d'années au plus, rien d'étonnant à ce que la recherche sur les secteurs publics et para-publics ait été, jusqu'au tout début des années soixante-dix, presque totalement ignorée.

Devant le vide et les immenses lacunes que laissait voir sans peine l'état pitoyable de la recherche en ce domaine, un véritable effort de redressement s'imposait. Effort qui devait amener l'auteur de ces lignes à se livrer à un travail ardu mais passionnant de défrichage et de pionnier.

Ardu, car la documentation peu abondante ou de nature purement juridique rendait malaisé, long et pénible, tout travail de recherche dans ce secteur d'activité.

Passionnant, car le côté virginal» de ce champ de recherche, conférait à l'activité du chercheur universitaire un intérêt proportionnel à l'étendue et au vide de la matière à analyser.

Et puis, ce travail de pionnier fut servi — l'auteur de ces lignes ne le dira jamais assez — par une très franche, très cordiale et très étroite collaboration du milieu de la fonction publique qui ne s'est démentie qu'à de très rares occasions.

Devant la nécessité de constituer très rapidement un enseignement de qualité sur le sujet, de façon à former notamment les futurs commis de l'État, et aussi devant le besoin d'informer le Québec et l'Étranger de la situation, des problèmes et des solutions adoptées par la province en matière d'administration publique, l'auteur a été contraint à multiplier les recherches sur une série de grandes questions administratives.

Ne pouvant, tout étudier, en profondeur et rapidement, l'auteur a délibérément opté pour une progression par grands secteurs et une publication rapide de ses travaux à partir de 1972 dans des revues canadiennes, belges et françaises, et plusieurs quotidiens québécois.

L'ouvrage qui suit est donc un recueil de ces textes auxquels se sont joints plusieurs manuscrits inédits, regroupés selon un plan d'ensemble que l'auteur espère logique et rationnel, même s'il présente certains défauts inhérents à une recherche, qui demandera à être complétée dans les prochaines années.

Logique et rationnel, le plan de cet ouvrage devrait l'être dans la mesure où il aborde, selon un fil conducteur qui est celui de la pensée d'un seul auteur, les questions administratives du Québec d'aujourd'hui.

Incomplet, le plan de cet ouvrage l'est, dans la mesure où certains thèmes n'ont pu faire l'objet de la part de l'auteur de recherches spécifiques. Ainsi en est-il par exemple de la déconcentration, de l'administration municipale, de l'administration budgétaire, des organismes autonomes etc...

Aussi cet ouvrage n'a-t-il pas la prétention d'offrir une présentation exhaustive et approfondie de l'ensemble de l'appareil de l'État. Il se contente plus modestement d'être une présentation en profondeur des grands rouages de la machine administrative québécoise.

En profondeur, car la majorité des études réalisées par l'auteur résulte de recherches de type «sociologie administrative».

À ce titre, bien entendu, le présent ouvrage est à la fois différent et complémentaire de celui publié récemment par l'auteur sous le titre L'Administration Publique Québécoise puisque l'ouvrage édité en 1975 par Berger-Levrault visait, lui, à offrir au lecteur une vision plus panoramique, mais aussi plus en surface de l'appareil de l'État.

En effet, la plupart des études publiées dans ce second ouvrage et mises à jour au premier trimestre 1978 dépassent l'approche purement juridique et institutionnelle. La méthodologie employée: entrevues, sondages, questionnaires d'enquête, traitement informatisé des données etc... a permis de faire apparaître, non le modèle statique, figé et idéal que le texte de loi ou le rapport annuel d'activités tendait à vouloir imposer, mais la réalité, toujours différente, vécue par les hommes, les groupes, les organisations.

Par là-même, ces travaux-critiques ont pu mettre en évidence les défauts, les erreurs, les difficultés, les malaises propres aux organismes étudiés. Leurs qualités, leurs réussites, leurs espoirs aussi.

Mais l'auteur, n'a pas voulu se contenter de constater le réel vécu, de diagnostiquer. Il s'est fixé pour but d'en faire apparaître les causes, d'expliquer, de prendre parti après avoir justifié, argumenté. Enfin, il s'est efforcé souvent de rédiger des ordonnances, de recommander afin de rendre utiles, pratiques, applicables les changements qui apparaissent à ses yeux comme indispensables ou simplement souhaitables.

C'est donc à une analyse clinique de l'organisation administrative québécoise que convie cet ouvrage.

Pour ces raisons, les clientèles susceptibles de trouver là matière à réflexion devraient être assez larges. D'abord, les étudiants et les professeurs des CEGEPS et des Universités, en sciences sociales et humaines, [1] administration des affaires, droit, ainsi que les étudiants des sciences «plus exactes» agronomie, forestrie, sciences de la santé, informatique etc...) pour qui l'administration publique n'est pas la préoccupation quotidienne actuelle, mais qui demain seront quotidiennement à l'emploi de l'État à titre d'ingénieur-agronome au ministère de l'agriculture, ingénieur-forestier aux Terres et Forêts, médecins dans un CLSC, informaticien au Ministère de l'Éducation, au Revenu, aux Communications ou dans les organismes para-publics (RAMQ, Société des Alcools etc...).

Ensuite l'ensemble des professionnels, adjoints aux cadres, cadres supérieurs du gouvernement provincial et de l'ensemble du réseau para-public (entreprises publiques, régies, offices, organismes consultatifs, services sociaux et de santé, commissions scolaires, municipalités). Sans omettre les hommes politiques, ministres, députés, membres des partis politiques pour qui l'administration publique est un interlocuteur privilégié et indispensable.

Enfin, cet ouvrage vise aussi tous les citoyens curieux de la chose publique et qui préfèrent critiquer en sachant pourquoi, plutôt que critiquer sans savoir.

C'est donc dans ce but que nous convions les lecteurs à prendre connaissance des différents chapitres ci-après:

---

1. Science politique, sociologie, économie, relations industrielles, service social, journalisme, communications, relations publiques, etc...

CHAPITRE I

HISTORIQUE DE L'ADMINISTRATION PUBLIQUE QUÉBÉCOISE

HISTORIQUE DE L'ADMINISTRATION PUBLIQUE QUÉBÉCOISE

Il est de tradition, dans un ouvrage de base en sciences sociales, de présenter d'entrée de jeu la dimension historique du sujet traité, afin de permettre au lecteur de le situer par rapport au passé.

Cet ouvrage ne saurait, lui non plus, échapper à cet usage pour deux raisons principales.

La première, tient dans les conséquences majeures et innombrables entraînées par le facteur historique sur l'administration publique québécoise, tant il est vrai que celle-ci demeure l'héritière de la triple influence française, anglaise et américaine qui, de la colonisation à nos jours, a marqué, et marque d'ailleurs toujours très profondément l'histoire de la «Belle Province».

La seconde, tient dans le fait que jusqu'à présent, et paradoxalement, la perspective historique de l'administration publique québécoise a été plus que négligée par les historiens et les administrativistes, puisque, comme nous allons le voir, celle-ci n'a engendré qu'un nombre infime de travaux et de publications.

C'est donc pour ces deux raisons que nous ouvrons ce volume par une étude sur l'évolution de l'administration publique québécoise et une analyse des grands changements qui marquèrent cette période et contribuèrent à donner à l'administration de la province ce que nous avons appelé: «un nouveau visage».

LE NOUVEAU VISAGE DE L'ADMINISTRATION PUBLIQUE QUÉBÉCOISE

Dire que tout au sein du système social bouge, évolue, mute, se transforme est devenu une banalité. À ce sort commun, l'administration publique québécoise n'a pu échapper. Depuis la création de la confédération canadienne au siècle dernier, jusqu'à nos jours, l'histoire de l'administration provinciale est l'histoire d'une adaptation continue, face au choc sans cesse répété du présent et de l'avenir.

Devant la montée réelle de besoins nouveaux, l'administration québécoise a diversifié, puis multiplié de façon continue ses sphères d'activité. Ainsi sont apparues au fil des ans et au coeur d'une administration en expansion, de nouvelles et importantes missions.

Face à cette expansion continue l'administration de la province a dû se transformer, s'adapter, se modifier, se réformer: ont surgi alors, les grandes réformes du secteur gouvernemental.

Ainsi s'est dessiné le nouveau visage de l'administration publique québécoise.

I. LES NOUVELLES MISSIONS DE L'ADMINISTRATION QUÉBÉCOISE

Les spécialistes de l'administration publique distinguent traditionnellement deux périodes dans l'évolution de l'État et de son administration: la période de l'État-gendarme et celle de l'État-providence.

Le Québec n'a pas échappé à cette règle et ces deux phases sont aussi celles de l'administration publique de ce pays[2].

A) DE D'ADMINISTRATION-GENDARME...

1) L'aspect gendarme de l'administration québécoise. Dans la période d'État-gendarme l'administration d'un pays remplir essentiellement un petit nombre d'activités liées aux tâches dires gouvernementales et de souveraineté telles que police, justice, armée, diplomatie, finances. Il s'agit en effet presque uniquement de laisser les activités privées des compagnies et des particuliers, libres de s'affronter dans un univers économique où prédomine le tout puissant mythe du libéralisme triomphant. L'administration, elle, est simplement chargée de veiller à ce que les activités mues par le profit puissent jouer librement à l'intérieur de ce système.

Le Québec État-fédéré n'a jamais vu son administration remplir en totalité les tâches ci-dessus, car la répartition des compétences au sein de la confédération canadienne lui ôtait en outre, les fonctions militaires et diplomatiques. Aussi les attributions de l'administration gendarme du Québec étaient-elles limitées au maintien de l'ordre intérieur (police) au respect des lois (justice) et à la gestion des finances publiques, intrument permettant à l'État Québécois de remplir adéquatement ces fonctions essentielles.

Nous disons «essentielles», car il serait faux de voir dans la période dite État-gendarme, l'administration publique québécoise cantonnée exclusivement dans les secteurs politiques et judiciaires. En effet, l'administration publique québécoise, même pendant les heures de gloire du libéralisme économique, a rempli à certains moments un rôle économique non négligea-

---

2. Pour de plus amples informations sur l'histoire de l'administration publique au Québec, cf. Dr. James Ian Gow — Histoire de l'administration publique québécoise - Dépt. Sc. Pol. Univ. de Mtl. - 1974 et Recherches Sociographiques - Vol. 3, 1975 - PUL - p. 384-411.

ble. Toutefois cette fonction économique de l'administration gendarme se différencie fortement de la phase qui suivra, tant cette fonction paraît présenter un aspect second, subalterne et supplétif.

2) L'aspect supplétif de type économique. L'administration publique provinciale est, au XIXe siècle, intervenue à maintes reprises dans le secteur de l'agriculture, dans celui de la voirie, et dans celui des voies ferrées.

Toutefois ces interventions économiques viennent suppléer, aider, le secteur privé, afin de lui permettre d'agir dans une société de type rural, en voie de colonisation rapide et en proie aux problèmes de l'espace géographique et des communications.

L'administration ne joue ici qu'un rôle d'initiateur et de promoteur en ce sens qu'elle fait réaliser par le secteur privé certaines actions, mais ne fait rien elle-même directement. Ce n'est qu'à compter du début du XXe siècle que l'administration publique provinciale va pénétrer directement dans la vie économique et sociale, pénétration qui connaîtra trois périodes d'accélération brutale: lors de la première guerre mondiale, lors de la seconde guerre mondiale, lors de la révolution tranquille.

B) À L'ADMINSITRATION-PROVIDENCE

À chaque période d'accélération s'élargit davantage la sphère d'activités de l'administration publique québécoise. D'initiateur, de promoteur, l'État devient gestionnaire. L'administration réalise dorénavant elle-même des fonctions nouvelles, soit en concurrence avec le secteur privé, soit en monopolisant par voie de nationalisation, une activité relevant jusque là du secteur non-étatique.

L'accent mis sur le développement économique et social, ainsi que sur l'aménagement territorial planifié, ouvre alors grand les portes du secteur privé à l'interventionnisme des administrations.

Cette évolution enregistrée par l'ensemble des pays occidentaux se traduit évidemment au Québec par un certain nombre de changements administratifs. Deux types de changements essentiels sont alors enregistrés: les changements d'ordre structurel d'une part, les changements en matière de ressources humaines et matérielles d'autre part.

1) Les changements d'ordre structurel. Ils ont affecté deux secteurs principaux: le secteur public et le secteur para-public.

a) Au niveau du secteur public: Les changements structurels se traduisent par la création de nouveaux ministères. Les ministères québécois sont au nombre de 7 en 1867-1868, de 10 en 1918, de 17 en 1945, de 20 en 1960 et de 23 en 1970.

Si la période de 1960-1970 paraît peu féconde en ministères nouveaux (20 à 23 seulement), c'est que par le jeu des regroupements et des fusions de ministères, le nombre total a lui peu évolué. Mais l'administration publique a connu une période de réorganisation profonde qui va contribuer à donner naissance à l'actuelle administration publique québécoise. En effet, c'est dans la décennie des années 1960 que naissent dans leur forme actuelle les ministères suivants: Richesses Naturelles (1961), Affaires Culturelles (1961) Éducation (1964), Affaires Intergouvernementales (1967), Intitutions Financières (1967), Immigration (1968), Communications (1969), Fonction Publique (1969), Affaires Sociales (1970).

On constatera que durant cette période, l'administration publique québécoise se trouve dotée de deux types de ministères:

— Les ministères verticaux dont l'input principal se trouve au contact des administrés, simples citoyens ou personnes morales, ainsi les Richesses Naturelles, les Affaires Culturelles, l'Éducation, les Institutions Financières, l'Immigration, et les Affaires Sociales

— et les ministères horizontaux dont les interlocuteurs habituels sont tous les autres ministères à qui ils sont censés apporter un soutien qui n'est pas sans revêtir parfois l'aspect d'un contrôle. Ainsi en est-il des affaires intergouvernementales chargées de relations entre l'ensemble des administrations publiques et les autres gouvernements (provinciaux, fédéraux, étrangers). Ainsi en est-il aussi du ministère de la Fonction Publique chargé de s'occuper de certains problèmes de personnel au sein des administrations provinciales. Ainsi en est-il encore du ministère des communications chargé d'assurer entre autres choses l'information du public québécois, en ce qui concerne les activités remplies par les autres administrations provinciales.

C'est durant cette période aussi que sont nés, ou réorganisés, plusieurs organes non-ministériels de type horizontal, chargés, comme les précédents, d'assurer la coordination d'activités gouvernementales. Rentrent dans cette catégorie: le Conseil d'orientation Économique du Québec (COEQ 1961), l'Office de Planification et de Développement du Québec (OPDQ) qui succédera au précédent en 1968-69[3], la Commission de la Fonction Publique (1965), le Secrétariat Général du Gouvernement (1968), ainsi que le Conseil du Trésor (1970) successeur du Conseil de la Trésorerie créé quelques années auparavant (1961).

Parallèlement à ce phénomène d'expansion du secteur public, est enregistrée une poussée très forte du secteur para-public.

b) Au niveau du secteur para-public. C'est là surtout que s'est fait sentir l'interventionnisme de l'administration publique. Aux côtés des anciens conseils de l'instruction publique, de l'agriculture, et de l'hygiène publique, nés au XIXe siècle, l'administration providence crée une multitude d'organismes autonomes.

Devant certaines lacunes du secteur privé, devant la volonté politique de contrôler certaines activités privées, devant la nécessité de sortir de l'influence partisane et des règles strictes de comptabilité publique plusieurs fonctions de l'état moderne, devant la nature même de certaines activités de type industriel et commercial, l'administration publique québécoise a multiplié le nombre d'organisme autonomes.

---

3. Cf. Alain Baccigalupo: «L'Administration centrale du plan dans la province de Québec», La *Revue Administrative*, mai-juin 1972.

Nés au gré des besoins, sans politique générale, les organismes autonomes représentent au Québec un vaste ensemble profondément diversifié, à la typologie incertaine, et aux dénominations souvent ambiguës et fort variées.

Un effort récent de classification, tenté par une équipe de chercheurs de l'E.N.A.P.[4], a permis de mettre un peu d'ordre dans ce vaste capharnûm.

— 66 organismes présentent l'aspect de conseils, de commissions ou de comités. Parmi eux citons: les comités consultatifs de la régie des rentes, de l'assurance-récolte des marchés agricoles, de l'immigration, de la Place Royale, le Conseil de l'artisanat du Québec, le Conseil de planification et de développement du Québec, le Conseil des universités, le Conseil supérieur de l'éducation, le Conseil de la protection du consommateur, le Conseil du statut de la femme, les Conseils régionaux de santé et services sociaux, la commission interministérielle de planification et de développement, etc.

— 7 organismes présentent l'aspect de tribunaux judiciaires ou administratifs parmi lesquels: les tribunaux des expropriations, du travail, des transports, des loyers...

— 10 organismes sont chargés de la régulation économique et technique. Ces régies sont au nombre de 10: le bureau de surveillance du cinéma, les commissions de contrôle des permis d'alcool, des transports, des valeurs mobilières, du salaire minimum, les régies de loteries et courses, des services publics, de l'électricité et du gaz, des eaux, et des marchés agricoles.

— 26 autres organismes agissent en tant qu'organes de gestion commerciale, financière, industrielle ou économique. Ce sont de véritables sociétés. Les plus connues sont: La caisse de dépôt et de placement du Québec (1965), l'office des autoroutes (1964), la régie du grand théâtre (1973), celle de la Place des Arts (1964), REXFOR (1969), SOQUEM, SOQUIP (1969), la société des traversiers Québec-Lévis (1971), la SDBJ (1971), la SGF (1969), SIDBEC (1967), la Commission des accidents du travail (1964), la régie d'assurance récolte (1967), d'assurance-dépôt (1964), des rentes (1965), la SHQ, la régie des alcools (1971).

— 22 organismes exercent des activités de gestion non économique. Ce sont principalement: le bureau des véhicules automobiles, la comission de police, la commission municipale, l'OPTAT, l'OFQJ, l'office de protection du consommateur, l'office des professions, la société d'aménagement de l'Outaouais, l'université du Québec, le CRIQ...

— Signalons en outre l'existence de 7 organismes centraux domestiques ou de services autonomes parmi lesquels: l'office de la langue française, le bureau de la statistique, le service des achats, le conservateur des archives nationales, le bureau de l'éditeur officiel du Québec...

Cette multitude d'organismes et cette diversification d'activités nouvelles a entraîné évidemment l'administration publique québécoise à opérer des changements notables en matière de ressources humaines et matérielles.

---

4. Sous la direction de André Gélinas - Dir. des Études à l'ENAP - 1973-74.

2) Des changements en matière de ressources humaines et matérielles.

En matière de ressources humaines les principaux changements intervenus ont affecté à la fois le nombre et la nature des membres de la fonction publique[5].

L'accroissement continu des effectifs de la fonction publique québécoise est une réalité indiscutable que met nettement en évidence le tableau ci-dessous[6]:

1867-68	92
1886	700
1933	072
1955	28 306
1965	56 258
1970	70 066

Tableau 1: *Évolution des effectifs de la Fonction Publique Québécoise.*

Cet accroissement continu s'est d'autre part accompagné d'une diversification très nette des catégories professionnelles composant la fonction publique provinciale.

C'est ainsi qu'aux catégories traditionnellement les mieux représentées au sein de l'administration publique québécoise: (médecins, ingénieurs, avocats, agronomes) succèdent les spécialistes de sciences sociales (économistes, sociologues, psychologues, géographes, relations industrielles), de l'administration et de l'informatique.

Tout ceci n'est évidemment pas sans effet sur le plan des ressources matérielles de l'État.

— En matière de ressources matérielles deux éléments principaux doivent être distingués:

• *Une modernisation continue des instruments techniques utilisés par l'administration publique.* Modernisation dont l'ordinateur est un des éléments les plus probants et les plus répandus au sein de l'administration provinciale, puisqu'il est arrivé à faire du Québec en ce domaine, un des États les plus mécanisés en Amérique du Nord[7].

• Cet ensemble de changements n'a pu faire autrement qu'entraîner parallèlement un *accroissement régulier du budget de l'État,* surtout depuis la seconde guerre mondiale.

---

5. On lira avec intérêt sur ce sujet: Patrice Garant: «Le Statut de la Fonction Publique: organisation et gestion», in Droit Administratif Canadien et Québécois sous la direction de R.P. Barbe - Éditions de l'Université d'Ottawa, 684 p., 1969 — Du même auteur: «La Fonction Publique Canadienne et Québécoise» - Pul - 1973, 463 p. — R. Dussault et R. Bernatchez «La Fonction Publique Canadienne et Québécoise», *Administretion Publique du Canada* - Nos 1 et 2 - Printemps et été 1972 — Roch Bolduc «Le recrutement et la sélection dans la fonction publique du Québec». *Administration publique du Canada - juin 1964.*

6. Extrait de J. I. Gow-op. cit.

7. Alain Baccigalupo-L'informatique dans les administrations publiques et para-publiques québécoises-*Administration Publique du Canada*-Hiver 1974, n° 4.

À titre indicatif signalons que les dépenses publiques sont passées entre 1960 et 1977 de $600 millions à plus de $11 milliards 850 millions.

Devant la multiplicité des nouvelles fonctions de l'État, devant la montée parallèle des effectifs et des matériels techniques les plus modernes, devant l'enflure considérable du budget de l'État qui en découle naturellement, les gouvernements provinciaux ont été contraints à maintes reprises, à mettre la machine administrative à l'heure de la révolution tranquille.

C'est en effet au cours de cette période que l'on adaptera l'administration à ses nouvelles missions, en opérant d'importantes réformes administratives.

II. LES GRANDES RÉFORMES DE L'ADMINISTRATION PUBLIQUE QUÉBÉCOISE

L'essentiel des mesures législatives et réglementaires prises depuis 1960, afin de moderniser l'administration publique québécoise, semble se polariser autour de deux tendances principales:

— une tendance à la démocratisation et à la rationalisation de l'administration publique d'une part,

— une tendance antinomique mais parallèle, favorable à la fois à la centralisation et la décentralisation de l'administration publique d'autre part.

A) LA TENDANCE À LA DÉMOCRATISATION ET À LA RATIONALISATION

1) La rationalisation de l'administration publique. La rationalisation a eu pour résultat, de doter les agents de l'État, d'un véritable statut définissant de façon ordonnée les droits et devoirs des membres d'une fonction publique modernisée. Les réformes de la classification des emplois mises en oeuvre en 1966-67 et 1971-72, ainsi que la mise en place d'un système intégré de gestion du personnel en avril 1971, en sont les preuves irréfutables.

L'effort de rationalisation a porté aussi sur la formation des agents de la fonction publique qu'on a voulu améliorer. La création d'un cycle de maîtrise et de cycles de perfectionnement à l'ENAP relève aussi de ce souci de doter l'administration publique d'un personnel qualifié et mieux informé des méthodes modernes de gestion administrative.

Toutefois, c'est certainement en matière de processus administratif qu'a porté l'essentiel de l'effort de rationalisation du gouvernement, ces dernières années.

a) En ce qui concerne le champ des processus administratifs il convient de souligner l'importance non négligeable prise ces dernières années, par les services de planification, d'organisation et méthode, d'informatique, d'études et de recherches créés souvent de toutes pièces au sein des divers ministères québécois.

Tous ces services nouveaux tendent à substituer de plus en plus au flair politico-administratif et au simple bon sens de l'administrateur général, les techniques modernes de décision, en usage depuis plusieurs années déjà dans le secteur privé. Les parois très poreuses qui séparent, au Québec comme dans toute l'Amérique du Nord, le secteur public du secteur privé, ainsi que l'existence d'un vaste secteur autonome para-public, ont très largement contribué à cette osmose. Les changements que ces services nouveaux tentent d'introduire au sein de l'administration publique québécoise ne vont pas évidemment sans créer parfois certaines tensions entre administrateurs traditionnels de type bureaucratique et les tenants d'une gestion plus rigoureuse de type technocratique.

L'avantage est assez souvent en fin de compte donné à la tendance moderne et scientifique, comme nous en offre l'exemple de la mise en place du système PPB, au sein de l'administration provinciale.

b) En ce qui concerne les processus budgétaires il convient d'indiquer les principaux changements découlant de l'entrée en vigueur de la loi sur la réforme de l'administration financière au Québec[8]. Si l'on retient tout à la fois et le projet de loi no 55 et les mesures complémentaires à ce texte, les principales réformes apportées à la gestion financière dans l'administration provinciale à partir de 1971 sont les suivantes:

— La Budgétisation par programmes, mieux connue sous le sigle de PPBS, inaugurée au courant de l'année financière 1972-73, devait «en obligeant le gouvernement et chacun des ministères à définir clairement ses objectifs et à mieux analyser les implications financières des programmes mis en oeuvre pour les réaliser, favoriser la planification des activités du gouvernement et entraîner une allocation plus rationnelle de ses ressources financières»[9]. Ce même processus de budgétisation devait donner également au «gouvernement la possibilité d'évaluer systématiquement l'efficacité et l'efficience de ses programmes, c'est-à-dire de voir s'ils étaient exécutés au meilleur coût possible et s'ils réalisaient bien les objectifs pour lesquels ils avaient été conçus»[10].

c) La mécanisation des opérations budgétaires et comptables devait quant à elle permettre «d'abord de fournir aux gouvernants les informations dont ils avaient besoin pour prendre des décisions en en connaissant bien les implications financières» et, ensuite, «contribuer également à augmenter l'efficacité des opérations de contrôle budgétaire».

Afin d'atteindre ces objectifs le gouvernement devait apporter quelques modifications sensibles à certaines structures administratives.

Naissaient en effet dans la foulée de cette réforme de l'administration financière, quatre organismes aux fonctions diverses et complémentaires:
— Le Conseil du Trésor, organisme central de budgétisation et de contrôle budgétaire, est chargé en outre de l'approbation des plans d'organisation des ministères et organismes gouvernementaux, des plans d'effectifs requis pour leur gestion, ainsi que des conditions de travail au sein de la fonction publique québécoise.

8. Cf. Raymond Garneau-Les nouveaux développements dans l'administration publique: la réforme de l'administration financière au Québec-in *Administration Publique du Canada-*été 1971, n° 2, pp. 256-270.

9. Ibid p. 264.

10. Ibid n° 264.

— *Le Secrétariat du Conseil du Trésor.* Il est bien organisé et composé d'un personnel compétent chargé de permettre au Conseil du Trésor de s'acquitter convenablement de ses vastes responsabilités. Dans le domaine particulier de la gestion financière, les objectifs que doit avoir le secrétatiat sont: 1) permettre au gouvernement de prendre des décisions en connaissant le plus exactement possible leurs implications financières, 2) permettre au gouvernement de contrôler l'utilisation des ressources financières affectées à l'exécution de ses décisions, 3) permettre au gouvernement d'évaluer de façon systématique et continue la rentabilité des programmes en cours»[11].

Tout ceci oblige il va de soi le Secrétariat du Trésor à «analyser en profondeur les implications financières des nouveaux programmes, vérifier le degré d'efficacité avec lequel ils sont exécutés, faire des analyses de coût — bénéfices des programmes existants c'est-à-dire comparer les coûts de chaque programme avec les bénéfices économiques et sociaux qui en découlent, et suggérer enfin les règles précises sur l'engagement des dépenses votées par la législature et voir à leur application»[12].

Trois autres organismes voient de plus leurs fonctions faire l'objet d'une redéfinition:

— *Le ministère des Finances.* Ses principales fonctions sont dorénavant de contribuer à définir la politique économique, fiscale et budgétaire du gouvernement, dont il devient le conseiller expert. Ceci comprend évidemment l'analyse économique, la prévision de la conjoncture économique, l'examen de la structure fiscale, de ses implications sur les ressources de l'État, l'analyse de la politique financière et monétaire du gouvernement fédéral «afin d'être en mesure d'en analyser l'impact sur l'économie provinciale et de formuler des recommandations aux autorités d'Ottawa»[13].

À ces tâches s'ajoutent celles de la gestion de l'encaisse et de la dette publique, ainsi que la préparation et la présentation des comptes publics à l'Assemblée Nationale.

— *Le contrôleur des finances* agit comme comptable en chef du gouvernement. Il doit en premier lieu certifier les disponibilités de crédit. Il doit en second lieu faire la vérification avant paiement c'est-à-dire examiner la régularité et la légalité des dépenses avant d'en autoriser le paiement. Il est en quelque sorte devenu le gardien de la régularité a priori du processus de contrôle budgétaire.

— *Quant au vérificateur général* il succède lui à l'auditeur de la province. Il assure le contrôle a posteriori des opérations budgétaires des administrations provinciales. C'est un fonctionnaire de l'Assemblée Nationale chargé de faire la vérification finale des transactions financières du gouvernement et d'en faire rapport à cette chambre. Dans son rapport annuel «le vérificateur général indique si les comptes ont été tenus d'une manière convenable, si les dépenses ont été faites de façon légale et régulière et si les règles et procédures appliquées sont suffisantes pour assurer une saine gestion des deniers

11. Ibid p. 267.

12. Ibid p. 267.

13. Ibid p. 268.

publics». De la sorte, le vérificateur contribue lui aussi au perfectionnement des normes administratives, tout en garantissant une meilleure utilisation des ressources financières.

Telles sont les principales mesures prises ces dernières années par le gouvernement du Québec, afin de doter la province, de «l'Administration publique la plus efficace et la plus intègre possible»[14].

D'autres mesures doivent toutefois être soulignées dont l'objectif fut de démocratiser l'administration publique de la province.

2) La démocratisation de l'administration publique, s'est fait sentir à deux niveaux essentiels: au niveau de la prise de décision d'une part et au niveau du contrôle des décisions d'autre part.

a) À l'intérieur de l'administration publique la démocratisation a concerné principalement les membres de la fonction publique qui se sont vus conférer un statut, leur reconnaissant sous certaines conditions, leurs droits syndicaux, le recours à la grève et la procédure de négociations collectives.

Quant aux procédures de sélection, d'accès et de promotion au sein de la fonction publique, l'adoption du système de concours par voie de jury et le contrôle de la Commission de la fonction publique ont réduit sensiblement le «spoils-system» et fait pénétrer l'administration publique québécoise dans le camp du «merit-system».

La sécurité d'emploi garantie par statut met d'autre part les fonctionnaires québécois à l'abri de la plupart des pressions partisanes.

b) À l'extérieur de l'administration la démocratisation s'est manifestée par l'importance croissante prise ces dernières années, par les divers organismes démocratiques de consultation et de participation, composés de personnes extérieures à l'administration.

Ces administrations consultatives ont largement envahi le secteur public et para-public et tout particulièrement les ministères suivants: Affaires culturelles, Affaires sociales, Éducation, Agriculture et Colonisation, Industrie et Commerce, Institutions Financières, Justice, Terres et Forêts, Tourisme, Chasse et Pêche, Travail et Main-d'oeuvre, sans omettre le Conseil de planification et de développement du Québec au niveau central et les Conseils régionaux de développement, au niveau régional.

c) Au niveau des contrôles. Il s'agira simplement de rappeler l'introduction d'un contrôle nouveau, emprunté aux modèles suédois et néo-zélandais: celui exercé par l'ombudsman sur les actes administratifs des administrateurs publics provinciaux. Ce contrôle effectué gratuitement et dans les meilleurs délais par un mandataire objectif et indépendant, désigné par le Parlement à la majorité qualifiée de ses membres, constitue un élément démocratique indiscutable tant il permet de rapprocher l'administré de l'administrateur et de réconcilier l'État et le citoyen[15].

---

14. Ibid p. 269.

15. Pour de plus amples informations sur le Protecteur du Citoyen, cf. Patrice Garant: le contrôle de l'administration au Québec-*Revue Internationale des Sciences Administratives*-N° 3-1973, pp. 225—235; Michel Combarnous: Ombudsman et juge administratif: observations

Cet objectif de réconciliation des administrés avec leur administration pousse le gouvernement à mener une politique de décentralisation administrative. Cependant, devant la nécessité d'assumer les fonctions de coordination et de contrôle rendues sans cesse plus indispensables au fur et à mesure que se complexifie l'appareil administratif, les gouvernements tendent parallèlement à encourager les tendances centralisatrices inhérentes au milieu bureaucratique.

B) LA TENDANCE CONTRADICTOIRE À LA CENTRALISATION ET À LA DÉCENTRALISATION DE L'ADMINISTRATION PUBLIQUE

1) La tendance centralisatrice. Elle fait sentir ses effets à la fois eu sein de l'appareil administratif ministériel, au sein des administrations autonomes du secteur para-public et au sein du secteur décentralisé territorial traditionnel.

Elle utilise comme arme deux instruments essentiels:

— L'instrument découlant des fonctions de conception, coordination et contrôle. C'est par excellence celui qu'utilisent certains organismes de l'administration centrale afin de veiller au fonctionnement rationalisé de l'administration publique tout entière. Ces organes principaux de centralisation sont les organismes horizontaux de l'administration et tout particulièrement ceux détenant les cordons de la bourse de l'État: Conseil du Trésor et Secrétariat du Conseil du Trésor.

La centralisation se fait sentir aussi à l'intérieur de chaque ministère par application du principe hiérarchique, à conjugué à une faiblesse assez nette des délégations de pouvoirs aux cadres moyens et supérieurs de l'administration publique. Le résultat est parfois une centralisation trop marquée de l'autorité entre les mains des sous-ministres des administrations publiques provinciales[16].

L'unité d'action se paie ici d'une certaine lenteur de l'action administrative.

La centralisation, par le biais des instruments ci-dessus indiqués, fait aussi sentir ses effets sur le fonctionnement même des organismes autonomes du gouvernement. Par le canal des contrôles, des nominations des membres dirigeants, et de l'indispensable coordination de l'appareil d'État, il semble que les ministères de tutelle aient repris d'une main l'autonomie qu'ils avaient accordé de l'autre lors de la création de chacune de ces institutions. Si bien que

---

sur les premiers rapports du Protecteur du Citoyen du Québec, Bulletin de l'Institut international d'administration publique, n° 20, oct.-déc. 1971, pp. 669-685. Alain Baccigalupo «Le Protecteur du Citoyen dans la province de Québec»-*Revue administrative*, nov.-déc. 1973. Une enquête inédite sur l'ombudsman Québécois-Le Soleil, 7-8-9 mai 1974, série Au delà de l'événement; et «Les députés veulent conserver l'ombudsman mais réformer l'institution»-Le Soleil-11 juillet 1974-série «Au-delà de l'événement», les 8 rapports annuels du Protecteur-Éditeur officiel du Québec (1970-1977), ainsi que Jocelyn Lavoie: le Protecteur du Citoyen du Québec-préface de Roland DRAGO, PUF, Paris 1975, 144 p.

16. Cf. Alain Baccigalupo: «Les Cabinets ministériels dans l'administration publique québécoise», in *La Revue Administrative*, mai-juin 1973 et les grands technocrates québécois, in *La Revue Administrative,* mars-avril 1974.

le risque de démembrement de l'État est très probablement au Québec beaucoup plus un risque de façade, qu'une dangereuse réalité.

— L'instrument découlant du lien subventions-réglementations. Il s'applique surtout aux secteurs décentralisés territoriaux: scolaire et municipal tout particulièrement. Le secteur de la santé n'est pas, lui non plus, à l'abri de cette arme centralisatrice.

Ces trois secteurs sont en proie à des difficultés financières fort sérieuses, découlant directement de la montée des besoins, du progrès technique et de l'aspect social des multiples activités remplies par ces institutions de base (activités culturelles, sportives, santé...).

Devant leur incapacité à s'auto-financer, l'administration centrale, par le biais de divers organes (ministère de l'Éducation, ministère des Affaires Municipales, ministère des Affaires Sociales...) octroie à ces institutions, des subventions diverses, nombreuses et indispensables à leur survie. En revanche, ces institutions sont tenues de respecter une réglementation, des normes et des politiques élaborées souvent au-dessus d'elles et parfois même sans elles.

Aussi l'autonomie municipale, scolaire, et celle des institutions de santé, relève-t-elle plus du mythe que de la réalité quotidienne.

Devant cette montée de la centralisation administrative, devant les excès ainsi entraînés immanquablement par cette tendance et que résume bien la célèbre formule de Lamennais: l'apoplexie au sommet et la paralysie aux extrémités, devant l'influence anglo-saxonne favorable traditionnellement au self-government, le Québec a réagi. Si bien qu'à côté de cette poussée de la centralisation administrative, émerge parallèlement une force de sens inverse, favorable à la déconcentration et à la décentralisation des administrations publiques québécoises.

2) La tendance à la déconcentration et à la décentralisation. Traditionnellement, l'administration publique québécoise est une administration concentrée dans la capitale administrative: Québec. La déconcentration, par la force des choses, s'est effectuée à Montréal, métropole du Canada et principale ville de la province sur le plan économique et démographique. Ailleurs, «the administration in the fields» comme l'appellent les anglo-saxons n'a longtemps eu, quand elle existait, que la peau sur les os.

Depuis le milieu des années soixante cependant, devant les impérieuses nécessités de la planification et de l'aménagement du territoire, dont la charge revint surtout au Conseil d'Orientation économique, puis à l'OPDQ, l'administration publique québécoise s'engage plus ou moins résolument dans la voie de la déconcentration administrative.

Les principales manifestations de cette tendance sont: ✓

- L'émergence en 1966 d'un cadre administratif régional en 10 circonscriptions.

- La décision de doter ce cadre en institutions régionales, par la nomination d'agents déconcentrés de l'administration publique à la tête des services extérieurs des ministères et autres organismes centraux. Ces agents portent un titre: ceux relevant des ministères s'appellent coordonateurs régionaux, ceux relevant de l'OPDQ: délégués au plan. Le délégué au plan doit présider dans chaque région administrative une conférence administrative régionale (CAR) composée des coordonnateurs régionaux des ministères. Cette tendance à la déconcentration est présentement limitée par divers obstacles:

- La non-acceptation par de nombreux ministères du découpage harmonisé en 10 régions.

- Le retard mis par de nombreux ministères à désigner leurs coordonnateurs régionaux et en corollaire le nombre restreint de CAR mises en place réellement.

- Le degré fort divers et généralement peu important des délégations de pouvoir octroyées par les hauts-fonctionnaires de l'administration centrale à leurs agents dans les régions[17].

— La tendance à la décentralisation affecte essentiellement les secteurs traditionnellement décentralisés c'est-à-dire les institutions municipales et scolaires.

Très nombreuses, de taille fort variées, ces institutions locales, en proie aux difficultés financières et aux besoins sans cesse croissant de leurs administrés ont dû se regrouper au niveau régional.

La loi 27 a procédé au regroupement des commissions scolaires aux niveaux local et régional, tandis qu'en décembre 1969 naissaient dans la province trois communautés urbaines dans les régions de Hull, Montréal et Québec.

D'autre part, suite à l'échec de la loi des fusions volontaires (1965) et après examen des mémoires faisant suite au livre blanc sur la réforme des structures municipales au Québec (1971), le gouvernement provincial faisait adopter la même année, la loi favorisant le regroupement des municipalités.

Ces réformes peuvent soit aboutir à une véritable décentralisation au niveau régional, en permettant à des entités administratives territoriales autonomes, mieux constituées, de négocier d'égal à égal avec les administrations centrales, soit au contraire, entraîner un renforcement de la tutelle des autorités centrales sur un nombre plus restreint, donc plus aisément contrôlable, de municipalités et de commissions.

L'aiguillage qui orientera dans l'une ou l'autre voie ces administrations locales et régionales est incontestablement la réforme de la fiscalité locale à venir, tant il est vrai qu'il n'est nulle décentralisation véritable, sans réelle autonomie financière.

---

17. Cf. l'excellente étude du Professeur Germain Julien: La déconcentration territoriale au Québec: les régions administratives-oct. 1973-ENAP-Québec, ainsi que Alain Baccigalupo: «Administrations publiques territoriales et planification régionale dans la province de Québec», la *Revue Administrative,* Paris, janvier-février 1972.

CONCLUSION

Les transformations introduites dans l'administration publique québécoise ne sont pas, on le voit, sans présenter un certain aspect disparate fait parfois d'hésitations et d'ambiguités, quand il n'est pas empreint de contradictions.

C'est que, poussée, entraînée aux changements, l'administration de la province a puisé à maintes sources ses modèles de mutation. Parce qu'elle est une ancienne colonie française appartenant au monde de la francophonie, l'ex-Nouvelle-France regarde et emprunte au modèle français centralisé et planifié certaines caractéristiques. Parce qu'elle subit fortement l'influence britannique, l'administration publique québécoise est aussi à plus d'un titre l'héritière des institutions politico-administratives décentralisées de type anglo-saxon. Parce que située sur le continent nord-américain, l'administration publique québécoise est de la même manière largement influencée par la conception administrative de notre voisin américain, conception assurant on le sait le primat des techniques de gestion rationalisée au sein des organisations.

Cette situation géographique de type carrefour en plaçant l'administration publique québécoise au confluent de ces trois grands courants: le français, l'anglais et l'américain, a contribué à donner à cette administration un visage original fait d'emprunts, réalisés généralement au gré des hasards et des nécessités.

Ceci ne saurait toutefois constituer une critique acerbe de cet état de fait, tant il est vrai qu'en matière administrative la pire des choses est l'immobilisme.

Toutefois, comme un changement ordonné reste toujours supérieur à une politique de coup par coup, la meilleure voie dans laquelle pourrait s'engager l'administration publique québécoise serait la création, à l'instar de la commission Glassco sur l'administration fédérale, d'une commission royale d'enquête sur les secteurs publics et para-publics de la province.

Ainsi pourrait être organisé et planifié au Québec, le développement d'une administration publique moderne, démocratique et efficace.

CHAPITRE II

ENSEIGNEMENT, RECHERCHE
ET
ADMINISTRATION PUBLIQUE

ENSEIGNEMENT, RECHERCHE ET ADMINISTRATION PUBLIQUE

Enseignement, Recherche, Administration Publique. Ce sont là trois concepts-clés intimement imbriqués les uns aux autres.

En effet, l'enseignement universitaire en matière d'administration publique ne vaudra rien s'il ne repose pas sur des recherches nombreuses, fondamentales et appliquées.

Toutefois, pour que cette recherche se développe convenablement des conditions essentielles à sa croissance doivent être remplies, conditions que contrôle largement le secteur public: budgets, chercheurs, liberté de recherche et d'expension etc...

Enfin, c'est de la qualité des fonctionnaires formés dans nos universités à l'occasion des enseignements donnés et des recherches effectuées par les universitaires eux-mêmes que dépendront demain la qualité des décisions administratives, les attitudes et les comportements des agents de l'État.

De plus, si l'administration publique fournit, par son existence même et son travail, matière à développer des recherches qui aideront à mieux former les futurs serviteurs de l'État et à mieux connaître les rouages de l'appareil administratif, il ne faudrait pas non plus oublier que les conclusions et recommandations découlant inévitablement de ces travaux, auront pour résultat de mettre en évidence les défauts du système d'organisation administratif existant et, par voie de conséquence, de contribuer, dans un avenir plus ou moins proche, à une amélioration sensible du fonctionnement des services de l'État.

Enfin, si jadis l'agent de l'État pouvait se considérer comme compétent et bien formé pour la totalité de sa vie active, aujourd'hui la mutation rapide tant de la technologie que du système socio-économique, pose le problème majeur du recyclage et du perfectionnement des agents publics.

C'est de cet ensemble de questions que traite ce chapitre, lequel comporte un texte sur les problèmes de l'enseignement et de la recherche en matière d'administration publique tels que vécus dans les universités québécoise et deux études sur l'École Nationale d'Administration Publique du Québec (ENAP).

PROBLÈMES ACTUELS DE L'ENSEIGNEMENT ET DE LA RECHERCHE SUR LES ADMINISTRATIONS PUBLIQUES DANS LES UNIVERSITÉS QUÉBÉCOISES (*)

La science de l'administration publique est au Québec une discipline extrêmement jeune. Ce n'est que depuis les années 1960, au cours desquelles la société canadienne-française a vu s'accroître rapidement le rôle de l'État, que sont apparus l'enseignement et la recherche sur les administrations publiques dans nos institutions d'enseignement. Hélas, malgré la part considérable dévolue de nos jours au secteur gouvernemental dans les domaines les plus vairés: souveraineté, éducatif et culturel, social et économique, l'état de santé actuel de la science de l'administration publique n'apparaît pas toujours très satisfaisant. De nombreuses carences peuvent être diagnostiquées, qui appellent sans tarder la prescription de remèdes indispensables. Ces carences frappent tout à la fois et le secteur de l'enseignement et celui de la recherche.

I. L'ENSEIGNEMENT DE L'ADMINISTRATION PUBLIQUE: UNE SCIENCE COLONISÉE À LA RECHERCHE DE SON AUTONOMIE

1) Une science colonisée

Alors que s'accroît sans cesse le nombre de membres dans la fonction publique municipale, provinciale et fédérale, entraînant par là-même des besoins grandissants en matière de formation administrative, force est de constater avec stupéfaction qu'aucun établissement universitaire ne délivre présentement dans la province de Québec de diplôme de premier cycle en administration publique. Seule, depuis septembre 1973, l'Université Laval offre un programme de mineure dans ce champ de spécialisation.[1] Mais la majeure et le baccalauréat en administration publique n'existant guère officiellement sous ce nom, c'est à travers les programmes de science politique — avec toutes les contraintes et les limites inhérentes à cette discipline — que l'étudiant devra «jongler» s'il veut se spécialiser en science administrative[2]. Aux niveaux 2e et 3e cycle la situation n'est guère plus brillante puisqu'aucune université québécoise ne délivre actuellement de maîtrise et de doctorat de type «recherche» dans le domaine de l'administration publique. Seule l'École nationale d'administration (ENAP) de l'Université du Québec offre depuis 1970 un programme de maîtrise de type «professionnel», mais réservé uniquement aux fonctionnaires ayant un minimum de cinq années d'expérience. Quant au projet de création d'une maîtrise en administration publi-

---

1. Malgré les oppositions de l'auteur, ce programme a d'ailleurs été supprimé en 1976, pour des raisons pour le moins regrettables qui ne font que confirmer le caractère «colonialiste» de la science politique à l'égard de la science administrative (publique).

2. Le terme de science administrative est pris ici exclusivement dans le sens de *science de l'administration publique*. C'est dire qu'il ne saurait nullement être confonfu avec la science des affaires, de la gestion commerciale, ou de l'administration privée.

que, mis à l'étude à l'Université Laval en 1972-73, il est en veilleuse depuis le refus, en 1974, par le Conseil des Universités, de considérer cette spécialité comme une des grandes priorités de cette institution.[3]

Aussi la science administrative présente-t-elle dans les universités québécoises toutes les caractéristiques d'une discipline maintenue en tutelle, sinon «colonisée», par les départements de science politique qui ont simplement consenti à faire place au sein de leur programme à des cours d'administration publique regroupés souvent sous le terme de «concentration» sans d'ailleurs que celle-ci ne bénéfice d'une quelconque reconnaissance officielle de la part des autorités universitaires.[4]

2) Une science à la recherche de son autonomie

S'il n'apparaît peut-être pas indispensable, dans l'immédiat, de créer de toute pièce des départements d'administration publique au sein des facultés de sciences sociales, il n'apparaît cependant pas moins urgent de créer officiellement dans les universités québécoises des programmes complets de science administrative, avec mineure, majeure, baccalauréat, maîtrise et doctorat. Sans l'autonomie que lui conféreront ces programmes jamais la science administrative ne pourra connaître le développement qu'elle est en droit d'espérer[5]. Ces programmes devront être de type pluridisciplinaire et réunir en priorité la participation des politicologues et des administrativistes, mais aussi celle très précieuse des juristes de droit public, des spécialistes des finances publiques et des relations industrielles, des psycho-sociologues, des planificateurs et aménageurs du territoire, des informaticiens et de certains spécialistes de l'administration privée.

C'est dire clairement combien un décloisonnement et une coupe horizontale parmi plusieurs disciplines verticales s'avèrent vitaux pour la mise sur pied et le développement d'un enseignement, appelé à servir les intérêts d'une société vivant à «l'ère des organisations». Sans cet enseignement polyvalent et multi-disciplinaire on condamnerait, comme par le passé, l'administrateur public à n'avoir qu'une formation parcellaire et limitée aux seuls horizons de sa «science» (comptable, juridique, politique ou économique), à un moment précis où plus que jamais le devenir administratif appelle à côté de ces spécialistes, des généralistes aux vues larges, capables d'embrasser la réalité admi-

---

3. Ce projet, revu, corrigé et détourné en partie de ses objectifs initiaux a fini par engendrer, courant 1976, un programme de maîtrise en «analyse des politiques».

4. Qui plus est, depuis 1975, les concentrations au département de science politique de l'Université Laval ont disparu, pour faire place à un nombre plus élevé de «champs» et de «sous-champs». De telle sorte que l'«administration publique qui constituait une des trois concentrations n'est plus maintenant qu'un des sous-champs parmi la demi-douzaine dégagée par les politicologues de Laval. D'où un recul incontestable en terme de «poids» et d'«influence», à l'intérieur d'une structure organisationnelle où les approches «démocratiques» l'emportent trop souvent sur les dimensions «techniques» des problèmes étudiés.

5. Si de trop nombreuses difficultés devaient surgir dans la mise sur pied de tels programmes, sans doute faudrait-il alors envisager la création de toute pièce d'un Institut National d'Administration Publique (INAP) lequel devrait alors englober l'actuelle ENAP et dispenser à la fois un enseignement complet de science administrative au niveau des trois cycles, tout en remplissant ces trois missions extrêmement utiles qui ont pour nom: recyclage, perfectionnement et recherche.

nistrative, dans toute son immensité et son originalité. Cette importante réforme des programmes s'impose d'autant plus qu'actuellement c'est moins les débouchés qui font défaut dans ce domaine, que les étudiants convenablement formés[6].

L'enseignement présentant les défauts que l'on sait, et celui-ci étant étroitement lié à la recherche, nul ne saurait s'étonner de voir cette dernière présenter, elle aussi, quelques fort regrettables défectuosités.

II. LA RECHERCHE ADMINISTRATIVE: UNE ACTIVITÉ ENCORE ARTISANALE ASPIRANT À UNE PROCHAINE ET RAPIDE EXPANSION

On ne tentera point au cours des lignes qui suivent de dresser un bilan de la recherche en administration publique. Parler de bilan serait en effet bien présomptueux. Le terme de «plan», avec tout ce qu'il recèle d'aspect prospectif, serait de loin plus adéquat tant la production en matière de science administrative est au Québec peu abondante.[7]

1) Un regrettable caractère artisanal

De nombreuses raisons contribuent à créer et à entretenir cette regrettable situation qui confère à la recherche administrative un aspect artisanal des plus déplorable.

a) *La faiblesse des équipes de recherche universitaires.* Elle découle très logiquement de l'absence d'un véritable statut du chercheur d'université. En effet, comme il n'existe guère de statut pour cette catégorie située entre les étudiants en cours de formation. Ces étudiants nous les perdons une fois leur recherche«, il se pose à ces chercheurs — ni universitaires, ni fonctionnaires — de très sérieux problèmes de carrière et de sécurité d'emploi. La situation est d'autant plus périlleuse que, face aux universités, les fonctions publiques fédérales et provinciales très largement concurrentes en matière de rémunérations et de carrière, absorbent sans difficulté aucune, assistants et professeurs, vidant de leur substance au fur et à mesure qu'elles se forment les équipes péniblement montées. On comprend dès lors sans peine, pourquoi nos chercheurs manquent la plupart du temps de cette connaissance approfondie des méthodes de recherche en science sociale et de cette expérience vécue de l'administration, l'une et l'autre si indispensables à la constitution d'équipes de recherche de haute qualité. Le système fonctionne en effet de telle sorte que nous avons uniquement à notre disposition pour la recherche des étudiants en

---

6. Un effort devrait aussi être fait très sérieusement au niveau de l'enseignement collégial où les cours d'introduction à l'administration publique ne figurent que rarement aux programmes; et quand ils y figurent c'est noyé dans un océan d'options axées presque exclusivement semble-t-il sur les techniques administratives telles qu'utilisées principalement dans les entreprises du secteur privé; ce qui là encore ne saurait être pleinement satisfaisant.

7. Depuis la rédaction de cet article, un bilan a été par M M. Germain JULIEN et Denys TRUDEL in. *Recherches Sociographiques,* XVI, 3 1975, p. 413-438. À signaler aussi la Bibliographie sur l'administration publique québécoise et canadienne de G.JULIEN. Presses de l'Université de Toronto. Avec mises à jour régulières.

cours de formation. Ces étudiants nous les perdons une fois leur formation complétée, au moment précis où ils seraient les plus rentables sur le plan de la recherche scientifique, et sans que l'université ne soit capable — sauf en de rares occasions — de retenir les éléments fussent-ils les plus brillants[8]. Quant aux hauts-fonctionnaires détenteurs d'un niveau universitaire équivalent au doctorat, dont la grande expérience de l'administration serait des plus précieuse pour les équipes de recherche, ce n'est que très rarement qu'ils acceptent d'abandonner, dans les conditions actuelles, les avantages multiples de leurs charges officielles (bureau, secrétariat personnel, traitements, autorité, responsabilités...), pour la condition de vie plus désintéressée de l'universitaire.

b) *Le trop grand isolement intellectuel de l'administrativiste québécois.* L'administrativiste québécois paraît quelque peu isolé parmi ses confrères canadiens et étrangers. Les liaisons avec les organismes anglophones du Canada, des États-Unis et de Grande-Bretagne semblent peu étoffées. Très rares sont les missions d'administrativistes québécois qui se soient rendues ces dernières années auprès des instituts et école francophones d'administration publique de France, de Belgique et d'Afrique. Cet isolement, s'il persistait, outre le manque de stimulation intellectuelle qu'il engendrerait, serait assurément préjudiciable au rayonnement d'un pays qui par son histoire et sa géographie a toujours été au confluent des trois principaux courants doctrinaux qui se partagent l'univers administratif: le français, l'anglais et l'américain. Signalons, en dernier lieu, qu'il serait regrettable dans l'avenir que le Québec ne participe pas sur le plan de l'administration publique, à la coopération avec les pays du tiers-monde, notamment avec les pays francophones d'Afrique et d'Asie.[9]

c) *L'absence totale de coordination et d'orientation de la recherche administrative.* Il est à regretter l'absence de la part de l'administration québécoise, objet d'études et cliente de ces recherches, d'une véritable politique de la recherche administrative. Présentement il ne semble pas que l'on puisse voir une quelconque orientation ou coordination, sans même parler de planification, caractériser l'État québécois en matière de recherche administrative. Tout paraît se faire plutôt au coup par coup, à la faveur des besoins surgissants et... des relations personnelles. Tout cela pour dire, citant mon éminent collègue G. Langrod, que «le développement adéquat de la science administrative me semble dépendre en premier lieu d'une coordination des efforts de tous avec répartition des tâches et un programme commun, excluant les doubles emplois et un gaspillage des forces disponibles. En effet, il faut cesser de travailler en ordre dispersé puisqu'à l'heure actuelle nous

---

8. Les rémunérations des chercheurs sont liées aux octrois annuels de crédits eux-mêmes dépendants de l'obtention de contrats de recherche, d'où une insécurité permanente d'emploi peu propice à l'établissement de cette tranquillité morale et matérielle indispensable à la réflexion intellectuelle.

9. Depuis la rédaction de cet article il semble que seule l'ENAP du Québec dispose aujourd'hui des budgets nécessaires à l'envoi de missions à l'étranger, alors que les autres professeurs d'administration publique dispersés dans les autres Universités de la province, et «perdus» à l'intérieur de structures départementales qui ne mettent pas en évidence leur discipline, éprouvent d'immenses difficultés à participer activement, faute de moyens matériels, à la vie scientifique internationale.

avons encore trop peu de gens intéressés par cette matière pour nous permettre un tel luxe»[10].

d) *Un financement de la recherche administrative largement insuffisant.* La recherche isolée est d'évidence périmée. Seules de solides équipes de chercheurs dotées d'assistants et de techniciens compétents (informaticiens, statisticiens, psychosociologues, etc.) sont aujourd'hui valables, et la science administrative n'échappe pas à cette règle. Or de telles équipes coûtent cher.

Face à ces besoins quels moyens sont présentement mis en oeuvre? Là encore il nous faut déplorer et l'éparpillement des sources de financement et la façon quelque peu «cavalière» avec laquelle sont trop souvent examinés et évalués les projets de subvention déposés par les universitaires directeurs de recherche[11]. Le résultat est généralement peu satisfaisant: des projets importants reviennent avec des crédits trop souvent systématiquement amputés de 50 à 75%, qu'il faut renouveler l'année suivante sans garantie aucune; ce qui fait vivre sur le plan financier au ralenti et de façon chaotique une recherche intégrée généralement, sur le plan scientifique, à un programme pluri-annuel. Les inconvénients, découlant de ces incertitudes, sont multiples: incapacité d'engager sur des contrats à moyen terme (3 ans) le personnel de chercheurs souhaité, personnel de haut niveau impossible à recruter, etc. Aussi apparaît-il indispensable pour remédier à ces défauts que l'administration prenne conscience rapidement de la nécessité d'investissements en matière grise pour la recherche administrative»[12].

e) *Une documentation éparpillée, mal inventoriée et incomplète, se heurtant au principe du secret administratif.* Le problème de la documentation est fondamental si l'on considère que cette dernière est à la fois le point de départ et le point d'arrivée de la recherche. Or la documentation elle aussi présente quelques fort regrettables défauts:

— il est extrêmement malaisé de savoir actuellement quels sont les travaux en cours projetés dans la province de Québec en matière d'administration publique. Une meilleure information donnée aux chercheurs sur les études effectuées au sein des universités et des administrations publiques et para-publiques ne serait pas un luxe inutile.

— les nombreuses bibliothèques existant présentement au gouvernement, au parlement et dans les universités se recoupent très souvent en même temps qu'elles comportent d'importantes lacunes[13].

---

10. G. Langrod, «La recherche administrative au CNRS et à l'École Pratique des Hautes Études», in IFSA, *La recherche administrative en France,* Paris, Cujas, 1968, p. 48.

11. L'affaire GAUVIN du nom du responsable du financement des projets de recherche au Ministère de l'Éducation, qui a éclaté suite à plusieurs protestations de chercheurs québécois en décembre 1977, révèle et confirme au grand public, quelque quatre ans après la publication de notre article qui en dénonçait il y a longtemps déjà les lacunes, les défauts d'un système qui est à repenser dans son ensemble. Ce qui ne signifie nullement que prendre certains fonctionnaires une fois de plus comme «boucs émissaires», soit le moyen le plus adéquat pour trouver une solution satisfaisante à ce problème.

12. B.Gournay, «La situation des chercheur», in IFSA, *Les problèmes actuels de la recherche administrative,* Paris, Cujas, 1971, p. 75.

13. Suite à une description plutôt alarmante de la situation dans laquelle se trouvaient en 1971

— comme les bibliothèques sont dispersées et souvent non spécialisées en administration publique, il n'est pas étonnant que les inventaires et les multiples fichiers existants soient trop souvent éparpillés et incomplets. Aucun répertoire général n'est disponible présentement.

— quant aux trois principales sources d'information: parlementaire, juridictionnelle et administrative, elles ne sont généralement ni très abondantes, ni très limpides. *La source parlementaire* (les débats, les questions, les documents de l'assemblée) ne contribuent que faiblement à élever le niveau de nos connaissances. C'est un peu différent toutefois en ce qui concerne les rapports rédigés par les commissions d'enquête, lesquels vont en profondeur dans des sujets cependant limités à l'étude d'un aspect particulier de l'administration. À ce propos d'ailleurs, on peut se demander si à l'instar de ce qu'a connu l'administration fédérale avec la Commission Glassco, il ne serait pas souhaitable de créer au Québec une commission provinciale d'enquête sur l'administration publique. *La source juridictionnelle est réduite :* en l'absence de véritables tribunaux administratifs spécialisés, l'accès aux jugements concernant des litiges impliquant l'administration québécoise apparaît bien moins aisé que dans les pays de dualité de juridiction. *La source administrative est également limitée :* de très nombreux actes de l'administration ne sont guère enregistrés (rencontres informelles, communications téléphoniques); or ce sont souvent les plus importants. D'autre part de précieux documents administratifs utiles au chercheur sont souvent détruits par l'administration de façon prématurée.

En outre la notion peu précise de *secret administratif* entrave dans certains cas le développement de la recherche[14]. De nombreux documents publics, indispensables à une connaissance améliorée de la vie administrative québécoise, ne sont pas publiés, ou font seulement l'objet d'une distribution restreinte qui oublie la plupart du temps les chercheurs universitaires. Or en ne permettant pas à la société, aux enseignants et aux chercheurs d'utiliser des études souvent fort onéreuses et financées par les deniers du contribuable, on risque d'aboutir purement et simplement à un véritable gaspillage des fonds publics. En outre et cela arrive hélas trop souvent, certaines autorités publiques s'opposent catégoriquement à la réalisation d'interviews auprès de leurs subordonnés, ou d'elles-mêmes, préférant mener vis-à-vis des chercheurs universitaires la politique du «bâton dans les roues», plutôt que celle de «la porte ouverte». Il faut bien dire que certains fonctionnaires voient dans le serment de discrétion qu'ils ont prêté au moment de leur entrée en fonction un moyen leur permettant d'afficher un sentiment d'importance, bien souvent

---

les bibliothèques gouvernementales faite par les rapporteurs d'un comité d'études chargé de proposer les réformes, un effort de regroupement a été tenté. C'est ainsi que neuf bibliothèques ministérielles ont été rassemblées dans deux bibliothèques. Toutefois les bibliothèques de tous les ministères n'étant pas touchées par cette mesure, le problème demeure aussi important.

14. Rien n'est plus nuisible à la diffusion de l'information administrative que le maintien d'un concept vague et flou autorisant toutes sortes d'interprétation, en matière de secret administratif. Car la tendance naturelle des bureaux à faire de la rétention d'information pousse évidemment à l'adoption d'une interprétation large de ce concept. Mieux vaudrait par conséquent pour le citoyen l'entrée en vigueur d'un concept précis, clair et gradué en ce domaine.

sans rapport aucun avec les fonctions qu'ils remplissent et les soi-disant «secrets administratifs» dont ils déclarent être les détenteurs[15]. Heureusement ces critiques ne s'adressent qu'à une partie seulement du corps public, le secret administratif étant souvent tempéré en pratique par une attitude assez libérale de l'administration. La tendance au secret est évidemment d'autant plus tempérée dans les faits que le chercheur a réussi à tisser un réseau dense de relations personnelles, placées sous le signe des rapports cordiaux avec les fonctionnaires du gouvernement. Mais signalons que ceci n'est cependant ni aisé à établir, ni commode à maintenir, car les administrateurs attendent trop souvent de leurs interlocuteurs universitaires des écrits laudatifs et une certaine reconnaissance que la neutralité, l'impartialité et l'objectivité scientifiques ne permettent guère, la plupart du temps, ni de rédiger, ni de satisfaire. La situation «cornélienne» dans laquelle se trouve plongé l'universitaire est on le voit fort gênante: ou bien il suit l'administration dans ses souhaits et ses attentes, et il peut alors continuer à s'alimenter à ses sources, mais il écrit contre ses opinions et émousse sérieusement ses facultés critiques; ou bien il conserve intacte toute sa liberté de jugement et d'expression et il passe aux yeux des administrateurs pour un ingrat, se coupant peut-être à jamais de ses précieux courants d'information.

Une telle situation on le conçoit clairement ne peut éternellement durer. Aussi voulons-nous ébaucher ici quelques grandes lignes d'une réforme, visant à permettre un plein essor à une discipline, dont le développement ne peut qu'être profitable à la société québécoise tout entière.

2) Principales recommandations pour le plein épanouissement de la recherche en administration publique

Six réformes majeures paraissent s'imposer.

a) *Doter lès assistants de recherche universitaires spécialisés en administration publique d'un véritable statut* leur assurant une réminération, une carrière et une garantie d'emploi semblables à celles dont jouissent les professionnels au sein du gouvernement provincial. Ce statut devrait prévoir en outre un passage aisé, en cours de carrière, entre le secteur public et le secteur universitaire de façon à mettre ces deux organisations en symbiose étroite. Un tel statut est une condition *sine qua non*, si l'on veut que les professeurs d'université puissent constituer autour d'eux des équipes de recherche compétentes et hautement productives.

Un tel statut, en permettant aux universités de recruter et de retenir des chercheurs de haut niveau, servira d'autant plus la recherche scientifique et les administrations publiques que, par rapport à ses confrères des organisations privées ou gouvernementales, le chercheur universitaire offre quatre garanties majeures:

— c'est sa spécialité, aussi se trouve-t-il à chaque instant à la fine pointe de la connaissance;

---

15. Le serment d'allégeance et d'office que prête l'administrateur public québécois lors de son entrée en fonction comporte la formule suivante: «Je... jure... que je ne révélerai et ne ferai connaître, sans y être dûment autorisé(e), quoi que ce soit dont j'aurai eu connaissance dans l'exercice de ma charge...».

— il est extérieur à l'administration, donc non influencé par les pressions du milieu ambiant, ce qui le rend plus neutre et plus objectif;

— il fait usage de méthodes scientifiques d'analyse que très souvent l'administration n'utilise pas;

— il a vue plus globale et plus prospective, car il est moins préoccupé que ses confrères fonctionnaires d'éteindre «les feux».

Quatre bonnes raisons pour recommander qu'à l'avenir les administrativistes ne soient plus les parents pauvres de la recherche, pour que la situation précaire qui est la leur en 1973 s'améliore sous peu, et qu'ils ne soient plus demain condamnés à ce travail artisanal et à ce bricolage qui caractérise trop souvent aujourd'hui leur activité.

b) *Créer au Québec un Centre International de Documentation Administrative* (CIDA) chargé de réunir, classer et conserver sur une base permanente toute la documentation pertinente parue au Québec et dans le monde dans ce champ de spécialisation. En outre le CIDA, grâce à ces équipes de documentalistes spécialisés, aurait pour tâche de préparer des dossiers spéciaux (coupures de presse, circulaires administratives, etc.) sur des thèmes en relation avec les projets de recherche en cours dans les administrations publiques et les universités[16].

c) *Définir une politique coordonnée de la recherche administrative.* Il appartient aux pouvoirs publics de déterminer les orientations qu'ils souhaitent voir prendre à la recherche administrative à moyen et à long terme. Un plan de développement de la recherche dans ce secteur devrait être élaboré et lié aux perspectives de réforme administrative envisagées par les divers ministères et institutions para-publiques. Aussi un organisme gouvernemental auquel collaboreraient des universitaires spécialisés dans cette discipline devrait voir le jour, afin d'établir la liste des besoins existants, préparer un échéancier de réalisation et répartir les commandes[17].

d) *Centraliser auprès d'un organisme gouvernemental le financement de la recherche administrative.* Ce même organisme pourrait être chargé de veiller à centraliser les fonds disponibles pour cette recherche et d'octroyer les crédits nécessaires. En effet, étant donné que présentement la diversité et l'inconsistance des services de recherche universitaires n'a d'égal que la multiplicité des organismes publics et para-publics, dispensateurs de crédits (Conseil des arts, ministères fédéraux et provinciaux, notamment celui de l'Éducation...), il apparaît vital, dans un souci d'harmonisation et de rationalisation, de donner vie à un organisme dont la mission serait d'assurer le financement de cette recherche.

---

16. Le CIDA pourrait aussi, une fois que la recherche administrative aura atteint une vitesse de croisière convenable dans la province, donner vie à une Revue Québécoise d'Administration Publique.

17. Cet organisme qui devrait évidemment privilégier hautement l'étude de l'administration publique provinciale et fédérale ne devrait toutefois pas négliger d'accorder une place substantielle à l'examen des administrations étrangères et internationales. La dimension comparative indispensable de nos jours ne pouvant qu'être une précieuse source d'enrichissement pour le modèle québécois.

e) *Doter les professeurs d'administration publique enseignant dans les Universités québécoises d'un quasi statut de commissaire-enquêteur* semblable à celui que détient l'actuel «protecteur du citoyen», afin de permettre au chercheur de remplir sa mission scientifique en jouissant de cette indépendance sans laquelle nulle objectivité ne saurait exister[18]. Un code de déontologie propre au chercheur en administration publique pourrait venir contrebalancer l'octroi de ce statut.

f) *Renforcer la liaison Administration-Université.* Nous avons vu qu'il existait une certaine tension cordiale présentement entre administrateurs et chercheurs universitaires. Il nous apparaît aujourd'hui urgent de «transformer cette tension cordiale en relations suivies et constructives»[19]. Ce resserrement des liens entre chercheurs et administrateurs s'impose d'autant plus que les premiers sont pour les seconds, et réciproquement, des éléments d'information et de réflexion extrêmement salutaires. Un tel dialogue est d'autant plus indispensable qu'il existe de la part des administrateurs une certaine défiance à l'égard des chercheurs. Il est vrai que l'on enregistre quelques différences de points de vue: les chercheurs s'intéressent essentiellement aux aspects psycho-sociologiques de l'administration et y travaillent durant des périodes de un à cinq ans; tandis qu'à l'opposé les administrateurs accaparés quotidiennement par des questions techniques d'organisation, d'effectifs et de structure préféreraient avoir, sur ces problèmes-là plutôt que sur d'autres, l'avis des chercheurs. Et ces avis sur ces problèmes, l'administration voudrait les obtenir dans des délais d'autant plus réduits qu'elle a retardé souvent l'examen des solutions à y apporter.

Aussi nous appartient-il à nous administrativistes de faire prendre conscience à l'administration de l'utilité des recherches que nous menons. C'est dire qu'il nous apparaît extrêmement important — sans toutefois vouloir tout ramener à la recherche appliquée — de voir les chercheurs universitaires participer davantage à l'examen des défis très pratiques et très concrets que pose à l'administration de cette seconde moitié de XXe siècle, la société contemporaine et celle en devenir. C'est pourquoi nous sommes fermement convaincus, pour notre part, que l'expansion de la recherche administrative — nonobstant toujours l'importante et féconde recherche libre décidée par le chercheur personnellement et de façon autonome — doit passer non seulement par la voie de la critique a posteriori, mais aussi et surtout par la voie de la participation à la préparation des décisions qui seule mène à la transformation de la machine administrative. En effet, si elle veut aboutir à des résultats tangibles, la recherche universitaire ne doit pas être séparée, mais au contraire étroitement liée à des objectifs de réforme administrative.

---

18. Cf. la loi des Commissions d'enquête notamment les articles 6 (enquête), 7 (pouvoirs), 9 (assignation des témoins), 10 (défaut de comparaître), 11 (refus de répondre), 12 (refus de produire des documents), 14 (pouvoir de faire faire des enquêtes) et 16 (immunités des commissaires).

19. Selon la formule de notre collègue A. Delion, in *La Recherche administrative en France,* op. cit., p. 105. Il serait, notamment, des plus juste que le gouvernement voit à une répartition plus équitable des recherches commanditées provenant de l'Administration publique, afin d'éviter que ne se renforce dans l'avenir le quasi-monopole qu'exerce en ce domaine l'ENAP du Québec, au détriment des autres universités du pays.

Recherche et réforme administratives sont effectivement, pour une très large part, indissociables, sinon solidaires, tant il est vrai que le succès de l'une dépend étroitement de celui de l'autre.

D'autre part, seule l'existence de liens étroits entre une politique coordonnée de réforme administrative et une politique concertée de recherche administrative, permettra de résoudre les deux problèmes-clés suivants:

— *un problème de financement:* il est bien évident que l'administration engagera d'autant plus facilement ses deniers au service de la recherche qu'elle sera convaincue de l'utilité pratique de cette dernière;

— *un problème de motivation:* on peut être assuré que le dynamisme des chercheurs atteindra un niveau d'autant plus élevé que leurs travaux auront un impact sensible en matière de restructuration, d'aménagement, d'adaptation et de modernisation des institutions, des techniques et des méthodes administratives.

Deux moyens pourraient être mis en oeuvre afin d'intensifier les échanges entre professeurs d'administration publique et administrateurs gouvernementaux, seule façon d'établir entre ces deux interlocuteurs ce courant réciproque de confiance et de cordialité indispensable à toute collaboration:

— *Sortir les administrateurs publics et les universitaires de leur vase clos* en multipliant les occasions de rencontres lors de congrès, de colloques, de séances de travail, d'enquêtes et de recherches communes;

— *Institutionnaliser un va-et-vient en cours de carrière entre l'administration et l'université:* des universitaires devraient pouvoir occuper des postes de haute responsabilité au sein de l'administration publique (sous-ministres, directeurs de cabinets, etc.) et, vice-versa, des hauts fonctionnaires devraient pouvoir être détachés afin d'assurer un enseignement et diriger des recherches durant des périodes de un à trois ans environ. L'universitaire au contact des réalités pourrait concrétiser davantage son enseignement, rendre sa pensée moins abstraite, tisser un réseau de relations personnelles dont on a dit combien il était précieux pour les recherches ultérieures. L'administrateur, quant à lui, pourrait prendre quelque recul par rapport à l'action quotidienne, développerait une réflexion critique fort utile à l'éclosion d'idées nouvelles, s'enrichirait d'une connaissance plus théorique et plus globale de la chose administrative.

Comme on peut le voir, la solution aux problèmes de l'enseignement et de la recherche sur les administrations publiques dans les universités québécoises passe par la voie de l'entente, du dialogue et de l'étroite collaboration, tant il est vrai, comme l'écrivait récemment mon éminent collègue Alexandre Parodi, qu'il n'est «pas de meilleur moyen d'oeuvrer au perfectionnement de l'administration que d'unir les efforts de ceux qui l'étudient et de ceux qui l'animent, des théoriciens et des praticiens»[20].

---

20. A.Parodi, in *Les problèmes actuels de la recherche administrative, op. cit.,* p. 10.

* Ce document a été réalisé grâce à la précieuse collaboration de mon assistant de recherche, M. Gilles Bouchard.

L'ÉCOLE NATIONALE D'ADMINISTRATION PUBLIQUE DU QUÉBEC (E.N.A.P.)

INTRODUCTION

L'École Nationale d'Administration Publique du Québec a vu le jour officiellement le 26 juin 1969[1]. Elle constitue un des éléments composant la jeune Université du Québec créée pour sa part, quelques mois auparavant, en décembre 1968, par une loi provinciale.

Après les quelques mois indispensables consacrés à la mise en route de l'organisation, l'École ouvrit les portes à ses premiers élèves en septembre 1970, dans des locaux nouvellement aménagés au coeur de la vieille capitale[2].

La création de cette école répondait incontestablement à un besoin impérieux. En effet, l'accroissement sensible et continu des secteurs publics et para-publics québécois depuis 1960, auquel s'ajoutait le peu d'attention porté traditionnellement jusque là par les Universités du pays à la formation du personnel de la fonction publique et au développement des sciences administratives, avaient rendu indispensable la fondation, au Québec, d'une institution capable de combler ces lacunes et de remédier à cette situation.

Le besoin ressenti, restait à déterminer le statut de l'institution. À la suite de nombreuses discussions qui durèrent plusieurs années, il fut décidé d'adopter la formule préconisée par un comité ad hoc lequel, dans un rapport présenté au Premier Ministre Bertrand en juin 1958, recommandait la création d'une école professionnelle oeuvrant au sein d'une université.

L'adoption de cette formule traduisait indiscutablement la volonté gouvernementale de mettre en oeuvre une politique de revalorisation globale de la Fonction publique. C'est à participer à l'exécution de cette mission que l'E.N.A.P. fut conviée.

Il n'est dès lors pas étonnant de constater que la philosoohie sous-jacente à toutes les activités de l'École soit constituée par le désir d'insertion de l'institution dans le corps social et le milieu professionnel.

C'est cette idée de base que l'on retrouve à la fois au niveau de l'organisation administrative (Partie I), au niveau du recrutement (input-étudiants) (Partie II), au niveau du processus pédagogique (Partie III), ainsi qu'au plan des résultats (output) (Partie IV).

I. L'ORGANISATION ADMINISTRATIVE

L'E.N.A.P. est une structure organisationnelle constituée d'unités de gestion, recourant à des ressources humaines pour son fonctionnement, dotée de ressources budgétaires et utilisant ses propres services de soutien.

---

1. Cf. Lettres patentes en date du 26 juin 1969, modifiées par lettres supplémentaires le 11 février 1970 et amendées par des lettres patentes supplémentaires le 9 février 1975.

2. Jadis, sise au 31 rue Mont Carmel, l'ENAP a aujourd'hui son siège social au 625 St. Amable, Québec — Tél: 657-2485 (418).

1) Les unités de gestion

Cinq organes essentiels président aux destinées de l'École : le Conseil d'administration, le Comité exécutif, la Commission des études, la commission consultative de la recherche et le comité consultatif en informatique.

Toute cette structure administrative se caractérise par deux grands traits :

— la participation des étudiants, marquée surtout au niveau de l'élaboration et de la mise en oeuvre des programmes de cours ;

— la liaison étroite, établie entre l'Université et les Administrations tant publiques que privées, symptomatique de la volonté d'insertion de l'École dans la vie professionnelle.

En effet, tous les organes sont composés à la fois d'universitaires (professeurs, étudiants[3]) et de personnalités extérieures.

a) *Le Conseil d'administration* chargé d'exercer les droits et pouvoirs conférés à l'École est composé de dix-sept personnes comme suit :

- le directeur général et le directeur général adjoint ;

- un fonctionnaire des cadres supérieurs du ministère de la Fonction publique, nommé par le lieutenant-gouverneur en conseil sur la recommandation du ministre de la Fonction publique, pour un terme déterminé dans l'acte de nomination ainsi qu'au plus trois autres fonctionnaires du gouvernement nommés pour trois ans par le lieutenant-gouverneur en conseil, sur recommandation du ministre de l'Éducation, après consultation du ministre de la Fonction publique ;

- au plus *quatre* autres personnes dont trois nommées pour deux ans par le lieutenant-gouverneur en conseil sur la recommandation du ministre de gouverneurs de l'Université du Québec ;

- au plus *quatre* autres personnes dont trois nommés pour deux ans par le lieutenant-gouverneur en conseil sur la recommandation du ministre de l'Éducation après consultation du Conseil d'administration de l'École et *un* étudiant de l'École nommé pour un an, désigné par les étudiants de l'École ;

- au plus **trois** personnes nommées pour deux ans par le lieutenant-gouverneur en conseil sur la recommandation du Conseil d'administration de l'École, choisies parmi les personnes qui exercent une fonction de direction ou de gestion dans les organismes suivants :

  - un organisme du secteur de l'éducation ;

  - un organisme du secteur des affaires sociales ;

  - un organisme du secteur des affaires municipales ;

- *deux* personnes nommés pour un an par le lieutenant-gouverneur en conseil, désignées par et parmi le personnel pédagogique de la dite École.

---

3. Les étudiants ne sont représentés ni au sein du comité exécutif, ni à l'intérieur de la commission de la recherche, ni à l'intérieur du comité consultatif en informatique.

b) *Le Comité exécutif* chargé de l'administration courante de l'École est composé de cinq personnes, à savoir: le Directeur général et le directeur général adjoint, le secrétaire général et deux membres (en 1976-1977 il s'agissait du vice-président aux communications de l'Université du Québec et d'un sous-ministre adjoint au ministère des affaires municipales).

c) *La Commission des études* est le principal organe responsable de l'enseignement et de la recherche à l'ENAP. Elle prépare et soumet à l'approbation du C.A. les règlements internes à l'enseignement et à la recherche et voit à la coordination de ces deux activités. Elle est composée des six principaux cadres de l'École, à savoir: le directeur général, le directeur général adjoint, les directeurs de la formation, du perfectionnement, et de la recherche, et le secrétaire général. À cette liste s'ajoutent deux professeurs de l'ENAP, deux conseillers en perfectionnement, deux étudiants et quatre administrateurs issus des quatre secteurs suivants: éducation, affaires sociales, affaires municipales et fonction publique.

d) *La Commission consultative de la recherche* présidée par le directeur général de l'École et composée de cadres de l'ENAP (directeur adjoint, secrétaire général, directeur de la recherche), de professeurs et de conseillers de l'École, ainsi que de personnalités extérieures (directeurs de programmes, de recherche ou de planification dans le secteur public ou para-public, directeurs de centres de recherche de l'Université du Québec, expert en administration publique).

e) *Le Comité consultatif en informatique:* Créé le 9 avril 1976, il a pour but de développer les activités de l'ENAP en matière d'informatique tant au plan de l'enseignement et de la recherche qu'au plan de la gestion. Il est composé de quatorze personnes provenant soit de l'ENAP (cadres, professeurs) soit de l'intérieur (responsables de services informatiques dans des ministères québécois ou dans le secteur para-public: université, hôpitaux, cegep, municipalité).

Cette volonté d'insertion de l'École dans la vie professionnelle se manifeste aussi sur le plan des ressources humaines chargées de contribuer à la formation et au perfectionnement des élèves.

2) Les ressources humaines[4]

Le corps professoral de l'E.N.A.P. présente quatre traits caractéristiques:

1) Il est largement dominé par le groupe des détenteurs d'une maîtrise (14 dont 4 scolarités de doctorat), tandis que le groupe des docteurs n'est que de 3.

2) Il constitue une équipe multidisciplinaire conformément à l'aspect «carrefour» que l'on s'accorde habituellement à reconnaître aux sciences administratives.

Le domaine de spécialisation de chacun des membres du corps professoral est très varié. Un examen détaillé du corps professoral à plein

---

4. Au 1er octobre 1977, outre 19 professeurs plein temps, l'ENAP comprenait 15 cadres, 48 conseillers en perfectionnement, 18 professionnels et 63 de soutien. Soit 163 personnes à plein temps.

temps révèle une plus forte participation en 1978 des spécialistes des sciences sociales (autres qu'économistes) par rapport aux spécialistes des problèmes financiers économiques, budgétaires et de management, que celle enregistrée par nous en 1973. Le déséquilibre favorable à ce dernier groupe (17 en 1973) contre 13 la même année pour le groupe des sciences sociales), vient de disparaître puisque ces deux ensembles ont chacun en 1978, neuf représentants. Le groupe des sciences exactes a, quant à lui, légèrement fléchi (5 en 1972 à 3 en 1978). À souligner au passage que sur le dix-sept professeurs plein temps à peine trois diplômés de science politique et quatre diplômés d'administration publique sont recensés. Ce qui peut paraître a priori étonnant pour une école nationale d'administration dont l'objectif est de former des cadres supérieurs de l'administration publique chargés, par la nature même de leur occupation, de travailler à la frontière de l'administratif et du politique.

Ce qui, par contre, est révélateur d'un des aspects de la conception sous-jacente à l'enseignement prodigué à l'E.N.A.P. : intégrer à l'administration de l'État de nombreuses techniques de gestion en usage dans les entreprises privées.

3) Il est constitué tout à la fois de praticiens de l'administration et d'universitaires avec prédominance nette cependant de cette dernière catégorie. C'est ainsi que sur les 38 membres composant le corps professoral de l'École (chargés de cours et professeurs invités inclus), 32 sont des universitaires et six seulement sont issus des secteurs publics, para-publics ou privés.

4) Il est constitué d'un nombre plus élevé de chargés de cours et de professeurs invités (21) que de professeurs plein temps (17). Signalons toutefois que le nombre de professeurs plein temps s'est sensiblement accru depuis l'ouverture de l'École. Il était en effet de 7 en 1971-72 et de 10 encore seulement en 1973. Il en est de même pour les professeurs invités : 16 en 1972, 21 en 1977. À cela il convient d'ajouter les conférenciers (35 en 1972)[5] — souvent des personnalités de haut rang (3) — qu'accueille l'École, conviés à faire une communication sur un sujet particulier en relation avec le contenu d'un cours ou l'actualité.

Ce quatrième trait caractéristique découle des trois précédents. En effet, la nécessité de recourir tout à la fois à des spécialistes d'un secteur donné de l'Administration et à des agents de l'action administrative obligeait l'école à recruter à temps partiel des personnalités que, pour diverses raisons, l'E.N.A.P. n'aurait pu, ni voulu, retenir de façon permanente.

À cette raison sont venues s'ajouter, par ailleurs, deux autres justifications.

1) La volonté d'assurer la rotation du personnel enseignant afin d'éviter la sclérose qui vient quelquefois frapper un enseignement assuré pendant de trop longues années par une seule et même personne.

2) Mais aussi la nécessité de réaliser certaines économies sur le plan des rémunérations, ce que permet la formule des chargés de cours payés à l'heure.

---

5. Parmi lesquelles en 1971-1972 : 2 ministres en exercice : MM. Claude Castonguay (Affaires sociales) et Jean-Paul L'Allier (Communications), le Président du Parti Québécois : M. René Lévesque, et de nombreux sous-ministres, sous-ministres adjoints, et directeurs de services.

Cette situation, si elle offre d'indiscutables avantages, à commencer par l'interdisciplinarité d'un corps enseignant spécialisé et familiarisé souvent avec les problèmes concrets de la vie administrative, n'en présente pas moins aussi quelques inconvénients. Signalons, sur ce plan, les principaux d'entre eux:

1) La difficulté qu'éprouve l'École à développer le secteur de la recherche en science administrative, vu le petit nombre de professeurs permanents et l'impossibilité dans laquelle elle se trouve d'engager ses propres étudiants dans des travaux de recherche à moyen terme, puisque pendant l'été les élèves sont en stage à l'étranger et durant l'année académique classique (sept.-avril), inscrits à un programme de cours intensif.[6]

2) La difficulté d'associer au nom de l'École certains spécialistes de renom ce qui, on le sait, s'avère indispensable si l'on veut attirer vers l'institution et des contrats de recherche et des sommités étrangères.

Le budget de l'ENAP a connu en moins de dix ans une très forte augmentation. Alors que le budget de fonctionnement n'était que de $475,000. en 1971-1972, il s'élevait en 1978 à $7 millions et cent mille dollars dont, entre autres: $2,600,000 provenant du ministère de l'éducation (subvention per capita) y compris la location des édifices, $3,700,000 provenant des activités de perfectionnement, et $300,000 à titre de subventions diverses de recherche.

Absorbé en grande partie par les salaires versés au personnel de l'École, ce montant global a permis à l'École de se doter de plusieurs services de soutien.

3) Les services de soutien[7]

a) la direction des services administratifs

«Elle a pour mandat général de doter l'ENAP des services administratifs et financiers requis pour assurer sa bonne marche. De façon plus particulière le directeur des services administratifs est chargé de l'élaboration et de l'application des politiques qui régissent les ressources financières, humaines et matérielles de l'École. Il est assisté dans l'accomplissement de ses tâches par un directeur des finances, par un directeur du personnel, par un coordonnateur des services auxiliaires et par un adjoint administratif à Montréal.»

b) La direction de l'information et des relations publiques

«Elle est chargée de l'élaboration de l'implantation et de l'évaluation des politiques de l'École, relatives à l'information, aux relations publiques, à la publicité institutionnelle, à l'identification visuelle, aux publications et à la présence institutionnelle de l'École dans le milieu.»

---

6. Si la seconde source de difficulté — la faible participation des étudiants aux activités de l'École — existe toujours en 1978, la première cause, elle, est devenue beaucoup moins vraie en raison du doublement des effectifs plein temps en quelques années seulement.

7. Les renseignements donnés ci-après sont extraits de l'annuaire 1977-78 de l'ENAP, p. 87 et ss. ainsi que de «l'ENAP au 1er octobre 1977» Université du Québec, 221 p.

c) Le secrétariat général

« Il regroupe les diverses activités qui confèrent à l'ENAP son caractère officiel et permanent. C'est ainsi que le secrétaire général est chargé de l'application des politiques qui régissent les archives et les affaires juridiques de l'École, outre d'agir d'office comme secrétaire de ses organismes directeurs, notamment le Conseil d'administration, le Comité exécutif, le Conseil de direction, la Commission consultative de la recherche et la Commission des études. Le secrétaire général prépare l'ordre du jour des réunions de ces organismes, en rédige les procès-verbaux et voit à l'application des décisions prises.

Le secrétaire général est aussi chargé, à titre de registraire, de l'application de la politique relative à l'admission des étudiants et à la gestion des dossiers académiques de l'École. Son mandat actuel recoupe la responsabilité de la bonne marche du centre de documentation et des services audiovisuels. »

d) Les services aux étudiants

Vu la nature de l'École et compte tenu de sa clientèle de maîtrise, les services aux étudiants sont restreints. Cependant, l'École met à la disposition des étudiants des facilités de locaux et d'organisation pour les activités parascolaires qui sont de leur initiative.

e) Le centre de documentation

En tant que support institutionnel, le centre de documentation contribue à la réalisation des trois grandes missions dévolues à l'École en rendant disponibles les ressources documentaires indispensables. Soumise à un développement systématique au cours des cinq dernières années, sa collection compte quelques 9,000 volumes, 400 titres de périodiques et 3,500 documents publics. Un service de prêt inter-bibliothèques permet aussi l'utilisation de toutes les ressources documentaires disponibles dans le réseau des bibliothèques canadiennes.

L'intégration au système informatique BADADUQ (Banque de données à accès direct de l'Université du Québec) génère depuis janvier 1975 une meilleure exploitation de ces ressources documentaires par les usagers habituels que sont les professeurs, les conseillers et les étudiants, et une mise en disponibilité dans tout le réseau de l'université du Québec. De plus en plus, le centre doit répondre à des demandes provenant des multiples organismes gouvernementaux et para-publics. Ce plus grand partage des ressources contribue grandement à répondre aux besoins documentaires les plus spécialisés.

Les services de bibliographies spécialisées, de librairies et de location de films sont également dispensés à tous les usagers.

f) Le service informatique

Le service informatique a une vocation horizontale à l'ENAP. Il apporte sa contribution à la réalisation de la triple mission de l'École. De plus, il contribue à la fourniture de services de gestion pour l'École. L'équipe du service informatique est pluridisciplinaire et multiexpérentielle. On y retrouve les disciplines suivantes: administration, architecture, économique, génie électrique, informatique, mathématique, sociologie et statistiques.

— *la formation*

Dans le cadre du programme de maîtrise en administration publique, les professeurs du service informatique dispensent des cours en informatique, sur l'analyse de systèmes et sur la gestion des systèmes et des services informatiques.

— *le perfectionnement*

Dans le cadre des activités de perfectionnement, les spécialistes du service de l'informatique dispensent des sessions intensives portant sur les sujets suivants: les systèmes d'information aux fins de gestion (S.I.G.), la gestion de projets et les techniques de PERT-CPM (Program Evaluation Review Technique-Critical Path Method), le langage et le système APL(A Programming Language), l'introduction à l'informatique, le jeu CLUG (Community Land Use Game) et les systèmes de gestion de bases de données.

— *la recherche*

Dans le cadre de la mission recherche, les professeurs-chercheurs du service informatique ont entrepris et réalisé de nombreux travaux de recherche afin de développer les connaissances et les expertises voulues dans les domaines de spécialisation propres à la formation et au perfectionnement et, notamment, la simulation de systèmes en ordinateur, les jeux de simulation, les analyses statistiques, les systèmes d'information, la gestion de projets et plusieurs techniques appartenant à la recherche opérationnelle et à l'analyse de systèmes. Les spécialistes du service informatique effectuent aussi de nombreux travaux informatiques de support pour les professeurs et conseillers en perfectionnement.

— *la gestion*

Les spécialistes du service informatique fournissent les services informatiques de gestion requis pour l'administration de l'École, tout particulièrement pour la gestion budgétaire, le service de la paye, les listes d'envoi, le système d'informatique du centre de documentation BADADUQ et pour les attestations de participation à des activités de perfectionnement.

C'est l'ensemble de cette organisation administrative qui constitue pour les étudiants de l'ENAP, la structure et le cadre de vie durant leur séjour plus ou moins prolongé à l'École.

II. LES INPUTS

La durée de ce séjour diffère effectivement selon que les élèves participent au programme de formation de niveau maîtrise professionnelle ou s'inscrivent aux cours de perfectionnement.

A) LA MISSION «FORMATION»

1) Le processus d'admission

a) *Les conditions d'accès*: Pour être admis à l'E.N.A.P. l'étudiant doit être détenteur d'un baccalauréat spécialisé (licence) ou l'équivalent, avec une moyenne cumulative d'au moins B et trois années d'expérience en administration publique.

La seconde des deux conditions ci-dessus requises repose sur l'idée selon laquelle on peut difficilement détecter parmi les jeunes gens frais émoulus de l'Université «ceux qui deviendront les cadres supérieurs dans les diverses institutions sociales...[8]

En application de ce principe, par ailleurs discutable — le succès de l'ENA française en est une preuve — l'E.N.A.P. du Québec limite l'accès de l'École spécifiquement: 1) à ceux qui, la sélection naturelle ayant déjà joué, sont à la veille ou susceptibles d'assumer des fonctions administratives importantes. 2) à ceux qui, assumant déjà de telles fonctions, sentent le besoin de mettre leurs connaissances à jour.

b) *Le mécanisme de sélection.* Pour être admis l'étudiant doit présenter dans les délais fixés et portés à la connaissance du public par voie de presse une demande individuelle d'admission. Dès lors la sélection s'opère à partir de trois données essentielles:

1) Le dossier du candidat dans lequel figurent trois pièces importantes: 1) le relevé officiel des notes obtenues au cours des études universitaires antérieures ainsi que le diplôme officiel décerné par l'institution; 2) trois rapports confidentiels sur le candidat complétés par des professeurs et envoyés directement par eux à l'E.N.A.P., 3) un texte de trois cents mots dans lequel le candidat expose les motifs de sa candidature.

L'étudiant ayant passé avec succès cette pré-sélection est ensuite soumis à deux autres épreuves:

2) Une batterie de tests psychométriques visant à déceler le type de comportement administratif du candidat, ses aptitudes au travail, sa capacité à poursuivre des études avancées etc...

3) Une entrevue avec un jury composé de quatre à cinq membres, au cours de laquelle ces derniers tentent de cerner les principales motivations du candidat pour la Fonction Publique.

C'est dire qu'aucune épreuve destinée à juger le niveau de culture générale ou l'étendue des connaissances spécifiques des candidats dans des secteurs particuliers n'est organisée. La sélection visant à détecter beaucoup plus certaines qualités de caractère auxquelles la préférence est donnée, que la simple érudition.

Outre les critères concernant en propre les élèves (aptitudes individuelles, perspectives de carrière etc...), le jury tient compte au moment de sa décision finale d'un critère extérieur aux individus: à savoir, la nécessaire diversification au sein d'une même promotion des origines professionnelles et sectorielles des candidats. Bien que partant d'une excellente intention, puisqu'il s'agit de constituer des promotions interdisciplinaires, on peut se demander si des considérations d'équilibre intragroupe ne sont pas de nature à pénaliser lourdement de bons candidats qui n'auraient eu que la malchance d'appartenir à une catégorie professionnelle ou à un ministère trop bien représenté en candidats de valeur? À l'inverse, n'est-ce pas favoriser injuste-

---

8. Roland Parenteau, «Une nouvelle approche dans la formation des administrateurs publics: l'ENAP», in Administration publique du Canada, automne 72, n. 3, p. 470.

ment des candidats de moins grande qualité dont une des valeurs principales serait de provenir d'une catégorie professionnelle ou d'un secteur de l'administration mal représenté parmi le contingent des candidatures?

2) Quelques caractéristiques de l'intrant

L'École en est rendue à sa huitième promotion d'étudiants à temps complet (1977-78), dont sept sont déjà retournées sur le marché du travail, la première promotion étant sortie en décembre 1971.

De 1970 à 1972 le nombre de candidatures reçues a oscillé entre 89 et 136. Le nombre d'inscriptions effectives autorisées a pour sa part connu peu de variations (24 en 1970-71, 36 en 1973-74, 22 en 1977-78).

a) L'origine des quelque 80 élèves qui sont passés par l'ENAP au titre de la formation entre 1970 et 1972 est très diversifiée.

— *La Fonction Publique québécoise:* 64 élèves en sont issus provenant de la quasi-totalité des divers secteurs publics et para-publics. Le nombre de représentants varie en général de 1 à 4 exception faite pour les deux plus gros ministères provinciaux: les Affaires sociales (7), l'Éducation (10).

— *La Fonction Publique fédérale:* les principaux ministères ont envoyé à l'École 1 à 2 fonctionnaires en moyenne. Au total 13 en trois ans (3 en 1970, 6 en 1971, 4 en 1972).

— *Autres provinces ou étranger:* le Nouveau-Brunswick a envoyé 1 étudiant en 1972, tandis que le Niger en envoie lui aussi chaque année 1 depuis 1971. Soit 3 au total.

L'École souhaiterait toutefois accroître le nombre d'inscriptions en provenance des commissions scolaires et municipales, du secteur hospitalier, des entreprises publiques, des autres gouvernements provinciaux qui ne fournissent actuellement qu'une part fort modeste des promotions.[9]

b) La formation universitaire antérieure: Les élèves proviennent de disciplines fort variées.

1) Le plus gros contingent 21 sur 80 provient des sciences commerciales.

2) Des contingents intermédiaires proviennent des sciences sociales (11), sciences appliquées (10), sciences de l'éducations (8).

3) De très petits contingents proviennent d'architecture (1), d'administration publique (2), bibliothéconomie (1), droit-notariat (3), géodésie-foresterie (2), géographie-histoire (4), lettres (2), médecine-vétérinaire (1), philosophie (2), récréologie (1), sciences (2).

9 élèves n'ont cependant reçu aucune formation universitaire antérieure

---

9. Une des raisons qui semble avoir tenu éloignés de l'ENAP jusqu'à présent les administrateurs des collectivités locales (scolaires et municipales) paraît être l'octroi d'avantages financiers accordés par les administrations centrales à leur personnel: libération complète par leur employeur étatique durant 16 mois et plein traitement perçu pendant ce même laps de temps. Or les collectivités locales ne paraissent pas disposées actuellement à donner les congés avec traitement à leurs employés.

et ont été recrutés parce que leur expérience professionnelle a été jugée équivalente. [10]

B) LA MISSION «PERFECTIONNEMENT»

Elle s'adresse soit à des «individus occupant déjà des postes de cadres supérieurs qu'ils ne peuvent délaisser pendant une période prolongée», soit «à des fonctionnaires des cadres intermédiaires qui ont besoin d'une certaine initiation aux techniques administratives sans nécessairement devoir assumer des responsabilités administratives importantes ou encore qui assument des fonctions spécialisées de gestion centrale: gestion du personnel, gestior budgétaire.

Quatre clientèles principales sont actuellement concernées par ce programme:

— la fonction publique du Québec. Elle est considérée comme «clientèle prioritaire» en raison de l'immensité des besoins.

— le secteur scolaire

— le secteur hospitalier

— le secteur municipal

Élèves du programme «formation» et du programme «perfectionnement» suivent un profil de cours différencié à l'intérieur d'un processus pédagogique qu'il convient d'examiner.

III. LES PROCESSUS DE FORMATION ET DE PERFECTIONNEMENT

1) Le perfectionnement des administrateurs publics

Considérés comme secondaires jusqu'en 1972, les programmes de perfectionnement ont connu à partir de septembre 1972 une forte poussée qui les a placés en tête des activités d'enseignements de l'École dès la rentrée univeisitaire 1973.

«À titre indicatif, le nombre de sessions de perfectionnement organisées par l'ENAP est passé de 7 en 1971-72 à 166 en 1974-75, alors que le nombre de participants et jours-participants passaient de 214 à 810 respectivement, à 3050 et 13,509 au cours de la même période. L'ENAP a offert 646 sessions au cours de l'année 1976-77 pour un total de 13,022 participants et de 47,902 jours-participants. D'où l'effort croissant de l'École mis sur le perfectionnement des administrateurs publics et para-publics en exercice. »

---

10. L'auteur est navré de ne pouvoir donner aux lecteurs des renseignements statistiques plus récents sur l'origine des élèves de l'ENAP, mais en raison du refus catégorique de collaboration auquel il s'est heurté à l'ENAP, refus d'autant plus regrettable qu'il provient de la haute direction d'un organisme *universitaire* et *public*, il ne lui a pas été possible d'obtenir les informations nécessaires à l'actualisation des chiffres de 1972. Il est vrai qu'entre temps la direction de l'École a changé...

Une différence notable par rapport au programme de formation : leur intensité et leur durée sont moindres. Aussi ne s'attend-on pas «à ce que ces programmes laissent un impact aussi marqué sur les bénéficiaires» d'autant plus que «les bénéficiaires possèdent déjà, par le truchement de leur expérience, des convictions profondes».

Plutôt que d'organiser des cours du soir qui auraient répété les divers types d'enseignement donnés pendant la journée auxquels se seraient inscrits individuellement les fonctionnaires provenant des diverses administrations du secteur public et para-public, l'E.N.A.P. a préféré «mettre sur pied des programmes ad hoc répondant à des besoins précis de clientèles bien identifiables».

Ce sont les contraintes inhérentes à la réalisation d'un tel objectif — collaboration très étendue avec les employeurs et les associations d'administrateurs relativement à la détermination des besoins et à la mise en force des programmes, base de toute pédagogie concertée — qui expliquent le retard pris par le programme de perfectionnement sur celui de maîtrise.

Ce programme relève pour son administration, de la direction du perfectionnement. Cette dernière comprend quatre centres sectoriels et un centre intersectoriel.

a) Le centre de perfectionnement des administrateurs du secteur de l'Éducation

Les premiers programmes de perfectionnement ont été offerts par l'École aux administrateurs du secteur de l'Éducation, en juin 1972, à la demande expresse du ministère de l'Éducation. Depuis juillet 1975 l'École assure la relève des activités de perfectionnement dispensées jusque là par le Centre de perfectionnement des cadres de la CECM.

Trois types principaux de programmes sont offerts par l'École.

«— Un premier type de programmes vise à parfaire la formation de base des cadres scolaires en gestion. Ces programmes portent sur le processus administratif, sur la gestion des ressources humaines et sur la gestion des ressources matérielles et financières.

— Un deuxième type de programmes s'adresse à des clientèles homogènes, en vue de les perfectionner dans l'exercice de fonctions spécifiques (Ex. : en 1976-77 le programme fonctionnel s'adressant aux directeurs de personnel était axé sur les techniques en évaluation de personnel.

— Un troisième groupe de programmes s'adresse plus spécialement aux directeurs généraux des organisations et vise à les aider dans la conception et la réalisation de plans de perfectionnement de même que dans l'analyse des besoins de leur personnel.»

b) Le centre de perfectionnement des administrateurs du secteur des Affaires Sociales

Né à la suite de l'entente intervenue en 1973 entre l'ENAP et le ministère des Affaires sociales, ce centre vise une clientèle de 10,000 personnes comprenant les administrateurs des CH, des CA, des CSS et des CRSS.

Actuellemeftt, l'ENAP dispense divers types de programmes à l'intention des administrateurs du secteur des Affaires sociales. Un premier type de programmes vise à sensibiliser à son environnement les directeurs généraux des organismes relevant du ministère des Affaires sociales. Ce programme s'intitule *L'administrateur et son environnement*. Un deuxième type de programmes vise à parfaire la formation de base des directeurs généraux du secteur des Affaires sociales. Ce programme s'intitule *La gestion des ressources*. Un troisième type de programmes vise à permettre à l'administrateur exerçant une fonction spécifique de mieux comprendre les activités reliées à sa tâche: pratique de l'administration du personnel, planification, relations de travail, gestion des ressources humaines, processus administratif dans les CLSC, etc.

c) Le centre de perfectionnement des administrateurs du secteur des Affaires Municipales

«Créé en 1975 à la suite de l'entente intervenue avec le ministère des Affaires Municipales, ce centre met à la disposition des administrateurs municipaux, un ensemble d'activités de perfectionnement développées en étroite collaboration avec le ministère de tutelle et les associations d'administrateurs municipaux dont l'Association des gérants municipaux, la Corporation des officiers municipaux agréés et la Corporation des secrétaires-trésoriers municipaux du Québec.»

Les programmes de perfectionnement touchent diverses questions importantes telles que: l'évaluation foncière, la comptabilité municipale, la programmation des immobilisations, la législation municipale, la gestion des documents, la planification et la gestion des ressources, la gestion du temps et la gestion par objectif.

d) Le centre de perfectionnement des administrateurs de la Fonction publique

«Les programmes du Centre s'adressent prioritairement aux gestionnaires en exercice dans les ministères et organismes du gouvernement du Québec soit une clientèle d'environ 6,500 personnes. Plus précisément, la clientèle visée comprend les cadres et les adjoints aux cadres, les agents de maîtrise ou gérants, ainsi que certains professionnels qui assument des responsabilités de gestion en tant que chefs d'équipe ou l'équivalent. Par extension, le Centre peu aussi toucher d'autres groupes qui ont un rôle de soutien ou de conseil auprès des gestionnaires, comme les agents de gestion du personnel et les secrétaires de direction.

Le mode de fonctionnement retenu est celui de la collaboration la plus étroite avec le ministère de la Fonction publique de même qu'avec l'ensemble des ministères et organismes gouvernementaux dans le contexte de l'application de la «politique-cadre de développement des ressources humaines dans la fonction publique du Québec». Les programmes du Centre sont de type fonctionnel ou de type organisationnel.

• Les programmes fonctionnels sont, pour la plupart, des programmes réalisés en collaboration avec la direction générale de la Mise en valeur des ressources humaines (D.G.R.H.) au ministère de la Fonction publique. Le Centre élabore des programmes et les offre aux ministères et organismes gouvernementaux en accord avec la direction générale de la mise en valeur des ressources humaines et, généralement, pour les mêmes catégories de personnel, suite à l'identification par celle-ci de certains besoins et objectifs de perfectionnement communs à plusieurs ministères et organismes. Ces programmes peuvent donner lieu à des sessions de perfectionnement soit intra, soit interministérielles, selon le volume et la répartition de la clientèle à atteindre.

Jusqu'à maintenant, les activités du Centre furent surtout des programmes fonctionnels tels : le programme, de gestion à l'intention des directeurs de personnel ; le programme de perfectionnement de la gérance en relations du travail ; le programme de prefectionnement des agents de relations du travail ; le programme interministériel d'accueil des nouveaux cadres dans la Fonction publique ; le programme de renouvellement de carrière. Ces programmes se poursuivent ou sont repris périodiquement en fonction de la demande exprimée. Un programme de perfectionnement en gestion des ressources humaines pour les agents de maîtrise et un programme à l'intention des cadres qui dirigent d'autres cadres (managers de managers) comptent parmi les nouveaux programmes.

• Les programmes organisationnels sont ceux qui correspondent à des ententes particulières avec les ministères ou organismes qui en font la demande. Un programme de ce type est élaboré sur mesure par le Centre en réponse à des besoins et à des objectifs spécifiques à un ministère ou à un organisme donné, et à l'identification desquels le Centre peut être appelé à participer, généralement, un tel programme s'inscrit dans le cadre d'une stratégie globale de développement organisationnel établie par la haute direction de l'organisme-client, ou encore est corollaire à l'introduction de changements affectant certains groupes particuliers à l'intérieur de l'organisme. Dans un tel contexte, l'entente de service entre le Centre et l'organisation cliente peut donner lieu à une série de programmes spécifiques se développant successivement, conformément aux objectifs poursuivis par l'organisme.

Une entente de ce genre existe actuellement entre le Centre et le ministère de l'Industrie et du Commerce. Cette entente a déjà donné lieu à la réalisation d'une série de sessions de perfectionnement à l'intention des cadres et chefs d'équipe du MIC, sur les thèmes suivants : la gestion par programme (PPBS) ; l'individu dans l'organisation (relations humaines I) ; l'individu et son groupe de travail (relations humaines II). D'autres sessions sont envisagées sur des thèmes comme l'environnement de l'administrateur public, la gestion par objectif et la motivation (relations humaines III), etc.»

e) Le centre intersectoriel de perfectionnement

Il a été créé en 1976 en réponse à «l'expression de besoins communs à l'ensemble des ministères et autres organismes publics». Il vise une clientèle diversifiée puisqu'il s'adresse à tous les administrateurs publics indépendamment de leur secteur d'activités.

«La caractéristique principale des activités de ce Centre est qu'elle réfère à des sujets qui sont d'intérêt commun pour l'ensemble des administrateurs publics, que ce soit sur la gestion en général ou sur des techniques s'y rapportant directement. Les activités consistent en des sessions plus ou moins longues, de trois jours à sept semaines, portant sur des sujets à la fois variés et spécifiques, et qui ne sont pas reliés directement à des tâches dans un secteur donné.» Par exemple : le système PPB, le marketing dans le secteur public, la gestion par objectifs, la conduite des réunions, l'introduction à l'informatique, les systèmes d'information pour la gestion, l'analyse des systèmes etc.

On peut donc dire que si l'année 1971-72 fut dans le domaine du perfectionnement une année de «sensibilisation, d'organisation et de relations intenses avec les clientèles de l'École», les années 1972-73 et suivantes marquèrent, en ce domaine, les années du grand bond en avant.

2) La formation des administrateurs publics

À travers un programme de maîtrise en administration publique d'une durée de seize mois l'École vise à «transformer des spécialistes en généralistes». Aussi ce programme s'adresse-t-il exclusivement à un personnel professionnel capable d'accéder ultérieurement au rang de cadre supérieur.

Le programme est dispensé à des étudiants à temps complet et à temps partiel. Les programmes à temps partiel ont débuté à Québec et Montréal en 1973, à Hull en 1975 et à Chicoutimi en 1977.

Les cours du programme à temps plein se répartissent sur trois sessions de 15 semaines chacune, entrecoupées de deux périodes de stage, l'une au Canada, l'autre à l'étranger (Paris, Washington, Londres ou Bruxelles) et se regroupent en quatre grands secteurs d'activité :

1) *Connaissance du milieu:* Institutions politiques et administratives, comportements, systèmes etc...

2) *Instruments d'analyse socio-économique:* Problèmes généraux de l'économie et politique gouvernementale. Mathématiques de la décision, Économique du secteur public, Contentieux de l'Administration, Économie de l'entreprise privée et publique.

3) *Processus administratif:* Session intensive en informatique, gestion et programmation budgétaire, direction du personnel, systèmes et informatique, planification et développement, information et communication avec les clientèles.

4) *Activités d'intégration:* Stages pratiques, ateliers, projet d'intervention.

Le programme prévoit des cours obligatoires (35 crédits), des cours optionnels (15 crédits) pris dans les domaines de l'administration gouvernementale, de la gestion de l'Éducation, de la gestion des ressources humaines, de la gestion des systèmes et des services informatiques, de la gestion de l'information, du développement des politiques, et de l'administration publique comparée (France-Québec), des stages pratiques ou un atelier (4 crédits) et un projet d'intervention (6 crédits), pour un total de 60 crédits.

On s'étonnera quelque peu de voir une École d'Administration mettre tant l'accent sur les techniques administratives, au sens large du terme, alors qu'elle vise à transformer des spécialistes en généralistes. On peut se demander, en effet, si le programme dans son ensemble ne devrait pas plutôt mettre l'accent sur la culture politique, économique, sociale et administrative puisque, par définition, les spécialistes sont ceux qui ont des connaissances techniques mais pas suffisamment de connaissances générales pour remplir adéquatement les fonctions de conception, de coordination, de conseil, d'analyse-critique qui constituent l'essentiel de l'activité d'un cadre administratif.

Les techniques pédagogiques utilisées sont de nature variée, caractérisées toutefois par 6 traits fondamentaux.

1) *Rôle privilégié de l'expérience marqué* à la fois au niveau du recrutement, mais aussi pendant la scolarité proprement dite: travaux pratiques, stages.

2) *Polyvalence d'un enseignement* où se mêlent dans un difficile équilibre l'indispensable culture politico-économico-administrative et les enseignements techniques très spécialisés: PPBS, informatique, comptabilité, etc... indispensables à l'administrateur du XXe siècle.

3) *Amalgame entre candidats* de diverses provenances puisque les promotions mêlent des fonctionnaires originaires de la plupart des administrations publiques et para-publiques de l'État.

4) *Apprentissage du travail en équipe dans les séminaires,* au cours d'enquêtes collectives, lors de la rédaction de rapports de synthèses, etc...

5) *Participation active des étudiants.* Seul un très petit nombre de cours prennent la forme d'un enseignement uniquement magistral. La très grande majorité des enseignants utilise des procédés mixtes: partie magistrale — partie séminaire.

6) *Concrétisation de l'enseignement.* L'accent est mis sur l'étude des situations concrètes plutôt que sur les abstractions et les généralités.

L'application de ces six principes tend à préparer aux prises de décision les étudiants de l'École. L'enseignement est en effet volontairement pragmatiste et répond en cela à l'objectif numéro un d'une école professionnelle: former, non des chercheurs, mais des hommes d'action.

Cette volonté se traduit dans les faits par la place importante faite aux activités d'ateliers, aux stages et au projet d'intervention.

1°) *Les stages:*«Appropriés aux perspectives de carrière des candidats les stages pratiques ont pour objet de donner aux étudiants l'occasion d'une part de se familiariser avec le fonctionnement des institutions administratives des secteurs public et para-public et, d'autre part, d'étudier certains aspects de ces institutions et de les situer dans une perspective de management comparé.

Autrement dit les stages et les visites de courte durée ont pour but de «dépayser» et d'enrichir l'expérience de l'étudiant par l'utilisation de méthodes concrètes d'administration comparée. Au Canada il vise à familiariser l'étudiant-agent de la fonction publique québécoise avec les problèmes de l'administration fédérale (Ottawa) ainsi qu'avec ceux vécus par les administrations municipales du pays.

En France ou aux États-Unis les stages ont lieu en général dans une administration homologue à celle dans laquelle le fonctionnaire québécois travaillait.

Malgré le soin apporté par les dirigeants de l'École et les élèves eux-mêmes à la préparation de ces stages et la rédaction du rapport de synthèse qui en découle, la brièveté de ces séjours (4 à 6 semaines maximum) n'a pu éviter de leur conférer, selon les termes mêmes d'un membre du Conseil d'Administration, un aspect de «tourisme administratif» un peu trop prononcé.

2°) *Les ateliers:* Les étudiants à temps partiel qui sont dans l'impossibilité de suivre les stages peuvent y substituer un atelier. Au sein de l'atelier de son choix l'élève apprend à analyser une question de politique gouvernementale en remontant tout le cheminement décisionnel depuis la formation des problèmes et des objectifs, jusqu'à l'adoption des moyens et instruments de réalisation, en passant par la prise de conscience des contraintes de toutes sortes imposées par le contexte et l'environnement.

Les principaux ateliers existants portent sur les sujets suivants:

- l'organisation et la gestion administrative;
- les affaires sociales;
- les communications;
- la coordination régionale;
- la décentralisation dans les services de santé et les affaires sociales;
- la résolution d'un problème de ressource humaine dans la gestion de l'administration publique;
- la réorganisation du service des loisirs et des activités socioculturelles dans une municipalité;
- les ressources naturelles;
- les ressources humaines;
- la gestion interne;
- le management;
- la prospective.

3°) *Le projet d'intervention.* À partir de problèmes proposés par divers services gouvernementaux, chaque étudiant individuellement, sous la direction du chef de service administratif concerné, est amené par simulation de la réalité, à analyser une question et, en tenant compte de toutes les implications envisageables, à proposer une solution acceptable.

«L'intervention peut prendre diverses formes et notamment celle d'une étude effectuée sous la direction d'un adminstrateur ou dans le cadre des travaux d'un comité ou d'un groupe de travail».

Tels sont, analysés dans leurs grandes lignes, les principaux traits de la pédagogie concertée et appliquée, en vigueur à l'E.N.A.P.

Celle-ci a-t-elle contribué à fabriquer un produit original susceptible d'avoir quelques implications sur la vie administrative québécoise?

Pour répondre à cette question, il importe d'examiner maintenant la valeur attribuée aux produits finis fabriqués par l'École, c'est-à-dire l'Output.

IV. LES OUTPUTS

Le produit «fabriqué» par l'École se présente sous deux aspects: la recherche d'une part, la valeur ajoutée au fonctionnaire-étudiant à la sortie de l'école d'autre part.

1) La recherche en administration publique

Une des trois grandes activités de l'École — outre la formation et le perfectionnement — s'avère être: la recherche.

Pour diverses raisons il avait été décidé, dès la création de l'École, d'accorder une place de choix à ce secteur d'activités:

— Tout d'abord parce que la recherche en administration publique est un vaste domaine encore largement inexploré dans le pays.

— Ensuite parce que la recherche est un enrichissement permanent et continu pour l'enseignement dont elle accroît la qualité.

— En troisième lieu parce que la charge d'enseignement relativement légère du corps professoral lui laisse du temps livre pour s'y adonner, chaque professeur étant censé consacrer la moitié de son temps à la recherche.

L'ENAP semble avoir, ces dernières années, surmontée en partie les handicaps sérieux, de nature humaine et matérielle que l'institution connaissait sur le plan de la recherche.

Les activités de recherche de l'École se sont en effet développées progressivement grâce à l'initiative des professeurs et à l'octroi par le gouvernement de plusieurs recherches commanditées. Pour l'année universitaire 1974-75 les contrats de recherche subventionnés ou commandités ont totalisé quelque $193,700; pour l'année 1975-76 ils ont atteint la somme de $260,000 et se sont élevés en 1976-77 à $300,000.

Ces activités de recherche ont porté jusqu'à maintenant sur des sujets dans les six champs de recherche suivants:

- les politiques gouvernementales;
- les institutions administratives;
- les processus administratifs;
- l'enseignement de l'administration publique;
- l'utilisation de l'informatique aux fins de gestion;
- l'analyse des besoins de perfectionnement des administrateurs.

Toutefois, l'aspect «confidentiel» qui découle généralement du caractère «commandité» de la recherche, fait que, trop souvent, les travaux de recherche effectués à l'École ne donnent pas lieu à des publications.

On regrettera, en outre, la faible participation des étudiants aux activités de recherche de l'institution. Pratique qui prive la recherche en administration publique de personnes-ressources qualifiées qui pourraient très fortement contribuer à l'avancement des connaissances dans un domaine encore largement inexploré.[11]

2) Les anciens élèves dans l'administration

Trop peu de promotions étant jusqu'à maintenant sorties de l'École, il est évidemment très difficile de préciser le rôle joué par les anciens de l'ENAP dans l'État et la nation québécoise.

Il faudra attendre que plusieurs autres promotions soient issues de l'École, pour voir si celle-ci a contribué à encourager certaines forces de changement à l'intérieur de l'administration et pour savoir si le passage par l'E.N.A.P. a été un facteur décisif de promotion et un tremplin pour l'accès à des postes de haute responsabilité.

Il est uniquement possible de dire actuellement, que contrairement à ce qui se passe en France, aucun mythe de l'ancien E.N.A.P. ne s'est encore développé; l'E.N.A.P. n'apparaissant pas présentement comme une fabrique de technocrates, aucune «énarchie» locale ne s'étant jusqu'ici imposée.

D'autre part, les anciens de l'E.N.A.P. ni ne «quadrillent», ni ne «colonisent» pour l'instant l'administration publique provinciale. Ils ne constituent nullement au sein de l'administration québécoise un réseau, une «nébuleuse» dont la solidité et l'efficacité se fonderaient, comme c'est le cas en France, autan sur les relations d'amitié nouées pendant le séjour à l'École, que sur l'identité de formation reçue.

Il n'y a pas encore, non plus, de «style», de langage «sui generis», assurant entre les anciens une communication rapide et facilitée, une forme de pensée et d'expression propre, de laquelle seraient exclus ceux qui n'auraient pas passés par le moule. Si bien que les anciens ne constituent nullement, pour l'instant, une espèce administrative d'un type particulier dotée de reflexes communs.

La volonté des élèves de l'E.N.A.P. manifestée dès la sortie de la première promotion, de donner vie à une Association d'anciens élèves, pourrait peut-être contribuer à modifier cet état de chose dans les années ultérieures.[12]

---

11. Cf. liste des travaux de recherche effectués à «l'ENAP dans l'ENAP au 1er octobre 1977», p. 171 à 200.

12. L'Association des diplômés de l'ENAP a effectivement vu le jour en 1972.

CONCLUSION

Héritière comme toute l'administration publique québécoise de deux grands courants de pensée, au carrefour desquels elle se situe: le courant juridico-institutionnel européen d'une part et le courant fonctionnaliste et «managerial» nord-américain d'autre part, l'E.N.A.P. québécoise, par maints aspects, présente les caractères d'une institution originale à mi-chemin entre l'E.N.A. française et les business-schools américaines.

Institution dont la mission est de fabriquer pour le compte de l'État des serviteurs capables de maîtriser les techniques modernes, créatrices de progrès et de changement dans un univers en pleine transformation, l'E.N.A.P. a fait preuve, jusqu'à présent, d'une forte vitalité et est en train, de plus en plus, dans plusieurs domaines d'activité, d'apporter la preuve de son efficacité.

L'ENAP: ÉCHEC OU RÉUSSITE?

Créée en 1969-70, l'École Nationale d'Administration Publique du Québec (ENAP) a complété en décembre 1974 la formation académique de sa quatrième promotion. Désireux, après cinq années de fonctionnement, de dresser un bilan de l'activité de cette institution, l'auteur a interrogé en novembre-décembre 1974 tous les diplômés et élèves actuels du programme de maîtrise de l'ENAP, (114 personnes) ainsi qu'un échantillon aléatoire de 315 professionnels, adjoints aux cadres et cadres supérieurs de la fonction publique québécoise. À cette dernière catégorie s'ajoutent 33 directeurs du personnel et 49 agents de perfectionnement. Soit un total de 397 membres de la fonction publique non-diplômés de l'ENAP. Les réponses apportées à cette enquête dégagent les perceptions de ces divers acteurs vis-à-vis du programme de maîtrise professionnelle de l'École et du rôle joué par les Anciens dans l'administration gouvernementale.

MÉTHODOLOGIE

Cette enquête a été effectuée à l'aide de questionnaires anonymes adressés aux intéressés par voie postale. 53.5% d'Anciens Élèves ont répondu se repartissant comme suit: promotion 1971 (22.9%), promotion 1972 (21.3%), promotion 1973 (19.7%), promotion 1974 (29.5%). Les fonctionnaires non diplômés de l'ENAP ont, quant à eux, répondu dans la proportion d'un tiers, soit 57.5% de sous-ministres, cadres, adjoints aux cadres, directeurs du personnel ou agents de perfectionnement et 40.3% de professionnels travaillant au sein de 21 ministères et 14 organismes para-publics québécois. C'est dire combien les résultats de cette recherche reposent sur une base largement représentative.

Quatre objectifs principaux ont constitué les grandes lignes directrices de cette recherche: 1) Dresser un portrait-robot de l'Enapien 2) Étudier les problèmes posés par l'admission à l'École 3) Analyser les problèmes soulevés par la scolarité et 4) Examiner les modalités de réinsertion des diplômés dans l'administration gouvernementale.

I. PORTRAIT-ROBOT D'UN ENAPIEN

Il a été dressé à partir de trois séries d'interrogations. La première série visait à cerner les données socio-économiques caractéristiques des anciens élèves en tant que groupe. La seconde série avait pour but de faire apparaître la tendance politique dominante en leur sein. Et la troisième série avait pour objectif, de connaître la position du groupe vis-à-vis des grands problèmes administratifs contemporains.

A) UN JEUNE PROFESSIONNEL EXPÉRIMENTÉ, D'ORIGINE SOCIALE ET UNIVERSITAIRE DIVERSIFIÉE...

L'Enapien est un jeune professionnel (70% ont entre 30 et 40 ans), de sexe masculin presque exclusivement (95%), marié (79%), père de deux enfants au plus (72%) et propriétaire de sa résidence (72%). Ce sont là, les principaux points qui tendent à conférer au groupe une certaine force de cohésion et qui expliqueront, ultérieurement, plusieurs positions communes face à certains problèmes.

Cette cohésion n'est cependant pas totale. À côté de ces forces centripètes, existent de nombreuses forces centrifuges, à l'origine des positions variées prises par les Anciens devant certaines autres questions. Quatre éléments centrifuges peuvent être retenus. Ce sont : l'origine sociale, universitaire, professionnelle et géographique.

1) *l'origine sociale :* Un grand nombre d'Anciens Élèves (40% environ) sont issus des milieux défavorisés ou peu aisés de la population (-$.10.000 de revenu familial parental annuel), tandis qu'au contraire un groupe presque aussi important (34%) déclare des revenus familiaux annuels pour leurs parents, supérieurs à $15,000. [1]

2) *l'origine universitaire :* Si les diplômés des sciences sociales sont majoritaires (41%), les diplômés d'administration privée ne sont pas moins nombreux (33%). Quant aux jeunes gens issus des facultés des sciences exactes, ils fournissent aussi un contingent appréciable (20%).

3) *l'origine professionnelle :* Tous les élèves de l'École ont reçu, au préalable, une expérience professionnelle durant au moins trois ans. Toutefois, si un peu plus de la moitié d'entre eux (54%) a acquis cette expérience en partie à l'extérieur du service public, conformément au système de fonction publique «ouvert» caractéristique du continent nord-américain, 44% n'ont cependant jamais travaillé dans le secteur privé durant des périodes de plus de six mois consécutifs. Ceci est révélateur de l'entrée, depuis le milieu des années soixante, du Québec, dans le système de fonction publique dit «de carrière».

4) *l'origine géographique :* Les élèves viennent d'un peu toutes les régions administratives du pays sauf Outaouais, Nord-Ouest et Nouveau-Québec, en raison sans doute de l'attraction exercée dans ces régions par l'administration fédérale et Ottawa. Cependant, la répartition n'est pas très proportionnelle. En effet, en raison vraisemblablement du siège des ministères provinciaux à Québec, cette région et celle du Saguenay-Lac St-Jean, sont sensiblement sur-représentées avec respectivement 41% et 13% d'Énapiens, contre seulement 13% pour la région Montréalaise. C'est dire que l'École Nationale d'Administration Publique du Québec est surtout l'ENAP de Québec.

B) ...DE TENDANCE PÉQUISTE ASSEZ MARQUÉE...

Si la très large majorité des Enapiens s'abstient d'avoir une quelconque *activité politique partisane* (80%) — seuls 16% avouent être militant d'un parti politique — cela ne saurait nullement signifier qu'ils s'abstiennent de partager une quelconque *opinion politique.*

En effet, les Enapiens accomplissent leurs devoirs de citoyens fort convenablement, puisqu'aux *élections provinciales* ils ne viennent guère grossir les rangs de l'abstentionnisme : 1.6% d'abstentions seulement. Quant à

---

1. L'enquête eut lieu, ne l'oublions pas, en décembre 1974.

leur vote il est fort significatif et se caractérise 1) par une rejet total et absolu des options créditistes et unionistes, 2) par une tendance assez faible en faveur du parti libéral (18%) et 3) par une tendance très nette et dominante favorable au Parti Québécois (50.8%). Cette dernière est, en outre, fort vraisemblablement, sous-évaluée ici. Les craintes qui envahissent les fonctionnaires interrogés par voie de questionnaires sur l'origine, les buts et l'anonymat véritable de l'enquête, font en effet que très souvent les «fonctionnaires d'opposition» se réfugient prudemment derrière les non-réponses qui atteignent ici 29.5%.

Aux élections fédérales toutefois, en raison de l'opinion indépendantiste de la majorité des Enapiens, les attitudes vis-à-vis de l'abstentionnisme varient sensiblement. Le taux d'abstentions s'accroit effectivement très fortement pour atteindre 26.2%. Cet accroissement est dû aux partisans de l'indépendance québécoise, puisque si l'on additionne les suffrages qui vont au NPD (24.6%) et le taux d'abstentions (26.2%) on obtient les 50.8% des voix péquistes provinciales. Autrement dit, la moitié environ des votes péquistes va grossir l'abstentionnisme aux élections fédérales, tandis que l'autre moitié accorde ses faveurs à la démocratie sociale. Aucun diplômé de l'École ne déclare voter, ici non plus, pour le Crédit Social ou les Conservateurs.

C) FAVORABLE À UNE ADMINISTRATION PUBLIQUE MODERNE ET DÉMOCRATIQUE

Interrogés sur les grands problèmes administratifs modernes, les Anciens Élèves ont adopté des positions, à peu de choses près, identiques à celles que nous faisaient connaître, les professionnels, adjoints et cadres supérieurs de la fonction publique, non issus de l'E.N.A.P.

Ceci semble prouver que les Anciens ne constituent guère une caste à part dans l'administration publique de la province. Leur passage à l'École n'en fait pas une catégorie spéciale nourrissant des vues de «classes» ou de «tribus» sur les solutions à apporter aux problèmes des administrations contemporaines.

C'est ainsi qu'anciens élèves ou non de l'École, les fonctionnaires des cadres moyens et supérieurs de l'État, se déclarent 1) favorables à la mise en place d'une véritable *planification* des activités gouvernementales, 2) favorables au *droit de grève* avec des limitations dans les secteurs publics et parapublics, 3) en faveur d'une plus grande *déconcentration* des administrations publiques et d'une *décentralisation* accrue au niveau régional, 4) pour le développement des *administrations consultatives* afin de faire participer davantage la population aux prises de décision.

Beaucoup (62-64%)[2] ont très fortement «le sentiment de *servir l'État*» et estiment que le pouvoir réel se situe au Québec, d'abord au sein du gouver-

---

2. Le 1er pourcentage est celui des Enapiens, le second pourcentage celui des agents publics non-diplômés de l'ENAP.

nement (42-39%), ensuite dans le secteur privé (21-18%) et seulement en 3e lieu dans l'administration publique (19-17%). Le «pouvoir technocratique» semble donc au Québec contenu par deux barrières: les hommes politiques et les hommes d'affaires. C'est la raison peut-être pour laquelle 64% et 62%[3] respectivement ne rejettent pas d'emblée l'idée d'aller travailler un jour ou l'autre dans le secteur privé.

En attendant, 88% des Enapiens et 65% des non-diplômés de l'École préconisent, afin d'améliorer le rendement dans l'administration publique, la mise en application de la théorie moderne des relations humaines. Celle-ci insiste, on le sait, sur l'amélioration des communications (23%) et le développement de la participation et de la motivation au travail (65.5%) à l'intérieur du secteur gouvernemental. Seule une poignée d'Anciens Élèves (3.7%) et non-diplômés de l'ENAP (9.7%) préconise de recourir au renforcement de la discipline ou à l'accroissement des rémunérations comme moyen d'accroître la rentabilité de la Fonction publique.

Les fonctionnaires québécois interrogés — Énapiens compris — se révèlent donc être majoritairement modernes et démocrates.

II. L'ADMISSION À L'ENAP

Elle posait trois problèmes essentiels: 1) les conditions d'accès fixées par l'École 2) la motivation des candidats à la scolarité et 3) la réaction des employeurs publics.

A) DES CONDITIONS D'ACCÈS SATISFAISANTES

Tant en ce qui concerne le niveau d'instruction requis (Bac. spécialisé), qu'en ce qui concerne le principe de l'expérience professionnelle acquise (3 ans minimun) avant tout dépôt de candidature, les Anciens Élèves s'accordent pour juger les conditions d'accès convenables (91% et 52.6% respectivement). Une forte minorité (46%) se déclare même favorable à un allongement du délai minimum d'expérience professionnelle.

Quant aux techniques de sélection utilisées, elles sont jugées généralement «satisfaisantes» voire «très satisfaisantes» par la majorité des Énapiens. Le rapport confidentiel constitue la technique qui recueille le plus de suffrages (77%). Les tests psychotechniques et le texte de 300 mots donnant les raisons de la candidature recueillent, quant à eux, un peu moins d'éloges, avec respectivement 67% et 70%. On reproche surtout à ce dernier un «certain manque de rigueur scientifique» et plusieurs répondants semblent lui préférer la méthode de l'entrevue.

B) LES RAISONS DE LA CANDIDATURE:
CULTURE ET CARRIÈRE

Interrogés sur les raisons qui les ont poussés à faire acte de candidature à

---

3. *Ibid.*

l'ENAP, les Anciens ont indiqué, en premier lieu, «le désir d'accroître leurs connaissances» (45.9%) et, en second lieu, «être mieux équipé pour obtenir plus rapidement un poste d'adjoint aux cadres ou de cadre supérieur dans la Fonction publique».

Nous verrons sous peu que cette seconde motivation, déçue, sera une des explications du malaise ressenti par plusieurs diplômés, une fois de retour dans l'administration active.

Les autres raisons invoquées ne rallient qu'un assez petit nombre de suffrages — «fuir son milieu de travail» (3.2%), «obtenir un diplôme de 2e cycle» (11.5%) — quant ils en recueillent: «être mieux équipé pour briguer un poste dans le secteur privé» (0%).

L'entrée à l'ENAP n'est donc pas, pour les candidats, un tremplin vers le monde des affaires. Nous aurons bientôt l'occasion de voir se vérifier cette déclaration.

C) LA POSITION DES ADMINISTRATEURS PUBLICS: DU MEILLEUR ET DU PIRE

Interrogés sur les raisons qui ont poussé leurs supérieurs hiérarchiques à accepter leur mise en congé avec solde et leur départ pour l'ENAP, les Anciens Élèves ont majoritairement répondu: «parce qu'ils étaient désireux, de nous voir faire profiter, ultérieurement, l'administration de nos connaissances nouvelles». L'aspect investissement intellectuel serait donc la motivation principale, si l'on en croit les Anciens Élèves.

Un certain nombre d'entre eux, toutefois, (8.1%) fait état de certaines difficultés et indique: «parce que les supérieurs hiérarchiques ne pouvaient refuser», ou bien «je leur ai forcé la main» voire encore «cela s'est fait contre leur volonté». 4.9% des Énapiens vont même jusqu'à déclarer «parce que c'était un moyen commode pour eux de nous éloigner pour des raisons multiples et pour un temps plus ou moins long de leur services». Il semble donc qu'un certain pourcentage de candidatures, se situant autour de 13%, connaisse certains problèmes au niveau du recrutement.

Ceci est d'ailleurs confirmé par les non-diplômés de l'ENAP. Pour eux aussi les motivations des supérieurs hiérarchiques sont multiples: «ils accèdent à la demande de l'employé» (4), «pour permettre au candidat de se perfectionner» (5), mais aussi «par favoritisme» (4), ou bien «parce qu'ils n'ont pas le choix» (3), soit encore «en compensation d'une promotion refusée» (1). Certains disent même «parce que le candidat n'est pas indispensable» (1) ou bien invoquent une raison de prestige pour le service: «car cela paraît bien d'envoyer un de ses employés à l'ENAP».[4]

III. LA SCOLARITÉ À L'ENAP

La recherche a tenté d'évaluer la qualité du corps enseignant, la nature des programmes et la valeur de la formation acquise.

---

4. Entre parenthèses le nombre absolu de répondants ayant indiqué cette option.

A) UN CORPS ENSEIGNANT EN PARTIE CRITIQUÉ

Le personnel enseignant semble être l'objet de critiques assez vives de la part des Énapiens, puisque 11.4% seulement d'entre ces derniers trouvent «pleinement satisfaisante» sa composition. 78% estiment que cette composition les satisfait «en partie seulement» et 8.2% optent même carrément pour la formule «peu ou pas du tout».

Les principales raisons invoquées — à tort ou à raison — par les Énapiens sont: l'incompétence de certains professeurs (5), la non-motivation de plusieurs d'entre eux (4), le trop grand nombre de professeurs à temps partiel (2), le manque de coordination entre professeurs (2), le manque d'administrateurs privés parmi les enseignants (2), le manque d'administrateurs publics de valeur engagés comme professeurs (2), la préférence pour la recherche au détriment de l'enseignement chez plusieurs enseignants (1), sans omettre «le trop grand nombre d'universitaires» (31.1%).

En résumé, les deux réclamations principales semblent donc être 1) l'accroissement du nombre de professeurs à temps plein et 2) l'entrée d'un plus grand nombre de praticiens de l'administration (managers publics et privés) dans le corps enseignant.

B) RÉVISER LE PROGRAMME, DÉVELOPPER LA RECHERCHE

Interrogés sur la nature des activités qui ont, selon eux, le plus contribué à l'enrichissement de leurs connaissances personnelles, les Enapiens ont indiqué en premier lieu: les cours, en second lieu: les ateliers, en troisième lieu: les stages, en quatrième lieu: les projets d'intervention et en dernier: les groupes de discussion.

En ce qui concerne les stages, il apparaît clairement que c'est le stage à l'étranger qui a apporté aux Élèves le plus de satisfaction (85.2%). Il est suivi, par ordre d'importance décroissante, du stage dans le secteur public canadien (80.3%) et de celui effectué dans une entreprise privée au Canada (65.5%).

Les deux raisons d'insatisfaction généralement invoquées, surtout en ce qui concerne les stages au Canada sont: 1) le manque de structuration ou de préparation du stage et 2) la durée trop courte du séjour. C'est donc non pas le principe même des stages qui est critiqué, mais simplement leur organisation et leur durée.

60.6% des Enapiens se déclarent satisfaits du nombre de matières à option offert dans le programme de formation de l'École. 34.4% cependant estiment cette quantité «trop peu élevée» et 26.2% souhaiteraient même voir apparaître des secteurs de spécialisation dans le domaine «de la gestion financière» (4), «de la gestion du personnel» (3), «de la gestion économique» (2), des «techniques administratives (0 et M, planification, informatique) ou de la psycho-sociologie» (1).

Ces suggestion traduisent assez bien dans une certaine mesure la revendication majeure des Énapiens. Ceux-ci estiment, majoritairement (63.2%), que l'enseignement donné à l'ENAP mettant principalement «l'accent sur la connaissance générale en matière administrative, politique, économique et sociale», il y aurait lieu de donner, à l'avenir, plus d'importance aux techniques administratives, afin de réaliser dans le programme «un équilibre entre ces deux nécessités» (67.2%).

L'enseignement devrait cependant continuer, selon l'avis de 63.9% des Énapiens, à faire «une part convenable à la théorie et à la pratique».

Par contre, il y aurait lieu, sans doute, d'utiliser davantage les compétences intellectuelles et professionnelles des étudiants à la maîtrise, en les faisant participer davantage au développement de la recherche en administration publique. La recherche étant effectivement une des missions essentielles de l'ENAP, il est regrettable, compte tenu des lacunes considérables qu'enregistre la province et le Canada dans ce domaine, que 57.3% des Énapiens puissent déclarer qu'au cours de leur scolarité les étudiants contribuent somme toute «assez peu», voire «pas du tout» (36%) au développement de la recherche sur les secteurs publics et para-pubics.

C) RÉSULTATS D'ENSEMBLE: UN JUGEMENT NUANCÉ

Les résultats d'ensemble sont très nuancés et semblent révéler beaucoup plus un demi-succès qu'une réussite complète.

La majorité des Énapiens (57.4%) estime qu'un des objectifs de l'École — transformer des spécialistes en généralistes — n'a été atteint qu'en «partie seulement». Les fonctionnaires du gouvernement non-diplômés de l'ENAP partagent eux-aussi majoritairement (52.2%) cette opinion. Ils auraient même un jugement plus modéré que les Anciens Élèves, puisqu'ils ne sont que 16.4% contre 42.6% à penser que cet objectif a été «complètement ou en grande partie» atteint.

Interrogés sur la capacité de l'École de former par ses méthodes des hommes d'action aptes à prendre des décisions, les fonctionnaires non-diplômés de l'ENAP et leurs collègues Énapiens partagent un avis à peu près identique. Celui-ci est simplement légèrement moins favorable chez le premier groupe, comme précédemment d'ailleurs. En effet 52.4% d'Énapiens contre 47.8% de non-diplômés de l'École estiment que cet objectif a été réalisé «seulement en partie». Seule une minorité — respectivement 27.8% et 22.4% — juge que cet objectif a été atteint «complètement ou en grande partie».

D) LE DIPLÔME DE L'ENAP: LOIN DERNIÈRE LE MBA,
LOIN DEVANT LA MAÎTRISE DE SCIENCE POLITIQUE

Tout ce qui précède annonce assez clairement la valeur accordée au diplôme de l'ENAP par nos deux groupes distinctifs.

Le diplôme de l'ENAP, comparé aux maîtrises de Science Politique, de Science Économique et au MBA, recueille au sujet de la valeur reconnue à ces titres par l'administration publique, un taux bien plus élevé chez les Énapiens (14.7%) que partout ailleurs dans la fonction publique (5.2%).

Il arrive en effet en 2e position à égalité avec la maîtrise en sciences économiques selon les Énapiens, alors que les autres fonctionnaires le situent en 3e position précisément à la suite de ce dernier.

Par contre, les uns et les autres s'accordent pour reconnaître aisément 1) que le diplôme de maîtrise le mieux coté dans la Fonction publique québécoise reste le MBA (19.6% selon l'avis des Énapiens et 50.8% selon les non-diplômés de l'ENAP) et 2) le moins prisé des diplômes énoncés précédemment reste la maîtrise en Science Politique (Énapiens 1.6% et autres fonctionnaires: 0.7%). Ce dernier résultat, peu flatteur pour une des disciplines à laquelle appartient l'auteur de ces lignes, 1) appelle plus que jamais une meilleure information des milieux gouvernementaux sur la valeur d'un diplôme que nous croyons fortement sous-évalué et méconnu et 2) renforce la thèse en faveur d'une création dans les universités québécoise d'un enseignement complet en 3 cycles de la science de l'administration publique, seule manière de former de façon satisfaisante, c'est-à-dire pluridisciplinaire, les futurs serviteurs de l'État. Seul un enseignement autonome de l'administration publique pourra en effet allier les avantages offerts par plusieurs disciplines existant actuellement, sans présenter les lacunes de chacune d'entre elles.

En attendant la création problématique d'un tel enseignement, signalons, ce qui ne nous surprendra pas après les résultats précédents, que 59% des Anciens Élèves estiment que, d'une façon générale, sur le plan de la formation professionnelle, le diplôme de l'ENAP leur a «beaucoup» apporté. Seuls 9.8% des Anciens indiquent avec pessimisme que le diplôme leur a à vrai dire apporté «assez peu de choses». Personne cependant n'a indiqué n'avoir reçu rien de valable durant la scolarité.

Le taux de satisfaction des Anciens est encore plus élevé lorsqu'il s'agit de savoir, si c'était à refaire, «s'ils poseraient volontiers de nouveau leur candidature à l'ENAP». 86.9% répondent en effet positivement, contre 6.5% seulement qui donnent une réponse négative. Cet accroissement du taux de satisfaction s'explique vraisemblablement par le succès, en dehors même de toute valeur formative, du système d'année sabbatique introduit par les possibilités de scolarité à l'ENAP. Le nouveau rythme de vie, le retour à un mode de travail moins routinier, l'accent mis sur la réflexion et la discussion au lieu de la gestion et de l'application stricte des normes, la liberté d'expression encouragée, l'absence de ligne hiérarchique, les séjours à l'étranger, le tout avec plein salaire et sans aucun ralentissement dans le processus de carrière, ne sont pas, et on le comprend fort bien, sans attrait pour le fonctionnaire québécois.

Ce sont là, en tout cas, des raisons suffisantes, pour que nombre de ceux qui n'ont à propos de leur scolarité à l'ENAP qu'une opinion assez modérée, s'estiment tout compte fait prêt à y retourner, en application du proverbe «entre deux maux, mieux vaut choisir le moindre».

Cette différence dans le mode de vie et l'ambiance de travail à l'École n'aident sûrement pas au retour dans la vie active le jeune administrateur diplômé.

IV. LA RÉINSERTION DANS L'ADMINISTRATION ACTIVE

Elle a été étudiée sous trois angles: 1) l'influence du diplômé dans l'administration 2) le niveau de satisfaction atteint par les Anciens Élèves dans leur nouveau travail et 3) les avantages de carrière offerts par l'obtention du diplôme.

A) NI ÉNARQUE, NI NAPERON

Peut-on parler d'un style, d'un corps, d'une mentalité, propre aux Énapiens au sein de l'administration publique? Il semble bien que non. D'abord, parce que nous avons vu précédemment que les Anciens Élèves partageaient sur les grands problèmes administratifs de notre temps, des vues fort identiques à celles de leurs collègues non-diplômés de l'École. Ensuite, parce que plusieurs autres réponses sont venues confirmer ultérieurement cette première constatation.

Seule une infime minorité d'Anciens (16.3%) et de fonctionnaires (17.9%) estime que les Énapiens ont acquis une façon commune d'envisager et de résoudre les problèmes administratifs. De la même façon, seuls 9.8% d'Énapiens et 15.7% de fonctionnaires croient que se crée actuellement au sein du monde administratif une sorte de réseau constitué des Anciens Élèves réseau qui privilégierait ses membres pour l'accès à l'information ou aux postes de responsabilité.

Rien d'étonnant par conséquent si la majorité des répondants (Énapiens: 29.5% et fonctionnaires: 53%) estime que le titre d'Ancien Élève de l'ENAP ne confère à son détenteur un prestige particulier au sein de l'administration publique québécoise que «dans une certaine mesure seulement». En outre, respectivement 27.8% et 26.1% d'entre eux, déclarent même que ce diplôme n'apporte selon eux à son titulaire que «peu ou pas du tout» de prestige.

Les diplômés de l'ENAP québécoise ne sont donc, ni des «Énarques» comme leurs confrères parisiens, ni tout à fait des «Naperons» comme on les qualifie quelquefois par dérision.

B) UN FORT CONTINGENT DE DÉÇUS ET DE MÉCONTENTS

Si la majorité des répondants — 34.4% — pense que le diplôme leur a permis d'obtenir un poste de niveau supérieur en matière de responsabilité à celui qu'ils occupaient avant leur entrée à l'École, un nombre non négligeable d'entre eux déclare n'avoir obtenu à leur retour dans l'administration qu'un poste de même niveau (21.3%) voire même de niveau inférieur (65.%). Ces deux derniers cas constituent, incontestablement, une source très sérieuse de déception, de mécontentement et de frustration dont la responsabilité principale incombe sans doute plus au gouvernement et à l'administration de la Fonction publique qu'à la direction de l'École.

Devant l'importance majeure de ce problème nous avons été amené à réaliser une étude plus sophistiquée qui nous a entraîné à distinguer parmi les Anciens Élèves quatre groupes principaux: 1) ceux qui avaient réintégré leur poste au sein de leur ministère d'origine, 2) ceux qui avaient occupé un autre poste au sein du même ministère, 3) ceux qui avaient occupé un autre poste dans un autre ministère ou organisme para-public et 4) ceux qui avaient opté pour le secteur privé. Cette classification nous a permis de dégager les cinq constatations suivantes:

1- «Le pantouflage» i.e. le départ pour le secteur privé est nul.

2- La plupart des Anciens ont réintégré leur ministère mais occupé un autre poste (39.3%). Nombreux sont ensuite ceux qui ont quitté leur ministère, mais sont restés dans la fonction publique (18%). Un peu moins nombreux sont ceux, cependant, qui n'ont réussi qu'à occuper le même poste au sein de leur ministère d'origine (14.7%).

3- Les données globales indiquent, en outre, que parmi les Anciens Élèves , 44.2% sont satisfaits de leurs nouvelles responsabilités. Toutefois, un pourcentage appréciable d'Anciens se déclare «peu satisfait» (19.7%) voire «déçus» (8.2%). Soit, si l'on ne tient pas compte du pourcentage de 27.8% de non-réponses, tout près de *4 Anciens Élèves sur 10 mécontents et plus ou moins frustrés.* Dans quelle(s) catégorie(s) trouve-t-on les plus hauts taux de satisfaction et de déception?

4- Les taux les plus élevés de satisfaction se trouvent parmi ceux qui ont occupé un autre poste au sein de leur ministère d'origine (75% de satisfaction) ou dans une moindre mesure chez eux qui n'ont réintégré ni leur poste ni leur ministère mais sont restés dans le secteur public ou para-public (54.6% de satisfaction).

5- Les taux les plus élevés de mécontentement et de déception s'enregistrent parmi ceux qui ont évidemment réintégré leur poste au sein de leur ministère d'origine (2/3 de mécontentement et de déception).

C) UN SIMPLE AVANCEMENT D'ÉCHELON

Déception et frustration découlent non seulement du type de travail qui est confié aux Énapiens à leur sortie de l'ENAP, mais aussi du fait que le diplôme ne leur permet de bénéficier que d'un simple avancement d'échelon au sein de la catégorie des professionnels (opinion de 39.3% d'Énapiens et de 53% de non-diplômés de l'École).

Signalons, toutefois, qu'un fort contingent de fonctionnaires (23.1%) croit encore, au sein du gouvernement, que le diplôme de l'ENAP permet d'accéder directement au rang d'adjoint aux cadres supérieurs (ACS). Cette croyance, illusoire, est à l'origine du mécontentement notable enregistré présentement et une source de déceptions pour l'avenir.

D) UNE SOLUTION : LA PLANIFICATION DES RESSOURCES HUMAINES

Afin de répondre aux légitimes aspirations des diplômés et leur permettre d'accéder aux postes répondant à leurs attentes qu'ils seraient en mesure de remplir adéquatement, il convient de mettre sur pied une meilleure planification des ressources humaines au sein de la Fonction Publique.

C'est à cela que réfèrent nos répondants lorsqu'ils suggèrent comme remède aux maux précédents : «de préciser avant le départ du candidat le poste qu'il occupera à son retour» (14), «de faire une meilleure sélection en fonction des besoins de l'administration» (10), d'établir une meilleure planification des carrières et des postes» (8), «de définir une véritable politique du perfectionnement» (8), «de voir à une meilleure préparation du retour du candidat» (5), «de créer une banque des finissants de l'ENAP accessible à tous les ministères» (5) etc...

CONCLUSION : NI ÉCHEC COMPLET NI RÉUSSITE TOTALE

L'ENAP semble donc avoir enregistré un succès relatif sur le plan du programme et un échec tout aussi relatif sur le plan de l'intégration de ses Élèves dans la vie administrative. Le bilan de l'École pouvait-il être vraiment différent ? Nous ne le croyons pas et ce pour deux raisons principales.

1) D'abord parce que les origines universitaires fort variées de ses Élèves ne pouvaient qu'entraîner ceux qui avaient reçu une culture générale à rechercher à l'ENAP une connaissance des techniques administratives, tandis qu'inversement, les spécialistes de l'administration privée et des sciences exactes étaient, eux, plus désireux d'acquérir cette culture socio-politique dont ils avaient ressenti péniblement le manque. *D'où, devant la diversité d'origine de sa clientèle, des attentes diamétralement opposées et les réserves enregistrées sur le plan du programme.*

2) Ensuite parce que le statut « universitaire » de l'ENAP ne pouvait que placer l'École et ses Élèves hors des filières traditionnelles de recrutement, de sélection, d'avancement et de promotion de la Fonction Publique. Mise sur le même pied d'égalité, à peu de choses près, que les autres écoles ou facultés de la Province, l'ENAP ne pouvait dès lors espérer voir ses diplômés jouir, auprès de la Fonction Publique, de privilèges particuliers sur le plan de la carrière administrative.

Or, l'adaptation des programmes aux besoins de la clientèle et la planification de la carrière des futurs diplômés ne peut qu'être le fruit d'une étroite collaboration entre les milieux gouvernementaux responsables et la direction de l'École.

Comment dès lors ne pas être étonné de voir la majorité de nos interviewés, par ailleurs fort conscients des problèmes, refuser comme solution l'idée d'un rattachement direct de l'École aux Services du Premier Ministre ou de certains ministères provinciaux.

C'est une chose que de refuser de voir l'ENAP devenir la voie de passage quasi-exclusive pour l'accès aux postes supérieurs de la fonction publique. C'en est une autre de refuser de voir que la réinsertion convenable des Énapiens dans la vie administrative québécoise passe, qu'on le veuille ou non, par une intégration plus ou moins poussée de l'ENAP elle-même, dans les circuits de l'administration gouvernementale.

CHAPITRE III

L'ORGANISATION
ADMINISTRATIVE
QUÉBÉCOISE

L'ORGANISATION ADMINISTRATIVE QUÉBÉCOISE

Plusieurs classifications s'offrent au spécialiste lorsqu'il désire regrouper, pour des fins de clarification typologique, les structures de l'appareil de l'État.

Quelques unes d'entre elles sont très connues et souvent utilisées, bien qu'aucune ne soit vraiment parfaite.

Il en est ainsi, par exemple, de la classification des services de l'État en unités opérationnelles (line) dotées de l'autorité hiérarchique, en unités d'états majors (staff) possédant l'autorité fonctionnelle et le rôle de conseil auprès des unités précédentes, et enfin en unités de soutien (auxiliary) dont le rôle est de permettre aux deux unités précédemment citées de remplir convenablement leurs missions.

Cette classification en fonction de la nature du lien administratif et le modèle qui en découle ne sont pas sans rappeler l'organisation militaire, laquelle, d'ailleurs, les a largement utilisés depuis des siècles.

Une autre classification, plus récente, existe aussi, laquelle a été, depuis le début des années 1970, introduite au Québec, parallèlement à la mise en place du Planning Programming Budgeting System (PPBS), ou rationalisation des choix budgétaires (RCB), comme nouveau mode d'élaboration, d'exécution et de contrôle du budget de l'État.

Cette classification par grandes missions distingue les ministères et organismes de l'État à vocation gouvernementale et administrative, ceux à vocation économique, ceux à vocation sociale et enfin, ceux à vocation éducative et culturelle.

Beaucoup d'auteurs préfèrent, quant à eux, classer les services de l'État en fonction de la structure du lien administratif en distinguant d'une part, les organismes déconcentrés fonctionnellement (ministères et organes centraux de l'État) et les organismes déconcentrés territorialement (administration « in the field ») et, d'autre part, les organismes publics et para-publics décentralisés fonctionnellement (sociétés, régies, offices etc ...) et les organismes décentralisés territorialement (commissions scolaires, municipalités, services sociaux et de santé).

Enfin, plusieurs spécialistes ont souvent aussi recours aux critères d'horizontalité et de verticalité pour tenter de regrouper les grands services de l'État. Les ministères et organismes verticaux ont pour tâche de rendre des services directement aux citoyens et à ce titre bénéficient de clientèles spécifiques (ex. : écoliers, étudiants et professeurs vis-à-vis du ministère de l'Éducation ; assistés sociaux, malades, professionnels de la santé vis-à-vis du ministère des Affaires sociales et de la R.A.M.Q. etc...), par contre, les ministères et organismes horizontaux ont, eux, pour clientèle, non les citoyens directement, mais les autres ministères et organismes auxquels ils rendent des services (ex.: le ministère de la Fonction publique en tant qu'unité de gestion de l'ensemble du personnel de l'État, le ministère des Communications en tant qu'agence d'information et de diffusion pour l'ensemble des services du gouvernement, le Secrétariat du Conseil du trésor en tant que grand financier de la quasi totalité des ministères et organismes para-publics).

Enfin, d'autres auteurs sont parfois aussi amenés à distinguer, d'une part, l'ensemble des ministères sectoriels comme constituant un bloc et, d'autre part, les organismes centraux de l'État qui, au-dessus des ministères sectoriels, jouent un rôle déterminant dans le processus décisionnel.

C'est cette dernière classification que nous avons retenue pour notre part, afin de mettre nettement en évidence tout à la fois la structure ministérielle québécoise et le rôle-clé joué dans le processus politique et administratif, par des unités aussi importantes que le secrétariat général du gouvernement et les cabinets des Premiers ministres de la province de Québec qui se sont succédés au pouvoir, depuis le début des années soixante-dix.

L'ORGANISATION INTERNE DES MINISTÈRES QUÉBÉCOIS

Peu d'études ont porté jusqu'à présent sur les ministères québécois comme organisation. C'est pourquoi il nous est apparu bon de mener, de septembre 1975 à décembre de la même année, une recherche dont l'objet était de pouvoir présenter un panorama général des structures et des personnels ministériels québécois à travers une analyse comparative inter-ministérielle[1].

A) LES STRUCTURES MINISTÉRIELLES

Un des principaux objectifs que visait la recherche était de démonter les divers rouages de l'appareil ministériel. C'est ce que nous avons réussi à faire d'une part en recensant les diverses unités administratives existant à l'intérieur des ministères, d'autre part en établissant le nombre et la nature des divers niveaux hiérarchiques constituant la pyramide ministérielle, enfin en mettant en évidence les divers critères de distinction organisationnelle utilisés pour la constitution des organigrammes ministériels.

I. LA DIVERSITÉ DES UNITÉS ADMINISTRATIVES

Il s'agissait ici d'identifier et de situer à l'intérieur de la machine administrative québécoise les diverses unités administratives constituant les grands rouages de l'appareil ministériel. Il s'agissait aussi de mesurer la fréquence avec laquelle ces divers rouages apparaissaient au fur et à mesure que nous passions en revue les divers ministères. Ceci afin de distinguer les unités indispensables des unités plus spécifiques à certains ministères seulement.

1) La nature des diverses unités administratives

À travers les vingt-deux ministères ayant fait l'objet de notre étude[2], dix-sept unités administratives différentes ont été découvertes. Ce sont : les cabinets ministériels, les sous-ministres, les bureaux de sous-ministres, les services de communications, ceux du contentieux, ceux du budget, comptabilité et gestion financière, ceux de la planification-recherche, les boîtes Organisation et Méthodes (O et M), l'informatique, les services de contrôle-

---

1. Cette étude a été réalisée à l'intérieur du cours « Institutions Administratives du Québec » sous la direction de l'auteur par une équipe de dix étudiants : MM. René Poulin, Claude Simon, Michel Blais, André Allard, Mario Lacombe, Marcel Boudreault, Pierre Darveau, Antonio Spain, Jean Bourassa et Jean Langlois. L'auteur tient tout spécialement à leur exprimer ici sa gratitude pour le remarquable travail de recherche effectué parfois non sans peine. Il tient aussi à remercier pour leur collaboration tous les agents de l'État québécois qui ont, presque toujours avec amabilité, accepté de leur fournir une documentation indispensable, sans laquelle cet article n'aurait jamais pu être rédigé. Il va de soi, cependant que la valeur scientifique de cette étude est étroitement et directement liée à la qualité et à l'exactitude des informations fournies par les autorités administratives ou leurs représentants. Aussi n'est-il pas impossible que cet article recèle certaines erreurs ou omissions.

2. Ce sont les ministères suivants : Transports, Richesses Naturelles, Tourisme-Chasse-Pêche, Affaires Intergouvernementales, Travail et Main-d'oeuvre, Immigration, Travaux Publics, Institutions Financières, Affaires Municipales, Environnement, Terres et Forêts, Communications, Finances, Affaires Culturelles, Affaires Sociales, Éducation, Fonction Publique, Justice, Conseil Exécutif, Revenu, Agriculture, Industrie.

inspection, ceux du personnel, les unités de production, les boîtes dites de projets spéciaux, les conseillers spéciaux, les secrétariats administratifs, les unités chargées des relations de travail, et les services législatifs.

Ces dix-sept boîtes administratives ne sont cependant pas toujours présentes dans tous les ministères. Leur taux de présence varie en effet très sensiblement d'un ministère à l'autre. Nous avons tenté dans un souci de clarification de dégager une typologie de ces unités administratives en utilisant le critère de fréquence à l'intérieur de chaque entité ministérielle. D'où la classification en cinq groupes ci-après.

2) La fréquence des unités administratives intra-ministérielles

a) *4 boîtes-clés existent dans tous les ministères.* Ce sont les sous-ministres, les cabinets ministériels, les services du budget-comptabilité-gestion financière, et ceux du personnel. Rien d'étonnant à cela puisque les deux premières boîtes constituent le « top management » politico-administratif du ministère, tandis que les deux autres, budget et ressources humaines, constituent le « nerf de la guerre » sans lequel aucune organisation ne peut fonctionner.

b) *3 boîtes importantes apparaissent aussi très souvent,* c'est-à-dire qu'elles sont présentes dans quinze à vingt et un ministères. Ce sont les services de communications (18), du contentieux (16) et de la planification-recherche (17). Leur présence, très largement répandue à travers la plupart des ministères, s'explique par le désir récent mais déjà très fortement ressenti par les autorités administratives et politiques 1) de rapprocher l'administration des administrés, devant le développement rapide de la bureaucratie publique, afin de mieux informer l'opinion (communications), 2) de voir à la prise de décisions fondées sur des dossiers aux bases solides et tournées vers un avenir que l'on tente enfin de mieux éclairer afin d'en réduire les risques et 3) de déboucher sur des politiques gouvernementales donnant naissance à des textes législatifs et réglementaires à la fois bien rédigés et conformes aux lois existantes.

c) *3 boîtes de plus en plus indispensables se retrouvent aussi assez souvent.* Ce sont les boîtes d'organisation et méthodes (O et M), d'informatique et de contrôle. 12 ministères comportent des unités O et M, 10 hébergent des services informatiques et 11 ont des unités de contrôle-inspection. Les boîtes O et M sont relativement récentes à l'intérieur de l'appareil gouvernemental, mais leur rôle est appelé à s'accroître en raison de la nécessité de voir à la rationalisation des tâches et des circuits administratifs, voie royale pour lutter contre les tendances sclérosantes de la bureaucratie[3]. La complexification des tâches de gestion et de recherche explique de son côté l'existence des services informatiques. Ce n'est toutefois pas parce qu'un service d'informatique n'apparaît pas comme tel sur l'organigramme d'un ministère que le ministère n'utilise jamais ces techniques modernes d'administration. Il arrive en effet que les services O et M et informatique soient fusionnés en un seul. Et il arrive aussi souvent qu'un ministère recourt aux

---

3. Pour de plus amples détails cf. du même auteur « Les services O et M dans l'administration Publique Québécoise » — dactyl. 1977 (À paraître).

services informatiques d'un autre ministère mieux pourvu en hardware et software[4]. Quant aux unités de contrôle il faut souligner qu'elles sont généralement tournées vers les clientèles extérieures (c'est-à-dire les administrés ou les réseaux) et rarement vers l'intérieur de l'administration. En effet à l'exception du Ministère des Finances et du Conseil exécutif, la plupart des ministères n'exercent sur l'intérieur de l'appareil ministériel que des contrôles hiérarchiques (verticaux). Les contrôles internes horizontaux (corps d'inspection) étant largement absents des pratiques administratives québécoises. Ce qui peut être vu dans certains gros ministères comme une lacune non négligeable.

d) *4 boîtes n'existent que dans un nombre assez faible de ministères (5 à 9)*. Ce sont les bureaux des sous-ministres, les boîtes dites de projets spéciaux, les secrétariats administratifs et les unités de relations de travail. Les premiers datent du début des années soixante-dix et visent à permettre aux sous-ministres de mieux démultiplier leur action à l'intérieur du ministère. Ils regroupent souvent un petit nombre de professionnels, adjoints aux cadres supérieurs ou administrateurs dégagés de la routine administrative à qui le sous-ministre confie des dossiers spécifiques, voire une tâche de coordination administrative. Ils sont, eux aussi, appelés à s'étoffer dans l'avenir, au fur et à mesure que grossira l'appareil étatique. Les seconds constituent souvent des unités à qui l'on confie certains dossiers en raison de leur spécificité, de leur complexité, de l'importance particulière que l'autorité ministérielle entend leur conférer, voire en raison de leur apparition inopinée dans la sphère d'intervention du ministre, suite à des pressions imprévisibles du milieu. C'est à eux que revient alors le soin de recommander les mesures à prendre afin d'éteindre ce «feu administratif» imprévu (rôle de «pompier» administratif). Les secrétariats administratifs sont souvent des unités de soutien «clérical», à l'action des services ministériels, généralement situés à un niveau élevé dans la pyramide organisationnelle. Quant aux unités dites de relation de travail on les trouve comme telle soit dans plusieurs gros ministères, notamment ceux ayant à faire à un réseau spécifique : Éducation (Commission scolaire), Affaires sociales (CH, CA, CLSC, CSS), soit au ministère de la Fonction publique (MFP) dont une des tâches consiste à négocier les conventions collectives avec notamment le syndicat des fonctionnaires et celui des professionnels du secteur public. Dans les autres ministères, la fonction «relation de travail», outre celle remplie indirectement et horizontalement par le MFP, est assumée à l'intérieur même de la boîte «Personnel».

e) *Trois boîtes n'existent que très rarement (moins de 4 ministères)*. Ce sont les boîtes de production, de conseillers spéciaux et du service législatif. En raison de ce que la quasi totalité des ministères est chargée d'offrir à la population des «services» et non des «biens», les boîtes dites de production sont forcément peu nombreuses. Les conseillers spéciaux quant à eux remplissent principalement des fonctions de conseillers techniques des ministres auprès desquels ils sont attachés. Les boîtes dites de service législatif existent là où les aspects juridiques de leur mission présentent un caractère très marqué : Justice, Conseil exécutif, Revenu.

---

4. Sur le sujet cf. du même auteur «L'informatique dans les administrations publiques et para-publiques québécoises» - *Administration Publique du Canada*.

II. LA PYRAMIDE MINISTÉRIELLE

1) le plan d'ensemble

L'examen attentif des organigrammes fait apparaître une pyramide ministérielle dotée de trois étages principaux. Du sommet vers la base : 1) les « directions générales » et quelquefois des « services généraux », 2) les « directions » parfois appelées « divisions », et 3) les « services » quelquefois dénommés « bureaux ».

Au-dessus des directions générales se trouvent le « top management » administratif (sous-ministre en titre) et politique (ministre et cabinet ministériel)[5]. En-dessous des services existe aussi une structure informelle, mais créée pour les besoins des services, généralement constituée d'« équipes ».

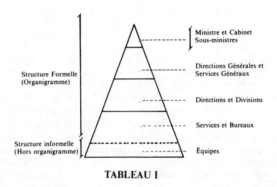

Structure Formelle
(Organigramme)

Structure informelle
(Hors organigramme)

Ministre et Cabinet
Sous-ministres

Directions Générales et
Services Généraux

Directions et Divisions

Services et Bureaux

Équipes

TABLEAU I

Sur les 21 ministères dont les organigrammes ont été examinés, on constate que 20 d'entre eux disposent de directions générales et de services. Ce sont là les deux niveaux les plus utilisés dans l'appareil administratif québécois. 16 sur 21 sont aussi dotés de directions, tandis que 3 autres préfèrent parler de divisions. 11 ministères ont créé des bureaux et 3 se sont dotés de services généraux.

Au total on compte pour l'ensemble de ces 21 ministères quelque 103 directions générales, 3 services généraux, 157 directions et 38 divisions, 406 services et 58 bureaux. Les services, on le voit, apparaissent nettement comme étant les unités administratives de base.

5. Pour de plus amples renseignements sur cette strate cf. Alain Baccigalupo « Les cabinets ministériels au Québec - *La Revue Administrative*, no. 153, mai-juin 1973, ainsi que du même auteur « Les grands technocrates québécois » - *La Revue Administrative*, no. 169, janvier-février 1976.

2) Les divers niveaux

a) *Les Directions générales et les services généraux.*

— *Les directions générales*

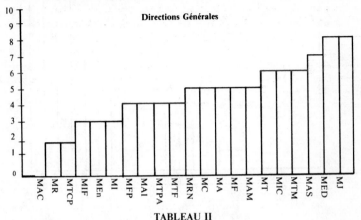

TABLEAU II

Nous avons vu qu'à l'exception du ministère des Affaires culturelles tous les autres ministères étaient dotés de directions générales. Le nombre de directions générales varie selon les ministères entre 2 et 8. Presque la moitié des ministères comportent 4 à 5 directions générales. Les deux ministères détenant le plus grand nombre de DG sont aussi parmi les ministères les plus volumineux en terme d'effectifs soit l'Éducation et la Justice.

— *Les Services Généraux*

Seuls 3 ministères (Tourisme-Chasse et Pêche, Éducation et Revenu) contiennent des services généraux. Le premier en a 2, le second 5 et le troisième 6. On peut constater, au passage, que le Ministère de l'Éducation est à la fois le ministère qui a le plus de directions générales et un de ceux qui a le plus grand nombre de services généraux. Ce qui donne une petite idée de son importance. Par contre si le MTCP et le MR détiennent des services généraux c'est parce qu'en réalité ils ne sont dotés que d'un nombre restreint de directions générales (2).

b) *Les Directions et les Divisions.*

— *Les Directions*

5 ministères n'ont pas adopté cette dénomination [6], dont le ministère de l'Éducation déjà largement doté, on l'a vu, en DG et SG. Par contre, le ministère de la Justice qui possède lui aussi le plus grand nombre de directions générales (8) contient quelque 14 directions. Mais il est vrai qu'il ne possède lui, contrairement au Ministère de l'Éducation, aucun service général.

---

6. Ce sont : les Institutions Financières, Compagnies et Coopératives, les Affaires Municipales, le Travail et la Main-d'oeuvre, les Communications et l'Éducation.

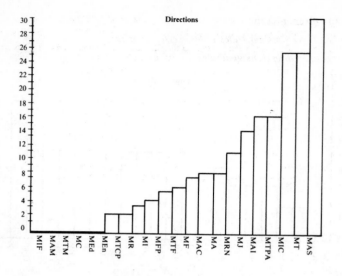

TABLEAU III

Le nombre de directions varie entre 1 et 30. La moitié des ministères a entre 1 et 5 directions, tandis que l'autre moitié s'étire entre 6 et 30. Le record est atteint par les Affaires sociales, suivi par les Transports et l'Industrie et Commerce (25).

On peut donc constater l'existence d'un écart considérable dans la répartition des directions entre les différents ministères québécois.

— *Les Divisions*

Seuls les ministères des Communications, de l'Agriculture et du Tourisme-Chasse et Pêche disposent de «divisions». Là encore, l'écart entre les divers ministères est très grand, puisqu'il varie entre 1 (MTCP), 5 (MA) et 32 (MC). Ce dernier ne dispose toutefois d'aucune direction. Par contre les deux disposent tout à la fois de directions et de divisions.

On constate donc que les divisions sont tantôt considérées comme une structure de même niveau que les directions, tantôt comme des structures de niveau hiérarchique différent. L'imprécision terminologique dont se plaignait A. Gélinas à propos des organismes autonomes[7] québécois n'a pas non plus épargné l'organisation ministérielle.

c) *Les Services et les Bureaux.*

— *Les Services*

Hormis le ministère des Finances, tous les ministères québécois ont recours à la départementalisation en services. Toutefois, là aussi, l'écart est

---

7. A. Gélinas — Les Organismes Autonomes et Centraux — PUQ.

grand, entre l'unique service existant au ministère de l'Industrie et Commerce, et la centaine de services recensés aux Affaires sociales. 4 ministères disposent de 50 services et plus[8] regroupant par là, à eux seuls, 70% de l'ensemble des 406 services du secteur public (302 services). Deux d'entre eux (MF et MAS) possèdent à eux seuls 40% de l'ensemble des « services » du gouvernement.

Signalons enfin que la pyramide n'est pas parfaite dans tous les ministères, puisque dans trois ministères québécois on constate une base plus étroite que la structure médiane. En effet, aux Affaires intergouvernementales on a seulement 8 services pour 16 directions, à l'Industrie et Commerce seulement 1 service et 25 directions, enfin aux Communications seulement 20 services pour 32 divisions. Ce qui en d'autres termes donne l'impression qu'il y a dans ces trois ministères plus de chefs que d'indiens. Cet état de choses engendre une représentation graphique plus en forme de diamant renversé qu'en forme de pyramide.

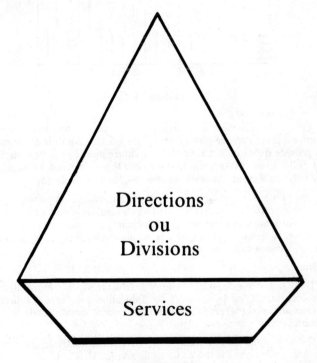

TABLEAU IV

Ceci est dû vraisemblablement, là encore, à une regrettable absence de consensus terminologique.

---

8. Ce sont : les Travaux Publics et Approvisionnements, les Richesses Naturelles, les Transports et les Affaires Sociales.

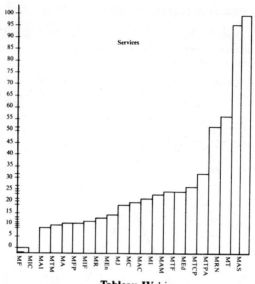

Tableau IV bis

— *Les Bureaux*

La moitié seulement des ministères possède des bureaux. L'écart, là encore, est assez marqué puisqu'il varie de 1 à 12. La moitié des ministères n'en possède qu'un ou deux, tandis que l'autre moitié en dispose de 5 à 12. C'est l'Éducation et l'Agriculture qui en ont le plus, suivis des Communications (10), du Revenu (8) et du Tourisme-Chasse et Pêche (5).[9]

Peu nombreux, par conséquent, dans l'administration publique québécoise, les bureaux sont considérés parfois comme des niveaux hiérarchiquement subordonnés aux services, parfois comme des unités de même niveau. Là encore, la terminologie vague qui recouvre ces concepts, est la cause de cette imprécision organisationnelle.

d) *Divers.*

Deux ministères disposent en outre de structures hiérarchiques distinctes des précédentes. C'est le ministère de l'Éducation qui a créé des directions générales adjointes (14) et les Terres et Forêts qui se sont dotées de directions régionales (8).

On voit donc qu'une assez forte diversité caractérise les différents ministères québécois, à la fois en terme de niveaux structurels, de dénomination des divers échelons et de volume organisationnel.

Une question se pose maintenant : quels sont les différents critères utilisés par les autorités administratives québécoises pour bâtir les divers ministères gouvernementaux ?

---

9. Les six autres ministères sont : les Affaires Culturelles, l'Industrie et Commerce, le Travail et la Main-d'oeuvre (2 bureaux chacun), la Justice, les Richesses Naturelles et les Affaires Municipales (1 bureau chacun).

III. LES CRITÈRES ORGANISATIONNELS[10]

1) Les critères organisationnels à l'intérieur de la pyramide administrative

Cinq critères organisationnels sont plus ou moins utilisés à l'intérieur du gouvernement. Ce sont les critères «*fonctionnel*», par «*service*», par «*clientèle*», «*géographique*» et par «*produit*». Leur utilisation varie très souvent en fonction du niveau hiérarchique auxquelles les unités administratives appartiennent, comme le met nettement en évidence le tableau ci-après.

Unités administratives \ Critères	Fonctionnel	Services	Géographie	Clientèle	Produits	Total
Directions Générales	48.8% 42	32.5% 28	4.6% 4	10.5% 9	3.5% 3	86
Directions	26.4% 47	54.0% 96	7.9% 14	8.4% 15	3.4% 6	178
Bureaux	3.6% 2	25.4% 14	69.0% 38	1.8% 1	0% 0	55
Services	26.3% 147	60.5% 338	5.2% 29	5.2% 29	2.7% 15	558
Total	27.1% 238	54.2% 476	9.7% 85	6.1% 54	2.7% 24	877

TABLEAU V

Nous constaterons sans peine en examinant le tableau précédent que:

— le *critère* «*fonctionnel*»[11] tend à diminuer en importance au fur et à mesure que l'on descend dans la hiérarchie administrative puisque, utilisé à 48.8% au niveau des directions générales, il n'est plus que de 26.6% au niveau des services, et de 3.6% à l'étage des bureaux.

— le *critère* «*clientèle*»[12] épouse un mouvement parallèle de même sens, passant, lui aussi, de 10.5% au niveau des D.G. à 8.4% au niveau des directions, à 5.2% au niveau des services, pour n'être plus qu'à 1.8% à l'étage des bureaux.

— le *critère par* «*services*»[13], par contre, opère un mouvement de sens

---

10. L'étude a porté ici sur 20 ministères regroupant au total quelque 877 unités administratives différentes. Nous ne disposions pas en effet au moment de l'étude des informations pertinentes concernant deux ministères: les Finances et le Conseil Exécutif.

11. À titre d'illustration indiquons que ce critère est utilisé, entre autres, au niveau des D.G. du ministère des Affaires Sociales.

12. On le trouve notamment au ministère de l'Éducation (primaire, secondaire, collégial, supérieur, adultes) et à celui de l'Industrie et Commerce (direction de l'industrie du bois, direction de l'industrie chimique, des matériaux et de la construction etc...).

13. On le trouve un peu partout: personnel, comptabilité, informatique, O et M etc...

opposé. Il passe en effet de 32.5% au niveau des D.G., à 60.5% au niveau inférieur des services.

— *le critère « géographique »*[14] est stable à tous les niveaux (D.G. (4.6%), directions (7.9%), services (5.2%)), sauf au niveau des bureaux où il prédomine largement avec 69%. Ce critère est en effet celui de la structure régionale dans la plupart des ministères.

— *le critère par « produits »*[15] est, quant à lui, stable à tous les niveaux, sans exception. Peu utilisé, ce qui s'explique par la nature même de l'administration publique, davantage vouée aux services qu'à la production de biens matériels, il tourne entre 0% (bureaux) et 3.5% (Dir. Générales).

Si l'on tente de hiérarchiser ces cinq critères en fonction de leur fréquence d'utilisation, alors il convient de placer, en tête de liste le critère « *par services* » (54.2%) suivi de loin par le critère « *fonctionnel* » (27.1%), tandis qu'encore plus loin apparaissent les critères « *géographique* » (9.7%), par « *clientèle* » (6.1%) et par « *produits* » (2.7%).

2) Les critères organisationnels à l'intérieur de l'administration gouvernementale : une analyse comparative inter-ministérielle

Il s'agit ici de présenter la fréquence d'utilisation des cinq critères organisationnels en fonction, non plus du niveau hiérarchique, mais de la place occupée par eux à l'intérieur de chacun des vingt ministères objet de l'étude.

a) *le critère fonctionnel :* Son degré d'utilisation au sein des diverses unités administratives varie entre 5.5% (Travaux publics et Approvisionnement) et 42.8% (Affaires intergouvernementales).

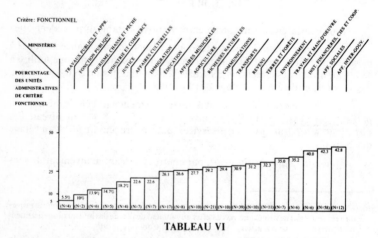

TABLEAU VI

---

14. Il est utilisé au niveau des bureaux régionaux de plusieurs ministères et organismes publics, notamment aux Travaux Publics et Approvisionnements, aux Affaires Intergouvernementales, à l'OPDQ etc...

15. On le trouve au ministère des Communications (dir. générale de l'édition gouvernementale).

b) *le critère par services:* Toujours, proportionnellement à la place occupée par ce critère à l'intérieur de chaque ministère, on peut dire que ce critère est le moins fréquemment utilisé aux Institutions financières et le plus largement répandu aux Affaires municipales.

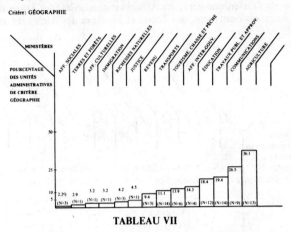

TABLEAU VII

c) *le critère géographique*[16]: Ici les Affaires sociales sont celles qui recourent le moins à ce critère, proportionnellement à l'usage qu'elles font des quatre autres, tandis qu'à l'opposé, le ministère de l'Agriculture l'utilise très fréquemment.

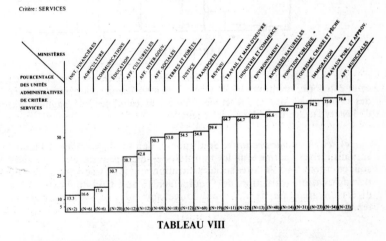

TABLEAU VIII

16. Mentionnons ici que six ministères ne sont pas représentés sur les 20 figurant habituellement sur ces tableaux, tout simplement parce qu'ils ne comportent aucune unité administrative utilisant le critère géographique. Ce sont les ministères de la Fonction Publique, du Travail et de la Main-d'oeuvre, de l'Environnement, des Affaires Municipales, de l'Industrie et Commerce, et des Institutions Financières.

d) *le critère par clientèle* : Dix ministères ne sont pas représentés dans ce tableau, parce qu'ils ne comportent aucune unité administrative à critère clientèle. Ce sont, les ministères du Revenu, de l'Immigration, du Travail et de la Main-d'oeuvre, des Affaires intergouvernementales, du Tourisme-Chasse et Pêche, de l'Environnement, des Affaires municipales, des Travaux publics et de l'Approvisionnement, des Terres et Forêts et des Richesses naturelles.

Critère : CLIENTÈLE

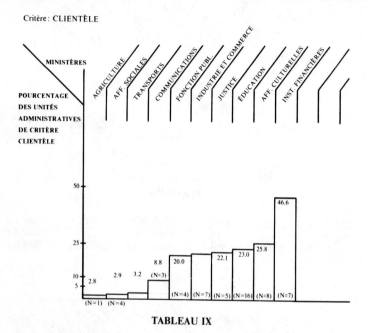

TABLEAU IX

Au ministère des Institutions financières, qui se trouve être en tête de cette catégorie, mentionnons le service des associations coopératives, celui des compagnies de fiducie et de finance, et celui des compagnies afin d'illustrer l'usage du critère « par clientèle ».

e) *le critère par produits* : Soulignons qu'au total, seulement 24 unités administratives, parmi tous les ministères étudiés, peuvent être classifiées sous ce critère. Aux Affaires sociales, mentionnons le service d'entretien et de transformation (direction de l'équipement) ; aux Communications, la direction générale de l'édition gouvernementale, la division de la reprographie et la division des impressions à contrat.

Critère: PRODUITS

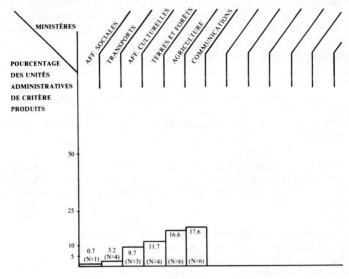

TABLEAU X

B) LES EFFECTIFS MINISTÉRIELS[17]

Pour l'essentiel c'est la méthode comparative qui prédomine tout au long de la présente analyse.

Dans un premier temps, nous allons simplement nous attacher à peindre un tableau général des effectifs globaux de la fonction publique, par ministères.

Dans un second temps, nous présenterons une analyse de ces objectifs, par catégories hiérarchiques d'emplois.

17. Cette étude utilise d'une part les données statistiques globales fournies par les ministères de la Fonction Publique en date du 12 novembre 1975 et d'autre part des données plus précises, de nature ministérielle. Toutefois, en raison du caractère incomplet des chiffres fournis par certains ministères, nous n'utiliserons ici que les données fournies par 13 d'entre eux seulement. Ces ministères sont les suivants: la Fonction Publique, les Affaires Intergouvernementales, les Institutions et Coopératives Financières, les Affaires Municipales, les Communications, les Richesses Naturelles, les Terres et Forêts, le Travail et la Main-d'oeuvre, du Tourisme-Chasse et Pêche, les Travaux Publics, les Affaires Sociales, les Transports, la Justice. À ces ministères nous avons intégré la Protection de l'Environnement.
L'auteur remercie MM. Lawrence Arkison et Richard Doyon pour l'excellent travail de cueillette des données et de présentation graphique qu'ils ont accompli sous sa direction, à titre d'assistants de recherche, d'avril à juillet 1977.

Puis, dans un troisième et dernier temps, nous examinerons la composition des principales boîtes administratives qui constituent, comme nous l'avons vu dans les sections précédentes, l'armature technique de presque tous les ministères.

I. LES EFFECTIFS GLOBAUX DE LA FONCTION PUBLIQUE PAR MINISTÈRES.

Nous allons les présenter en donnant un tableau général de l'ensemble des effectifs, bruts et en pourcentage, de la fonction publique, tel qu'établi par la direction des systèmes de gestion du Ministère de la Fonction publique au 1er juin 1977.

Ce tableau met nettement en évidence la très grande diversité de situation existant au plan des effectifs entre chaque ministère du Québec. En effet les données chiffrées font état de très petits ministères et de ministères beaucoup plus gros.

Dans la catégorie des *ministères-nains* (-1% des effectifs globaux) nous devons ranger par ordre d'importance croissant : le ministère de la fonction publique qui, avec ses 265 agents et ses 0.5% du total des effectifs du gouvernement du Québec, remporte le titre du plus petit ministère de la province. Il est suivi de très près par le ministère de l'Immigration (413 agents, 0.7% du total), le ministère des affaires inter-gouvernementales (461 employés et 0.8% du total des effectifs) et la Protection de l'Environnement (560 agents, 0.9% du total).

À l'opposé, dans la catégorie des ministères-géants (+6% des effectifs globaux), se rangent, par ordre d'importance croissant : deux grands ministères, à savoir, celui des affaires sociales (3785 agents et 6.5% du total), et celui du revenu (3990 agents et 6.9% du total), et surtout, les deux super-grands: le ministère de la justice (7550 agents et 13% du total) et enfin le ministère des transports, le plus gros ministère du Québec avec ses 9932 agents représentant 17.1% des effectifs totaux de la fonction publique.

Quant au 2/3 restant des ministères du Québec ils oscillent, en terme d'effectifs, entre 1.1% et 5.6%, c'est-à-dire entre 667 et 3236 employés.

Signalons toutefois, que la taille des effectifs ministériels ne saurait être toujours confondue avec l'impact de ce ministère sur les politiques gouvernementales. En effet, l'influence qu'exerce un ministère sur l'action et les décisions du gouvernement, tient à bien d'autres facteurs qu'à la masse des effectifs dont est gratifié tel ou tel ministère.

Les priorités de l'heure, la personnalité du ministère, la nature de ces liens avec le chef du gouvernement sont, entre autres, des variables bien plus importantes au plan de l'orientation de la vie politique du gouvernement.

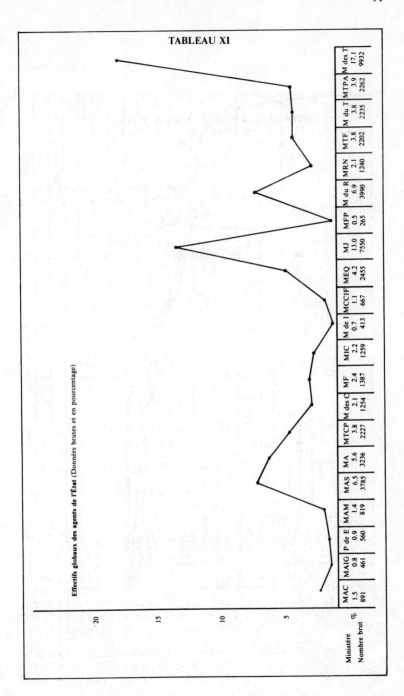

TABLEAU XI

Effectifs globaux des agents de l'État (Données brutes et en pourcentage)

Ministère	MAC	MAIG	P de E	MAM	MAS	MA	MTCP	M des C	MF	MIC	M de I	MCCIF	MEQ	MJ	MFP	M du R	MRN	MTF	M du T	MTPA	M des T
%	1.5	0.8	0.9	1.4	6.5	5.6	3.8	2.1	2.4	2.2	0.7	1.1	4.2	13.0	0.5	6.9	2.1	3.8	3.8	3.9	17.1
Nombre brut	891	461	560	819	3785	3236	2227	1254	1387	1259	413	667	2455	7550	265	3990	1240	2202	2235	2262	9932

TABLEAU XII

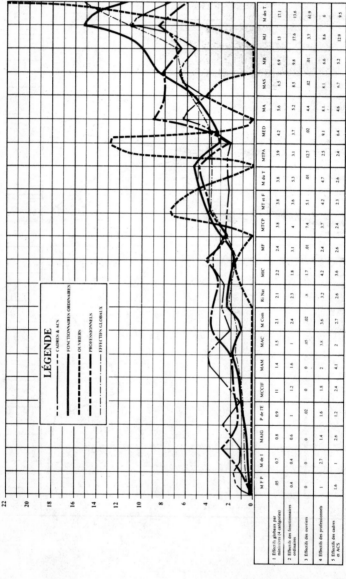

	M F P	M de I	MAIG	P de l'E	MCCIF	MAM	MAC'	M Com	Ri Nat	MIC	MF	MTCP	MT et F	M du T	MTPA	MED	MA	MAS	MR	MJ	M des T
1 Effectifs globaux par ministères (4 catégories)	.05	0.7	0.8	0.9	11	1.4	1.5	2.1	2.1	2.2	2.4	3.8	3.8	3.8	3.9	4.2	5.6	6.5	6.9	13	17.1
2 Effectifs des fonctionnaires ordinaires	0.4	0.4	0.6	1	1.2	1.6	1	2.4	2.3	1.8	3.1	4	3.6	5.3	3.1	3.7	5.2	8.5	9.8	17.6	13.6
3 Effectifs des ouvriers	0	0	0	.02	0	0	.05	.02	.8	1.7	.01	7.4	5.1	.01	12.7	.02	4.4	.02	.01	3.7	61.9
4 Effectifs des professionnels	1	2.7	1.4	1.6	1.8	2	3.8	3.6	3.2	4.2	2.4	3.7	4.2	4.7	2.5	9.1	8.1	8.1	6.8	8.6	6
5 Effectifs des cadres et ACS	1.6	1	2.6	1.2	2.4	4.1	2	2.7	2.6	3.6	2.6	2.4	2.3	2.6	2.4	6.4	4.6	6.7	5.2	12.9	9.5

LÉGENDE

- — · — · — CADRES & ACS
- ———— FONCTIONNAIRES ORDINAIRES
- — · · — OUVRIERS
- — — — PROFESSIONNELS
- · · · · · · · EFFECTIFS GLOBAUX

Répartition des effectifs globaux de la fonction publique par strates hiérarchiques et par ministères

C'est ainsi qu'actuellement, deux des ministères appartenant au groupe des « nains » voient les projecteurs de l'actualité braqués sur eux. On pense notamment au très influent ministère des Affaires intergouvernementales du ministre Claude Morin, en raison de la thèse séparatiste qu'entend promouvoir le gouvernement péquiste, et à l'ambitieux ministère de la Fonction publique, avec le projet de loi 53 du ministre De Belleval.

Néanmoins, le facteur « taille des effectifs », est un des critères-indicateurs de la montée ou de la mise en veilleuse, à certains moments, de l'importance qu'entend accorder un gouvernement à tels ou tels aspects particuliers de sa politique.

C'est ainsi que proportionnellement aux effectifs des autres ministères, le nombre d'agents de l'État appartenant à des ministères ayant « le vent en poupe » aura tendance à s'accroître plus vite, tandis que les effectifs de ministères aux objectifs moins prioritaires auront, eux, tendance, soit à fléchir, soit à rester davantage stationnaire, soit au mieux à croître, mais dans une proportion souvent bien plus lente.

Parfois aussi, on s'aperçoit que les ministères les plus en vue, sont aussi ceux qui ont, davantage que d'autres, bien plus de chances de pouvoir bénéficier d'un nombre plus élevé de postes supérieurs (cadres, adjoints aux cadres) ou de postes de professionnels.

II. LES EFFECTIFS GLOBAUX DE LA FONCTION PUBLIQUE PAR STRATES HIÉRARCHIQUES

Par souci de simplification et clarification nous avons cru bon de distinguer quatre strates hiérarchiques principales. Par ordre décroissant d'importance nous avons retenu : 1) les cadres et adjoints aux cadres (ACS), 2) les fonctionnaires professionnels[18], 3) les fonctionnaires ordinaires[19] et enfin 4) les ouvriers.

Tout d'abord, nous allons présenter un tableau d'ensemble, par strates, des effectifs globaux de la fonction publique.

Puis, nous analyserons un tableau plus détaillé par strates et par ministères.

18. Par « professionnel », on entend, au gouvernement du Québec les fonctionnaires détenant un diplôme universitaire de niveau baccalauréat ou licence (1° cycle) et qui ne sont cependant ni cadres, ni ACS.
19. Par fonctionnaires « ordinaires » on entend, au gouvernement du Québec, tous les agents de l'État détenant un diplôme de niveau secondaire ou collégial et n'effectuant pas un travail appartenant à la catégorie « ouvriers ».

1) Tableau d'ensemble, par strates, des effectifs de la fonction publique[20]

La catégorie la plus importante au gouvernement du Québec est donc représentée par le groupe «fonctionnaires ordinaires» qui constitue près des 2/3 des agents de l'État. Par ailleurs, près de 1 agent sur 5 (17.9% très précisément) est diplômé d'université, sans toutefois appartenir au groupe supérieur des cadres et des adjoints aux cadres, ces derniers ne constituant que 5.1% des effectifs globaux de la fonction publique. Quant aux ouvriers ils rassemblent à peine 14.4%, ce qui s'explique fort bien, lorsqu'on sait qu'une bureaucratie n'est qu'une gigantesque machine à produire ... du papier. Aussi n'est-il pas étonnant que le groupe dit, des «travailleurs manuels», ou des «cols bleus», soit nettement moins important, que celui des différentes catégories de «cols blancs».

TABLEAU XIII

Effectifs Strates hiérarchiques	Nb. brut	%
Cadres ACS	2619	5.1%
Professionnels	9234	17.9%
Fonctionnaires ordinaires	32300	62.6%
Ouvriers	7403	14.4%
Total*	51656	100%

2) Tableau détaillé par strates et par ministères des effectifs de la fonction publique

Nous allons passer brièvement, en revue, les quatre strates retenues, en examinant leurs principales caractéristiques numériques par rapport, d'une part aux autres strates des ministères et d'autre part, aux mêmes strates des autres ministères.

---

20. Ce tableau *exclut* les employés occasionnels (étudiants, fonctionnaires et ouvriers sur projets spécifiques ou périodes de pointe, universitaires, occasionnels), ainsi que ceux employés au titre d'une loi ou d'une entente spéciale. Soit, environ 6540 personnes au 1er juin 1977. Il *inclut*, par contre, les effectifs d'un certain nombre d'organismes non ministériels, dits autonomes, tels que la Régie de l'Assurance-Récolte, office de crédit agricole, la régie des services publics, l'office des professions, la protection civile et la Sûreté du Québec, le comité permanent de refonte des districts électoraux, l'office de planification et de développement du Québec, le Conseil du Statut de la femme, la régie de la langue française, la Société d'habitation du Québec, la commission des transports et l'office des autoroutes, sans omettre le service de protection de l'environnement et le Haut-commissariat à la jeunesse, aux loisirs et aux sports.

1 — *La strate des cadres et ACS*

a) *Par rapport aux strates «professionnels»,
«fonctionnaires ordinaires» et «ouvriers».*

Nous avons vu précédemment qu'il y avait environ 5.1% de cadres et ACS dans l'ensemble du gouvernement. Cette donnée globale n'est toutefois pas égale dans tous les ministères. Elle n'est qu'une moyenne d'ensemble, en-dessous de laquelle se situent certains ministères, et au-dessus de laquelle se situent d'autres ministères.

— *Ministères en-dessous de la norme médiane*

S'étirent entre 0.6% et 4.8%, par ordre croissant, les ministères ci-après : richesses naturelles (0.6%), transports (2.8%), terres et forêts (2.8%), travaux publics et approvisionnement (2.9%), tourisme, chasse et pêche (3%), travail et main-d'oeuvre (3.2%), revenu (3.5%), agriculture (3.9%), justice (4.6%), affaires sociales (4.8%).

— *Ministères au-dessus de la norme médiane*

S'étirent entre 5.2% et 16.2% les ministères ci-après : finances (5.2%), protection de l'environnement (5.3%), affaires culturelles (6%), et communications (6%), l'immigration (6.3%), industrie et du commerce (7.4%), consommateurs, coopératives et institutions financières (10%), affaires municipales (13.7%), affaires intergouvernementales (15%) et fonction publique (16.2%).

Il faut faire au passage deux remarques fondamentales :

1ère remarque : à l'exception du ministère des travaux publics et approvisionnement *tous* les autres ministères dits «*horizontaux*» semblent bénéficier d'un pourcentage de cadres et d'ACS supérieur à la moyenne provinciale. Les fonctions orientation et supervision d'ensemble, inter-ministérielles, paraissent donc favoriser le regroupement au M^2 de bureau, d'un nombre plus élevé de directeurs et d'adjoints à la gérance.

TABLEAU XIV

Tableau détaillé par strates et par ministères des effectifs de la fonction publique

Case 1 : la case supérieure représente les cadres et ACS
Case 2 : la 2e case représente les professionnels
Case 3 : la 3e case représente les fonctionnaires
Case 4 : la case inférieure représente les ouvriers.

Dans les cases,

— le chiffre supérieure représente le nombre de personnes
— le chiffre du milieu représente le % de personnes par rapport aux effectifs du ministère
— le chiffre inférieur représente le % de personnes par rapport à la même catégorie d'emploi pour l'ensemble de la fonction publique.

Ministère	M des T	MJ	M du R	MAS	M.A.	MEQ	M du T et de la M.O.	M des T.P. et A	MTCP	M des T et F	M.F.	MC	MI	MIC	M des RN	MAC	MAM	M des C.C. I.F.	P de E	MAIG	MFP
Case 1	257 / 2.8 / 9.5	352 / 4.6 / 12.9	141 / 3.5 / 5.2	180 / 4.8 / 6.7	126 / 3.9 / 4.6	175 / 7.1 / 6.4	71 / 3.2 / 2.6	65 / 2.9 / 2.4	66 / 3.0 / 2.4	62 / 2.8 / 2.3	73 / 5.2 / 2.6	75 / 6.0 / 2.7	26 / 6.3 / 1.0	99 / 7.9 / 3.6	70 / .6 / 2.6	54 / 6.0 / 2.0	112 / 13.7 / 4.1	67 / 10.0 / 2.4	30 / 5.3 / 1.2	69 / 15.0 / 2.6	43 / 16.2 / 1.6
Case 2	554 / 5.6 / 6.0	796 / 10.5 / 8.6	611 / 15.3 / 6.6	752 / 19.9 / 8.1	747 / 23.1 / 8.1	841 / 34.2 / 9.1	430 / 19.2 / 4.7	234 / 10.3 / 2.5	343 / 15.4 / 3.7	387 / 17.6 / 4.2	218 / 15.7 / 2.4	335 / 26.7 / 3.6	252 / 61.0 / 2.7	390 / 31.0 / 4.2	296 / 23.9 / 3.2	192 / 23.4 / 2.0	510 / 62.3 / 1.6	166 / 24.9 / 1.8	148 / 26.4 / 1.6	129 / 28.0 / 1.4	92 / 34.7 / 1.0
Case 3	4380 / 44.1 / 13.6	5689 / 80 / 17.6	3227 / 80.9 / 9.8	2753 / 72.7 / 8.5	1672 / 51.7 / 5.2	1186 / 48.3 / 3.7	1722 / 77.0 / 5.3	1006 / 44.5 / 3.1	1271 / 57.1 / 4.0	1149 / 52.2 / 3.6	1015 / 73.2 / 3.1	790 / 63.0 / 2.4	122 / 29.5 / .04	588 / 46.7 / 1.8	740 / 59.7 / 2.3	352 / 39.6 / 3.8	332 / 37.3 / 1.0	380 / 57.0 / 1.2	309 / 55.1 / 1.0	178 / 38.6 / .06	127 / 48.0 / .04
Case 4	4529 / 45.6 / 61.1	274 / 3.7 / 3.7	10 / .02 / .01	23 / .06 / .02	330 / 10.2 / 4.4	21 / .09 / .02	8 / .03 / .01	940 / 41.6 / 12.7	547 / 24.6 / 7.4	380 / 17.3 / 5.1	4 / .01 / .01	25 / .2 / .02	1 / .0001 / .0001	125 / 10.0 / 1.7	58 / 4.7 / .80	34 / 3.8 / .5	1	3	19 / 3.4 / .02	2	1

2ième remarque : on constatera aussi, en passant que les deux ministères nains du gouvernement sont aussi ceux qui bénéficient des pourcentages, par rapport aux autres catégories d'emploi existant dans leur ministère stères respectif, les plus élevés qui aient été enregistrés. On notera aussi, que les deux autres ministères nains : l'immigration et la protection de l'environnement se retrouvent là aussi dans le groupe des ministères ayant un pourcentage de cadres et d'ACS supérieur à la médiane. Alors, peut-on tirer une loi administrative et dire que les petits ministères sont plus gâtés que les gros en terme de cadres supérieurs et d'ACS ? Parler de loi nous paraît être quelque peu présomptueux ; mais on peut en effet bel et bien parler de *tendance,* car une relation directement proportionnelle semble en effet exister assez nettement, entre le facteur « petite taille des effectifs » et le « haut taux de cadres supérieurs et d'ACS » au sein du gouvernement du Québec.

Cette tendance est d'ailleurs confirmée par le fait que tous les autres ministères présentant un coefficient de cadres et d'adjoints situé au-dessus de la moyenne provinciale (+5%), sont aussi ceux que leurs effectifs globaux ne permettent guère de ranger dans la catégorie des ministères géants, puisque ces effectifs globaux oscillent simplement entre (1.4% pour les affaires municipales et 4.2% pour l'éducation).

Cette tendance est, en outre, confirmée encore par le fait que la réciproque semble être vraie. En effet, les ministères les plus gros — les ministères-géants — sont aussi parmi ceux qui ont un coefficient de cadres et d'ACS inférieur à la moyenne provinciale : justice (4.6%), transport (2.8%), revenu (3.5%), affaires sociales (4.8%).

b) *Par rapport à la même strate des autres ministères*

Il n'y a évidemment pas un nombre de cadres et d'ACS identique dans chaque ministère. Certains ministères accaparant des effectifs d'administrateurs et d'adjoints nettement plus importants que d'autres.

C'est, bien sûr, dans les plus gros ministères que se trouvent le plus grand nombre de cadres et d'ACS car les effectifs verticaux à contrôler sont alors plus importants.

C'est ainsi que les ministères où l'on enregistre, par rapport au nombre total de cadres et d'ACS à l'emploi du gouvernement, les taux les plus élevés sont : la justice (12.9%), les transports (9.5%), les affaires sociales (6.7%) et le revenu (5.2%). C'est-à-dire les ministères géants.

Inversement, c'est dans les ministères nains que le nombre d'administrateurs et adjoints est le plus bas : immigration (1%), environnement (1.2%), fonction publique (1.6%) et affaires intergouvernementales (2.6%).

En terme de données brutes, signalons que le nombre de cadres et d'ACS varie très fortement d'un ministère à l'autre, puisqu'il s'étire de 26 (immigration) à 352 (justice). Cette variation n'est toutefois pas parfaitement proportionnelle à l'importance des effectifs globaux de chaque ministère. Le tableau d'évolution comparé des courbes de chaque catégorie par rapport aux effectifs globaux ministériels, montre bien, qu'en maints endroits, là où les effectifs globaux s'accroissent, les effectifs des cadres et d'ACS régressent sensiblement (Ex : immigration, protection de l'environnement, affaires culturelles, finances, tourisme, terre et forêts, travaux publics et approvisionnement, agriculture, revenu, transports).

2 — *La strate des professionnels*

a) *Par rapport aux strates « Cadres et ACS »,*
   « fonctionnaires-ordinaires » et *« ouvriers »*

La moyenne provinciale étant de 17.9% quelques constatations s'imposent :

— les données minimales et maximales autour de cette moyenne en pourcentage oscillent très fortement : 5.0% aux transports et 61% à l'immigration.

— Il en est de même en ce qui concerne les données brutes : 92 professionnels (ministère de la fonction publique) et 796 (ministère de la justice).

— le nombre de ministères ayant des professionnels en proportion inférieure à la moyenne provinciale, est nettement moins élevé que le nombre de ministères ayant une proportion de professionnels supérieure à cette moyenne. Le premier groupe n'est constitué que des sept ministères ci-après : transports (5.6%), justice (10.5%), travaux publics et approvisionnement (10.3%), revenu (15.3%), tourisme, chasse et pêche (15.4%), finances (15.7%), terres et forêts (17.6%).

— les ministères-nains sont aussi ceux qui appartiennent sans exception aux ministères ayant un nombre de « professionnels » largement supérieur à la moyenne provinciale. Toutefois a) ils ne sont pas les seuls à être situés dans cette catégorie b) si l'un des leurs — l'immigration — détient le record du pourcentage de professionnels à l'emploi d'un ministère : 61%, les autres nains ne détiennent pas avec lui les premières places, car entre les trois autres ministères-nains que sont : l'environnement (26.4%), les affaires intergouvernementales (28%) et la fonction publique (34.7%) se trouvent des ministères assez petits tels que le ministère des affaires culturelles (39.6%) et un assez gros ministère — l'éducation — (34.2%).

— les ministères-géants n'appartiennent pas tous non plus au groupe dont le pourcentage de « professionnels » est inférieur à la moyenne provinciale. En effet, si les transports avec 5.6% de professionnels, la justice avec 10.5% de professionnels et le revenu avec 15.2% de professionnels, entrent bien tous les trois dans cette catégorie, il y manque les affaires sociales. En effet, ce géant appartient à l'autre groupe, celui dont le pourcentage de professionnels (19.9%) dépasse la moyenne nationale. Il est vrai toutefois qu'il la dépasse à peine.

En outre, ce groupe n'est pas exclusif, puisque des ministères de taille très moyenne contribuent à le grossir : travaux publics et approvisionnement, tourisme chasse et pêche, terres et forêts, finances.

— Quant aux critères de verticalité et d'horizontalité ils ne paraissent pas non plus constituer une explication parfaitement valable de cette variation importante des taux de professionnalisation au sein de la fonction publique québécoise, puisque des critères, tant verticaux qu'horizontaux, se retrouvent dans les deux catégories. Notons toutefois, pour être précis, qu'un seul ministère horizontal — les finances — appartient au groupe des ministères à moyenne ministérielle inférieure à la moyenne nationale des professionnels.

Tout ce qu'il est donc possible d'avancer comme explication, avec prudence, c'est qu'il semble exister, là aussi, une tendance — moins parfaite cependant — voulant qu'on ait, assez souvent, un degré de professionnalisation plus élevé dans les ministères nains et horizontaux que dans les ministères-géants et verticaux.

Mais ce ne saurait être là une règle absolue puisque nombre de ministères de taille intermédiaire et verticaux peuvent aussi bien jouir d'un degré plus ou moins élevé et variable de professionnalisation.

Les voies de l'administration comme celles du seigneur sont souvent impénétrables.

b) *Par rapport à la même strate des autres ministères.*

On peut noter que :

— les variations en pourcentage sont sensibles puisqu'elles s'étirent entre 1% (fonction publique) et 9.1% (à l'éducation).

— les ministères-géants sont évidemment ceux qui accaparent le maximum de professionnels par rapport à l'ensemble des effectifs de ce groupe : justice (8.6%), affaires sociales (8.1%), revenu (6.6%) et transports (6%). Mais ils ne sont cependant pas les seuls, puisque l'agriculture en a elle aussi 8.1%, et que l'éducation bat les records avec 9.1% de l'ensemble des professionnels du gouvernement.

— les ministères-nains sont, bien sûr, ceux qui détiennent par rapport à l'ensemble des effectifs de ce groupe, le moins de professionnels : fonction publique (1%), affaires intergouvernementales (1.4%), protection de l'environnement (1.6%) et immigration (2.7%). Toutefois, d'autres ministères de taille très moyenne n'ont, eux aussi, qu'un pourcentage très réduit de professionnels : consommation, coopératives et institutions financières (1.8%), affaires municipales (2%), finances (2.4%) travaux publics et approvisionnement (2.5%). Les autres ministères de ce groupe obtiennent de 3.2% à 4.7% de l'ensemble des professionnels du gouvernement.

— enfin, soulignons en dernier lieu, que la progression du nombre de professionnels, si elle s'élève sensiblement en fonction de la taille du ministère, ne suit cependant pas un accroissement rigoureusement proportionnel. En effet, le tableau comparé des courbes d'évolution pour les quatres catégories retenues, montre clairement qu'en plusieurs endroits, alors que les effectifs globaux augmentent, les effectifs de professionnels ont plutôt tendance à diminuer (Ex.: affaires intergouvernementales, communications, richesses naturelles, finances, travaux publics et approvisionnement, agriculture, affaires sociales, revenu, transports).

3 — *La strate des fonctionnaires ordinaires*

a) *Par rapport aux strates « Cadres et ACS »,
« professionnels » et « ouvriers ».*

Quelques constatations s'imposent :

— la moyenne provinciale de «fonctionnaires ordinaires» étant de 62.6% on s'aperçoit aisément à la lecture des données statistiques que la plupart des ministères connaissent *des taux extrêmement différenciés* s'étirant de 24.5% (immigration) à 80.9% (revenu).

— la majorité des ministères (15 sur 22) emploient un taux de «fonctionnaires ordinaires» inférieur à la moyenne provinciale allant de 24.5% (immigration) à 62.3% (affaires municipales).

— seuls, six ministères, connaissent des taux supérieurs : communications (63%), affaires sociales (72.7%), finances (73.2%), travail et main d'oeuvre (77%), justice (80%), revenu (80.9%).

— si tous les ministères-nains sont aussi ceux qui connaissent tous, des taux de fonctionnaires ordinaires inférieurs à la moyenne provinciale, on ne peut pas dire pour autant que le groupe des ministères-géants constitue un ensemble homogène de sens inverse. En effet, si trois des géants appartiennent bien au groupe des ministères ayant un taux de fonctionnaires ordinaires supérieur à la moyenne provinciale, le quatrième — à savoir les transports — reste en-dehors de cet ensemble, avec un taux de 44.1%. D'autre part, l'autre moitié des ministères à taux supérieur à la moyenne, est constitué de ministères de taille plutôt restreinte : finances, communications, travail et main d'oeuvre.

— Quant aux critères de verticalité et d'horizontalité ils ne peuvent, là non plus, servir d'éléments valables d'explication. Car, d'un côté comme de l'autre, se trouvent tout à la fois des ministères verticaux et horizontaux. C'est ainsi que deux ministères horizontaux appartiennent au groupe dont la moyenne dépasse la moyenne provinciale (finances et communications), tandis que deux autres ministères horizontaux (affaires intergouvernementales et fonction publique) se situent dans l'ensemble opposé.

— Ici, comme ailleurs, les critères de regroupement des ministères par grandes missions (administrative et gouvernementale, économique, sociale, éducative et culturelle) ne peuvent servir d'éléments d'explication. En effet, à titre d'exemple, on peut voir que dans un seul groupe — celui dont la moyenne dépasse la moyenne provinciale — on trouve tout à la fois des ministères à vocation administrative et gouvernementale (justice), économique (finances, revenu), éducative et culturelle (communications), et sociale (affaires sociales, travail et main d'oeuvre).

Il est donc très malaisé, dans ce groupe-ci, de mettre en évidence un élément causal, explicatif de cette grande variété de pourcentage de postes de fonctionnaires ordinaires au sein du gouvernement du Québec. Tout ce qu'il est possible de dire, là encore, c'est qu'il semble exister une certaine tendance voulant que les ministères-nains bénéficient d'un pourcentage moindre de fonctionnaires ordinaires que les ministères-géants dont les effectifs recèlent un nombre, la plupart du temps, largement supérieur à la moyenne des autres ministères.

b) *Par rapport à la même strate des autres ministères*

— Ce sont évidemment les ministères géants qui accaparent, en terme absolu, le maximum de fonctionnaires ordinaires à l'emploi du gouvernement avec des taux de 17.6% (justice), 13.6% (transports), 9.8% (revenu), 8.5%

(affaires sociales).

— À l'opposé les ministères nains n'ont en terme absolu que des effectifs très réduits par rapport à l'ensemble des postes de fonctionnaires ordinaires disponibles de l'ordre de .04% (fonction publique et immigration), .06% (affaires intergouvernementales), 1% (protection de l'environnement).

— Pour le reste, le nombre de fonctionnaires ordinaires s'accroit en chiffre absolu, en fonction de la taille des ministères en effectifs, sans toutefois respecter un proportionnalisme parfait, comme le montre le schéma des courbes d'évolution des effectifs de fonctionnaires ordinaires par rapport aux effectifs globaux ministériels.

4 — *La strate des «ouvriers»*

   a) *Par rapport aux strates «Cadres et ACS»,*
     «professionnels» et «fonctionnaires ordinaires».

— Là aussi une extrême variété de taux d'ouvriers apparaît à la lecture des échelles statistiques. Si la moyenne est de 14.4%, celle-ci traduit mal la réalité propre à chaque ministère. En effet, le nombre d'ouvriers varie entre 1 et 4529, c'est-à-dire entre 0.00001% et 4.5% soit l'écart le plus important rencontré jusqu'à maintenant. C'est qu'en fait les ouvriers sont surtout regroupés dans un petit nombre de ministères seulement.

Ici les critères de taille et d'horizontalité-verticalité suffisent encore moins que dans les cas précédents à donner une bonne explication de la situation.

En effet, il existe des ministères géants et des ministères de taille intermédiaire, comme des ministères horizontaux et verticaux, tout à la fois dans la catégorie des ministères à taux d'ouvriers supérieurs comme inférieurs à la moyenne provinciale.

C'est ainsi que dans la catégorie supérieure à la moyenne nous trouvons comme ministère géant : les transports (45.6%). Par contre la justice, les revenus et les affaires sociales, avec respectivement : 3.7%, 0.2% et 0.6% relèvent, eux, de l'autre catégorie.

Même chose en ce qui concerne les ministères horizontaux. Les affaires intergouvernementales, la fonction publique, les finances, avec respectivement deux et 1 ouvrier et 0.1%, appartiennent au groupe nettement inférieur à la moyenne. Par contre, les Travaux publics et approvisionnement, avec un taux aussi élevé que 41.6%, font largement figure d'exception.

Deux constantes à noter toutefois : 1) les ministères-nains sont aussi ceux qui détiennent tous les taux d'ouvriers parmi les plus bas de l'échelle : fonction publique (1 ouvrier), affaires intergouvernementales (2 ouvriers), immigration (.00001%), protection de l'environnement (3.4%).

2) Seuls les ministères à vocation économique appartiennent au groupe enregistrant des taux d'ouvriers nettement supérieurs à la moyenne provinciale. Ce sont : les terres et forêts (17.3%), le tourisme chasse et pêche (24.6%), les travaux publics et approvisionnement (41.6%) et les transports (45.6%).

Ce sont donc les ministères économiques dits de « réalisation », par opposition aux ministères économiques dits de « conception » tels que : revenu, finance, consommateurs-coopératives, institutions financières qui font appel — et c'est normal — à un grand nombre d'ouvriers pour la mise en oeuvre de leur mission.

Certains autres ministères économiques que l'on pourrait, ici, qualifier de mixtes, se situent à des taux d'ouvriers intermédiaires entre les ministères économiques de conception et ceux de réalisation. Ce sont : l'agriculture (10.2%), l'industrie et commerce (10%) et, loin derrière, les richesses naturelles (4.7%).

b) *Par rapport à la même strate des autres ministères*

Le nombre d'ouvriers n'apparait pas être réparti de façon proportionnelle à la taille des ministères. En effet, comme le montre le tableau comparatif afférant à la répartition des quatre catégories d'employés de l'État, par rapport aux effectifs globaux de chaque ministère, la courbe des ouvriers reste plate, alors que celle des effectifs s'accroit de gauche à droite, puisque cette dernière a été construite selon un ordre croissant. En outre, là où la courbe des effectifs globaux — courbe de référence — s'élève plus ou moins régulièrement, celle des ouvriers connait une évolution propre en « dents de scie » ; les quatre principales pointes étant celles des ministères du tourisme chasse et pêche (7.4%), des terres et forêts (5.1%) des travaux publics et approvisionnement (12.7%), de l'agriculture (44%) et surtout des transports (61.9%).

Ce dernier ministère on le voit emploie, à lui tout seul, plus des ³⁄₅ des effectifs totaux des ouvriers de la fonction publique.

III. LES EFFECTIFS DES PRINCIPALES BOITES ADMINISTRATIVES[21]

Nous avons retenu, pour examen, quelques-unes des principales boîtes administratives présentées dans la première partie de cet article consacrée aux structures. Nous présentons ici une approche comparative inter-ministérielle en matière d'effectifs.

Celle-ci se fera à partir tout d'abord de l'énoncé de certaines remarques globales, puis ensuite de l'examen plus détaillé de chacune de ces boîtes[22].

1) Quelques remarques globales

Celles-ci peuvent être faites soit à partir des ministères, soit à partir des boîtes proprement dites.

---

21. À l'exception du ministère de l'agriculture dont certains haut-fonctionnaires ont refusé de nous apporter leur collaboration, pour des raisons qui ne sauraient guère contribuer à rehausser leur prestige, tous les autres ministères interrogés nous ont très aimablement communiqué au printemps 1977, la somme des informations nécessaires à la rédaction du présent article. Nous les en remercions.

22. L'ensemble de ce qui va suivre repose sur l'analyse du tableau de répartition des effectifs de la fonction publique par ministères et principales boîtes administratives.

a) *L'approche ministérielle*

La somme des pourcentages consacrés à chacune des dix boîtes principales retenues à l'intérieur de chaque ministère permet par comparaison interministérielle de dégager les principales remarques suivantes :

— L'importance accordée à l'ensemble de ces unités par les divers ministères québécois est *très variable*. On peut dire que dans certains ministères l'ensemble du personnel affecté à ces dix unités représente à peine 5% (travaux publics et approvisionnement) tandis qu'il peut représenter ailleurs plus de 35% (éducation).

En terme de pourcentages, et compte tenu du fait que toutes ces boîtes ne figurent pas toujours dans l'organigramme de tous les ministères, trois catégories principales peuvent être mises en évidence :

• *Les ministères où les principales boîtes retenues occupent en terme d'effectifs entre 20 et 30%.* Ce sont l'éducation (36.3%), les communications (24.6%) [23] et la fonction publique (22.9%) soit deux ministères horizontaux et un ministère vertical mais agissant comme organisme horizontal vis-à-vis de l'important réseau des commissions scolaires, collèges et universités.

• *Les ministères où les principales boîtes retenues occupent en terme d'effectifs entre 10 et 20%.* Ce sont les affaires inter-gouvernementales (19.9%), les consommateurs-coopératives-institutions financières (19.8%), l'immigration (17.7%), les affaires sociales (17.5%), les affaires municipales (17.3%) l'industrie et commerce (16.5%), travail et main d'oeuvre (15.5%), les finances (14.5%), la protection de l'environnement (13.8%), les affaires culturelles (12.9%), les richesses naturelles (12%), le tourisme chasse et pêche (11.3%), la justice (10.4%), et les terres et forêts (10%).

• *Les ministères où les principales boîtes retenues n'occupent que moins de 9% des effectifs.* Ce sont : le revenu (8.7%), les transports (6.4%), les travaux publics et approvisionnement (4.9%).

Une certaine tendance semble se dégager, plus ou moins, voulant que les principales boîtes de soutien et de conseil à la gestion ministérielle occupent une part des effectifs globaux des ministères d'autant plus importante que l'on a affaire, soit à des ministères à la fois horizontaux et d'effectifs réduits (fonction publique, affaires inter, communications), soit à des ministères verticaux mais en charge d'un important réseau à conseiller et à contrôler (éducation, affaires sociales, affaires municipales).

---

23. Ces deux ministères grâce à l'importance de leurs services informatiques.

TABLEAU XV

Répartition des effectifs de la fonction publique par ministères et principales « boîtes » administratives

Ministères → Boîtes Administratives ↓	MAS	MEQ	MRN	M de l'Im	M du R	MAM	MCCIF	M des T	M du T et M.O.	MTCP	MJ	MF	MAC	MIC	MAIG	P. de l'Env.	MFP	MTP et A	MT et F	Min des Con.	Total Brut %
Cabinet du ministre																					331 / 1.3
Cabinet des sous-ministres																					393 / 1.3
Budget																					266 / 0.8
Contentieux																					255 / 0.8
Personnel																					889 / 2.4
Communications																					428 / 1.5
O et M																					631 / 2.2
Informatique																					1347 / 4.9
Planification et recherche																					414
Services auxiliaires																					727 / 3.4
Total Brut %	876 / 21.7	715 / 30.3	166 / 12.1	74 / 17.7	341 / 8.7	143 / 17.3	133 / 19.8	643 / 6.4	544 / 15.5	252 / 11.3	465 / 10.4	195 / 14.5	117 / 12.9	221 / 16.5	98 / 19.9	78 / 13.8	61 / 22.9	116 / 4.9	225 / 10	336 / 34.6	

N.B. Ce tableau indique les effectifs de chaque boîte à l'intérieur de chaque ministère et le pourcentage que cet effectif représente par rapport à l'ensemble des effectifs de chaque ministère.

Dans chaque boîte
— les chiffres de la colonne de gauche indiquent le nombre d'agents employés par strates hiérarchiques; C pour cadres, A pour ACS, P pour professionnels, F pour fonctionnaires ordinaires et OUV pour ouvriers.
— Le chiffre en haut et à droite représente le total des effectifs C+A+P+F+OUV.
Quant au chiffre en bas et à droite c'est le pourcentage indiquant la part occupée par les effectifs de la boîte concernée par rapport aux effectifs globaux du ministère.

— À l'extrême droite la dernière colonne verticale tire le total brut et le pourcentage moyen de chaque boîte pour l'ensemble des ministères.
— À l'extrême bas du tableau, la dernière rangée horizontale tire elle le total de l'ensemble des boîtes par ministère en chiffre brut et en pourcentage.

b) *L'approche par unités administratives.* [24]

La boîte qui occupe proportionnellement, c'est-à-dire lorsqu'elle existe, le plus d'effectifs, parmi les dix principales boîtes retenues c'est la boîte : informatique, avec un coefficient moyen de 4.9%. Elle est suivie d'assez loin par les services auxiliaires (3.4%), puis par les unités de personnel (2.4%) et les services d'O et M (2.2%). Arrivent ensuite les services de communications (1.5%), les cabinets ministériels (1.3%), les services de planification et recherche ainsi que les bureaux de sous-ministres (1.3%). Enfin, apparaissent ex-equo, les boîtes de budget et les services de contentieux (0.8%).

De ces données, trois remarques fondamentales peuvent être tirées :

— Chaque fois qu'elles existent, les boîtes informatiques prennent le haut du pavé en matière d'effectifs sur toutes les autres boîtes de techniques administratives : O et M, planification-recherche etc ... ce qui semble vouloir confirmer l'importance accordée à cet instrument décisionnel au sein de l'administration québécoise [25] et inversement indiquer la place « secondaire » dans laquelle la planification ministérielle a été jusqu'à maintenant contenue.

— Les cabinets ministériels et ceux des sous-ministres sont à égalité. Cela ne traduit-il pas dans un certain sens la situation de rivalité-méfiance qui préside souvent aux relations sectéraires particuliers-grands technocrates [26] et la volonté de ces derniers de s'assurer un meilleur contrôle sur une bureaucratie en croissance continue ?

— Quant à la situation de dernier plan occupée par les services du budget et du contentieux, ne traduit-elle pas le rôle secondaire joué là aussi par ces unités largement dominées par trois organes centralisateurs à savoir le Conseil du trésor, le Secrétariat général du gouvernement et certains services du ministère de la Justice ?

Voilà pour les données globales. Comment se présente maintenant la situation plus détaillée par unités administratives spécifiques.

2) Examen détaillé des dix principales boîtes administratives

a) *Les boîtes « cabinet du ministre »*

Elles emploient entre 7 personnes (immigration) et 28 personnes (affaires sociales). Soit des variations en pourcentage relativement peu marquées : .07 (affaires sociales) à 4.1 (fonction publique).

Onze cabinets se situent au niveau de 1% ou en-dessous et 7 entre 1.1% et 2.1% soit 18 ministères sur 20. Seuls les ministères des « affaires inter » et de la fonction publique avec respectivement 3.5% et 4.1% dépassent ces seuils.

---

24. Les quelques variations que le lecteur pourrait être amené à déceler entre les données qui suivent et celles qui précèdent, ne sont pas dûes à des contradictions de l'auteur. Elles découlent simplement du fait que l'étude sur les structures et celle sur les effectifs ont été séparées par quelque 16 à 18 mois et un changement de gouvernement. D'où une dynamique du changement, indépendante du chercheur universitaire, dont quelques conséquences apparaîtront ici.

25. Cf. A. Baccigalupo, L'Informatique dans les administrations publiques et para-publiques au Québec.

26. Cf. A. Baccigalupo, Les cabinets ministériels.

Cadres, adjoints et professionnels constituent évidemment à l'intérieur de ces unités-conseils les strates généralement les mieux représentées et s'appuient sur un personnel de soutien administratif lui-même assez étoffé.

b) *Les boîtes « cabinet des sous-ministres ».*

Ils emploient de 7 (fonction publique) à 66 personnes (transports) soit une amplitude en effectifs bruts assez forte se traduisant toutefois par des variations en pourcentage beaucoup plus réduites: .03 (affaires sociales) à 3 (consommateurs-coopératives et institutions financières).

Là aussi cadres, adjoints et professionnels sont assez nombreux et peuvent appuyer leur action sur une équipe de fonctionnaires ordinaires relativement importante.

c) *Les boîtes « budget-comptabilité ».*

Le nombre total d'agents qui travaillent dans les unités budgétaires et comptables varie entre 5 (immigration) et 34 (justice). Le pourcentage par rapport aux effectifs totaux du ministère varie lui entre 0.05 (affaires sociales) et 3.4 (fonction publique).

La moitié des boîtes « budget-comptabilité » ont à leur tête un cadre et les ¾ ont entre un et trois postes d'adjoints au cadres. Le nombre de professionnels — catégorie que l'on retrouve toujours dans toutes ces boîtes à travers tous les ministères — varie lui entre 1 (affaires culturelles) et 18 (travail et main d'oeuvre). Quant aux fonctionnaires ordinaires — groupe que l'on retrouve partout aussi — il oscille entre 2 (finances, environnement, communications) et 20 (justice).

Les boîtes « budget-comptabilité » présentent donc une très grande diversité de situations.

d) *Les boîtes de « contentieux juridique »*

Si l'on met à part le ministère de la justice qui est à lui seul une boîte entière de « contentieux juridique » et de qui relèvent d'ailleurs les avocats employés dans les services de « contentieux » ministériels, ainsi que le ministère des affaires gouvernementales qui ne parait pas posséder un tel service, on peut dire que tous les autres ministères possèdent maintenant un service de contentieux.

Ces unités juridico-administratives n'occupent cependant pas une place, en terme d'effectifs, très importante au sein des ministères. Leurs effectifs sont en effet plutôt modestes.

En terme absolu ils varient entre une personne (immigration) et 63 personnes (revenu). Cette variation, très forte, est due simplement au fait que le ministère du revenu, à cause du contentieux découlant de l'impôt provincial, a été depuis toujours dans l'obligation de se doter d'un tel service, afin de défendre, en cour notamment, les intérêts du fisc québécois.

Mais, si l'on range à part, le ministère du revenu et celui des transports (43 agents au contentieux), on s'aperçoit que tous les autres ministères oscillent simplement alors entre 3 (environnement, finances) et 22 (éducation).

Soit une variation, d'une amplitude assez faible, surtout si l'on ramène ces données en terme de pourcentage par rapport aux effectifs globaux de chaque ministère. Celle-ci apparait alors varier simplement entre .03% (affaires sociales) et 2.8% (consommateurs-coopératives-institutions financières).

Les services du contentieux semblent rarement avoir à leur tête de cadres ou d'ACS, puisqu'en-dehors des affaires sociales où il y a un administrateur, et les richesses naturelles où il y a un ACS, dans tous les autres ministères on constate uniquement la présence partout de professionnels — avocats — et presque partout (sauf immigration et environnement), de fonctionnaires ordinaires.

e) *Les boîtes « personnel »*

Le nombre total d'agents qui travaillent dans les boîtes de « personnel » varie entre 9 (fonction publique) et 140 (transports). Toutefois, ramenée en pourcentage par rapport aux effectifs globaux de chaque ministère, cette variation s'avère de bien moins forte amplitude. Elle s'étire en effet simplement de 1.2% (travaux publics et approvisionnement) à 5.6% (affaires inter-gouvernementales). La quasi totalité des autres ministères (16) variant eux, à peine, entre 1.6% et 3.4%, soit une amplitude bien moins forte que celle enregistrée dans les boîtes budgétaires et comptables.

Quant aux divers niveaux hiérarchiques, on s'aperçoit que, là aussi, les strates « professionnels » et « fonctionnaires ordinaires » se retrouvent dans tous les ministères. Par contre, les cadres semblent absents dans deux ministères (immigration et fonction publique), tandis que 11 ministères n'accordent pas d'adjoints aux directeurs des services de personnel.

f) *Les boîtes de « communications-informations-relations publiques »*

Le nombre d'agents, au total, varie de 3 (travaux publics et approvisionnement) à 72 (affaires sociales). Ramenée en pourcentage par rapport au nombre d'agents à l'emploi dans chacun des ministères, cette variation parait là aussi moins importante. Elle tourne en effet entre 0.1% (justice) et 3.9% (affaires inter-gouvernementales).

Neuf ministères sur 20 détiennent au moins un poste de cadre — deux à la justice — dans le secteur des communications, et 15 ont des postes d'adjoints aux cadres. Trois ministères disposent même de deux postes d'ACS dans le domaine des communications (affaires sociales, richesses naturelles, affaires inter-gouvernementales).

Tous les ministères disposent en outre d'un nombre plus ou moins important de professionnels et de fonctionnaires subalternes.

g) *Les boîtes « d'organisation-méthodes » (O et M)*

La variation est ici très forte et en effectifs globaux et en pourcentage.

En effet, si certains ministères accueillent quelque 346 agents de divers grades à l'intérieur des unités O et M (affaires sociales), d'autres ministères au contraire, soit n'en emploient aucun, soit en ont seulement 1 (richesses naturelles), 4 (affaires inter-gouvernementales), 5 (affaires municipales), 7 (fonction publique), ou 9 (immigration, consommateurs-coopératives-institutions financières).

À l'exception du ministère de la justice qui en emploie un nombre lui aussi assez substantiel (77), toutes les autres unités O et M se situent entre 17 (travail et main-d'oeuvre) et 48 (travaux publics et approvisionnement).

Une dizaine de boîtes sont dirigées par un ou, exceptionnellement 2 cadres, et trois autres par un ACS. Seul le service O et M des « affaires inter » semble ne posséder ni poste de cadre, ni poste d'adjoint.

Les professionnels là encore sont partout, sauf aux richesses naturelles où la boîte O et M n'est constituée, on l'a vu, que d'une seule personne (un cadre). Il en est de même des fonctionnaires ordinaires.

h) *Les boîtes « informatique »*

Là où elles existent séparément de celles d'O et M, c'est-à-dire dans environ onze ministères, les unités d'informatique connaissent, elles aussi, une forte amplitude inter-ministérielle, à la fois en terme d'effectifs bruts et en terme de pourcentage.

Les variations s'étirent en effet de 316 (éducation) à 8 (richesses naturelles) et de 18.9% (communications) à .5% (richesses naturelles).

L'informatique paraît toujours comme nous l'avions vu dans une de nos précédentes recherches sur le sujet [27], assez fortement concentrée dans certains ministères. En l'occurence, dans quatre d'entre eux tout spécialement : l'éducation (316), les transports (285), les communications (242) et les finances (116).

Les plus grosses unités ont à leur tête entre 1 et 6 cadres, les moyennes et les petites : un ACS ou un professionnel. Ces derniers, ainsi que les fonctionnaires, se retrouvent évidemment à l'intérieur de toutes les unités « informatique ».

i) *Les boîtes « planification et recherche »*

Le personnel interne à ces boîtes varie entre 4 (fonction publique, travaux publics et approvisionnement) et 159 (affaires sociales). Les ministères de l'éducation et du travail et de la main-d'oeuvre avec respectivement des équipes de planificateurs-chercheurs de 89 et 57 personnes sont aussi au nombre des rares ministères paraissant accorder une certaine importance à la planification et à la recherche.

Dans tous les autres ministères les unités de planification-recherche sont plutôt de dimension modeste : 4 (fonction publique et travaux publics), 9 (affaires municipales et consommateurs-coopératives-institutions financières), 10 (affaires culturelles), 13 (immigration), 16 (revenu), 17 (tourisme-chasse et pêche), 27 (justice).

Les pourcentages fixant le rapport, effectif de la boîte/effectifs globaux ministériels, traduisent très bien la part relativement faible accordée dans la plupart des ministères à la planification et à la recherche. À l'exception des affaires sociales, de l'éducation et du travail, où les taux sont respectivement de 4.2%, 3.6%, 3.1% et 2.5%, partout ailleurs ils oscillent entre .1 (travaux

---

27. Cf. A. Baccigalupo : L'informatique dans les administrations publiques et para-publiques au Québec.

publics) et à peine 1.5 (fonction publique).

j) *Les boîtes «services auxiliaires».*

Installés dans la plupart des ministères, les services auxiliaires peuvent employer de 11 personnes (immigration, affaires inter-gouvernementales) à 143 agents (affaires sociales).

Toutefois, ramenées en terme de pourcentage par rapport à l'ensemble des effectifs ministériels, ces variations paraissent d'amplitude assez réduite : 1.3 (finances), 2.2 (travail et main-d'oeuvre), 4.1 (affaires sociales et richesses naturelles), 5 (affaires municipales, justice) et 5.5 — taux maximum enregistré — à l'industrie et commerce.

Un nombre relativement faible de cadres (7 dans 6 ministères) se trouvent à la tête de ces services de soutien administratif. Il en est de même pour les adjoints aux cadres. On en dénombre à peine 3 à la tête de ces services. Partout ailleurs ce sont des professionnels (14 boîtes), voire des fonctionnaires ordinaires (2 boîtes), qui voient à la bonne marche de ces services.

CONCLUSION GÉNÉRALE

Ce qui ressort aisément et très clairement à la lecture de cette étude sur l'organisation ministérielle québécoise, c'est la grande diversité de situations que l'on trouve constamment tant au plan de la terminologie, qu'au plan des structures et des effectifs.

Il ne semble pas y avoir en effet au Québec d'organisation ministérielle-type, uniforme pour l'ensemble de l'appareil de l'État.

Tout ce que l'on trouve à l'examen de cette matière c'est un noyau commun, fait de certains traits majeurs de ressemblance qu'entourent un très grand nombre de variétés organisationnelles.

Chaque ministère paraît donc, à partir de ce noyau commun, adopter une terminologie, une structure et une répartition du personnel propre à ses besoins.

Cette adaptation, facteur d'efficacité dans un sens, ne paraît pas toujours cependant découler d'une logique et d'une rationalité administrative à l'abri de toute critique.

Les raisons des variations diverses autour d'un thème central, que cette étude a contribué à mettre en évidence, ne sont pas toujours très apparentes. Il n'est en effet pas toujours très aisé pour l'observateur, d'expliquer les raisons de telle ou telle situation structurelle, de tel ou tel vocabulaire, de telle ou telle répartition des ressources humaines.

Est-ce là un défaut inhérent à l'enquêteur et à son travail? C'est fort possible.

Mais ne serait-ce pas là plutôt le résultat du jeu, à l'intérieur des administrations, de toute une série d'acteurs se livrant à des négociations, des tractations, du « bargaining-power » en fonction de leurs forces de pression et des vents politiques de l'heure, dont les règles politiques ne tiendraient pas toujours grand cas des normes techniques et administratives? Ce n'est pas là non plus, en tout cas, une explication à rejeter... d'un revers de la main.

LE CABINET DU PREMIER MINISTRE DU QUÉBEC SOUS LE GOUVERNEMENT DE ROBERT BOURASSA

Le système politique québécois, tout comme le modèle d'inspiration britannique qui lui a donné la vie, a connu au fil des années, un incontestable transfert de pouvoirs qui a fait de l'exécutif, au détriment du législatif, le véritable détenteur de l'autorité dans la province.

Au sein de l'exécutif, son chef, le Premier Ministre a été le grand bénéficiaire de la perte du pouvoir parlementaire puisqu'il en a été, le plus souvent, l'héritier principal.

Arbitre suprême entre les ministres de son gouvernement qu'il nomme et destitue selon son « bon plaisir », leader politique, chef de parti, coordonnateur n° 1 de toutes les politiques ministérielles, député, le Premier Ministre du Québec tout comme ses homologues des autres provinces, du Canada, ou des pays occidentaux, se trouve confronté à un problème toujours difficilement soluble.

Appelé à prendre continuellement une foule de décisions qui engagent profondément le pays tout entier, il se voit, en pratique, limité dans son action quotidienne, par les limites mêmes de la capacité humaine de travail et un budget-temps qui, tout comme le budget de l'État, paraît toujours trop restreint.

Aussi le Premier Ministre doit-il voir à démultiplier son action et pour cela être secondé. C'est évidemment là le rôle de son cabinet personnel.

Au Québec, le cabinet de Robert Bourassa se défend d'être un service technique d'études et de recherches. Il refuse aussi de se voir comme un service à vues purement électorales, estimant que la dimension « gouvernementale » de son action dépasse sensiblement le souci de voir à la réélection de son patron. Enfin, il entend ne pas être défini comme le gardien de l'orthodoxie libérale, car sa fonction « gouvernementale » fait de lui une entité différente du Parti Libéral du Québec, même si ce dernier reste pour lui un schème de référence, un groupe de pression privilégié et une source constante d'inspiration.

Le cabinet québécois de l'ancien Premier Ministre préfère se définir comme un filtre, un carrefour d'informations et une caisse de résonance.

Un filtre, car le cabinet doit voir à ce que le Premier Ministre ne soit pas débordé par les questions d'intérêt secondaires, surtout en période de crise[1].

Un carrefour d'informations, car l'organisation du Cabinet est telle qu'elle confère au Premier Ministre une supériorité sur ses autres collègues, en lui permettant de réaliser aisément la *synthèse* de tous les courants d'informations qui convergent vers son bureau.

Une caisse de résonance, car l'entourage personnel du Premier Ministre lui permet de « penser tout haut », de recourir à la technique du « brainstorming » avec son « brain-trust » et de confronter librement, en dehors des

---

1. En effet le cabinet est souvent décrit comme étant un véritable « mur des lamentations » et le carrefour des doléances et requêtes de toutes sortes.

oreilles indiscrètes, ses vues avec celles, souvent contradictoires, de ses proches collaborateurs, avant de décider *seul.*

L'entourage du Premier Ministre est en effet là, pour faire voir au chef du gouvernement les multiples facettes d'un problème, et les conséquences prévisibles de telle ou telle solution et l'aider à choisir la meilleure ou la moins mauvaise d'entre elles.

Le Cabinet du Premier Ministre occupe donc, on le voit, une place centrale et prédominante à l'intérieur de la machine gouvernementale, d'autant plus que le chef du gouvernement constitue l'ultime niveau d'appel pour le règlement final de quelque problème politique que ce soit.

Quelle est l'organisation globale de cette importante structure politico-administrative?

Quel est le rôle joué, à l'intérieur de cette organisation, par chacune des boîtes composant le cabinet du Premier Ministre?

C'est à ces deux questions que les développements qui suivent tenteront de répondre, permettant par là-même aux lecteurs de cet article, de prendre connaissance de la première étude universitaire consacrée à la présentation du Cabinet d'un Premier Ministre québécois.

A) L'ORGANISATION GLOBALE DU CABINET DU PREMIER MINISTRE

Deux aspects principaux de l'organisation du Cabinet de Robert Bourassa retiendront plus spécialement notre attention. Il s'agit d'une part de la composition interne du Cabinet et d'autre part de la présentation organigramique de cette structure.

I) LA COMPOSITION DU CABINET DE ROBERT BOURASSA

Tous les membres du cabinet ministériel de Robert Bourassa étaient nommés de façon discrétionnaire par lui, soit qu'il les ai choisis personnellement et directement, soit qu'ils lui aient été recommandés et présentés par ses proches collaborateurs. Le terme de « discrétionnaire » employé ici n'a rien de péjoratif, puisque telle est la pratique répandue dans la plupart des cabinets ministériels québécois, canadiens et étrangers.

Ce mode de désignation fait que les membres du cabinet ne détiennent que les seuls pouvoirs que leur confère le Premier Ministre, auquel ils sont tous personnellement et étroitement rattachés. C'est ainsi qu'ils n'ont à répondre de leurs actes professionnels dans l'exercice de leurs fonctions, que devant lui. En théorie tout au moins car, en pratique, il arrive aussi que le Premier Ministre se repose en cette matière sur un de ses très proches collaborateurs. Ainsi en était-il dans les premières années du gouvernement Bourassa, avec la présence au Cabinet de l'éminence grise du Premier Ministre: Paul Desrochers. L'homme qui, disait-on, faisait au Bureau du Premier Ministre, et en-dehors aussi souvent, la pluie et le beau temps.

Quelles étaient les principales voies d'accès au Cabinet du Premier Ministre? Quelles étaient les grandes caractéristiques socio-économiques de l'entourage de Robert Bourassa? Quels étaient les groupes humains en présence?

1) Les trois principales voies d'accès au Cabinet de Robert Bourassa.

Si l'on regarde les voies d'accès empruntées par les collaborateurs du Premier Ministre Bourassa pour venir composer son entourage politique personnel au sein de son cabinet, on s'aperçoit aisément que celles-ci sont au nombre de quatre :

a) *Les connaissances personnelles du Premier Ministre.*

Plusieurs membres du cabinet de Robert Bourassa étaient des amis personnels que le Premier Ministre s'était fait, soit au Collège Brébeuf de Montréal, soit à l'Université, soit au Parti. Il y avait là un réservoir de ressources humaines dans lequel le Premier Ministre a puisé en mai 1970, ses plus proches confidents et collaborateurs, notamment :
— Guy Langlois, rencontré un an plus tôt alors qu'il étudiait à Harvard ;
— Jean Prieur, cousin par alliance du Premier Ministre, allié politique dès 1966 et ami personnel de monsieur Bourassa ;
— Jean-Claude Rivest, aussi rencontré au Parti libéral du Québec et au cabinet de monsieur Jean Lesage ;
— Charles Denis, ami rencontré alors qu'il était fonctionnaire après la défaite de 1966 ;
— Claude Trudel, l'un de ses anciens étudiants à l'Université de Montréal et allié politique depuis 1966, surtout à la Commission politique du Parti libéral du Québec ;
— Paul Desrochers... véritable instigateur, avec Jean Prieur, de son triomphe à la chefferie.

b) *L'expérience antérieure dans un cabinet ministériel.*

Plusieurs autres « grands commis » du Premier Ministre étaient, eux, issus d'un cabinet ministériel. Ils apportaient avec eux une certaine connaissance du « milieu politique » et des pratiques propres à l'environnement gouvernemental. À défaut quelquefois d'apporter leur expertise technique, ils firent bénéficier le Premier Ministre de leur « flair politique » et surtout de leur propre réseau d'informations et de connaissances du milieu politique, administratif et de la presse.

Rentrent par exemple dans cette catégorie MM. Jean Prieur, Jean-Claude Rivest, Clarence White, David Allnutt, ainsi que Mme Hélène Lemieux.[2]

c) *L'expérience antérieure dans la fonction publique.*

L'expertise technique, la connaissance des pratiques administratives fut l'apanage du second chef de cabinet du Premier Ministre. Benoit Morin vint en effet compléter heureusement l'entourage du Premier Ministre, en y introduisant ou en tentant d'y introduire une certaine conception de la rationalité administrative.[3]

2. Jean Prieur, au cabinet du Premier Ministre du Canada, J-C Rivest au cabinet de Jean Lesage de 1968 à 1970, Clarence White au cabinet du ministre des Affaires municipales (1974), David Allnutt au cabinet du ministre de l'Éducation (1976) et Hélène Lemieux au cabinet de J. Cournoyer sous le gouvernement de J.J. Bertrand (U.N.).

3. Afin de mieux « faire passer » la nomination d'un fonctionnaire de carrière quelques mois

d) *La formation d'administrateur.*

C'est le cas de Guy Langlois (MBA de Harvard), de Claude Trudel (MSc du London School of Economics de Londres) et de Pierre Lajoie (baccalauréat en administration).

2) Les principales caractéristiques socio-économiques de l'entourage de Robert Bourassa.

L'entourage du Premier Ministre présente les caractéristiques fondamentales suivantes :

a) *C'est un groupe de jeunes gens :* la quasi totalité d'entre eux ont une trentaine d'années. Seuls font exception MM. Paul Desrochers, Charles Denis, puis dans la dernière année d'existence du Cabinet, Maurice Paradis. Jeune Premier Ministre lui-même, Robert Bourassa a donc fait principalement confiance à des jeunes gens pour constituer son brain-trust, tout comme d'ailleurs son gouvernement. La filière collégiale et universitaire, utilisée comme voie de recrutement, n'a pu que lui fournir du personnel peu âgé. Il en fut de même pour la filière des cabinets. Quant aux cadres de la fonction publique québécoise — jeunes eux-mêmes bien souvent — ils n'ont pas eu pour effet de relever la moyenne d'âge du groupe.

b) *C'est un groupe essentiellement masculin :* à l'exception du personnel de soutien des secrétariats administratifs ou des étudiants-recherchistes, membres du PLQ, qui travaillaient au 1° étage de l'édifice J, tout le personnel des secrétaires particuliers travaillant près du Premier Ministre, au 3° étage du J, étaient des hommes. Seule Hélène Lemieux jetait une note féminine dans cet environnement.

c) *C'est un groupe hétérogène au plan de la formation détenant un niveau d'instruction moyen-supérieur :* la diversité de provenance des membres du cabinet entraîna une relative hétérogénéité du groupe. Hétérogénéité car on y trouvait tout à la fois des juristes, des spécialistes de l'administration et des spécialistes en communications. Relative, cette hétérogénéité l'était, par la prédominance qu'exerçait à l'intérieur du cabinet le groupe des avocats[4]. Avocat lui-même de formation, Robert Bourassa a, semble-t-il, été porté naturellement à s'entourer d'un personnel de proches collaborateurs avec qui il allait pouvoir partager les schèmes de pensée, le langage et... les défauts.

La majorité des membres de ce groupe était donc composée de baccalauréats et de maîtrises de l'Université. À ce titre aussi, l'entourage du Premier Ministre ressemble beaucoup à celui de ses autres collègues du gouvernement. Est-ce là un niveau d'instruction suffisant pour venir constituer l'entourage-clé d'une boîte aussi centrale et importante qu'un cabinet de Premier Ministre.

---

avant les élections générales provinciales, le Premier ministre nommera le 1er août 1973, Claude Trudel, membre de la commission politique du PLQ et ami du PM, chef de cabinet adjoint.

4. Appartiennent à ce groupe : J. Prieur, J-C Rivest, Claude Trudel, J.P. Ouellet, Benoît Morin.

Quand un niveau moyen-supérieur de formation se double d'une grande expérience et d'une réelle réussite professionnelle on peut être enclin à répondre positivement.

Mais quand cette formation de niveau intermédiaire ne peut s'appuyer que sur le dynamisme et l'inexpérience de la jeunesse, une réponse positive s'avère beaucoup plus difficile à donner.[5]

d) *C'est un groupe provenant pour l'essentiel de l'extérieur de la région de Québec :* si, être né dans la région de Québec, semble disposer davantage à faire carrière dans la fonction publique provinciale, cela ne prédisposait guère, par contre, à faire partie de l'entourage de Robert Bourassa. En effet, l'essentiel de son cabinet personnel provenait de Montréal ou de la région métropolitaine (P. Desrochers, J.P. Ouellet, Guy Langlois, Claude Trudel, C. Denis, J.-C. Rivest, J. Prieur)[6], et du Saguenay-Lac St-Jean (M. Paradis, Guy Potvin, Pierre Lajoie)[7].

Pour la plupart mariés et domiciliés dans ces villes, ils venaient à Québec et repartaient chaque fin de semaine, surtout pour Montréal. À Québec, ils constituaient, par là-même, un groupe de collaborateurs entourant et protégeant Robert Bourassa continuellement. D'où l'aspect « commando » conféré à son cabinet, que venait renforcer sans peine l'architecture de type « bunker » de l'édifice J, abritant les services du Premier Ministre.

3) Les groupes humains en présence.

Le cabinet de Robert Bourassa se caractérise aussi par la relative stabilité de son équipe, la distinction au sein de son personnel entre les Politiques et les Administratifs et enfin l'individualisme très marqué de la plupart de ses secrétaires particuliers.

a) *Une relative stabilité du cabinet.*

La photographie de famille du Cabinet de Robert Bourassa année 1976 n'est, bien sûr, pas identique à celle de l'année 1970. Des têtes ont disparu qui étaient là au début et d'autres sont arrivées vers la fin seulement. Ainsi en fut-il de Paul Desrochers son conseiller spécial, de Guy Langlois son 1° chef de cabinet, de Julien Aubert son scribe, qu'une nomination enverra à la tête de la délégation du Québec en Haiti, de Claude Trudel ancien chef de cabinet adjoint qui sera nommé sous-ministre aux Affaires culturelles et de quelques autres dont J.P. Ouellet, M. Paradis et David Allnutt.

Par contre, le noyau final, qui constituera le groupe restreint des fidèles de la dernière heure, est composé des fidèles de la première heure, à savoir Jean Prieur, qui deviendra l'homme fort du cabinet après le départ de P. Desrochers, Jean-Claude Rivest, chargé des relations avec le parlement et rédacteur des principaux discours du Premier Ministre, et Charles Denis, l'attaché de presse du chef du gouvernement.

---

5. Signalons toutefois que malgré ses faiblesses, le cabinet de R. Mourassa marquait un net progrès, par rapport, notamment à celui de J.J. Bertrand.

6. Tous, à l'exception de MM. Trudel et Rivest, continuèrent à habiter Montréal.

7. N. Bolduc était originaire de Québec et R. Beaulieu de l'Outaouais.

116

b) *Le distingo Politiques-Administratifs.*

Même si, par définition, un Cabinet de Premier Ministre a pour vocation de faire de la politique et de servir celle du Patron, il se trouve, qu'en pratique, certains membres du Cabinet sont, par leurs fonctions, nettement plus politisés que les autres.

Ainsi doivent être rangés dans le groupe des Politiques, outre le noyau central constitué de MM. Desrochers (1970-1974), J. Prieur, J-C Rivest, C. Denis, des hommes comme Maurice paradis (conseiller économique), Normand Bolduc (chargé des cas spéciaux), François Coderre et Pierre Lajoie (chargés des liens avec l'aide parlementaire et les circonscriptions régionales du Parti Libéral).

Par contre, appartiennent davantage au groupe des Administratifs chargés plutôt d'assurer un bon fonctionnement de la machine administrative du Cabinet et de servir l'équipe des Politiques, des hommes comme Guy Langlois puis Benoît Morin (ses deux chefs de cabinets), Claude Trudel (chef de cabinet adjoint), Lawrence Cannon (chef du service documentaire et de la correspondance), René Beaulieu (adjoint du chef du service de presse et d'information), Guy Potvin et Carol O'Keefe (les deux «advances» du Premier Ministre), Julien Aubert, David Allnutt, Hélène Lemieux (chargée de l'agenda du Premier Ministre).[8]

c) *L'individualisme des membres du cabinet.*

Le clivage politiques-administratifs, l'hétérogénéité de formation et d'expérience professionnelle antérieure, la diversité des fonctions attribuées aux divers membres de cabinets, leur personnalité propre etc... tout cela contribua grandement à entraîner une forte diversité de pensée et un individualisme très marqué au sein du cabinet de Robert Bourassa.

La diversité d'opinion qui en découla, susceptible d'offrir au Premier Ministre un large éventail de points de vue, entraîna aussi comme conséquence néfaste, surtout après la disparition du leadership très fort exercé par P. Desrochers, une absence parfois regrettée d'esprit de corps et de coordination à l'intérieur du cabinet.

Quelle part de responsabilité incombe à ce facteur dans l'échec du gouvernement libéral, cela aussi est difficile à mesurer. Mais, ce qui est sûr, c'est que cela ne contribua pas à favoriser au sein du cabinet l'émergence d'une structure organisationnelle très forte.

---

8. Tous les membres du cabinet du PM ne sauraient relever exclusivement de l'une ou l'autre de ces deux catégories. La «souplesse» même de «l'organisation» veut en effet que ses composantes résistent quelquefois aux efforts de systématisation de l'esprit. C'est ainsi par exemple que certains administratifs exerçaient parfois des activités politiques: C. Trudel et L. Cannon notamment. Ce dernier en raison des mandats spéciaux que lui confiait régulièrement J. Prieur. Et inversement certains politiques remplissaient quelquefois des tâches de nature administrative. C'est ainsi que M. Paradis n'était pas un politique au même sens que les Prieur, Rivest et Denis. Il s'occupait en effet principalement de dossiers techniques et économiques à impact politique. Quant à David Allnut et Julien Aubert ils étaient, à n'en pas douter, les moins politisés du groupe des «politiques», à tel point que la plupart des «administratifs» l'étaient davantage. D'où la difficulté, on le voit, d'établir des catégories très étanches.

II) L'ORGANIGRAMME DU CABINET DE ROBERT BOURASSA : CARACTÉRISTIQUES ET «DESIGN» ORGANISATIONNEL.

1) Le cabinet occulte et le cabinet officiel.

Sous Robert Bourassa il y avait en réalité non pas un, mais deux cabinets. L'un, le moins connu, était le cabinet «occulte» ou «fantôme». L'autre le cabinet officiel et visible.

Le premier était constitué de quelques personnes extérieures au Cabinet proprement dit. En faisaient partie deux à trois ministres — notamment MM. Raymond Garneau, Gérard D. Lévesque et Fernand Lalonde — deux à trois journalistes dont Dominique Clift (Montréal Star, Le Soleil), Michel Roy (Le Devoir) et Claude Ryan directeur du quotidien Le Devoir et candidat en 1978 à la chefferie du PLQ[9], deux à trois sous-ministres — notamment Roland Giroux, Guy Coulombe, Julien Chouinard[10], Robert Normand et Claude Rouleau — quelques amis et confrères de collège ou d'université dont le conservateur Richard Drouin, ainsi que quelques universitaires éminents dont mon collègue le Pr. Léon Dion.

Ce cabinet occulte qui ne se réunissait jamais, mais dont les membres pouvaient être à tout moment consultés personnellement et individuellement par le Premier Ministre par le moyen de communication qu'affectionnait le plus Robert Bourassa — le téléphone — jouait seulement un rôle de ballon d'essai et servait de «testing» au Premier Ministre avant une prise de décision.

En raison de son influence difficilement cernable et de ses structures totalement inexistantes, ce «cabinet» n'a pu faire l'objet de notre part d'une étude approfondie. Aussi nous contenterons-nous d'indiquer au passage son existence, en laissant le soin à Robert Bourassa de nous en apprendre plus long lors de la publication de ses mémoires, s'il décide un jour de les rédiger et de les rendre publiques.

Les développements qui suivent visent donc uniquement le cabinet visible et officiel du Premier Ministre.

2) Les caractéristiques de l'organisation interne du Cabinet officiel.

Un trait fondamental domine cette organisation. C'est *l'absence d'organisation fortement charpentée*. Autant les ministères, les organisations autonomes fonctionnels et territoriaux, l'appareil judiciaire et le pouvoir législatif sont fortement structurés, hiérarchisés, spécialisés, réglementés, autant le cabinet du Premier Ministre présentait des traits caractéristiques diamétralement opposés.

Quatre traits dominants caractérisaient cette «organisation». Premier trait caractéristique : l'absence d'une véritable hiérarchie interne conférait au cabinet non l'aspect d'une pyramide, mais bien plutôt l'aspect d'«une roue», d'un «camembert», d'une «cible» ou d'un «colimateur» dépendamment des diverses expressions employées au sein du cabinet pour désigner l'originalité

---

9. Élu à la direction du PLQ le 15 avril 1978.

10. Les relations entre R. Bourassa et le secrétaire général du Conseil Exécutif étaient extrêmement fréquentes, certains diraient «disproportionnées», à un point tel que, le PM lui-même qualifiait J. Chouinard de véritable Premier ministre administratif...

de cette structure. Deuxième trait caractéristique : l'absence d'une véritable spécialisation au sein du cabinet, troisième trait : l'absence de toute structure de coordination interne et quatrième trait : la nature du travail fortement axé sur l'information.

a) *La «roue» organisationnelle.*

Parler de «roue» organisationnelle là où il n'existe aucune organisation fortement structurée peut apparaître comme une aberration ou, pour le moins, un paradoxe. D'ailleurs, en réalité, nul secrétaire-particulier n'a été en mesure de nous remettre la photocopie de l'organigramme officiel du Cabinet. Certains de nos interlocuteurs se rappelaient vaguement qu'à une certaine époque, du temps de G. Langlois, et peut-être au début de l'arrivée de son successeur, un tel document avait été rédigé, mais il avait si peu servi et il avait si peu d'importance pratique, qu'ils n'en avaient gardé aucune trace écrite.

Aussi, la roue organigrammique que nous présentons ici, constituée de cercles concentriques, résulte-t-elle davantage d'une reconstitution, que de la copie servile d'un document officiel. Elle a été élaborée à partir des descriptions de tâches que nous ont faits, individuellement, chacun des secrétaires particuliers de l'ancien Premier Ministre.

TABLEAU XVI

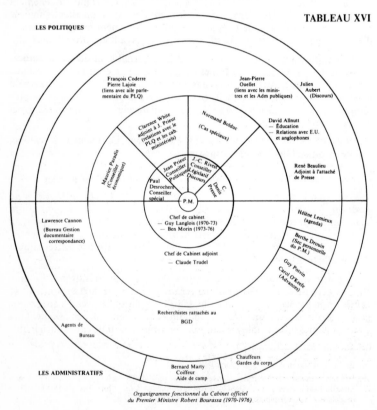

Organigramme fonctionnel du Cabinet officiel
du Premier Ministre Robert Bourassa (1970-1976)

D'ailleurs, il faut dire, en passant, que l'absence de définition précise et d'attribution spécifique des tâches de chacun, en entraînant certains dédoublements de fonction, a rendu parfois malaisé le montage d'un tel organigramme.

Aussi le « design organisationnel » présenté et analysé ici, n'est-il qu'une tentative pour mettre de l'ordre et clarifier ce qui dans la pratique quotidienne de la vie au cabinet ne l'était pas toujours.

— Le noyau central est constitué du Premier Ministre lui-même. Tous les services, tous les hommes employés au cabinet sont là à son service personnel et exclusif. Tous ne relèvent que de lui et sont tournés vers lui, tels les rayons d'une roue.

— En orbite, dans un premier cercle, gravitent dans un rayon très court qui les place très près du Premier Ministre les secrétaires particuliers les plus politisés du cabinet. On a vu précédemment que le nombre de ces satellites avait tendu à diminuer au fil des années pour finir par se réduire à trois (J. Prieur, J.-C. Rivest et C. Denis).[11]

— En orbite toujours, gravitent, dessinant des cercles d'autant plus larges que leur influence auprès du Premier Ministre diminue, une série de secrétaires-satellites composée, d'une part, d'adjoints aux éminences grises du premier cercle et, d'autre part, des administratif du cabinet.

Le cercle extérieur étant constitué des secrétariats de soutien administratif (agents de bureau, dactylographes, chauffeurs, gardes du corps, coiffeur, etc...).

Cette organisation appelle, on le voit, quelques remarques générales :

— Tout d'abord, on constatera l'existence d'un certain décalage entre la théorie et la pratique ou, si l'on préfère, entre « l'organigramme officiel » et l'organigramme fonctionnel ». En effet, un organigramme officiel, fait en fonction des titres, aurait présenté davantage les aspects d'une structure pyramidale plate ayant immédiatement après le Premier Ministre, à sa tête, le chef de Cabinet. Les strates immédiatement inférieures auraient été constituées des secrétaires particuliers et des secrétaires particuliers adjoints. Alors qu'au contraire, l'organigramme fonctionnel, bien meilleur traducteur de la réalité, présente, on l'a vu, les aspects d'une roue mettant plus nettement en évidence le rôle prépondérant des « Politiques » au détriment des « Administratifs » à commencer par le chef de cabinet dont l'influence politique sur le Premier Ministre était des plus limitées.

Ensuite, on constatera que les liaisons hiérarchiques officielles déjà faiblement établies, se trouvent dans la pratique réduites à peu de choses, l'important étant, non pas d'avoir le titre, mais d'avoir « l'oreille » et la « confiance » du Premier Ministre et, dans les premières années du gouvernement, celle de Paul Desrochers, véritable chef de cabinet *politique*. Guy Langlois ne remplissait encore une fois, en pratique, que les fonctions administratives « d'intendant général ». De façon un peu moins marquée, cette même situation se représentera peu après le départ de Paul Desrochers et de Guy Langlois avec le couple Prieur-Morin.

---

11. En effet MM. Desrochers et Trudel appartenaient à ce groupe durant les premières années de gouvernement Bourassa.

— Enfin, il faut préciser que dans les dernièrs années, avec la réduction du nombre de personnes susceptibles au cabinet d'approcher quotidiennement et aisément le Premier Ministre, il faut concevoir le premier cercle comme une figure géométrique ayant une fâcheuse tendance à voir sa circonférence se réduire, tandis que se creusera l'écart avec les autres secrétaires particuliers à l'intérieur du cabinet. Ce qui aura pour effet d'accentuer les individualismes et les rivalités entre les secrétaires particuliers, chacun désirant avoir son bureau le plus près possible de celui du Premier Ministre ou, à défaut, de celui d'une des trois éminences grises du cabinet. Quant à ceux qui avaient leur bureau au 1° étage (service de documentation et correspondance notamment), inutile de dire que leur plus grande aspiration était de pouvoir un jour déménager deux étages au-dessus, afin de pénétrer dans ce qui était, petit à petit, devenu le «saint des saints».

b) *Les «mandats de corridors»*.

La répartition officielle des tâches à l'intérieur du cabinet, quand il y en avait une, était assez rarement écrite. Et, quand cette répartition officielle existait, le chef du cabinet n'avait pas longtemps le loisir de la mettre en application, ou de la faire respecter.

Toute l'organisation étant centrée sur un homme — le Premier Ministre — si celui-ci entendait ne pas respecter la répartition officielle des tâches à l'intérieur du cabinet, nul ne pouvait l'en empêcher.

Or, à la formalisation et à la spécialisation des fonctions, Robert Bourassa ne semblait attacher qu'une importance toute relative. La seule contrainte qu'il acceptait de subir, sans trop de protestation, était son emploi du temps.

Considérant que tous ses collaborateurs étaient là pour l'aider, il leur confiait «au gré du hasard et des nécessités» les dossiers sur lesquels son point de vue était requis. Et cela, de façon totalement indépendante des divers «champs de compétence» propres à chacun d'entre eux [12].

Les «mandats de corridors», comme les désignaient les collaborateurs du Premier Ministre, n'étaient pas faits pour consolider et préciser une organisation déjà empreinte de beaucoup de souplesse. [13]

Seul le «dispatching» que réalisaient dans bon nombre de cas, et dans le dos du Patron, les secrétaires particuliers, contribuait à mettre un peu d'ordre dans une «structure» qui n'en avait pas autant que cela aurait été nécessaire. Ce ré-aiguillage des mandats ne s'opérait cependant pas toujours, car il arrivait, bien sûr, que l'importance du dossier, l'intérêt personnel que leur portait le secrétaire particulier à qui il avait échu, l'intérêt personnel que semblait lui attacher le Premier Ministre, le désir de se faire apprécier du Premier Ministre etc... ne contribuaient pas toujours à inciter le secrétaire particulier à s'en défaire, empiétant ainsi sur les attributions d'un de ses

---

12. Les membres du cabinet du PM s'étaient par exemple répartis selon leur compétence le soin de superviser le fonctionnement des divers ministères du gouvernement.

13. Signalons toutefois que les «mandats de corridors» du P.M. répondaient aussi à certains besoins. Soit celui d'obtenir sur un même sujet des opinions de deux personnes différentes, soit de s'assurer que le travail confié à un de ses collaborateurs serait effectivement exécuté.

confrères, voire engendrant des dédoublements de fonctions, des pertes d'énergie et de temps.

Or, ces bavures au plan du traitement des dossiers politiques, ne pouvaient que difficilement être corrigées par une coordination au niveau administratif. Car, à l'intérieur du Cabinet, la coordination administrative faisait largement défaut.

c) *L'absence de coordination administrative.*

La quasi-totalité des secrétaires particuliers de R. Bourassa s'accordent pour reconnaître et déplorer l'insuffisante coordination interne et le manque de collégialité au sein du cabinet de l'ancien chef de gouvernement.

Toute l'activité du Cabinet étant centrée sur le Premier Ministre, aucune structure de coordination n'a pu être mise en place et fonctionner très longtemps. En réalité, aucun chef de cabinet n'a réussi à s'ériger en leader. Et les tentatives de structuration du cabinet, tant celles du MBA Guy Langlois, frais émoulu de Harvard, que celles du juriste Benoît Morin, ont, toutes, très vite avortées.

Le fait que chacun de ces deux chefs de cabinet en raison de leur jeune âge, de leur formation et de leur expérience professionnelle se trouvaient placés, non au-dessus du groupe des autres secrétaires particuliers, mais en leur sein même, n'a pas contribué à dégager un leadership très fort à l'intérieur de cette organisation.

En outre, la phobie de la « structurite » que nourrissait Robert Bourassa lui-même, n'est pas venue encourager les essais de coordination interne de ses chefs de cabinet. Bien au contraire. Il semblerait même que le Premier Ministre prenait un malin plaisir à saborder les quelques timides réunions qui ont eu lieu, en convoquant dans son bureau sous quelque prétexte que ce soit, ses collaborateurs, en plein durant la tenue de ces réunions de coordination. Ce qui leur valut bien vite de mourir de leur belle mort.

Pour des raisons identiques, aucun comité interne de travail ne put voir le jour.

Ce qui fit dire à un de nos interlocuteurs que l'organisation interne du cabinet était plus du type atomisé que moléculaire. Avec, pour résultat, qu'il n'était pas rare, qu'à l'intérieur d'un cabinet ministériel sectoriel donné, un même secrétaire particulier se vit demander à quelques heures seulement d'intervalle, par deux collaborateurs du Premier Ministre, la même information, aucun des deux ne sachant que l'autre travaillait sur le même dossier.

d) *La nature du travail au sein du cabinet.*

De l'avis général, le travail au sein du cabinet était extrêmement prenant et accaparant. Les journées de travail s'étiraient, dépendamment du poste occupé et de la conjoncture politique (période de crise, débats à l'Assemblée nationale etc...) entre 10 heures et 14 heures par jour en moyenne. Ce travail exigeait en outre, le respect très grand du devoir de réserve, de façon à éviter de mettre le Premier Ministre dans des situations embarrassantes.

Toutefois, ce travail est jugé, presque unanimement, comme extrêmement intéressant. La sensation d'être situé au sommet de la pyramide politico-administrative, la proximité immédiate du chef du gouvernement, la possibilité, au nom du Premier Ministre, de se faire ouvrir nombre de portes et de dossiers confidentiels etc... conféraient évidemment au travail, fut-il administratif, un intérêt proportionnel à l'autorité et au poids politique de l'homme et donc de l'État, au service desquels oeuvraient les membres du cabinet de R. Bourassa. Ceci, bien entendu, eut pour revers, les difficultés de réinsertion des membres de cabinet à l'intérieur des micro-rouages de l'énorme machine administrative, le jour où le Patron que l'on servait fut ravalé, par le suffrage démocratique, au rang de simple citoyen.

Enfin, signalons ce qui nous est apparu comme une constante très forte à l'intérieur du cabinet, surtout pour la section des «Politiques», mais aussi dans une mesure, à peine moindre, pour les «Administratifs», à savoir l'importance très grande accordée par tous aux mass-media. Une part très forte du temps de travail à l'intérieur du cabinet du Premier Ministre consistait, pour beaucoup de secrétaires particuliers, et pour le Premier Ministre lui-même, à écouter et analyser les informations radio-télévisées (les nouvelles de Radio-Canada, l'émission «Présent à l'écoute» de CBC notamment) et à lire la presse écrite provinciale ainsi que celle d'Ottawa, et de Toronto.

C'est ainsi, qu'il n'était pas rare, de voir le Premier Ministre se coucher, seulement après avoir pris connaissance de l'éditorial de Claude Ryan qui paraîtrait le lendemain matin. De la même façon, il arrivait dans certains cas au Premier Ministre d'appeler de Montréal, un de ses collaborateurs à Québec[14], pour se faire lire ce que les éditorialistes du journal «Le Soleil» avait écrit dans leur édition du samedi.

Ici, on le voit, le côté «information» déborde largement la nécessité de la stricte acquisition de connaissance et révèle le souci du Premier Ministre de maintenir une certaine image de marque, un peu à la façon d'une vedette du milieu du spectacle et en conformité avec ce que mon collègue R.G. Schwartzenberg appelle le «star system».[15]

B) L'ORGANISATION PAR UNITÉS, DU CABINET DU PREMIER MINISTRE.

Deux séries principales d'unités peuvent être mises en évidence au sein du cabinet: 1° les unités à vocation principalement politique et 2° les unités à vocation principalement administrative.

I) LES UNITÉS À VOCATION PRINCIPALEMENT POLITIQUES.

Peuvent être regroupé sous ce vocable les trois services suivants: le service politique proprement dit, le service économique et le service de presse.

1) Le service politique proprement dit.

Il regroupe, outre le conseiller politique et son adjoint chargé d'établir un pont entre le Premier Ministre et le PLQ, le conseiller à la législature et ses collaborateurs immédiats notamment, les attachés parlementaires adjoints, le

---

14. Généralement René Beaulieu.

15. Roger Gérard Schwartzenberg: L'État-spectacle. Essai sur et contre le star-system en politique. Flammation — Paris — 1977, 318 pages.

secrétaire de comté du Premier Ministre et quelques autres éléments plus marginaux, tous chargés principalement, de maintenir des liens étroits avec le Parlement et les ministères du gouvernement.

a) *Le conseiller politique et son adjoint ou le maintien du lien PM-PLQ.*

— *Le conseiller politique*

Deux hommes occupèrent ce poste, l'un avec le titre de conseiller spécial (Paul Desrochers), l'autre avec le titre d'adjoint spécial (Jean Prieur).

Paul Desrochers, l'homme qui imposa au Parti Libéral la marque Bourassa, devint durant les premières années du gouvernement de son protégé l'éminence grise du Premier Ministre. [16] Conseiller pour les affaires politiques, il joua un rôle majeur par ses conseils auprès du Premier Ministre et le style un peu autoritaire et paternaliste qu'il imposa à l'entourage du chef du gouvernement. Attaqué par la presse et usé par l'exercice de l'autorité informelle et le patronage dans les coulisses du pouvoir, il se retira de la vie politique active [17], pour se consacrer à la gestion des affaires privées (cie. Le Permanent) en 1974. [18]

Lui succéda Jean Prieur, avocat de profession, mais surtout connu dans le monde politique par son rôle de secrétaire particulier auprès du Premier Ministre P.-E. Trudeau où, sous les ordres directs de Marc Lalonde, alors chef de cabinet, il était en charge du bureau régional de Québec.

Chargé principalement des dossiers économiques du temps de P. Desrochers, il cumula les deux postes après le départ de ce dernier, avant de finir par céder les dossiers économiques à Maurice Paradis, pour se consacrer alors exclusivement à l'ensemble des dossiers ayant un impact politique. [19]

C'est ainsi que durant la première phase (1970-74) il fut amené, en matière économique, à conseiller le Premier Ministre sur les dossiers ci-après : le français langue de travail, la Baie James (structure et financement), la grève à la United Aircraft, et l'assurance-maladie (négociations avec la corporation des médecins).

Il était, au cabinet du Premier Ministre, surtout à compter de 1974, en liaison constante avec les membres des corporations professionnelles notamment les ingénieurs et les architectes intéressés à bénéficier de certains contrats gouvernementaux, relevant de l'autorité du chef du gouvernement. Avec les consultants en administration, ces deux dernières catégories occupaient environ la moitié du temps de travail consacré par le conseiller

---

16. Il joua, on s'en souvient, un rôle-clé dans l'important dossier de la Baie James.

17. Les informations étant contradictoires sur les véritables raisons qui amenèrent M. Desrochers à quitter le cabinet de M. Robert Bourassa en 1974, nous portons à la connaissance des lecteurs, dans un souci d'objectivité un extrait d'une lettre que nous a adressée en mars 1978 l'intéressé, en réponse à notre première version de ce manuscrit : «... dès mon arrivée en mai 1970, le Premier Ministre savait que j'étais auprès de lui que pour deux ans et c'est sur sa demande que j'ai continué jusqu'en 1974. À mon départ, le premier avril 1974, je n'étais ni usé, ni écoeuré. À mon âge, l'on sait une chose, si tu agis, tu seras critiqué.».

18. Actuellement M. Paul Desrochers est président de la Cie «Les Industries Maislin Ltée».

19. De 1970 à 1974, J. Prieur s'occupait aussi beaucoup de politique (réforme électorale notamment) et son influence sur le Premier Ministre était déjà très grande, à cette époque. Il devint «l'homme fort» du cabinet en 1974 avec le départ de Paul Desrochers.

politique au sein du cabinet. Il avait également affaire aux professionnels en général à Québec, et aux hommes d'affaires à Montréal. L'attribution des contrats se faisait en accord avec les députés des régions concernées, mais la décision finale appartenait toujours au cabinet du Premier Ministre.

À ce titre, bien entendu, le conseiller politique du Premier Ministre jouait entre autre le rôle de patronage que l'on sait.

J. Prieur toutefois avait assez peu de contacts avec les milieux syndicaux (sauf durant certaines périodes de crise sociale grave, la grève à la United Aircraft par exemple) et le milieu de la fonction publique.

Ses fonctions l'amenaient davantage à recevoir et étudier les projets économiques d'investissement qu'adressaient au Premier Ministre les chambres de commerce, les CRD etc... Le rôle du conseiller politique consistait à demander un avis technique aux ministères concernés et à confronter leur optique économique avec celle politique du Cabinet du Premier Ministre, avant de conseiller le chef du gouvernement sur la décision finale à prendre.

Enfin, le dernier rôle important du conseiller politique était de faire la liaison entre le Premier Ministre et le Parti Libéral du Québec. À ce titre, Jean Prieur avait des relations quotidiennes avec MM. Ronald Poupart (directeur général du PLQ) et Ben Payeur (alors président du PLQ). Le cabinet interrogeait souvent les membres du PLQ par voie de sondages sur tel ou tel aspect de la politique du gouvernement (par exemple en ce qui concerne le projet de loi 22). Lorsque l'urgence l'imposait, le cabinet interrogeait uniquement, à titre consultatif, les présidents régionaux du PLQ (par exemple avant de décider de passer une loi obligeant le retour au travail de telle ou telle catégorie d'employés).

C'est aussi J. Prieur qui s'occupait de trouver une solution aux conflits qui pouvaient éclater à l'intérieur de l'appareil du Parti Libéral. C'est aussi lui qui voyait aux nominations à l'intérieur du Parti ainsi qu'à l'organisation permanente du PLQ.

C'est grâce à lui — ou à cause de lui — que les oppositions Parti-Premier Ministre ne dégénèrent pas, les dernières années, en un conflit susceptible de remettre en question l'autorité du Premier Ministre sur le Parti.

La fissure devait par contre être un peu moins bien colmatée, comme on le sait, entre le Premier Ministre et le caucus des députés que leur grand nombre éloignait par la-même du Premier Ministre.

Ce sont toutes ces tâches, vitales pour l'avenir du Premier Ministre, auxquelles s'ajoutait la confiance portée par le chef du gouvernement à ses conseillers qui firent de P. Desrochers, puis de J. Prieur, les « hommes forts », de l'entourage immédiat de R. Bourassa.

— *L'adjoint au conseiller politique.*

Durant la dernière année de gouvernement libéral (oct 75-nov 76), Jean Prieur s'attacha un jeune adjoint au passé politique déjà très chargé. Ancien journaliste à « l'Action » Clarence White devint, en février 1970, l'attaché de Presse de Lussier aux affaires municipales. Poste qu'il conserva sous Maurice Tessier jusqu'en 1973, date à laquelle Victor Goldbloom devait en faire son chef de cabinet jusqu'à octobre 1975 ; c'est à cette date en effet que Clarence

White, entrera au cabinet de R. Bourassa à titre d'adjoint de Jean Prieur.

À ce poste éminemment politique et « patronneux », Clarence White se devait d'informer le PLQ de l'action accomplie par le Premier Ministre et, vice-versa, d'informer le Premier Ministre des positions et opinions du PLQ vis-à-vis de la politique gouvernementale. Le sens PLQ versus PM était le plus consistant, très nettement, et représentait à lui seul environ 70% de l'ensemble du travail accompli par Clarence White en ce domaine.

De façon plus détaillée, l'activité de l'adjoint aux affaires politiques consistait plus spécialement à :

— contribuer à monter les dossiers de recherche réclamés par le PLQ en incitant et en poussant les divers ministères et organismes publics concernés à fournir la documentation et les informations requises.

— voir à la participation du Premier Ministre et des ministères du gouvernement aux congrès régionaux du PLQ.

— siéger personnellement, à titre de représentant du Premier Ministre, sur les commissions de travail du PLQ, notamment sur la commission « information », lors de la tenue des divers congrès régionaux et provinciaux et des réunions du conseil fédéral et du conseil de direction du PLQ.

— coordonner les travaux avec la direction générale du PLQ en vue de la publication et de la diffusion du manuel interne d'organisation utile aux dirigeants et militants du Parti.

— contribuer à l'organisation des campagnes électorales, notamment en rencontrant les militants, et en montant des dossiers régionaux retraçant le bilan de l'action du gouvernement Bourassa dans les divers comtés. [20]

— satisfaire aux exigences du patronage, en tentant de trouver à l'intérieur de l'administration publique ou para-publique des emplois à offrir aux membres du PLQ qui en faisaient la demande.

— aider le Premier Ministre à répondre aux questions posées par les députés — surtout de l'opposition — en écoutant, depuis les services du Premier Ministre, la période de question, et en montant ensuite rapidement les dossiers utiles à l'élaboration des réponses aux questions posées en Chambre.

— enfin, après le départ de J-P. Ouellet du Cabinet, [21] faire la liaison avec les députés libéraux. Cette liaison toutefois, mal organisée et peu centralisée, fut en fait partagée après le départ de J.P. Ouellet, à qui elle avait été confiée, par au moins trois secrétaires particuliers, que les députés allaient trouver, dépendamment de leurs relations personnelles et de l'objet de leur démarche : MM. J. Prieur, J.C. Rivest et M. Paradis.

La faiblesse de cette liaison Députés-Cabinet du Premier Ministre ne devait pas bien sûr, contribuer, elle non plus, à combler le fossé qui s'était

20. Ce sont MM. Trudel, Cannon et Coderre qui, de 1971 à 1973 créèrent au cabinet du PM, un bureau de recherche politique, embryon de ce qu'allait développer, en lui donnant sa véritable dimension, Clarence White.

21. Cf Infra : les attachés parlementaires adjoints.

creusé entre les députés et leur Premier Ministre, dans les derniers temps du gouvernement Bourassa.

b) *Le conseiller à la législation et ses collaborateurs ou le maintien du lien Cabinet-Parlement / Gouvernement.*

— *Le conseiller à la législation*

Le poste a été confié du début à la fin du gouvernement Bourassa à Me J-Claude Rivest. Celui-ci remplissait au sein du cabinet les principales fonctions ci-après :

— Rédaction des messages et des principaux discours du Premier Ministre.

— réception, aiguillage et préparation des réponses aux télégrammes adressés au Premier Ministre.

— liaison avec les députés qui faisaient état de problèmes rencontrés avec certains ministères, et prise de contact avec les ministres, les sous-ministres ou les cabinets ministériels concernés. Très exceptionnellement, ce contact avait lieu avec la fonction publique directement.

— supervision du travail effectué par certains ministères (affaires inter-gouvernementales, justice générale) et le Parlement (législation, arrangements divers avec l'opposition en Chambre, préparation de la période des questions, etc...).

— participation à la tenue des quelques dix congrès régionaux organisés annuellement, les fins de semaines, par le PLQ.

Véritable stratège du Premier Ministre en matière politique il exerçait, avec J. Prieur, une forte influence sur le Premier Ministre qu'il suivait comme son ombre de 9 heures du matin à minuit, l'accompagnant dans la plupart de ses déplacements que ce fut à la piscine, [22] au Café d'Europe, [23] à la Licorne ou à la Renaissance, [24] au Québec, à Ottawa ou à l'étranger.

Rivest était en effet une espèce de « béquille psychologique » pour Robert Bourassa qui ne manquait jamais de le consulter, parfaitement conscient de l'intelligence brillante et de l'excellent jugement de son conseiller législatif.

— *Les attachés parlementaires adjoints.*

Jean-Pierre Ouellet — avocat — était chargé d'établir lui aussi une liaison avec les députés, les ministres et la haute-administration afin de

---

22. Le Premier Ministre du Québec qui ne dispose pas de résidence officielle — ce qui, soit dit en passant, est tout bonnement inconcevable — ne saurait non plus jouir des attraits d'une piscine privée comme en bénéficiait nombre de ses concitoyens. R. Bourassa devait donc se rendre dans les piscines publiques en l'occurence celle du Palais Montcalm, des Employés Civils du gouvernement et du YMCA.

23. Restaurant du Vieux Québec et, pendant quelques années, lien de détente de Robert Bourassa et de ses proches collaborateurs.

24. Discothèques de Québec où se rendait quelquefois le Premier Ministre et certains de ses proches collaborateurs. Accompagner le PM dans ses sorties en ville, à Québec, ou à Montréal (restaurant « Chez son père », Le Petit Havre, discothèque Le Cercle) avait fait naître une expression consacrée au cabinet au même titre que celle des « mandats de corridor » : faire du « baby sitting » !

monter depuis Québec, les dossiers régionaux nécessaires aux prises de décision ou à la préparation des discours du Premier Ministre lors de ses tournées dans les régions. Travail que complétait directement sur place, dans les régions, Normand Bolduc. Ce qui permettait par la suite de confronter les deux séries de données recueillies.

J.P.O., comme on le surnommait au Cabinet, aidait aussi J.C. Rivest dans la rédaction des discours que devait prononcer le Premier Ministre, notamment lors des tournées régionales dans la province.

Ses compétences n'ont cependant, semble-t-il, pas été utilisées à plein par le Premier Ministre si l'on en croit plusieurs membres de l'entourage de l'ancien chef du gouvernement.

Il quittera le cabinet bien avant la chute de son Patron le 15 novembre 1976.

C'est *François Coderre*, diplomé en économie de l'Université d'Ottawa qui était à la tête des «tournées régionales du Premier Ministre».

Quant à *Pierre Lajoie* licencié en administration, il entre au Cabinet de R. Bourassa en 1971, afin de faire office de courroie de transmission entre l'aile parlementaire et le Premier Ministre. À ce titre, ses fonctions sont proches de celles de J.C. Rivest, mais plus spécifiques et plus limitées.

Sa tâche a connu un accroissement sensible d'activités en 1973 avec le passage de l'aile parlementaire libérale de 45 à 75 députés[25].

Son rôle consistait à maintenir les meilleures relations possibles entre le Premier Ministre, le Conseil exécutif et l'aile parlementaire. Pour ce faire, Pierre Lajoie dînait plusieurs fois par semaine avec les députés libéraux, individuellement ou en groupe et assistait aux dîners donnés chaque semaine en l'honneur des députés, auxquels participait également le Premier Ministre. C'était là l'occasion que saisissaient les parlementaires pour faire part au Premier Ministre de leurs requêtes ou de leurs récriminations. Ce qui avait pour conséquence d'ouvrir de nouveaux dossiers auxquels l'attaché parlementaire adjoint devait s'atteler et suivre auprès des ministères concernés.

Pierre Lajoie faisait aussi le pont entre le Premier Ministre et les régions. C'est sur sa table qu'aboutissaient les doléances des députés désireux de presser de l'avant des dossiers susceptibles de favoriser le développement régional.

Pierre Lajoie, comme la plupart de ses collègues du cabinet, supervisait le travail de certains organismes dont l'OPDQ rattaché officiellement au ministère du Conseil exécutif. Ce qui l'amenait par conséquent, à être l'interlocuteur privilégié des députés membres de Conseils régionaux de développement.

— *Le secrétaire de comté.*[26]

---

25. En effet 72 députés libéraux — 27 ministres = 45 députés libéraux (jusqu'en 1973); 102 députés libéraux — 27 ministres = 75 députés libéraux (après 1973).

26. Jusqu'en 1971 ce poste fut confié à M. Albert Morissette, ancien ministre d'État dans le cabinet Lesage.

Ce poste fut confié à Normand Bolduc qui cumula en fait deux types de tâches : le « cas par cas » et le secrétariat du comté de Mercier, circonscription électorale de Robert Bourassa.

— *le cas par cas :* De 1972 à 1974 Normand Bolduc travailla auprès de Paul Desrochers trois jours par semaine. Son rôle consistait à traiter les demandes de patronage qui arrivaient au bureau du Premier Ministre. Notamment à trouver des solutions acceptables à des cas d'appropriation et des emplois pour les amis du parti libéral et les électeurs du comté du Premier Ministre, à l'intérieur de l'administration publique et para-publique.

— *le secrétariat du comté :* les deux autres jours de la semaine, Normand Bolduc assurait la permanence au secrétariat du comté de Robert Bourassa, où il recevait, pour le compte du Premier Ministre, les doléances des électeurs de la circonscription.

— Enfin, surtout après 1974, Normand Bolduc collabora aux dossiers régionaux en préparant les lettres-réponses du Premier Ministre, et en recherchant des personnes-ressources aux fins d'animation des congrès régionaux. Il travaillera aussi avec J. Prieur pour le choix des candidats aux élections générales qui mettront fin à ses activités au sein du Cabinet du Premier Ministre. En outre, il se verra confier le traitement de différents dossiers interministériels à vocation économique.

Cette diversité d'activités n'est évidemment pas sans recouper parfois celles de ses collègues notamment Clarence White (patronage), Pierre Lajoie (dossiers régionaux) et Maurice Paradis (dossiers économiques).

Mais elle est très caractéristique des inévitables dédoublements de fonctions entraînés au sein du Cabinet Bourassa par l'absence d'une véritable organisation formelle. D'où ces descriptions de postes, vagues et imprécises, sinon répétitives, qui confèrent à l'ensemble un côté, un tantinet désordonné dans lequel un esprit un tant soit peu méthodique a quelque mal à se retrouver.

— *L'adjoint à l'Éducation et aux relations avec le monde anglophone.*

Le titulaire de cette charge reçut, en réalité, le titre passe-partout de secrétaire administratif. Ce titre traduit mal la réalité du contenu politique confié à son titulaire. Il est exact toutefois, mais uniquement dans la mesure où la personne qui en hérita, n'exerça pas sur le Premier Ministre, et de loin, l'influence d'un Prieur, d'un Rivet ou d'un Charles Denis.

C'est donc à mi-chemin entre les « Politiques » et les « Administratifs » du cabinet que se place David Allnutt lequel, malgré son jeune âge — moins de 30 ans — avait déjà derrière lui au moment de sa nomination un passé (Janv. 1974 - Avril 1976) de journaliste[27], de secrétaire particulier adjoint à l'Éducation, portefeuille de MM. Cloutier et Choquette et de chef de cabinet de Raymond Garneau, durant le bref passage de ce dernier à la tête de ce même ministère.

Engagé par Robert Bourassa peu après le départ de J.P. Ouellet, vraisemblablement parce qu'il était tout à la fois issu des milieux anglophones de Montréal, le seul à représenter indirectement ce groupe dans l'entourage

---

27. Au Montréal Star (1968-1973).

du Premier Ministre, et spécialisé en matière d'éducation au moment où la loi 22 créait dans ce secteur des tiraillements avec les milieux anglophones de la province, David Allnutt fut rattaché à Ben Morin.

Durant son passage éclair au sein du cabinet du Premier Ministre — 7 mois en raison des circonstances électorales que l'on sait — David Allnutt fut chargé d'établir un pont entre le cabinet du Premier Ministre et le ministère de l'Éducation, pour tout ce qui concernait l'application du chapitre V de la loi 22, c'est-à-dire les aspects «langue d'enseignement» de la loi sur la langue officielle. Il informait en outre le Premier Ministre de l'évolution des négociations dans le domaine de l'éducation.

Il fut aussi chargé des relations entre le cabinet du Premier Ministre et les contacts que celui-ci entretenait avec les États-Unis et les groupes anglophones de la province. À ce titre, il accompagna Robert Bourassa à quelques reprises, lors de voyages d'affaires aux États-Unis.

Il assura aussi la liaison entre le cabinet et le comité sur la qualité de la vie sans toutefois y assister.

— *Le «scribe» du cabinet*

Julien Aubert détaché auprès du Premier Ministre par le ministère des Communications, à la suite semble-t-il de certaines mésententes avec le ministre J.P. L'Allier, était le beau-frère de Jean Prieur.

De l'avis général il resta au Cabinet le plus marginal de tous les collaborateurs du Premier Ministre et ne fut jamais vraiment intégré par l'équipe de Robert Bourassa.

Engagé afin d'aider J.C. Rivest dans la rédaction des discours du Premier Ministre et chargé de donner une suite à l'ouvrage «Les mille jours de Bourassa» en écrivant un ouvrage sur «la Social-Democratie au Québec» qui ne verra jamais le jour, il sera, quelques mois après son entrée au cabinet, nommé à la tête de la délégation du Québec en Haïti.

Plus encore peut-être que David Allnutt, il appartient au groupe le moins «politisé» de tout le secteur «politique» du Cabinet.

2) Le service économique.

Chose surprenante lorsqu'on examine le curriculum-vitae des principales personnes qui de 1970 à 1976 ont joué auprès de Robert Bourassa le rôle de conseiller économique, c'est qu'aucune d'entre elle n'était vraiment un expert en matière économique. Ni Paul Desrochers le «politicien», ni «l'avocat» J. Prieur, ni le licencié en administration Pierre Lajoie, ni le spécialiste en relations de travail à l'Alcan, maire d'Alma et ex-président de l'Union des Municipalités Maurice Paradis, n'étaient vraiment ce que l'on peut appeler de distingués économistes.

Pourquoi, alors que la campagne de Bourassa avait porté sur la création de 100,000 emplois et celle de 1973 sur la nécessité de faire front à la crise-économique mondiale, pourquoi le Premier Ministre ne s'est-il pas entouré de spécialistes en cette matière? Serait-ce parce qu'il estimait qu'en ce domaine sa propre formation suffirait à combler cette lacune et à remplir ce rôle?

Le dernier titulaire de la charge, M. Paradis, a été mêlé de très près aux dossiers économiques du gouvernement durant les derniers dix-huit mois d'administration Bourassa (mai 1975 - nov. 1976).

En tant que représentant du Premier Ministre, M. Paradis assistait aux réunions du comité ministériel permanent des ressources naturelles et du développement industriel où il était le trait d'union entre le Premier Ministre et le secrétariat général du gouvernement.

Il était aussi la courroie de transmission entre le Premier Ministre et les cabinets de ministres à vocation économique.

Son travail, à ce double titre, consistait à recevoir et analyser les divers dossiers économiques qu'adressaient au Cabinet du Premier Ministre les divers groupes d'intérêts (partis politiques, CRD, associations patronales etc...) et à les communiquer, pour avis technique, aux divers ministères économiques concernés ainsi qu'au Conseil du trésor, et pour avis politique aux maires et députés de la circonscription touchée par le projet.

Ensuite, après avoir souvent effectué auprès de l'administration publique les pressions nécessaires à un examen rapide et approfondi du sujet, M. Paradis récupérait les dossiers et confrontait les avis sectoriels et régionaux donnés par les ministères et les politiciens locaux, avec l'optique plus macroscopique du Cabinet du Premier Ministre.

Sa tâche finale et sans doute la plus importante en ce domaine consistait, à la lumière de ces multiples informations souvent contradictoires, à rédiger une note favorable ou défavorable sur le dossier.

Cette activité d'étude se doublait d'une autre fonction que l'on peut qualifier de relations publiques. Le conseiller économique se devait en effet aussi d'avoir des entrevues avec les députés, les hommes d'affaires des grosses entreprises ou des PME, désireux souvent d'obtenir des aides gouvernementales, les délégations de syndicats venant des secteurs économiques en grève, en lock-out ou menacés par des fermetures d'usines ou des compressions massives de personnel, les maires, inquiets devant la menace des troubles sociaux et économiques qui en découleraient, ou intéressés à promouvoir pour leur ville tel ou tel investissement etc...

Les principales affaires sur lesquelles M. Paradis a été amené à se pencher durant son passage au Cabinet furent: le parc Saguenay, Canadair, Mirabel, le projet Ferchibal, l'Aluminerie de St-Augustin (à titre d'observateur seulement), Gros Cacouna, la pétro-chimie, le projet de Donatru St-Félicien (usine de pâtes blanchies) etc...

Enfin, comme plusieurs des proches collaborateurs du Premier Ministre, il devait suivre par haut-parleurs, depuis son bureau au Cabinet, la période des questions en Chambre et préparer, dans les meilleurs délais, une note à l'attention du Premier Ministre, afin que ce dernier puisse apporter une réponse aux interrogations de l'opposition, soit à la fin de la période, soit au début de la séance suivante, aussitôt après l'ordre du jour.

Trois à quatre jours par semaine étaient en général consacrés au travail de relations publiques au bureau du Premier Ministre à Québec. Le reste du temps était réservé à l'étude des dossiers économiques au domicile même de M. Paradis.

Chose étonnante, le conseiller économique ne se rendait qu'occasionnellement à Montréal accompagner le Premier Ministre durant les séjours hebdomadaires que ce dernier effectuait dans la métropole économique les vendredi et lundi. Seuls Charles Denis et Jean Prieur escortaient le Premier Ministre chaque semaine à son bureau du 17° étage de l'Hydro-Québec.[28]

Comment se fait-il que ce soit le conseiller politique du Premier Ministre qui aille à Montréal rencontrer les milieux d'affaires, alors que le conseiller économique restait lui dans la capitale politique du pays?

C'est peut-être, comme cela nous l'a été dit, parce que ce sont les PME qui font le plus appel au Premier Ministre directement. Or, comme celles-ci sont dispersées dans tout le pays, venir à Québec n'est pas moins commode pour elles que d'aller à Montréal.

C'est peut-être aussi parce qu'il y avait au sein du Cabinet, un conseiller économique officiel et un conseiller économique officieux qui, avec le titre d'adjoint spécial aux affaires politiques, doublait et encadrait pour les affaires importantes — celles intéressant les grandes compagnies internationales notamment — les activités du conseiller économique officiel.

Il ne faut pas oublier, en effet, que Jean Prieur était non seulement l'homme de confiance du Premier Ministre, mais aussi une sorte de conseiller économique pour Robert Bourassa.

Il semble que malgré son titre il ait toujours tendu à combler les deux fonctions, tout au moins en ce qui concerne les affaires économiques les plus importantes.

3) Le service de presse.

Il fut confié du début à la fin, à la responsabilité de Charles Denis que seconda, en cours de route, René Beaulieu.

Le rôle du service de presse du Cabinet n'était pas un rôle d'information administrative. Celle-ci relevait uniquement du ministère des Communications et des services de communications des divers ministères et organismes publics. Son rôle était un rôle d'informations politiques.

Cette tâche, au cabinet du Premier Ministre, était double. D'une part le service de presse devait remplir pour le compte du Premier Ministre les mêmes services d'information que rendaient à leurs ministres respectifs les attachés de presse des cabinets ministériels. D'autre part, le service de presse du Premier Ministre devait remplir en plus une tâche de coordination interministérielle en matière d'information.

a) La tâche de coordination interministérielle.

Charles Denis a tenu à faire jouer à son service un rôle de coordination interministérielle, afin d'éviter que ne partent dans le public, via les mass-media, des informations contradictoires susceptibles d'entraîner le gouvernement dans des situations fâcheuses.

---

28. Signalons aussi que C. Trudel, durant les années 1970-1973, passait environ 7 jours par mois à Montréal dont quelques fins de semaine en compagnie du Premier Ministre.

À cette fin, il avait pris l'habitude de réunir tous les deux mois environ les attachés de presse des divers ministères. Des rencontres sporadiques de trois à quatre heures réunissaient aussi, selon les besoins, Charles Denis et certains hauts fonctionnaires tels que: Arthur Tremblay sous-ministre aux Affaires inter-gouvernementales, Roch Bolduc sous-ministre aux Affaires municipales, etc...

b) *La tâche d'information.*

Le service de presse du Premier Ministre était en contact permanent avec une importante clientèle composée principalement de journalistes de la tribune de la presse parlementaire, des attachés de presse des divers ministères du gouvernement, et de la presse électronique (Radio-Canada, le réseau TVA, Radio-Québec...) auxquels il faut ajouter les hommes d'affaires, les hauts représentants du secteur privé et les dirigeants de divers groupes d'intérêts (chambres de commerce, syndicats, etc...).

Le chef du service de presse disposait, afin de pouvoir remplir sa mission, d'une très grande accessibilité auprès du Premier Ministre. Il fut de 1970 à 1976 constamment à côté de Robert Bourassa tant à Québec qu'à Montréal et à l'étranger. Il constitua, on l'a vu, jusqu'au bout, avec Jean Prieur et J.C. Rivest l'entourage immédiat de l'ancien chef du gouvernement.

Une bonne partie de l'emploi du temps de l'attaché de presse consistait en la cueillette d'informations (lecture des journaux, écoute et enregistrement éventuel des nouvelles radio-télévisées et de certaines émissions d'information telles que Présent-Canada, lecture des arrêtés en conseil etc...).

Ces informations, une fois recueillies, étaient évaluées avec le Premier Ministre, soit au cours de la journée, soit le soir lors des soupers au Café d'Europe et donnaient lieu aussitôt à la rédaction de communiqués officiels qui précisaient le point de vue du gouvernement sur les diverses questions d'actualité.

Les communiqués importants étaient lus au Premier Ministre pour approbation préalable, tandis que tous les autres communiqués généraux d'importance provinciale étaient tous revus et approuvés par Charles Denis, avant d'être expédiés à la tribune de la presse parlementaire et aux députés libéraux en priorité, puis environ ¾ heures après à Telbec pour diffusion.

Les communiqués d'importance régionale — 200 à 300 par mois environ — étaient pour leur part diffusés en priorité aux députés concernés quelque 12 heures avant leur divulgation officielle aux milieux de la presse.

La technique des communiqués de presse avait l'avantage de mettre tous les journalistes sur le même pied d'égalité et d'éviter ainsi tout favoritisme.

Le reste du travail, étroitement lié à l'information d'ailleurs, consistait en relations publiques auprès des journalistes, avec qui il fallait garder le moins mauvais contact possible, car c'est presqu'une loi, que le cabinet Bourassa n'a pas démenti, que de dire que le pouvoir trouve de moins en moins de grâce aux yeux de la presse au fur et à mesure qu'il s'exerce. Aussi Charles Denis devait-il dîner quotidiennement avec les journalistes au «Café du Parlement», et s'entretenir des problèmes spécifiques à l'information régionale et locale avec les parlementaires.

Durant les voyages officiels que Robert Bourassa effectua à l'étranger, Charles Denis devait maintenir avec Québec des liaisons constantes. Ce qu'il faisait en passant soit par les délégations du Québec à l'étranger, là où il y en avait, soit par l'ambassade du Canada.

Comme plusieurs autres secrétaires du Cabinet, Charles Denis assistait, soit près du Premier Ministre, soit depuis son bureau, à la période des questions en Chambre et voyait à obtenir de ses services, rapidement, les éléments de réponse indispensables à l'information du chef du gouvernement.

Par contre, à la différence de la plupart de ses autres collègues, il fut quoique un peu en retrait par rapport à Jean Prieur et J.C. Rivest, une des trois personnes principales avec qui Robert Bourassa appréciait de converser, d'échanger des idées et de faire participer activement à la conception de ses propres stratégies politiques. À ce titre, il exerça au sein du Cabinet une influence qui dépasse sans doute sensiblement celle reconnue habituellement à un attaché de presse et d'information.

René Beaulieu, adjoint de Charles Denis, s'occupait lui principalement de la rédaction des premiers jets en matière de communiqués, notamment en ce qui concerne les communiqués régionaux, voyait à organiser des conférences de presse et des entrevues avec les journalistes de la presse écrite et parlée désireux d'interviewer le Premier Ministre, assistait son patron immédiat en matière de relations avec les journalistes, avec les attachés de presse des divers cabinets ministériels, et durant la période des questions.

Charles Denis et René Beaulieu s'appuyèrent sur les services de Roland Lebel, en charge du module «documentation» qui avait pour objectif de faciliter grandement leur travail[29].

Au total, cette équipe de six personnes et de cinq secrétaires administratifs fournit un très gros effort et apporta une aide précieuse au chef du gouvernement. Toutefois, malgré des journées de travail régulières qui débutaient à 9 heures le matin pour finir vers les minuit-une heure et des semaines de sept jours complets à la disposition du Premier Ministre et de la presse, cette équipe ne put empêcher la dégradation de l'image de marque du chef du gouvernement. Dégradation qui contribua grandement à l'échec des libéraux et de leur chef, aux élections provinciales du 15 novembre 1976.

II) LES UNITÉS À VOCATION PRINCIPALEMENT ADMINISTRATIVES.

Rentrent dans cette catégorie : le chef de cabinet et le chef de cabinet-adjoint, la secrétaire à l'agenda, le service de documentation, les advances du Premier Ministre.

1) Le chef de cabinet du Premier Ministre.

C'est le seul, parmi tous les chefs de cabinet, à avoir officiellement rang de sous-ministre. Durant le gouvernement Bourassa deux chefs de cabinets se sont succédés : MM. Guy Langlois (des origines à août 1973) et Benoît Morin (août 1973 à nov. 1976).

---

29. Sur le service de R. Lebel cf. infra le Bureau de Gestion Documentaire (la presse régionale).

Le premier détenait un MBA de Harvard et le second de formation juridique était, au moment de sa nomination, l'adjoint de Julien Chouinard à l'époque greffier du Conseil exécutif. Au lendemain des élections de novembre 1976, Benoît Morin sera nommé sous-ministre associé chargé des dossiers spéciaux, au ministère québécois de la Justice.[30]

Au cabinet du Premier Ministre, le rôle de Ben Morin fut un rôle exclusivement administratif. Il avait pour mission d'être en quelque sorte le secrétaire général du cabinet du Premier Ministre. À ce titre, il devait superviser l'administration du cabinet, diviser le travail du bureau du Premier Ministre selon les qualifications et les talents naturels des «adjoints» de Robert Bourassa et trouver des solutions aux divers problèmes administratifs qui se posaient au Cabinet.

C'est le chef de cabinet qui, entre autres, accordait les autorisations de paiement pour les frais de voyage, préparait le budget de fonctionnement du Bureau du Premier Ministre, déterminait la masse des effectifs nécessaires au bon fonctionnement des services, gérait le personnel, s'occupait des organismes autonomes attachés au cabinet à titre de sous-ministre (OPDQ, Conseil du statut de la femme, Bureau général des élections, Régie de la langue française).

Le chef de cabinet participait, tous les lundi, aux réunions du Comité de coordination des relations intergouvernementales (CCRI) lequel regroupait le sous-ministre aux Affaires-inter, le secrétaire général du Conseil du trésor, le secrétaire général du gouvernement, le sous-ministre du ministère des Finances, et, selon la nature des dossiers, certains fonctionnaires spécialisés. Les problèmes-clé débattus dans ce cénacle furent les questions constitutionnelles et les arrangements financiers avec Ottawa.

Le chef de cabinet participait aussi tous les mardi aux réunions du Comité des richesses naturelles et de l'industrie.

Quant au mercredi, jour de réunion du Conseil des Ministres, le chef de cabinet accompagnait le Premier Ministre au Conseil où il assistait aux débats en compagnie des ministres, du secrétaire général du gouvernement et de l'adjoint de ce dernier. Il faut signaler que, de tout le cabinet du Premier Ministre, *seul* le chef de cabinet avait accès aux délibérations du Conseil des Ministres.

Au Conseil des Ministres le chef de cabinet était là à titre d'observateur et de soutien du Premier Ministre. Il prenait note de certains dossiers et connaissait par là-même la direction qu'entendait suivre le gouvernement à leur égard.

Le reste du temps se partageait notamment, en rencontres avec divers hauts-fonctionnaires de l'État, des présidents et vice-présidents de compagnies privées, des ambassadeurs et consuls en attente de rencontrer le Premier Ministre etc...

---

30. De l'avis de plusieurs observateurs, ce poste n'était ni plus, ni moins qu'une tablette dorée. D'où le départ de l'intéressé, peu après, pour un poste de directeur du contentieux, au sein d'un organisme para-public fédéral à Ottawa.

C'est également le chef de cabinet qui recevait les demandes de subventions que nombre d'organismes, à but non lucratif, adressaient au Bureau du Premier Ministre. Sur l'enveloppe budgétaire discrétionnaire réservée à cet effet, Benoît Morin voyait à effectuer le saupoudrage qu'imposaient les besoins électoraux et les limites budgétaires forcément restreintes, après discussion avec C. Trudel et J. Prieur, du moins jusqu'en mars 1975.

C'est ainsi que bénéficièrent de la manne du Premier Ministre des organismes tels que Oxfam-Québec, l'ACELF, les programmes Canada-Monde de J. Hébert, les clubs de l'âge d'or, les cercles des fermières, plusieurs municipalités fêtant leur centenaire (Ex. : Verdun), Lise Payette pour les fêtes de la St-Jean, YWCA, le grand prix cycliste du Québec, etc...

Enfin, Benoît Morin assistait aux réunions du Conseil de Direction du Parli Libéral du Québec. Malgré cela, et malgré sa présence hebdomadaire au Conseil des Ministres, l'influence en tant que stratège politique, du chef de cabinet, auprès de Robert Bourassa, semble avoir été d'une importance toute relative.

2) Le chef de cabinet adjoint.

Ce poste sera créé en 1973 et confié à Claude Trudel, lequel l'occupera jusqu'en 1975, date à laquelle, il quittera le Cabinet pour le poste de sous-ministre aux Affaires culturelles.

Il semble que ce poste ait été créé de toute pièce au moment du départ de Guy Langlois, afin d'adjoindre au nouveau chef de cabinet Ben Morin, issu de la fonction publique, une personne connue de longue date au Cabinet et au PLQ. Claude Trudel, MBA de formation, secrétaire administratif depuis 1970 pour le compte de Robert Bourassa fut tout désigné pour aider ou surveiller — on ne sait trop — le nouveau chef de Cabinet.

Il fut responsable de l'agenda du Premier Ministre, fonction qu'il abandonna rapidement à Hélène Lemieux. Il s'occupa aussi de la coordination des briefings auxquels se livraient, auprès du Premier Ministre, plusieurs collaborateurs du Cabinet.

Il s'occupa de la coordination des dossiers concernant les ministères ci-après: Affaires culturelles, Communications, Fonction publique et une partie de ceux concernant les Affaires inter, les Affaires sociales et la Justice. Il fut aussi responsable de la supervision des commissions d'enquête.

Il collabora avec le chef de Cabinet à l'élaboration du budget et à la gestion du bureau du Premier Ministre.

Proche du Premier Ministre par son travail politico-administratif, Claude Trudel rencontrait parfois, en lieu et place de celui-ci, certaines délégations ou individus: députés notamment. À Montréal où il accompagnait dans nombre de cas le Premier Ministre, Claude Trudel administrait le bureau de Robert Bourassa situé dans l'immeuble de l'Hydro-Québec, rencontrait des dirigeants de petites associations, et assistait à des réunions au siège du Parti, rue Gilford.

Comme nombre de ses collègues du Cabinet, les journées de Claude Trudel s'étiraient de 8 heures du matin à minuit.

3) La secrétaire à l'Agenda.[31]

Hélène Lemieux, ex-secrétaire particulier au cabinet de Jean Cournoyer sous le gouvernement de Jean-Jacques Bertrand, de formation «secrétariat commercial» complétée par plusieurs cours universitaires en administration, histoire politique et économie, a travaillé sept ans au bureau du Premier Ministre.

Rattachée à Claude Trudel qui lui laissa vite la bride sur le cou, Hélène Lemieux travailla dès 1972 en «solo» avec, pour patron fonctionnel direct, le Premier Ministre. Sa tâche consistait à monter et à adapter aux nécessités de l'heure, le calendrier des rendez-vous du chef du gouvernement tant à Québec qu'à Montréal. L'agenda de vacances du Premier Ministre lui échappait toutefois et revenait à l'un des deux advances du Premier Ministre : M. Guy Potvin.

Elle était, à ce titre, pour la plupart des gens désireux de rencontrer le Premier Ministre la voie de passage obligatoire. Aussi rencontrait-elle le Premier Ministre plusieurs fois par jour[32] et centralisait-elle les demandes d'audiences[33] et de réunions qu'elle fixait, par entente avec le Premier Ministre et ses visiteurs particuliers.

Comme c'était la seule femme membre du Bureau du Premier Ministre, en dehors du personnel de secrétariat, c'est à elle que revenait, en l'absence des deux «advances» auxquels cette tâche incombait normalement, le soin de s'occuper des déjeuners du chef du gouvernement.

Au début, ses horaires de travail s'étiraient en pratique de 8 h 30 à minuit, comme pour les autres secrétaires particuliers adjoints. Mais à partir de 1972 elle limita son temps de présence entre 9 h 30 et 18 h, grâce à une meilleure organisation de son travail et à une amélioration dans le fonctionnement de certains services (correspondance notamment).

4) Le Bureau de gestion documentaire (BGD)

Sous la direction de Lawrence Cannon[34] directement rattaché au chef de cabinet et au chef de cabinet-adjoint, le BGD regroupait un centre documentation, un service de traitement électronique des données et un service de correspondance centralisé.

Le centre de documentation avait pour tâche de classer, d'entreposer, de micro-filmer et d'assurer le prêt et le rappel des dossiers confidentiels traités par le Cabinet du Premier Ministre.

Le centre de correspondance assurait, lui, la réception centrale du courrier, le dispatching et le codage de la correspondance en vue de la retracer rapidement. Une petite équipe de rédacteurs lui était en outre attachée.

---

31. Ce poste fut occupé au tout début, mais fort peu de temps, par M. Pierre Grenier.

32. Généralement vers 10h du matin, puis ½ heure environ entre 11h et 13h, sur le toit du bunker en été lorsqu'il faisait beau, puis de nouveau ½ heure entre 16h30 et 18h.

33. Une audience durait environ quinze minutes. Au-delà c'était considéré comme une réunion.

34. Diplômé de Science Politique. Actuellement étudiant au MBA de l'Université Laval.

Le centre de traitement des données permettait, quant à lui, une opérationnalisation rapide des principales fonctions administratives du Cabinet.

C'est une firme privée (COGENA) [35] qui fut chargée de l'implantation au Cabinet d'un système documentaire global, car la mécanisation de la plupart des opérations s'imposait en raison de l'accroissement des tâches remplies par le Cabinet du Premier Ministre.

En effet, en quelques années, le système sur fiches monté par Claude Trudel et Lawrence Cannon lequel recensait l'auteur, la provenance de la lettre et la réponse donnée par le Cabinet, se trouva vite dépassé.

Le système documentaire global informatisé implanté par COGENA touchait la correspondance, les dossiers, le système de nomination, l'agenda du Premier ministre, l'information régionale (programmes régionaux du Parti Libéral, investissements et réalisations régionales) et la presse régionale.

L'ensemble de ce système se fondait sur le PPBS mis en oeuvre au gouvernement et codifiait en conséquence chaque activité du cabinet.

a) *Les dossiers :* Ils furent centralisés et des procédures furent établies pour l'ouverture, le prêt et le suivi des dossiers. Deux personnes s'en occupèrent directement.

b) *La correspondance :* Elle fut traitée elle aussi sur ordinateurs et permettait de retracer n'importe quelle lettre arrivée au Cabinet, jusqu'à 3 ans en arrière. La console électronique permettait également d'établir un contrôle sur les réponses des adjoints du Premier Ministre, des organismes gouvernementaux, et du service de la correspondance. De cette façon, le Cabinet pouvait répondre sommairement à 97% des lettres en dedans de 48 heures. Une réponse plus détaillée était si nécessaire, expédiée à son destinataire dans les dix jours qui suivaient l'envoi de l'accusé de réception. Chaque soir la console sortait un rapport sur la correspondance de la journée que consultait le chef de cabinet et accessible aux adjoints.

Ce système permettait de traiter environ 60,000 lettres par année et de faire en sorte qu'en trois ans, seules trois lettres furent égarées. Six personnes au total travaillaient dans ce service. Outre le chef de service, deux personnes travaillaient au MTST [36], deux à la réception et à la codification de la correspondance, une à la rédaction [34].

c) *Les nominations :* Elles concernaient les emplois supérieurs laissés discrétionnairement aux décisions du lieutenant-gouverneur en conseil, c'est-à-dire, en pratique, au Premier Ministre. Le système informatisé de nominations permettait d'inventorier tous les postes vacants et également de déceler les postes selon le niveau de salaire qui leur était attaché. Ce qui permettait au Premier Ministre de nommer la personne compétente en

---

35. M. Joël Raiffaud fut le représentant de COGENA dans ce dossier.

36. MTST : Machine électronique permettant d'adresser rapidement à partir de deux séries de mémoires l'une constituée d'adresses, l'autre de modèles-types de lettres circulaires, des lettres personnalisées à des personnes sélectionnées préalablement.

37. La sécurité de la correspondance était effectuée par le service des postes canadiennes à l'intérieur même de la cité parlementaire.

fonction des qualifications requises, mais aussi, éventuellement, de nommer à un poste donné, une personne, en fonction du niveau de salaire réclamé par le requérant, en accord avec le Premier Ministre.

Ce système donnait une image complète de tous les postes concernés en indiquant notamment les dates et la durée du mandat, le nom et l'occupation du titulaire de la charge, le salaire de base et les diverses allocations marginales qui venaient s'y ajouter etc...

Tous les trois mois la console établissait la liste de tous les postes qui deviendraient vacants dans les trois prochains mois. [38]

d) *L'agenda*: Une partie du travail d'Hélène Lemieux à l'agenda l'amenait à utiliser les services de l'ordinateur. Le système informatisé fournissait un état de toutes les invitations reçues, acceptées ou refusées par le Premier Ministre. Ce qui réduisait d'autant la disponibilité du Premier Ministre à ses bureaux de Québec ou de Montréal.

e) *L'information régionale*: L'ordinateur permettait d'enregistrer un sommaire des déclarations faites par le Premier Ministre durant ses visites dans les différentes régions du Québec. Il permit en outre d'enregistrer les quelque 200,000 informations accumulées, sur fiches ou dossiers manuels, au Cabinet. D'autres informations entrèrent dans cette banque de données. Celles concernant le programme du Parti Libéral du Québec furent les premières enregistrées. Elles furent suivies des investissements en dollars et en quantité d'emplois créés par régions et secteurs manufacturiers. Par régions encore étaient informatisées les diverses données ci-après: les réalisations faites au gouvernement par comté, les communiqués de presse régionaux, les arrêtés en Conseil, les implications régionales des dossiers du Conseil du Trésor, les informations fournies par le ministère de l'Expansion économique régionale, la presse, le journal des débats et les comptes publics. Étaient enregistrés également, tous les organismes publics et para-publics créés dans chaque comté par le gouvernement, ainsi que les divers problèmes régionaux portés à la connaissance du Premier Ministre par les secrétariats de comtés du PLQ.

Cette volumineuse documentation aurait pu s'avérer très utile durant la campagne électorale de l'automne 76. Elle semble cependant avoir été plutôt sous et mal utilisée.

f) *La Presse régionale*: Roland Lebel sous les ordres de l'attaché de presse Charles Denis avait pour misson d'analyser 62 hebdos, de retenir tous les sujets importants et de les classer selon les normes et procédures requises par sujet et toponyme.

De la sorte on pouvait interroger la console de deux façons. En lui demandant de sortir tous les articles parus sur un sujet donné ou bien en lui demandant de sortir tous les articles parus sur une région donnée.

Il semble toutefois que ce système très sophistiqué, trop peut-être, fut mal compris et là aussi mal et sous-utilisé. Il paraîtrait qu'il fonctionnait à peine à 20% de sa capacité à cause de la confidentialité trop grande imposée à

---

38. Précisons pour être exact, que ce système de nominations a d'abord été mis sur pied par M. Florian Rompré, puis assumé par M. Claude Trudel avant d'être intégré en 1974 au BGD.

tort ou à raison, à ce secteur, par l'attaché de presse du Premier Ministre.

5) Les Advances

M. Guy Potvin et son adjoint Caroll O'Keefe furent, au Cabinet, chargés de remplir la fonction « d'advance » ou, si l'on préfère, « d'éclaireur », pour le bénéfice de Robert Bourassa et de sa proche famille (épouse, enfants).

Ce travail inspiré largement de celui effectué par l'advance de John F. Kennedy aux États-Unis, consistait d'une part, à se rendre sur place, à effectuer une sorte de reconnaissance des lieux que devait visiter le Premier Ministre, et d'autre part, à voir à l'organisation matérielle des déplacements du chef du gouvernement.

La première tâche permettait de se rendre compte visuellement des possibilités et des contraintes géographiques qui auraient ensuite une importance notable en matière d'organisation. Elle permettait aussi d'établir un certain nombre de contacts et, par là-même, de prendre le « pouls » de la population de la région, quelques jours avant de décider, à Québec, du programme officiel du Premier Ministre.

La seconde tâche consistait en la mise en route de tout l'appareil « logistique » dont disposait le chef de gouvernement, de façon à mettre en place le dispositif indispensable à l'organisation matérielle le plus efficace possible concernant les déplacements physiques du Premier Ministre et de sa suite. Ce qui, en fait, recouvrait une multitude de détails, par ailleurs indispensables à l'activité d'un homme d'État, tels que : réservations d'hôtels, locations de salles, de restaurants, de voitures, prévision des modes de transport et des solutions de rechange possibles en cas de nécessité (avions, hélicoptères, autos...), entretien et préparation des tenues vestimentaires et des valises du chef du gouvernement, composition des repas du Premier Ministre etc...

Tout ceci, en étroite collaboration avec les conseillers politiques de R. Bourassa — notamment MM. Prieur et J.C. Rivest — avec le service de presse de Charles Denis, la secrétaire à l'Agenda Hélène Lemieux, et la Sûreté du Québec.

Lors des séjours privés de R. Bourassa à l'extérieur du pays, les « advances » qui voyaient aussi à l'organisation des vacances du chef du gouvernement et de sa famille veillaient à leur faciliter la sortie du Canada (réservations, achat des billets et enregistrement des bagages en-dehors des files d'attentes etc...) et l'entrée dans le pays étranger. C'est généralement les compagnies aériennes qui servaient d'intermédiaires afin d'alléger au maximum les formalités de police et de douane aux aéroports, du Premier Ministre et de sa suite.

Il faut signaler, au passage, la ligne de démarcation très nette que maintenait le Premier Ministre et les « advances » en matière de dépenses, entre les fonctions gouvernementales, les fonctions partisanes et les activités privées du Chef du gouvernement. Les premières étaient imputées au budget de l'État, les secondes à la caisse du Parti Libéral du Québec et les troisièmes au compte bancaire privé de Robert Bourassa [39].

---

39. C'est sur ses fonds personnels, par exemple, qu'étaient imputés l'entretien de son coiffeur

Tout ce travail d'aide et de support visait bien entendu à décharger le plus possible le Premier Ministre de tout souci matériel tant sur place à Québec, qu'au cours de ses déplacements dans la province, au Canada ou à l'étranger. Ce qui suppose, pour être bien effectué, une disponibilité des « advances » de 24 heures par jour, 7 jours par semaine.

À vivre ainsi dans l'intimité du chef du gouvernement, on comprend aisément, qu'une relation d'étroite amitié ne peut faire autrement que naître et se développer entre le Premier Ministre et ceux qui finissent par devenir son « ombre portée ». Aussi arrive assez vite le moment où entre le Premier Ministre et ses « advances » parler n'est plus très utile pour communiquer. Le moindre geste, le moindre regard suffit à se comprendre et à indiquer : la direction à prendre, l'heure de partir, ou la cravate mal nouée avant un enregistrement TV, etc...

Dans les réceptions officielles, lors des tournées dans les régions, dans la foule, les advances jouent le rôle de balises et de guides auxquels le Premier Ministre se raccroche et qu'il suit quasi-mécaniquement, tellement la relation de confiance finit par s'établir fortement entre lui et ses collaborateurs les plus intimes.

MM. Guy Potvin et Caroll O'Keefe s'étaient répartis cette tâche extrêmement accaparante, de la façon suivante. M. Guy Potvin s'occupait principalement des déplacements du Premier Ministre dans les régions ouest de la province et à l'étranger, que cela concerne les voyages officiels ou privés.

M. Caroll O'Keefe, de son côté, voyait à l'organisation des voyages du Premier Ministre dans les régions est du Québec et s'assurait en outre, de coordonner l'activité des services de sécurité du chef du gouvernement, avec la SQ et les chauffeurs-gardes du corps. C'est lui notamment qui évaluait en collaboration avec le responsable de la S.Q.[40] l'importance et le nombre de « gardes du corps » nécessaires à tel ou tel endroit, pour assurer la protection rapprochée du Premier Ministre, lors de ses sorties à l'extérieur du « bunker » gouvernemental.

De plus, il lui arrivait de collaborer avec J. Prieur à la réalisation des mandats spéciaux : organisation des colloques régionaux du Parti, carte électorale du scrutin de 1976 etc...

---

et les nombreux dons faits dans la plus stricte confidentialité, par l'ancien Premier Ministre, à des enfants et des familles déshérités de la province de Québec.

40. Généralement un « gradé » commandant l'escorte du PM composée d'agents de la Sûreté du Québec. L'importance de cette escorte variait en fonction du programme de déplacéments du PM.

CONCLUSION

Le Cabinet de Robert Bourassa présente donc, en gros, les mêmes défauts que ceux relevés par nous sur les cabinets ministériels québécois.

La jeunesse des membres de son cabinet, le nombre restreint de véritables conseillers techniques, et l'expérience professionnelle parfois insuffisante de certains d'entre eux comparativement à l'ampleur et l'importance de la tâche à accomplir à côté du chef du gouvernement, sont parmi les principaux défauts qu'il nous faut dénoncer à propos de cette «structure».[41]

C'est ainsi, par exemple, que le manque criant de véritables spécialistes en matière de politique économique, dans le domaine social, et en matière de réforme administrative, créa au sein de ce cabinet un vacuum difficilement acceptable, pour un gouvernement et une époque, qui virent ces questions s'ériger en problèmes cruciaux pour le devenir québécois.

Aussi le Cabinet du Premier Ministre R. Bourassa, à l'instar des autres cabinets ministériels, mit-il, tout au long de ces six années de gouvernement libéral, l'accent principalement sur les fonctions de stratégie politique et de «relations publiques» avec le parti, les députés, la presse, les groupes d'intérêts dans les comtés électoraux etc...

Le corollaire de cela fut l'importance donnée trop souvent à la gestion quotidienne, au patronage à des fins électoralistes et à la mobilisation des ressources humaines et matérielles disponibles dans le seul but de sauvegarder une «image de marque» — celle d'un chef de gouvernement au style «young and bright executive» — qui, il faut bien le dire, fut détruite avant même d'avoir été achevée.

Enfin, le manque d'organisation interne, la faiblesse de la coordination administrative malgré la mise sur pied d'un bureau de gestion documentaire informatisé, et les chevauchements de mandats qui en découlèrent, ne contribuèrent guère à faire du Cabinet du Premier Ministre du Québec cette unité politico-administrative rationnelle et efficace, tournée vers la réflexion, la prospective, le conseil, l'expertise, l'impulsion, et l'harmonisation des politiques ministérielles que devraient constituer, à toutes fins pratiques, les services d'un Premier Ministre d'un État moderne.

---

41. Le Premier Ministre de l'époque, M. Robert Bourassa invoque comme raisons de cet état de fait, la volonté délibérée 1) de ne pas dédoubler inutilement les fonctions déjà remplies par les technocrates du Secrétariat Général et des ministères et 2) d'économiser les deniers publics. Nous pensons quant à nous, au contraire, qu'une vision «politique» projetée par des experts du cabinet ne constitue pas un dédoublement et encore moins un dédoublement inutile. En effet, d'une part l'approche du dossier est sensiblement différente selon qu'on est un expert fonctionnaire, ou un expert membre d'un état-major politique, d'autre part ceci offrirait au Premier Ministre l'occasion de mieux contrôler le travail de l'administration publique, enfin ceci permettrait au chef de gouvernement de prendre des décisions mieux éclairées. Sans compter que permettre au Premier Ministre — et aux ministres en général — de s'appuyer sur leurs propres experts au sein des cabinets, rendrait moins indispensable qu'actuellement la politisation de la haute fonction publique. Quant à la thèse de l'économie des deniers publics on peut s'interroger pour savoir si les avantages ci-dessus énoncés ne compenseraient pas largement, le coût de ces investissements humains.

LE CABINET DU PREMIER MINISTRE SOUS LE GOUVERNEMENT DE RENÉ LÉVESQUE.

INTRODUCTION

Afin de mettre en évidence les points de ressemblance et de divergence qui pouvaient exister entre le cabinet du Premier ministre sous le gouvernement libéral et celui du PM sous le gouvernement péquiste, nous avons eu, au cours des mois de janvier-février 1978, trois longs entretiens avec MM. Louis Bernard (premier chef de cabinet de R. Lévesque), J. Roch Boivin (second chef de cabinet) et Mlle Beverley Smith qui pendant quelque sept mois a exercé au Cabinet les fonctions de relationniste, avant de retourner dans la pratique privée.

À la suite de ces trois entrevues, plusieurs constatations sont apparues que nous présentons, afin de permettre une comparaison plus commode avec l'étude précédente, au double plan de la composition et du fonctionnement.

A) LA COMPOSITION DU CABINET DE RENÉ LÉVESQUE.

Nous avions sélectionné comme points de comparaison quelques critères fondamentaux, au nombre desquels les principaux critères ci-après : l'âge, le sexe, le niveau de militantisme, le niveau d'études, la spécialité scolaire et l'expérience professionnelle antérieure.

L'analyse des curriculum vitae des quelque treize personnes qui exercent ou ont exercé[1] au Cabinet des fonctions importantes — le personnel de soutien n'a été touché ni par cette enquête ni par la précédente — permet de dégager les principales conclusions suivantes :

1°) Le critère d'âge.

Tout comme dans le Cabinet de Robert Bourassa et à l'image des Cabinets ministériels sectoriels, version libérale ou péquiste, l'*âge* moyen des membres du Cabinet de René Lévesque reste relativement peu élevé : la *mi-trentaine*.

Toutefois, une différence sensible est apparue, que nous tenons à souligner, car elle peut expliquer, en partie, la difficulté des Guy Langlois et des Benoît Morin à s'imposer comme Leaders au sein du Cabinet libéral, et par opposition l'aisance beaucoup plus grande avec laquelle MM. Louis Bernard et J. Roch Boivin ont réussi à imposer leur leadership comme chef de cabinet au sein du bureau de René Lévesque. Il semble, en effet, y avoir chez MM. Bernard et Boivin une différence d'âge plus marquée, respectivement de six à douze ans par rapport à la moyenne d'âge des secrétaires particuliers que celle que l'on enregistrait chez MM. Guy Langlois et Benoît Morin qui, eux, appartenaient au même groupe d'âge que ceux qu'ils étaient chargés de diriger.

2°) Le sexe.

Si, tout comme dans la fonction publique, *les femmes* restent au cabinet

---

1. Nous avons en effet examiné les curriculum vitae de M. L. Bernard, ancien chef de Cabinet de René Lévesque, et de Mme Beverley Smith, ex-relationniste au Bureau du PM.

du PM, moins nombreuses que *les hommes*: 10 hommes pour 5 femmes, il faut tout de même constater que même si elles n'occupent pas encore de postes-clé, leur participation numérique s'est pour le moins accrue très sensiblement par rapport au Cabinet de Robert Bourassa où, on s'en souvient, seule Hélène Lemieux, à l'Agenda, était de sexe féminin.

À ce titre, soulignons le fait que le Bureau du PM donne ainsi l'exemple de la politique «d'égalité de chances» que son gouvernement s'est engagé à promouvoir[2].

3°) Le niveau de militantisme.

Il paraît être pour le moins, aussi élevé chez les secrétaires particuliers du Cabinet Lévesque que chez ceux du Cabinet Bourassa.

En effet, tout comme les collaborateurs immédiats de Robert Bourassa militaient en général assez activement au sein du PLQ, celui de René Lévesque est lui aussi composé de militants actifs du PQ. Il en est ainsi par exemple de:

a) L. Bernard, membre du PQ depuis 1970, nommé chef de Cabinet du chef parlementaire du PQ en août 1970, puis chef de Cabinet du chef de l'opposition à l'Assemblée nationale en octobre 1973, avant d'accéder, en novembre 1976, au rang de chef de Cabinet du Premier ministre;

b) Me Jean-Roch Boivin, «compagnon de route de M. Lévesque», avec qui il milita au sein du PLQ de 1962 à 1967, puis co-fondateur du mouvement Souveraineté-Association et du Parti Québécois, candidat péquiste défait en 1970 (comté de Fabre) et en 1973 (comté Mille-Îles), conseiller du président du PQ durant la dernière campagne électorale, avant d'être nommé conseiller spécial du PM (novembre 1976), puis chef du Cabinet en remplacement de Louis Bernard (septembre 1977).

c) Michel Carpentier «un des plus anciens permanents du PQ et du MSA», directeur de l'organisation électorale lors de la campagne de 1976, coordonnateur du secrétariat national et vétéran de la machine du Parti[3] avant d'être nommé, au Cabinet du PM, chef du cabinet adjoint.

d) Claude Mallette, organisateur, président de l'association du comté de Hull, coordonnateur de la région outaouais pour le compte du Parti Québécois, conseiller politique en 1974 au Cabinet du président du Parti, puis l'année suivante chef de Cabinet adjoint du chef de l'Opposition à l'Assemblée nationale, actuellement secrétaire exécutif au Cabinet du PM.

e) Robert Mackay, attaché de presse du chef parlementaire du PQ à

---

2. Cf. les propos de M. Denis de Belleval, ministre péquiste de la Fonction publique, tenus le 8 mars 1977 lors de la journée internationale de la Femme: «Nous donnons l'assurance de la diligence que déploieront le ministère et la commission de la Fonction publique à promouvoir la mise en oeuvre de programmes de recrutement, de promotion et de perfectionnement ayant comme objectif de mieux équilibrer la répartition des employés masculins et féminins à tous les échelons dans la fonction publique». Pour de plus amples informations sur le sujet, cf. le numéro spécial du bulletin de la Direction générale de la mise en valeur des ressources humaines au ministère de la Fonction publique. *Ressources humaines plus,* vol. 2, n° 1, juin 1977.

3. Les renseignements précédents sont extraits d'un article du journal *Le Jour,* 18 février 1977, p. 9, intitulé: «Le personnel de Lévesque a été trié sur le volet».

l'Assemblée nationale (1970-73), puis du chef de l'Opposition à l'Assemblée nationale (1973-76), avant d'être nommé attaché de presse du PM.

f) Gratia O'Leary militante du RIN, et du MQF, membre du PQ depuis 1970, bénévole dans le comté de St-Louis aux élections de 1970, puis dans le comté d'Outremont lors des campagnes de financement, enfin au Secrétariat national et au Service de presse du PQ lors des élections de 1973, responsable des hôtesses et hôtes d'accueil au kiosque du PQ, au Salon de la femme en 1974, puis attachée de presse et de l'exécutif du PQ entre 1973 et 1976; actuellement relationniste au Cabinet du PM.

Signalons, toutefois, que contrairement à une rumeur persistante voulant que le Cabinet de R. Lévesque ait remplacé la *totalité* du personnel «clérical» travaillant au bureau du PM après les élections de novembre 1976, au moins une personne à notre connaissance travaillait déjà là pour les libéraux et a été maintenue dans son service d'origine qu'une récente promotion lui a permis, depuis peu d'ailleurs, de diriger.[4]. Il s'agit de M. Benoît Martin, ancien technicien au Bureau de Gestion documentaire sous la direction de Lawrence Cannon, devenu successivement «agent de codage» au Service de la correspondance (décembre 1976-juillet 1977), puis responsable du Centre de documentation au Cabinet du PM (août 1977).

À quelques rares exceptions près cependant — qui confirment la règle — le Cabinet du PM actuel, tout comme celui de l'ancien gouvernement, fait une place de choix, pour ne pas dire confie presque exclusivement les postes dont il dispose aux militants de son propre parti. Ce qui est parfaitement conforme au pouvoir de nomination discrétionnaire qui est laissé aux ministres et notamment au premier d'entre eux, en ce domaine.

4°) Le niveau d'études.

Si l'on distingue deux ensembles, c'est-à-dire d'une part, le groupe des diplômés d'université (Baccalauréat spécialisé, maîtrise, doctorat) et d'autre part celui des non-diplômés d'Université, on s'aperçoit d'une identité presque parfaite de situation en ce qui concerne le niveau scolaire du personnel supérieur composant le bureau du PM (11 personnes), que ce soit chez les Libéraux ou chez les Péquistes.

En effet, le premier groupe — celui des universitaires — constitue 82% chez les Péquistes et 83% chez les Libéraux.

Par contre, si l'on considère deux autres ensembles à savoir d'une part, les maîtrises (ou scolarité de maîtrise) et les doctorats (complétés ou non) et d'autre part les baccalauréats spécialisés et tout autre degré inférieur, alors on constate une différence très sensible entre la composition du Cabinet Bourassa et celle du cabinet de René Lévesque.

Le groupe des secrétaires particuliers détenant un diplôme de 2e ou 3e cycle représente, en effet, chez les Péquistes 54.5%, alors qu'il ne représentait que 16.5% chez les Libéraux.

À ce titre, le Cabinet du PM, tout comme plusieurs des cabinets

---

4. En fait, le gouvernement péquiste a offert à l'ensemble du personnel «clérical» employé au cabinet du PM la possibilité de conserver leurs fonctions.

ministériels sectoriels péquistes, a tendu à corriger sensiblement les défauts que nous dénoncions dans notre précédente étude, en ce domaine.

Il reste toutefois à souhaiter que cette tendance se généralise et s'accentue davantage encore dans l'avenir.

5°) La spécialisation scolaire.

Tout comme dans l'entourage de Robert Bourassa, le Droit prédomine nettement (5 juristes dont les deux chefs de cabinets successifs du PM), suivi de loin par les politicologues et administrativistes (2), les économistes (2) dont un docteur de l'université d'Aix-Marseille, les lettres (2) et les arts graphiques (1).

Soulignons, au passage, que la présence d'un conseiller spécialisé en matière économique — en l'occurence le Dr. André Marcil [5] — comble une des plus importantes lacunes dénoncées par nous, dans notre étude sur le Cabinet libéral.

6°) L'expérience professionnelle antérieure.

La principale caractéristique de ce cabinet, en cette matière, paraît être le manque d'expérience pratique de la fonction publique et du milieu administratif, de la plupart des membres de l'entourage politique de René Lévesque.

En effet, sur les treize personnes ayant fait l'objet de notre étude, seules quatre d'entre elles provenaient du secteur public provincial ou fédéral; les neuf autres provenant du secteur privé (barreau, journalisme, enseignement).

Et encore doit-on souligner que *seul*, parmi les quatre fonctionnaires recensés, Louis Bernard avait une expérience de la haute-fonction publique, ayant occupé successivement les postes de conseiller juridique au ministère des Affaires fédérales-provinciales (1964-66), de directeur-général des relations fédérales-provinciales (1967-69), puis de sous-ministre adjoint au ministère des Affaires intergouvernementales (1969-70). Deux autres personnes n'ayant qu'une expérience de fonctionnaire subalterne ou de professionnel, et la troisième une expérience trop brève à titre de cadre, pour pouvoir être rangés dans le groupe des personnes ayant une grande connaissance pratique de l'administration publique. Avec pour conséquence que depuis le départ de Louis Bernard du Cabinet, plus personne dans l'entourage politique de René Lévesque ne connaît vraiment bien les rouages de la machine administrative.

Ce qui, nous allons le voir, a eu, et a encore, au plan du fonctionnement du Bureau du PM des conséquences importantes, sur lesquelles il convient de se pencher quelques instants.

B) LE FONCTIONNEMENT DU CABINET DE RENÉ LÉVESQUE.

Il convient d'analyser le fonctionnement du bureau du PM à partir, d'une

---

5. Ancien professeur de sciences économiques dans les universités Laval et du Québec (INRS-Urbanisation). Auteur, ces dix dernières années, de plusieurs publications, notamment sur les économies régionales québécoises.

part, de la structure organisationnelle mise en place et, d'autre part, de la nature du travail effectué par les membres de cette organisation.

1°) La structure organisationnelle.

C'est ici, incontestablement, qu'apparaissent de la façon la plus évidente, les principales différences existant entre le Cabinet version libérale et le Cabinet version péquiste.

Ces différences structurelles apparaissent notamment au plan de la conception du rôle du chef de cabinet et au plan des liaisons organiques internes et externes.

a) *Les différences au plan de la conception du rôle de chef de cabinet.*

Les deux principales différences sont les suivantes : 1) leadership nettement plus affirmé des chefs de cabinet sur le reste de l'organisation et 2) cumul sur une même tête — celle du chef de cabinet — des fonctions de gestion administrative interne et de conseil politique auprès du Premier Ministre.

1°) *Leadership nettement plus affirmé des chefs de cabinet sur le reste de l'organisation.*

Nous nous contenterons ici de souligner ce fait en renvoyant le lecteur aux tentatives d'explication de ce phénomène faites, par nous, lors de l'examen du critère d'âge. La différence d'âge plus marquée entre les deux chefs de cabinet successifs et la moyenne du groupe des secrétaires particuliers constituent, en effet, un facteur non négligeable lorsqu'on veut expliquer le mécanisme informel d'autorité à l'intérieur d'un groupe humain donné.

Ce facteur n'est cependant pas le seul. En ce qui concerne MM. Louis Bernard et J.-Roch Boivin, un facteur supplémentaire est venu renforcer l'autorité naturelle que dégage la personnalité même des individus concernés. Ce facteur, c'est le facteur expérience de la vie publique. Toutefois ce concept explicatif présente des nuances sensibles selon qu'on l'applique à l'un ou l'autre des deux chefs de cabinet.

En ce qui concerne M. Louis Bernard, c'est peut-être davantage l'expérience administrative de grand gestionnaire de l'État et celle de gestionnaire d'un cabinet politique-clé — celui du chef de l'Opposition — qui constituent l'essence même de ce facteur.

En ce qui concerne M. J.-Roch Boivin, le facteur expérience recouvre, lui, un aspect sensiblement différent. C'est principalement l'expérience de «vieux» militant et de «compagnon politique» du Premier Ministre qui doit être prise en considération.

Par conséquent, on peut dire que le leadership qu'ont réussi à imposer avec une certaine aisance MM. Louis Bernard et J.-Roch Boivin découle, d'une part, de la maturité et de l'autorité que confère un certain décalage en termes d'années, et d'autre part, pour le premier, de l'expérience administrative et pour le second, de l'expérience militante prise à proximité immédiate de l'actuel chef du gouvernement.

Cette différence que nous établissons entre les deux hommes, a eu aussi des conséquences au plan du style et de l'orientation donnés par chacun d'eux à la marche du cabinet.

2°) *Cumul, sur une même tête, des fonctions de gestion administrative interne et de conseil politique auprès du PM.*

On se souvient sans doute qu'une des grandes caractéristiques du cabinet Bourassa était le rôle dépolitisé et neutre joué par les deux chefs de cabinet de l'époque : MM. Guy Langlois et Benoît Morin. Ces deux derniers se cantonnant quasi-exclusivement dans des fonctions d'administrateurs du cabinet, abandonnant à d'autres collaborateurs très proches de Robert Bourassa le soin d'être ses conseillers politiques. Rôle que remplissaient à l'époque MM. Jean Prieur (liaison avec le PLQ notamment) et Jean-Claude Rivest (liaison avec la législation).

Or, le cabinet péquiste a, lui, substitué à la dichotomie fonctionnelle, le principe de l'unité fonctionnelle, confiant à une seule et même personne, le soin d'être tout à la fois et l'administrateur numéro un du cabinet et le conseiller politique du Premier Ministre.

C'est ainsi, par exemple, que M. Louis Bernard cumulait et les fonctions jadis remplies par M. Benoît Morin et celles remplies par Jean-Claude Rivest. Cela découlait évidemment tout à la fois de l'expérience de grand commis de l'État, de la formation juridique[6], et de la connaissance approfondie du travail parlementaire et des parlementaires eux-mêmes que réunissait sur sa personne le premier chef de cabinet de René Lévesque.

De la même façon, il est possible de dire que Me J.-Roch Boivin cumule sur ses épaules les fonctions exercées jadis par Guy Langlois et Paul Desrochers, ou bien plus tard par Benoît Morin et Jean Prieur. Car sa connaissance approfondie — en tant que militant de longue date — des rouages internes du PQ et de son programme d'action le prédisposaient tout naturellement à assumer, lui aussi, les tâches administratives et politiques au sein du bureau du PM.

Une nuance doit toutefois être apportée à ces propos. Si les deux hommes ont réalisé une certaine unification de fonctions jadis divisées, chacun d'eux l'a fait à sa façon, c'est-à-dire en mettant l'accent davantage sur l'une ou l'autre de ces deux fonctions.

C'est ainsi que M. Louis Bernard a sans doute davantage insisté sur ses tâches administratives, alors que son successeur semble vouloir davantage accentuer son rôle de conseiller politique.

● *Le cabinet du PM sous la direction de Louis Bernard ou le primat de l'administratif sur le politique.*

Cette caractéristique découle, bien entendu, du passé professionnel de l'ancien grand commis de l'État, revenu d'ailleurs après dix mois comme chef de Cabinet, à ses premières amours[7]. Elle découle aussi des nécessités de

---

6. M. Louis Bernard détient un PhD en droit administratif du London School of Economics and Political Science de l'université de Londres (G.B.).

7. Depuis septembre 1977, M. Louis Bernard est secrétaire général associé à la réforme électorale et parlementaire (M. Robert Burns).

l'époque. Au tout début de la mise en place des rouages du Cabinet du PM, il fallait rôder une machine administrative nouvelle dont les principales pièces humaines n'avaient aucune connaissance de l'appareil étatique, et faire le joint avec une structure, elle, largement rôdée et par là même un peu menaçante pour la nouvelle équipe gouvernementale : le secrétariat général du Conseil exécutif. Le rôle du premier chef de cabinet fut donc tout à la fois de gérer les ressources humaines, budgétaires et matérielles internes au Cabinet, et d'établir la liaison avec le secrétariat général du gouvernement composé de hauts fonctionnaires nommés par le gouvernement précédent, vis-à-vis duquel un certain sentiment de méfiance était ressenti. Le rôle de Louis Bernard fut donc un rôle diplomatique d'intercesseur chargé de faciliter les contacts entre le PM et le plus haut-fonctionnaire de l'État, de superviser les actes posés par les grands commis du Conseil exécutif, de surveiller leurs réactions vis-à-vis de la nouvelle équipe dirigeante, et, enfin, de substituer à la méfiance, la confiance et la collaboration[8].

C'est ce défi de taille que réussit, semble-t-il, très bien à relever M. Louis Bernard en quelque dix mois.

- *Le cabinet du PM sous la direction de M. Jean-Roch Boivin ou le primat du politique sur l'administratif.*

La collaboration de la haute fonction publique assurée, la confiance politique-administrative rétablie, la nomination par le nouveau gouvernement de plusieurs secrétaires généraux associés dans l'entourage immédiat des ministres d'État effectuée, la mise en place et le rodâge de la structure interne du Cabinet réalisés, auxquels il convient d'ajouter les pesanteurs psychologiques naturelles et le passé politique du nouveau chef de cabinet, tout cela ne pouvait qu'engendrer un changement de style.

Perceptible jusque dans les sphères de la haute-administration du secrétariat général du Conseil exécutif, le nouveau style se marque par un désintérêt nettement plus marqué vis-à-vis du travail administratif effectué par les grands mandarins de l'État et un accent bien plus fort mis sur le rôle de conseiller politique du PM, par le cabinet de René Lévesque, depuis l'automne 1977.[9]

b) *Les différences au plan des liaisons organiques internes et externes.*

— *Au plan externe.*

Un lien organique a été établi entre le cabinet du PM et les autres cabinets ministériels sectoriels, notamment au niveau des chefs de cabinet et des attachés de presse. Les conférences sporadiques de coordination des

---

8. C'est ainsi, par exemple, que M. Louis Bernard suivait de près les mémoires qui allaient au Conseil des ministres, étudiait les textes de lois pour voir s'ils ne comportaient pas des incohérences. De la même façon, L. Bernard, après avoir rapproché le PM et le secrétaire général lors de multiples rencontres à trois, a très vite favorisé les contacts directs — hors de sa présence — du premier ministre et du premier fonctionnaire de l'État.

9. C'est ainsi que J.-R. Boivin ne joue pas de rôle en matière de contrôle de la législation malgré sa formation juridique, ne vérifie pas les mémoires adressés au Conseil des ministres et ne s'est jamais interposé entre le PM et le secrétaire général du Conseil exécutif. Ce cabinet semble se reposer maintenant, en matière de supervision du travail de l'administration, sur les ministres d'État, les ministres sectoriels, et le Comité des priorités.

services de presse, inaugurées sous l'administration libérale par Charles Denis, ont été, depuis, renforcées et systématisées. Actuellement, les attachés de presse se réunissent une fois par semaine et les chefs de cabinet une fois par mois, surtout en période de session parlementaire.

En matière d'information politico-administrative provenant des plus hautes sphères décisionnelles de l'État, les membres du Cabinet du PM peuvent consulter directement, dans des classeurs mis à leur disposition, tous les dossiers élaborés par les comités permanents que président les ministres d'État.

— *Au plan interne :*

C'est surtout à ce niveau que les principaux changements sont intervenus.

Si la « roue » reste le modèle d'organigramme adopté par le cabinet de René Lévesque, l'organisation et la structure des rayons qui lui confèrent solidité et efficacité ont, elles, été passablement modifiées.

● Tout d'abord, le cabinet occulte semble avoir quasiment disparu. Il ne paraît pas, pour l'instant, y avoir, à l'extérieur du cabinet officiel de réseau de relations propre au PM, que celui-ci consulterait comme bon lui semblerait. Le seul nom qu'il nous a été donné d'entendre et que le PM consulterait directement, en certaines occasions, serait M. Vadeboncoeur syndicaliste et nationaliste bien connu des Québécois.

● Le cabinet très « cartilagineux » de Robert Bourassa a fait place à une organisation nettement plus structurée et « ossifiée », dans laquelle une place très importante a été faite à la collégialité et à la coordination administrative.

Ces changements se sont traduits :

1) par la mise en place de plusieurs « comités ad hoc » chargés de favoriser la concertation à l'intérieur du Cabinet, auxquels participent les secrétaires particuliers concernés par l'étude d'une question spécifique, et ce dépendamment de la conjoncture et des questions à résoudre[10] ;

2) par la mise en route de réunions de coordination hebdomadaires réunissant, tous les mardi, les quelques quinze personnes-clés du Cabinet et présidées par le chef de cabinet. Ceci permet évidemment une bien meilleure circulation de l'information à l'intérieur de cette structure que celle qui existait au sein du cabinet libéral. Ces réunions permettent notamment au chef de cabinet qui est dans presque tous les cas le seul membre du Bureau à assister aux réunions du Comité des priorités et du Conseil des Ministres, d'informer les autres collaborateurs du PM de l'état d'avancement des dossiers et des décisions adoptées par le gouvernement.[11]

---

10. Cf. par exemple le Comité de stratégie sur la loi 101 et le Comité de liaison avec le PQ, chargé d'analyser l'information (presse, radio, TV), afin d'évaluer l'impact des politiques gouvernementales sur les citoyens québécois. Ce dernier comité remplit, semble-t-il, en partie, le travail d'analyse de l'information que réalisait le CAD pour le compte des services de l'ex-premier ministre Robert Bourassa.

11. Nous disons « dans presque tous les cas » car, contrairement à une tradition établie depuis longtemps au Conseil des ministres, il semble qu'à quelques reprises ces derniers temps

Signalons à ce propos que contrairement à Robert Bourassa qui n'appréciait guère les quelques tentatives infructueuses faites par ses chefs de cabinet afin de mieux structurer le bureau et qui faisait tout pour les saborder, au contraire M. René Lévesque les a favorisé dès le départ et essaye, chaque semaine, de passer environ une heure aux réunions hebdomadaires de son cabinet.

L'accent mis délibérément, dès le départ, sur la collégialité et la coordination fait que les collaborateurs du chef du nouveau gouvernement travaillent bien plus en *équipes* que ceux du Premier Ministre précédent.

Les conséquences de cette nouvelle structure sont doubles.

La première, positive, est de favoriser la concertation, l'échange d'informations, et par là-même, de maintenir un certain esprit « commando » à l'intérieur de l'organisation, avec ce que cela peut présenter comme avantage au plan de la stimulation psychologique, de la satisfaction au travail, et du rendement individuel des membres de l'organisation.

La seconde, négative, constitue le revers de la médaille. Il n'est pas impossible, si nous en croyons certains de nos informateurs, que cette organisation ait quelque peu versé dans le défaut inhérent à une structure qui se veut très participative : la réunionite, avec les pertes de temps sensibles que l'on connaît. Pertes de temps accrues par l'existence, entre les secrétaires particuliers et le personnel de soutien, d'un certain vide en ressources humaines de niveau intermédiaire, qui se traduit par un accroissement de travail et des horaires surchargés.

2°) *La nature du travail organisationnel.*

L'organisation du travail à l'intérieur du Cabinet de René Lévesque a bénéficié des changements introduits au niveau de la structure organisationnelle. Par contre, la nature du travail effectué au cabinet, a semble-t-il, connu relativement peu de modifications, à une exception près toutefois que nous indiquerons sous peu.

a) *L'organisation du travail : la disparition des « mandats de corridors ».*

On se souvient que le trait caractéristique de la répartition des tâches de travail à l'intérieur du cabinet libéral était précisément l'absence, ou plutôt le non-respect par le PM lui-même, des descriptions de tâche et de la spécialisation propre à chacun de ses collaborateurs. D'où ces mandats, confiés par Robert Bourassa à ses secrétaires particuliers, au gré du hasard des rencontres dans les couloirs du 3e étage de l'édifice J.

Sous René Lévesque qui est beaucoup plus respectueux de l'organisation et des structures existantes, ces « mandats de corridors » ont quasiment disparu, ne serait-ce qu'en raison du fait que l'autorité du chef de cabinet étant mieux assurée que par le passé, c'est à lui qu'incombe la plupart du temps le soin de répartir la charge de travail entre ses principaux collaborateurs. Quant aux mandats que le PM, dans le reste des cas, confie directement à un

---

d'autres membres du Cabinet du PM aient été amenés à assister aux délibérations du Conseil des ministres ; M. Michel Carpentier, chef de cabinet adjoint, notamment.

de ses secrétaires particuliers, ils sont presque toujours reliés à l'activité spécifique de l'intéressé.

On constate, en outre, que les descriptions de tâches confiées aux secrétaires particuliers sont légèrement plus précises que celles que se voyaient confier les collaborateurs de Robert Bourassa.[12] Cette différence relative constitue cependant moins la cause de la disparition des mandats de corridors, que la volonté délibérée, tant du chef du gouvernement que de ses chefs de cabinet successifs, de procéder avec ordre et méthode, de façon plus rigoureuse, dans le respect des champs de compétence de chacun des membres de l'organisation.

b) *Les principaux postes de travail.*

Dans le Cabinet de René Lévesque, comme dans celui de Robert Bourassa, les titres officiels ne suffisent pas toujours, loin de là, à éclairer le néophyte sur le type de travail confié à tel ou tel secrétaire particulier.

Si les postes de « responsable de l'agenda », « d'attaché de presse », ou de « conseiller économique » sont relativement significatifs, on ne saurait en dire autant des titres de « secrétaire exécutif » ou « d'agents de liaison », sans parler de ceux « d'adjoint spécial », « d'adjoint exécutif » etc... qui pullulent habituellement dans un cabinet de premier ministre.

Sans compter que des titres très précis tels que « chef de cabinet » ou « chef de cabinet adjoint » peuvent en pratique — nous l'avons vu pour Benoît Morin, L. Bernard et J-Roch Boivin — recouvrir des réalités fonctionnelles très différentes, voire totalement opposées.

Aussi allons-nous présenter ici brièvement, en nous attachant aux fonctions réellement remplies par les intéressés, les quelques activités principales exercées par le Cabinet de René Lévesque.

— *Un chef de cabinet :* (Me J-Roch Boivin) cumulant les fonctions d'administrateur du cabinet et de conseiller politique en attendant de se décharger prochainement sur un « adjoint administratif » de ses tâches de gestionnaire.

— *Un chef de cabinet adjoint :* (M. Michel Carpentier) chargé d'assurer la liaison entre le Cabinet du PM, le Parti Québécois et le caucus des députés. Tâche exigeante en raison de la structure particulière du parti de masse démocratique que veut être le Parti Québécois. Conception qui amène le PQ à surveiller de près l'action du gouvernement et qui oblige le PM, au plan de sa « carrière », à conserver de bonnes relations avec les instances dirigeantes du Parti.

Afin de remplir cette tâche très accaparante, notamment avec les instances régionales et locales du PQ, M. Carpentier s'est adjoint un collaborateur, M. Louis-Marie Dubé, à titre d'agent de liaison.

---

12. Nous disons bien «légèrement» car, tant dans le cabinet libéral que péquiste, ces descriptions de postes — en raison même de la nature du travail qui s'accomplit au cabinet — conservent volontairement une certaine souplesse et une marge de manoeuvre indispensables à l'adaptation du travail aux nécessités brutales qu'impose très souvent l'actualité.

Au moment de la rédaction de cet article[13], il est de plus en plus question que M. Carpentier soit remplacé et prenne en charge uniquement toute la question du référendum, c'est-à-dire la mise en place d'une sorte de comité en faveur de la thèse péquiste, le renforcement et la coordination des relations avec les divers mouvements nationalistes, le Parti, les groupes d'intérêt et le gouvernement, le démarrage d'une vaste réflexion sur la question des grandes lignes stratégiques à adopter afin de remporter la victoire référendaire, etc...

— M. Claude Malette, actuellement *secrétaire exécutif* devrait venir, sous peu, appuyer M. Carpentier dans ses nouvelles et importantes fonctions.

— *Un attaché de presse :* M. Robert Mackay, appuyé d'un « staff » très léger de collaborateurs (agents de recherche). M. Mackay devrait être bientôt remplacé à ce poste, car il vient d'hériter de la direction des communications du bureau du PM dirigée, jusqu'à présent, par M. Michel Maheu. À ce nouveau poste, M. Mackay aura le mandat, pour le moins difficile et délicat, de voir à la coordination de l'information politique partisane — mandat traditionnel d'un service de presse ministériel — avec l'information administrative confiée jusqu'à présent aux fonctionnaires des directions de communication des ministères. Ceci, afin de sensibiliser les directions de Communication et le ministère du même nom au « besoin » ressenti par les milieux politiques dirigeants d'informer le grand public de façon favorable au gouvernement.

Ce schéma, à l'heure où ces lignes s'écrivent, est à peine à l'étude. Mais d'ores et déjà, nous pouvons signaler que si la tendance en ce sens devait se confirmer, on assisterait :

— à une remise en cause totale du principe de séparation de l'information politique partisane et de l'information administrative à laquelle étaient restés attachés les services de presse de Charles Denis et le gouvernement libéral de R. Bourassa ;

— à la montée menaçante et dangereuse d'un contrôle de l'opinion publique, via un contrôle dirigé et orienté depuis le cabinet du PM, des informations gouvernementales. La voie est en effet très étroite qui sépare en matière politique, les relations publiques et la propagande politique. Franchir cet étroit « no man's land » c'est, incontestablement, courir le risque de passer d'une certaine forme de gouvernement à une autre, avec comme résultat inacceptable, la restriction des libertés publiques.

— *Une relationniste :* Mme Gratia O'Leary, chargée des relations publiques. Durant une période de sept mois[14] cette fonction a été exercée aussi par une anglophone, Mlle Beverley Smith, qui a fait part dans la presse, peu après son départ, de ses impressions concernant son passage au bureau du Premier Ministre[15]. Elle occupa en quelque sorte au Cabinet de René Lévesque le poste de médiateur et de « diplomate » qu'occupait sous Robert Bourassa, M. David Allnutt. Comme lui, elle était tout spécialement chargée

13. Février 1978.
14. De mars 1977 à la fin septembre 1977.
15. « Ce n'est pas toujours facile de travailler avec des Péquistes » in *Perspectives,* 12 novembre 1977, pp. 2-4 et « My Life in Premier René Lévesque's Office », *The Gazette,* 15 et 17 octobre 1977.

de faire le pont avec les milieux anglophones et les immigrants, notamment d'analyser et d'informer le PM des points de vue de ces groupes vis-à-vis des politiques de son gouvernement et d'expliquer à ces mêmes groupes, les prises de décision du gouvernement. Se sentant mal intégrée par ses collègues francophones nationalistes et, éprouvant, après le vote de la loi 101, de plus en plus de difficultés à défendre une position du gouvernement péquiste vis-à-vis des anglophones et des immigrants qu'elle ne partageait pas, enfin, craignant de devenir une simple «caution» au sein du cabinet, elle devait quitter d'elle-même le bureau du PM et retourner à son travail de journaliste et de traductrice[16].

— *Un responsable de l'agenda :* Mlle Corinne Côté, chargée de tenir à jour le calendrier des rendez-vous du chef du gouvernement ;

— *Un «advance» :* M. Jean-Pierre Gaudreau,[17] responsable de l'organisation matérielle des services du PM dans les différentes régions du Québec et de la liaison avec la Sûreté du Québec pour la protection du Chef du gouvernement.

— *Une secrétaire de comté :* Mme Christiane Tétreault, chargée d'être l'oreille, la voix et la mémoire du PM dans son comté de Taillon.[18]

— *Deux «chargés de recherche» :* M. Alain Pontaut et Mlle Lise Savard, auxquels revient principalement le soin — avec la collaboration de M. Marcil — de préparer les réponses aux questions posées en chambre au Chef du gouvernement[19]. Ce travail s'effectue en appelant à l'aide les divers secrétaires particuliers à qui, en fonction de leur champ relatif d'attribution, il est demandé d'apporter leur contribution. Le PM, durant les sessions parlementaires, travaille, entre une demi-heure et une heure par jour, avec ses trois collaborateurs, à la préparation des réponses qu'il doit apporter à la Chambre.

— *Deux conseillers techniques :* changement incomplet, mais important à constater, le cabinet du PM semble avoir pris conscience de la nécessité d'appeler, en son sein, certains conseillers techniques de haut niveau capables d'évaluer, de critiquer et de conseiller le PM sur certains dossiers provenant de la fonction publique. Afin notamment d'examiner sous «l'angle politique», mais avec un «bagage technique» adéquat, les options administratives présentées à l'adoption du gouvernement par les grands mandarins de l'État.

C'est ainsi que nous interprétons pour notre part, la venue au Cabinet du PM, à titre de conseiller économique, du Dr. André Marcil — ancien professeur de sciences économiques à l'Université Laval et à l'INRS — et de

---

16. C'est elle qui traduisit le programme du PQ en langue anglaise (versions abrégée et complète).

17. Les bains de foule dans les régions sont le moyen utilisé fréquemment par le PM pour «prendre le pouls» de la population et éviter de se laisser enfermer par un réseau d'informations dense mais parfois biaisé.

18. René Lévesque s'efforce de passer au moins deux jours par mois dans son comté de Taillon afin de maintenir le contact avec la base des militants et ses électeurs.

19. M. Pontaut voit aussi à la préparation des discours, lettres spéciales, messages, préfaces de livres, etc. du Premier ministre. Signalons toutefois que la rédaction finale de ces notes — ancien journaliste oblige — est presque toujours l'oeuvre du PM lui-même.

M. Yves Michaud chargé récemment à titre de conseiller aux relations internationales d'être, auprès du PM, l'expert en matière, tout spécialement, de relations franco-québécoises. Ceci en application des accords Barre-Lévesque sur la relance et l'intensification des relations France-Québec.

On peut donc dire qu'à l'exception d'une petite tendance visant à conférer une plus grande capacité d'expertise au Cabinet du PM, l'essentiel du travail des secrétaires particuliers continue à relever des «relations publiques» du Chef du gouvernement au sens large de ce terme. Autrement dit, l'aspect «politic» du travail au Cabinet continue à l'emporter largement sur l'aspect «policy» qui constitue l'essentiel du travail des cabinets de la plupart des chefs de gouvernement occidentaux.

À ce titre-là, le cabinet du PM actuel ressemble beaucoup à celui de son prédécesseur.

Le Cabinet de René Lévesque justifie cette situation en invoquant la dimension relativement restreinte de la bureaucratie québécoise. Dimension qui permettrait par là même, un contrôle aisé du pouvoir politique sur l'administration publique, sans passer par un renforcement de l'expertise des cabinets politiques. Or, cette thèse nous paraît discutable à un triple point de vue :

1) Il n'est pas sûr du tout que la bureaucratie québécoise soit si restreinte que cela. En outre, elle a eu, ces dix-huit dernières années, une tendance très forte à l'enflure. Et ce n'est pas le programme nationaliste et social-démocrate du PQ qui viendra freiner cette tendance. Bien au contraire[20].

2) Il n'est pas dit non plus que l'affirmation selon laquelle le contrôle de « l'administratif » par « le politique » est si aisé que cela, soit vraie. Si l'on en croit les déclarations des parlementaires péquistes eux-mêmes, on aurait plutôt tendance à partager un avis contraire. Il semble, en effet, d'après nombre d'entre eux, que le gouvernement actuel éprouve «moult» difficultés à vaincre certaines résistances et inerties administratives. À moins que cela ne soit qu'une campagne soigneusement orchestrée pour justifier la reprise en mains de la fonction publique québécoise (projet de Loi 53 de De Belleval) et mieux faire passer dans l'opinion le train de mesures politiques en matière de mutations, nominations et promotions de hauts-fonctionnaires, auxquelles l'actuel gouvernement s'est livré depuis décembre 1976, en violation de son programme électoral.

3) Enfin, le refus d'accroître la technicité des cabinets, notamment du premier d'entre eux, ne peut qu'entraîner logiquement, une politisation de la haute fonction publique, ce à quoi le Québec, une fois de plus, vient d'assister. En effet, si le cabinet ministériel n'est pas qualifié pour analyser le travail des fonctionnaires, les ministres, y compris le premier ministre, se trouvent dans l'obligation de nommer des fonctionnaires compétents, proches, ou issus du parti au pouvoir. Par conséquent, la thèse de la non-technicité des cabinets est en opposition flagrante avec l'objectif de dépolitisation de la haute fonction publique inscrite en toutes lettres dans le programme du Parti Québécois.

---

20. Cf. sur ce sujet notre conclusion générale sur l'avenir de l'administration publique québécoise.

CONCLUSION

En règle générale, tant au plan de la composition que du fonctionnement, l'organisation du Cabinet du Premier Ministre René Lévesque, paraît présenter plusieurs améliorations sensibles.

Rappelons, au plan de la composition, les exigences plus élevées en ce qui concerne le niveau de scolarité de plusieurs secrétaires particuliers et l'arrivée dans l'entourage du PM d'un petit noyau de conseillers techniques en matière économique et internationale, auquel il conviendrait d'adjoindre quelques experts en matière sociale, éducative, culturelle, et administrative, pour conférer à cette structure un niveau d'expertise conforme au rôle joué dans notre pays par le chef du gouvernement.

En matière de fonctionnement, sont aussi à citer dans la colonne positive des modifications organisationnelles, l'accent mis sur la collégialité, la coordination interne, le travail en comités, la répartition des tâches et l'émergence d'un leadership souple mais respecté, au niveau du chef de cabinet.

Reste, en conséquence, à renforcer dans l'avenir les tendances qui sont apparues timidement au Cabinet du PM depuis décembre 1976, afin de rééquilibrer l'appareil de l'État au niveau supérieur de la machine gouvernementale. Cette nécessité démocratique de voir le cabinet du PM peser d'un poids plus lourd à l'intérieur du processus décisionnel devra toutefois se garder d'aboutir à un déséquilibre de sens inverse, qui ne pourrait alors se réaliser qu'au détriment de l'intérêt général et des libertés publiques.

LE SECRÉTARIAT GÉNÉRAL DU CONSEIL EXÉCUTIF DE LA PROVINCE DE QUÉBEC

INTRODUCTION*

L'année 1978 marque pour le secrétariat général du gouvernement du Québec, le dixième anniversaire de création de cette institution. Cela seul mériterait, déjà, d'attirer l'attention des observateurs des milieux politiques et administratifs québécois sur cette organisation. Mais, 1978 marque aussi pour le secrétariat général le résultat d'une très rapide et très forte évolution dont les effets sur l'appareil de l'État et le fonctionnement de ses rouages sont, et c'est le moins que l'on puisse dire, loin d'être négligeables !

Aussi convient-il, afin de mieux situer et délimiter clairement la place occupée aujourd'hui par cette institution, au sein de la machine administrative provinciale, de dégager les grands traits qui l'ont caractérisée tout au long de la décennie 68-78, puis de procéder à une analyse des principaux rouages qui la constituent actuellement.

A) UNE MACHINE ADMINISTRATIVE QUI N'A CESSÉ DE CROÎTRE DURANT LA DÉCENNIE 68-78 JUSQU'À DEVENIR INDISPENSABLE AU POUVOIR POLITIQUE.

Toute l'histoire du Secrétariat général tient, en effet, dans l'élargissement considérable de son rôle à côté du Conseil des Ministres et à son caractère actuellement indispensable au bon fonctionnement de tout l'appareil étatique.

Remerciements

L'auteur remercie très sincèrement tous les hauts-fonctionnaires du Secrétariat général du Conseil exécutif qui ont bien voulu le recevoir et lui communiquer avec cordialité et compétence les multiples renseignements qui constituent la base même de cet article. L'auteur tient à leur témoigner ici sa profonde reconnaissance tant il est bien conscient que sans leur précieuse et dévouée collaboration il n'aurait jamais pu réaliser cette « première » sur le sujet. L'auteur espère que cette version des faits reproduit bien dans l'ensemble la réalité telle qu'ont bien voulu la lui décrire MM. Guy Coulombe, secrétaire général et greffier du Conseil exécutif, Louis Bernard, secrétaire général associé à la réforme parlementaire, Thomas Boudreau, secrétaire général associé au développement social, Eric Gourdeau, secrétaire associé au secrétariat des activités gouvernementales en milieu amérindien et Inuit, Albert Jessop, secrétaire général associé aux relations avec les Sociétés d'État, Michel Noël de Tilly, adjoint exécutif du secrétaire général du Conseil exécutif, Roch Pérusse, directeur général de l'administration au ministère du Conseil exécutif, Guy Rocher, secrétaire général associé au développement culturel, Florian Rompré, secrétaire général associé chargé de la gestion des cadres nommés par le lieutenant-gouverneur en conseil, Yvon Tremblay, secrétaire général associé à l'aménagement et à la décentralisation, Jean-Pierre Vaillancourt, greffier adjoint, Jean Vézina, secrétaire général associé au développement économique.

L'auteur prie aussi MM. Jacques Prémont, ancien greffier du Conseil exécutif, Julien Chouinard, ancien secrétaire général du Conseil exécutif, Jean-Pierre Gagnon et Pierre Bélanger du bureau de M. Yvon Tremblay de bien vouloir accepter ses remerciements pour les informations inédites communiquées par eux à son assistante, Mlle Maya Raic.

À cette dernière l'auteur, une fois de plus, entend officiellement lui adresser ses plus vives félicitations pour la valeur des quatre entrevues effectuées par elle et la qualité des rapports qui en découlèrent.

1) L'élargissement considérable du rôle du Secrétariat général (1968-78)

En quelques étapes jalonnées par les noms des principaux titulaires de la charge, le secrétaire général du Conseil exécutif est passé de l'exercice d'une simple fonction cléricale d'enregistrement à l'exercice d'une fonction-conseil de tout premier plan. De simple *mémoire* de la pensée du gouvernement, le Secrétariat général est devenu quasiment le *cerveau* même du gouvernement.

a) *Le greffe du Conseil exécutif ou la mémoire du gouvernement.*

Cette phrase s'étend des origines du greffe — 1887 — jusqu'au départ de son dernier titulaire Me Jacques Prémont[1]. Le greffe du Conseil exécutif est l'embryon du Secrétariat général. À cette époque, le greffe remplit exclusivement une fonction d'appariteur, de rédacteur et d'enregistreur des décisions du Conseil des ministres.[2]

Le greffe a pour seules tâches de voir, à la préparation matérielle des réunions du Conseil des ministres[3] puis, postérieurement à ces dernières, à la rédaction des procès verbaux des délibérations, des arrêtés en conseil adoptés, à l'enregistrement et à la conservation de ces documents.

Sa fonction consiste donc d'une part, à être le trait d'union entre le Conseil des ministres et le ministère et d'autre part, à être la mémoire du gouvernement. Là s'arrête son rôle.

b) *Le Secrétariat général sous Julien Chouinard ou la croissance* ? *empirique de l'embryon et la reconnaissance du droit à la vie.*

Huit années de «Révolution tranquille» ont passé. La machine administrative québécoise s'est, entre temps, considérablement agrandie. La société rurale est devenue industrielle. La complexification des décisions qui découlent de ces mutations extrêmement rapides pose au gouvernement le problème de la coordination administrative. Le greffe ne peut plus suffire à la tâche. Un changement s'impose.

— *la croissance empirique de l'embryon*

En novembre 1968, le premier ministre J.-J. Bertrand crée à côté du greffe, le Secrétariat général du Conseil exécutif et confie à un ancien avocat et professeur de droit de l'Université Laval, devenu sous-ministre de la

---

1. Adjoint au greffier de 1961 à 1964, puis greffier de 1964 à 1968 ; actuellement conservateur de la Bibliothèque de l'Assemblée nationale du Québec.

2. À cette époque, le bureau du greffier employait en tout et pour tout dix personnes. Seuls le greffier et son adjoint avaient reçu une formation universitaire. La situation, on va le voir, a bien changé depuis la création du secrétariat général.

3. Le greffe se contentait en effet simplement de soumettre les projets ministériels sans aucune analyse préalable, et au fur et à mesure qu'ils arrivaient des différents ministères, au Conseil des Ministres. Ce qui évidemment conférait aux ministres plus de poids qu'ils n'en ont désormais pour la présentation et la défense de leurs projets. Cf. sur ce sujet, les rôles d'analyse-critique et de filtrage joués aujourd'hui par les experts du secrétariat général, notamment les secrétaires généraux associés.
   La seule participation active qu'avait le greffe à l'époque, en matière de préparation des réunions des Conseils des ministres, consistait à résumer les différents projets ministériels en de courts mémoires, à voir à leur conformité avec les lois existantes, ainsi qu'à préparer, avec le premier ministre, l'agenda et l'ordre du jour des réunions.

Justice, le soin de cumuler les deux fonctions de greffier et de secrétaire général.[4]

Très vite, on va le voir, la fonction de greffier tend à stagner, tandis que s'accroît celle de secrétaire général.[5]

De simple mémoire, le Secrétariat général devient un élément important de la pensée du gouvernement. Lentement, de façon empirique, parfois même un tantinet désordonné, le Secrétariat général se développement, son cerveau grossit.

L'unité s'étoffe de quelques experts : Michel Bélanger (conseiller économique), Gérard Frigon (conseiller en affaires sociales).

Toutefois, par stratégie, afin d'éviter le risque de voir le pouvoir politique se méfier de la montée de ce pouvoir « technocratique » qui s'organise lentement et intelligemment, Julien Chouinard ne favorise pas personnellement la tendance qui souhaiterait demander au gouvernement d'accorder au secrétariat des moyens humains et matériels accrus.

Julien Chouinard préfère faire en sorte que la prise de conscience de ces besoins et l'agrandissement de sa « boîte » soit l'oeuvre des ministres eux-mêmes.

En attendant, le travail de coordination encore rudimentaire et artisanal effectué par le secrétariat général s'accroît petit à petit et rend peu à peu cette structure, de plus en plus utile au pouvoir politique.[6]

— la reconnaissance du droit à la vie ou l'institutionnalisation de la structure

L'arrivée au pouvoir des libéraux aurait pu être fatale à une institution située aussi près du gouvernement et créée par ce même gouvernement que le parti du nouveau Premier ministre venait d'écraser.

Elle aurait pu être aussi être fatale au titulaire même de la charge lequel, si l'on s'en souvient, avait été en 1968 candidat conservateur, battu aux élections fédérales par le libéral P. de Bané.

Or, il n'en fut rien. L'institution subsiste. Julien Chouinard est confirmé dans ses fonctions et, de 1970 à 1975, le développement empirique se poursuit.

Cette décision de Robert Bourassa en créant un précédent et en donnant dorénavant l'habitude de ne pas faire entrer dans le « spoils-system » le secrétaire général du gouvernement a fait ce jour-là, du secrétaire général, un

---

4. Cette création découle d'une loi spéciale venant ajouter un article « 1a » au chapitre 12 de la loi modifiant la loi de l'exécutif. Cet article ne fait toutefois que créer cette institution sans définir de quelque façon que ce soit sa fonction. La décision du gouvernement du Québec de donner vie à cette institution s'inspire d'organes semblables créés en Grande Bretagne en 1916, au Canada en 1940 et en Ontario en 1949.

5. Le secrétariat général devient une étape de plus à franchir pour les ministres qui ont besoin d'obtenir l'approbation de leurs projets par le Conseil des ministres.

6. Cette utilité n'est pas toujours perçue, au début tout au moins par les ministères qui ont l'impression que le secrétariat général dédouble le travail effectué au sein des administrations sectorielles. D'où certaines irritations qui resteront d'ailleurs sans grand effet.

fonctionnaire de l'État et le garant de la permanence et de la continuité administrative face aux changements de la vie politique provinciale.

Son successeur en 1975, M. Guy Coulombe allait, quant à lui, renforcer l'oeuvre de son prédécesseur en y imprimant certains changements majeurs et faire du poste du secrétaire général le poste de Premier fonctionnaire de l'État.[7]

c) *Le Secrétariat général sous Guy Coulombe ou la primauté donnée aux structures et à la fonction de coordination au sein de l'organisation supérieure de l'État.*

Cette évolution majeure du rôle du Secrétariat général va se faire sous deux gouvernements différents : celui des libéraux (75-76) et celui des péquistes (76-..).

— *la création des comités de coordination présidés par un ministre sectoriel sous le gouvernement libéral de R. Bourassa.*

Guy Coulombe, sociologue, économiste, spécialiste de l'aménagement du territoire, ancien haut-fonctionnaire du COEQ, devenu secrétaire du tout puissant Conseil du trésor, n'était pas, comme on le voit, issu des milieux juridiques de la province.

Il n'était donc pas question que l'avenir du Secrétariat général se tourne principalement vers le rôle de greffier, car contrairement à MM. Prémont et Chouinard, Guy Coulombe n'avait pas de formation juridique.

Il fut donc nettement entendu avec Robert Bourassa que l'essentiel du travail de secrétaire général devrait être et serait un travail de *coordination* de l'appareil gouvernemental dans son ensemble.

Le corollaire logique de cette entente fut la création le 10 septembre 1975 par les arrêtés en Conseil 4100 à 4107, d'un train de comités de coordination, dont le secrétariat allait être assuré par le Secrétariat général du gouvernement.[8]

Ces divers comités étaient les suivants :

• *le comité ministériel permanent des ressources humaines.* Chargé d'assurer la cohérence des politiques et des activités gouvernementales dans

---

7. Par exemple, alors que Julien Chouinard, refusant de déléguer ses pouvoirs afin de conserver aux projets ministériels toute leur spontanéité et éviter une quelconque coloration « technocratique » des projets par les fonctionnaires du secrétariat général, au contraire Guy Coulombe adoptera un style plus décentralisateur. Style que rendra très vite indispensable le grossissement des services du secrétariat général et la création des postes de secrétaires généraux associés.

8. Signalons toutefois qu'il existait déjà sous M. Julien Chouinard divers comités du Conseil des Ministres. Certains quasi-permanents, tels que le Comité des Affaires intergouvernementales (5 à 6 ministres), le comité sur les affaires économiques et le développement (beaucoup trop nombreux en termes de membres pour pouvoir fonctionner efficacement), le comité de législation (5 à 6 ministres), le comité de la politique scientifique (4 à 5 ministres se réunissant plus ou moins souvent) et le Conseil du Trésor. D'autres — très nombreux — de type « ad hoc ». Les arrêtés de 1975 vont introduire plus de rigueur et de rationalité tout en mettant nettement en avant l'objectif de coordination administrative. Ils ont été pris en application du rapport Mineau sur la rationalisation de l'administration gouvernementale au Québec.

les secteurs et matières ci-après énumérés : *main-d'oeuvre* (qualification professionnelle, formation professionnelle initiale et permanente, classification, mobilité, placement, régime de bourses aux étudiants), *sécurité du revenu* (salaire minimum, allocations familiales, aide sociale, régimes de retraite, régimes d'indemnisation des victimes d'accidents du travail et d'actes criminels), *immigration* (établissement, adaptation des immigrants, accueil des étudiants étrangers), *démographie, hygiène et sécurité au travail et dans les lieux publics.*[9]

- *le comité ministériel permanent de la qualité de la vie.* Chargé d'assurer la cohérence des politiques et des activités gouvernementales dans les secteurs et matières ci-après énumérés : information, communications, protection du consommateur, sports, loisirs, arts, lettres, langue, biens culturels, qualité de l'environnement, droits de la personne.[10]

- *le comité ministériel permanent des ressources naturelles et* du développement industriel chargé « d'assurer la cohérence des politiques et des activités gouvernementales » en matière de *ressources naturelles* (exploration, mise en valeur, exploitation, production ; transformation et commercialisation dans les domaines de l'agriculture des mines et des forêts, de l'eau, de la chasse, de la pêche et des produits pétroliers), et *d'industrialisation* (développement, commerce, tourisme).[11]

- *le comité ministériel permanent de l'aménagement* du territoire chargé « d'assurer la cohérence des politiques et des activités gouvernementales dans les secteurs ci-après : structures et fonctions municipales, propriété du sol, intégrité du territoire, urbanisme, zonage, équipements collectifs (routes, ports, aéroports), acquisitions, aménagement, protection, conservation et disposition des terres du domaine public.[12] »

- *le comité de législation* chargé de « préparer à l'intention du Conseil exécutif des avis sur les implications législatives des dossiers et des mémoires qui lui sont soumis et de leurs effets sur le cycle législatif ». Il examine, en outre, les projets de loi publics lorsque ces derniers découlent d'un dossier ou d'un mémoire ayant fait l'objet d'une décision du Conseil exécutif, ainsi que les projets de loi privée lorsque ceux-ci dérogent d'une façon importante à la législation publique[13]. Enfin le comité s'assure, une fois les décisions prises par le Conseil exécutif de la cohérence législative et périodique des projets de

---

9. Faisaient partie de ce comité, les ministres de : l'Éducation, du Travail et de la Main-d'Oeuvre, de l'Immigration, des Affaires sociales, du Revenu, de l'Industrie et Commerce.

10. Faisaient partie de ce comité, les ministres de : la Justice, des Affaires culturelles, du Tourisme — chasse et pêche, responsable de l'environnement, des communications, des Consommateurs, coopératives et institutions financières, responsable du Haut-Commissariat à la Jeunesse, aux loisirs et aux sports.

11. Faisaient partie de ce comité les ministres de : l'Industrie et commerce, des Terres et Forêts, de l'Agriculture, des Richesses naturelles, et du Tourisme, chasse et pêche.

12. Faisaient partie de ce comité les ministres des Travaux publics et de l'Approvisionnement, des Terres et Forêts, de l'Agriculture, du Tourisme, chasse et pêche, des Affaires municipales, de l'Environnement, des Transports, et le ministre d'État au Conseil exécutif.

13. Faisaient partie de ce comité le ministre de la Justice (Président), le leader parlementaire du gouvernement et l'un de ses adjoints, le ministre des Finances et le solliciteur général.

loi qui en découlent.[14]

• *le comité de coordination des relations intergouvernementales* chargé d'examiner «pour avis au gouvernement, les dossiers majeurs de relations intergouvernementales et notamment les sujets suivants : les questions institutionnelles, les arrangements fiscaux, et les ententes les plus importantes impliquant le gouvernement du Québec et le gouvernement fédéral.[15]»

• *le groupe de travail sur l'administration gouvernementale chargé* 1) de procéder à un examen en profondeur des structures administratives de façon à s'assurer qu'elles continuent à remplir adéquatement les fins pour lesquelles elles ont été créées, à répondre aux besoins de la population et à offrir un mécanisme adéquat d'implantation des politiques gouvernementales. 2) de procéder à un examen continu des techniques administratives en vigueur dans l'administration gouvernementale en fonction de l'évolution des politiques gouvernementales, des structures administratives générales du gouvernement, et de l'apparition de nouvelles techniques.[16]

— *la création des comités de coordination présidés par un ministre d'État sous le gouvernement péquiste de R. Lévesque.*

Par rapport à l'introduction des comités de coordination sous les libéraux, les comités péquistes marquent deux différences principales.

Alors que les comités libéraux avaient été créés sous l'impulsion d'un administrateur, en l'occurrence M. Guy Coulombe, les comités péquistes ont été l'oeuvre du pouvoir politique et notamment du Premier Ministre R. Lévesque. Preuve de la reconnaissance par les élus de la nécessité de mieux coordonner les activités gouvernementales. Fait dont était convaincue depuis longtemps la haute-fonction publique québécoise.

D'autre part, alors que les comités libéraux étaient présidés par des ministres sectoriels, les nouveaux comités péquistes sont placés sous la responsabilité de ministres d'État. Or un ministre d'État est un ministre «sans portefeuille», débarrassé de tout souci de gestion quotidienne, à qui le premier ministre a confié la mission d'exercer en exclusivité une activité horizontale de coordination inter-ministérielle. Preuve supplémentaire de l'importance toute spéciale attachée par le nouveau gouvernement à l'activité de coordination intra-gouvernementale.

---

14. Le comité de législation considère, lorsqu'il étudie un projet de loi : l'évolution de la loi québécoise et canadienne sur le sujet, la complexité et l'ampleur du projet, sa cohérence juridique interne, la cohérence du projet avec la législation existante, et la terminologie.

15. Si la présidence et le secrétariat du comité sont animés par le ministère des Affaires intergouvernementales, le secrétaire général du Conseil exécutif est néanmoins membre de ce comité en compagnie du secrétaire du Conseil du trésor, des sous-ministres des Finances, de la Justice et le PDG de l'OPDQ.

16. Compte tenu de ce qu'il «y a lieu de tirer profit de l'expérience de certains hauts-fonctionnaires à cet égard» un groupe de travail a été constitué à ces fins de: MM. Guy Coulombe, président, Roch Bolduc, Claude Rouleau, Robert Normand, Pierre Martin, respectivement sous-ministres aux Affaires municipales, aux Transports, à la Justice, à l'Éducation, Robert Demers, président de la Commission des Valeurs mobilières, René Dussault, président de l'Office des professions, Jean-Claude Lebel, secrétaire du Conseil du trésor et Daniel Perlstein, secrétaire adjoint du CT, secrétaire du groupe de travail.

Plusieurs comités sont créés par arrêtés en conseil le 1er décembre 1976 qui tous entraînent l'accroissement parallèle du Secrétariat général du gouvernement pour deux raisons principales.[17] La première est le rôle-clé confié au secrétaire général à qui incombe la tâche d'assurer le secrétariat de tous les comités nouvellement créés. La seconde raison est l'accroissement au Secrétariat général du personnel hautement qualifié, croissance qui ment au secrétariat général du personnel hautement qualifié, croissance qui avait déjà été entamée avec la création des secrétaires généraux adjoints reliés à la naissance des comités inter-ministériels libéraux, et qui se poursuit avec l'apparition des secrétaires généraux associés rattachés fonctionnellement soit aux ministres d'État, soit directement au Premier Ministre.

Quels sont ces comités? Quel est leur mandat? Quelle est leur composition?

• *le comité des priorités*: Considéré comme un super-cabinet, il est composé du PM qui le préside, du leader parlementaire et ministre d'État à la réforme parlementaire, du ministre des Affaires intergouvernementales, du ministre des Finances et du Revenu, et des quatre ministres d'État au développement culturel, social, économique, et à l'aménagement. Le mandat de ce nouvel et très important organe est « de recommander au Conseil exécutif l'établissement des priorités du gouvernement et de s'assurer de la mise en oeuvre des priorités établies par le Conseil exécutif. »[18]

• *le comité ministériel permanent de développement social (CMPDS):*[19]

Présidé par le ministre d'État au développement social et composé des ministres du Travail et de la Main-d'Oeuvre, de l'Immigration, des Affaires sociales, de la Justice, des Consommateurs, Coopératives et Institutions financières, ainsi que du ministre délégué à l'Environnement, il a pour « mandat spécifique d'assurer la cohérence des politiques et des activités gouvernementales dans les secteurs et matières suivantes » : les questions relatives à la main-d'oeuvre, à la sécurité du revenu, à la protection du consommateur, aux droits de la personne, à l'immigration, à la démographie, à l'hygiène et à la sécurité au travail et dans les lieux publics.

Comme on peut le voir, le contenu du CMPDS est exactement le même que celui confié par les libéraux au comité des ressources humaines. Une seule différence : la question des droits de la personne qui relevait sous les libéraux, du comité de la qualité de la vie, fait maintenant aussi partie du mandat du CMPDS.

Quant à la composition elle est légèrement modifiée puisque si les ministères du Travail-Main d'Oeuvre, de l'Immigration et des Affaires sociales qui appartenaient au comité des ressources humaines continuent à participer à ce nouveau comité, par contre ceux de l'Éducation, du Revenu et de l'Industrie

---

17. Arrêtés en Conseil 4150 à 4156 du 1er décembre 1976.

18. Le Comité des Priorités ne voit pas tous les avis formulés par les Comités permanents. Il n'est saisi que des grandes questions. Dans les premiers mois de la prise du pouvoir, le Comité des priorités se réunissait très souvent. Depuis le printemps 1977 il se réunit moins fréquemment et à date très variable.

19. Ce comité permanent, comme les quatre autres qu'a créé le gouvernement péquiste, se réunit en principe tous les quinze jours.

et Commerce, en sortent et sont remplacés par ceux de la Justice, des Consommateurs, coopératives, institutions financières, et le délégué à l'Environnement.

• *le comité ministériel permanent du développement culturel (CMPDC):* Composé du ministre d'État aux Affaires culturelles qui en assume la présidence, du ministre des Affaires culturelles et ministre des Communications, du ministre délégué au Haut-Commissariat à la Jeunesse, aux Loisirs et aux Sports, ainsi que du ministre de l'Éducation, il a pour mandat «d'assurer la cohérence des politiques et des activités gouvernementales dans les secteurs et matières suivantes: l'information, les communications, les sports, les loisirs, les arts, les lettres, la langue, les biens culturels, l'enseignement collégial et universitaire, l'enseignement élémentaire et secondaire et l'éducation des adultes.

En terme de contenu, le mandat du CMPDC se rapproche très sensiblement de celui de l'ex-comité de la qualité de la vie. Simplement que certaines matières ont disparu (protection du consommateur, qualité de l'environnement, droits de la personne), tandis que d'autres y pénétraient (enseignement aux divers niveaux y compris aux adultes).

En terme de composition, certaines modifications en sont découlées. Si les Affaires culturelles, les Communications et le Haut Commissariat subsistent, les autres ministères de l'ex-comité de la qualité de la vie sont remplacés par celui de l'Éducation.

• *le comité ministériel permanent du développement économique (CMPDE):* Présidé par le ministre d'État au développement économique, il est composé en outre des ministres de l'Industrie et du Commerce, de l'Agriculture, des Richesses naturelles, des Terres et Forêts, du Tourisme-Chasse et Pêche, des Travaux publics et de l'approvisionnement, des Consommateurs, Coopératives et Institutions financières, ainsi que du ministre délégué à l'Énergie.

Son mandat est «d'assurer la cohérence des politiques et des activités gouvernementales dans les deux secteurs suivants: les ressources naturelles et leur transformation, et les questions industrielles.»

Le mandat de ce comité est identique à celui confié par les libéraux au comité des ressources naturelles. Seule l'étiquette a changé, avec la composition des membres. Outre le ministre d'État, le nouveau comité regroupe en effet trois ministres sectoriels de plus, à savoir ceux de l'Énergie, des Travaux publics et de l'approvisionnement, et des Consommateurs, Coopératives et Institutions financières. Depuis l'arrêté en conseil 2770 du 24 août 1977, un ministre supplémentaire est venu se joindre à ses collègues sur ce comité: le ministre des Transports.

• *le comité ministériel permanent de l'Aménagement, (COMPA):* Il détient, mot pour mot, le même mandat que celui confié à son prédécesseur du même nom. Le Comité a simplement un élément supplémentaire à son mandat, celui «de faire après examen, des recommandations au Conseil des Ministres, sur toute proposition visant à soustraire une partie du territoire aux mécanismes usuels d'allocation du sol».

La composition elle-même a connu peu de changements. Seules les

Richesses naturelles sont venues se joindre au groupe appartenant à l'ex-comité libéral de l'Aménagement, tandis que le ministre d'État à l'aménagement remplace l'ex-ministre d'État au Conseil exécutif.

● *le Comité de législation :* Son mandat est, lui aussi, identique à celui mis sur pied par les libéraux. Seuls plusieurs changements notables au niveau de la composition sont intervenus. Si le ministre de la Justice et le Leader parlementaire qui étaient prévus dans le comité libéral, sont aussi ceux qui composent le nouveau comité, par contre l'adjoint du Leader parlementaire, le ministre des Finances et le Solliciteur général disparaissent au profit des ministres de l'Agriculture et du Tourisme, Chasse et Pêche. C'est sans doute moins la fonction actuelle exercée par les deux titulaires de ces portefeuilles qui a justifié leur désignation au sein du comité de législation, que leur formation et leur expérience professionnelle antérieure. Le ministre de l'Agriculture Jean Garon était en effet jusqu'à son entrée au gouvernement professeur de droit (fiscal) à l'Université Laval, et Yves Duhaime avocat au barreau de la province de Québec.

Depuis l'arrêté en conseil 2771 du 24 août 1977, trois autres ministres sont venus pour des raisons plus directement liées à leurs responsabilités gouvernementales, s'ajouter à l'équipe ci-dessus. Il s'agit des ministres d'État au développement social et économique et du ministre de la Fonction publique.

On voit donc qu'en dehors des principaux changements déjà signalés — création de ministres d'États sans portefeuille et du Comité des priorités — l'ensemble des autres comités créés par le nouveau gouvernement n'a connu au plan du contenu comme de la composition que des modifications somme toute d'assez faible importance.[20]

Plus notables seront, on le verra, les conséquences de la création des postes de ministres d'État et de secrétaires généraux associés, aux ministres d'État et au Premier ministre. Ce qui nous amène à examiner l'organisation actuelle du Secrétariat général du Conseil exécutif.

---

20. Outre des comités permanents, le gouvernement peut aussi créer des comités ministériels temporaires. L'arrêté en Conseil 4150-76 stipule en ces termes les conditions, le mandat et la composition de ces comités « ad hoc ».
   a) Le gouvernement peut créer des comités temporaires lorsque :
      — un *dossier* ou un *mémoire* implique un ou des éléments de coordination des activités gouvernementales ;
      — sauf exception, le sujet ou la question traité ne relève pas de l'aire de coordination d'un comité existant ;
      — le Conseil juge opportun, compte tenu de l'évolution des problèmes de la société, d'obtenir dans un délai qu'il détermine, des recommandations sur un sujet ou une question spécifique, et
      — l'importance ou la complexité du sujet du *dossier* ou du *mémoire* est telle qu'elle nécessite pour son étude la réunion d'un groupe de ministres ;
   b) Le gouvernement détermine le mandat spécifique des comités temporaires ;
   c) Les comités temporaires sont composés des membres du Conseil désignés par le gouvernement ;
   Tout membre du Conseil exécutif peut, à sa demande ou à celle d'un comité, participer, sur une question spécifique, aux travaux de ce comité.

2) Une organisation de type « boîte de transmissions » située à la frontière du politique et de l'administratif.

Cette caractéristique première du Secrétariat général saute aux yeux lorsqu'on examine les structures, le personnel, le budget ou les processus internes de prises de décision.

TABLEAU XVII

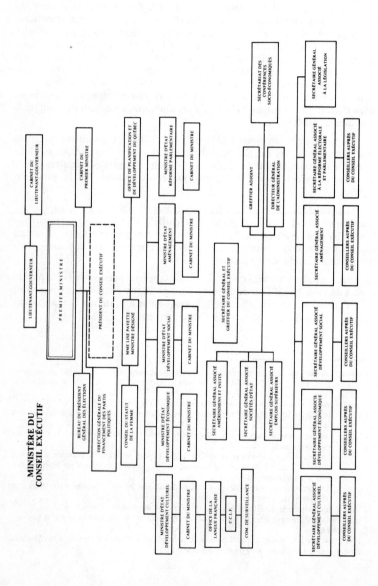

— une structure complexe

Il faut distinguer nettement trois structures principales, même si elles relèvent toutes d'une seule et même autorité : celle du Premier ministre. En effet, il faut préciser les termes de ministère du Conseil exécutif, de cabinet du Premier ministre et de Conseil exécutif.

TABLEAU XVIII

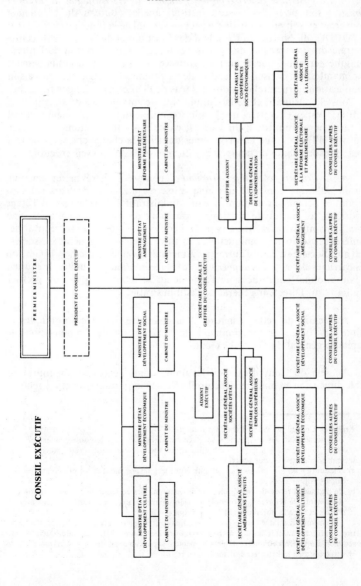

Comme en fait état l'organigramme, le ministère du Conseil exécutif recouvre en réalité trois séries d'organismes.

• *Le cabinet ou bureau du Premier ministre* qui constitue la «boîte» politique attachée à la personne même du chef du gouvernement.

• *Un ensemble hétérogène d'organismes divers rattachés au Premier ministre,* soit pour des raisons institutionnelles (Bureau du Lieutenant Gouverneur), soit en raison de l'aspect horizontal de la fonction exercée (cas de l'OPDQ, du bureau du Président des Élections et de la récente direction générale du financement des partis politiques), soit en raison de l'intérêt politique personnel que le chef du gouvernement a entendu publiquement leur manifester (Conseil du statut de la femme, CPDQ), soit en raison d'implications structurelles indirectes (cas de l'Office de la langue française, du Conseil consultatif et de la Commission de surveillance découlant de la loi 101). C'est en effet parce que le ministre d'État au développement culturel est rattaché au ministère du Conseil exécutif — tout comme les autres ministres d'État — que les organismes dont il a la charge entrent, une fois créés, dans le champ de compétence du ministère du Conseil exécutif.

• *Le Conseil exécutif proprement dit* composé, lui, très nettement, d'un niveau politique constitué des cinq ministres d'État et de leurs cabinets politiques personnels et d'un niveau administratif à deux étages. À l'étage supérieur, les postes de secrétaires généraux associés à chacun des cinq précédents ministres d'État auxquels il convient d'ajouter le secrétariat des conférences socio-économiques et trois autres secrétaires généraux associés : l'un aux Sociétés d'État, l'autre aux Amérindiens et le troisième à la Gestion des carrières des emplois supérieurs. À l'étage inférieur, les unités de soutien organisationnel constituées de l'adjoint au secrétaire général, du greffier adjoint et du Directeur général de l'administration.

Au centre de cette structure, à la charnière des volets politiques et administratifs le 1er fonctionnaire de l'État, pivot de l'organisation : le secrétaire général du Conseil exécutif.

Au sein du Conseil exécutif les unités administratives sont toutes de faible dimension en matière structurelle. Seule l'importante direction généra-

---

21. Arrêté en Conseil no 3968-77 du 23 novembre 1977.
   Le secrétariat des conférences socio-économiques créé par le gouvernement afin de favoriser la concertation entre l'État et les agents socio-économiques (patronat, syndicats, secteur coopératif) a pour fonctions :
   a) d'identifier les conditions du dialogue entre le gouvernement et les principaux agents socio-économiques et
   b) de réaliser la tenue de conférences socio-économiques en assurant la coordination des documents de réflexion, le déroulement des délibérations, les communications avec la Presse et avec la population et la logistique ;
   Il est constitué d'une équipe multi-disciplinaire dirigée par un conseiller-cadre, assisté de trois (3) fonctionnaires et du personnel de soutien nécessaire. Cette unité administrative est semble-t-il appelée à connaître un développement rapide au cours des prochains mois, si l'on en croit certains milieux généralement bien informés.

le de l'administration chargée de la gestion interne et du soutien administratif tranche par sa relative complexité.

L'organigramme de cette direction sur la responsabilité de M. Roch Pérusse laisse voir trois services principaux :

Le service des ressources financières chargé de la gestion des budgets et de la tenue des livres comptables du seul Conseil exécutif. En effet, les unités autonomes fonctionnellement rattachées au ministère du Conseil exécutif (CSF, OPDQ, CPDQ, Office de la langue française, etc...) sont aussi autonomes financièrement et ont leurs propres services financiers dont sont responsables leurs sous-chefs respectifs car, traditionnellement, les sous-chefs sont responsables de l'usage des deniers publics.[22]

Le service des ressources humaines par contre, agit comme service du personnel, non seulement pour le Conseil exécutif, mais aussi pour l'ensemble du ministère du Conseil exécutif. Ceci dans un souci de coordination et de rationalisation des deniers publics. Ce qui fait que contrairement aux directions de personnel des ministères où le directeur de service a affaire à un seul sous-chef, ici la direction des ressources humaines a affaire à de très nombreux sous-chefs (le chef de cabinet du P.M., le secrétaire général du Conseil exécutif, le juge responsable du Bureau des Élections, la présidente du Conseil du statut de la femme, le PDG de l'OPDQ, le secrétaire du CPDQ, les responsables de l'OLF, du CCLF et de la CSLF...). On voit que même les unités très autonomes comme le Bureau des Élections et la Direction du financement des partis politiques font appel au rôle d'expertise, de conseil et de services que leur offre la direction des ressources humaines du Secrétariat du Conseil exécutif.

Le service des ressources physiques et de soutien administratif chargé de la gestion du matériel, de l'accueil et des messagers (courrier).

C'est la Direction générale de l'administration qui assure la gestion financière, physique et humaine tout à la fois du cabinet du PM, et de ceux des ministres d'État, du secrétariat général et du greffe, ainsi que des projets spéciaux. Entrent dans cette dernière catégorie certaines structures temporaires ou d'urgence telles que: la commission d'enquête Malouf sur les J.-O., la commission Martin-Grant-Bouchard sur les négociations dans les secteurs publics et para-publics, le service d'administration des fonds d'aide aux sinistrés en cas d'innondations etc.

— *un personnel relativement peu nombreux mais doté d'un haut-niveau d'expertise*

Le Ministère du Conseil exécutif dans son ensemble groupe au total quelque 807 postes autorisés, le Conseil exécutif, lui, en dispose de 298 dont 23 sont encore vacants.

---

22. Précisons que le contrôle sur les dépenses n'est qu'un contrôle de régularité, non d'opportunité.

Sur ces 298 postes : 91 sont réservés à des cadres, 9 à des ACS, 31 à des professionnels et 167 à des fonctionnaires subalternes. Soit un pourcentage de cadres supérieurs de l'ordre de 1/3. Taux considérablement plus élevé que partout ailleurs dans les ministères québécois et très caractéristique du haut niveau de qualification du personnel à l'emploi du Conseil Exécutif.

Un examen détaillé des curriculum vitae des douze plus importants hauts fonctionnaires du Secrétariat général du conseil exécutif confirme sans peine la précédente tendance. Le haut niveau d'expertise atteint par les grands mandarins apparaît très vite à l'analyse des critères académiques et professionnels.

Plus de 90% d'entre eux, soit 11 sur 12 détiennent un diplôme de niveau supérieur au baccalauréat[23]. En effet, deux personnes détiennent deux baccalauréats spécialisés, quatre ont une maîtrise avec thèse complétée ou une scolarité de maîtrise sans thèse, un cumule deux maîtrises et quatre ont une scolarité de doctorat ou un doctorat complété.

Ce haut niveau de scolarité a souvent été pris dans deux disciplines connexes. Les principales études effectuées par les douze principaux technocrates du Conseil exécutif sont dans les domaines ci-après : Droit (4), Sciences économiques (3), Sciences administratives (5 dont 3 à l'E.N.A. de Paris), Lettres et Philosophie (2), Sociologie (2), Relations industrielles (1), Foresterie (1). Quatre d'entre eux sont aussi passés par les forces armées canadiennes (deux par la royal navy, et deux autres par les forces terrestres).

Sur le plan professionnel, l'expérience des hauts-fonctionnaires est loin d'être, elle aussi, négligeable. Âgés en moyenne de 44 ans et demi, ils ont presque tous acquis au préalable une longue et solide expérience dans la fonction publique ou para-publique, fédérale ou provinciale, la moitié d'entre eux a, en outre, une bonne connaissance du secteur privé pour y avoir exercé des responsabilités souvent importantes.

Comparativement aux secrétaires particuliers du cabinet du PM — fut-ce la promotion améliorée du nouveau gouvernement — les qualifications tant académiques que professionnelles des hauts-fonctionnaires du Conseil exécutif placent ces derniers à un niveau nettement supérieur.

Rien d'étonnant dès lors si, ici aussi, tout comme à l'extérieur des autres ministères, le poids de la haute fonction publique dans la prise de décision gouvernementale se fait fortement sentir.

Signalons toutefois qu'en raison de la politisation très forte des emplois à ce niveau et de la vague de nominations effectuées par le Premier ministre depuis son arrivée au pouvoir, le gouvernement actuel n'a guère de raison de se méfier, ni de craindre l'autorité fonctionnelle exercée par les hauts fonctionnaires du Conseil exécutif.

---

23. Ce chiffre serait de 12 sur 12 si l'on rangeait dans la catégorie des « maîtrises » la scolarité du Barreau et la réussite à ce concours professionnel.

En effet, à l'exception de MM. Guy Coulombe et de Florian Rompré pour les postes-clé et de MM. Vaillancourt (greffier adjoint), Noël de Tilly (adjoint au secrétaire général) et Roch Pérusse (directeur de l'administration) pour les postes de niveau intermédiaire, la quasi-totalité des postes de secrétaires généraux associés ont été confiés ces derniers mois à des hommes nommés par l'actuel gouvernement.[24] Deux d'entre eux, en outre, sont des amis politiques du Parti québécois ou du Premier ministre lui-même depuis de longue date. Il suffit de citer les noms de MM. Louis Bernard et Éric Gourdeau pour en être convaincu.

— *Un budget relativement peu élevé traduisant mal l'importance réelle du secrétariat général du Conseil exécutif.*

Pour l'année 1977-78 et vraisemblablement pour l'année 1978-79 aussi, le budget global du ministère du Conseil exécutif était de l'ordre de \$50 millions.

Pour l'année 1977-1978, le budget du Conseil exécutif était lui de l'ordre de \$7,194,800 soit une augmentation de \$1,000,000 par rapport à l'année précédente.

Ce sont d'ailleurs les services administratifs du Conseil qui ont été les principaux bénéficiaires de cet accroissement budgétaire, tandis que les services politiques enregistraient, pour leur part, une baisse sensible.

En effet, alors que la masse budgétaire consacrée aux cabinets du PM et à ceux des ministres d'État tombait de \$3,231,700 à seulement \$2,650,800 entre 1976-77 et 1977-78, les montants budgétaires consacrés au Secrétariat général et au greffe du Conseil exécutif passaient eux, durant la même période, de \$1,832,600 à \$2,904,300. Il en était de même pour les services de gestion interne et de soutien administratif de M. Roch Pérusse, lesquels voyaient leur budget s'élever de \$1,130,600 à \$1,639,700.

Dû principalement à l'arrivée au secrétariat général de nouveaux hauts-fonctionnaires, d'un « pool » plus étoffé de professionnels de niveau élevé et des services de soutien nécessaires à leur travail, ce grossissement budgétaire est en soi symptômatique de l'accroissement du rôle du secrétariat général du gouvernement.

Cet accroissement budgétaire de près de 17% confine toutefois le Conseil exécutif parmi les boîtes administratives aux budgets les plus réduits. Ce qui évidemment traduit très mal la place réelle occupée, en matière de prise de décision, par le secrétariat général du gouvernement.

— *Des processus internes rationalisés aboutissant à rallonger les délais décisionnels mais dans le but d'améliorer la qualité des politiques gouvernementales.*

Le temps où les ministres se présentaient au Conseil, leurs dossiers personnels sous le bras, dans le but de faire adopter telle ou telle décision, sans

---

24. Il est vrai toutefois qu'il pouvait difficilement en être autrement, étant donné qu'il s'agissait là de postes nouveaux.

CONSEIL EXÉCUTIF[25]

Programme 3

Organismes-conseils auprès du Premier Ministre et du Conseil exécutif

Ce programme vise à fournir au Premier Ministre et au Conseil exécutif les ressources humaines et techniques requises dans l'accomplissement de leurs fonctions.

Éléments	1976-1977	1977-78
1.	$	$
Cabinet du Premier ministre et bureaux des ministres d'État	3,231,700	2,650,800
2.		
Secrétariat général et greffe du Conseil exécutif	1,832,600	2,904,300
3.		
Gestion interne et soutien administratif	1,130,600	1,639,700
Crédits à voter	6,194,900	7,194,800

TABLEAU XIX

que leurs collègues en aient été préalablement avertis, au risque de bousculer l'ordre du jour, lorsqu'il en existait un bien entendu, est maintenant révolu.

Au désordre «bon enfant» des années antérieures à la création du secrétariat général, a été substitué un processus ordonné et rationalisé, indispensable à une prise de décision améliorée.

Dès 1970 le Secrétariat général fait adopter par le Conseil des Ministres un ensemble de «règles relatives à la présentation des sujets devant être soumis au Conseil des Ministres pour décision»[26]. À quelques détails près ce document est repris le 10 septembre 1975 dans un arrêté en conseil no 4100 concernant «l'organisation et le fonctionnement du Conseil Exécutif». Le même jour est adopté aussi un arrêté en Conseil no 4105 concernant le rôle du Comité de législation.

Ce sont ces deux textes, adoptés pour répondre aux changements découlant de la création d'un Comité de Priorités et de ministres d'État, que le gouvernement péquiste a de nouveau adopté le 1er décembre 1976[27]. À eux deux, ils permettent de préciser le rôle du secrétariat général et de décrire

---

25. Sources: Direction de l'Administration du secrétariat général du conseil exécutif.

26. Cf. les grandes lignes de la procédure approuvée par le Conseil des Ministres le 30 septembre 1970, communiquées à chaque sous-ministre le 20 novembre 1970 et mises noir sur blanc le 22 mars 1971 au Secrétariat Général du Conseil exécutif par M. Julien Chouinard ; 5 p. plus annexes.

27. Arrêtés en Conseil no 4150-76 (concernant l'organisation et le fonctionnement du Conseil Exécutif) et 4156-76 (concernant le Comité de Législation).

l'ensemble des processus requis pour faire prendre une décision au Conseil des Ministres.

Trois questions principales sont examinées et réglées par ces textes : quelles sont les matières traitées au Conseil des Ministres et selon quelles procédures ? Quel est le rôle du secrétariat général en ces matières ? Quel est le rôle du Comité de législation ?

- *Les trois matières traitées au Conseil des Ministres.*

Le Conseil des Ministres examine trois catégories de documents : les dossiers, les mémoires, et les projets d'arrêtés en conseil.

« — le *dossier* est un document d'orientation ou de politique, préparé par un membre du Conseil exécutif portant sur une question ayant des implications multisectorielles, nécessitant la concertation des ministres responsables des secteurs concernés ou au sujet de laquelle une décision peut entraîner des conséquences dans l'aire de responsabilités de plus d'un ministre ;

— le *mémoire* est un document préparé par un membre du Conseil exécutif sur une question reliée directement à un secteur d'activités spécifiques tombant sous sa responsabilité et au sujet de laquelle une décision n'entraîne pas de conséquences dans les aires de responsabilités des divers comités ministériels ;

— le *projet d'arrêté en conseil* est un document, préparé par un membre du Conseil exécutif, généralement pour donner suite aux prescriptions de la loi ou d'un règlement. »

- *Les trois cheminements adoptés par l'examen des dossiers, des mémoires et des projets d'arrêtés en conseil.*

A) *Cheminement d'un dossier*

    a) Le *dossier* est transmis au Secrétariat général par le membre du Conseil exécutif qui en est l'auteur ;

    b) Le Secrétariat général dépose le dossier au comité concerné ;

    c) Le Secrétariat général fait parvenir, en leur indiquant la date prévue d'examen du *dossier* par le comité, une copie du *dossier* à l'un ou plusieurs des organismes suivants : le Conseil du trésor, le ministère des Affaires intergouvernementales, l'Office de planification et de développement du Québec, le Comité de législation ;

    d) L'avis de ces organismes est acheminé au comité devant lequel le *dossier* a été déposé ;

    e) Le *dossier,* auquel sont jointes les recommandations du comité, est soumis au Conseil exécutif, pour décision, par le ministre qui en est l'auteur ;

B) *Cheminement d'un mémoire*

    a) Le *mémoire* est transmis au Secrétariat général par le membre du Conseil exécutif qui en est l'auteur.

b) Le Secrétariat général traite le *mémoire* de l'une ou l'autre des façons suivantes :
— il l'achemine directement au Conseil exécutif ;
— il le transmet à un comité permanent ou à un comité temporaire et il informe alors le membre du Conseil exécutif que son *mémoire* a été transformé en *dossier ;*
— il le fait parvenir pour avis, avant de l'acheminer au Conseil exécutif, à l'un ou plusieurs des organismes suivants : le Conseil du trésor, le ministère des Affaires intergouvernementales, l'Office de planification et de développement du Québec, le Comité de législation.

C) *Cheminement d'un projet d'arrêté en conseil*

a) Le *projet d'arrêté en conseil* est transmis au Secrétariat général par le membre du Conseil exécutif qui en est l'auteur ;

b) Le Secrétariat général traite le *projet d'arrêté en conseil* de l'une ou l'autre des façons suivantes après s'être assuré de sa légalité :
— il l'achemine directement au Conseil exécutif ;
— il le transmet, avant de l'acheminer au Conseil exécutif, en leur demandant leur avis, aux organismes ou comités appropriés. »

Dossiers et mémoires doivent toutefois respecter certaines règles de forme et de contenu. D'ailleurs, dans un but d'uniformisation, de clarification, et d'économie de temps, le secrétariat général a élaboré certains principes directeurs de présentation de ces documents que les ministres sont fortement invités à respecter. C'est l'annexe «A» de l'arrêté en Conseil pré-cité qui stipule les règles très précises que voici :

1) En matière de FORME

«L'exposé essentiel d'un *dossier* ou d'un *mémoire* doit être aussi succinct que possible et, de préférence, ne pas dépasser trois pages.[28]

S'il doit occuper plus de trois pages, il faut en présenter un résumé sur une feuille distincte. Ce résumé doit comporter, à l'en-tête, le titre du *dossier* ou du *mémoire* suivi du sous-titre «SOMMAIRE» et doit être joint au *dossier* ou au *mémoire* de façon à en constituer la couverture.

Si l'addition de documents explicatifs est jugée nécessaire, ceux-ci doivent être joints aux *dossiers* ou *mémoires* sous forme d'annexes et, au besoin, d'appendices.

Le *mémoire* ou le *dossier* est transmis au Conseil exécutif en 35 exemplaires, sur du papier de format 8½ × 14. L'original est signé par le ministre qui le soumet. »

2) En matière de CONTENU

«Le *dossier* ou le *mémoire* doit comporter les parties suivantes :

---

28. Il est souvent long d'une vingtaine de pages environ. Mais c'est assez variable en pratique.

a) *exposé de la situation*

il décrit le problème dans toutes ses dimensions d'une manière à la fois claire et concise, en soulignant l'urgence si elle existe; il fait état de toute décision antérieure qui aurait pu être prise par le Conseil exécutif sur le sujet;

b) *lois existantes*

il indique, le cas échéant, sous l'autorité de quelles lois sont proposées des solutions ou quelles sont les failles dans les lois existantes;

c) *solutions possibles*

il analyse systématiquement les diverses solutions en soulignant la valeur respective de chacune;

d) *avantages et inconvénients de chacune*

il expose tous les facteurs susceptibles d'éclairer le problème ou les solutions, faisant ressortir les avantages et les inconvénients administratifs, financiers ou autres;

e) *implications financières*

il estime le coût de la solution proposée pour l'année financière en cours et les quatre années suivantes, s'il y a lieu, soulignant s'il y a eu ou non consultation et approbation du Conseil du trésor ou du ministère des Finances;

f) *relations intergouvernementales*

le *dossier* indique les répercussions possibles des mesures envisagées sur les relations intergouvernementales et l'opportunité des consultations intergouvernementales;

g) *consultation entre ministères*

le *dossier* ou le *mémoire* indique si les mesures proposées affectent d'autres ministères ou organismes du gouvernement.

Dans l'affirmative, si des échanges de vues ont eu lieu, il décrit les résultats de la consultation interministérielle;[29]

h) *recommandations du ministre*

il se termine par un paragraphe distinct comprenant un résumé des recommandations qui nécessitent l'approbation du Conseil.

Ce paragraphe doit être suffisamment précis pour n'exiger aucun renvoi au texte du dossier. Il ne doit comporter ni argument, ni preuve, mais se limiter aux mesures recommandées.

---

29. Un récent arrêté en conseil no 1277-78 du 26 avril 1978 transforme le paragraphe « h » en un paragraphe « i » et insère un nouveau paragraphe « h » intitulé « consultation et information » dont le contenu est le suivant :

« Il identifie les clientèles visées, de même que les groupes qui sont susceptibles d'appuyer la solution proposée ou de s'y opposer, en faisant état de la consultation qui a eu lieu ou qui doit avoir lieu et des mesures suggérées pour informer la population de la nature et de l'objet de la décision gouvernementale. »

En fait, le texte des recommandations doit se rapprocher le plus possible du texte de la décision que le Conseil doit prendre. Il doit spécifier la nature exacte de l'autorisation requise, les mesures proposées et le laps de temps à considérer. »

● *Le rôle-clé du secrétariat général en ces matières*

Deux aspects du secrétariat général doivent ressortir de l'examen de son rôle. L'aspect « fonctionnement » d'une part et l'aspect « responsabilités » d'autre part.

● *Les 9 règles de fonctionnement du secrétariat général*

« 1. Le Conseil exécutif se réunit sur convocation du président ;

2. Le quorum du Conseil exécutif est de cinq (5) membres, dont le président ;

3. Sauf avis contraire, le Conseil exécutif tient une séance régulière par semaine, le mercredi ;

4. L'ordre du jour des séances du Conseil est arrêté par le président. Cet ordre du jour est généralement composé de trois parties : les *dossiers*, les *mémoires*, et les *projets d'arrêtés en conseil* ;

5. Ne peuvent être inscrits à l'ordre du jour d'une séance un *dossier, un mémoire ou un projet d'arrêté en conseil* qui ne sont pas parvenus, dans la forme prescrite, au Secrétariat général, trois jours ouvrables précédant cette séance ;

6. L'ordre du jour d'une séance régulière est adressé aux ministres par le Secrétariat général deux jours ouvrables précédant cette séance ;

7. Après chaque séance du Conseil exécutif, le Secrétaire général prépare, pour la signature du Premier ministre, un mémoire des délibérations qui y ont été tenues ;

8. Les séances du Conseil exécutif se tiennent à huis clos et ses délibérations sont secrètes ;

9. Le Secrétaire général confirme par écrit aux ministres concernés les décisions prises par le Conseil exécutif. »

● *Les 6 responsabilités majeures du secrétariat général*

« Sous la responsabilité du Secrétaire général, le Secrétariat général :

a) assure la liaison entre le Conseil exécutif, les comités, les ministères et les organismes ;

b) assure le secrétariat du Conseil exécutif et de ses comités ;

c) veille, en étroite collaboration avec les membres du Conseil exécutif qui les président, à ce que les comités fonctionnent régulièrement ;

d) voit à la préparation du projet d'ordre du jour des séances du Conseil des ministres et des comités ;

e) voit à ce que l'examen et l'analyse des *dossiers*, des *mémoires et des projets d'arrêtés en conseil* soient effectués avant d'être soumis au Conseil exécutif ;

f) s'assure du suivi des décisions du Conseil exécutif.»

• *Le rôle important de conseiller juridique joué par le Comité de législation*[30]

Deux points doivent être examinés : d'une part le mandat du comité, d'autre part la place occupée par le comité dans le cheminement des projets de loi et de règlements.

• *Le mandat du Comité de législation. Une fonction d'aviseur légal :*

«Le comité prépare à l'intention du Conseil exécutif des avis sur les implications législatives des *dossiers* et des *mémoires* qui lui sont soumis et leurs effets sur le cycle législatif.

Les projets de loi publics sont obligatoirement soumis au comité ; les projets de loi privés le sont dans la mesure où ils dérogent d'une façon importante à la législation publique.[31]

Un projet de loi public n'est examiné par le Comité de législation que s'il découle d'un *dossier ou d'un mémoire* ayant fait l'objet d'une décision du Conseil exécutif suivant les modalités prévues.

Le Comité de législation considère, lorsqu'il étudie un projet de loi :
—l'évolution de la loi québécoise et canadienne sur le sujet traité par le projet ;
— la complexité et l'ampleur du projet ;
— la cohérence juridique interne du projet ;
— la cohérence du projet avec la législation existante ;
— la terminologie.[32]»

• *Une fonction de planificateur du programme législatif gouvernemental :*

«Le comité recommande au Conseil exécutif, avant chaque session de la Législature et avant chaque reprise, une liste des projets de loi à être présentés à la Législature.

Le programme législatif indique les projets de loi qui, pour des motifs sociaux, économiques ou juridiques, doivent être soumis sans délai à l'Assemblée nationale et, parmi les autres projets, établit un ordre de priorité.

---

30. Les cinq ministres membres du Comité de législation s'appuient sur un «staff» administratif constitué d'une petite équipe de légistes à la tête desquels se trouvait au moment de l'étude, M. Jules Brière, à titre de contractuel. Ce service devrait passer de quatre à six juristes au courant de 1978.

31. Les projets de loi sont élaborés dans les ministères sectoriels par les services du contentieux de façon, entre autres, à éviter une duplication du travail entre les ministères et le Conseil exécutif. Il est question d'ouvrir en 1978 une quinzaine de postes supplémentaires pour des avocats spécialisés en matière de législation, au ministère de la Justice, afin de permettre aux ministères de produire des textes juridiques de bonne qualité. Les ministères envoient ces projets au secrétariat du Comité de législation qui les analyse et les discute avec les ministères concernés avant de les transmettre au Comité de législation proprement dit.

32. Le Comité de législation, en pratique, analyse principalement les points d'ordre juridique qui causent des cas-problèmes et qui lui sont soumis par le secrétariat du Comité de législation.

Chaque ministère fait parvenir ses projets de loi au secrétariat général au moins trente (30) jours avant l'ouverture de la session ou la reprise des travaux de l'Assemblée.[33]

Le Comité ne prend connaissance d'un projet de loi reçu après le délai ultime que sur l'ordre du Premier ministre ou du président du Comité de législation. »

Une fonction de contrôle de la conformité des textes législatifs avec les décisions prises par le Conseil des Ministres.

« Le Comité s'assure, une fois les décisions prises par le Conseil exécutif, de la cohérence législative et juridique des projets de loi qui en découlent. »

Une fonction normative

« Le comité de législation peut émettre des directives sur les règles à suivre dans la rédaction des projets de loi et de règlement ».

• *La place occupée par le Comité dans le cheminement des projets de loi et de règlements.*

Vis-à-vis des projets de loi : les quatre règles de base suivantes s'appliquent :

« Dès que le Comité de législation a terminé l'étude d'un projet de loi, le secrétaire du comité le transmet au service de la législation chargé d'en assurer la traduction et l'impression.

Un projet de loi ministériel n'est imprimé qu'avec l'approbation écrite du Premier ministre ou du Leader parlementaire du gouvernement.

Aucun avis concernant un projet de loi ministériel ne peut être mis au feuilleton sans l'approbation écrite du Leader parlementaire du gouvernement.

À la prorogation ou à l'ajournement de la session, le Secrétariat général prépare une liste des dispositions à prendre pour donner effet à la législation adoptée. »

Vis-à-vis des projets de règlements : l'intervention du Bureau de la législation déléguée.

Un service du ministère de la Justice, appelé « bureau de la législation déléguée » est chargé :

a) d'examiner les projets de règlements ;

---

33. Les projets de loi adressés par le Comité de Législation, à l'Assemblée nationale font l'objet d'une révision par le service de l'éditing du Parlement, sous la responsabilité du greffier en loi. Ce n'est qu'ensuite que le ministre concerné pourra faire inscrire son projet de loi dans le feuilleton de l'Assemblée nationale pour discussion en chambre. Le Comité de Législation intervient encore sur le contenu du projet pendant qu'il est discuté à l'Assemblée nationale (1ère lecture, commission parlementaire, seconde lecture et amendements soumis au Comité de Législation, etc...). S'il y a, non de simples amendements, mais de vastes changements, le projet dans son ensemble est renvoyé au conseil des ministres et doit repasser par toutes les étapes précédentes.

b) de vérifier leur légalité ;

c) de s'assurer qu'ils répondent exactement au but recherché ;

d) de veiller à leur cohérence interne et à leur cohérence avec la législation existante ;

e) de voir à ce qu'ils soient convenablement rédigés.

Les projets de règlement doivent être transmis au Bureau de la législation déléguée au moins quinze (15) jours avant la date prévue pour leur adoption.

Dès qu'il a terminé l'examen d'un projet de règlement, le bureau le fait parvenir au Secrétariat général et l'accompagne, s'il y a lieu, de ses commentaires.

Le secrétaire général transmet le projet au Conseil exécutif pour décision ou, s'il le juge opportun, le soumet au Comité de législation.

Le projet d'arrêté en conseil concernant un règlement ne comporte que les motifs présidant à son adoption et la disposition adoptant le règlement.

Le texte d'un projet de règlement ne doit pas se retrouver dans le projet d'arrêté en conseil qui l'adopte, mais dans un document séparé qui y est annexé.

Le règlement mentionne, au début, la disposition législative habilitante.

Les dispositions concernant l'entrée en vigueur du règlement se retrouvent dans le texte même du règlement, à la fin, et non dans l'arrêté en conseil.

B) LES PRINCIPAUX ROUAGES DU SECRÉTARIAT GÉNÉRAL OU LES GRANDS MANDARINS DU RÉGIME DANS L'ANTICHAMBRE DU CONSEIL DES MINISTRES.

Les principaux rouages du secrétariat général sont au nombre de trois : le secrétaire général, ses deux adjoints et les secrétaires généraux associés.

1) Le secrétaire général du Conseil exécutif : premier fonctionnaire de l'État grâce à sa position stratégique à l'intérieur de l'appareil politico-administratif.

Il ne faut pas se fonder sur le nombre ou la longueur des articles de lois consacrés au secrétaire général pour conclure en l'importance de la fonction.

En effet, les textes de lois en la matière sont plutôt laconiques.

La loi du ministère du conseil exécutif[34] dans son article 1 alinéa 2 stipule simplement que « les officiers de ce ministère sont le secrétaire général du conseil exécutif ci-après appelé le sous-ministre, un greffier et autant d'employés qu'il est nécessaire pour le bon fonctionnement du ministère ».

Quant à la loi de l'exécutif[35] elle est à peine plus bavarde. L'article 7a)

---

34. Chapitre 16, statuts refondus 1964, modifié par le projet de loi 51 du 10 août 1977.
35. Statuts refondus, 1964, chapitre 9 modifié par le chapitre 7 des lois de 1976.

stipule simplement que « le Conseil exécutif est assisté, dans l'exécution de ses fonctions, d'un fonctionnaire désigné sous le titre de secrétaire général ».

Quant à l'alinéa suivant, à propos des pouvoirs dudit secrétaire général, il se contente d'indiquer de façon très large que celui-ci « exerce à l'égard des fonctionnaires et employés du secrétariat qu'il dirige, les pouvoirs que la loi de la fonction publique (1965, chapitre 14), attribue au sous-chef d'un ministre ». Ce qui, en fait, ne nous apprend pas grand chose de plus, car il n'y a là rien que de très normal.

Et c'est tout.

L'autorité de secrétaire général découle donc principalement de sa position privilégiée au sommet de la pyramide administrative, dans l'antichambre du Premier ministre[36] et à l'intérieur des divers comités permanents ou temporaires créés par le gouvernement, ainsi qu'à l'intérieur du Conseil des Ministres.

Pivot essentiel d'un système de transmission où s'enclenchent les principaux rouages budgétaire (Conseil du trésor), législatif (Assemblée nationale), administratif (les ministères) et gouvernemental (le conseil des ministres, les comités, le Comité des priorités), le secrétaire général est au centre de ces divers réseaux d'informations et au coeur de la décision.

Il est, par là même, le seul haut-fonctionnaire à pouvoir le mieux réaliser la synthèse des informations qui affluent au secrétariat général.

Sa vision est plus large que celle des sous-ministres dans les ministères sectoriels, et plus étendue que celle des secrétaires généraux associés dont l'optique inter-ministérielle s'arrête forcément aux limites des champs de compétence de leurs Comités permanents.

Enfin, il est le seul haut-fonctionnaire à pouvoir participer à tous les comités, y compris le Comité des priorités et au Conseil des ministres[37]. Tandis que les secrétaires généraux associés ne sont jamais présents lors des réunions de ces deux très importants organes. Sinon dans des cas sporadiques et limités uniquement à l'examen d'un point particulier de l'ordre du jour.

On peut donc dire que par delà les qualités personnelles de l'homme, son autorité repose principalement sur sa position et sur l'expertise qu'elle lui confère. C'est dire aussi combien l'autorité de la fonction s'appuie sur le concept d'*Expertise Stratégique,* et non sur un quelconque pouvoir juridique que lui conféreraient des textes somme toute assez timides et peu loquaces.

2) Les deux adjoints du secrétaire général.

Ce sont : le greffier adjoint et l'adjoint exécutif.

---

36. Situé à l'étage en-dessous du Bureau de Premier Ministre, le bureau du Secrétaire général est relié directement et discrètement au Bureau du PM par un petit escalier interne. D'autre part 95% des communications entre le cabinet du PM et les services du Secrétariat général passent par le secrétaire général lui-même.

37. Au Conseil des ministres assiste à vrai dire aussi un autre fonctionnaire mais à titre d'adjoint au secrétaire général. Cf. sur ce sujet les fonctions de M. Noël de Tilly.

a) *le greffier adjoint :* La partie « greffe » du Conseil exécutif aurait dû disparaître en 1968 avec la création du secrétariat général, et le titre de greffier aboli. Il n'en a rien été et jusqu'en décembre 1976 le poste de greffier a conféré à son titulaire le titre de sous-ministre du ministère du Conseil exécutif. Or, comme le secrétaire général et le greffier n'étaient qu'une seule et même personne coiffée de deux casquettes différentes, Julien Chouinard, puis Guy Coulombe furent tour à tour les deux seuls hauts fonctionnaires de l'État à être deux fois sous-ministres en même temps. Une fois à titre de greffier, et une autre fois à titre de secrétaire général.

La réforme de décembre 1976 au transférant le titre de sous-ministre sur les seules épaules de secrétaire général a supprimé la dualité des grades mais a maintenu la dualité des fonctions puisque le secrétaire général continue à être, en même temps, le greffier du Conseil exécutif sous les ordres du premier, c'est-à-dire, en pratique, de lui-même.

C'est, comme on peut le constater, une situation administrative à la fois simple et compliquée, découlant de l'empirisme qui accompagna ces deux fonctions, tout au long de leur croissance.

Ce terme « croissance » exige ici une mise au point. En effet, si en quantité la charge de travail du greffier s'est accrue au fil des années à cause du gonflement de l'appareil administratif et de la « production juridique » gouvernementale, en intérêt, elle a gonflé considérablement moins vite que celle du secrétaire général.

D'ailleurs, tant l'accroissement de la masse de «papiers officiels» issus du Conseil des Ministres que la réduction très nette de la fonction de greffier par rapport à celle de secrétaire général ont amené assez rapidement le secrétaire général, surtout le non-juriste Guy Coulombe, à se décharger sur un greffier adjoint de ses tâches de greffier du Conseil exécutif.

Aussi l'essentiel de l'activité de Guy Coulombe coiffé de sa casquette de greffier, consiste-t-elle à apposer sa signature en bas des actes officiels que lui présente régulièrement le greffier adjoint du Conseil exécutif M. Jean-Pierre Vaillancourt.

Les tâches de greffier adjoint sont multiples et consistent à :

— assurer la gestion administrative du greffe,

— veiller à la coordination des divers projets d'arrêtés en conseil en consultant si besoin est, selon son bon jugement, divers organismes susceptibles d'émettre un avis sur les projets d'arrêtés en conseil adressés au Conseil exécutif par les ministres sectoriels. Les principaux organismes consultés sont : le Bureau de la législation déléguée du ministère de la Justice (15% des cas), le Conseil du trésor lorsque le projet d'arrêté pourrait avoir une implication financière, budgétaire ou administrative (25 à 30% de cas) et les secrétaires généraux associés, pour soumission à leur comité permanent respectif, dépendamment de la matière concernée (fréquence variable).

— vérifier la rédaction des projets d'arrêtés en conseil afin de voir si les diverses normes prévues et indispensables à la prise de décision au Conseil des Ministres, ont bel et bien été respectées par les ministres sectoriels (motifs justifiant l'adoption, exposé des articles de loi permettant de prendre ledit arrêté, la disposition proprement dite, etc...).

— sélectionner, à l'issue de la réunion de coordination interne du secrétariat général qui regroupe tous les lundi matin autour du secrétaire général ses principaux collaborateurs (greffier adjoint, adjoint exécutif, et secrétaires généraux associés)[38] la liste des divers projets d'arrêtés spéciaux et réguliers qui seront soumis à la délibération du Conseil des Ministres du mercredi qui suit.

— adresser au Premier ministre les projets d'arrêtés très urgents arrivés après les délais fixés, mais avant la séance du Conseil des Ministres, pour qu'il décide de leur insertion à l'ordre du jour ou les repousse à une date ultérieure.

— effectuer, une fois le projet d'arrêté en conseil adopté par le Conseil des Ministres, la distribution desdits arrêtés auprès des ministères et organismes para-publics concernés,

— expédier, pour publication, à la Gazette officielle les règlements.[39]

— veiller à la conservation des arrêtés en conseil (originaux et microfilm) et être le dépositaire des serments prêtés par les ministres lors de leur entrée en fonction ainsi que de leurs déclarations relatives à leurs intérêts, à ceux de leur épouse et de leurs enfants mineurs.

Le greffe traite en moyenne chaque année, plus de quatre mille arrêtés en conseil (4400 en 1977, 5200 en 1970). Devant cette masse importante qui contribue à alourdir sensiblement la marche du Conseil des Ministres, le gouvernement actuel tente de réduire le nombre d'arrêtés en conseil en donnant aux ministres la possibilité de prendre eux-mêmes directement des ordonnances (ex.: cf. en matière de mise en vigueur de plans cadastraux, la récente suggestion faite au ministère des Terres et Forêts).[40]

En effet, la distinction entre arrêtés réguliers et arrêtés spéciaux qui permet au Conseil des Ministres de voter en bloc, sauf si un ministre exceptionnellement demande à intervenir, les projets d'arrêtés réguliers et qui circonscrit uniquement aux quelques cinq à dix arrêtés spéciaux par semaine la discussion dans la salle du Conseil, n'a pas suffi à éviter complètement l'encombrement du Conseil des ministres.

On a vu précédemment, en effet, que le gouvernement devait aussi discuter, et souvent longuement, les divers mémoires et dossiers soumis à ses délibérations par les membres du conseil.

---

38. Plus le secrétaire du Conseil du trésor, le sous-ministre des Affaires intergouvernementales, le PDG de l'OPDQ, et le représentant du chef de cabinet du PM. C'est à ces réunions notamment que le sous-ministre des Affaires intergouvernementales informe du futur calendrier des relations fédérales-provinciales les secrétaires généraux associés de façon à ce que chacun d'eux, dans leur domaine respectif, se préparent.

39. Actuellement, en effet, tous les arrêtés en conseil ne sont pas publiés dans la Gazette Officielle. Seuls les règlements le sont. Par contre, tous les arrêtés en conseil sont rendus publics. Et, lorsque certaines restrictions existent, celles-ci sont très rares et ne durent que quelques jours.

40. On peut, de la même façon, citer à titre d'exemple, la Loi des changements de nom en vigueur elle depuis le 1er avril 1978.

— Enfin, donner à ses collègues du secrétariat général et à leur demande, des avis juridiques.

b) *l'adjoint exécutif du secrétaire général*

En position de « staff » par rapport au secrétaire général, M. Michel Noël de Tilly, remplit les fonctions de « bras droit » de M. Guy Coulombe.

L'essentiel de ses activités se résume en deux fonctions principales :

1) une fonction qui l'amène à se tourner vers le dedans de la machine administrative et à s'occuper, pour le compte du secrétaire général, de sa correspondance, de ses rendez vous, etc...

2) une fonction externe tournée vers les grands organes politiques décisionnels gouvernementaux : Conseil des Ministres et Comité des Priorités[41] qui l'amène à préparer, et à assister avec le secrétaire général, à leurs délibérations et enfin à assurer le suivi des décisions qui en découlent.

Un bref coup d'oeil sur l'agenda de l'adjoint exécutif permet de saisir très vite le processus cyclique de fonctionnement du Conseil hebdomadaire des Ministres du gouvernement du Québec.[42]

—*Du vendredi au mardi soir inclus: la phase préparatoire du prochain Conseil des Ministres.*

• Le vendredi est la journée d'examen des dossiers qui seront soumis le lundi matin à la réunion de coordination du secrétariat général.

• Le lundi matin est consacré à l'examen des diverses questions qu'entendent inscrire à l'ordre du jour du prochain Conseil des Ministres, le Conseil du trésor, et les quatre comités ministériels permanents, ainsi qu'à l'audition des mémoires adressés au Conseil des Ministres.

Cette réunion de coordination administrative au plus haut niveau aboutit à la rédaction de l'ordre du jour provisoire du prochain conseil des ministres.

---

41. L'adjoint exécutif est aussi en liaison permanente avec le CT, les comités ministériels permanents et les ministères.

42. Depuis le 26 avril 1978 le Conseil des ministres a adopté de nouvelles règles de fonctionnement en ce qui concerne le cheminement des mémoires, dossiers et arrêtés en conseils spéciaux soumis à son attention. Ces nouvelles règles ont pour objet d'assurer une meilleure préparation préalable des réunions du conseil, de façon à ce que les décisions soient les meilleures et les plus rapides possibles.
Dorénavant, un dossier qui est « en état » (c'est-à-dire qui a franchi toutes les étapes préalables) le vendredi d'une semaine, ne pourra pas être discuté au Conseil des ministres avant le mercredi en huit, soit douze jours plus tard. Toutefois, une fois inscrit à l'ordre du jour, il aura de meilleures chances d'être discuté au moment prévu, alors qu'à l'heure actuelle, plusieurs sujets, bien qu'inscrits à l'ordre du jour, doivent être remis de séance en séance. (Cf. décision no 78-120 du 26 avril 1978 sur le fonctionnement du Conseil des ministres.).
Ces nouvelles règles ont forcément entraîné certaines modifications du cycle de fonctionnement du Conseil. C'est ainsi que le lundi matin est désormais consacré à l'examen de l'ordre du jour *des prochains* Conseils, quant à la réunion de coordination elle aboutit maintenant à un simple *projet* d'ordre du jour, puisque l'ordre du jour officiel est lui adopté dorénavant le jeudi à la suite d'un tête à tête entre le PM et le secrétaire général. Ce qui laisse désormais aux ministres non plus une journée mais six jours pour étudier les affaires sur lesquelles se penchera le prochain Conseil.

● Le lundi après-midi tous les dossiers afférant à l'ordre du jour provisoire fixé, ainsi que celui-ci, sont envoyés à tous les ministres.

● Le mardi est la journée de modification de l'ordre du jour provisoire.[43] Dans la soirée du mardi les cahiers comprenant les projets d'arrêtés spéciaux et réguliers, les mémoires et les dossiers devant être soumis au Conseil des Ministres du lendemain sont montés conformément à l'ordre du jour définitif établi dans l'après-midi.

● *Le mercredi: la phase de délibérations du Conseil des Ministres:*

Ouvrant cette phase, l'adjoint exécutif assiste au conseil et enregistre les décisions du Conseil des Ministres relatives aux mémoires présentés ainsi que les arrêtés en conseil qui en découlent lorsque la loi l'exige.

Il prend, en outre, des notes concernant les délibérations du Conseil des Ministres qui, on le sait, se déroulent toujours à huis-clos. Ces notes sont ensuite transcrites sous forme de procès-verbal. C'est ce procès-verbal corrigé par le secrétaire général que signera ensuite le Premier ministre.

Ces procès verbaux sont aussitôt enfermés dans une filière et mis à la seule disposition des membres du gouvernement, le public même spécialisé n'y ayant pas accès.

● *Le jeudi: la phase de «suivi» des décisions du Conseil des Ministres.*

La journée est en effet consacrée à la rédaction des décisions du Conseil des ministres et à la signature de celles-ci par le secrétaire général, avant expédition aux divers ministres concernés.

C'est aussi le jeudi, généralement, que sont présentés au Premier ministre, pour signature, les divers arrêtés en conseil adoptés au conseil des Ministres de la veille.

On voit donc très clairement que les deux journées les plus importantes sont le lundi et le mercredi puisque le lundi est la journée où se décident au niveau des hauts-fonctionnaires de l'État, quelles seront les matières sur lesquelles se pencheront deux jours plus tard les hommes politiques (ministres).

Inutile de dire, évidemment, que la fixation de l'ordre du jour, n'est pas le fait exclusif des grands mandarins de l'État. D'abord parce que les divers secrétaires généraux associés et le secrétaire du Conseil du trésor sont en contact permanent avec les ministres d'État, les ministres membres des Comités permanents, et le ministre des Finances. Ensuite parce que le secrétaire général lui-même est en liaison régulière, tout au long du cycle, avec le Premier ministre qui donne son point de vue, arbitre en cas de conflit entre membres de son gouvernement et décide de l'ordre du jour définitif en dernier ressort.

Mais la qualité du travail effectué par la haute fonction publique du Conseil exécutif tant au plan de la préparation matérielle des délibérations que de la sélection technique et politique des sujets à inscrire à l'ordre du jour

---

43. C'est aussi le mardi que l'adjoint exécutif du secrétaire général rédige les mémoires des délibérations du ou des précédents Conseils de ministres.

est telle, qu'on ne peut nier le rôle capital joué en matière de prise de décision gouvernementale par l'état-major d'une douzaine de hauts fonctionnaires qui, au sein du Secrétariat général, oeuvrent dans l'antichambre du pouvoir.

3) Les secrétaires généraux associés

Nés au lendemain de la réforme de l'organisation et du fonctionnement du Conseil exécutif de décembre 1976, les secrétaires généraux associés se substituent aux ex-secrétaires généraux adjoints créés par la précédente réforme de 1975.

Peu de textes permettent là encore de cerner la nature exacte de ces fonctions. La loi de l'Exécutif (chapitre 7, 1976) stipule simplement dans son article 7 (alinéa 3) : « Le lieutenant-gouverneur en conseil peut conférer à tout secrétaire général associé du Conseil exécutif le rang et les privilège de sous-ministre, sans que le titulaire cesse pour autant d'exercer ses fonctions sous l'autorité du secrétaire général du Conseil exécutif».

Aussi ne peut-on vraiment cerner cette fonction qu'après avoir interrogé successivement tous les titulaires de ces charges. Les informations recueillies ont mis en évidence deux choses. D'une part l'existence de traits caractéristiques communs à l'ensemble des secrétaires généraux associés. D'autre part, la présence de différences sensibles découlant de la diversité même du contenu des missions qui leur ont été confiées.

a) *Les traits caractéristiques communs.*

Au nombre de deux, ils portent principalement sur le statut ambigu du poste et la nature très particulière de leurs fonctions.

• *Le statut ambigu du poste ou les difficultés de séparer autorité hiéchique et autorité fonctionnelle.* Cette ambiguïté de statut saute aux yeux à la lecture même de l'article 7 de la loi de l'Exécutif cité précédemment.

En effet, les secrétaires généraux associés sont des sous-ministres mais, contrairement à tous les autres sous-ministres, ils ne sont pas situés au sommet de la pyramide administrative puisque leurs fonctions s'exercent « sous l'autorité de secrétaire général du conseil exécutif ». Ce qui atteste bien du fait que Guy Coulombe soit, en pratique, le 1er des sous-ministres.

Cette situation présente des conséquences au plan du travail car, alors que dans les ministères les sous-ministres détiennent tous les pouvoirs administratifs et ont la signature du ministre, ici, les sous-ministres associés dont l'autorité informelle sur les hauts-fonctionnaires sectoriels est assez forte en raison de leur position stratégique dans l'antichambre du Comité des priorités, ne jouissent d'aucune espèce d'autorité et ne peuvent rien signer de leur propre chef.[44]

Ce pouvoir appartient en effet, au seul secrétaire général qui «exerce, à l'égard des fonctionnaires et employés du secrétariat qu'il dirige, les pouvoirs que la loi de la fonction publique (1965 chapitre 14), attribue au sous-chef d'un ministère».

---

44. Ceci est aussi vrai pour les ministres d'État eux-mêmes.

Autrement dit les secrétaires généraux associés relèvent au plan de l'autorité hiérarchique du secrétaire général et au plan de l'autorité fonctionnelle du ministre d'État auquel ils sont rattachés, ou du Premier ministre.

Cette situation un peu particulière a pour effet de ne pas rendre très attractive aux yeux des sous-ministres en titre des ministères, les postes de secrétaires généraux associés qui pourtant au plan fonctionnel présentent les avantages d'une vision plus large et d'une distance plus courte vis-à-vis des sources du Pouvoir.

Elle a aussi pour effet de créer les conditions parfaites pour que se déclenchent au sein du Conseil exécutif des tensions et des conflits dont on ne pourrait prédire avec certitude quels seraient les vainqueurs et les vaincus.

Heureusement, la faible importance numérique de ce groupe d'hommes, leur niveau d'intelligence nettement supérieur à la moyenne, le style de « commandement » plutôt déconcentré adopté par le secrétaire général, les réunions institutionnelles de coordination et les contacts humains informels ont jusqu'à présent empêché l'apparition de véritables conflits entre hauts-fonctionnaires à l'intérieur du secrétariat général.

Certaines tensions par contre semblent s'être davantage développées entre « administrateurs » et « politiques » du côté de certains ministres d'État. Dépourvus de véritables appareils administratifs à contrôler vu que les ministres d'État sont sans portefeuille, souvent plus instruits que les membres de cabinets des ministres libéraux, plusieurs membres de cabinets de l'entourage des ministres d'État ont eu, à quelques reprises, tendance à pénétrer directement dans le champ des secrétaires généraux associés sans requérir préalablement leur autorisation. Et cela, moins pour examiner sous l'angle politique les dimensions techniques mises en évidence par les secrétaires généraux associés, que pour effectuer les mêmes études techniques que celles auxquelles se livraient leurs confrères de l'administration.

Comme les bureaux des secrétaires généraux et des cabinets politiques des ministres d'État sont géographiquement situés côte à côte, sinon face à face, l'immixion des uns dans le domaine des autres en est d'autant plus aisée.

Ceci n'a pas eu l'heur, on s'en doute, de plaire à tous les secrétaires généraux associés et, là aussi, le tact et la diplomatie quand ce ne fut pas une franche et claire mise au point, durent quelquefois venir suppléer les carences d'une organisation en rôdage et combler les lacunes des textes officiels.

Vis-à-vis des sous-ministres en titre des ministères sectoriels, certaines tensions là encore sont apparues. Ces derniers n'ont pas toujours accepté facilement d'avoir à convaincre de la qualité de leurs dossiers non plus une personne — leur ministre — mais deux personnes dont le nouveau secrétaire général associé du Conseil exécutif auquel, par le biais des comités permanents, ils se trouvaient par la force des choses rattachés. Outre une perte certaine d'autorité pour les sous-ministres des ministères, l'apparition des secrétaires généraux associés constituait à leurs yeux un échelon de plus dans l'échelle décisionnelle. Ce qui n'était pas de nature à raccourcir les délais de prise de décision à l'intérieur de l'appareil gouvernemental.

Mais là encore, hormis certains conflits survenus surtout dans les premiers temps de la mise en place de cette nouvelle structure, grâce à un travail habile de relations publiques et d'explication, les relations sous-ministres/secrétaires généraux associés ont relativement vite réussies à se stabiliser au «beau» plus ou moins fixe.

Une des raisons du maintien des relations de type plutôt consensuel que conflictuel tient dans le fait que les sous-ministres semblent s'être aperçus qu'un dossier bien monté, une fois adopté au Comité permanent, avait beaucoup plus de facilité à franchir les étapes du Comité des priorités et du Conseil des Ministres qu'auparavant.

Et puis, l'échelon des secrétaires généraux associés non seulement était la manifestation d'une volonté politique que la haute administration devait respecter, mais en plus la qualité des décisions gouvernementales devait y gagner.

C'est ce faisceau de raisons qui pourrait expliquer le consensus assez large dont paraissent bénéficier actuellement la plupart des secrétaires généraux associés tant au sein du Conseil exécutif qu'à l'intérieur de l'ensemble de la machine administrative québecoise.

- *La nature très particulière de leurs fonctions.*

Les fonctions des secrétaires généraux associés peuvent être approchées de façon à la fois négative et positive.

- L'approche négative nous entraîne à souligner un point fondamental, pour qui veut bien saisir le rôle des secrétaires généraux. Ces derniers, il faut insister là-dessus, *ont été débarrassés de toute préoccupation de gestion.* Leur ministre d'État ne gérant guère de portefeuille, ils sont, eux aussi, à l'abri des charges de pure gestion administrative qui encombrent tous leurs collègues sous-ministres dans les divers ministères québécois.

Ce qui leur laisse tout le «loisir» de remplir positivement de bien plus importantes fonctions.

- *L'approche positive: les deux grandes fonctions des secrétaires généraux associés.*

Ce sont d'une part, la fonction de coordination des politiques gouvernementales et d'autre part celle de conseiller du gouvernement en matière de choix politiques.

1) La fonction de coordination des politiques gouvernementales

Au coeur d'un réseau de communication dont les principaux émetteurs-récepteurs sont: les ministres d'État, les ministres membres des comités permanents, les hauts-fonctionnaires ministériels et ceux des organismes centraux (Conseil du trésor, OPDQ, Commission de la fonction publique) les secrétaires généraux associés jouent, tant au sein des comités permanents. dont ils assurent le secrétariat et la continuité, qu'au sein des réunions du lundi de l'état major du secrétariat général, un rôle de tout premier plan en matière de coordination administrative et gouvernementale.

Cette fonction de coordination se traduit, en pratique, par le rôle de noteur, d'accélérateur et de catalyseur joué par chaque secrétaire général associé.

Une de leurs principales préoccupations consiste à suivre les dossiers, à voir à leur progression, à veiller à ce que soient consultés les ministères ou organismes impliqués afin de sauvegarder la cohérence des projets gouvernementaux, à demander des comptes, à pousser l'étude de certaines questions jugées prioritaires, à faire attention à ce que les bureaux ne s'assoupissent pas et, au besoin, les réveiller, secouer leur léthargie, vaincre leurs résistances.

Les bureaux ont parfois tendance à faire le « porc-épic » et à se replier sur eux-mêmes, à faire la sourde oreille. Les secrétaires généraux sont là pour parler avec l'autorité que leur confère la proximité du Pouvoir, et leur connaissance horizontale des problèmes.

Ils sont, à ce titre, les anti-bureaucrates du système administratif. Leur objectif indirect: faire sortir Courteline de l'actualité, le faire rentrer dans l'histoire.

Voilà à quoi correspond, grosso-modo, la fonction de coordination qui a échu sur les épaules des huit secrétaires généraux associés du Conseil exécutif.

2) La fonction de conseiller en matière de politiques gouvernementales

Les secrétaires généraux associés ne se contentent pas de pousser de l'avant des décisions prises par d'autres. Leur rôle ne se limite pas au seul « suivi » administratif. Ils remplissent une véritable fonction de conseiller et d'expert du gouvernement en matière de définition des politiques gouvernementales.

Situés à la charnière, à la frontière du politique et de l'administratif et au plus haut niveau, dans cette boîte de transmissions où s'enclenchent les volontés politiques (ministres d'État, comités permanents, comité des priorités) et les capacités administratives (sous-ministres en titre des ministères, secrétaire du Conseil du trésor, Commission de la fonction publique, etc...) les secrétaires généraux associés acquièrent l'expertise que leur confère la capacité de réaliser la synthèse des informations et jouent à ce titre deux rôles extrêmement actifs. L'un de critique, l'autre d'initiateur.

• *Le rôle d'analyse critique des secrétaires généraux associés:* Récepteurs des projets qui ont pris naissance et sont venus à maturité dans les ministères sectoriels, les secrétaires généraux effectuent rapidement, en une à deux semaines au plus, en règle générale, une première analyse critique avec l'aide du ou des deux ou trois professionnels de haut niveau attachés à leurs services.[45] Dans nombre de cas leur expertise personnelle est complétée par celle qui requièrent eux-mêmes de divers experts gouvernementaux (CT, ministère de la Fonction publique, autres ministères sectoriels, etc...).

Une fois cette opération de tri, de tamisage, de filtrage des propositions ministérielles effectuée, les secrétaires généraux renvoient à leurs auteurs avec commentaires à l'appui, les dossiers qui leur ont été adressés par les ministères sectoriels.

---

45. Une des caractéristiques du travail effectué par les secrétaires généraux associés tient dans le petit nombre de collaborateurs et la polyvalence des petites équipes placées sous leurs ordres (staff léger d'experts). Aussi une partie essentielle de leur tâche d'analyse-critique consiste-t-elle à soulever les problèmes, à poser des questions, à susciter la discussion.

Les commentaires joints aux dossiers d'origine contribuent fortement à donner aux secrétaires généraux associés un rôle d'orientation de l'activité gouvernementale qu'on ne saurait passer sous silence.

Ce pouvoir « technocratique » est évidemment, là encore, atténué par le contrôle du ministre d'État et de son cabinet, le contenu du programme du Parti Québécois et du discours inaugural qui constituent des balises de choix que les secrétaires généraux utilisent fréquemment à titre de repères lors de leur travail d'analyse-critique.

• *Le rôle d'initiateur des secrétaires généraux :* la proximité du Pouvoir, la faible distance à parcourir pour faire adopter une décision par le gouvernement, semblent de plus en plus inciter les ministres d'État et leurs secrétaires généraux associés à devenir de véritables initiateurs de projets, des générateurs d'idées.

La technique des «mandats» que se font confier par le Conseil des Ministres, les ministre d'État, marque très précisément la volonté de ces hommes de jouer un rôle important et dynamique d'impulsion en matière de changement politique, social, économique et culturel.[46]

Le corollaire de cela c'est le rôle de directeurs de projets et de recherche, de penseurs «appliqués» que semblent vouloir remplir de plus en plus les secrétaires généraux associés.

Quand on connait les pesanteurs naturelles de la machine administrative et les difficultés qu'elle éprouve à se réformer du dedans, on ne peut que suivre d'un oeil favorable les efforts des secrétaires généraux associés et des ministères d'État pour imprimer, depuis le sommet de l'administration, à des secteurs entiers de l'appareil administratif, une dynamique du changement qu'il n'est pas toujours aisé de déclencher dans le sens opposé.[47]

b) *La diversité des missions confiées aux secrétaires généraux associés*

Deux catégories de secrétaires généraux associés doivent être distinguées. D'une part, les secrétaires généraux associés à des ministres d'État, et d'autre part, les secrétaires généraux associés au Premier ministre.

• *Les secrétaires généraux associés au P.M.*

Au nombre de trois, ce sont : MM. Florian Rompré, secrétaire général associé, chargé de la gestion des cadres nommés directement par le lieutenant-gouverneur en conseil, Albert Jessop, secrétaire général associé chargé des

---

46. Ces mandats, toujours de nature interministérielle et reliés à des préoccupations gouvernementales jugées prioritaires ne sont pas sans effet au plan de la carrière politique des ministres d'État. Ils leur permettent, en effet, vis à vis et de leurs collègues du gouvernement et de l'opinion publique, donc des électeurs, d'accrocher leur nom à des réformes d'importance majeure. C'est peut-être une des raisons pour laquelle le nombre des mandats a tendu ces derniers mois à s'élever sensiblement. Or il y a là un risque évident à la longue à voir les ministres d'État redevenir un jour, malgré leurs titres, des ministres sectoriels si la partie «mandat» finit par l'emporter sur le temps consacré à la «coordination» des activités ministérielles. Surtout si à la partie «mandats» devait suivre une partie «gestion».

47. On comprend sans peine pourquoi les hauts-fonctionnaires du Secrétariat général travaillent presque tous, en moyenne quelque soixante dix heures par semaine.

relations avec les Sociétés d'État, et Éric Gourdeau, secrétaire général associé chargé du secrétariat des activités gouvernementales en milieu amérindien.

• *Le secrétaire général associé chargé de la gestion des cadres nommés directement par le lieutenant-gouverneur en conseil.*

Entré au Conseil exécutif le 28 janvier 1976 sur les libéraux, M. Florian Rompré était immédiatement chargé du Comité des ressources humaines créé quelques mois auparavant.

Un an plus tard, le 12 janvier 1977, un arrêté en conseil n° 117-77 pris sous le gouvernement péquiste, lui confiait la responsabilité de la gestion des carrières du personnel supérieur de la fonction publique nommé en dehors du contrôle de la Commission de la fonction publique (sous-ministres adjoints, associés, en titre, présidents d'organismes para-publics, commissaires, etc...). Soit environ actuellement 350 personnes.

Ce mandat recouvrait plusieurs volets que nous allons présenter sommairement ci-après, en faisant le point de la situation. Le secrétaire général associé à ce secteur doit, aux termes de la mission :

— «Créer et maintenir à jour un dossier pour chacune des personnes visées par le présent arrêté en conseil, soit les sous-ministres, les sous-ministres adjoints et les membres des organismes gouvernementaux visés ci-dessus. Ce dossier comprendra tous les renseignements pertinents à la carrière de chacun tels que date de naissance, formation, expérience, dates de nomination, classification (s'il y a lieu), durée du mandat (s'il y a lieu), traitement, etc. »

L'accent jusqu'à présent a été mis par M. Florian Rompré sur «la cohérence des salaires». En effet, le dossier de l'harmonisateur des revenus des hauts-fonctionnaires en matière de salaire de base, de bénéfices marginaux, de frais de voyage et de séjour est actuellement en voie de finalisation grâce à une étude commanditée par le secrétariat général et menée par MM. Roger Privé (ministère de la Fonction publique) et Jean-Pierre Goyer (stagiaire de l'ENAP).

— *Assurer le suivi des départs, des remplacements et des nominations des hauts-fonctionnaires de l'État.*

Le but premier, ici, est de planifier les mouvements des personnels supérieurs tout en assurant une certaine mobilité à l'intérieur tant de la fonction publique que des organismes autonomes.

Pour ce faire, M. Rompré utilise comme sources d'information les arrêtés en conseil, les ministres et les dirigeants d'organismes autonomes, ainsi que les services de la commission administrative des régimes de retraite (CARR).

Sous peu, un état bi-annuel de la situation des cadres supérieurs va devoir être dressé et envoyé au Conseil exécutif pour faciliter l'accès à l'information.

Pour l'instant, vu le petit nombre de personnes concernées, cette gestion des carrières s'effectue sans l'aide de l'informatique.

— Identifier les besoins à venir, à ces niveaux de poste, par une analyse prévisionnelle annuelle.

Il s'agit là d'une approche prospective pas très facile à réaliser. Le titulaire du poste est toutefois aidé dans sa tâche par le fait qu'il siège tout à la fois sur le Conseil d'Administration de l'ENAP et le jury de sélection du programme Forma-Cadre.

— Élaborer des programmes de perfectionnement pour certaines de ces personnes.

Les programmes de perfectionnement doivent être différenciés selon qu'ils concernent des cadres oeuvrant dans des organismes autonomes ou dans des ministères. Les premiers ont, en effet, davantage des besoins de perfectionnement très ponctuels, très techniques et sectoriels à satisfaire, alors que les seconds ont, au contraire, des besoins très vastes de nature « culturelle ».

D'autre part, dans les ministères les cadres font carrière à vie, alors que dans les organismes autonomes ils sont là seulement pour un délai donné, correspondant à la durée de leur contrat.

C'est ce qui a incité M. Rompré à donner la priorité aux programmes de perfectionnement des cadres du secteur public (ministères).

Les projets à l'étude visent d'une part à inciter les intéressés à proposer eux-mêmes des programmes et des sites de perfectionnement et d'autre part à partir de l'expérience du collège militaire de Kingston (Ontario) qui recycle chaque année un haut-fonctionnaire de la province de Québec, et des Universités canadiennes, à déboucher sur l'octroi de *congés sabbatiques* reliés à la carrière.

— Créer et tenir à jour une banque de renseignements concernant des candidats potentiels à l'exercice de certaines de ces fonctions supérieures.

L'objectif ici est d'arriver à monter un système informatisé recensant toutes les personnes de la fonction publique (administrateurs classe III et au-dessus) et de l'extérieur, susceptibles d'occuper avec compétence, des postes supérieurs dans la fonction publique.

Une entreprise privée sous contrat est actuellement en train de mettre au point un système commode de mise en banque et de repérage des candidatures, ainsi que de réaliser le montage d'un formulaire adéquat.

— Mettre au point un système d'évaluation de ces personnels et assurer le fonctionnement de ce système.

Il s'agit probablement là de la partie la plus délicate du mandat confié à M. Rompré. D'une part parce que les modalités d'évaluation de l'ensemble du personnel de la fonction publique sont largement contestées et remises en cause, d'autre part parce qu'au niveau des cadres supérieurs, l'évaluation objective est encore moins facilement réalisable en raison de l'absence de points techniques précis auxquels se raccrocher. Le but de M. Rompré est donc de s'orienter moins vers une évaluation détaillée, précise, méticuleuse et tatillonne, que vers une évaluation d'ensemble, très large, qui pourrait se résumer en une phrase : compte tenu de ses activités passées et de ses réalisations présentes M. X... est-il oui ou non capable d'occuper tel ou tel poste?

On voit donc que l'orientation actuelle en matière d'évaluation des cadres supérieurs de la fonction publique vise bien plus à une utilisation optimale des ressources humaines disponibles qu'à une remise en cause continuelle des personnes concernées.

 • *Le secrétaire général associé chargé des relations avec les Sociétés d'État.*

Quatre questions se posent en cette matière : Quelles sont les raisons de ce rattachement au Premier ministre? Pourquoi donner cette importance toute spéciale aux Sociétés d'État? Quelle est la nature du mandat? Quelles en sont les modalités et les difficultés de réalisation?

— *Les raisons du rattachement?* Ce sont des raisons psycho-stratégiques qui ont motivé le rattachement de secrétaire général associé, directement au P.M. En effet, les 18 Sociétés d'État relèvent tout à la fois de quatre à cinq ministres qui agissent comme agents de tutelle vis-à-vis d'elles, du ministre des Finances qui tient les cordons de la bourse, et du Comité permanent de développement économique, lequel effectue, pour le compte du Comité des priorités, le tamisage des projets.

Aussi, plutôt que de rattacher le secrétaire général associé au ministre d'État au développement économique, ce qui aurait pu entraîner des conflits avec les ministères de la mission économique, le gouvernement a préféré rattacher le poste au-dessus des parties concernées, afin d'éviter l'apparition de tensions, et d'accroître au contraire, la marge de liberté et d'autonomie du nouveau secrétaire général associé.

Il était en effet, d'autant plus important d'éviter tout conflit éventuel, notamment avec le ministère des Finances, que celui-ci était envisagé comme devant être un allié précieux pour M. Jessop en raison de son expertise reconnue en matière de financement, d'emprunt, etc... des sociétés d'État.

— *Pourquoi la priorité aux Sociétés d'État?* Le problème de l'autonomie des Sociétés d'État et de la nature du lien qui doit les rattacher au gouvernement est un problème auquel les libéraux se sont déjà, en leur temps, trouvés confrontés. Le problème n'est donc pas nouveau.

Il est simplement rendu plus aigu et important, par le fait que le gouvernement péquiste a en tête des plans et projets qui réclament, pour être réalisés, une mobilisation générale de l'ensemble des secteurs publics et para-publics. Ce qui suppose à la tête des Sociétés d'État des hommes proches du pouvoir, aux objectifs conformes à ceux du gouvernement.

En outre, les Sociétés d'État coûtent cher, gèrent de gros budgets et par leur capacité d'intervention dans le domaine économique se révèlent être des instruments efficaces d'impulsion et d'orientation des activités publiques et privées.

Le contenu du mandat? M. Albert Jessop a pour principales fonctions de :

— se tenir au courant de la situation et de l'évolution de toutes les Sociétés d'État;

— contribuer à modifier éventuellement leurs objectifs et par là-même jouer un rôle déterminant en matière de réorientation et de redéploiement des principaux agents économiques étatiques;

— collaborer à l'analyse de leurs plans de développement;

— participer à la définition des critères de performances;

— proposer l'adoption d'un nouveau modèle de relations avec les Sociétés d'État. Ce qui sous-entend d'apporter dans l'avenir des réponses à des questions-clés telles que: Quand doit-on passer du privé au para-public et créer une Société d'État? Quel degré de flexibilité doit-on laisser, au plan de la gestion, aux Sociétés d'État? Doit-on contrôler les sociétés d'État à partir des moyens et de procédures qu'elles utilisent ou plutôt à partir des résultats (performance) obtenus? Doit-on maintenir tels quels, en matière de dépenses, les contrôles a priori à peu près inexistants ou doit-on les renforcer? Le vérificateur général doit-il voir son contrôle d'expertise a posteriori étendu à l'ensemble des Sociétés d'État? Les présidents des Sociétés d'État doivent-ils continuer à être mieux rémunérés que les hauts fonctionnaires du secteur public alors qu'à toutes fins pratiques ils bénéficient d'une forte sécurité d'emploi?

Autant de questions auxquelles il ne sera pas facile de répondre car, à l'heure présente, les instruments de connaissance sont largement inexistants ou ignorés, les critères de performance difficiles à monter en raison de la mouvance continuelle de la conjoncture dans laquelle évoluent les Sociétés d'État, la fixation des objectifs n'est pas aisée à réaliser en raison des contraintes et des divergences de points de vue, quant aux plans de développement ils supposent certains délais d'adoption ne serait-ce qu'à cause de l'obligation de consulter les actionnaires.

Ce qui ouvre la porte, il va sans dire, à certaines difficultés de réalisation du mandat.

— *Les modalités et les difficultés de réalisation?*

Albert Jessop entend remplir ses délicates fonctions en maintenant des communications permanentes avec les Sociétés d'État afin de bien connaître leurs problèmes et éviter toute forme de contrôle technocratique. Il entend toutefois prendre bien soin de ne pas avoir avec les présidents des Sociétés d'État des relations trop proches et continues afin d'éviter tout risque d'assimilation et de «contamination» et garder l'esprit objectif.

Albert Jessop entend bien ne pas être perçu comme une sorte de secrétaire du Conseil du trésor par les Sociétés d'État. Son objectif est, en effet, moins d'accroître les contrôles que d'augmenter l'efficacité des Sociétés d'État tout en conservant la marge d'autonomie et la dynamique indispensables à leurs activités.

Pour ce faire il entend s'appuyer sur l'expertise que peuvent lui offrir les ministères sectoriels, le ministère des Finances et le «staff» très léger de conseillers techniques mis à sa disposition.

La faiblesse du poste tient actuellement, en effet, à la connaissance relativement peu approfondie de ces dossiers qu'a le nouveau secrétaire général, face à des présidents de sociétés aguerris et des sous-ministres sectoriels bien au fait de la situation.

Cette faiblesse ira vraisemblablement en diminuant rapidement en raison d'une part, du fait que le titulaire du poste était, il n'y a pas longtemps encore, sous-ministre au ministère des Institutions financières et d'autre part, en raison de la position stratégique privilégiée occupée par le secrétaire général.

La force du poste réside énormément, on l'a vu, dans le fait que le secrétaire général associé est situé au carrefour des divers courants d'information dont il est le seul à pouvoir réaliser rapidement la synthèse et à proximité du Premier ministre auquel il est directement rattaché. Ce qui lui confère à défaut d'une expertise immédiate dans ce domaine, une *autorité morale* incontestable.

Quant à l'expertise proprement dite, elle ne saurait que s'accroître assez rapidement, en raison de la capacité de recherche attribuée au poste, ce qui, à toutes fins pratiques, lui confère les aspects d'une «administration de mission» tournée vers la recherche et la direction de projets.

C'est ce faisceau de raisons qui fait que le secrétaire général associé ne voit pas apparaître comme un rival potentiel, à tort ou à raison, le nouveau sous-ministre chargé spécialement des Sociétés d'État et relevant directement du ministre de l'Industrie et du Commerce qui vient d'être nommé dans ce ministère.

- *Le secrétaire général associé chargé du secrétariat des activités gouvernementales en milieu amérindien et inuit.*

Secrétaire général associé au développement économique, depuis janvier 1977, M. Éric Gourdeau a été nommé dans ses nouvelles fonctions un an plus tard, en janvier 1978.

Deux raisons principales expliquent le rattachement direct du titulaire de cette fonction au Premier ministre.

D'une part, le Premier ministre est en même temps «le ministre» des Affaires gouvernementales en milieu amérindien et inuit. D'autre part, la méconnaissance des problèmes amérindiens et inuit au sein des divers ministères provinciaux était, et est encore, aussi profonde que largement répandue. Enfin, toutes les missions — économique, sociale, culturelle, aménagement — étant fortement impliquées dans cette question, aucune d'elle en particulier ne pouvait prétendre à l'administration de ce secteur d'intérêts.

Le problème des Amérindiens et des Inuits, s'il n'est pas nouveau, résulte toutefois d'une prise de conscience récente de la part des autorités provinciales. Il est vrai qu'en ce domaine la question du développement du territoire de la Baie James a grandement contribué, pour des raisons économiques, à sortir de sa léthargie le gouvernement provincial qui, pour des motifs simplement humanitaires et égalitaires, aurait dû s'en saisir depuis bien des années.

La disparition au ministère des Richesses naturelles de la Direction générale du Nouveau-Québec créée en 1963 laquelle gérait ce territoire non-organisé, la décision du gouvernement péquiste, en application de son programme électoral, d'organiser sur le plan politique et administratif les territoires indiens (par la création de municipalités indiennes), le transfert, en partie, au Québec, de certaines matières de juridiction fédérale sur les réserves indiennes (éducation par exemple), l'existence, ailleurs que dans le Nord Québécois objet de l'entente sur la Baie James, de quelque 30,000 à 60,000 indiens rendaient de plus en plus indispensable l'adoption par le gouvernement provincial de politiques en ce domaine.

Chargé de la coordination de toutes ces questions et des organismes concernés (SDBJ, Hydro-Québec notamment), le Premier ministre a ressenti très tôt le besoin de confier à un spécialiste de la nordicité, le soin de l'aider à coordonner l'ensemble des activités gouvernementales visant les indiens d'Amérique implantés en territoire québécois.

C'est ce qui explique que le titulaire du poste définisse lui-même son service comme étant « une cellule pensante et coordonnatrice débarrassée de toute préoccupation de gestion et chargée principalement de voir à la cohérence des projets présentés par les ministères et organismes impliqués ».

Si, veiller à la cohérence des politiques concernant les Amérindiens est une tâche majeure pour le service de M. Gourdeau, celui-ci entend bien ne pas se limiter à cette seule fonction de catalyseur et d'accélérateur. Il envisage aussi, au fur et à mesure des besoins, « d'initier » lui-même certains dossiers prioritaires après avoir consulté les ministères provinciaux et les populations concernées (les Inuits, la fédération des indiens du Québec, la fédération des Montagnais, les réserves indiennes, etc...).

De la sorte, M. Gourdeau espère parvenir à faire prendre conscience aux ministères de l'existence de problèmes spécifiques aux Amérindiens, développer chez eux de l'intérêt pour ces questions et créer ainsi une tradition nouvelle dans les ministères provinciaux.

Pour réaliser son mandat M. Gourdeau, comme ses collègues, dispose d'un « staff » léger et polyvalent composé de deux professionnels et cadres provenant de l'ex-direction du Nouveau-Québec, auxquels devraient se joindre au courant de 1978, trois spécialistes dont deux autochtones.

À ce groupe il convient d'ajouter les six professionnels et cadres provenant du Bureau de coordination de l'entente de la Baie James qui vient d'être aboli et transféré au secrétariat des activités gouvernementales en milieu amérindien.

Selon le titulaire du poste, le secrétariat devrait devenir permanent et apporter ainsi la preuve que les questions amérindiennes sont pour le Québec une préoccupation constante. Sans compter que ce serait là un excellent moyen pour faire entrer certains autochtones, au sein du Secrétariat général du Conseil exécutif.

- *Les secrétaires généraux associés aux ministres d'État*

Au nombre de cinq ils sont rattachés aux ministres d'État à la réforme parlementaire, au développement économique, social, culturel et à l'aménagement.

- *Le secrétaire général associé à la réforme parlementaire et électorale :*

* *Primat du politique et des « mandats » sur la coordination administrative.* Le poste est occupé actuellement par M. Louis Bernard, ancien chef de

cabinet du Premier ministre.[48] Quant au personnel, constitué d'un autre haut fonctionnaire, d'un professionnel provenant du « pool » du Conseil exécutif et de contractuels travaillant sur des dossiers spécifiques il est, comme chez les autres secrétaires généraux associés, très léger.

Une différence existe toutefois par rapport au personnel des autres secrétaires généraux associés. En raison du fait que les matières traitées ici sont nettement de nature plus politique et partisane qu'ailleurs, la « boîte » dirigée par M. Louis Bernard est aussi la plus politisée de toutes les unités administratives du Conseil exécutif. Il en est forcément de même des deux cabinets politiques du ministre Robert Burns.[49]

Une autre différence doit aussi être soulignée. En raison du fait que ce ministre d'État ne regroupe pas sous son égide d'autres ministères, à l'exception du ministère des Affaires municipales pour ce qui touche aux élections municipales et à la démocratie locale, il se trouve que le rôle de coordination administrative, pièce maîtresse, on l'a vu, de l'activité des autres secrétaires généraux associés est ici extrêmement réduit.

Par contre, la partie « mandats » spécifiques qui constitue chez les autres secrétaires généraux associés un secteur second et limité, est elle, beaucoup plus importante.

Deux catégories de mandats doivent être distingués nettement : les mandats afférant à la réforme parlementaire et les mandats reliés à la réforme électorale.

　　* *La dualité des mandats électoraux et parlementaires.*

Dans le domaine parlementaire. Toute une série de questions ont été examinées, adoptées ou sont à l'état de projet. Citons, en vrac : l'horaire 4-3[1] approuvé récemment par les députés, le projet de calendrier fixe actuellement à l'étude en vue d'un étalement dans le temps du processus d'examen des projets de loi et une meilleure planification du travail parlementaire, l'accord souhaité avec l'opposition sur l'organisation du travail des députés en commissions (nombre de séances, durée, etc...), la revalorisation du travail des membres de l'Assemblée nationale par l'insertion des députés dans le procesus décisionnel gouvernemental non à la fin du cheminement mais dès le départ[50], la télédiffusion des débats, etc...

Dans le domaine électoral, deux mandats ont, soit déjà été remplis : celui

---

48. Le 5 avril 1978, M. Louis Bernard a été nommé par le Premier Ministre, secrétaire général du Conseil exécutif en remplacement de M. Guy Coulombe nommé président directeur général de la Société générale de financement (SGF). Sans rien oter aux qualités personnelles du nouveau secrétaire général et à ses compétences administratives incontestées, il convient toutefois de signaler que cette nomination politique risque fort dans l'avenir, d'entraîner la défonctionnarisation de cette fonction et de lui enlever ce caractère de permanence qui, selon nous, en faisait une des principales raisons d'être.

49. En raison de sa double casquette de ministre d'État et de leader parlementaire, M. Burns jouit du soutien de deux cabinets : l'un dans l'édifice H, l'autre au Parlement.

50. Notamment en permettant aux députés d'engager des experts à titre de contractuels afin d'étudier les dossiers gouvernementaux à huis-clos.

sur le financement des partis politiques, soit été examinés en profondeur ces derniers mois: celui sur la consultation populaire (référendums).

Dans l'avenir, les principaux mandats qui seront mis en route porteront sur: la réforme du processus électoral (listes et identification des électeurs) considérée comme une priorité par le gouvernement, la refonte de la carte électorale ainsi que de la loi électorale dans son ensemble (bulletin de vote, officiers électoraux, machines à voter électroniques), l'amélioration de la démocratie locale par l'élaboration de circonscriptions de quartiers, la reconnaissance des partis politiques municipaux, le contrôle du processus électoral, etc... Ce dernier dossier sera traité en collaboration étroite avec le ministère des Affaires municipales.

* *Les difficultés spécifiques de fonctionnement.*

Deux difficultés principales peuvent être signalées, la première découle de la double casquette du ministre d'État — leader parlementaire qui fait que le mandat du secrétaire général associé a parfois tendance à déborder et à mordre sur celui du leader en chambre. Débordement d'autant plus facilité que Louis Bernard, par ses fonctions politiques antérieures, a ses entrées dans tout le monde parlementaire.

La seconde découle du fait que c'est Robert Burns qui a été chargé de la réforme parlementaire et non le Président de l'Assemblée nationale M. Clément Richard[51]. Cette dualité, à laquelle il convient d'ajouter les conflits de personnalité, constitue ici une source importante de tensions.

• *Le secrétaire général associé au développement culturel*

* *Une exception: la gestion*

Le secrétaire général associé au développement culturel présente une particularité par rapport aux autres secrétaires généraux associés à des ministres d'État. C'est qu'en raison du fait que le ministre d'État au développement culturel est le seul parmi ses collègues à gérer aussi un secteur administratif, celui créé par la loi 101 sur la langue[52], le secrétaire général associé doit lui aussi participer à la mise en oeuvre de la loi.

C'est pourquoi le titulaire de la fonction, le sociologue de réputation internationale Guy Rocher, doit assurer la présidence du comité des trois présidents deux fois par mois[53], et, entre les réunions, maintenir les contacts avec eux afin de les aider à monter leurs plans de développement, rédiger leurs demandes d'effectifs, définir leurs besoins budgétaires, voir aux futures

---

51. Sous les libéraux, c'est le président de l'Assemblée nationale lui-même, en l'occurence Jean-Noël Lavoie, qui animait la réforme parlementaire. Le gouvernement péquiste a choisi une autre formule: au gouvernement revient le soin d'étudier et de faire adopter les réformes dans ce secteur, au Président de l'Assemblée de concourir à la recherche d'un consensus, puis d'assumer la responsabilité de l'application de la réforme, une fois celle-ci votée.

52. À l'exception de la partie afférant à la loi de l'enseignement confiée aux soins du ministre de l'Éducation.

53. Il s'agit de la présidence des trois organismes suivants: l'Office de la langue française, le Conseil consultatif de la langue française et la Commission de surveillance de la langue française.

nominations à faire relativement à la composition de la Commission de toponymie et du Conseil consultatif.

En outre, M. Guy Rocher doit s'occuper de la francisation de l'administration publique québecoise entraînée par l'adoption de la loi 101, ce qui implique pour chaque ministère et organisme para-public la création de comités de francisation conformes aux décisions du Conseil des Ministres.

* *Les mandats spécifiques*

À côté de cet aspect «gestion», le secrétaire général associé a travaillé sur plusieurs mandats dont, évidemment, celui qui a fait en 1977 couler le plus d'encre: la politique linguistique qui a abouti, en août 1977, à l'adoption de la loi 101.

D'autres mandats ont suivi depuis: l'élaboration du Livre vert sur la recherche scientifique, la création d'une commission d'études sur le devenir universitaire, la rédaction du livre blanc sur la politique de développement culturel et l'étude du développement à long terme de Radio-Québec[54].

* *La coordination administrative et l'analyse-critique*

La troisième importante activité du secrétaire général associé consiste à coordonner le travail des trois ministères (l'Éducation, les Affaires culturelles, et les Communications) et du Haut Commissariat à la Jeunesse, aux Loisirs et aux Sports, en matière de projets de lois, de budgets, de modification dans les règlements internes, etc...[55]. Ce qui amène le secrétaire général associé à consulter les ministères et organismes impliqués, à critiquer, contester les politiques mises de l'avant par les ministères et ainsi à jouer son rôle d'expert préparatoire aux décisions du Conseil des Ministres.

La plupart du temps les projets sont initiés parallèlement par les ministères et le Comité permanent qui les coiffe. Le Comité se contentant généralement de susciter des études dans les ministères sectoriels, les aidant à remettre en cause leur politique, à obtenir une bonne prise de décision. Il semble en effet que ce ne soit que dans le cas du livre blanc sur le développement culturel que l'initiative soit revenue au seul comité permanent.

Dans le domaine du développement culturel certaines frictions ont été enregistrées avec les ministères sectoriels, en raison du fait que ces derniers n'étaient pas toujours d'accord avec les analyses faites au sein du Comité permanent.

Dans d'autres cas, la source des frictions a résidé dans le fait que le travail d'analyse critique effectué au sein du comité permanent a entraîné des retards de quatre à cinq mois (ex.: Livre vert sur l'enseignement primaire et secondaire du ministère de l'Éducation, Livre vert sur le loisir).

Tout ce travail s'effectue grâce à une équipe légère de sept personnes

---

54. Texte présenté par le Dr. C. Laurin à l'Assemblée nationale de Québec le 2 mai 1978.

55. Guy Rocher rencontre séparément, une ou plusieurs fois par semaine, les sous-ministres des quatre organismes pré-cités et systématiquement, une fois par mois les réunit tous ensemble.

(quatre cadres et trois professionnels), polyvalente (sociologues, science politique, administration publique, lettres) et jeune (la trentaine environ). La légèreté et la jeunesse de l'équipe confèrent à ce «staff» comme à la plupart des équipes des autres secrétaires généraux associés, un aspect fragile que contrebalance ici aussi, heureusement, le recours régulier aux expertises externes. C'est surtout pour la réalisation des «mandats» que le ministre d'État au développement culturel fait appel à des personnes-ressources extérieures au gouvernement (CEGEP, Université, entreprise) ou simplement extérieures au Conseil exécutif.

C'est ainsi, par exemple, qu'en ce qui concerne la loi 101, le comité a fait appel à des consultants privés, à la régie de la langue française qui a prêté son personnel pendant plusieurs mois, et au ministère de l'Éducation.

L'ensemble de ces ressources humaines fut à l'époque regroupé en quatre comités coiffés d'un comité de coordination composé des présidents des quatre comités en question. [56]

- *Le secrétaire général associé au développement économique.*

Au début de 1978 le poste était occupé par M. Jean-P. Vézina dont la tâche consistait à superviser l'activité de neuf ministères à vocation économique : l'Industrie et Commerce, les Travaux publics et Approvisionnements, Consommateurs, Coopératives et Institutions financières, les Terres et Forêts, les Richesses naturelles, l'Agriculture, les Transports, l'Énergie et le Tourisme, Chasse et Pêche.

* *Une fonction peu remplie au CMPDE : la fonction orientation*

Le CMPDE a joué relativement peu son rôle d'orienteur et de conseiller en matière de politiques gouvernementales. Il est vrai que, contrairement aux secteurs relevant des autres comités permanents, le gouvernement doit dans le secteur économique partager avec l'entreprise privée (et d'autres niveaux de gouvernement), la responsabilité de la mise en oeuvre de ses politiques et stratégies et donc ne peut qu'influencer indirectement la croissance et le développement du secteur. Il faut signaler, par ailleurs, que le CMPDE doit aussi s'impliquer peu à peu dans un tel rôle, assumé jusque-là par des ministères sectoriels, en particulier le ministère de l'Industrie et du Commerce.

Aussi, le CMPDE, pris par les nécessités de l'action quotidienne imposée par une conjoncture économique difficile, a-t-il davantage mis l'accent au cours de sa première année d'existence, sur la fonction de coordination des activités gouvernementales en matière économique.

* *Priorité à la coordination administrative en matière économique.*

Le «task-force» que constitue la petite équipe entourant le secrétaire général associé a coordonné un certain nombre de dossiers à caractère intersectoriel, travaillé avec les ministères sectoriels à la détermination des priorités de développement économique (tranche annuelle 1978-79), et a

---

56. Il y avait là : le comité sur l'enseignement, le comité sur l'entreprise industrielle, le comité sur les affaires et le commerce, et enfin le comité sur l'administration publique.

poussé de l'avant nombre de projets présentés par les divers ministères impliqués.

Pour ce faire, le « task-force » a contribué, dans certains domaines, à faire surgir des groupes de travail spécialisés et à assurer lui-même le secrétariat de ces groupes (ex. l'électricité, facteur de croissance).

Le «task-force» a également contribué à la réflexion préparatoire et à la coordination de la mise en oeuvre du programme de stimulation de l'économie et de soutien de l'emploi.

Les dossiers ainsi complétés sont dans certains cas adressés au CMPDE pour décision, accompagnés d'un avis favorable ou défavorable du secrétariat ou inscrits directement à l'ordre du jour des séances du Conseil des ministres où le ministre d'État peut intervenir après en avoir discuté avec ses fonctionnaires. Ce cheminement alternatif permet aux membres du Comité ou au ministre d'État seul, de poser les bonnes questions et de préparer la prise de décision, à partir d'un éclairage plus complet du sujet et de ses implications globales.

*   *La part croissante des mandats*

À côté des projets initiés par les ministères, le ministre d'État au développement économique, comme la plupart de ses collègues, s'est fait confier par le Conseil des ministres la responsabilité de certains dossiers spécifiques à titre d'initiateur et d'analyste (ex. le mandat sur l'épargne).

Tout ce travail est, là aussi, effectué par un «staff» léger, constitué de quatre cadres chargés surtout de l'analyse des dossiers et d'un professionnel (classe 1), à titre d'adjoint exécutif, responsable de l'organisation matérielle du travail et des réunions (convocation, procès-verbaux, etc.). L'équipe polyvalente s'appuie, là encore, sur l'expertise des ministères sectoriels.

Le CMPDE se heurte, dans son travail, au moins à une difficulté majeure : l'importance trop grande donnée jusqu'à présent aux mémoires au détriment des dossiers. Aussi le CMPDE entend-il se spécialiser davantage, dans l'avenir, sur certains dossiers importants et prioritaires, pour lesquels d'ailleurs il a amorcé la réflexion depuis plusieurs mois, à savoir notamment la stratégie de développement économique et les stratégies sectorielles.

•   *Le secrétaire général associé au développement social*

C'est là aussi une équipe légère composée de six cadres et de trois professionnels qui voit à la supervision de six ministères: les Affaires sociales, la Justice, le Travail et la main-d'oeuvre, l'Immigration, les Consommateurs. Coopératives et institutions financières, les Services de protection de l'environnement.

En raison de l'abondance de la législation en matière sociale, une grande partie du travail de cette équipe consiste à examiner d'un oeil critique la législation proposée à l'adoption du CMPDS.

Le ministre d'État au développement social a, lui aussi, entendu jouer un rôle dynamique en se faisant confier par le Conseil des ministres la responsabilité de plusieurs «mandats» importants.

Le «mandat» sur la protection de la jeunesse est maintenant terminé, celui sur le recours collectif le sera sous peu, celui sur la santé et la sécurité des travailleurs est en marche, celui sur la sécurité du revenu a démarré au début de 1978. Quant au mandat sur la politique de la main d'oeuvre il débutera très bientôt.

La législation qui découlera de l'activité du CMPDS trouvera donc ses origines tout à la fois au secrétariat général du Comité permanent et dans les ministèrs sectoriels. Par contre, toute cette législation sera longuement inspirée d'une philosophie de base que résume fort bien la maxime : « prévenir plutôt que guérir ».

En effet, le CMPDS entend augmenter davantage l'information des citoyens et la prévention, plutôt qu'accroître sans cesse les inspections et les sanctions en matière de sécurité au travail, et assister impuissant à l'élévation continue des coûts de la santé. Ce qui reviendra à faire en sorte que les citoyens prennent davantage en charge leur propre destinée. Ce qui n'empêchera évidemment pas l'État de peser de tout son poids dans le but de rétablir l'équité entre les diverses catégories de citoyens afin que règne le plus possible la justice distributive.

Malgré l'existence de conditions très favorables à l'éclosion de conflits tant avec le cabinet du ministre d'État (mêmes locaux, équipes de taille comparable, idéologie et approche militante, faiblesse de la tradition administrative qui délimite mal les zones d'action respectives entre administrateurs et politiques, etc...) qu'avec les sous-ministres sectoriels (échelon supplémentaire, contrôle nouveau, rallongement de délais, etc...) on est forcé de constater l'existence d'un très large consensus. Peu d'accrochages entre ces divers interlocuteurs sont à signaler.

Quelques exceptions pour confirmer la règle : la loi de protection du consommateur a engendré durant quelques mois certaines tensions entre le secrétaire général associé et le ministère des Consommateurs, coopératives et institutions financières. La loi de protection de la jeunesse a, de son côté, suscité de fortes tensions entre deux ministères aux approches très différentes : celui de la Justice (approche « sanction ») et celui des Affaires sociales (approche « réhabilitation-réinsertion »).

C'est dire, bien sûr, combien les projets adoptés par le CMPDS sont aussi des compromis entre les tendances opposées qui se font face à l'intérieur de la machine gouvernementale.

● *Le secrétaire général associé à l'aménagement et à la décentralisation*

Le titulaire actuel du poste, monsieur Yvon Tremblay, à titre de secrétaire général associé, est responsable à la fois de l'aménagement et de la décentralisation. Le secteur « aménagement » est sous l'autorité du ministre d'État à l'Aménagement, monsieur Jacques Léonard, qui préside le Comité ministériel permanent de l'aménagement[57]. Le secteur « décentralisation » est

---

57. Le Comité ministériel permanent de l'aménagement se réunit tous les quinze jours et coordonne les questions d'aménagement posées par l'activité de quelque huit ministères. Les ministères membres sont les suivants : Tourisme, Chasse et Pêche, Transports, Affaires municipales, Environnement, Travaux publics, Terres et Forêts, Richesses naturelles et Agriculture.

un dossier qui est dirigé par un Comité ministériel ad hoc dont le président est le Premier ministre. [58].

* Le secteur « aménagement »

Le Comité ministériel permanent de l'aménagement reçoit des différents ministères concernés tous les dossiers relatifs à l'aménagement et veille à la cohérence des actions gouvernementales en cette matière. Il permet ainsi de donner un éclairage permanent au Conseil des ministres sur cette importante question et de faire des prévisions quant à l'avenir de l'aménagement au Québec.

Les dossiers étudiés sont multiples et complexes. À titre d'exemple, c'est au Comité ministériel permanent de l'aménagement que fut étudiée et préparée la définition d'une option d'aménagement pour la région de Montréal, ainsi que les orientations d'aménagement du couloir fluvial, les amendements à la loi de la qualité de l'environnement, les procédures d'analyse des corridors énergétiques de l'Hydro-Québec, la programmation triennale de la Communauté urbaine de Montréal, etc.

L'équipe d'analystes comprend actuellement trois personnes : un géographe, un juriste et un sociologue. Cette équipe sera bientôt renforcée pour comprendre trois analystes de plus qui seront chargés de l'examen des dossiers. L'une des tâches les plus importantes de cette équipe est de préparer, sous l'autorité du Comité ministériel permanent de l'aménagement, la loi-cadre de l'aménagement et de l'urbanisme qui deviendra une grande charte de l'aménagement au Québec.

Par ailleurs, le secrétariat du Comité ministériel travaille très étroitement avec l'OPDQ en raison de la fonction même de l'Office de planification et de développement du Québec qui, de par son mandat, travaille et réfléchit sur les problèmes de l'aménagement du territoire et du développement régional.

La coordination se fait à l'intérieur d'un comité de coordination appelé Comité du triangle qui se réunit chaque semaine pour examiner les inter-relations qui doivent exister entre le développement régional, l'aménagement et la décentralisation.

* Le secteur « décentralisation »

En juin 1977, le Conseil des ministres a créé un Comité ministériel ad hoc chargé d'élaborer une politique de décentralisation pour le Québec. Ce comité, présidé, comme on vient de le souligner, par le Premier ministre, est composé du ministre d'État à l'Aménagement et du ministre des Affaires municipales.

L'élaboration des dossiers qui ont été préparés pour le Comité ministériel s'est faite sous l'autorité du secrétaire général associé à l'aménagement et à la décentralisation. Six groupes de travail interministériels ont été constitués, portant sur différents problèmes : l'analyse des structures, la définition du territoire, la décentralisation des affaires sociales, la décentralisation de

---

58. En conséquence le titulaire actuel du poste, M. Yvon Tremblay, est le seul secrétaire général associé à relever à la fois et d'un ministre d'État et du Premier Ministre.

l'éducation, la décentralisation des activités des autres ministères, l'analyse du financement et les stratégies d'implantation. Un Comité de coordination, composé de sept sous-ministres, a suivi le travail d'élaboration de ces différents groupes de travail.

En décembre 1977, un document de travail préliminaire sur la décentralisation a été soumis au Conseil des ministres pour discussion. Le travail se continue à partir des orientations qui ont été données par le Conseil des ministres sur cette question. Un secrétariat léger, composé de quatre personnes, assiste le secrétaire général associé dans ce domaine.

CONCLUSION GÉNÉRALE

Tout comme l'ex-Secrétariat de la Province abrita en son sein les embryons des futurs ministères de l'Éducation, du Tourisme — Chasse et Pêche, et des Communications, l'actuel ministère du Conseil exécutif assure la gestation de plusieurs organismes appelés un de ces jours à voler de leurs propres ailes: OPDQ, CPDQ, Conseil du statut de la femme, etc.

Ceci contribue à donner un aspect «fourre-tout» au ministère du Premier ministre chargé en outre d'héberger ses services politiques personnels, ceux de ses ministres d'État et surtout les services administratifs du secrétariat général du Conseil exécutif.

Nous avons vu combien, en l'espace de quelques années seulement (1968-1975), le Secrétariat général qui venait d'intégrer les squelettiques services du Greffe, a réussi, à travers deux hauts fonctionnaires et trois partis politiques, à faire reconnaître d'abord sa permanence, et ensuite son importance aux yeux de trois gouvernements successifs.

De simple service de soutien juridique et matériel de l'activité du Conseil des Ministres, le secrétariat général a su, grâce à l'action dynamique de deux hommes — le juriste Julien Chouinard et le sociologue Guy Coulombe — s'imposer comme unité de tout premier plan chargée de coordonner et de conseiller le Premier ministre à propos de l'ensemble des activités gouvernementales.

Une coordination active faite de stimulations et de pressions, alimentée aux sources directes du Pouvoir et reposant sur un degré d'expertise servi largement par les qualifications et la position stratégique au sommet de la pyramide administrative des hauts fonctionnaires chargés de sa mise en oeuvre, tel est le premier des deux éléments positifs qui ressort de l'étude du bilan du Secrétariat général du gouvernement.

Quant au second élément positif de l'action du secrétariat général, c'est incontestablement cette fonction de conseiller remplie avec rapidité, sagesse et réflexion par les grands mandarins de l'État, grâce à l'amélioration continue de leur niveau d'expertise, qu'il convient de citer.

Indispensable, efficace le secrétariat général fonctionne comme une véritable administration de mission. Sa devise qui pourrait être: «Faire et Faire faire» résumerait assez bien le rôle actif joué par cette organisation (préparation du conseil des ministres, greffe, mandats, réforme administrative, etc...) et la fonction d'accélération, de stimulation et d'aiguillon remplie par elle en matière de coordination supérieure des politiques gouvernementales.

Tous ces changements ont largement contribué à accroître au Secrétariat général, depuis 1975 notamment, le niveau de rationalité en matière de prise de décision gouvernementale. Le «decision-making process» a subi, en effet, des modifications notables qui ont permis, par le développement du potentiel d'analyse critique qu'elles ont entraîné, d'offrir aux membres du gouvernement un éventail d'options présentant, mieux qu'auparavant, les avantages et les inconvénients de chacun des choix possibles.

Pour rapide et satisfaisant qu'il ait été, le développement des activités du secrétariat général ne pouvait s'effectuer du jour au lendemain de façon complète et parfaite. Des problèmes existent, des défauts subsistent qu'il faut, non pas masquer, mais mettre en évidence, afin de mieux les réduire dans l'avenir.

C'est ainsi que, si l'enclenchement des engrenages politiques, budgétaires, administratifs s'effectue aujourd'hui mieux que par le passé, des progrès restent encore à accomplir afin de mieux intégrer entre eux, par exemple, les avis des divers comités permanents.

D'autre part, en matière d'analyse des politiques gouvernementales, l'approche du secrétariat général est moins facile que celle à laquelle se livre le Conseil du trésor. Le dollar est, en effet, un indicateur clair et précis en matière d'analyse budgétaire. Mais, en matière d'analyse politique globale, la subjectivité est grande lorsqu'il s'agit d'apprécier l'importance des problèmes et la qualité des solutions suggérées par les divers ministres du gouvernement.

Or, l'analyse des politiques gouvernementales, sur un plan scientifique, laisse encore beaucoup à désirer et si, elle constitue de plus en plus une nouvelle mode en matière de «science administrative», cette mode n'est que récente.

Aussi les spécialistes en ce domaine sont-ils rares. Ce qui ne permet pas toujours, loin de là, au secrétariat général de remplir adéquatement la fonction de contre-expertise des propositions ministérielles qu'il devrait dans l'intérêt de l'État, pouvoir exercer.

C'est en tout cas dans le sens de ces changements, vers une amélioration continue, que le secrétariat général, très conscient de sa force et de ses limites, paraît vouloir actuellement s'engager.

CHAPITRE IV

LA FONCTION PUBLIQUE
QUÉBÉCOISE

LA FONCTION PUBLIQUE QUÉBÉCOISE

Les structures et les organisations humaines ne valent que ce que valent les hommes eux-mêmes appelés à les servir.

En matière administrative cette tâche revient aux agents de l'État, c'est-à-dire principalement à la fonction publique.

Au Québec, le concept de fonction publique peut être pris dans des sens différents, du plus restrictif au plus large. Le titre de ce chapitre a délibérément recouru au sens le plus étendu, de façon à permettre d'inclure tout à la fois le «top management» politique et administratif, c'est-à-dire les membres de cabinets ministériels et les grands technocrates (sous-ministres, sous-ministres associés, sous-ministres adjoints).

En outre, ce chapitre vise à présenter quelques uns des grands problèmes que voient se poser à elles les fonctions publiques nationales. Problèmes qui découlent presque toujours de la nature des liens qu'entendent lui imposer les hommes politiques qui président, à un moment donné de son histoire, aux destinées de l'État. Ainsi, en est-il notamment, au Québec, de la question de la neutralité ou de la politisation de la fonction publique provinciale.

Ces questions ne présentent en aucune façon dans notre pays le caractère d'une pure hypothèse d'école. Elles se sont posées il y a longtemps déjà et se sont retrouvées reposées, récemment encore, lors de la Commission Cliche, dans le cadre d'une affaire qui est devenue aussitôt l'affaire Saindon [1].

L'auteur qui a eu l'occasion de se prononcer publiquement dans cette affaire et qui a d'autre part eu l'occasion de critiquer dans la presse et à l'occasion d'émissions radio-télévisées l'opinion de l'ancien conseiller spécial de Robert Bourassa, M. Paul Desrochers, sur la fonction publique québécoise, donne ici aux lecteurs de la Machine Administrative l'occasion de replacer dans un contexte élargi des questions d'hier, qui risquent fort d'être aussi, les problèmes de demain.

En effet, la bureaucratie ou la technocratie québécoise, car les deux formes d'administration subsistent et vivent parallèlement ou plus exactement

---

1. Du nom de l'ancien Président de la Commission de la Fonction Publique impliqué, à tort ou à raison, dans cette affaire.

l'une au-dessous de l'autre, n'est pas ce monstre calme, homogène, serein et sûr de sa puissance d'intervention ou à l'opposé de sa force d'inertie. C'est un corps social en proie à de multiples malaises, certains dangereux, d'autres moins redoutables, mais qui tous, les uns et les autres, ne contribuent guère à faire de la fonction publique québécoise cet instrument perfectionné, hautement productif et rentable qu'il serait socialement utile de mettre au service de l'État.

Les organes de gestion de cette fonction publique sont aussi, avec la philosophie d'ensemble qui doit gouverner les rapports État employeur-citoyens employés, au coeur des questions de fond, que voit se poser à lui, présentement, le gouvernement québécois.

Que faire notamment du ministère québécois de la Fonction publique? Vaut-il mieux le faire disparaître comme le recommandait il y a peu de temps encore l'auteur de ces lignes, ou, au contraire, faut-il appuyer le récent projet de loi 53 du ministre De Belleval, favorable à l'accroissement du rôle de ce même ministère?.

C'est à la prise de conscience de ces problèmes et à une prise de connaissance des principales thèses en présence, que le présent chapitre entend convier le lecteur de cet ouvrage.

LES CABINETS MINISTÉRIELS DANS L'ADMINISTRATION PUBLIQUE QUÉBÉCOISE

de Robert Bourassa (P.L.Q.) à René Lévesque (P.Q.)

A. SOUS LE GOUVERNEMENT LIBÉRAL DE R. BOURASSA [2]

INTRODUCTION

Cet article est le résultat d'une enquête menée au courant des mois de janvier à décembre 1972, dans le cadre d'un de mes cours d'administration publique, par une vingtaine d'étudiants du département de science politique de l'Université Laval [3]. Cette enquête visait un triple objectif. Il s'agissait en effet devant la profonde méconnaissance de cette structure — rares sont au Québec les articles qui lui ont été consacrés :

1°) de porter un avis sur son utilité, sa raison d'être au sein de l'administration ministérielle ;

2°) de mesurer son poids et d'examiner son rôle à l'intérieur de la machine administrative, c'est-à-dire d'essayer de voir si oui ou non les Cabinets québécois constituent réellement une de ces avenues aboutissant à ces carrefours d'influence où s'élaborent les décisions du pouvoir, une sorte de saint des saints de la vie politique québécoise, un aréopage politique d'éminences grises ;

3°) en cas de décalage entre l'utilité de la structure et le rôle effectif joué par elle, de diagnostiquer les défaillances de l'organisme et de recommander le

---

2. Cette étude repose sur les nombreuses entrevues accordées à mes enquêteurs par les divers Cabinets ministériels québécois. Signalons cependant que les informations relatives à 6 ministères sur 23 n'ont pu, pour diverses raisons, être réunies ; ce sont : les Affaires culturelles, les Affaires municipales, les Affaires sociales, les Transports, la Voirie et le Cabinet du Premier Ministre. C'est dire par là même que cette étude n'a pas la prétention de donner une image exhaustive de la réalité. Elle est toutefois une tentative de «défrichage» d'un secteur important de l'administration publique jusqu'ici presque complètement ignoré des politicologues et des administrativistes canadiens. C'est donc comme une première étape sur la voie d'une connaissance améliorée des Cabinets ministériels que cette analyse doit être considérée. Son objet essentiel est de dégager des avenues dans lesquelles d'autres chercheurs devraient s'engager afin de préciser davantage et parfois aussi de vérifier certaines tendances que nous espérons avoir, ici, contribué à mettre à jour.

3. Je voudrais dire ici combien sans la participation active des étudiants ce travail n'aurait pu voir le jour. Je tiens aussi à remercier tout spécialement M. Jean-Paul L'Allier alors Ministre de la Fonction publique pour l'appui personnel accordé à mes travaux ; Mmes Francine Dépatie et Françoise Gauthier, du Cabinet de M. L'Allier, pour l'aide qu'elles m'ont apporté dans la mise au point définitive du questionnaire : tous les membres des Cabinets ministériels québécois qui ont bien voulu accepter de nous recevoir, et spécialement MM. Laurence Morgan, Gilles Picard et Claude Bédard, respectivement directeur de Cabinet, secrétaire parlementaire et attaché de presse près M. le Ministre des Communications ; M. Jacques Champagne, mon assistant d'enseignement de l'époque, pour sa toujours précieuse et très appréciée collaboration ; ainsi que MM. Gilles et Yvan Bouchard, mes deux assistants de recherche, pour la qualité conférée à l'analyse et au traitement des données recueillies après enquête.

ou les remèdes appropriés afin d'accroître l'efficacité de l'organisation ministérielle au sommet de la pyramide des pouvoirs.

Afin d'atteindre l'objectif ainsi fixé, nous avons dû réunir et compiler deux séries importantes d'informations : une première série consacrée à la composition des Cabinets et une seconde série chargée de révéler le fonctionnement réel de cet organe au sein de l'administration publique provinciale.

A) LA COMPOSITION DES CABINETS MINISTÉRIELS

Les Cabinets ministériels québécois, à l'instar des Cabinets français, belges et italiens, constituent un groupe restreint de collaborateurs immédiats et personnels du Ministre. Ces états-majors civils composés des « alter ego » du Ministre sont situés à la charnière, aux confins de deux domaines différents : celui de la politique et celui de l'administration. Ils sont le point d'engrenage des rouages politiques et administratifs de la machine étatique où, comme d'aucuns ont pu l'écrire : « la souple passerelle qui relie l'administration à la politique ». [4]

Décrire les Cabinets ministériels revient, en pratique, à se pencher sur quelques critères de différenciation afin de faire apparaître les traits caractéristiques dominants de cette organisation. Trois d'entre eux méritent particulièrement d'être examinés.

1) L'aspect discrétionnaire et politique des nominations

Les ministres québécois, influencés historiquement par ces deux grands courants de pensée que sont les modèles anglo-saxons et français, auraient pu façonner leurs Cabinets à l'image des Cabinets ministériels anglais composés, on le sait, de fonctionnaires de l'« administrative class », politiquement neutres.

Or, on s'aperçoit très vite que c'est le modèle français de type « politique » qui l'a emporté ici sur le modèle anglais de type « administratif ».

a) Une nomination politique à la discrétion du ministre. — L'article 65 de la loi de la Fonction publique en déclarant que « toute personne peut être nommée par un ministre ... pour être son secrétaire particulier ou l'adjoint de celui-ci » fonde légalement le principe de la libre discrétion dans les nominations aux divers postes de membres de Cabinets ministériels québécois et ouvre volontairement la porte à la politisation de ces fonctions.

L'analyse des réponses à deux questions obtenues par l'enquête met clairement en évidence l'aspect politique des nominations à titre de membre de cette organisation :

À la première question : « Qui est à l'origine de votre nomination ? », 64% des membres de Cabinets répondent : le ministre, le Cabinet par cooptation, l'influence d'un homme politique autre que le ministre.

---

4. Paul Morand : « La nuit de Babylone ».

À la seconde question : « Connaissiez-vous *personnellement* le ministre ou autres personnes du Cabinet avant d'être nommé ? », 61% des personnes interrogées répondent par l'affirmative.

b) Se justifiant par la relative « politisation » de l'administration. — La justification d'une telle situation se trouve dans un raisonnement fort simple : pour qu'un ministre — personnage politique — accepte de s'entourer de collaborateurs pris exclusivement à même la Fonction publique, il faut qu'il ait vis-à-vis de celle-ci une très grande confiance. Or, pour que cette confiance existe, il ne faut pas que le ministre ait à faire à une Fonction publique « politisée » ou susceptible de l'être. La très grande et très stricte neutralité politique de « l'administrative class » britannique explique la composition des Cabinets de ministres anglais, de même que la plus grande « politisation » de la fonction publique québécoise et française explique l'adoption dans ces deux pays d'un régime permettant aux ministres d'opérer de façon discrétionnaire des choix politiques lors de la désignation de leurs proches collaborateurs au sein des Cabinets[5].

Il faut en effet reconnaître que face aux fonctionnaires de son ministère, le ministre est comme désarmé, comme prisonnier d'une organisation dont il connait rarement les hommes et les usages. Le maroquin serait trop lourd pour lui s'il n'était soutenu par une équipe d'hommes dévoués par amitié, intérêt ou idéologie. C'est d'ailleurs grâce à cette équipe qui l'entoure que l'homme politique peut ainsi passer d'un ministère à l'autre, à l'occasion de chaque remaniement ministériel, sans être un spécialiste.

Voilà ce, qui en résumé, constitue la raison d'être numéro 1 des Cabinets ministériels québécois.

c) Simplement limitée en quantité. — Cet aspect discrétionnaire est simplement limité par l'usage de l'enveloppe budgétaire accordée à chaque ministre aux fins de rémunération de ses proches collaborateurs. Afin d'éviter que les Cabinets ne deviennent des structures pléthoriques, le gouvernement a entendu limiter le nombre de collaborateurs de ministres au sein des Cabinets.

À ce sujet, un mémoire daté du 12 janvier 1972 adressé au Conseil des ministres par M. Jean-Paul L'Allier alors ministre de la Fonction publique et ayant pour objet « le personnel de secrétaires particuliers et secrétaires particuliers adjoints dans les Cabinets ministériels » fait état du nombre de collaborateurs pouvant constituer un Cabinet de Ministre.

Trois catégories sont distinguées :

— le personnel de base commun à tous les ministres :

- 1 directeur de Cabinet (secrétaire particulier),
- 1 attaché de presse (secrétaire particulier adjoint),
- 1 secrétaire de comté.

---

5. Un exemple symptomatique de cette politisation de la Fonction publique québécoise par rapport à la neutralité politique du « Civil service » anglais est donné par la possibilité offerte aux fonctionnaires québécois de toutes catégories d'obtenir un congé sans solde afin de briguer un mandat électoral et de réintégrer la Fonction publique en cas d'échec. On sait qu'une telle situation est impossible en G.-B., où la loi interdit à un fonctionnaire de l'« Administrative Class » de briguer un mandat électif, sauf en cas de démission préalable.

— le personnel supplémentaire pour les ministres avec portefeuille:

- 1 secrétaire particulier adjoint aux affaires parlementaires.
- 1 secrétaire particulier adjoint au directeur de Cabinet et plus particulièrement responsable du principal secteur d'activité du ministère. Il est toutefois prévu expressément que les ministres ayant à gérer des secteurs administratifs particulièrement vastes et comportant des sommes de travail importantes pourront s'adresser au Premier Ministre afin d'obtenir une augmentation du nombre de secrétaires particuliers adjoints.

— le personnel supplémentaire pour les ministres avec portefeuille:

Ces ministres auront droit par portefeuille au personnel supplémentaire précédent, avec la possibilité en outre de substituer au secrétaire particulier adjoint aux affaires parlementaires, un secrétaire particulier faisant office de directeur de Cabinet.

d) Exerçant un certain attrait pour des raisons diverses. — Les raisons à la base de l'acceptation par un individu d'entrer dans un Cabinet de ministre sont fort diverses. Nous en distinguerons trois principales:

1) *Se dégager d'un travail routinier.* Le passage de la bureaucratie administrative à un état-major ministériel signifie souvent le passage d'un travail monotone et répétitif à une activité plus exaltante et plus accaparante, car il règne dans beaucoup de Cabinets québécois une espèce d'animation qui atteint parfois l'énervement et qui n'est pas sans présenter quelque excitation pour ceux qui peuvent la supporter.

2) *Satisfaire un goût pour l'action politique et éprouver le sentiment de participer directement au pouvoir.* Le Cabinet est un moyen qui permet à ses membres d'approcher les leaders politiques et de remplir ces fonctions de conseiller qui permettent au nom de l'administration d'agir sur un ministre ou au nom d'un ministre de commander à l'administration.

La fréquence des relations Cabinets-ministres est en effet bien soutenue. 86,1% des membres de Cabinets déclarent avoir des réunions avec le ministre contre seulement 2,8% qui déclarent ne pas en avoir. Ces réunions sont assez nombreuses, puisque 72% du personnel des Cabinets indiquent rencontrer le ministre de 1 à 3 fois par semaine, souvent au gré de circonstances; 30% le voyant même tous les jours.

3) *Brûler les étapes d'une carrière.* Le passage par un Cabinet permet assez souvent d'éviter les lenteurs d'une filière médiocre, de pénétrer dans la Fonction publique sans passer par le canal ordinaire de la Commission de la fonction publique. C'est aussi pour certains «bright young men» qui songent à une carrière de parlementaire, une façon de faire un stage politique des plus profitable. En ce sens, le Cabinet tend à être une pépinière privilégiée, une espèce de serre favorable à l'éclosion prématurée de jeunes gens d'État, un tremplin des plus utile[6].

---

6. Cette tendance qui se fait jour mériterait toutefois d'être vérifiée et précisée au cours d'une enquête ultérieure. L'examen attentif de la carrière suivie par les membres des Cabinets québécois depuis une douzaine d'années serait vraisemblablement fort révélatrice à ce sujet.

À la question: «le poste est-il un tremplin?», 55,5% des réponses se concentrent sur le oui; 16,6% seulement répondent par la négative et 27% s'abstiennent.

Parmi ceux qui estiment que le poste est un tremplin, 52% estiment qu'il est un tremplin vers le secteur privé, 25% vers le secteur public, 2,7% vers le secteur para-public[7].

Nombreux sont aussi ceux qui voient dans la fonction un tremplin vers une carrière politique (44,4%). Cette carrière est d'ailleurs envisagée à 86,6% au niveau provincial et à 13,4% au niveau fédéral; personne ne souhaitant effectuer une carrière au niveau municipal.

Ce choix découle de la perte d'autonomie de plus en plus marquée des collectivités locales et traduit l'existence d'un sentiment national québécois très fort, même parmi l'entourage immédiat d'un personnel politique, dont l'option fédéraliste est bien connue[8].

Toutes ces raisons font que les Cabinets attirent tout à la fois et les membres de la fonction publique et les personnes issues du secteur privé.

e) Tant au sein de la fonction publique qu'à l'extérieur. — Les Cabinets constituent une structure très ouverte: la preuve en est que 27,8% seulement des membres de Cabinets relevaient auparavant de la loi de la Fonction publique, tandis que 19,4% provenaient de l'université, 27,8% du secteur des affaires et 11,1% d'un autre Cabinet[9].

f) Bien qu'engendrant parfois un certain «complexe de culpabilité» — Les membres des Cabinets semblent parfois nourrir une certaine gêne, un certain complexe de culpabilité vis-à-vis des fonctionnaires du gouvernement québécois, en raison de l'influence exercée par le facteur politique dans leur nomination au sommet de la pyramide administrative.

On s'aperçoit, lors de l'examen des réponses apportées à certaines questions, que nombreux sont les membres des Cabinets qui tentent à plusieurs reprises d'atténuer l'importance du facteur politique dont ils ont bénéficié, pour rehausser l'importance du facteur «compétences techniques» et «qualifications professionnelles de haut niveau», ou insister sur l'aspect administratif et non partisan de leurs fonctions.

C'est ainsi qu'à la question: «Quels sont les deux critères prédominants dans le choix des membres des Cabinets?», les réponses fournies par les intéressés font apparaître aux premiers rangs les critères: «formation technique, professionnelle et universitaire», tandis que les critères «relations personnelles et influence politique» arrivent discrètement en deuxième position.

Or, on sait toute l'importance qui est reconnue au facteur politique au moment des nominations, d'une part, et, d'autre part, comme on va le voir

---

7. Le % restant est constitué par les non réponses.
8. Il s'agit du Parti libéral du Québec.
9. La différence du total par rapport à 100 tient au % des non réponses.

immédiatement, «la haute qualification universitaire» et le «degré élevé d'expérience» des membres des Cabinets méritent pour le moins d'être nuancés.

2) Un niveau d'instruction relativement moins élevé que celui atteint par la haute fonction publique[10].

Le tableau comparatif suivant atteste clairement la véracité de notre intitulé.

Degré universitaire	Cabinets %	% Membres Fonction Publique
Dr, Ph.D.	0	9
DES, Maîtrise	25	30
Licence - Bacc. spécialisé	47	58
Baccalauréat de l'enseignement secondaire - DEC - BA ou degré supérieur	28	3

TABLEAU XX

En effet, on constate qu'aux niveaux doctorat, maîtrise et licence, le pourcentage de diplômés est toujours sensiblement inférieur dans les Cabinets aux pourcentages enregistrés chez les hauts fonctionnaires du gouvernement.

Par contre, au niveau le moins élevé (baccalauréat de l'enseignement secondaire, diplôme d'études collégiales...), la situation est radicalement inversée, puisque seulement 3% des hauts fonctionnaires n'ont que ce degré de scolarité, tandis que le pourcentage s'élève à 28% chez les membres de Cabinets.

Si l'on ajoute à cela le fait que 22,2% seulement des personnes interrogées déclarent avoir suivi des cours de formation en administration publique (2,8% à l'ENA de Paris, 13,9% à l'Université, 5,6% dans d'autres institutions), tandis que 27,8% avouent franchement n'en avoir jamais suivi — les 50% restant préférant ne pas répondre, ce qui est en soi un indice suffisant pour que l'on sache à quoi s'en tenir — on est mieux en mesure de prévoir quelles conséquences fâcheuses un tel déséquilibre ne saurait manquer d'avoir sur le plan de la prise de décision, au moment où se trouvent confrontés les trois pôles du triangle d'autorité : Cabinet, sous-ministres, ministre.

Or, «l'expérience professionnelle» des membres de Cabinets, loin de rétablir l'équilibre, creuse davantage encore un déséquilibre déjà très marqué en faveur de la haute fonction publique, au détriment des Cabinets.

---

10. Par «haute fonction publique», il faut comprendre ici le «top management» constitué au Québec dans chaque ministère par le sous-ministre, les sous-ministres adjoints et les sous-ministres associés.

3) La jeunesse des membres de Cabinets relativement à la maturité des hauts fonctionnaires québécois.

a) Leur jeunesse d'âge. — Le tableau suivant traduit nettement l'opposition radicale existant entre la jeunesse des membres de Cabinets et la maturité des hauts fonctionnaires.

TABLEAU XXI

Age	Cabinets %	Membres Fonction Publique %
- 40 ans	92	9
+ 40 ans	8	91

Cette situation découle de l'intervention de cinq facteurs principaux :

— Les postes de hauts fonctionnaires sont l'aboutissement d'une carrière effectuée dans le secteur privé ou public. D'où l'âge relativement avancé des détenteurs de ces charges.

— L'absence de permanence attachée aux fonctions de membres de Cabinets éloigne les personnes d'âge mûr devant prendre en considération des responsabilités familiales relativement lourdes.

— Le traitement versé aux membres de Cabinets peut être jugé confortable par des jeunes gens à l'orée d'une carrière, mais reste toutefois difficilement compétitif avec les revenus versés par le secteur privé à ses cadres supérieurs ou aux montants d'honoraires que les membres des professions libérales encaissent de leurs clientèles privées annuellement.

D'ailleurs, 57,78% estiment qu'il y a disparité de rémunération entre le Public et le Privé dépendant souvent du type d'emploi et 44,4% estiment que ces disparités sont causes de malaises dans la Fonction publique, tandis que 33% seulement sont d'un avis différent.

— Les conditions de travail du Cabinet : stress permanent, activité débordante, durée des journées de labeur (9h. à 12h. ou 14h. en période de session parlementaire ou de crise) éloignent les cadres d'âge mûr et ne peuvent qu'attirer ce que d'aucuns ont parfois qualifiés de « jeunes loups ambitieux » ou d'un vocable moins préjoratif les « bright young men »[11].

---

11. Ces conditions de travail exaltantes mais harassantes expliquent en partie que le taux de rotation du personnel de Cabinet (turn-over) soit relativement élevé. Sans que nous ayons pu, au cours de l'enquête, mesurer scientifiquement cette donnée — ce qui resterait à faire — il apparaît toutefois, selon les dires de plusieurs de nos interlocuteurs, que le personnel des Cabinets québécois soit entièrement renouvelé en un laps de temps assez court : 2 ans à 2 ans et demi environ.

— L'âge relativement jeune des hommes politiques québécois — moyenne d'âge 43 ans environ pour les ministres actuels — les porte naturellement à s'entourer d'un personnel jeune et dévoué qui appartienne à leur génération.

Or, à la jeunesse d'âge des membres des Cabinets, s'ajoute la jeunesse de l'expérience administrative au sein de la Fonction publique.

b) La jeunesse de leur expérience administrative. — Parce que la majorité d'entre eux est issue du secteur «privé» au sens large du terme, l'expérience de la «chose publique» est peu étendue. En effet, 83,3% ont moins de 5 ans d'expérience dans l'administration publique et 20% ont même moins d'un an d'expérience.

En raison d'une certaine mobilité, c'est 94,4% des personnes interrogées qui ont moins de 5 ans d'expérience dans le ministère où ils travaillent actuellement.

La situation est radicalement l'inverse chez les sous-ministres et les sous-ministres adjoints, puisque 69,7% d'entre eux ont au contraire plus de 5 ans d'expérience dans la Fonction publique. Quant à la mobilité, c'est seulement 48,5% des sous-ministres et sous-ministres adjoints qui ont moins de 5 ans d'expérience dans le ministère où ils exerçaient au moment de l'enquête.

Si bien, que les membres des Cabinets sont tout à la fois, moins au fait de la pratique administrative et moins au courant du fonctionnement du ministère dans lequel ils travaillent, que les hauts fonctionnaires de l'État.

Cet état de choses n'est évidemment pas sans présenter quelques conséquences majeures sur le plan du fonctionnement de l'organisation.

B) LE FONCTIONNEMENT DES CABINETS MINISTÉRIELS

Une analyse psycho-sociologique du fonctionnement des Cabinets ministériels québécois nous entraîne à examiner successivement trois questions :

1) les conditions de travail au sein des Cabinets,
2) le type de relations existant entre les Cabinets et les Bureaux,
3) la nature des attributions relevant de la compétence des Cabinets.

1) Les conditions de travail au sein des Cabinets

L'enquête a révélé l'existence de motifs de profonde satisfaction, mais aussi des traces de réels mécontentements.

a) Les motifs de satisfaction. — Un fort degré de satisfaction est apporté incontestablement par la réponse à la question : «Êtes-vous satisfait de votre travail ?», puisque 94,4% vont à la mention «beaucoup».

Les raisons de cette satisfaction générale sont au nombre de trois :

— Une raison d'ordre matériel : le traitement. En effet, 72% des membres de Cabinets s'estiment «correctement payés», tandis que 25% seulement estiment recevoir une rémunération insuffisante[12].

---

12. Nous préciserons ultérieurement notre propre point de vue sur cette question.

— Une raison d'ordre psychologique : l'ambiance de travail. En effet, 88,9% des interviewés indiquent qu'il règne au sein des Cabinets un profond esprit d'équipe et un sens étroit de la solidarité, 8,3% seulement partagent un avis contraire, et font état d'individualisme et de compétition entre les membres.

— Une raison d'ordre organisationnel : l'absence de hiérarchie et la participation collégiale aux décisions.

• La participation des membres de Cabinets aux discussions est forte à l'intérieur de la structure. 75% des personnes interviewées signalent qu'elles participent à des réunions internes de tout le Cabinet, contre seulement 19,4% qui répondent ne pas y participer.

Or ces réunions sont fréquentes, puisque 69,5% des gens environ déclarent se réunir plusieurs fois dans la semaine, dont 27,8% tous les jours et 30,6% de 1 à 4 fois par semaine.

• L'absence de hiérarchie apparaît nettement lorsqu'on examine les résultats donnés par la question : « Sous quelle autorité les membres du Cabinet travaillent-ils ? », 66,6% répondent : « Sous l'autorité directe du ministre », tandis que seulement 8% répondent « sous l'autorité exclusive du directeur de Cabinet ». Par contre 19,4% déclarent « sous les deux autorités à la fois ». On voit donc que le poste de directeur de Cabinet ne constitue pas une fonction supérieure au sens hiérarchique du terme. À l'instar du directeur de Département d'une Faculté, le directeur de Cabinet n'est qu'un « primus inter-pares » sans véritable autorité. Le patron que l'on sert est bel et bien l'homme politique chef du Département ministériel, c'est-à-dire le Ministre dont les membres de Cabinets dressent le portrait-robot idéal que voici :

1) Etre capable de donner une direction précise à toutes les questions du programme.
2) Etre capable de gagner les causes portées devant le Conseil des ministres.
3) Etre capable de prendre des décisions rapides et non équivoques.

Outre que les ministres ne correspondent pas toujours à ce modèle idéal, d'autres motifs d'insatisfaction existent aussi.

b) Les motifs d'insatisfaction. — À la question : « Choisissez dans la liste qui suit les deux principaux facteurs qui selon vous représentent le mauvais côté de votre travail », les membres de Cabinets indiquent :

— Le surmenage, le poids des responsabilités. Il n'y a là rien d'étonnant. C'est le revers d'un travail qui oblige, on le verra plus en détail bientôt, à une collaboration de tous les instants avec le ministre, mais aussi avec les bureaux, le parti, l'assemblée, les groupes d'intérêts... Le Cabinet représente en effet l'agitation, le mouvement, l'urgence au sommet d'une pyramide administrative plus encline par nature à prendre son temps, à réfléchir longuement, à laisser mûrir, à tempérer et à calmer les forces de changement[13].

---

13. Cf. R. Catherine et G. Thuillier : « Philosophie de l'Administration », Ed. Colin, Collection Paris.

Le Cabinet vit effectivement dans l'instant présent, le temps est pour lui indéterminé mais limité. Parce que lié aux aléas fluctuants du jeu politique, le Cabinet a l'ambition de laisser quelques traces de son passage temporaire dans le ministère. Pressé par la conjoncture, préoccupé par l'actualité, souhaitant une action immédiate, sachant qu'il est là à titre précaire et éphémère, le Cabinet va connaître dans son rythme de travail une cadence discontinue et apparemment désordonnée toute marquée de hâte, d'agitation et de fébrilité.

— L'insécurité de l'emploi. Le membre d'un Cabinet ministériel ne détenant pas très souvent, on l'a vu, un niveau équivalent à celui d'un sous-ministre, il est fréquent, évidemment, que la Commission de la fonction publique se classifie à un niveau de loi inférieur à celui auquel appartiennent les sous-chefs et les cadres du ministère. Si bien qu'au premier remaniement ministériel ou de cabinet, celui-là même qui avait, peu de temps auparavant, pour fonction de contrôler les hauts fonctionnaires se retrouve en position de contrôlé, sous les ordres hiérarchiques de ces mêmes hauts fonctionnaires. Situation peu agréable, s'il en est que le changement de ministère ne vient améliorer qu'en partie.

— L'attitude des administrateurs. Les membres des Cabinets se plaignent en général de l'attitude «défavorable» voire «méprisante» parfois, que prennent les fonctionnaires à leur àgard. À notre avis, cette attitude repose sur trois motifs principaux :

• L'insuffisante qualification des membres des Cabinets plus encore que l'aspect «discrétionnaire» et «politique» des nominations à ces postes, apparaît, aux yeux de l'opinion, comme profondément choquante.

• L'accroissement de traitement qu'entraîne l'accès à une fonction au sein d'un cabinet constitue le second motif. Les membres de cabinets, outre le traitement normal afférent à leur catégorie d'emploi, perçoivent un montant additionnel se traduisant par une augmentation pouvant aller jusqu'à 25% du traitement initial, avec un imaxmum pouvant atteindre $23,000 par an en 1972[14].

Par contre, lorsque les membres du Cabinet quittent leurs fonctions au sein de cette structure et intègrent ou réintègrent la fonction publique, ils sont certes placés ou replacés dans leur catégorie d'emploi d'origine, mais leurs traitements ne peuvent être diminués que jusqu'à concurrence de 15%[15].

Résultat : dans un même type d'emploi et souvent dans un même bureau cohabitent des fonctionnaires qui accomplissent le même travail, la plupart avec un traitement correspondant aux honoraires de la fonction publique et certains — anciens membres de Cabinets — avec un traitement sensiblement supérieur, originant simplement d'un passage plus ou moins bref dans l'entourage d'un ministre, grâce à certains effets combinés du hasard et de la faveur.

---

14. Selon des informations dignes de foi, ce pourcentage de 75% serait dans la réalité plus élevé. Certains informateurs font état de 30% à 1/3.

15. Ces informations sont extraites d'un mémoire adressé par M. J.-P. L'Allier, alors Ministre de la Fonction publique, au Conseil des Ministres et daté du 12 janvier 1972.

Je dois dire, qu'à mon humble avis, cet accroissement de salaire n'aurait rien de choquant, ni d'injuste, s'il était toujours versé à des individus offrant de réelles compétences professionnelles et une formation universitaire de haut niveau, car la nature même du travail justifie pleinement une telle compensation pécuniaire. Nous verrons d'ailleurs qu'une des recommandations que j'aurai l'occasion de formuler en conclusion à cette étude tend à favoriser davantage encore les membres de Cabinets sur ce plan.

• À quoi il convient d'ajouter la série classique des reproches adressés aux Cabinets par les administrateurs, pour qui d'ailleurs le Cabinet représente parfois une menace permanente, une forme de contrôle constant de leurs activités, et dont le bref inventaire ci-après donnera une petite idée : « leur arbitraire », « leur ignorance des réalités administratives », « l'incohérence de leur action », « leur style d'action », « leur goût pour le secret dans les prises de décision », « leurs ambitions effrénées », « leur désir exagéré de réforme », « leur politisation outrancière et l'usage de passe-droits » (c'est par l'intermédiaire des Cabinets souvent que les particuliers court-circuitent des services administratifs et se prévalent d'une relation politique amicale pour hâter une décision ou pour contourner un règlement).

On comprend par là-même que quelques tensions puissent être enregistrées entre les Cabinets et la haute fonction publique. Ce qui nous amène à examiner la place des Cabinets dans l'organisation ministérielle.

2) Place des Cabinets dans l'organisation ministérielle

Cabinets et hauts fonctionnaires se trouvent, vis-à-vis du ministre, dans une position quelque peu concurrentielle, chacune de ces deux structures désirant exercer une influence réelle sur le ministre.

Aussi avons-nous cherché à savoir comment se réalisait l'articulation du Cabinet avec le ministre et les services, quel type de relations les Cabinets ministériels québécois tissaient concrètement avec la haute fonction publique et le chef du département ministériel.

Une conclusion est à dégager de l'enquête : la grande variété de types qui est apparue, allant de la relation de supériorité des Cabinets jusqu'à la relation d'infériorité, en passant par la relation d'égalité. Il n'y a donc pas homogénéité des genres, mais bel et bien une grande hétérogénéité et une forte diversité découlant du type de ministère, ainsi que du style, du comportement, de la valeur de chacun des trois protagonistes : le ministre, les hauts fonctionnaires, les membres du Cabinet. Deux points de vue sont à considérer : celui des Cabinets et celui de la haute fonctions publique.

1 — Le point de vue des Cabinets

a) La relation de supériorité. — Cette supériorité du Cabinet peut être plus ou moins marquée, aussi doit-on distinguer le Cabinet-écran du Cabinet-brain-trust.

— *Le Cabinet-écran ou Cabinet-tentaculaire ou Cabinet de superposition.* Chargé de protéger le ministre contre l'envahissement par les hauts fonctionnaires, il crée une sorte de « no man's land » autour de sa personne, s'érige en voie de passage obligatoire, constituant un goulot d'étranglement pour toutes les affaires nécessitant l'avis du ministre. Il intervient dans toutes les affaires, évoque toutes les questions, reconsidère en détail toutes les

222

solutions proposées, se superpose aux services. Ce type de structure symptomatique d'un malaise intra-administratif et révélateur d'un degré élevé de méfiance entretenu par le ministre vis-à-vis des fonctionnaires de son département n'est toutefois pas très répandu au Québec: 16% seulement des personnes interrogées font état dans leur ministère d'une relation de ce genre que représente parfaitement une section de droite verticale.

TABLEAU XXII

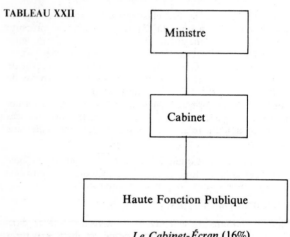

Le Cabinet-Écran (16%)

— *Le Cabinet-Brain-Trust.* Dans une telle situation, la relation Cabinet-ministre apparaît encore comme une relation privilégiée. Le Cabinet reste l'élément conseil de premier ordre, toutefois, les hauts fonctionnaires peuvent avoir accès auprès du ministre directement, sans devoir obligatoirement passer par le Cabinet du ministre. Ce type de modèle est beaucoup plus répandu: 33% des personnes interrogées l'indiquent comme étant celui qui fonctionne dans leur ministère. Ici, la relation Cabinet-ministre-haute fonction publique est de type «triangle scalène».

TABLEAU XXIII

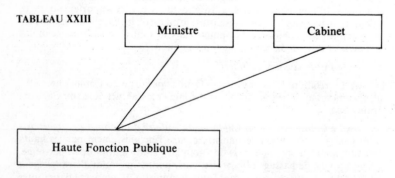

Le Cabinet-Brain-Trust (33%)

b) La relation d'égalité : le Cabinet « staff » spécialisé. — Ici le Cabinet est à égalité avec la haute fonction publique. Cette situation traduit un sentiment de confiance raisonnée de la part du ministre vis-à-vis des fonctionnaires de son ministère. Le Cabinet remplit une tâche propre, mais ne constitue ni un écran, ni une structure-conseil privilégiée. Il est simplement en relation de « staff spécialisé » remplissant une fonction déterminée de type politique chargée de contrebalancer l'influence de type administratif exercée par le sous-ministre, les sous-ministres adjoints et associés du ministère. Ce modèle semble être le plus répandu, puisque 36% des membres de Cabinets interrogés le citent comme étant celui auquel ils appartiennent. La relation Cabinet-ministère-haute fonction publique est de type « triangle isocèle ».

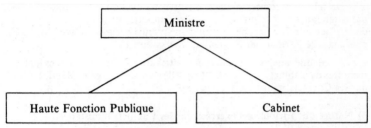

Le Cabinet « staff » spécialisé

TABLEAU XXIV

c) La relation d'infériorité : le Cabinet Marginal ou Cabinet Boîte aux Lettres. — En position de relégation, il joue un rôle peu important et agit comme une simple boîte aux lettres, l'essentiel des relations étant axé sur la haute fonction publique. Il « se manifeste peu auprès des services et, soit par manque d'expérience ou par désintérêt, se contente de signer le courrier que les services lui présentent, bornant son activité au travail parlementaire et à la représentation du ministre à l'extérieur »[16]. Le Cabinet, court-circuité, n'est ici qu'un soutien organisationnel d'importance très secondaire auprès du ministre. Les Cabinets ne se voient dans une telle relation de type « triangle rectangle » que dans 5,6% des cas seulement.

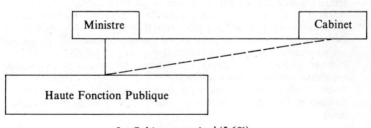

Le Cabinet marginal (5,6%)

TABLEAU XXV

16. Extrait de R. Catherine : « Cabinets et Services », in *La Revue Administrative,* p. 368.

*2 — Le point de vue de la haute fonction publique : une divergence sensible
d'opinion*

Interrogés sur ces mêmes questions, les hauts fonctionnaires québécois
sont moins nombreux à voir les Cabinets placés en position d'écran ou de
brain-trust, c'est-à-dire en position de supériorité (écran 9,1% comparé à
16%; brain-trust 15,1% comparé à 33%). Par contre ils sont plus nombreux
que les membres de Cabinets à voir ces derniers situés dans une relation
d'égalité avec eux-mêmes (48,5% au lieu de 36%), et bien plus nombreux
encore à voir les Cabinets fonctionner dans un système qui les laisse dans une
position marginale comparée à la leur, vis-à-vis du ministre (21,2% au lieu de
5,6%).

De telles différences d'opinion peuvent s'expliquer très naturellement
par la tendance bien humaine à accroître l'importance du rôle que l'on joue et
de la place que l'on occupe au sein d'un système organisationnel. Mais cela
peut aussi se justifier par des réalités très concrètes.

Aussi une analyse détaillée des attributions réelles remplies par les
membres de Cabinets nous permettra-t-elle de mieux juger le rôle effectif joué
par les Cabinets ministériels québécois.

3) Nature des attributions exercées par les Cabinets ministériels

a) Une division fonctionnelle des tâches. — Les attributions exercées
par le Cabinet sont l'objet d'une spécialisation, d'une division des tâches au
sein même de cette structure entre les cinq membres principaux que sont le
directeur de Cabinet, le secrétaire particulier aux affaires parlementaires, le
secrétaire de comté, le secrétaire administratif et l'attaché de presse[17].

1°) *Le directeur de Cabinet*

Son rôle consiste, sous la direction du ministre, à assumer la responsabilité du fonctionnement du Cabinet et à agir comme conseiller auprès du
ministre sur des questions de nature politique. À cette fin, il est appelé à
exercer les fonctions suivantes :

1. Coordonner l'ensemble des activités administratives et parlementaires du
   ministère : à ce titre, il doit régler les mille et une questions d'emploi du
   temps (agenda ministériel), de protocole, de détail, etc...
2. Assurer la liaison permanente entre le Cabinet du ministre et les
   organismes centraux de l'administration (Conseil des ministres, Conseil
   du trésor, etc.), ainsi qu'avec les autres Cabinets ministériels, les instances parlementaires et d'autres administrations publiques ;
3. Assurer, au besoin, la réception et l'accueil des personnes ou groupes
   requérant une entrevue du ministre ;
4. Pourvoir à la réception, à l'acheminement et au traitement du courrier du
   Cabinet et de la documentation administrative et en assurer le classement ;

---

17. Les informations qui suivent sont extraites notamment des documents officiels suivants :
« description des emplois du personnel politique des Cabinets ministériels » — Annexe C — 3
p. ; organigrammes et descriptions des postes de travail des Cabinets des Ministres des
Finances, des Communications, des Affaires sociales et de l'Immigration.

5. Participer aux réunions statutaires du Cabinet du ministre et diriger celles-ci en l'absence du ministre ;
6. Coordonner particulièrement la préparation et la présentation des divers rapports annuels ou périodiques, ainsi que la défense administrative et parlementaire des budgets dont le ministre a la responsabilité ;
7. Assurer la gestion administrative et celle du personnel du Cabinet ;
8. Aviser le Cabinet du ministre et celui-ci relativement aux questions législatives ou réglementaires et judiciaires du ressort du ministre ;
9. Accompagner le ministre, ses collègues ou des membres de l'Assemblée nationale ou de la Fonction publique ou d'autres personnes à la demande du ministre ;
10. S'acquitter de toute autre fonction qui peut lui être confiée par le ministre.

2°) *Le secrétaire administratif*

Sous la direction du ministre et du directeur de Cabinet, il doit :

1. Assurer la liaison permanente entre le Cabinet du ministre et les administrations qui relèvent de celui-ci ;
2. Assurer au besoin la réception et l'accueil des personnes ou groupes requérant une entrevue du ministre en relation avec les matières relevant de la juridiction de l'une ou l'autre ou de plusieurs des administrations qui relèvent de celui-ci ;
3. Traiter le courrier et la documentation administrative du Cabinet reliés auxdites administrations et en effectuer le classement ;
4. Participer aux réunions statutaires du Cabinet du ministre et diriger celles-ci en l'absence du ministre et du directeur de Cabinet ;
5. Participer d'office aux réunions de l'Exécutif du ministère et en faire rapport ;
6. Préparer les rencontres statutaires entre le ministre et les administrations qui lui sont confiées et y assister à la demande du ministre ;
7. Préparer, en collaboration avec chacune desdites administrations, la défense administrative des budgets et participer dans la mesure requise à l'établissement des rapports annuels ou autrement périodiques ; et collaborer avec le secrétaire particulier à la préparation de la défense parlementaire de tels documents ;
8. Assurer l'information générale du ministre et du Cabinet sur toute question de son ressort. À ce titre, il doit alerter, aiguillonner et mobiliser les services afin d'obtenir les éléments d'information exigés par la pression politique de l'heure, car les bureaux ont parfois tendance à imiter les hérissons et les tortues ;
9. Collaborer, avec le secrétaire de presse, à l'élaboration de discours et allocutions du ministre dans les questions de son ressort ;
10. Accompagner le ministre, s'il le requiert, à l'occasion d'activités reliées directement auxdites administrations ;
11. S'acquitter de toute autre fonction qui peut lui être confiée par le ministre ou le directeur de Cabinet ;
12. Assumer les fonctions de directeur de Cabinet en l'absence de celui-ci.

3°) *Le secrétaire parlementaire*

Sous la direction du ministre et du directeur de Cabinet, il doit :

1. Assurer la liaison permanente entre le Cabinet du ministre, les membres de l'Assemblée nationale et la structure du Parti, en assistant notamment

aux réunions des organes directeurs du Parti à l'échelon provincial et local.

2. Assurer, au besoin, la réception et l'accueil des personnes ou groupes requérant une entrevue du ministre.

   La réception des groupes d'intérêt (syndicats, associations parlementaires, clients électoraux...) est une tâche très importante au sein du Cabinet, car si 30% des membres de Cabinets déclarent ne pas être l'objet de «pressions» de la part des groupes d'intérêt, 50% par contre répondent de façon positive. Quant au taux élevé d'absentionnisme à cette question (20%) il est aussi symptômatique. Ces pressions proviennent de façon à peu près égale des groupements sociaux (26%), des groupements économiques (30%), des groupements politiques (21,3%), voire des organismes publics (21,3%);

3. Suivre généralement les activités du Conseil des ministres et du Conseil du trésor et préparer, sur le plan de l'information, la participation du ministre à ces organismes;

4. Traiter le courrier et la documentation politique et parlementaire du Cabinet et en effectuer le classement. Il doit voir notamment à assurer et activer le courrier destiné aux personnalités politiques;

5. Élaborer la participation du ministre aux organisations émanant du Parti et collaborer à cet égard, avec le secrétaire de presse, aux présences publiques du ministre;

6. Participer aux réunions statutaires du Cabinet du ministre;

7. Préparer, en collaboration avec le secrétaire administratif, la défense parlementaire des budgets;

8. Assurer l'information générale du ministre et du Cabinet sur toute question de son ressort. Le secrétaire particulier doit être à même de préparer à l'improviste les interventions du ministre à la tribune afin de lui permettre de faire face aux ordres du jour, de répondre aux interpellations. Il doit être capable de «tuyauter» le ministre, de «grenouiller» en sa faveur, d'écouter, d'observer, de prendre des contacts et d'entendre les requêtes qu'on lui soumet;

9. Accompagner le ministre, s'il le requiert, relativement aux activités mentionnées ci-dessus comme étant du ressort du secrétaire particulier;

10. Collaborer de Québec aux activités du secrétaire de comté et lui servir de support administratif au besoin;

11. S'acquitter de toute autre fonction qui peut lui être confiée par le ministre ou le directeur de Cabinet.

4°) *Le secrétaire de comté*

Il est dans la circonscription électorale du ministre son porte-parole permanent. Il est chargé d'expliquer aux électeurs du ministre son action politique et pour cela doit entretenir avec eux des liens étroits. C'est à ce titre qu'il reçoit les doléances individuelles ou les représentations des groupes d'intérêts locaux et régionaux. Il est le point d'engrenage entre le Cabinet du ministre et les électeurs du patron, car c'est au secrétaire parlementaire qu'il transmet les affaires dont il a eu connaissance à la base en vue de l'obtention au sommet d'éléments de solutions satisfaisants.

Son travail est très important, car on comprend aisément qu'il peut provoquer la défaite du ministre aux élections suivantes, s'il est accompli avec arrogance, suffisance ou incompétence.

Il est aussi celui qui «donne la température» de la circonscription.

5°) *L'attaché de presse*

Sous la direction du ministre et du directeur de Cabinet :

1. Il doit concevoir et surveiller le fonctionnement d'un système de « clipping » en collaboration avec le directeur de l'information du ministre et en relation avec le secrétaire administratif ;
2. Il est responsable de l'image que projette le ministre au sein de l'administration et dans la population. À ce titre, il est chargé de la préparation des discours en collaboration avec les autres membres de Cabinet ;
3. Il est responsable de la coordination de l'image projetée par le ministre et le ministère avec l'image globale que projette le gouvernement ;
4. Il assume la mise en place et la surveillance d'un mécanisme de diffusion régulière d'informations relatives au ministre ou au gouvernement, tant au niveau national, régional qu'au niveau du comté. Il doit être capable de convaincre les journalistes afin d'obtenir qu'un article favorable au patron soit publié ou au contraire éviter un « papier » dont le contenu pourrait venir ternir l'image de marque du ministre dans l'opinion publique ;
5. Il est responsable du calendrier de presse du ministre et de ses sorties en public ;
6. Il assume la liaison technique entre le Cabinet du ministre et les autres Cabinets au niveau des attachés de presse ;
7. Il accompagne partout le ministre dans ses déplacements chaque fois que ce dernier doit prendre la parole en public. Il est le point d'engrenage privilégié entre le ministre et les représentants des mass média dont il est chargé de faciliter l'accès auprès du ministre ;
8. Il participe aux réunions statutaires du Cabinet du ministre ;
9. Il doit s'acquitter de toute autre fonction qui peut lui être confiée par le ministre ou le directeur de Cabinet.

b) Un profond déséquilibre entre les fonctions « relationnelles » et la participation au processus décisionnel intra-administratif. — L'examen des diverses attributions exercées par les membres des Cabinets ministériels québécois fait apparaître comme très nombreuses et très importantes les tâches liées à l'activité relationnelle, partisane et parlementaire du ministre. Par contre, il semble bien que les Cabinets soient tenus à l'écart du processus décisionnel chargé de déterminer les grandes orientations, de fixer les choix majeurs, en d'autres termes de définir les politiques d'ensemble du ministère.

Les Cabinets québécois apparaissent très souvent comme de simples organes de liaison, de transmission de décisions prises ailleurs, des extensions de la personnalité du ministre, des secondeurs, voire des remplaçants, mais dont l'action porte beaucoup plus sur mille et un détails que sur d'importantes décisions.

Les Cabinets québécois n'apparaissent que rarement à l'origine des grandes réformes administratives, peu de politiques nouvelles semblent avoir pris naissance et mûri en leurs seins.

Tout au plus, les Cabinets québécois arrivent-ils, dans certains cas, à exercer un certain contrôle sur le travail des directions administratives des ministères et à vérifier la validité des dossiers soumis à l'approbation du ministre. Or, on concevra aisément qu'un des rôles essentiels d'un Cabinet de ministre soit de pouvoir déceler les faiblesses d'une argumentation présentée par l'administration, de dénoncer les lacunes et insuffisances d'un projet, de critiquer, en se faisant l'avocat du diable, les dossiers originant de l'administration, de demander aux services des explications complémentaires, voire une refonte complète du travail effectué.

Ce travail là est indispensable, car il convient de prévoir toutes les incidences et répercussions politiques et électorales qu'un projet donné risquerait d'entraîner sur la carrière personnelle du ministre et sur l'avenir du gouvernement auquel il appartient. D'autre part, on sait que les bureaux n'ont souvent qu'une perception étroite, limitée aux simples considérations techniques, et faute d'informations ne ressentent pas toujours l'aspect politique d'un dossier.

Or cette fonction d'imagination, de création, d'innovation qui revêt en même temps un aspect «éminence grise» et «anti-technocratique», les Cabinets québécois semblent en général la remplir que dans une assez faible mesure.

D'ailleurs interrogés sur ce problème, les intéressés eux-mêmes nous ont fourni des précisions qui vont toutes dans le sens d'un renforcement de la tendance que l'examen détaillé des attributions propres aux Cabinets avait permis de voir se profiler.

En effet, interrogés sur la nature de leurs activités au sein du Cabinet, 75,7% indiquent les relations avec les électeurs, 17,1% les relations avec l'Assemblée, 34,2% avec l'opinion publique et 23% avec l'administration. Soit un total de 77% pour les tâches relationnelles et 23% pour les tâches liées au «decision-making process».

D'autre part, interrogés sur la nature des sujets débattus lors des rencontres avec leurs ministres respectifs, les membres de Cabinets ont fait état de réponses qui à cet égard laissent peu de place au doute. Cinq sujets pouvaient faire l'objet des discussions ministre-Cabinet: les problèmes d'administration courante, les politiques ministérielles, les objectifs ministériels et les nouveaux programmes, les problèmes de l'heure, les sujets concernant la spécialité du membre de Cabinet (comté, administration, opinion publique et mass media, Parlement et parti, gouvernement).

Or, il s'avère clairement que les deux options qui font habituellement l'objet des entretiens ministre-Cabinets sont au 1er rang: les questions d'administration courante (36,1%), et au 2e rang: les sujets touchant la spécialité des membres du Cabinet, c'est-à-dire, comme on l'a vu précédemment, les actes liés à l'activité relationnelle du ministre (25%).

Par contre, la fixation des objectifs ministériels et l'élaboration des nouveaux programmes ne reçoivent que 5,6% des réponses, tandis que la définition des politiques ministérielles et la résolution des problèmes de l'heure ne sont jamais citées.

Ceci nous confirme que les membres des Cabinets ne traitent en réalité que des questions d'importance secondaire, n'ayant que peu de liens avec la détermination des grandes politiques gouvernementales et la planification des activités ministérielles.

Cette impression est d'ailleurs confirmée par l'examen des réponses apportées à cette question par les hauts fonctionnaires.

En effet, contrairement à leurs collègues des Cabinets, les sous-ministres indiquent comme faisant généralement l'objet des conversations avec le ministre, au 1er rang : la définition des politiques ministérielles (36,4%) ainsi que la définition des objectifs ministériels et la détermination des programmes nouveaux (12,1%) soit au total : 48,5%, tandis que les questions d'administration courante n'occuperaient que 15,1% des conversations avec le ministre contre 36,1% pour les Cabinets.

Ce sentiment est par ailleurs renforcé par un autre indice que révèle l'analyse des réponses données par les membres de Cabinets à la question : «En quelles occasions le ministre vous consulte-t-il?» Il y avait trois options possibles : en toutes occasions, lors de problèmes importants, ou bien lors de problèmes reliés spécifiquement à la spécialité des membres du Cabinet.

Or la première option n'est jamais indiquée ; la seconde ne recueille que 5,6% des voix ; tandis que la troisième recueille 30,6% des avis ; mais là encore, on sait qu'il s'agit du travail orienté vers l'extérieur du ministère, c'est-à-dire les activités relationnelles du ministre.

CONCLUSION

En introduction à notre étude, nous indiquions que notre enquête s'était fixée pour objectifs de juger de l'utilité des Cabinets, de mesurer leur rôle au sein du ministère et de préconiser en cas de malaise organisationnel les remèdes appropriés.

L'utilité des Cabinets ministériels se justifie pleinement, nous l'avons vu, à la fois par le fonctionnement du système politique et par la nécessité d'établir un contrepoids aux forces technologiques que le développement de la société technique moderne engendre rapidement.

Toutefois, l'examen détaillé des attributions des Cabinets québécois indique clairement que ceux-ci, en règle générale, ne remplissent qu'une partie de ce que devrait être leur mission. Les tâches liées aux activités relationnelles et parlementaires du ministre découlant du fonctionnement proprement dit du système politique sont abondamment et convenablement exercées. Par contre, les tâches de nature à permettre au ministre d'exercer un réel contrôle sur les projets d'origine administrative, les fonctions de nature à orienter la marche du ministère lors de la fixation et de la réalisation des objectifs majeurs pour l'organisation, la détermination des grandes politiques ministérielles ne sont, elles, que rarement exercées par les Cabinets, mais bien plutôt effectuées par une haute fonction publique qui détient par là même l'essentiel du pouvoir. La raison majeure de cette regrettable situation tient, à notre avis, à la composition même des Cabinets ministériels dont nous avons vu en première partie les défauts essentiels.

En conséquence de quoi, nous recommandons l'adoption des sept solutions suivantes comme autant de remèdes de nature à permettre un fonctionnement plus efficace du système québécois de cabinets ministériels. Ces remèdes sont les suivants :

1°) *Améliorer en terme de qualité le recrutement du personnel des Cabinets ministériels* en engageant autant que faire se pourra des personnes compétentes et expérimentées capables de discuter d'égal à égal avec les hauts fonctionnaires de l'État.

À ce titre, une solide formation générale de niveau universitaire avancé, alliée à une connaissance approfondie des domaines où elles seront appelées à évoluer, serait des plus souhaitable.

2°) *Veiller attentivement à constituer des cabinets interdisciplinaires* où seraient représentés des politicologues, des administrativistes, des économistes, des psycho-sociologues, des juristes auxquels viendraient s'ajouter quelques scientifiques dans les ministères techniques.

3°) *Voir à réaliser un amalgame habilement dosé entre les membres des Cabinets issus de la fonction publique et ceux issus du secteur privé et des universités.* En effet, il faudra à tout prix éviter la confusion totale du personnel de l'administration publique et des Cabinets ministériels si l'on veut éviter que les Cabinets, dont la mission est de permettre à l'exécutif de donner l'impulsion à une politique au sein de l'administration, se révèlent en pratique n'être que le simple reflet de l'administration publique elle-même.

Mais si un ministre qui ne prendrait que des conseillers «de la maison» risquerait très vite d'être soumis entièrement à l'autorité de son sous-ministre et ses sous-ministres adjoints ou plutôt de ne plus voir que par eux, inversement, une structure où domineraient les conseillers venus de l'extérieur courrait de grands risques d'entretenir des rapports très tendus avec les directions générales et les services, car elle camperait alors en pays ennemi.

4°) *Assurer une publicité dans la « gazette officielle de la province »*[18] *des titres et qualifications des membres de Cabinets* afin de justifier et garantir auprès de l'opinion publique la valeur des collaborateurs directs du ministre. Ceci couperait court aux critiques concernant le favoritisme et contribuerait à dissiper la méfiance qui résulte de l'absence de conditions légales de capacités.

5°) *Orienter vers une plus grande technicité les Cabinets en créant des postes de chargés de mission et de conseillers techniques* au sein des Cabinets ministériels québécois.

L'extension, en croissance continue, des missions de l'État, a pour résultat de multiplier de façon très marquée et indiscutable le nombre déjà imposant des responsabilités qui incombent aujourd'hui aux chefs de départements ministériels. Il apparaît donc essentiel d'accorder aux ministres tout le personnel compétent dont ils peuvent avoir besoin pour s'acquitter adéquatement de leurs fonctions.

Devant une telle nécessité, une simple alternative se présente :

— 1°) Soit accroître le champ des pouvoirs délégués aux sous-ministres et aux sous-ministres adjoints par le ministre, avec le risque de technocratie que cela risque d'engendrer, sans pour autant résoudre le problème de la surcharge de travail que connaissent déjà lesdits hauts fonctionnaires.

— 2°) Soit renforcer les équipes politiques du ministre de façon technique, en y appelant des individus qualifiés, capables de faire participer réellement le Cabinet à la prise des grandes décisions intéressant le ministère. Cette solution qui évite le risque technocratique et permet au ministre élu d'assurer un meilleur contrôle de l'administration et une prise de décision mieux éclairée, nous paraît de loin plus satisfaisante.

6°) *Accorder au directeur de Cabinet un traitement égal à celui du sous-ministre en titre et aux autres collaborateurs du ministre un revenu équivalent à celui versé aux sous-ministres adjoints et associés.* Ceci est très important si l'on veut relever le niveau de qualification des membres de Cabinet, attirer vers ce secteur des individus compétents, qui autrement seraient exclus, et les assurer d'un prestige plus grand auprès des hauts fonctionnaires du gouvernement.

7°) *Institutionnaliser les Cabinets ministériels.* Un texte législatif plus complet que les quelques articles de la loi de la Fonction publique qui lui sont consacrés devrait venir régir cette entité administrative et en préciser les structures, le mode de recrutement, le financement, le statut juridique, les échelles de rémunération, etc...

En écrivant ces lignes, il ne saurait être question de recommander la création d'un « corps » de membres de Cabinets ministériels composé

---

18. L'équivalent québécois du *J.O.* de la République française.

exclusivement de fonctionnaires effectuant toute leur carrière dans un tel cadre juridique.

Nous sommes bien conscients que l'absence d'un tel corps découle rationnellement de la nature même de ces organes. Toutefois, un certain niveau d'intégration organique devrait pouvoir être atteint tout en sauvegardant « cette marge de souplesse inhérente au caractère politique du Cabinet ministériel et par ailleurs indispensable à l'accomplissement de ses tâches »[19].

Sans de telles modifications, les Cabinets continueront en général à peser d'un poids relativement léger au sein de l'appareil administratif de l'État.

---

19. Cf. P. Tellier : « Pour une réforme des Cabinets des Ministres fédéraux », in *Administration publique du canada*, vol. XI, no 4, p. 414-427.

B. SOUS LE GOUVERNEMENT PÉQUISTE DE RENÉ LÉVESQUE[20]

Cinq ans après que cette étude ait été réalisée et cinq mois après la mise en place du nouveau gouvernement, les cabinets ministériels sectoriels présentaient, au double plan de la composition et du fonctionnement les principales caractéristiques suivantes :

A) AU PLAN DE LA COMPOSITION

1°) L'influence du facteur politique pour l'accès à un poste de secrétaire particulier que nous avions évaluée à environ 64% en 1972 pour les cabinets libéraux, semble avoir été portée par le gouvernement péquiste à 93%, si l'on en croit les réponses à notre question : Qui est à l'origine de votre nomination ? »

Le poids du facteur politique pour accéder à une fonction au sein d'un cabinet ministériel est confirmé par la nature des réponses apportées par nos interlocuteurs à une seconde question libellée comme suit : « Connaissiez-vous personnellement le ministre ou d'autres personnes du Cabinet avant d'être nommé ? » En effet, les réponses positives qui enregistraient un taux de 61% en 1972 voient ce niveau s'élever très sensiblement, pour atteindre le seuil de 79%.

Ces accroissements sensibles de pourcentages qui pourraient passer pour normaux en d'autres circonstances, ont de quoi surprendre un peu de la part d'un gouvernement qui promettait il n'y a pas longtemps encore de ne recourir qu'aux seuls facteurs de compétence et de mérite pour l'accès aux charges de l'État, y compris les plus élevées.

2°) L'origine professionnelle des membres de cabinets a connu entre 1972 et 1977 un changement assez marqué. En effet, si le pourcentage de ceux provenant de la fonction publique est resté très stable (27,8% en 1972 et 28% en 1977), par contre le pourcentage de ceux issus de l'Université a connu un net accroissement, passant de 19.4% en 1972 à 25% en 1977, tandis, qu'inversement, le taux de secrétaires particuliers issus du secteur privé connaissait un très net fléchissement (27.8% en 1972 et seulement 18% en 1977).

Ces modifications traduisent d'ailleurs très bien le changement même de personnel politique dirigeant entraîné par le passage d'un gouvernement libéral à un gouvernement péquiste. Le premier composé principalement d'hommes d'affaires a eu tendance à s'entourer d'hommes issus du secteur privé, alors que le second, en donnant le pouvoir aux intellectuels, assurait le primat des universitaires dans les sphères proches du pouvoir.

Le même phénomène de cooptation et de relations personnelles et partisanes a donc joué entre 1970 et 1977, de la même façon, mais au profit chaque fois d'un groupe différent.

---

20. Les informations qui suivent sont extraites d'une recherche sur les cabinets ministériels québécois sous l'actuel gouvernement péquiste, conduite sous notre direction par trois étudiants du département de science politique : MM. Julien Boudreau, Daniel Lapointe et Jean-René Sauvageau, entre les mois d'avril et juillet 1977. Elle a touché environ 56% du personnel politique des cabinets ministériels en place à cette époque.

Ce qui est à craindre, c'est que le même phénomène de «coupure» qui sépara entre 1970 et 1976 les ministres libéraux des milieux intellectuels québécois, ne finisse ici par entraîner à son tour une «coupure», guère plus souhaitable, entre les milieux ministériels péquistes et le monde des affaires.

3°) Nonobstant le risque précédent, un avantage certain entraîné par le renouvellement du personnel politique des cabinets ministériels québécois réside, incontestablement, dans une sensible amélioration des qualifications académiques des secrétaires particuliers et adjoints de ministres.

En effet, alors qu'en 1972 on ne recensait que 25% de maîtrises et 47% de baccalauréats, en 1977 le taux de diplômes de 2ième cycle atteignait le chiffre record pour le Québec de 39% et le pourcentage de baccalauréats s'élevait légèrement pour atteindre 50%.

Quant au nombre de secrétaires particuliers détenant un diplôme de niveau inférieur au niveau universitaire il devait en 1977 connaître pour sa part une chute assez sensible qui l'amena de 28% à 11%.

Malgré une nette amélioration d'ensemble de quelque 17% de diplômés universitaires qu'il faut souligner, on regrettera toutefois le maintien parmi le personnel supérieur des ministères d'un taux de «non-gradués» universitaires qui, selon nous, reste encore un peu trop élevé (11%).

4°) L'âge moyen du personnel des cabinets ministériels ne paraît pas marquer de changements notables malgré le changement de gouvernement. La tranche des -40 ans continue, comme en 1972, à constituer quelque 92% de l'ensemble des secrétaires particuliers et adjoints.

À ce titre, le déséquilibre que nous constatons entre l'expérience professionnelle de la haute-fonction publique et celle des secrétaires particuliers de ministre ne paraît pas s'être modifié sensiblement. Avec toutes les implications que nous avons déjà eu l'occasion de souligner.

5°) S'est par contre radicalement modifiée dans l'esprit des nouveaux secrétaires particuliers l'idée qu'entretenaient leurs prédécesseurs libéraux à propos de leurs postes au sein d'un cabinet. On se souvient que ces derniers considéraient pour la plupart d'entre eux (55.5%) le poste qu'ils occupaient à proximité du ministre, comme un tremplin pour l'accès à des fonctions de haute responsabilité politiques ou administratives. En 1977, le taux de ceux qui voient encore dans ces postes des tremplins pour de brillantes carrières n'est plus que de 21%, tandis que le pourcentage de ceux qui déclaraient ne pas considérer leur poste comme un tremplin pour une carrière meilleure s'élève lui, entre 1972 et 1977 de 16.6% à 68%.

Il est vrai que les actuels secrétaires particuliers savent de quoi ils parlent, ayant liquidé et remplacé du jour au lendemain leurs confrères libéraux. Et, pour peu qu'ils aient observé le point de chute de la grande majorité de ceux qui occupaient leurs fonctions avant le 15 novembre 1976, et tiré les conséquences qu'imposait cette observation, ils ne pouvaient faire autrement qu'émettre les conclusions réalistes imposées par la réalité.

Si l'on examine cependant les réponses détaillées données par les membres de cabinets qui, en 1977, continuent de croire que leur poste est un tremplin, et si on compare les réponses fournies à celles que donnaient leurs prédécesseurs en 1972, on est amené à faire une constatation, très symptomatique du changement d'idéologie entraîné par l'arrivée du nouveau gouvernement.

En effet, alors qu'en 1972, 50% des secrétaires particuliers voyaient dans leur poste un tremplin vers le secteur privé, ce chiffre n'est plus que de 29% en 1977. Inversement, ce n'est plus 25% des membres de cabinets qui déclaraient voir dans leur poste un tremplin vers le secteur public 2.7% vers le secteur para-public que l'on enregistre en 1977. C'est respectivement : 57% et 14% que l'on note.

Ceci est caractéristique tout à la fois et d'une certaine conception de l'État, d'un intérêt spécifique pour la «chose» publique, de l'existence d'une certaine idéologie «socialiste» ou tout au moins fortement «interventionniste» dans les milieux politiques péquistes, très différents de ce que l'on pouvait trouver dans les sphères politiques libérales. Car nous ne pensons pas que la détérioration de la conjoncture économique qui frappe actuellement de plein front l'entreprise privée et qui entraîne le taux de chômage que l'on sait, suffise à expliquer les résultats précédents. Il y a, selon nous, beaucoup plus que l'attachement au concept de sécurité d'emploi et la peur du «chômage» dans les réponses fournies et le changement radical de position qu'elles traduisent.

Voilà pour l'aspect composition des nouveaux cabinets ministériels. Qu'en est-il maintenant au plan du fonctionnement de ces organes ?

B) AU PLAN DU FONCTIONNEMENT

1°) La satisfaction au travail, des membres de cabinets est, en 1977, comme en 1972, très forte. Elle s'est même très légèrement accrue pour passer de 94.4% en 1972 à 100% en 1977. Il est vrai que cette unanimité à peine nuancée, entre les «très satisfaits» (79%) et les «satisfaits» (21%), découle peut-être du fait que nos questions ont été posées dans la phase d'enthousiasme qui accompagne toujours la prise du pouvoir et l'accès à de nouvelles et hautes fonctions.

Mais, pour les mêmes raisons que celles indiquées dans notre étude de 1972 nous pensons qu'effectivement les raisons de satisfaction (proximité du pouvoir, vision macroscopique et horizontale des problèmes, rémunération, etc...) continuent en 1977 à l'emporter largement sur les motifs de mécontentement.

L'analyse des raisons d'insatisfaction, lorsque celles-ci sont exprimées, révèle toutefois, là encore, un phénomène très symptômatique. En effet, alors qu'en 1972 arrivaient au premier rang des causes de mécontentement : le surmenage, le poids des responsabilités, en second rang : l'insécurité d'emploi et enfin loin derrière : l'attitude défavorable des administrateurs ; en 1977 ces données sont radicalement inversées. Au premier rang figurent, en effet : les contraintes du système administratif, tandis qu'en dernier lieu seulement sont citées : le surmenage et le poids des responsabilités.

L'explication de ce changement ne saurait résider dans une diminution du stress ou des responsabilités. Les heures de travail restent aussi denses que nombreuses ; quant aux responsabilités, les membres de cabinets péquistes auraient, nous allons le voir sous peu, davantage tendance à les accroître qu'à les restreindre.

L'explication semble plutôt résider dans la prise de contact des nouveaux venus avec les dures et lourdes réalités de la vie administrative. Désireux de modifier, sinon de bouleverser parfois de fond en comble et rapidement certaines orientations de la machine libérale, les jeunes péquistes entourant les ministres se sont heurtés aux innombrables contraintes de l'appareil administratif. D'où cette opposition, vis-à-vis de la bureaucratie libérale et vis-à-vis de certains agents de l'État accusés par loyauté vis-à-vis du gouvernement précédent, de ralentir volontairement la mise en oeuvre des nouvelles politiques péquistes.

2°) La structure organisationnelle des cabinets péquistes tend à se modifier dans le sens d'un certain renforcement de son rôle vis-à-vis de l'appareil administratif supérieur notamment.

a) D'une part, la structure interne des nouveaux cabinets tend à conférer une plus grande autorité au chef de cabinet. En effet, l'examen de la fréquence des relations membres de cabinets-ministre patron, montre que celle-ci tend à décroître légèrement, tandis que le chef de cabinet apparaît, plus que par le passé, comme le lien principal entre les secrétaires particuliers adjoints et le ministre. En effet, en 1972, 72% du personnel des cabinets déclaraient rencontrer le ministre pour raisons de travail à 3 fois par semaine et 30% tous les jours. Or, en 1977, ces chiffres chûtent respectivement à 61% et 25%.

Cette tendance à la structuration et au renforcement de l'autorité hiérarchique des chefs de cabinets se confirme en outre à l'examen des réponses à la question: « Sous quelle autorité travaillez-vous ? »

Alors qu'en 1972, 66.6% des secrétaires particuliers adjoints répondaient « sous l'autorité directe du ministre », ce taux n'est plus en 1977 que de 25%. L'autorité directe du chef de cabinet, par contre, s'accroît de son côté très sensiblement passant, de 8% à 18% en 1972.

Cette structuration n'est cependant qu'une tendance — réversible à tous moments d'ailleurs en raison de l'importance décisive du facteur personnalité dans ces sphères très étroites — car 57% des répondants de 1977 déclarent relever encore de la double autorité du ministre et du chef de cabinet.

b) D'autre part, la relation cabinet-haute fonction publique semble vouloir, elle aussi, se modifier, dans le sens d'un accroissement du rôle joué par les secrétaires particuliers.

— Premièrement: le nombre de secrétaires qui voient leurs cabinets jouer le rôle d'écran vis-à-vis de la haute fonction publique ou de brain-trust vis-à-vis du ministre s'élève sensiblement entre 1972 et 1977, puisqu'il passe respectivement de 16% à 25% et de 33% à 57%, tandis que diminue, entre ces deux dates, le rôle de « staff » qui passe de 36% à 11%. Tout ceci traduisant en terme organisationnel la volonté de la nouvelle classe politique dirigeante de mieux protéger ses ministres devant les prétentions de la haute administration, tout en contrebalançant l'influence des grands technocrates à l'intérieur du processus décisionnel.

Le tout, motivé, soit par la prise de conscience des défauts du système antérieur de cabinets que nous avions pour notre part dénoncé véhémentement dès 1973, soit par le sentiment de méfiance vis-à-vis du personnel politique supérieur mis en place par l'administration Bourassa. Soit par les deux à la fois.

— Deuxièmement : les activités auxquelles entendent se vouer les nouveaux secrétaires particuliers mettent, nettement plus que par le passé, l'accent sur les questions fondamentales que sont les politiques ministérielles, les problèmes d'actualité, la définition des objectifs ministériels etc... plutôt que sur les questions secondaires de « relations publiques » et d'« administration courante ».

En ce sens c'est, à proprement parler, à un renversement là encore radical que semblent vouloir nous convier les membres des cabinets ministériels version 1977.

Ceci se confirme d'ailleurs par le fait que si les relations avec l'opinion publique, le parti, les députés etc... continuent de connaître un taux identique à celui que déclaraient les cabinets libéraux, les relations avec l'administration publique par contre connaissent, elles, un accroissement très sensible : 23% en 1972, 58% en 1977.

CONCLUSION :

Les cabinets ministériels issus du changement de gouvernement entraîné par les élections législatives de novembre 1976 ne sont pas sans présenter au double plan de la composition et du fonctionnement des changements très sensibles. S'il est encore trop tôt pour voir si les indices mis ici en évidence se confirment dans l'avenir, il n'en reste pas moins possible de dégager deux tendances principales ; l'une allant dans le sens d'une amélioration au plan des qualifications académiques de la plupart des nouveaux membres de cabinets ; l'autre allant dans le sens d'une plus grande structuration interne des cabinets et un accroissement de leur rôle en matière de définition des politiques gouvernementales.

Puisse cette tendance indispensable au « rééquilibrage » de la structure supérieure des ministères que nous appelions nous-mêmes de nos voeux depuis plus de cinq ans maintenant, se réaliser, sans tomber dans l'excès inverse : celui d'une politisation exagérée de la haute-fonction publique et du processus administratif.

LES GRANDS TECHNOCRATES QUÉBÉCOIS

Dans une précédente étude consacrée à la structure politique des ministères québécois, nous avons eu l'occasion de souligner de quel poids,
relativement léger, les cabinets ministériels pesaient au sein de l'appareil
administratif de l'État[1].

Le présent article vise, pour sa part, à mesurer l'influence exercée au sein
de la machine gouvernementale par la structure administrative, incarnée dans
la province, aux strates supérieures de la hiérarchie, par ces grands technocrates québécois qui portent pour titre : sous-ministre, sous-ministre associé,
sous-ministre adjoint[2].

Comme, jusqu'à nos jours, les enquêtes sur la haute fonction publique
québécoise n'ont jamais occupé une place bien importante parmi la recherche
scientifique au Canada, nous nous sommes heurtés très vite à une difficulté
d'ordre bibliographique[3].

Devant ce large vacuum nous avons dû recourir à une étude par voie de
questionnaires et d'entrevues[4], en mettant, grâce à cette méthode, l'accent sur
la seule approche qui nous permettait de coller au réel : l'approche psycho-
sociologique.

En effet tout ce qui va suivre tend à décrire et expliquer la composition et
le fonctionnement réels de la haute fonction publique québécoise[5].

---

1. Cf. Alain Baccigalupo, « Les cabinets ministériels dans l'administration québécoise », in La Revue Administrative, Paris, mai-juin 1973, pp. 317-323.

2. Nous précisons immédiatement que les termes de sous-ministre, sous-ministre associé et sous-ministre adjoint ne recouvrent nullement des fonctions électives. Il s'agit purement et simplement de hauts-fonctionnaires de l'État dont la ressemblance peut être établie, dans l'administration française, avec le secrétaire général d'un ministère, pour les quelques ministères français où cette fonction existe et avec le « permanent secretary » dans l'administration britannique.

3. Il convient toutefois de citer au milieu de ce vaste désert scientifique le très intéressant travail effectué récemment par Jacques Bourgault et Madeleine Rousseau : « Les sous-ministres au Québec de 1945 à nos jours ». Direction Professeur Guy Bouthillier, département de science politique, Université du Québec à Montréal, 73 p., 1971, ronéo ; ainsi que l'excellente thèse pour l'obtention du grade de maîtrise en science politique de Jacques Bourgault, même titre, même direction, Université de Montréal, 413 p., 1972.

4. J'en profite pour remercier au passage toutes les personnes qui m'ont apporté leur appui, notamment des étudiants de mon cours « Principes d'Administration publique » (années 1971-1972) qui m'ont aidé dans l'élaboration du questionnaire et participé à la réalisation des interviews, mes assistants de recherche, messieurs Jacques Champagne, pour la mise au point définitive du questionnaire, Gilles et Yvan Bouchard pour l'analyse et le traitement informatique des données, tous les hauts fonctionnaires de l'administration publique québécoise pour la qualité des informations fournies et le temps toujours très précieux qu'ils nous ont si aimablement consacré, ainsi que monsieur Jean-Paul L'Allier, alors ministre de la Fonction publique, dans le gouvernement libéral de monsieur Robert Bourassa, pour l'appui officiel fourni à notre enquête.

5. L'objectivité scientifique nous oblige à indiquer à nos lecteurs que la présente analyse repose sur les renseignements communiqués à notre équipe par 16 ministères sur 23. Pour des raisons diverses, la situation existant dans les sept ministères suivants n'a pu faire l'objet d'une étude, ce sont : l'Agriculture et la Colonisation, les Communications, le Conseil exécutif, l'Immigration, l'Industrie et Commerce, le Travail et la Main-d'oeuvre, la Voirie.

I) COMPOSITION DE LA HAUTE FONCTION PUBLIQUE QUÉBÉCOISE[6]

Les hauts fonctionnaires québécois sont en majorité (55%), issus du Québec (33%) et du Montréal métropolitain (22%)[7]. En grande majorité ils sont originaires des couches aisées de la population, ce qui s'explique à la fois par les pesanteurs sociologiques et l'existence d'un système d'éducation élitiste[8].

Ils élisent domicile de préférence dans les quartiers « chics » de la banlieue de Québec : 48% d'entre eux habitent Ste-Foy et 21% Sillery[9], parlent couramment le français et l'anglais et constituent un groupe, à quelques très rares exceptions près, exclusivement masculin[10].

Mises à part ces quelques indications socio-culturelles, quatre faits fondamentaux nous paraissent caractériser aujourd'hui le groupe des « grands technocrates québécois ».

1) UN NIVEAU ÉLEVÉ D'INSTRUCTION

97% des grands fonctionnaires provinciaux détiennent un diplôme universitaire de niveau égal ou supérieur à la licence[11]. 30% sont même détenteurs d'une maîtrise et 90% d'un doctorat.

La formation universitaire reçue en a fait des avocats[12] (30% de 1965 à

---

6. Signalons que parmi les « grands mandarins » interrogés, 15% étaient sous-ministres en titre, 76% étaient sous-ministres adjoints et 9% sous-ministres associés. Si l'on sait que pour l'ensemble de l'administration publique québécoise, on compte au total 74 grands fonctionnaires se répartissant en sous-ministres (23 soit 31%), adjoints (44 soit 59%), associés (7 soit 9%), on s'aperçoit que notre échantillon, parfait en ce qui concerne les sous-ministres associés, enregistre toutefois une sur-représentation des sous-ministres adjoints et une sous-représentation des sous-ministres en titre.

7. La plupart des autres régions de la province ont aussi donné naissance à de hauts fonctionnaires québécois, exception toutefois pour l'Outaouais et le Nouveau-Québec. Une très faible proportion d'entre eux déclarent être nés à l'étranger (3%), sans que l'on puisse cependant savoir s'ils sont de parents canadiens ou naturalisés.

8. Cf. J. Bourgault, thèse citée, p. 128.

9. Personne ne déclare habiter les municipalités dites «populaires» de la région de Québec : Beauport, Courville, Giffard, l'Ancienne Lorette, Loretteville, Orsainville, St-Nicolas, St-Romuald, Ville Vanier. Toutefois, 12% déclarent demeurer en dehors du «grand Québec» dont 6% à Montréal même.

10. Si aucune femme haut fonctionnaire n'a été interrogée au cours de l'enquête, il n'en demeure pas moins vrai cependant que la haute fonction publique québécoise en accueille en 1973... une! Au Ministère de l'Éducation. Depuis lors, ce chiffre ne s'est élevé que de quelques unités à peine. 3 au total en 1978 à savoir : Mmes Thérèse Baron, sous-ministre adjoint à l'Éducation, Lise Lemieux, sous-ministre associé à la Justice et Kathleen Francoeur Hendricks, commissaire à la C.F.P.

11. Ces chiffres sont supérieurs à ceux indiqués par J. Bourgault in thèse citée p. 135 ; lequel fait état de 87% de diplômés universitaires parmi les sous-ministres provinciaux des années antérieures à 1960. Une sensible élévation du niveau de scolarisation est donc à signaler parmi les grands technocrates québécois au cours de ces douze dernières années.

12. Cette profession avait au moment de l'enquête, l'exclusivité aux ministères de la Justice, des Affaires municipales, et la quasi-exclusivité au Conseil exécutif, au Bien-être, au Travail et à la Main-d'oeuvre.

1970), des ingénieurs[13], des comptables[14], ou des médecins[15]. Depuis «la révolution tranquille» on assiste à l'entrée des spécialistes des sciences sociales : commerce et administration publique, notamment[16].

TABLEAU XXVI

Niveau d'instruction	%	Total cumulé
Dr. Ph. D.	9	
D.E.S. — Maîtrise	30	39
Licence — Bac. spécialisé	58	97
BA et inférieur	3	100

Toutefois, peu parmi les membres de ce groupe ont suivi des cours en science administrative : 24% seulement, soit 9% à l'Université et 15% dans d'autres établissements. La majorité (43%) déclare n'avoir jamais reçu de formation théorique dans ce champ de spécialisation et 33% s'abstiennent de répondre, ce qui laisse à penser qu'ils n'en n'ont pas suivi non plus.

Ce manque assez répandu de connaissances théoriques dans le domaine de l'administration publique, auquel il convient d'ajouter l'évolution des techniques administratives, explique que de très nombreux hauts-fonctionnaires ressentent très fortement le besoin de se recycler. Les principaux cours de perfectionnement souhaités par eux sont : les procédés d'O et M[17] la planification du développement, l'administration budgétaire et le PBBS[18], l'informatique[19].

2) UNE RÉELLE MATURITÉ, DOUBLÉE D'UNE FORTE EXPÉRIENCE PROFESSIONNELLE

a) *Une réelle maturité d'âge :* « Presque la moitié des sous-ministres sont nommés entre 36 et 45 ans »[20]. La plupart d'entre eux (près de 74%) quittant entre 51 et 71 ans[21], on comprend sans peine pourquoi 91% des hauts fonctionnaires ont entre 40 et 65 ans, tandis que 9% à peine ont moins de 40 ans. Signalons que la tranche d'âge des 40-55 ans groupe à elle seule 79% des grands fonctionnaires.

---

13. Surtout dans les ministères techniques : Travaux publics, Terres et Forêts, Voirie, Richesses naturelles, Agriculture et Colonisation.

14. Nombreux aux Finances et au ministère du Revenu.

15 Ministère de la Santé devenu en 1970 les Affaires sociales. Signalons toutefois que le successeur du Dr. Brunet du poste de sous-ministre en titre des Affaires sociales, M. Jean-Claude Deschênes n'est pas médecin, mais administrateur d'hôpital (Maîtrise en relations industrielles et administration hospitalière de l'Université de Montréal).

16. Cité par J. Bourgault, thèse citée, pp. 142 et suivantes.

17. Organisation et Méthode.

18. Planning Programming Budgeting System. Mieux connu en France par le sigle RCB (Rationalisation des choix budgétaires).

19. Par ordre d'importance.

20. Cf. J. Bourgault et M. Rousseau, *Les sous-ministres québécois, op. cit.,* p. 26.

21. *Ibid,* p. 27.

Âge	%
- 30 ans	0
30 - 40 ans	9
40 - 55 ans	79
55 - 65 ans	12
	100

TABLEAU XXVII

b) *Une forte expérience administrative :* La longévité professionnelle des sous-ministres tend à décroître. « Les sous-ministres en poste en 1867-1868 le sont demeurés en moyenne 20 ans. Ceux qui ont exercé cette fonction entre 1867 et 1960 l'ont fait pendant 14 ans, tandis que les sous-ministres entre 1945 et 1970 ont travaillé en moyenne 10 ans »[22].

Malgré cette diminution sensible due en grande partie aux nombreux changements de gouvernement que la province a connu ces dernières années, l'expérience administrative des hauts-fonctionnaires des années 1970-73 reste forte.

Actuellement, en effet, 70% des hauts-fonctionnaires ont entre 5 et 20 ans d'expérience professionnelle, 27% ont entre 1 et 5 ans de pratique administrative.

Cette vaste expérience se double d'une connaissance approfondie du ministère d'emploi car les grands fonctionnaires connaissent, par rapport aux ministres, une relative stabilité. 43% d'entre eux travaillent depuis plus de 5 ans dans un même ministère, 39% y sont depuis 1 à 5 ans et 9% seulement sont là depuis moins de douze mois[23].

Nous aurons cependant l'occasion de voir ultérieurement que cette relative stabilité n'a rien de commun avec l'inamovibilité, ce qui n'est pas sans poser quelques problèmes de dépendance politique à la haute-administration[24].

3) UN RECRUTEMENT LARGEMENT OUVERT SUR L'EXTÉRIEUR

Les chiffres suivants en apportent la preuve : 6% des hauts fonctionnaires proviennent d'un cabinet ministériel, 9% viennent de l'Université, 21% du secteur privé et 58% de la fonction publique elle-même.

Ceci découle en grande partie de la tendance constante à la politisation de ces fonctions, qu'un recrutement très largement ouvert sur l'extérieur permet aux hommes politiques de maintenir.

---

22. Cf. J. Bourgault, thèse citée, pp. 56 et 116.

23. Les 9% restant sont constitués par la catégorie des « ne répondent pas».

24. Affirmation que viennent confirmer les multiples mutations, nominations et démissions enregistrées discrètement par la haute-fonction publique québécoise depuis les élections de novembre 1976. *Cf.* sur ce thème l'article de J.C. Picard « La Fonction Publique du Québec : de départs en mutations un véritable chambardement ». *Le Devoir* — Montréal. 3 février 1978.

4) L'IMPACT POLITIQUE, MOINS MARQUÉ QUE DANS LES CABINETS MINISTÉRIELS, RESTE TOUTEFOIS TRÈS GRAND POUR L'ACCÈS À CES FONCTIONS.

Les sous-ministres sont nommés par le Premier Ministre. Ils sont choisis soit par lui, soit par le ministre intéressé, à partir d'une liste composée souvent avec l'aide du Directeur de Cabinet, et dans laquelle figurent les connaissances personnelles du ministre et du chef du gouvernement, ainsi que certains militants recommandés par le Parti, l'ancien sous-ministre ou un autre haut-fonctionnaire.

Le résultat est que :

« Les sous-ministres sont dans 60% des cas observés, nommés pour des raisons purement politiques. Dans l'autre 40% des cas, les raisons ne sont pas primordialement politiques, mais peuvent avoir été influencées directement par la couleur politique du candidat, car il est admis que celle-ci est considérée par le lieutenant-gouverneur en Conseil à chaque nomination ».

Ces conclusions que dégageaient déjà J. Bourgault et M. Rousseau dans leur étude[25] se trouvent dans une très large mesure confirmées par notre enquête. En effet à la question : « Connaissiez-vous personnellement le ministre ou autre (s) personne (s) du cabinet avant d'être nommé ? », 48% des hauts-fonctionnaires interrogés répondent par l'affirmative. Ce pourcentage, bien qu'inférieur, n'est cependant pas très éloigné de celui dont font état les auteurs ci-dessus mentionnés (60%). Il est cependant, rappelons-le, légèrement inférieur à celui concernant les membres de cabinets ministériels : 61%, que nous rapportions nous-mêmes dans une étude précédente[26].

Il est donc possible de conclure qu'au Québec, au moins 1 haut-fonctionnaire sur 2 est nommé pour raisons politiques. Ce qui, sans faire verser la haute-fonction publique dans un modèle de type « spoils system », ne permet toutefois pas non plus de la ranger dans la catégorie du « merit system »[27].

Il n'y a d'ailleurs pas que les nominations qui soient politiques ; les déplacements le sont aussi très souvent. J. Bourgault signale que 61% des départs sont survenus sous le Parti qui n'avait pas nommé le sous-ministre et conclut : « dans une large mesure les partis arrivant au pouvoir se défont des sous-ministres nommés sous l'autre parti ».

Les techniques pour inciter un ministre à accepter une mutation sont multiples : le ministère peut laisser courir le bruit d'une prochaine mutation, ou bien désavouer publiquement son sous-ministre. Il peut lui fermer sa porte

---

25. Les sous-ministres au Québec, *op. cit.*, p. 46. Une liste biographique des hauts-fonctionnaires nommés ou déplacés pour motifs politiques est présentée tout au long des pages 48 à 58 dudit document.

26. Cf. Alain Baccigalupo, *op. cit.*

27. J. Bourgault rapporte dans sa thèse que 14 mois après les élections du 29 avril 1970 qui chassèrent le parti de l'Union Nationale du pouvoir au profit des Libéraux, 12 sous-ministres en titre avaient déjà été remplacés, *op. cit.*, pp. 160-161.

ou bloquer systématiquement ses projets. Il lui est toujours possible de procéder à la nomination de sous-ministres adjoints ou de conseillers spéciaux qui accapareront alors une part des attributions dévolues jusque là au sous-ministre en titre. Plus généralement le ministre fera, ce qu'en argot administratif on appelle ici, «le tour du sous-ministre». C'est-à-dire qu'il contournera le sous-ministre pour discuter directement des affaires du ministère avec les sous-ministres adjoints et les directeurs généraux. Ce sous-ministre finira très rapidement par accepter l'idée d'une réorientation de sa carrière et ira rejoindre quelques autres hauts-fonctionnaires sur «les tablettes»[28].

On peut penser beaucoup de choses d'une telle situation. On peut comme le font J. Bourgault et M. Rousseau estimer que «l'intérêt du Québec n'a sûrement pas priorité dans un tel système de mutations politiques qui fait place plutôt à la bataille des intérêts individualistes et partisans»[29].

On peut aussi juger, comme nous serions pour notre part plutôt enclins à le faire, qu'il est normal et légitime que les hautes fonctions de l'État soient confiées par le gouvernement à de hauts-fonctionnaires partageant les convictions politiques de leurs ministres. Cela est d'ailleurs pratique courante dans la plupart des pays du monde, démocraties occidentales comprises[30].

Le tandem ministre — sous-ministre ne peut exister sans l'établissement préalable d'une étroite relation de confiance, car comme le dit clairement le rapport de la Commission Glassco, étant donné qu'il «ne peut y avoir de répartition précise et formelle de l'autorité entre ministres et hauts-fonctionnaires, leur association doit reposer sur une série d'arrangements pratiques et appropriés qui ne sauraient se plier à aucune formule législative uniforme... La bonne foi et la confiance mutuelle... doivent caractériser leurs rapports»[31].

J'ajouterai pour ma part qu'il apparaît normal — surtout dans un système où les cabinets ne remplissent en général pas leur rôle de contrôle sur l'administration — que le ministre nomme un sous-ministre à sa dévotion, s'il veut pouvoir avoir un tant soit peu, en mains, son ministère. La faiblesse des cabinets ministériels québécois justifie donc en partie l'aspect discrétionnaire des nominations aux postes de sous-ministres.

Tout ceci n'est évidemment pas sans présenter quelques conséquences majeures sur le plan du fonctionnement de la haute fonction publique québécoise.

---

28. Expression québécoise désignant tout fonctionnaire qui continue à percevoir le traitement correspondant à sa classe en exerçant pratiquement des responsabilités et des fonctions inférieures à celles qui devraient être les siennes, à un poste d'intérêt secondaire.

29. *Op. cit.*, p. 59.

30. Cf. François Gazier, La fonction publique dans le monde, Bibliothèque de l'IIAP, Ed. Cujas, 1972, pp. 107 et 108.

31. Commission Royale d'Enquête sur l'Administration Fédérale Canadienne — 1962-1963, 1er volume, pp. 35-36.

II. FONCTIONNEMENT DE LA HAUTE FONCTION PUBLIQUE QUÉBÉCOISE

Trois thèmes ont retenu principalement notre attention :
— les conditions de travail des hauts-fonctionnaires,
— la place des hauts-fonctionnaires dans l'organisation ministérielle,
— les attributions et le rôle dévolus aux hauts-fonctionnaires au sein de l'administration ministérielle.

1) LES CONDITIONS DE TRAVAIL DES HAUTS-FONCTIONNAIRES : LES ÉLÉMENTS DE SATISFACTION L'EMPORTENT SUR LES MOTIFS DE MÉCONTENTEMENT.

A) Les éléments de satisfaction : À une écrasante majorité — 91% — les hauts-fonctionnaires déclarent éprouver une vive satisfaction à faire leur travail[32].

Ce degré de satisfaction apparaît très réel. Indice significatif : 79% d'entre les personnes interrogées déclarent ne pas souhaiter quitter la fonction publique pour briguer un mandat politique[33].

Quant à ceux qui envisagent une carrière politique, aucun ne l'envisage au niveau municipal. 14,5% seulement la voient au niveau fédéral, par contre 85,5% souhaitent la faire au niveau provincial.

Les hauts-fonctionnaires invoquent quatre raisons principales, afin de justifier leur satisfaction à remplir les charges de « grand commis de l'État ».

a) *Une raison d'ordre matériel : le traitement :* C'est le Premier ministre qui fixe le montant du salaire accordé aux sous-ministres après consultation de la Commission de la fonction publique, du Conseil du trésor et du sous-ministre de la Fonction publique provinciale.

---

32. Non : 6% ; ne répondent pas : 3%.

33. 18% déclarent toutefois être attirés par la perspective d'une carrière politique et 3% ne répondent pas. Il arrive régulièrement que de hauts-fonctionnaires soient candidats aux élections provinciales. Dans leur étude J. Bourgault et M. Rousseau citent les noms de Gérald Bossé (directeur général du Tourisme) et J.-Paul L'Allier (directeur général à l'OFQJ) pour le Parti Libéral du Québec ; ainsi que les noms de MM. Eddy Monette (sous-ministre de la Voirie), Jos. Pagé (sous-ministre de la Jeunesse), J.-Claude Lebel (directeur général de l'Office de planification), Eugène Houde (sous-ministre) associé à l'Éducation, Jean Sirois (attaché au Conseil exécutif), Louis Chantigny (Haut-Commissaire à la Jeunesse) et Richard Holden (assistant de l'ombudsman) pour le Parti de l'Union Nationale (*op. cit.*, pp. 66-67). Signalons que la loi de la Fonction publique, chap. 14 — 1965 modifiée — autorise en ces termes les fonctionnaires, quelque soit leur rang, à faire acte de candidature à une élection : « Le sous-chef, fonctionnaire ou ouvrier qui, au cours d'une élection fédérale ou provinciale, donne sa démission aux fins de s'y porter candidat, a droit, dans les huit jours qui suivent le jour où un autre est proclamé élu, de reprendre son poste, et il est alors censé avoir été en congé sans salaire dans l'intervalle » (art. 52). On conçoit aisément que ce « tour de passe-passe » juridique destiné à sauvegarder la neutralité politique de l'administration n'assure nullement la neutralité politique des administrateurs. Il s'agit, là encore, d'un système ambigu n'ayant pas osé opter entre le modèle britannique assurant la neutralité absolue de « l'administrative-class » et le modèle français où les hauts-fonctionnaires sont très nombreux et peut-être de plus en plus nombreux à se présenter aux élections législatives.

Si personne ne déclare tout de même être « trop payé », 82% des grands serviteurs de l'État reconnaissent cependant être correctement rémunérés[34]. 12% seulement estiment leur traitement[35] insuffisant.

64% d'entre eux estiment l'échelle des rémunérations suffisamment ouverte au sein de la fonction publique et 15% l'estiment « relativement ouverte ». Soit un total de satisfaction égal à 79%[36].

Malgré cela, 55% des grands technocrates admettent l'existence d'une telle disparité en matière de traitements entre le secteur public et le secteur privé[37]. Cette disparité ne suffit pas cependant à rendre insupportables les conditions de travail au niveau des métamères supérieurs de l'administration.

En effet, cette disparité n'est ressentie comme cause de malaise dans la fonction publique, que par une minorité (33%); 13% d'entre eux d'ailleurs nuancent leur réponse en y ajoutant « dans certains cas seulement ».

Par conséquent, s'il y a des disparités de rémunérations entre les secteurs public et privé, ces disparités sont acceptées par les hauts fonctionnaires qui ne voient pas là, en général, une cause de malaise interne, et s'estiment dans l'ensemble très satisfaits des conditions matérielles qui leur sont faites. Commander aux riches à défaut d'être riche soi-même, est sans doute aux yeux des grands technocrates québécois une compensation majeure aux inégalités de traitement existant entre les deux secteurs.

b) *Une raison d'ordre professionnel : l'étendue des pouvoirs :* Au sommet de la hiérarchie administrative les sous-chefs[38] jouissent d'une grande autorité et assument les fonctions les plus importantes du ministère. La loi de la fonction publique définit très largement les devoirs et services de cette catégorie de membres. L'article 18 stipule : « le sous-chef de chaque ministère ou organisme surveille et dirige les employés de son ministère ou organisme ». « Il est chargé — d'autre part — sous la direction du chef[39] de la direction générale des affaires qui s'y traitent et il exerce les autres pouvoirs et devoirs qui lui sont assignés par le lieutenant-gouverneur en conseil ».

---

34. Entre $29,000 et $43,000 environ annuellement depuis le 1er juillet 1975. En 1978, les traitements des sous-ministres adjoints et associés oscillaient entre $39,000 et $48,000, tandis que ceux des sous-ministres en titre s'étiraient entre $48,000 et $60,000.

35. 6% ne répondent pas.

36. 15% seulement la jugent insuffisamment ouverte et 6% ne répondent pas.

37. 36% partagent un avis contraire et 9% ne répondent pas.

38. Ce terme de « sous-chef » est plus large que celui de sous-ministre. Aux termes de l'article 1 de la loi de la Fonction publique, « sous-chef désigne le secrétaire général du Conseil exécutif, les *sous-ministres,* le chef de cabinet du Premier ministre, le secrétaire de l'Assemblée nationale, le surintendant des assurances, le président ou le cas échéant l'administrateur de chacun des organismes visés au par. 7 de l'article 2 et, dans la mesure où cette désignation est compatible avec les fonctions qui lui sont assignés par la loi de la vérification des comptes (Statuts refondus, 1964, chap. 65) l'auditeur de la province ». Aux termes de cette même loi (art. 1, par. 4) le vocable de sous-ministre désigne « le greffier du Conseil exécutif et le *sous-ministre de chaque ministère,* y compris les sous-ministres associés du ministère de l'Éducation.

39. « Chef » désigne au Québec « le ministre de la couronne qui dirige un ministère, ainsi que le président de l'Assemblée nationale ». Loi de la Fonction publique, art. 1 par. 2e.

La loi impose toutefois aux sous-ministres une obligation de services exclusifs. En effet l'article 19 stipule expressément qu'«un sous-ministre doit consacrer tout son temps à sa fonction et s'acquitter des devoirs que lui confie le chef du ministère ou le lieutenant-gouverneur en conseil...».

Dans la loi du ministère de la fonction publique, sanctionnée le 28 novembre 1969, il est précisé que «les ordres du sous-ministre doivent être exécutés de la même manière que ceux du ministre; son autorité est celle du chef du ministère et sa signature officielle donne force et autorité à tout document du ressort du ministère»[40].

L'article 8 indique, en outre, que «nul acte, document ou écrit n'engage le ministère, ni ne peut être attribué au ministre, s'il n'est signé par lui ou par le sous-ministre». C'est d'ailleurs le sous-ministre qui reçoit du ministre les délégations de pouvoir et de signature et non les membres du cabinet ministériel.

D'autre part l'article 9 signale que «toute copie d'un document faisant partie des archives du ministère, certifiée conforme par le ministre ou le sous-ministre, est authentique et a la même valeur que l'original».

Ces quelques descriptions de tâches auront suffi à nous montrer l'étendue des attributions confiées par la loi aux grands technocrates québécois.

c) *Une raison d'ordre finaliste : servir l'État :* Les sous-ministres et leurs collaborateurs directs ont le sentiment très fort d'oeuvrer au sein d'une organisation — le Ministère — ayant une originalité, et des fins propres.

82% d'entre les hauts fonctionnaires interrogés déclarent travailler au sein d'une administration chargée de remplir une véritable mission d'ordre économique et financier, social, éducatif et culturel ou de souveraineté.

9% seulement déclarent ne pas ressentir cet aspect «vocation» dans leur travail au sein du ministère qui les emploie[41].

d) *Une raison d'ordre psychologique : l'esprit d'équipe.* Il semble régner dans presque tous les ministères au sein du groupe des «grands technocrates», à défaut d'un profond esprit de corps, une assez grande solidarité et un esprit d'équipe assez puissant.

3% seulement des hauts fonctionnaires interrogés font état d'esprit individualiste, de compétition et de rivalité entre les membres de leur groupe[42].

Cette solidarité très forte que l'on enregistre parmi l'équipe des sous-ministres et des sous-ministres adjoints au sein d'un même ministère, due à l'existence de nombreux points communs et à une action commune de tous les instants, contribue à accroître l'autorité du sous-ministre auprès du personnel politique du ministère.

---

40. Art. 5.
41. 6% partagent un avis mitigé et 3% ne répondent pas.
42. 88% sont d'un avis radicalement opposé et 9% ne répondent pas.

Elle lui permet aussi de se décharger d'une partie de la gestion administrative sur de proches collaborateurs spécialisés, ce qui n'est pas un luxe inutile quand on connaît la charge de travail qui incombe aux hauts-fonctionnaires de l'État.

B) Les éléments d'insatisfaction, a) *Le surmenage et le poids des responsabilités* sont indiqués comme éléments d'insatisfaction numéro 1 par 52% des grandes technocrates. Ceci surprendra peut-être l'administré moyen pour qui trop souvent l'administration est le lieu où « les fonctionnaires qui arrivent en retard croisent dans les escaliers ceux qui partent en avance ». Nous verrons bientôt, pour notre part, que les tâches confiées aux hauts-fonctionnaires piétinent fortement cette image courtelinesque de l'administration.

b) *Loin derrière sont citées comme autres raisons d'insatisfaction :* les contraintes du système administratif (9%), l'absence de définition des politiques (6%), les rapports entre l'administration et le politique (6%).

Ceci semble bien indiquer qu'au sommet de la hiérarchie administrative, les grands technocrates québécois souffrent peu de la lourdeur de l'appareil bureaucratique. Ceci indique aussi que participant à l'élaboration des grandes politiques gouvernementales, les hauts-fonctionnaires n'ont que peu de raisons de se plaindre d'une absence de définition des politiques. D'autre part les rapports entre l'administration et le politique paraissent peu tendus, en raison peut-être de l'influence déterminante qu'exerce sur le politique, nous allons le voir, la haute administration québécoise.

Signalons d'autre part que « l'attitude du public », facteur d'insatisfaction qui réunissait chez les cabinets 14% des personnes interrogées, n'est jamais cité par les hauts-fonctionnaires. Ceci tend à confirmer l'idée selon laquelle les cabinets ministériels québécois sont perçus de façon péjorative, contrairement à une haute fonction publique qui jouirait dans l'opinion d'un plus grand prestige découlant probablement de son niveau d'expertise.

2) LA PLACE DES HAUTS-FONCTIONNAIRES DANS L'ORGANISATION MINISTÉRIELLE : UNE POSITION STRATÉGIQUE.

Les hauts fonctionnaires québécois occupent au sein de l'organisation ministérielle une place prépondérante.

Cette prépondérance découle, d'une part de la faiblesse relative des cabinets ministériels, et d'autre part des liaisons privilégiées établies par les sous-ministres avec les titulaires des portefeuilles ministériels et les administrations publiques.

a) *Les relations Haute fonction publique — Cabinets ministériels : prépondérance des hauts-fonctionnaires*[43]. 24,2% seulement des hauts fonctionnaires estiment que les cabinets de ministres exercent sur le ministre une influence supérieure à celle qu'ils peuvent avoir.

---

43. Pour une analyse plus détaillée voir A. Baccigalupo « Les Cabinets ministériels dans l'administration publique québécoise », *op. cit.*

Par contre, 48,5% des grands technocrates estiment que les cabinets sont, par rapport à eux, dans une position d'égalité et 21,2% les voient dans une position d'infériorité, c'est-à-dire dans une situation marginale par rapport à celle qu'ils occupent.

C'est dire que 69,7% des hauts-fonctionnaires sont peu inquiétés par l'existence des cabinets politiques de ministres et pensent que ces derniers remplissent une mission différente de la leur — une mission relationnelle d'ordre partisane — tandis qu'eux seuls exercent l'influence déterminante de nature politico-administrative.

Nous avons vu dans notre étude précédente que cette opinion des hauts-fonctionnaires sur les cabinets, était largement confirmée par l'examen des attributions dévolues aux collaborateurs politiques du ministre.

Cette influence marquée des hauts-fonctionnaires s'explique par le caractère d'expert que leur confèrent une expérience administrative confirmée et une formation universitaire de niveau supérieur.

Cette influence est renforcée en outre par les liaisons privilégiées que les ministres tissent avec leurs hauts-fonctionnaires.

b) *La liaison privilégiée Ministre-Sous-Ministres,* 88% des hauts-fonctionnaires déclarent avoir des réunions avec leur ministre[44].

Ces réunions sont d'ailleurs très fréquentes: 58% des hauts-fonctionnaires rencontrent le ministre au moins une fois par semaine. 49% déclarent le voir de 1 à 3 fois par semaine et 9% indiquent le rencontrer même tous les jours.

18% voient le ministre de 1 à 3 fois par mois et 9% au gré des circonstances[45].

c) *L'intensité des relations sous-ministres — administrations publiques; Les relations sous-ministres — organisation interne du ministère:* Lorsqu'ils ont besoin d'avis ou d'assistance technique, les hauts-fonctionnaires québécois déclarent s'adresser aux autres hauts-fonctionnaires du ministère (sous-ministre, sous-ministres adjoints, sous-ministres associés): 24%; aux directeurs généraux de services: 31%; aux chefs de service: 12%, voire à n'importe quelle autre personne au sein du ministère.

On notera au passage qu'aucun grand technocrate n'a désigné expressément les membres du cabinet ministériel. Ceci est fort symptomatique et confirme s'il en était besoin les tendances que nous avions fait apparaître précédemment.

C'est dire, qu'à la tête de l'organisation administrative, les grands fonctionnaires sont situés au sommet d'un processus et à un carrefour d'influence où se prennent les grandes décisions du pouvoir.

---

44. Les 9% qui répondent négativement sont généralement des sous-ministres adjoints. Dans certains ministères en effet seul le sous-ministre en titre fait le lien entre l'administration et le politique, 3% ne répondent pas.

45. Là encore il s'agit essentiellement des adjoints ou des associés du sous-ministre en titre. 15% ne répondent pas.

— *Les relations sous-ministres — organisations externes au ministère :*
Les hauts-fonctionnaires québécois ont, en règle générale, entre eux, peu de relations extra-professionnelles. Une minorité seulement (24%) déclare rencontrer les collègues des autres ministères lors d'activités sociales mais jamais politiques. 12% indiquent l'existence de ce type de relations «à l'occasion», mais la majorité 43% avoue ne jamais rencontrer les autres grands administrateurs en dehors des relations de bureau[46].

Par contre, les relations professionnelles inter-sous-ministérielles existent et sont fréquentes. 76% des hauts fonctionnaires interrogés déclarent participer à des réunions de travail avec les autres hauts fonctionnaires[47]. Ces réunions ont lieu au moins une fois par semaine (61%) se répartissant comme suit : 55% à raison de 1 à 4 fois par semaine et 6% tous les jours. 12% se rencontrent 1 à 3 fois par mois et 9% au gré des circonstances[48].

Cette collaboration inter-sous-ministérielle est d'ailleurs jugée par les grands technocrates «indispensable» (70%), «très utile» (21%) ou «utile» (6%)[49]. Personne ne la juge «inutile»[50].

La raison principalement évoquée pour justifier cette prise de position, est la suivante : il s'avère indispensable compte tenu de l'interdépendance des programmes gouvernementaux d'assurer l'efficacité des décisions, par une coordination des politiques ministérielles et de l'action administrative.

C'est pourquoi les principaux thèmes abordés à l'occasion de ces rencontres sont, par ordre d'importance citée : la coordination des programmes ministériels (45,5%), les problèmes de l'heure (15%), l'administration courante du ministère (19%)[51].

Des relations de ce type existent aussi entre les hauts fonctionnaires québécois et leurs homologues fédéraux. Interrogés sur la nature de ces relations : 48,5% d'entre les administrateurs provinciaux ont indiqué qu'elles étaient de type «consensuel», contre 27,5% qui les voyaient plutôt de type «conflictuel», 15% signalant qu'elles variaient selon les époques et les matières d'actualité[52]. Ces divergences d'opinion s'expliquent par le fait que certains ministères ont, plus que d'autres, des difficultés avec le niveau fédéral, compte tenu des champs de compétence dévolus à chaque administration.

---

46. 21% ne répondent pas.

47. 3% seulement s'abstiennent de répondre et 21% apportent une réponse négative.

48. 12% répondent «jamais» et 6% ne répondent pas.

49. L'essentiel de cette collaboration s'effectue de façon informelle. Toutefois, des réunions formalisées ont lieu. Il en est ainsi lorsque les sous-ministres de plusieurs ministères siègent conjointement au Conseil d'administration d'organismes du secteur para-public. Il en est de même au sein de cet organe de coordination administratif relevant de l'Office de planification et de développement du Québec (OPDQ) qu'est la Commission interministérielle de la planification et de développement (CIPD). Sur ce thème cf. A. Baccigalupo «L'Administration centrale du plan dans la province de Québec» in *La Revue Administrative*, juillet-août 1972, pp. 416-424.

50. 3% s'abstiennent de répondre.

51. S'abstiennent d'apporter une réponse : 30,5%.

52. 9% ne répondent pas.

Un pourcentage important de hauts fonctionnaires subit d'autre part les pressions des groupes d'intérêts : 42,5%. Par contre la majorité des personnes interrogées déclare n'être l'objet d'aucune pression de ce genre (54,5%).

Lorsque ces pressions se font sentir, elles proviennent généralement des groupements sociaux (50%), et économiques (37,5%). Les organismes publics pour leur part semblent intervenir assez peu (12,5%). Les hauts fonctionnaires n'indiquent jamais les groupements politiques comme source de pressions. Il est vrai que le cabinet politique est le lieu privilégié où s'exercent les interventions de ce type.

Face à ces pressions le sous-ministre aura plusieurs attitudes possibles, allant de la satisfaction volontaire à la dénonciation publique de pratiques illégales, en passant par la tolérance aveugle et la désapprobation résignée.

Si l'on en croit J. Bourgault «les cas de sous-ministres organisateurs de patronage ne sont pas très nombreux, mais les partisans de la tolérance représentent la quasi totalité des cas»[53].

3) LES ATTRIBUTIONS ET LE RÔLE DÉVOLUS AUX HAUTS-FONCTIONNAIRES AU SEIN DE L'ADMINISTRATION MINISTÉRIELLE.

Les hauts-fonctionnaires exercent tout à la fois des fonctions d'exécutant (67%) et des fonctions de conseiller (76%). Ceci se comprend d'autant mieux que, situés au sommet de l'organisation ministérielle, le sous-ministre et ses proches collaborateurs sont chargés de veiller à l'exécution des décisions auxquelles ils ont pris part à côté du ministre.

Ces fonctions apparaissent comme extrêmement importantes. Nous avons vu lors de notre étude consacrée aux Cabinets ministériels que ces derniers, en règle générale, ne participaient que de façon très restreinte à la prise des décisions politiques majeures pour l'avenir du ministère.

Ce sont en effet les hauts-fonctionnaires de l'État qui se révèlent être les négociateurs privilégiés, les éminences grises des ministres québécois. Les «grands barons» du régime avouent, sans détour, consacrer environ 22% de leur temps à débattre avec leur ministre des questions d'administration courante, contre 62,5% de leur temps consacré à la définition des politiques gouvernementales, à la détermination des objectifs nouveaux, à la préparation des futurs programmes, et à l'élaboration de solutions aux principaux problèmes de l'heure[54].

On se souvient que ce pourcentage de 62,5% est à comparer avec celui donné par les membres de cabinets : 5,6%.

Son pouvoir, le sous-ministre le tire de sa situation stratégique au sein du processus décisionnel, ainsi que de ses qualités d'expertise. En effet, le sous-ministre est l'interlocuteur privilégié du ministre et ses principales activités sont toutes fort importantes pour l'avenir du ministère :

---

53. J. Bourgault, thèse cit., p. 328.
54. 15,5% ne répondent pas.

— orientation politique du département,
— initiative des projets,
— préparation de la loi,
— mise en oeuvre des règlements d'application de la loi,
— gestion quotidienne.

Ajoutons à cela qu'en période pré-électorale, puis post-électorale, c'est « durant deux mois que le sous-ministre a la responsabilité de la continuité de l'État... et durant trois à six mois qu'il exerce une influence prépondérante sur le ministre »[55].

Par la suite, le ministre sera tout à la fois «membre du Conseil des ministres (et probablement d'au moins un comité du Conseil), du Parlement (et d'au moins un Comité de la Chambre)». Il sera accaparé par ses fonctions de député dans sa circonscription, de leader politique dans son Parti. Il devra recevoir les représentants des groupes d'intérêts, écouter leurs requêtes, prononcer des discours, effectuer des tournées à travers le pays, des voyages à l'étranger... Parfois il sera même titulaire de deux portefeuilles.

Face à lui, le sous-ministre est relativement beaucoup plus stable, il assume la permanence face au mouvement, aux remaniements ministériels. Certes la sécurité d'emploi n'est pas garantie, mais c'est là le seul «talon d'Achille» de ces hauts-fonctionnaires québécois.

Tout le reste contribue à faire du sous-ministre un homme remarquablement informé et, par là-même, l'homme fort du ministère.

Si l'on sait d'autre part que les hauts-fonctionnaires reconnaissent eux-mêmes que «le gouvernement se borne quelque fois (24,5%) sinon souvent (45,5%) à entériner les propositions des technocrates »[56], on comprend mieux et l'influence dominante de la haute fonction publique québécoise dans la vie politique et la méfiance dès lors bien compréhensible qu'éprouvent les gouvernements nouvellement élus vis-à-vis des fonctionnaires en place. En effet, 91% des personnes interrogées estiment qu'un tel sentiment de méfiance existe: toujours (6%), souvent (39%), quelquefois (46%). Par contre, c'est seulement 6% qui estiment qu'un tel sentiment n'existe que rarement (3%) ou n'existe pas (3%)[57].

Conséquence logique de ce déséquilibre de forces: la politisation des grands technocrates québécois.

---

55. J. Bourgault, thèse citée, p. 259.

56. À la question «croyez-vous que le gouvernement se borne à entériner les propositions des technocrates?» les réponses obtenues sont les suivantes: toujours (0%), souvent (45,5%), quelquefois (24,5%), rarement (0%), jamais (21%).

57. Le % de non-réponses est équivalent à 3%.

CONCLUSION

Expérimentés, dotés généralement d'une solide formation universitaire, connaissant parfaitement les principaux rouages de la machine administrative sur laquelle ils s'appuient pour asseoir leur autorité et leur prestige, les grands technocrates québécois pèsent d'un poids très lourd au sein de l'appareil de l'État.

Conscients d'être démunis de véritables moyens de contrôle sur l'administration en raison de l'inexpérience, et de la formation souvent insuffisante de leurs propres collaborateurs, introduits par leurs soins au sein de leurs cabinets politiques, les ministres québécois ont très vite ressenti le besoin de se doter d'un instrument capable d'être « l'oeil du maître » et l'exécutant fidèle de leur pensée politique. Cet instrument ne peut qu'être la résultante d'une politisation des nominations aux postes de sous-ministres.

Voici, résumés en quelques mots, les deux défauts majeurs de la haute administration publique québécoise : déséquilibre des forces au sommet des ministères au détriment des cabinets et au profit de la haute fonction publique, et dépendance trop marquée de cette dernière vis-à-vis du pouvoir politique.

Deux réformes fondamentales paraissent s'imposer.

1) RÉALISER UNE PLUS GRANDE INDÉPENDANCE DE LA HAUTE FONCTION PUBLIQUE FACE AU POUVOIR POLITIQUE.

Parce que nommé, déplacé, muté par le pouvoir politique avec lequel il est en étroite collaboration, le haut-fonctionnaire québécois est actuellement en très mauvaise posture pour résister aux diverses pressions auxquelles les sphères politiques le soumettent. Une plus grande indépendance serait par contre de nature à renforcer la capacité de résistance des hauts-fonctionnaires et leur permettrait de démissionner en cours de route, s'il advenait que des incompatibilités surgissent entre les sous-ministres et leur patron.

La seule façon d'atteindre cet objectif, souhaité d'ailleurs par 85% des hauts-fonctionnaires eux-mêmes, tout en respectant le libre-choix des ministres en matière de nomination à ces postes de grande responsabilité, nous paraît résider dans une formule garantissant aux grands fonctionnaires une sécurité de carrière. Or, actuellement, seule est garantie la sécurité de la classification, mais non celle des fonctions, si bien que de nombreux sous-chefs hésiteront à perdre leur pouvoir pour se retrouver sur les « tablettes » avec des responsabilités sans commune mesure avec celles qu'ils exerçaient jusque là.

Le moyen d'assurer aux hauts-fonctionnaires une telle sécurité de carrière, tout en supprimant les regrettables pertes d'énergie qu'entraîne le système des « tablettes », pourrait consister en la création d'un Conseil d'État.

Ce grand corps serait chargé tout à la fois de remplir des fonctions juridictionnelles en première instance, en appel ou en cassation chaque fois que l'Administration serait partie prenante à un litige. Cet organe devrait notamment avoir pour tâche d'établir enfin un « système cohérent de tribunaux administratifs »[58] au sommet duquel il se situerait et d'élaborer un droit administratif original et autonome permettant de réaliser « un équilibre entre les prérogatives de l'État moderne et le droit des administrés »[59]. En second lieu, le Conseil d'État serait le conseiller administratif et juridique du gouvernement tant en matière législative que réglementaire. Il pourrait aussi « de sa propre initiative appeler l'attention des pouvoirs publics sur les réformes d'ordre législatif, réglementaire ou administratif qui lui paraîtraient conformes à l'intérêt général »[60].

En dernier lieu, le Conseil d'État serait un véritable vivier, au sein duquel les hommes politiques viendraient recruter le personnel de qualité, à qui ils confieraient la responsabilité de hautes charges de direction à l'intérieur des ministères, des organes para-publics, des commissions d'enquête, voire des cabinets ministériels, et du cabinet du Premier Ministre.

Ce grand corps serait aussi le corps d'accueil des sous-ministres démissionnaires ou en disgrâce politique, auquel ils seraient d'office rattachés et où ils pourraient être très utilement employés à des tâches extrêmement importantes d'intérêt général.

Cette formule, que préconise aussi J. Bourgault, aurait encore « l'avantage, non seulement de produire une rotation des hauts-fonctionnaires, mais aussi de l'organiser, de permettre en outre une plus grande stabilité des sous-chefs (et de leurs adjoints), de leur assurer une carrière continuellement intéressante... » et d'accroître en dernier lieu la « compétence des membres qui auraient alors moins peur de la fonction publique »[61].

2) RÉÉQUILIBRER LES FORCES POLITIQUES ET ADMINISTRATIVES ENTOURANT LES MINISTRES PAR UN RENFORCEMENT DE LA STRUCTURE ET L'ACCROISSEMENT DU RÔLE DES CABINETS MINISTÉRIELS.

La logique fonctionnelle et la qualité des décisions politiques commandent de confier à la structure politique au sein des ministères, la totalité des fonctions qui relèvent de ses compétences, tout en maintenant la haute administration dans les activités par ailleurs extrêmement importantes qui doivent être les siennes.

Ce rééquilibrage s'impose, aujourd'hui plus que jamais, face à la montée récente des bureaux de sous-ministres à laquelle on peut assister. En effet, depuis peu, plusieurs ministères, dont les Transports, l'Éducation, les Affaires sociales, les Affaires municipales, et la Justice, ont vu apparaître à côté des sous-ministres et à leur service, une espèce de cabinet chargé de conseiller le sous-ministre, de démultiplier son action, de guider l'administration dans l'application des programmes, de contrôler l'action des directions générales.

---

58. Cf. l'Honorable Guy Favreau, cité par G. Pepin, les tribunaux administratifs, in *Droit administratif canadien et québécois*, R.P. Barbe, Éditions de l'Université d'Ottawa, 1969, p. 619.

59. Gilles Pepin, *op. cit.*, p. 554.

60. *Ibid*, p. 555.

61. J. Bourgault, thèse citée, p. 408.

Bien que présentement la Commission de la fonction publique et le Conseil du trésor n'aient pas, semble-t-il, pleinement accepté la création de telles structures, nul doute que l'institutionnalisation des bureaux de sous-ministres, composés de jeunes professionnels, mais aussi de fonctionnaires expérimentés que l'on soulage de leurs tâches de gestion administrative, ne soit de nature à renforcer davantage encore l'autorité et le prestige des grands technocrates québécois.

Certains ont pu écrire « qu'il était improbable qu'un sous-ministre à l'esprit résolu tolère l'interposition de jeunes hommes brillants, venant du monde des affaires, des universités, de la presse ou des relations publiques, entre lui-même et le ministre »[62].

Il est vrai que les sous-ministres auraient dès lors « à transiger avec un ministre plus aguerri, plus compétent, mieux informé et mieux conseillé »[63], mais loin de présenter des inconvénients, une telle situation ne pourrait qu'être avantageuse pour les deux partis.

J. Bourgault rapporte que « les sous-ministres ont toujours eu plus de difficultés avec les cabinets faibles qu'avec les cabinets forts, car les premiers ne saisissant pas plus les données d'un problème que leur envergure, il en résulte des différences d'opinion, suivies d'une méfiance des cabinets face à des techniciens avec lesquels ils peuvent difficilement discuter »[64].

Par contre, « un cabinet techniquement fort, renforcera le ministre non seulement dans l'administration mais dans le gouvernement et dans le Parti, ce qui ne peut que faciliter le travail du sous-ministre ».

De plus, ajoute J. Bourgault avec raison : « en assumant complètement les fonctions qui lui sont exclusivement attribuées, le cabinet évitera au sous-ministre de se faire solliciter (par les groupes d'intérêt), d'avoir à recevoir des gens uniquement pour la forme et d'avoir à préserver la dimension politique chère au ministre »[65].

Paul M. Tellier de son côté ne voit pas plus que nous, « pourquoi un sous-ministre n'accepterait pas d'engager un dialogue sain et fructueux avec les conseillers compétents, intelligents et dynamiques de son ministre. Un tel refus laisserait supposer que le sous-ministre craint la désintégration de l'empire qu'il a pu se constituer au détriment des représentants du peuple ». À mon avis ajoute-t-il — et c'est un avis que nous partageons volontiers — seuls les sous-ministres faibles et incompétents se sentiraient menacés ; les autres accueilleraient le changement comme une amélioration de notre système »[66].

C'est dire clairement qu'une réforme des services de direction des ministères québécois passe tout à la fois et par un accroissement des responsabilités

---

62. Cf. J.-P. Malory, in *Administration publique du Canada,* vol. X, mars 1967. Cité par Paul M. Tellier, « Pour une réforme des Cabinets de Ministres fédéraux, in *Administration publique du Canada,* vol. XI, no 4, p. 425.

63. Paul-M. Tellier, *op. cit.,* p. 425.

64. J. Bourgault, thèse citée, pp. 356-357.

65. *Ibid.*

66. P.-M. Tellier, *op. cit.,* p. 425.

politiques des cabinets ministériels et un contrôle des pouvoirs exorbitants de la haute administration.

En effet, dans une structure ministérielle, l'omnipotence de la technocratie est aussi nuisible à la qualité des décisions gouvernementales, que l'inconsistance exagérée des structures politiques.

LA FONCTION PUBLIQUE QUÉBÉCOISE : INDÉPENDANCE OU POLITISATION ?

LES ORIGINES DE L'AFFAIRE

Dans ses éditions des 23 et 24 janvier 1975 le quotidien québécois « Le Soleil », sous la plume de son envoyé spécial Léonce Gaudreault chargé de suivre les travaux de la Commission Cliche, révélait que l'actuel président de la Commission de la fonction publique (CFP) — M. Yvon Saindon — aurait en 1971, alors qu'il était seulement directeur du recrutement et de la sélection dans cet organisme, autorisé M. Yvon Bergeron, à l'époque simple fonctionnaire au Ministère du Travail, à accéder à la classe des professionnels. Ceci, à la suite de pressions particulières faites au nom de M. Paul Desrochers, alors conseiller spécial du Premier Ministre. Le journaliste du « Soleil » indiquait d'autre part que cette acceptation était en contradiction avec la position négative prise deux mois auparavant par M. Saindon lui-même. Ce même journal ajoutait qu'on aurait « fait comprendre alors à M. Saindon qu'il pouvait avoir un certain intérêt à répondre favorablement au désir de M. Paul Desrochers, puisqu'il convoitait d'accéder à la présidence de la Commission de la fonction publique. Or « trois mois après avoir promu à un grade supérieur M. Bergeron, M. Yvon Saindon était nommé président de cette Commission ». Le même quotidien faisait état, d'autre part, d'une intervention provenant du ministre du Travail M. Jean Cournoyer, en date du 2 mars 1971, faite elle aussi afin d'obtenir « l'accession immédiate de M. Bergeron dans la catégorie des professionnels du gouvernement ». (voir à ce sujet les comptes-rendus publiés dans Le Devoir et le Soleil).

Sans vouloir nous immiscer dans le travail d'enquête de la Commission Cliche, ni justifier ou critiquer la décision prise par M. Yvon Saindon à propos de M. Bergeron ; ni surtout affirmer ou nier l'existence d'un lien étroit entre la promotion de M. Bergeron et celle de M. Saindon, ni présumer encore moins des conclusions de la commission d'enquête, il nous paraît opportun, pour l'information du public, de poser sous l'angle de la science politique et administrative le problème fondamental qui a surgi, à savoir celui de la politisation de la fonction publique québécoise.

Nombreux sont les fonctionnaires de l'État, surtout dans les strates supérieures de l'administration publique et des organismes autonomes, qui subissent plus ou moins fréquemment, avec une intensité plus ou moins marquée, des interventions de nature politique d'origines diverses (députés, ministres, membres de cabinets ministériels...). Ce type d'interventions politiques a cours dans les secteurs publics et para-publics de tous les pays du monde. Toutefois, contrairement à ce que l'on pourrait penser de prime abord, ces immixtions du politique dans l'administratif ne sont pas toujours forcément condamnables.

I. LES TROIS PRINCIPAUX TYPES D'INTERVENTION DU POLITIQUE SUR L'ADMINISTRATIF

Il faut en effet distinguer trois types principaux d'intervention politique : 1) l'intervention politique découlant du contrôle parlementaire ou de l'autorité hiérarchique du gouvernement sur l'administration, 2 l'intervention partisane, corollaire naturel du fonctionnement du système des partis en régime démocratique et 3) la corruption de fonctionnaires de l'État à des fins partisanes ou personnelles.

1) L'intervention politique de contrôle

L'homme politique, en votant les lois, en prenant des règlements et en nommant de façon discrétionnaire les sous-chefs, les dirigeants de nombreux organismes para-publics, les membres de cabinets de ministres etc... intervient au sein de la machine administrative de façon délibérée.

Ces diverses interventions des milieux parlementaires et gouvernementaux sont non seulement souhaitables, mais elles constituent un des rôles essentiels de nos élus, chargés de veiller au fonctionnement harmonieux de nos services publics. La loi définit le cadre des activités des diverses personnes physiques et morales composant le corps socio-politique, le règlement précise la loi et fixe le détail de l'application des textes législatifs, tandis que nos grands technocrates et les collaborateurs politiques des ministres voient à ce que la machine administrative au service de la société emprunte les voies que le gouvernement et le parlement élu ont tracées.

Toutes ces mesures sont, si l'on peut dire, de l'essence même de la démocratie. Et c'est pourquoi nos fonctionnaires acceptent et doivent se plier à ce type d'interventions qui constitue une des règles fondamentales de tout régime démocratique parlementaire.

Signalons, en outre, que nombre de réclamations à l'origine des démarches intentées par les élus ou leurs collaborateurs immédiats n'ont pas obligatoirement pour but d'obtenir des administrateurs publics des passe-droits, des privilèges et des mesures de faveur. Toutes effectivement ne suggèrent pas et moins encore ne conduisent à une transgression des textes législatifs et réglementaires existants. On peut même dire que, bien au contraire, nombre de ces interventions ont pour objectif une meilleure et plus juste application de la volonté du législateur ou du gouvernement. C'est ainsi qu'un pourcentage assez élevé de démarches provenant de nos élus et de leur entourage politique ont, pour fins dernières, d'accélérer le traitement d'un dossier, de lutter contre la bureaucratie et d'obtenir des explications plus claires et mieux justifiées d'une décision administrative. En effet, il est parfois conforme à l'équité et à la justice d'adapter à un cas particulier une décision prise, de façon forcément impersonnelle par un fonctionnaire de l'État, en application stricte de textes qui, par ailleurs, peuvent se révéler fort injustes pour telle ou telle catégorie de citoyens.

Même si cette fonction tend sans doute à être de plus en plus remplie par le Protecteur du Citoyen, il n'en subsiste pas moins qu'elle constitue toujours un élément privilégié du droit de contrôle sur l'administration que confère au député tout régime démocratique.

Hélas, il faut bien le dire, même si les interventions de ce type sont fort nombreuses, toutes les démarches ne sont pas cependant de cette nature. Nombre d'interventions partisanes tentent, en effet, d'aboutir auprès des fonctionnaires de l'État, à la prise de décisions administratives dont l'aspect légal, réglementaire et équitable est beaucoup plus douteux.

2) L'intervention partisane de faveur

Très souvent sollicités par les électeurs de leur circonscription, les députés, les ministres ou leur cabinet vont adresser à l'autorité administrative concernée, une lettre demandant de bien vouloir examiner avec toute l'attention requise, la requête de tel administré ou catégorie d'administrés. Cette démarche permet à l'élu, par ailleurs souvent convaincu du côté peu justifié de la demande qui lui est adressée, de conserver, voire de grossir la masse de son électorat. Elle satisfait le citoyen flatté de voir son député ou son ministre se pencher avec « bienveillance » sur son cas, mais n'oblige nullement l'administration à transgresser les bases législatives ou réglementaires de notre société.

Certes, le fonctionnaire peut trouver ces démarches « agaçantes » mais comme elles n'entraînent aucune sanction pour lui, qu'elles présentent tous les signes d'un acte incantatoire de pure routine parlementaire, et qu'elles ne sont pas là pour remettre véritablement en cause son jugement final, l'indépendance du fonctionnaire reste garantie et le jeu du parlementairisme convenablement joué.

Ceci est, si l'on peut dire, le prix que notre société doit payer au pluripartisme et à la démocratie élective et qui faisait dire en substance à Sir Winston Churchill « la démocratie n'est pas le meilleur des régimes mais simplement le moins mauvais ».

Ce type d'interventions est acceptable et vouloir le supprimer totalement relève, selon nous, beaucoup plus de l'utopie et de l'angélisme que des réelles possibilités de nos sociétés. On peut seulement tenter d'en limiter les excès. C'est d'ailleurs la voie sur laquelle le Québec s'est engagé depuis plus de dix ans maintenant.

En effet, depuis 1965 surtout, le fonctionnaire québécois est, d'une façon générale, fortement protégé contre nombre d'ingérences du politique et du secteur privé, par le statut de la fonction publique qui lui accorde : sécurité d'emploi, syndicalisation, conventions collectives, recours quasi-judiciaires et judiciaires, procédure de griefs, sans omettre l'appel souvent ouvert, depuis 1969, au Protecteur du Citoyen.

Tout ceci met évidemment les agents de la fonction publique dans une excellente position de défense vis-à-vis de toute ingérence du politique dans leur sphère de compétences. Aussi, à part des cas marginaux sévèrement réprimés chaque fois qu'ils sont découverts, l'agent public fait-il passer l'intérêt général avant les intérêts particuliers.

3) La corruption administrative

Indiquons immédiatement que la corruption administrative peut avoir pour origine soit le secteur privé, soit le secteur administratif lui-même, soit le milieu politique. En raison, notamment, de l'aspect particulier que prend la corruption en provenance des sphères politiques, c'est cette dernière forme que nous examinerons ci-après.

Cette forme extrême de patronage politique se différencie des interventions précédentes par le fait qu'elle s'accompagne de promesses d'avantages spéciaux que l'on fait miroiter devant les yeux de l'agent public. L'intervention est donc ici moins légère et plus pressante. Il ne s'agit plus de simples incantations découlant de l'application tacite d'une règle du jeu parlementaire, mais bel et bien du déploiement de tout un arsenal visant à obtenir de l'agent public un comportement illégal ou non réglementaire.

Il n'est d'ailleurs pas toujours aisé, de prouver l'existence de mesures de faveur attachées au service réclamé. En effet, la simple perception par un agent public de la possibilité éventuelle d'avantages ou d'inconvénients découlant directement de son attitude vis-à-vis d'une intervention politique, aboutit en pratique, sinon en droit, à la création d'une tentative de corruption, car le comportement de l'agent public peut en être influencé. La promesse d'avantages spécifiques constituant la corruption peut, en effet, être, soit explicite, soit implicite. D'où la difficulté de discerner parfois la corruption administrative, de la simple intervention partisane de routine.

Le fonctionnaire, dans le cas de corruption administrative manifeste ou entendue se trouve placé dans une position peu enviable. D'un côté, il y a la menace de mesures disciplinaires pouvant aller jusqu'à la destitution pour manquement au serment d'office, ainsi que celle, non négligeable, du Code criminel interdisant «à tout agent public de solliciter ou de recevoir directement ou indirectement, pour lui-même ou pour toute autre personne, toute gratification, faveur, somme d'argent ou récompense, de quelque nature que ce soit, qui aient un rapport quelconque avec le service public». De l'autre côté, en cas de refus de sa part de fermer l'oeil ou de se soumettre, il y a le risque pour l'agent public de voir sa carrière compromise à plus ou moins brève échéance pour une durée indéterminée. Ce sera alors soit «la tablette» que l'agent public craindra de voir poindre à l'horizon, soit l'accès tant convoité à un poste de haute responsabilité dans un organisme public ou para-public, qui risquera fort de lui échapper.

II. DE CERTAINES CONSÉQUENCES DE L'INTERVENTION POLITIQUE

1) Bouc émissaire ou victime du système?

La tentation est peut-être forte dans l'opinion publique, en présence de telles affaires, de condamner sans rémission et sans excuse tout agent public trouvé coupable de tels agissements. Il vaudrait bien mieux, cependant, selon nous, éviter de faire toujours de l'agent de l'État le bouc émissaire de tous les péchés commis finalement par l'ensemble des citoyens qui réclament quotidiennement auprès de leurs relations politiques, faveurs, privilèges et patronage. Il ne faudrait pas oublier, en effet, que les corrupteurs sont parmi nous, au sein même du système social et politique que nous avons créé, et sans doute même, au coeur de l'homme.

Cela, pour dire qu'une enquête approfondie dans tous les cas d'influence politique sur l'administration s'impose, préalablement à tout jugement péremptoire qui pourrait être véhiculé dans l'opinion publique. L'image de marque d'un fonctionnaire suspecté d'avoir trempé dans une affaire de ce genre doit être prise fortement en considération, à plus forte raison encore s'il s'agit d'un grand commis de l'État dont l'honorabilité, les compétences et le travail réel effectué jusque là au service du bien commun, ont largement contribué depuis de nombreuses années, à améliorer très sensiblement le fonctionnement des services publics.

Ceci ne signifie évidemment pas, loin de là, qu'il faille absoudre pour autant chez les fonctionnaires tout comportement de ce genre. Nous estimons, simplement, qu'une pratique regrettable et d'usage trop courant fait que certaines circonstances atténuantes doivent être prises en considération, si nous voulons porter un jugement juste et équitable. En effet, dans de telles situations, la responsabilité première nous parait revenir plutôt aux provocateurs : agents et tiers corrupteurs.

C'est pourquoi nous pensons, qu'afin de limiter le plus possible les tentatives de corruption de fonctionnaires d'où qu'elles surgissent, mais surtout si elles émanent des milieux politiques les plus susceptibles d'entraîner des cas de conscience fort douloureux pour nombre de nos meilleurs serviteurs de l'État, il convient d'appliquer dans toute leur rigueur, les lois très sévères, punissant au Québec les corrupteurs et leurs complices. C'est la seule façon d'éviter la floraison dans une société, de vocations qui n'ont que trop tendance à croître et à se multiplier.

2) Le cas particulier des organes juridictionnels

Cependant, chaque fois qu'un haut-fonctionnaire, trouvé *coupable de corruption ou même de simple favoritisme,* s'avèrera être membre d'un organisme quasi-judiciaire, il appartiendra au gouvernement de le *démettre par les voies légales, de ses fonctions,* même s'il s'agit d'un poste dont la nomination est habituellement laissée à son libre arbitre. À moins, évidemment, qu'une *démission de l'intéressé n'intervienne* antérieurement à la mise en route d'une telle procédure. Car, si on ne peut admettre qu'un magistrat ne puisse s'élever au-dessus des lois, il y a par contre fort à souhaiter qu'il soit, plus que n'importe quel autre administré, un citoyen au-dessus de tout soupçon. Car quelle crédibilité l'opinion publique pourrait-elle attacher aux décisions et aux jugements d'une telle institution, si son personnel dirigeant au plus haut niveau, n'est pas à l'abri de toute critique?

Libre, toutefois, le gouvernement s'il souhaite continuer à s'attacher les services d'un fonctionnaire encore capable d'être utile à la collectivité nationale, eu égard à son passé et à la conjoncture ayant entouré son acte, de prendre la responsabilité politique de l'appeler à d'autres fonctions au sein d'organismes non-juridictionnels.

Il serait d'ailleurs, à ce propos, très judicieux, surtout pour des organes quasi-judiciaires tels que la Commission de la fonction publique, de prévoir pour l'accès au poste de Président, une procédure semblable à celle qui régit la nomination du Protecteur du Citoyen. Seule en effet une nomination effectuée par voie parlementaire et à la majorité qualifiée de la Chambre, peut faire du premier magistrat de la fonction publique, un citoyen vraiment indépendant et situé au-dessus de toutes les formations politiques.

3) Un problème fondamental, une solution nuancée

C'est dire, en résumé, que si nous pouvons accepter à certains niveaux de l'administration publique une certaine politisation, une indépendance totale nous paraissant ni très réaliste ni même souhaitable, deux choses par contre nous paraissent devoir être combattues avec force : 1) la corruption administrative d'où qu'elle provienne et à quelque niveau qu'elle se manifeste et 2) la politisation, si minime soit-elle, des juridictions judiciaires et quasi-judiciaires, tant l'indépendance de ces organes vis-à-vis de toute ingérence politique, administrative, ou économique s'avère indispensable à un fonctionnement sain et juste de nos institutions.

Ce n'est, en effet, que dans ces conditions que pourra, en outre, s'améliorer davantage encore le système québécois actuel de fonction publique, dont il faut bien convenir, par-delà certaines « bavures » et pratiques regrettables, qu'il n'est pas aujourd'hui, tant s'en faut, le plus mauvais du monde.

LE FONCTIONNAIRE QUÉBÉCOIS : UN ROND-DE-CUIR INTOUCHABLE ?

Dans leurs éditions du 1er mars 1975 tous les grands quotidiens de la province rapportaient les vives attaques menées contre la fonction publique québécoise, devant la commission Cliche, par M. Paul Desrochers, ancien conseiller spécial et éminence grise du Premier ministre Robert Bourassa.

On se souvient que lors de son audition par les membres de cette commission d'enquête M. Desrochers critiquait véhémentement les fonctionnaires québécois, ces «intouchables», auxquels il reprochait entre autres choses : leur immobilisme, leur manque d'initiative, leur inexpérience et leur faible productivité. L'ancien conseiller spécial déclarait souhaiter d'autre part que les hommes politiques puissent, comme aux États-Unis, se débarrasser des fonctionnaires en place chaque fois que les scrutins électoraux entraineraient des changements de majorité gouvernementale.

Que doit-on penser de ces critiques ? Quelle position adopter devant le remède proposé ?

I. DES CRITIQUES EXAGÉRÉES, DES RESPONSABILITÉS MAL DÉTERMINÉES.

1) Bureaucratie publique et bureaucratie privée.

Il faut d'entrée de jeu constater que les reproches ci-dessus énumérés ne sont plus, depuis longtemps, l'apanage exclusif des administrations publiques ou même para-publiques. Un nombre sans cesse croissant de grandes entreprises privées — avec le phénomène de concentration économique cette catégorie grossit de jours en jours — connaissent aussi tous les défauts bureaucratiques inhérents au gigantisme organisationel. Tant et si bien que vouloir opposer aujourd'hui la sclérose des bureaucraties publiques au dynamisme des entreprises privées, relève plus de la croyance idéologique dans les sacro-saintes vertus de la libre entreprise que de l'observation objective de la réalité administrative.

En second lieu, il faut signaler que les défauts dénoncés par M. Desrochers, s'ils correspondent pour une certaine part à une indiscutable réalité du système administratif, n'en constituent pas moins, à cause de la généralisation qui en est faite, une vision quelque peu exagérée de notre administration publique.

2) Une conception trop «courtelinesque» de l'administration.

Il est certes toujours très facile et un rien démagogique, souvent même payant électoralement, de charger sabre au clair contre la bureaucratie administrative, son autoritarisme dépersonnalisé, ses lenteurs traditionnelles, sa routine, son juridisme et sa faible rentabilité. Il est de même très aisé de critiquer son personnel de ronds-de-cuir, nommés à vie, intouchables et peu dynamiques, incompétents et «budgétivores». Avec des styles et dans des pays aussi différents que la Russie et la France, des auteurs comme Gogol et Courteline, des journaux comme le Krokodil à Moscou et le Canard enchaîné à Paris ont depuis longtemps, avec bien d'autres à travers le monde, stigmatisé la fonction publique.

C'est oublier le rôle considérable joué par les administrations et leur personnel, depuis quinze ans au Québec, dans le développement et le progrès économique et social. C'est oublier le rôle de préparateur de décisions majeures, voire de décideur, joué par nombre de nos agents publics. C'est oublier aussi le rôle moins grandiose mais extrêmement important de permanence, de continuité et de gestion quotidienne qui fait la grandeur et les servitudes du métier d'agent de l'État.

Aussi, craignons-nous pour notre part, que la piètre opinion nourrie par M. Desrochers sur la fonction publique québécoise, relève encore une fois d'une imagerie populaire d'autant moins acceptable qu'elle constitue le justificatif de la création de certains réseaux parallèles d'influence et de décision. Sans omettre qu'elle contribue injustement, parce que trop systématiquement, à faire de notre administration, ce qui est peut-être plus grave encore, le bouc émissaire trop commode de toutes les erreurs, faiblesses et insuffisances d'une certaine action politique.

Mieux vaudrait selon nous, afin d'émettre sur l'administration publique québécoise un jugement plus nuancé et plus objectif, procéder à une analyse des causes et à une recherche des responsabilités véritables à l'origine des maux dont souffre en partie le secteur public. C'est ainsi qu'en ce qui concerne l'immobilisme de l'administration et le manque d'initiative de ses agents, il se pourrait fort bien que l'essentiel des responsabilités de cet état de choses incombe davantage aux hommes politiques et à leur environnement immédiat qu'aux fonctionnaires de l'administration.

3) Immobilisme administratif ou attentisme politique.

Pour ce qui est de «l'immobilisme», prenons l'exemple de la planification québécoise. Toutes les structures et l'appareillage administratif existent depuis plusieurs années maintenant (OPDQ, directions de planification ministérielles, CPDQ, régions administratives, CAR, coordonnateurs régionaux etc...). Or le Québec quinze ans après la création du Conseil d'Orientation Economique ne planifie toujours pas, faute principalement d'une *véritable volonté politique* de planifier le développement socio-économique du pays[1].

Pour ce qui est maintenant du «manque d'initiatives des agents publics» ne devons-nous pas là aussi inciter les hommes politiques à faire leur auto-critique? L'administration ne l'oublions pas n'est que l'instrument d'action du gouvernement. Elle est seconde par rapport à l'exécutif et soumise à la volonté du législateur. Dès lors, comment l'homme politique ne se sentirait-il pas responsable d'une administration, dont nombre de mécanismes ne sont guère de nature, de toute évidence, à stimuler les ambitions, le dynamisme et les initiatives de ses agents. Ce ne sont actuellement en effet, ni la rigidité du système de classification, ni les lentes et automatiques progressions de la carrière, ni l'excellence du système d'avancements accélérés, ni la valeur des systèmes d'informations, de communications et de participation, ni la faible étendue des délégations de pouvoir, qui peuvent remédier valablement aux vices de notre administration publique ou accroître sa «productivité».

---

1. Pour de plus amples détails sur ce sujet, cf. le chapitre V «Les techniques administratives au Québec».

4) Productivité Publique et Productivité Privée.

Pour ce qui est de cette dernière notion, il nous faut signaler que la productivité de l'administration publique ne saurait toutefois être en tous points comparables à celle qui a cours dans l'entreprise privée. Le moteur de cette dernière est le «profit» au sens économique du terme, alors que le moteur des entreprises du secteur public et para-public est soit «la justice sociale» (éducation, transports en commun, service de santé, allocations sociales...), soit «le prestige national» (Air Canada, Défense nationale...). C'est d'ailleurs, précisons le, généralement lorsqu'un secteur n'est pas «productif», dans la mesure où il ne permet pas d'accumuler rapidement des bénéfices, qu'est demandé ou laissé au trésor public, le soin de le prendre en charge, dans l'intérêt national. Rien d'étonnant dès lors si le secteur public manque quelque peu du sens de «la productivité». Plus étonnant par contre, nous paraît-être une telle opinion, lorsqu'elle est émise par les partisans de la libre entreprise et du laisser-faire économique.

Signalons, en outre, que là où l'administration publique décide de nationaliser le secteur privé rentable et d'assurer un monopole d'État, elle se comporte généralement sur le plan managerial aussi bien que l'entrepreneur privé (Hydro-Québec, Société des Alcools etc...). Quant aux entreprises privées, rappelons que si elles avaient toutes un sens aussi élevé que certains le croient de la productivité et du management, elles n'engendreraient pas les nombreuses faillites qu'enregistrent chaque année les services compétents du gouvernement.

Si l'on examine maintenant l'aspect non plus matériel mais humain de la productivité, il nous faut convenir là aussi qu'il n'est pas exact de penser, contrairement à une opinion trop largement répandue, que seuls les employés du secteur privé travaillent vite et bien, tandis que ceux du public oeuvrent lentement et mal. Si l'on observe au travail les employés des secteurs fortement syndiqués tels celui de la construction ou même celui de la mécanique auto, je ne pense pas que l'on puisse encore conclure dans la rapidité et le perfectionnisme du secteur privé.

Je ne pense pas non plus que l'on puisse accuser nos agents publics, globalement, d'être «inexpérimentés».

5) De la soi-disant «inexpérience» de la fonction publique.

En effet, on ne peut objectivement ignorer d'une part que là où l'on trouve le moins de personnel compétent et expérimenté dans la fonction publique, à niveau hiérarchique comparable, c'est dans les cabinets ministériels, où précisément le recrutement du personnel est laissé de façon discrétionnaire au libre choix des hommes politiques.

D'autre part, on ne peut croire que le meilleur moyen de fournir la haute fonction publique en personnel compétent, expérimenté et de grande valeur, consiste à obtenir, par «pressions politiques» auprès de la Commission de la fonction publique et contre son avis, la promotion de fonctionnaires de l'État à des catégories supérieures auxquelles leur niveau de qualifications ne les prédispose pas[2].

---

2. Allusion à peine voilée à «l'affaire Saindon».

II. UN REMÈDE : SPOILS-SYSTEM OU MERIT-SYSTEM?

1) Le rejet du spoils-system.

Pour ce qui est finalement des maladies réelles de notre machine administrative, le remède, contrairement à ce que paraît préconiser M. Desrochers, ne nous semble pas devoir être recherché du côté de nos voisins américains. D'une part, parce que le système de patronage politique auquel il fait référence est largement abandonné depuis plusieurs décennies au niveau fédéral et en régression très nette au niveau des États fédérés et des comtés. Ensuite, parce que les inconvénients de ce système dépassent de beaucoup les avantages qu'on espérait en retirer : corruption administrative, politisation outrancière de l'administration, non respect du principe d'égal accès de tous les citoyens aux charges publiques, instabilité administrative ajoutée à l'instabilité politique, non continuité dans le fonctionnement des services publics, personnel politisé mais pas toujours expérimenté, pertes d'énergies et de productivité très sensibles etc...

Pour toutes ces raisons, et malgré le fait bien humain qui veut que tout homme politique souhaite avoir à sa disposition une administration docile, nous ne pouvons accepter ce modèle comme solution. Bien au contraire, c'est vers le renforcement du système actuel de « mérite » que nous nous engagerions pour notre part.

2) Le renforcement du merit-system.

Il est faux de croire qu'un agent sera d'autant plus enclin au dynamisme et à prendre des initiatives qu'il aura été nommé à une charge publique en fonction de critères politico-idéologiques. Il aura effectivement très souvent, trop à faire pour assurer sa propre survie politique et administrative, pour pouvoir risquer des initiatives qui pourraient finalement se retourner contre lui. Au contraire, l'agent « intouchable » parce que doté de la sécurité d'emploi, protégé par sa convention collective et son syndicat sera en bien meilleure position pour s'opposer à des actes illégaux provenant des sphères politiques, de sa hiérarchie ou du secteur privé. Et, si ces agents manquent alors d'initiatives, la faute n'incombe pas à « l'intouchabilité » des agents, mais aux défaillances du système de motivation.

C'est pourquoi afin de remédier aux lacunes actuelles de ce système préconiserions-nous plus volontiers pour notre part :

1- l'ouverture de poursuites devant les tribunaux contre tous les fonctionnaires et hommes politiques soupçonnés de culpabilité pour violation aux lois et règlements publics.

2- le renforcement du système du mérite dans toutes les procédures de recrutement et de sélection, par la suppression des trop nombreux pseudo-concours existants dans la fonction publique, par l'accroissement des contrôles exercés par la Commission de la fonction publique, par la création d'examens reposant en grande partie sur l'anonymat des épreuves, par la multiplication et la diversification des jurys dont la composition devrait mêler êtroitement hauts-fonctionnaires et universitaires spécialisés.

3- L'amélioration des procédures d'avancement et de promotion par l'octroi notamment, selon des normes et des techniques à revoir, d'avancements accélérés aux éléments les plus valables de l'organisation.

4- L'accroissement de la participation, des communications à l'intérieur de l'appareil administratif gouvernemental.

5- La mise en place d'un système assurant une véritable délégation de pouvoirs à la fois à l'échelon central et à celui des régions. Seule une politique hardie de déconcentration permettra de donner à chaque agent public le sens de ses responsabilités et le goût du changement.

6- Le recrutement d'un personnel plus qualifié et compétent dans l'entourage politique immédiat des ministres.

7- La réduction, sinon la suppression, du déplorable système des « tablettes », perte trop souvent d'énergies considérables et réducteur de productivité administrative. Toutes les « tablettes » n'ont pas en effet pour but de se débarrasser officieusement d'un agent incompétent et sclérosé. Beaucoup d'entre elles ne sont que le moyen de mettre à l'écart des hommes valables et dynamiques simplement déclarés, « persona non grata » par un supérieur hiérarchique, pour raisons politiques ou antipathies personnelles.

8- L'affirmation d'une véritable indépendance de la Commission de la fonction publique par la révision de la procédure de nomination des commissaires. Celle-ci devrait selon nous relever du Parlement, être obtenue à la majorité qualifiée des $2/3$ et faire participer l'opposition officielle.

9- La planification, autant que cela se peut, du développement socio-économique de la province, en commençant par les activités gouvernementales.

10- La création, à l'instar de la célèbre commission Glassco sur l'administration fédérale, d'une Commission royale d'enquête sur l'administration publique et para-publique québécoise.

Tel est à notre avis le train de réformes indispensables à mettre en route, si l'on veut véritablement doter le Québec d'une administration publique plus neutre, plus moderne, plus « productive », plus dynamique, en un mot plus efficace.

LA CRISE DE LA FONCTION PUBLIQUE QUÉBÉCOISE

La presse a accordé ces dernières semaines une grande audience et donné une large diffusion, à une conférence prononcée devant la section québécoise de l'Institut canadien d'administration publique, le 24 novembre 1975, par le recteur de l'Université de Sherbrooke M. Yves Martin. Intitulée : « Sens de la fonction publique et sens de l'État au Québec », cette conférence appelle de ma part quelques commentaires et précisions.

I. UN DIAGNOSTIC DE CRISE.

UN LARGE ACCORD

Tout d'abord je dois me déclarer très largement d'accord avec son auteur, lorsqu'il fait état du malaise qui règne dans l'administration publique québécoise. Son idée rejoint, presque point pour point, celle que j'émettais en mars de cette année, dans un quotidien montréalais lorsque en réponse aux déclarations de M. Paul Desrochers devant la commission Cliche, j'invitais les pouvoirs publics à « procéder à une analyse des causes et à une recherche des responsabilités véritables qui sont à l'origine des *maux* dont souffre en partie le secteur public ».

Je partage aussi pleinement l'opinion de l'ancien sous-ministre à l'Education, lorsqu'il fait reposer la responsabilité de ce malaise sur le pouvoir politique. Je la partage, évidemment, d'autant plus volontiers, que j'avais moi-même dans ce même journal montréalais, rendu un jugement semblable lorsque j'écrivais : « en ce qui concerne l'immobilisme de l'administration et le manque d'initiative de ses agents, il se pourrait fort bien que l'essentiel des responsabilités incombe *davantage aux hommes politiques et à leur entourage immédiat, qu'aux fonctionnaires de l'administration* ».

Ceci dit, j'aimerais par contre émettre sur le contenu de la conférence de l'ex-président de la RAMQ, une réserve et deux regrets.

UNE RÉSERVE

Elle porte principalement sur le sentiment de méfiance dont parle M. Yves Martin. Je suis persuadé moi aussi que le gouvernement libéral de M. Robert Bourassa éprouve une certaine méfiance vis-à-vis de la fonction publique, en raison notamment de la pénétration de l'idéologie péquiste dans de larges couches du secteur public québécois. Mais, je crois, par contre, qu'à ce sentiment de méfiance échappe un groupe d'agents de l'État — les grands commis — dont a fait partie M. Martin lui-même, à savoir : les sous-ministres en titre, les sous-ministres associés et adjoints, et les présidents d'organismes autonomes.

Car, de tous les membres de la fonction publique ils sont, à mon humble avis, les plus privilégiés dans ce domaine. Au sommet de la hiérarchie administrative, dotés généralement de réelles compétences techniques, proches du pouvoir politique, collaborateurs indispensables de ministres non spécialisés et peu à même de s'appuyer sur des cabinets ministériels insuffisamment étoffés, nommés par le Premier ministre pour des raisons qui ne négligent guère l'opinion politique des intéressés, ils ont forcément la confiance d'un Pouvoir qui peut d'ailleurs se débarrasser d'eux très facilement, s'ils ne donnent pas satisfaction.

D'ailleurs, une enquête menée par nos soins en 1972-73 montrait clairement de quel poids pesaient les hauts-fonctionnaires de l'État dans la prise de décision et dans l'élaboration des politiques gouvernementales. Je doute fort que les choses aient évolué si vite en sens inverse, surtout dans un secteur où la lenteur est la caractéristique dominante.

Certes, des sous-ministres sont partis jadis en claquant la porte. Mais c'était peut-être moins parce qu'ils n'avaient plus la confiance du gouvernement, que parce qu'ils n'avaient plus confiance *eux* dans le gouvernement[1].

DEUX REGRETS

J'en arrive, par la même, aux deux regrets que j'ai éprouvé à la lecture du texte de M. Yves Martin.

Premier regret : il est dommage que l'auteur, grand commis de l'État provincial depuis 11 années, n'ait pas jugé bon d'étayer le jugement qu'il formule sur la fonction publique québécoise et sur le pouvoir politique, de cas concrets, clairs et précis.

Ceci me parait regrettable, car l'expérience du recteur Martin est effectivement vaste et vécue à un niveau des plus élevés dans les sphères administratives. On se serait attendu, de sa part, à des révélations, plus qu'à de simples «impressions», à des preuves concrètes multiples, plutôt qu'à l'unique exemple qu'il veut bien donner et qu'il qualifie lui-même de caricature. Sur ce plan là, c'est dommage, car le lecteur à l'esprit scientifique était en droit d'attendre davantage de preuves à l'appui de ce verdict.

D'autre part, la sévérité du jugement porté sur le pouvoir politique ainsi que l'impact dans les mass-média que le conférencier pouvait prévoir en raison de son sujet et de sa personnalité, appelait de la part de l'intéressé, soit des arguments solides s'il se décidait de persévérer dans la voie du réquisitoire, soit un jugement moins polémique et plus nuancé, dans le cas où pour de multiples raisons les preuves feraient défaut.

Second regret : il est dommage que M. Yves Martin n'ait pas poussé davantage sa recherche pour tenter, de façon plus précise, de délémiter une gamme plus étendue de causes à l'origine de la crise actuelle de la fonction publique. M. Martin en privilégie une ou deux. La liste me parait devoir être sensiblement plus longue. C'est à l'établissement d'une liste, non exhaustive pour autant, mais peut être plus complète, que j'aimerais maintenant convier les lecteurs du Soleil.

---

1. Allusion est faite ici à Claude Morin, ancien sous-ministre aux Affaires inter, aujourd'hui ministre péquiste de ce même ministère.

II. LES PRINCIPALES RAISONS DU MALAISE DE LA FONCTION PUBLIQUE

Elles sont au nombre de dix.

1°) L'échelle des salaires

Moins que le montant des salaires versés aux agents de l'État, c'est la longueur des échelles salariales qui est vivement critiquée par les agents publics. Ce n'est, en effet, pas tant le montant maximum de salaire affecté à un emploi qui est l'objet de mécontentements, que le temps imposé pour y parvenir. Aussi, la longueur des échelles et leur rigidité sont-elles une des causes principales d'insatisfaction et de récrimination dans la fonction publique provinciale.

2°) L'avancement d'échelons

Le système d'avancement est extrêmement rigide car il repose essentiellement sur le nombre d'années d'expérience. C'est-à-dire en pratique : l'ancienneté. Or, le critère d'ancienneté n'a pas que des avantages. Certes, il est automatique et réduit par conséquent sensiblement les interventions partisanes possibles en faveur de tel ou tel agent. Par contre, le désir fort légitime d'assurer la neutralité et l'indépendance de l'agent public a eu pour conséquence un inconvénient redoutable. Celui d'empêcher de distinguer les éléments brillants de la masse des agents de l'État. D'où, la sensation d'être mal récompensé pour les services rendus, ressentie par les agents les plus dynamiques, les plus compétents et les plus valables de l'État. Lorsque travailler plus et mieux rapporte autant, lorsque prendre des risques c'est courir dans le meilleur des cas à n'avoir rien et au pire à se faire blâmer, alors les éléments les plus valables pour la fonction publique préfèrent, soit rester dans le privé, soit sortir du secteur public, soit ouvrir largement le parapluie et rentrer sagement dans le rang.

C'est alors le nivellement par la base, avec toutes les rancoeurs et les énormes pertes d'énergie qu'il charrie immanquablement, qui s'érige en principe d'organisation.

Il existe bien la procédure d'avancements accélérés pour mérite exceptionnel qui permet de gravir deux échelons au lieu d'un seul, mais elle ne constitue, en pratique, qu'un maigre palliatif aux inconvénients du système d'avancement à l'ancienneté.

D'abord, parce que tous les agents de l'État ne bénéficient pas de cette formule. Ainsi les fonctionnaires ordinaires ne connaissent qu'un système d'avancement accéléré fondé sur l'obtention d'un certain nombre de crédits collégiaux ou universitaires, mais nullement pour rendement exceptionnel.

Ensuite, parce que la notion même de rendement exceptionnel n'est nulle part définie exactement. Tant et si bien que les autorités ministérielles chargées de les accorder disposent d'une liberté de manoeuvre pour le moins assez grande ... pour ne pas dire discrétionnaire. Ce qui alimente un courant d'injustices souvent flagrantes et de mécontentements parfois fort justifiés.

En outre, les avancements accélérés sont souvent l'enjeu de rivalités entre unités administratives. Tant et si bien que certaines directions ou services sont parfois privilégiés dans leur quota, en fonction des rapports de force, du « bargaining power » et des priorités du moment, motifs complètement extérieurs au travail proprement dit de l'agent bénéficaire ou susceptible d'en bénéficier.

Enfin, les avancements accélérés doivent être réclamés pour un subalterne, par les supérieurs immédiats et hiérarchiques. Ce qui soumet l'agent de l'État aux possibilités et au « bon vouloir » de ses supérieurs car son avancement dépendra 1) de sa capacité à se faire bien voir 2) de la volonté de ses supérieurs à lui confier des projets-clés susceptibles d'attirer l'attention de la Haute-Direction et de lui permettre de briller 3) de la capacité de ses chefs à monter un dossier bien étayé à l'appui de leur demande d'avancement accéléré. Comme on peut le voir, les chances d'obtenir un « accéléré » paraissent, autant liées à la capacité personnelle de l'agent bénéficiaire, qu'à des éléments extérieurs à lui : nature du travail qui lui est confié, influence, qualité et objectivité de ses chefs etc ...

Aussi, une révision du mécanisme d'attribution des « accélérés » devrait-elle être décidée afin de permettre, de façon plus objective, aux meilleurs agents, de grimper plus vite l'échelle hiérarchique, dans l'intérêt et de l'agent et du service public.

3°) Les promotions

Les changements de classe et de corps d'emplois devraient, eux aussi, reposer davantage sur la compétence et les capacités des agents publics, plutôt que sur l'obligation qui leur est faite d'avoir préalablement gravi la totalité ou la plupart des échelons de leur(s) classe(s).

Actuellement, le nombre d'échelons imposé est trop important. Un nombre nettement inférieur devrait suffire pour être accessible aux emplois supérieurs. L'ancienneté doit, là encore, céder du terrain à la compétence professionnelle.

Seules, en effet, des réformes permettant un accès plus rapide pour les meilleurs agents publics aux postes d'ACS et d'Administrateurs (cadres) permettront à la fonction publique d'être plus dynamique, de conserver ses meilleurs éléments, d'en attirer et d'en susciter d'autres. Le tout avec, pour résultat, un net accroissement de la motivation et de la productivité, sans augmentation notable du budget de l'État du chapitre du personnel.

Un pont devrait, en plus, être construit entre la catégorie des fonctionnaires ordinaires et celle des professionnels, afin de permettre aux meilleurs agents de couches inférieures d'accéder aux strates moyennes, puis supérieures de la fonction publique. Outre la fonction de promotion sociale que l'État-Employeur jouerait de cette façon, l'État permettrait au mécanisme de motivation de fonctionner dans l'ensemble des rouages de la machine administrative gouvernementale.

Ces divers objectifs ne pourront cependant être atteints qu'en autant qu'une véritable politique de concours et de perfectionnement dans la fonction publique soit définie.

4°) Les concours de la fonction publique

Présentement, trop de concours dans la fonction publique provinciale sont «paquetés». Trop de concours sont, en fait, de pseudo-concours, organisés pour satisfaire aux exigences de la loi, mais où le récipiendaire est en réalité connu d'avance par le jury. C'est notamment le cas pour nombre de concours à des emplois détenus par des fonctionnaires intérimaires.

La faute en incombe, en partie, à la Commission de la fonction publique car elle n'assure semble-t-il qu'une vérification juridique très formelle et peu efficace. D'ailleurs le Protecteur du Citoyen, dans son dernier rapport, a eu l'occasion à ce sujet et avec raison, de dire son fait à la C.F.P. (6e rapport p. 78-1A).

Ce sont de véritables jurys neutres et pluri-ministériels qui devraient être constitués. En leur sein devraient être représentés : le ministère d'embauche, le ministère de la Fonction publique et la Commission de la fonction publique, un ministère non concerné directement, et une personnalité extérieure (Cegep ou Université par exemple).

5°) Le recyclage et le perfectionnement

Ils constituent à l'heure actuelle un des points faibles de la fonction publique. Les programmes de ce genre sont relativement peu nombreux. Or, ils pourraient et devraient constituer pour l'État, le moyen privilégié de se doter d'agents expérimentés, formés régulièrement aux derniers progrès de leur discipline, voire formés à des disciplines connexes qu'ils pourraient mettre au service du gouvernement.

L'ENAP, créée en 1969, marque un progrès dans cette voie. L'effort, actuellement largement insuffisant, doit cependant se poursuivre s'étendre et se préciser.

6°) La déconcentration territoriale et fonctionnelle

On a beaucoup écrit sur ce thème. C'est pourquoi nous n'insisterons pas outre mesure. Cependant, comme il reste toujours d'actualité et qu'il constitue une des raisons fondamentales de «l'apoplexie au sommet et de la paralysie aux extrémités»[2] de la hiérarchie administrative, force nous est faite d'en souligner la portée, sur le plan de la motivation au travail de la fonction publique.

L'extrême concentration des pouvoirs à l'intérieur de l'administration centrale, au détriment des agents territoriaux, et au sein même de l'administration centrale, au plus haut niveau hiérarchique, est la cause d'une profonde démotivation des agents publics.

La faiblesse des délégations de pouvoir, et d'autorité, tant au plan de l'élaboration des décisions qu'au niveau de leur exécution, constitue une des causes principales de mécontentement et d'apathie au sein de la fonction publique.

Le jour où les responsables administratifs, à tous les niveaux, auront compris qu'il ne faut jamais faire soi-même ce que l'on peut faire faire aussi bien, sinon mieux, par d'autres, on pourra espérer voir une véritable déconcentration fonctionnelle et territoriale s'implanter.

---

2. Selon la formule bien connue de Lamennais.

Sans cette liberté de manoeuvre au niveau du processus décisionnel, aucune motivation des agents publics ne pourra être engendrée ; sans parler de l'amélioration proprement dite de la qualité des décisions administratives.

7°) La participation aux décisions

Les théories administratives modernes ont, depuis plusieurs décennies déjà, démontré les multiples avantages que pouvait tirer une organisation recourant à la technique des relations humaines et des comportements psycho-sociologiques, sur le plan de la productivité et de la rentabilité des organisations.

Hélas, les praticiens de l'administration publique accusent un important retard sur les théoriciens, et s'en tiennent encore trop souvent aux théories classiques de l'autorité et du commandement hiérarchique.

Aussi, les théories participatives mettant l'accent sur la dimension humaine de l'entreprise restent-elles, sur le plan de leur application dans le secteur public, très variables en étendue et en intensité. Elles varient très fortement selon les services et la personnalité de leurs chefs. Mais elles restent, presque toujours, très limitées.

Ceci découle sans doute, en partie, du sentiment de méfiance qu'éprouve le gouvernement libéral vis-à-vis d'une fonction publique qu'il sait, dans une certaine mesure, « contaminée » par l'idéologie souverainiste.

C'est cette méfiance aussi, disent certains professionnels et cadres du gouvernement, qui pousse le pouvoir politique à accorder un nombre important de contrats publics au secteur privé.

8°) Le recours contractuel au secteur privé

Cette pratique, que d'aucuns disent grandissante, est actuellement une source de mécontentement assez marquée chez beaucoup d'agents de l'État.

En effet, nombre de problèmes administratifs intéressants sont confiés à des contracteurs extérieurs au service public (cabinets d'avocats, d'actuaires, de conseillers en organisation etc...). De la sorte, une partie du travail important de la fonction publique échappe aux agents de l'État qui voient là, la marque d'une vexation et d'un sentiment de défiance des autorités ministérielles à leur égard. Cette perception, on le conçoit aisément, n'est guère faite pour améliorer le climat et l'ambiance de travail au sein de la fonction publique.

Aussi faudrait-il veiller à ce que les recours au secteur privé ne persistent que dans les cas fort justifiables. Par exemple, lorsqu'il s'agit d'un projet limité dans le temps et de nature non répétitive, lorsque les spécialistes nécessaires ne se trouvent pas à l'intérieur de la fonction publique, lorsqu'un travail urgent se présente et qu'on n'a pas le temps matériel de mettre en route le processus fort long de recrutement des agents publics. C'est dire qu'une telle pratique ne se justifie, qu'en autant qu'elle sert l'intérêt de l'État en terme de qualité, de rapidité et de coût.

Par contre, dans tous les cas où la voie contractuelle aboutit à confier à des agents extérieurs, des tâches qui pourraient aussi bien s'effectuer au sein de la fonction publique, les pouvoirs publics doivent soigneusement l'éviter. Car le contrat prend alors la forme à peine déguisée du patronage, au bénéfice de l'entreprise privée directement, et indirectement au bénéfice du Parti, mais au détriment de l'intérêt général qui doit être le souci majeur des gouvernants.

9°) La portée des rapports rédigés par les agents de l'État

Nombre de travaux effectués par les agents publics — professionnels notamment — restent sans suite. Parfois même ils sont arrêtés en cours de route sans qu'une raison claire et valable soit toujours formulée. En règle générale, c'est parce qu'entre le début et la fin de l'enquête, le ou les supérieurs immédiats ou hiérarchiques ont quitté le service, la direction, ou le ministère. Quant aux nouveaux responsables — quand il y en a car les postes restent souvent inoccupés plusieurs mois ou sont confiés à des intérimaires — ils préfèrent parfois ne prendre aucune décision importante ou abandonner purement et simplement le projet lancé par leur prédécesseur. C'est ici un des inconvénients d'une mobilité excessive au sein de la fonction publique.

Il arrive aussi souvent que les hommes restent, mais que soient brutalement modifiées les priorités du ministère. Et ce, sous la pression d'événements internes ou externes. Avec pour résultat que tout le travail sérieux effectué jusque là, les heures passées et les salaires versés, sont à jamais engloutis et perdus pour la collectivité.

Les conséquences de cette pratique sont d'autant plus graves qu'elles s'accompagnent d'un profond découragement de l'agent public et de ses collègues, assez peu de nature à favoriser une motivation ultérieure et un dynamisme accru des agents de l'État.

Or, tout ceci est à la fois la cause et la conséquence d'une situation qui se caractérise par une regrettable absence de politiques gouvernementales clairement définies.

10°) L'absence de politiques gouvernementales précises

C'est là, sans doute, un des défauts capitaux imputables à l'actuelle direction politique des ministères[3]. Sans ligne directrice précise, sans planification globale ni sectorielle, sans objectifs clairs, sans directives nettes et continues, sans véritable agenda, sans programme-cadre déterminé par les autorités politiques gouvernementales, les activités des administrations ne peuvent qu'être incertaines, hésitantes, faites d'attentes et finalement de... découragement.

Aussi une des grandes réclamations du secteur public à tous les niveaux est-elle de se voir doter de mandats clairs, précis, réfléchis et déterminés, s'inscrivant dans une série d'interventions convergentes vers la réalisation d'un but commun nettement fixé. Ceci afin de permettre aux agents de l'État de se motiver et d'oeuvrer avec goût au service du bien public.

Telles sont les principales sources de malaise qui règnent dans la fonction publique provinciale depuis que la Révolution tranquille s'est tranquillement «endormie». Tels sont aussi les dix principaux remèdes ou commandements qui pourraient s'ils étaient appliqués et respectés, sortir de sa léthargie artificielle la fonction publique québécoise et permettre au corps administra-

---

3. Il s'agit à l'époque du gouvernement libéral. Sur ce point les choses ont bien changé depuis le 15 novembre 1976.

tif de recouvrer la santé. Santé d'autant plus précieuse que l'action administrative est, et sera plus que jamais, dans une société en proie à la stagflation économique et en voie de socialisation volontaire ou inconsciente, l'organe moteur du développement collectif et individuel.

Les dix commandements de l'administrativiste

aux grands commis et responsables politiques
de la fonction publique québécoise

1°) Des échelles salariales plus courtes tu construiras

2°) Un véritable système d'avancement et de promotion au mérite tu édifieras

3°) De véritables concours tu tiendras et à des jurys neutres tu les confieras

4°) La formation, le recyclage et le perfectionnement de tes agents tu assureras

5°) Une véritable déconcentration territoriale et fonctionnelle tu bâtiras

6°) La participation des agents de l'État aux décisions à tous les niveaux tu susciteras

7°) Une utilisation rationnelle du travail des agents publics tu garantiras

8°) Au secteur privé dans les seuls cas indispensables au bien public honnêtement tu recourras

9°) Des directives claires et précises, s'inscrivant dans des politiques gouvernementales nettement définies, à tes agents tu donneras

10°) D'une façon générale à la motivation de tous les agents de l'État, avec soin, tu veilleras

LA DISPOSITION DU MINISTÈRE DE LA FONCTION PUBLIQUE: UNE RÉFORME QUI S'IMPOSE DEPUIS LONGTEMPS

Le journal Le Soleil annonçait, dans son édition du 4 février 1976, sous la rubrique « L'Univers des fonctionnaires », la probable disparition prochaine de l'actuel ministère de la Fonction publique.

Nous ne pouvons personnellement ni confirmer, ni infirmer une telle nouvelle. Ce n'est d'ailleurs pas le but du présent article. Ce que nous voulons, par contre, c'est indiquer pourquoi l'annonce de cette « vraisemblable » réforme administrative devrait susciter dans le public une réaction nettement favorable.

Depuis l'année 1971, il ne se passe pas une session universitaire au département de Science politique, sans que nous critiquions à l'intention de nos étudiants d'administration publique, l'organisation actuelle des diverses structures chargées de la gestion de la fonction publique québécoise. Parmi ces dernières nous devons, pour être honnête, avouer que le ministère de la Fonction publique est incontestablement un des plus visés. Nous avons, en effet, très souvent dû, ces dernières années, lors de nos enseignements, préconiser la disparition de ce ministère.

Quelles raisons militent en faveur d'une telle disparition ? À cette question fondamentale nous tâcherons de répondre en examinant d'une part les données du problème et d'autre part les diverses solutions envisageables.

Il va de soi, sans que nous soyons toutefois en mesure de l'affirmer avec certitude, qu'il n'y aurait rien d'étonnant à ce que l'analyse ci-après, soit aussi celle à laquelle les experts gouvernementaux se sont eux-mêmes livrés ces derniers mois[1].

I. LES DONNÉES DU PROBLÈME

La réforme administrative qui en 1969 engendrait la création du ministère de la Fonction publique partait incontestablement de deux excellentes motivations.

En premier lieu il s'agissait, devant l'accroissement considérable et rapide de l'appareil de l'État québécois et des effectifs de la fonction publique, de doter le gouvernement d'un organisme capable de se pencher spécifiquement sur les nombreux et fort complexes problèmes posés par ce développement. Confier ces problèmes de gestion du personnel à un ministère, marquait indubitablement la volonté politique du gouvernement de s'occuper sérieusement de la fonction publique.

---

1. Il s'agissait à l'époque de l'équipe qui entourait le ministre libéral de la Fonction publique M. Oswald Parent.

En second lieu, la création de ce ministère visait à permettre une meilleure coordination et une harmonisation rationalisée des diverses politiques de personnel à travers l'ensemble du réseau des administrations de l'État.

Jusque là, nous le voyons, il n'y a rien à redire. Toutefois, là où les défauts du système d'organisation commencent très vite à surgir, c'est lorsqu'on examine un peu plus attentivement, non plus les raisons de cette création, mais les conséquences pratiques auxquelles cette création aboutit.

Inspirés sans doute, comme ils l'ont toujours été dans le passé, par les modèles français et anglo-saxons, mais désireux de ne pas les copier servilement, les réformateurs gouvernementux n'ont, hélas, dans ce cas-ci, que réussi à accumuler les défauts inhérents aux systèmes anglais, américains et français.

En effet, faute d'avoir réussi à choisir entre la voie anglo-saxonne et la voie française, les réformateurs québécois ont, dès la naissance du ministère de la Fonction publique, déposé dans son berceau les germes de sa future disparition.

1) La création du ministère de la Fonction publique a entraîné l'apparition d'un organe moins complémentaire que supplémentaire

Le ministère de la Fonction publique n'est nullement venu se substituer aux organes de gestion préexistant à sa fondation. La Commission de la fonction publique, le Conseil du trésor et les directions ministérielles de personnel ont continué de remplir leurs fonctions.

Tant et si bien que le Québec, avec seulement 6 millions d'administrés, était dès 1969-1970 un des rares pays du monde occidental à connaître une gestion quadripartite pour sa fonction publique, comme le montre clairement le schéma ci-dessous.

TABLEAU XXVIII

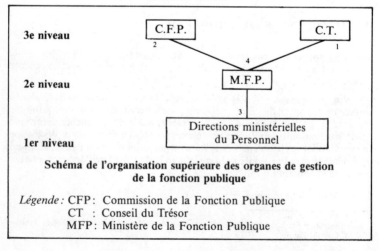

Schéma de l'organisation supérieure des organes de gestion
de la fonction publique

Légende : CFP : Commission de la Fonction Publique
CT : Conseil du Trésor
MFP : Ministère de la Fonction Publique

En effet, la Grande-Bretagne, les États-Unis et la France, avec une population et une fonction publique nettement plus importantes en nombre, confient traditionnellement la gestion de la Fonction publique à trois organismes seulement. À côté des directions ministérielles de personnel que l'on retrouve dans chacun de ces pays, la Grande-Bretagne confiait la gestion de ses «civil servants» à la Treasury et à la Civil Service Commission — tout au moins jusqu'à la réforme Fulton de 1969 —, les États-Unis la confiait et la confie toujours au Bureau of Budget et à la Civil Service Commission, tandis que la France la partage entre la direction du budget du ministère des Finances et le ministère ou le Secrétariat d'État à la fonction publique.

On le voit très clairement, le modèle anglais jusqu'à 1969 et l'actuel modèle américain, lorsqu'ils disposent d'une Civil Service Commission chargée d'assurer le respect du «merit-system» — l'équivalent de notre Commission de la fonction publique — ne disposent pas d'un ministère de la Fonction publique. Par contre, la France qui détient elle, un ministère de ce type, ne connaît nullement l'existence d'une Commission de la fonction publique.

Quant au modèle anglais résultant de la réforme Fulton de 1969, il créait bel et bien un nouveau département ministériel, tout comme l'a fait la même année le Québec, mais prenait, lui, le soin d'*intégrer* en même temps à ce nouveau ministère la Civil Service Commission et les services de direction centrale de rémunération et de coordination, dévolus jusque-là à la Trésorerie Britannique.

Dès lors, ce qui est logique dans le modèle anglais pré ou post-fultonien et dans les modèles américains et français actuels, ne l'est guère dans le modèle québécois.

Car cette création supplémentaire sans suppression parallèle d'organes pré-existants, aboutit à des effets diamétralement opposés à ceux envisagés par les pères de la réforme administrative. À savoir :

a) *Une plus grande lenteur dans la gestion quotidienne et l'élaboration des politiques d'ensemble de la fonction publique* découlant directement de la création d'un troisième niveau dans l'échelle décisionnelle.

b) *Un dédoublement des fonctions dans de nombreux domaines de la gestion du personnel* (Ex : négociations dans les secteurs publics et para-publics)

c) *Une aggravation plutôt qu'une réduction du problème de la coordination et de l'harmonisation des modes de gestion* de la fonction publique puisqu'aux 3 acteurs traditionnels s'ajoute un 4e interlocuteur.

Dans une telle conjoncture, le ministère de la Fonction publique aurait théoriquement pu espérer devenir la plaque tournante de toute la gestion de la fonction publique québécoise. Pour de multiples raisons que nous allons voir maintenant, il a plutôt été pris entre le marteau et l'enclume.

2) Le MFP : un ministère écartelé et écrasé par trois organes concurrents

En théorie, le MFP aurait pu se tailler une place au sein des organes de gestion pré-existants, jouer un important rôle d'attraction, et finir par absorber des organes concurrents plus que complémentaires. Mais le contexte québécois ne pouvait le permettre.

En effet, d'une part la puissance du Conseil du trésor renforcée par la loi de l'administration financière au moment même où est créé le MFP, constituait une concurrence dangereuse pour le nouveau ministère. D'autre part, la volonté et l'utilité de maintenir et d'assurer l'indépendance de la Commission de la fonction publique, garante de la neutralité politique de l'administration, entrait en contradiction avec l'apparition d'un autre interlocuteur. Enfin, la nécessité de renforcer dans les ministères, les services et l'action des directions de personnel, parce que seules en contact avec la réalité concrète de la gestion quotidienne du personnel de l'État, remettait d'avance en question toute autre tentative centralisatrice. « La plaque tournante » ne pouvait être rien d'autre qu'une « prise en sandwich ». La mission du MFP se révélait vite, n'être qu'une mission impossible.

Ces quelques six années de fonctionnement du MFP se traduisent d'ailleurs — sans que la valeur des hommes politiques et des fonctionnaires à tous les niveaux qui eurent la responsabilité de commander et d'oeuvrer à ses destinées puisse être vraiment mise en cause — par un bilan plutôt léger.

La lecture des divers rapports annuels publiés par le MFP depuis sa création, en fournit d'ailleurs une preuve assez éloquente. L'un d'entre eux, rendu public et portant sur 1974-1975, indique que « les principales préoccupations du ministère, au cours de la dernière année financière ont été : l'amélioration de la qualité de la main-d'oeuvre de la fonction publique et de son organisation, l'introduction de nouvelles mesures régissant l'éthique et la discipline des fonctionnaires, l'amélioration de la situation de la femme au sein de la fonction publique québécoise, l'amélioration de certaines règles en matière de gestion de personnel, le renouvellement des conventions collectives de travail » (p. 11)

Or, nous savons que le code d'éthique rédigé par le MFP est un document plutôt vague et certainement pas le document le plus fondamental de ceux qui régissent le personnel de l'État, que la situation de la femme au sein du gouvernement, si l'on en croit le Conseil du statut de la femme, laisse encore beaucoup à désirer, que les problèmes d'organisation, de réglementation et d'utilisation de la fonction publique sont tels, que nombre d'observateurs n'ont pu faire autrement que de parler du malaise interne de la fonction publique (Y. Martin le Soleil 25/4/75 et A. Baccigalupo le Soleil 11 et 12/12/75). Quant aux négociations afférentes aux conventions collectives de travail dans le secteur public, nous savons tous qui réellement les mène : le Conseil du trésor.

Les aspects positifs du bilan du MFP — il y en a — ne peuvent guère, dès lors, contrebalancer ces importantes défaillances, qui s'expliquent très directement par la position inconfortable dans laquelle il se trouve placé, face à des organes de gestion nettement plus puissants que lui. C'est d'ailleurs ce qui faisait dire à M. Jacques Parizeau dès 1973, que le nouveau ministre de la Fonction publique — M. Oswald Parent — n'avait « hérité que d'une coquille vide » (Le Soleil 19/273, p. 21).

Dès lors, à quelles solutions doit recourir le Québec, afin de doter la province, des organes les mieux adaptés à une gestion harmonieuse des agents de l'État?

II. LES SOLUTIONS AU PROBLÈME

Il convient de distinguer les solutions extrêmes à rejeter d'emblée, de l'éventail des solutions médianes théoriquement acceptables.

1) Les solutions extrêmes à rejeter d'emblée

a) *la déconcentration totale*

Elle consiste à transférer aux directions ministérielles de personnel, toute la gestion des personnels de la fonction publique. Elle est à rejeter, car elle ne peut qu'aboutir à un émiettement des politiques et à une diversité de statuts, de règlements et de situations à travers tous les ministères, foncièrement inacceptable. En effet, la fonction publique a beau être complexe et multiple, une harmonisation des politiques est indispensable afin de fixer des normes-cadres pour l'ensemble des agents de l'État.

b) *la centralisation totale*

À l'opposé de la précédente, elle consiste en la suppression des directions ministérielles de personnel et dans le transfert au sein d'un seul organisme central, de la gestion quotidienne et de l'élaboration des politiques globales de la fonction publique. Elle est à rejeter elle aussi, car elle ampute la gestion de cette dimension humaine, sans laquelle aucune bonne décision — surtout dans le domaine du personnel — ne peut être prise. Les aspects personnels et concrets, la connaissance des cas particuliers s'imposent en effet ici, encore plus qu'ailleurs. Or, une gestion totalement centralisée ne pourrait aboutir qu'à une gestion bureaucratique abstraite et déshumanisante des agents de l'État, réduits au rang de simples numéros matricules.

De ce bref examen découlent deux conclusions :

— Le maintien d'un certain équilibre entre centralisation et décentralisation s'avère indispensable

— En corollaire, le maintien des directions ministérielles est une obligation à laquelle les réformateurs ne peuvent, ni ne doivent se soustraire.

Quels sont donc les options théoriques possibles ?

2) L'éventail des solutions médianes théoriquement envisageables

En dehors du maintien du statu quo, s'offre une série de cinq possibilités.

a) *Une nouvelle répartition des fonctions entre les quatre organismes existant actuellement*

Cette solution fait subsister le ministère de la Fonction publique, mais tente de lui octroyer des mandats plus nombreux et importants que par le passé[2].

À notre avis, soit le désir politique de ne pas réduire le nombre de ministres et donc de ministères, devant la centaine de députés libéraux assis à

---

2. Le projet libéral de suppression du MFP ne verra finalement jamais le jour. En lieu et place, les péquistes lui subsisteront le projet de loi 53 qui, grosso-modo, correspond à cette première option. Le lecteur trouvera, dans les pages de ce chapitre consacré à ce projet de loi, un examen détaillé des défauts d'une formule que l'auteur ne fait, dans les lignes qui suivent, qu'esquisser.

l'Assemblée nationale, soit la crainte politique de voir plusieurs ministres s'opposer à un accroissement de pouvoir du Conseil du trésor, pourrait militer en faveur de cette option.

Aucune raison administrative et technique ne peut en effet favoriser l'adoption de cette solution. D'abord, parce que le niveau supplémentaire créé en 1969 subsistera intact avec les problèmes qu'il pose. Ensuite parce que le problème de la coordination en matière de gestion du personnel se posera en des termes presque identiques. Enfin, parce que les pesanteurs politico-administratives que connaît la machine administrative gouvernementale québécoise — impérialisme « du Conseil du trésor » — ont toutes les chances de replacer à plus ou moins brève échéance, le MFP nouvelle formule, dans des conditions et des rapports d'influence semblables à ceux qu'il connaît actuellement.

b) *Regrouper au sein du ministère de la Fonction publique tous les éléments de gestion actuellement dispersés entre le* CT *et la* CFP

Il s'agit ici de faire du ministère de la Fonction publique un véritable MINISTÈRE. C'est là, d'ailleurs, la solution britannique actuelle telle que résultant des recommandations du rapport Fulton de 1969.

Le nouveau département ministériel chargé de la fonction publique a, depuis 1969 effectivement, intégré et la Commission du Civil Service et les services de direction centrale, de rémunération et de coordination, dévolus jusque-là à la Trésorerie britannique. L'objectif atteint était ici de réunir au sein d'un même organisme les fonctions de recrutement et d'organisation administrative et financière des carrières publiques.

Deux excellentes raisons nous poussent malgré la logique et le succès de l'expérience anglaise en ce domaine, à ne pas recommander au Québec l'adoption de la voie britannique.

Première raison : on voit en effet assez mal le Conseil du trésor, dans l'état actuel des choses, et avec « le vent en poupe » dont il bénéficie toujours, accepter de se débarrasser, au profit du MFP, des aspects financiers de la gestion du personnel de l'État.

Seconde raison : malgré les inconvénients découlant d'une séparation des opérations de recrutement et des opérations d'organisation de la carrière, la CFP doit rester indépendante du pouvoir politique, plutôt qu'être intégrée au ministère de la Fonction publique. La culture, les moeurs et les habitudes anglaises en matière de rapports État — Administrations sont diamétrale-ment à l'opposé de celles que connaît la province de Québec et d'une façon générale le continent américain. En effet, à la tradition de neutralité politique à l'égard de l'administration et de neutralité administrative vis-à-vis du pouvoir politique que connaît depuis longtemps la GB, s'opposent les vieilles et déplorables habitudes québécoises de patronage, de partisanerie et de favoritisme politique.

Aussi, ce qui paraît possible et souhaitable en Grande-Bretagne, devient-il irréalisable, car dangereux, dans notre pays.

C'est là, l'argument majeur qui nous entraîne à recommander que la CFP conserve, voire renforce, son indépendance face au gouvernement du Québec.

c) *Regrouper au sein du MFP les seules activités remplies par la Commission de la fonction publique*

C'est la voie française. En France, à côté des directions ministérielles de personnel, existent effectivement, face à face, un ministère ou un secrétariat d'État chargé de la fonction publique et la direction du budget du ministère des Finances. Cette dernière constituant dans les faits, une véritable direction parallèle de la fonction publique.

Ceci dit, on constate que la Commission de la fonction publique n'existe pas. Seuls le ministère ou le secrétariat d'État à la fonction publique et la direction générale de l'administration de la fonction publique sont chargés de fixer le statut, les règles de recrutement, de classement, de rémunération, et de voir à la réorganisation administrative et à l'amélioration des méthodes de travail au sein de l'administration.

Cette voie nous parait au Québec ne pas devoir être empruntée pour deux raisons fondamentales. La première est celle dont nous avons traité précédemment, à savoir la nécessité de conserver au Québec l'indépendance de la CFP. La seconde découle directement de l'examen de la situation française. On constate en effet, que cette formule a fait surgir des problèmes de coordination assez marqués, qui n'ont été que très imparfaitement résolus. À un point tel, que les frictions entre le ministère ou le secrétariat d'État d'une part et la Direction du budget du Ministère des Finances sont assez nombreuses.

d) *Regrouper au sein du MFP les seules activités remplies par le Conseil du trésor*

Ce serait là une solution originale dans la mesure où elle s'écarterait des grandes voies tracées par les trois principaux pays — Grande-Bretagne, États-Unis, France — qui dans le monde occidental servent, en matière d'organisation administrative, d'exemples.

Elle aurait, outre ce caractère de nouveauté, l'avantage d'unifier au sein d'un même organe, l'examen et la résolution des problèmes techniques et financiers de la fonction publique, en laissant subsister de façon indépendante, la Commission de la fonction publique.

Cette solution, théoriquement envisageable, n'a toutefois qu'un défaut. Elle est difficilement applicable au Québec vu les forces d'opposition à ce changement qui ne manqueraient pas de s'organiser du côté du Conseil du trésor. Or, face au CT, le ministère de la Fonction publique, il faut bien le dire, ne fait pas le poids. Un nouveau combat de David contre Goliath aurait toutes les chances de se terminer ici, à l'avantage de ce dernier.

Aussi, y a-t-il assez peu de chances de voir le ministère de la Fonction publique absorber les aspects financiers de la gestion de la fonction publique, actuellement confiés au Conseil du trésor.

La solution inverse, pour ces mêmes raisons, nous paraît plus conforme à la réalité socio-administrative québécoise.

e) *Répartir entre le Conseil du trésor, majoritairement, la Commission de la fonction publique et les directions ministérielles de personnel, accessoirement, la totalité des services de l'actuel ministère de la Fonction publique qui alors disparaîtrait.*

Dans une telle optique, plusieurs directions générales seraient intégrées en tout ou en partie au Conseil du trésor. Ainsi, en adviendrait-il vraisemblablement des directions générales de la mise en valeur des ressources humaines et des relations de travail ainsi que de la direction générale des systèmes et du bureau de recherche sur la rémunération.

Le reste allant aux directions ministérielles de personnel et, éventuellement, à la Commission de la fonction publique.

C'est la solution annoncée par le Soleil comme étant une des plus probables. C'est aussi celle qui nous apparaît théoriquement et pratiquement la plus souhaitable dans le contexte québécois présent. Pourquoi? Parce qu'elle présente nettement plus d'avantages que les solutions précédentes, même si elle n'est pas sans inconvénients. Ces derniers d'ailleurs, comparativement aux multiples avantages de la formule, pèsent d'un poids relativement léger dans la balance.

Les avantages principaux qui peuvent être recensés très rapidement sont au nombre de quatre. La formule permettra en effet :

1) d'assurer la coordination et l'harmonisation indispensables de la gestion de la fonction publique, en matière financière, technique, juridique et politique.

2) de réunir en un même lieu, qui sera par ailleurs en même temps un endroit stratégique en matière de prise de décision gouvernementale, les aspects à la fois techniques et financiers de la gestion du personnel de l'État.

3) de conserver intacte l'indépendance de la Commission de la fonction publique, notamment en ce qui touche les questions vitales de recrutement, de sélection et de classification qui resteront ainsi largement à l'abri des tendances partisanes et du favoritisme politique, toujours sous-jacentes dans les moeurs politico-administratives québécoises.

4) de déconcentrer, éventuellement, davantage ce qui peut l'être en matière de gestion des ressources humaines, auprès des directions ministérielles de personnel. Ce qui n'est pas négligeable sur le plan des relations humaines et sur le plan de la motivation des agents de gestion du personnel et des cadres de ces services.

Deux inconvénients doivent, en toute objectivité, être signalés. Cette organisation risque 1) de conférer à la gestion de la fonction publique un aspect peut-être plus technique et financier que psycho-sociologique et humain. D'où l'intérêt de déconcentrer une partie de la gestion auprès des services ministériels spécialisés afin de prévenir ce risque. 2) de transformer le Conseil du trésor et son secrétariat en une sorte de mammouth administratif qui risquerait fort de souffrir d'une hypertrophie dangereuse sur le plan décisionnel.

Mais il ne s'agirait pour l'instant, avec cette formule de regroupement, que de tendances menaçantes. Celles-ci devraient d'ailleurs davantage servir de garde-fou aux réformateurs gouvernementaux, que de frein à la mise en place d'une réforme de ce type.

Il n'y a pas, en effet, de modèle parfait, ni de réforme sans faille. Cette dernière option, pas plus qu'une autre, ne sera à l'abri de certains défauts, ni de critiques parfaitement justifiées. Tant il est vrai dans le domaine de la réforme administrative, que la recherche du moindre mal est une contrainte fondamentale, à laquelle aucun réformateur, fut-il le plus imaginatif et le plus talentueux, ne peut échapper.

LE PROJET DE LOI 53

MAIN-BASSE SUR LA FONCTION PUBLIQUE QUÉBÉCOISE

1ère partie :

UNE FONCTION PUBLIQUE DANS LES GRIFFES DU POUVOIR

Le PQ est en train de commettre, avec le projet de loi no 53 sur la réforme de la fonction publique, les mêmes erreurs que l'UN commettait en 1969 et le PLQ en 1974, avec les lois 63 et 22 sur la langue.

Pas plus que les francophones n'auraient pu croire que leur gouvernement adopterait la loi 63 chargée de promouvoir la langue française au Québec, pas plus que les anglophones n'auraient pu imaginer que le gouvernement libéral adopterait la loi 22 sur la langue officielle, les fonctionnaires aujourd'hui n'arrivent à réaliser que *leur* gouvernement puisse les traiter comme le projet de loi 53 voudrait le faire.

Et ils ont raison. Car ce projet de loi est non seulement critiquable sur une foule de points, mais il est en outre extrêmement menaçant pour l'intérêt public. Les résultats qu'obtiendrait ce projet, s'il était adopté et mis en vigueur, seraient en effet à l'opposé même des objectifs déclarés. Ce n'est pas à une fonction publique plus moderne reposant sur le principe du mérite et, partant, plus efficace que l'on créera. C'est une fonction publique plus partisane, plus politisée, nettement moins compétente et efficiente que celle créée en 1965, que l'on engendrera.

La statue de Duplessis pourra alors effectivement symboliser l'arrivée au pouvoir du PQ!

Ceci paraît être une vision exagérée, déformée de la réalité? J'aimerais bien qu'il en fût ainsi. Mais je ne le crois pas. Et voici pourquoi.

Un procédé d'élaboration maladroit ou menaçant

Le projet de loi 53 est le simple fruit d'un comité très restreint de techniciens, en étroit contact avec le ministère de la Fonction publique. Il semblerait même qu'un organisme, aussi intéressé au débat que la Commission de la fonction publique, ait été, à toutes fins pratiques, laissé en marge du processus de gestation du texte. Sans parler évidemment des représentants des milieux syndicaux de la fonction publique qui ont appris la teneur du projet, comme vous et moi, par voie de presse, le 26 juillet dernier.

Pour un gouvernement enclin, de par son essence même, à favoriser la participation des travailleurs, la surprise est grande... et les désillusions, proportionnelles aux espérances d'il y a tout juste un an.

Tout cela ne serait rien si le ministre de la Fonction publique n'avait poussé l'outrecuidance jusqu'à déposer son projet de loi, la veille de la création par lui-même de la Commission Martin à qui il confiait le soin de procéder à une vaste consultation en matière de régime de négociations collectives, dans les secteurs public et para-public[1].

La moindre des décences aurait été, me semble-t-il, d'attendre le dépôt du rapport de la Commission. Quitte à ne pas en tenir compte.

Le ministre De Belleval pourra bien se défendre, comme il a tenté de le faire en Commission parlementaire, et essayer de faire croire que le mandat de la Commission et le contenu de son projet sont de nature différente, il n'arrivera au mieux qu'à convaincre ... les membres de son propre parti. Tant il est vrai qu'on voit mal comment les deux sujets pourraient ne pas s'imbriquer étroitement, alors que le projet de loi 53 bouleverse de fond en comble la matière même confiée à la réflexion du groupe Martin à savoir : les relations de travail dans le secteur public[2].

Et, pour couronner le tout, le ministre passe par-dessus la tête des représentants syndicaux et s'adresse directement aux fonctionnaires de l'État pour leur faire part de son projet, tandis qu'il commande parallèlement un sondage auprès des agents de l'État pour tenter de mesurer le degré de connaissance qu'ils ont de cette matière.

Mais, il est vrai que le recours à ces pratiques, en usage lors de conflits sociaux dans l'entreprise privée, est peut-être ce que certains ministres entendent par « gérer le secteur public de façon aussi efficace que le secteur privé ».

Aussi de deux choses l'une. Ou le ministre est de bonne foi, et ses actes sont une succession de faux pas et d'indélicatesses, et nous laisserons à ses collègues et au Premier d'entre eux le soin d'apprécier. Ou bien, il s'agit de pré-manoeuvres, à des fins stratégiques, et alors il ne faut pas s'étonner que les syndicats, devenus à juste raison méfiants, soient maintenant braqués et durcissent leurs positions. Avec, pour résultat, une détérioration du climat social qui nous ramène au « bon vieux temps » du gouvernement Bourassa et présage assez mal de la future ronde de négociations dans les secteurs public et para-public.

Mais, si l'on considère que le PQ est l'incarnation du *Peuple québécois* tout entier, puisque son parti et son programme sont démocratiquement constitués — comme de nombreux péquistes sont de plus en plus enclins à le penser — n'est-il pas vrai qu'il est alors le seul détenteur de ce qui est bon pour le Québec et, partant, pour la fonction publique ? Dans ce cas, les serviteurs de l'État n'ont-ils pas qu'une seule chose à faire : obéir ?

Inutile de préciser qu'en ce qui me concerne, je ne puis partager l'idée, ici à peine sous-jacente, qui tend à confondre dans une seule et même conception les termes de « serviteurs » et de « serfs ».

---

1. Cf. Arrêté en conseil 2412-77 du 27/7/77 concernant la création d'une commission d'étude et de consultation sur la révision du régime des négociations collectives dans les secteurs public et para-public composé de MM. Yves Martin (président), Michel Grant et Lucien Bouchard (commissaires).

2. Cette critique a d'ailleurs été une des raisons invoquées en janvier 1978 par le commissaire Grant, pour remettre au Président Martin sa démission à titre de membre de la commission.

Un recul sans fondement au plan des principes

Avant la loi de 1965, la fonction publique québécoise reposait sur des décisions unilatérales du gouvernement : c'était l'époque du Statut. Avec la réforme de 1965, la loi de la Fonction publique introduit le concept de négociations entre l'État et ses agents. S'ouvre alors l'ère contractuelle. Toutefois, l'État reste un partenaire d'un type un peu spécial. Il peut recourir à une loi pour forcer le retour au travail de ses fonctionnaires ; les augmentations de salaires accordées aux tables de négociation doivent être approuvées par l'Assemblée nationale pour entrer en vigueur etc... Aussi, parle-t-on alors, d'un système bi-dimensionnel, à mi-chemin entre le Statut et le Contrat.

Mais avec le projet de loi 53 c'est là encore la surprise. Là où l'on aurait pu s'attendre à la mise en place d'un système plus largement *négocié*, donc plus contractuel encore que celui de 1965, de la part d'un gouvernement bénéficiant de l'appui idéologique des travailleurs, c'est l'inverse qui se produit. Des pans entiers de matières jusqu'ici négociables, sont retirés du domaine de discussion aux tables de négociation. L'article 119 ne laisse en effet subsister que les salaires, les avantages sociaux, les congés et les heures de travail.

Toutes les autres conditions de travail jusqu'ici négociables : classement, promotion, suspension, congédiement, mutation, sécurité d'emploi etc... ne le seront plus et tombent dans le domaine réglementaire. N'est-ce pas là une regrettable atteinte aux droits acquis ?

En outre, l'article 68 de la loi autorisera le ministre de la Fonction publique à sortir du champ d'application de la négociation, certaines catégories d'employés tels que les occasionnels ou le personnel à l'emploi d'un agent ou d'un délégué du Québec à l'étranger. L'article 114 retire en outre, au nom du caractère confidentiel de la fonction, et contrairement à ce qui existait jusqu'à présent, aux employés des services du personnel ainsi qu'aux membres des bureaux des sous-ministres, le droit de se syndiquer.

N'est-ce pas là une tentative discutable, pour essayer de limiter étroitement la zone d'influence des syndicats dans la fonction publique?

En tout état de cause, il s'agit d'un recul au plan des principes. Et d'un recul d'autant plus sans fondement qu'il ne repose guère sur des études et une réflexion en profondeur de ce que doivent être les relations de travail dans la Fonction publique. Et pour cause, c'est le mandat même de la Commission Martin.

Par conséquent, ou bien cette réflexion a déjà eu lieu, et la Commission Martin est onéreuse inutilement, ce qui ne serait guère, de la part d'un gouvernement qui se dit si attaché à promouvoir l'efficacité, un bon exmple à offrir à l'administration. Ou bien cette réflexion est en cours, et alors pourquoi la mépriser à ce point, en refusant d'attendre le dépôt de ses conclusions pour présenter et discuter le projet de loi 53 ?

Le système du mérite : un pavillon de complaisance recouvrant une marchandise douteuse

L'article 70 dit que «le personnel de la fonction publique est recruté et promu par voie de concours selon une sélection établie au mérite» et ajoute que «tout concours donne lieu à l'établissement par un jury de listes classant les candidats par ordre de mérite». Cet article précise aussi que «les nominations et les promotions sont faites *selon cet ordre* parmi ceux qui ont fait l'objet d'une déclaration d'aptitude».

En dehors de cette dernière précision sur l'ordre selon lequel il sera procédé aux nominations et promotions, et que nous avons tenu nous-même à souligner, car c'est là un des incontestables mais rares côtés satisfaisants de ce projet de loi, tout le reste appelle de notre part, de sérieuses réserves.

En effet, il ne suffit pas de déclarer qu'on instaure un système de mérite dans la fonction publique pour que, par là même, ce système se développe tout naturellement.

Car tout d'abord qu'est-ce que le mérite? c'est là un critère empreint de beaucoup de subjectivité.

Faites l'essai individuellement et, demandez-vous combien de collègues autour de vous, vous jugeraient «méritants» dans votre travail et vous verrez, si vous êtes un tant soit peu observateurs qu'il s'en trouvera sûrement un bon nombre pour émettre sur votre compte des avis pour le moins... nuancés.

Or, le projet de loi 53 ne donne de ce terme, sur lequel il fait en pratique reposer tout le système de fonction publique, aucune définition précise.

Seuls, peut-être les règlements d'application de la loi nous l'apprendront, mais seulement, *une fois* la loi votée. Pas avant. D'ici là, faut-il signer un chèque en blanc au ministre de la fonction publique?

Répondre oui, parce qu'on a confiance dans M. De Belleval et dans le PQ, n'est-ce pas oublier qu'une loi n'est pas liée à la durée d'un gouvernement? Aujourd'hui, c'est M. De Belleval et le PQ, demain ce sera un autre ministre, peut-être un autre parti, sûrement un autre gouvernement.

En outre, on nous dit que le système du mérite repose sur la technique des «concours». C'est vrai en grande partie. Mais le système de 1965 se voulait lui aussi un système de mérite fondé sur des concours. Cela ne l'a pas empêché de voir éclore plus souvent que de raison mille et un concours «paquetés». À un point tel ces dernières années, que nombre de fonctionnaires ou de citoyens à l'emploi du privé hésitaient même à faire acte de candidature ou y renonçaient d'eux-mêmes, surtout s'ils apprenaient «par la bande», l'existence d'un intérimaire, sur le poste mis au concours.

Aussi, si l'on veut revaloriser la technique des concours — comme je l'appelle de mes voeux depuis plusieurs années — faudrait-il commencer par mieux définir dans la loi ce qu'on entend par là.

D'aucuns penseront que cela ne saurait être du ressort de la loi, car cela relève d'un domaine trop précis. C'est vrai en théorie. Mais en pratique, la loi et son domaine doivent coller à la réalité sociologique d'un pays. Et la réalité québécoise, la triste réalité québécoise, c'est l'histoire même de concours «bidons» aux excès trop connus, aux injustices inadmissibles. D'où, la nécessité de préciser *directement dans la loi*, les quelques grands principes qui doivent régir les concours, et dans la fonction publique, et pour l'accès à la fonction publique.

Deux concepts sous-tendent l'organisation des concours : les jurys et les épreuves.

La loi doit préciser ce qu'elle entend par le terme de jury. Outre, cela va de soi, le concept de pluralité caractéristique des jurys, la loi devra préciser ce que doit être la *composition* de ces jurys. On ne saurait trop insister pour que ces jurys soient composés de personnes extérieures au ministère et incluent des personnes compétentes extérieures au gouvernement (universitaires, professeurs de collège, entreprise privée, etc...). La présence d'un représentant syndical à titre d'observateur, ou de membre de plein droit, pourrait éventuellement être envisagée. Ceci, afin de garantir l'indépendance du jury à la fois au plan de sa composition et au plan de son jugement.

Quant aux épreuves, elles devraient être pluralistes, c'est-à-dire, porter à la fois sur des écrits et des oraux, et permettre une appréciation convenable des connaissances des candidats. Ceci, afin d'éliminer les entrevues, sur des matières sans grand rapport avec les qualifications requises, comme celles portant trop souvent sur des aspects liés à la vie personnelle des candidats (es).

Dans toute la mesure du possible, les épreuves devront enfin assurer, au moins en partie, — lors des épreuves écrites notamment — l'*anonymat* des candidats, seul moyen indispensable à la tenue de concours garantissant l'égalité de tous les citoyens devant l'accès aux charges publiques, quelles que soient leurs convictions politiques, religieuses ou leurs réseaux de relations.

Enfin, il faut souligner que pour un système qui dit ériger le mérite au rang de valeur fondamentale, on peut être quelque peu étonné de voir le personnel des cabinets ministériels rester, lui, *en dehors* du système de mérite.

La loi ne parle pas de la compétence ou des aptitudes dont devront faire preuve les membres de cabinets ministériels. Quand on sait quelles critiques pouvaient être adressées au personnel à l'emploi de ces postes politiques (cf. mes travaux sur le sujet), on ne peut que trouver regrettable une telle omission, de la part d'une loi chargée d'améliorer celle de 1965.

Ceci est d'autant plus important, que la loi ne limite en aucune façon le nombre de personnes dont un ministre peut personnellement requérir les services (article 63). Par conséquent, les ministres peuvent s'entourer d'un grand nombre de collaborateurs, les garder un an — le temps requis pour la permanence — puis leur faire accorder le statut de fonctionnaire. Et ainsi de suite...

La seule limite, à cette pratique de patronage officialisé, est l'article 64, qui oblige au préalable le membre de cabinet, non fonctionnaire temporaire au moment de son entrée dans ledit cabinet, à être déclaré apte par l'office de recrutement. Hélas, on verra plus loin le peu d'efficacité pratique de cet article, en raison du mode de désignation peu satisfaisant du président de l'office de recrutement en question.

Enfin, soulignons que lesdits membres de cabinets, dont le nombre risque, avec la loi 53, de connaître une progression aussi rapide, sinon plus, que celle que semble connaître actuellement les postes de conseillers spéciaux, continueront de bénéficier d'avantages, sans proportion avec ceux de leurs autres collègues de la fonction publique, en terme de rémunérations et d'affectations.

En effet les membres de cabinets jouissant du statut de fonctionnaires permanents pourront au titre de l'article 66 requérir de l'office de recrutement d'être «*par priorité*» (par. b) soit affectés dans le ministère où ils oeuvraient, soit mutés dans tout autre ministère ou organisme.

Enfin, en matière de salaires, signalons que les membres de cabinets, généralement nettement mieux rémunérés que leurs confrères fonctionnaires, ne peuvent subir une perte de salaire supérieure à 15% environ du salaire qui leur est versé, lorsqu'ils quittent un cabinet. On continuera donc à avoir, dans les mêmes services, des fonctionnaires dont certains percevront, avec les mêmes années d'expérience et pour le même travail, des salaires supérieurs à ceux de leurs confrères, simplement parce que les premiers auront reçu un coup de pouce «politique» et les autres pas.

Mais n'est-ce pas là, la preuve, inscrite dans le projet de loi lui-même, que le mérite de nos amis politiques est toujours plus grand que celui de nos ennemis?

La sécurité d'emploi et la carrière: deux concepts qui volent en éclats.

Très bien garanti par la loi de 1965, le concept de «carrière» devient caduque avec le projet de loi 53. Par la rétrogradation et la destitution «pour incompétence professionnelle», la sécurité d'emploi et donc le système de la carrière à toutes fins pratiques se trouvent gravement menacés.

Surtout, si l'on considère que ce concept «d'incompétence profession-nelle», comme celui de «mérite», est, lui aussi, non seulement très subjectif, mais absolument pas défini dans le projet de loi.

Or, chacun sait qu'il est très commode de confier à un agent dont on veut se débarrasser, un travail très difficile ou, à l'inverse, de ne lui attribuer qu'une charge de travail très faible, afin de déclarer ensuite qu'il est incompétent.

D'autre part, nous savons tous, qu'un tel peut être en toute bonne foi jugé compétent par M. X... et incompétent par M. Y...

Or, la disparition du concept de sécurité d'emploi est d'autant plus contradictoire avec les objectifs déclarés du projet de loi, et grave, que ce concept est, bien plus que le «mérite» lui-même, le vrai garant d'une fonction publique à l'abri des pressions politiques et partisanes.

Pourquoi alors, retirer la sécurité d'emploi et risquer de voir se développer rapidement et de haut en bas de la pyramide administrative une fonction publique réceptive aux pressions externes et internes de toutes sortes qui ne sauraient manquer de s'abattre sur des fonctionnaires rendus craintifs, à la suite de la perte de leur sécurité d'emploi?

D'autant plus craintifs, d'ailleurs, que cette insécurité d'emploi ne pourra pas être compensée ou circonscrite par quelque garde-fou que ce soit, puisque l'arbitrage des griefs étant retiré, et la Commission, comme on va le voir, rendue elle-même peu indépendante du pouvoir, la voie sera largement ouverte à l'arbitraire du gouvernement.

Ce qui me paraît bien pire que d'héberger dans la fonction publique les quelques dizaines «d'incompétents» auxquels faisait allusion le ministre De Belleval en personne, lors des débats en Commission parlementaire.

Aussi ce «spoils-systèm» que l'on introduit paradoxalement dans la pratique, au nom du «mérit systèm», ne doit pas nous faire oublier que la vie politique est une roue qui tourne. Le PQ ne sera sans doute pas toujours au pouvoir et demain, par un effet de boomerang aussi inadmissible que celui que l'on veut introduire aujourd'hui, ceux-là même qui en auront été les bénéficiaires, seront peut-être les premiers à en supporter les inconvénients. Et toute la société québécoise avec eux.

Efficacité ou Paralysie administrative?

En effet, les conséquences de cette réforme risquent d'être, en matière d'efficacité, là encore, à l'opposé des buts recherchés.

Comment peut-on imaginer qu'une fonction publique aussi inquiète de son avenir, craintive à cause de l'insécurité générale qui règnera autour d'elle, en proie aux campagnes de dénigrement qui ne manqueront pas de la ravager de l'intérieur, pourra être plus efficace? Alors que son seul et unique souci sera, dès lors, non de défendre un point de vue technique et neutre politiquement, mais de dire ce qu'elle croit que le pouvoir attend d'elle ou ... de ne rien dire. «L'art de plaire» et de dissimuler, supplantera bien vite la dimension technique des problèmes, tandis que les grands commis de l'État, et les moins grands, se transformeront par la force des choses en de serviles courtisans. Comment d'ailleurs les en blâmer, la survie administrative sera à ce prix.

Certes, les «tablettes» pourront plus aisément disparaître. Par les mutations autoritaires à l'autre bout de la province et les pertes de salaires qui pourront les accompagner, par la rétrogradation, la destitution etc... le pouvoir aura en mains tout un arsenal de moyens pour vider la fonction publique des éléments «indésirables». C'est-à-dire en pratique, peut-être les incompétents administratifs, mais peut-être aussi les victimes de règlements de comptes personnels et politiques.

Si la rationalité administrative est à ce prix, je ne puis pour ma part conseiller à personne d'en payer le dû.

D'autant plus que les vrais responsables de l'inefficacité administrative sont d'abord et avant tout les hommes politiques eux-mêmes. Leur méconnaissance des dossiers, leurs directives souvent floues sinon contradictoires, leur fébrilité à prendre des décisions rapides mais mal préparées, l'accent mis par eux sur le court terme au détriment de la planification à moyen et long terme, la primauté de la rentabilité politique des décisions en lieu et place de la rationalité financière, technique et administrative etc... etc... voilà les vrais responsables de «l'inefficacité de l'administration».

Quant aux vraies solutions administratives — en dehors d'une réforme du corps politique lui-même et de ses regrettables pratiques — elles doivent être davantage recherchées dans le secteur de la prévention, que dans celui plus facile des sanctions.

Qu'attend par exemple le gouvernement, si soucieux d'efficacité administrative, pour reconnaître le *droit* des fonctionnaires au recyclage et au perfectionnement? C'est curieux que le ministère de la Fonction publique, qui parle tant d'efficacité, se soit jusqu'ici soucié comme d'une guigne de ces questions. À part peut-être sa contribution à l'ENAP.

On ne saurait oublier que les premiers budgets coupés en novembre 1975 lors de la mise en route du plan de lutte anti-inflation, furent précisément — avec les frais de voyage — les budgets de perfectionnement des ministères. Et depuis qui s'est vraiment soucié de les rétablir?

2e partie:
DES «CHIENS DE GARDE» MUSELÉS ET ... ENCHAÎNÉS

La Commission de la fonction publique et l'Office de recrutement: deux organes dans la main du pouvoir

La Commission de la fonction publique, modèle 1965, avait bien quelques défauts. Sa polyvalence la mettait bien, parfois, dans une position de conflits de rôle difficile à accepter. Mais surtout, jusqu'à tout récemment où elle a commencé à introduire de nouvelles méthodes de contrôle, elle jouait mal son rôle de surveillance et de protection du système du mérite, en ne contrôlant pas vraiment à toutes fins pratiques, l'organisation et le déroulement des concours administratifs internes. D'ailleurs, le Protecteur du citoyen de l'époque, Me Marceau, s'en était à juste titre ému, dans un de ses rapports annuels (6° rapport, page 78-1A). Et puis, la malheureuse affaire Saindon, sur le patronage à l'intérieur de la CFP, à tort ou à raison, on ne l'a jamais su vraiment, n'était pas venue redorer le blason d'une Commission, à la crédibilité vacillante.

Il ne s'agit donc pas, ici, de défendre le statu-quo en la matière.

Par contre, prendre la défense des réformes introduites par M. De Belleval, en ce qui concerne la CFP ne nous paraît pas non plus possible. Et pour cause, celles-ci s'inscrivent, selon nous, exactement, là encore, à contre-courant de ce qu'il aurait fallu faire.

La Commission avait peu de pouvoirs. Au lieu de lui en ajouter, le projet 53 lui en enlève. Au nom de l'efficacité de la gestion ministérielle, dont on verra plus loin ce qu'il faut en penser, la CFP perd, au profit du ministre de la Fonction publique, les responsabilités en matière de gestion du personnel puisqu'elle ne prendra plus de règlements, ne fixera plus les conditions de travail des non-syndiqués, ne procédera plus à la sélection ni à la nomination des candidats aux promotions, etc... En outre, elle voit ses attributions en matière de recrutement et de sélection des nouveaux fonctionnaires lui échapper, au profit d'un organe nouveau: l'office de recrutement.

En lieu et place de ces pouvoirs, on lui attribue généreusement un vaste pouvoir... *consultatif.* C'est-à-dire un pouvoir d'enquête sur le fonctionnement de la loi et l'observance des règlements qui en découleront. Elle pourra aussi formuler des *recommandations* et donner des *avis* au Conseil du trésor ainsi qu'au ministre de la Fonction publique... si toutefois celui-ci les lui demande. Et s'il ne les lui demande pas? (art. 28b)

Certes, la Commission détiendra toujours la possibilité d'adresser à l'Assemblée nationale copie de tous les avis qu'elle donne au CT, mais si l'Assemblée se penche sur ces avis avec autant d'intérêt qu'elle l'a fait jusqu'à présent sur ceux du Protecteur du citoyen...

La Commission manquait d'indépendance. Là encore, au lieu de lui en donner plus, on lui en enlève. Certes, conformément à un voeu que j'émettais moi-même il y a quelques années, les commissaires seront dorénavant désignés par l'Assemblée nationale à la majorité des 2/3 comme le sont déjà actuellement le Protecteur et le Vérificateur de la province. C'est bien, mais dans le contexte actuel, c'est une modalité sans garantie d'impartialité, puisqu'un parti, en l'occurence le PQ, détient précisément à lui tout seul, la quasi-totalité des 2/3 de la Chambre. Mais, ce qui est beaucoup plus grave, c'est qu'auparavant, le Président de la Commission restait au poste jusqu'à l'âge de 70 ans et les deux autres commissaires étaient, à toutes fins pratiques, nommés à vie «durant bonne conduite». Or, dorénavant, leur mandat à tous les trois ne sera plus que de 5 ans. Soit le temps de la durée même d'un mandat parlementaire.

Comment dès lors peut-on nous faire croire qu'un tel organisme se trouvera vraiment à l'abri des pressions politiques? Peut-être la première année d'exercice, mais sûrement pas la dernière...

Or, cela est très grave, car l'arbitrage des griefs, selon les procédures habituelles prévues dans les conventions collectives, sera supprimé et confié à la Commission de la fonction publique elle-même, qui remplira les fonctions élargies d'un tribunal administratif.

Raison de plus pour assurer la totale indépendance de la CFP vis-à-vis du pouvoir politique, en accordant à ses membres les mêmes garanties d'inamovibilité que ceux reconnus à la magistrature.

Quant aux procédures de désignation des membres, la solution, préconisée par le Syndicat des professionnels du gouvernement du Québec, de recourir à un Conseil supérieur de la fonction publique, me paraît une excellente suggestion.

Signalons au passage, que le projet aurait pu préciser que la composition de la Commission devrait refléter la pluralité sexuelle de la société.

Les défauts dénoncés ici, à propos du mode de désignation des Commissaires sont hélas aussi ceux qui caractérisent la désignation du président de l'Office de recrutement. Lui aussi sera désigné par les 2/3 de l'Assemblée, sur proposition du Premier ministre, pour le même délai extrêmement restreint de 5 ans.

Quand on pense que cet homme tout seul, car contrairement à la Commission de 3 à 5 personnes il ne pourra pas constituer un front avec des collègues pour faire face au pouvoir et tenter de résister, à la merci par conséquent du gouvernement au plan de sa carrière, sera l'unique garant du respect par le pouvoir du système du mérite, on ne peut que frémir d'effroi.

Où le ministre De Belleval est un archange politique plein de bonne foi et alors il ne connaît rien à la psychologie humaine ou, il est aussi clairvoyant que vous et moi et alors l'horizon s'avère sombre pour les partisans de la *neutralité* politique de la fonction publique québécoise.

Enfin, est-ce vraiment utile de créer un cinquième organisme de gestion de la fonction publique à côté de la Commission, du Conseil du trésor, du Ministère et des Directions ministérielles de personnel, alors que le Québec, avec seulement 6 millions d'habitants, détenait déjà le record de la pluralité organisationnelle comparativement aux systèmes britanniques, français et américains? Pour ne citer que ceux-là.

N'aurait-il pas mieux convenu de confier les opérations de recrutement, de conseil et de tribunal, à un seul et unique organisme, divisé en sections, vraiment *indépendant* de tous les partis politiques, en attendant tout au moins la création par le Québec d'une véritable juridiction administrative?

La coordination et l'efficacité administrative n'en auraient-elles pas été plus grandes?

Je crois pour ma part, en tout cas, que s'il y avait un organisme à qui il fallait, non pas accorder des pouvoirs accrus, mais « couper la tête », c'était bel et bien l'actuel ministère de la Fonction publique.

Le ministère de la Fonction publique: un monstre qu'il aurait mieux valu supprimer

De 1969 à nos jours, le MFP n'a guère brillé par l'importance de son rôle. En 8 années d'existence son bilan est maigre.

Or, s'il n'était rien, il aspire à tout. Il suffit, pour s'en convaincre, de lire attentivement la longue et impressionnante liste des pouvoirs que le ministre entend s'attribuer par le projet de loi 53 (cf. arts. 3 à 7 incl.).

Parmi eux, citons l'extrême étendue de son pouvoir réglementaire en matière de classification, conditions de rémunération et de travail, évaluation du personnel, promotion, affectation, classement, mutation, mise en disponibilité, rétrogradation, révocation, destitution, sanctions disciplinaires. Sans omettre ses pouvoirs en matière d'élaboration et d'application des politiques de développement des ressources humaines, de définition des mesures visant à accroître l'efficacité du personnel, de recherches, d'études, enquêtes, inventaires, etc... À cela s'ajoute bien d'autres choses encore dont le mandat de négocier les conventions collectives... ou ce qu'il en restera etc... etc...

Ainsi, au nom du système du mérite et de l'efficacité administrative — deux concepts fort populaires sinon démagogiques — le ministre de la Fonction publique s'érige en Super-patron presque de droit divin. Surtout si l'on réfère à la faiblesse des organes chargés d'assurer le contrôle de ses décisions ou, pour être plus exact, du respect pour lui-même de ses propres règlements.

Ceci est d'autant plus curieux, qu'on peut se demander, s'il n'aurait pas mieux valu, au contraire, supprimer le ministère de la Fonction publique.

En effet, depuis 1969, l'arrivée dans le processus décisionnel en matière de gestion, du ministère de la Fonction publique, devait aboutir, déjà, à des effets diamétralement opposés à ceux recherchés.

C'est ainsi que j'ai déjà eu l'occasion publiquement de dresser le bilan de l'action du ministère de la Fonction publique en ces termes peu flatteurs:

— plus grande lenteur dans la gestion quotidienne et l'élaboration des politiques d'ensemble de la fonction publique
— dédoublement des fonctions dans de nombreux domaines de la gestion du personnel (ex.: négociations dans les secteurs publics et para-publics)
— aggravation plutôt que réduction du problème de la coordination et de l'harmonisation des modes de gestion de la fonction publique.

Or, le projet de loi 53 laissera subsister presque intacts ces défauts majeurs, peu susceptibles d'accroître l'efficacité administrative recherchée. Je dis « presque » car, en fait, je crois qu'il les aggravera, par l'entrée en scène d'un cinquième acteur, en la personne de l'Office de Recrutement.

Alors quelles autres solutions aurait-on dû choisir ?

La première aurait pu consister à aller encore plus loin que le projet De Belleval et aurait été de regrouper au sein du ministère de la Fonction publique, *tous* les éléments de gestion actuellement dispersés entre le CT et la CFP. C'est la voie choisie par la G.B. depuis la réforme Fulton de 1969. Elle a l'avantage d'atteindre un des deux objectifs de la réforme De Belleval, à savoir, l'efficacité administrative par une meilleure coordination des politiques, notamment des politiques budgétaires. Elle aurait toutefois, pour un Québec sans tradition encore bien établie de neutralité politique à l'égard de la fonction publique, un effet déplorable au plan du système du mérite puisque, la CFP ayant disparu, la porte serait largement ouverte à la reprise de nos antiques et déplorables habitudes de patronage, de pistonnage et de favoritisme.

Ce dernier argument est aussi celui qui nous fait rejeter la voie française, à savoir, celle qui consisterait à regrouper au sein du MFP, les seules activités remplies actuellement par la Commission de la fonction publique. Du moins, tant et aussi longtemps que l'on n'aura pas créé, comme en France, une véritable et indépendante juridiction administrative, comme d'ailleurs le PQ se propose, dans son programme, de le faire.

Une troisième voie est aussi, selon nous, à rejeter, car on voit mal comment le Conseil du trésor accepterait d'abandonner au ministère de la Fonction publique, les pouvoirs qu'il détient en matière budgétaire, surtout au cours d'une crise économique comme celle que nous traversons présentement. D'ailleurs, le ministre De Belleval en est très conscient, puisqu'il conserve intacts les pouvoirs du CT en ce domaine. Cet obstacle s'ajoute à celui précédemment énoncé, pour renforcer la thèse de l'impossibilité pratique, au Québec, d'adopter la première option. C'est d'ailleurs sans doute cela qui a freiné sensiblement les tendances quelque peu «impérialistes» et «mégalomanes» de l'actuel projet de réforme.

Reste une quatrième et dernière option. Elle consisterait à répartir entre le Conseil du trésor majoritairement, la Commission de la fonction publique et les directions ministérielles de personnel accessoirement, la totalité des services de l'actuel ministère de la Fonction publique, qui disparaîtrait.

Seule cette formule permettrait d'atteindre les objectifs d'efficacité et de dépolitisation que le ministre De Belleval nous annonce, comme étant les deux objectifs-clés de sa réforme. Elle permettrait en effet :

1) d'assurer la coordination et l'harmonisation indispensable de la gestion de la fonction publique en matière financière, technique, juridique et politique

2) de réunir en un même lieu, qui sera par ailleurs en même temps un endroit stratégique en matière de prise de décision gouvernementale, les aspects à la fois politiques et financiers de la gestion du personnel de l'État (ex. : unité décisionnelle dans les procédures de négociation des conventions collectives)

3) de conserver intacte l'indépendance de la CFP, notamment en ce qui touche les questions vitales de recrutement, de sélection, de classification, de promotion, de mutation, de sanctions etc... qui resteront ainsi, largement à l'abri des tendances partisanes et du favoritisme politique, toujours sous-jacents dans les moeurs québécoises
4) de déconcentrer éventuellement davantage ce qui peut l'être en matière de gestion des ressources humaines, auprès des directions ministérielles de personnel. Ce qui est sûrement, un bien meilleur moyen de favoriser, au plan des relations humaines, la motivation des agents de l'État, que celui qui consiste, par la voie d'une déconcentration des opérations de recrutement et de gestion de la carrière, à faire des sous-ministres, de véritables potentats administratifs.

Les sous-ministres : nouveaux potentats de l'administration

Les sous-ministres étaient depuis longtemps les hommes forts des ministères (cf. mon étude sur les grands technocrates québécois). Avec le projet de loi 53, ils deviendront des potentats aux pouvoirs accrus tels, que l'arbitraire toujours à craindre de leurs décisions, pourra difficilement être contenu.

Deux séries d'articles du projet de loi 53 sont, à cet égard, dangereusement significatifs.

La première série regroupe les articles 3 § c et 4 qui permettent à un sous-ministre, de recevoir une délégation de pouvoirs du ministre de la Fonction publique, pour ce qui a trait « *à la sélection, à la déclaration d'aptitude et à la promotion des fonctionnaires* », à l'exception des sous-ministres adjoints et associés.

La seconde série concerne le très menaçant article 45 c qui permet au sous-ministre de recevoir une délégation de l'Office de recrutement, pour tout ce qui concerne *le recrutement, la sélection, la déclaration d'aptitude, et la nomination des nouveaux fonctionnaires.*

Autrement dit, par le canal des délégations de pouvoirs accordées par l'Office et le ministère de la Fonction publique, les sous-ministres en titre deviendront, en fait, les maîtres tout puissants et des engagements des nouveaux agents de l'État et de la carrière (avancement, mutations, sanctions, etc...) de tous les fonctionnaires en place, à l'exception de leurs collègues, sous-ministres adjoints et associés, sur lesquels le gouvernement continuera d'ailleurs de veiller personnellement. Et ce, contrairement à ce que le programme du PQ déclarait, lorsqu'il énonçait que seraient comblés par voie de concours *tous* les postes y compris ceux octroyés aux niveaux les plus élevés. (p. 5.2)

Si l'on se souvient que les seuls organes de contrôle — CFP et ORP — sont, à toutes fins pratiques, muselés et attachés par des chaînes solides aux volontés du pouvoir, et si l'on sait que les sous-ministres sont les créatures du seul gouvernement qui les nomme et les déplace de façon totalement discrétionnaire, on s'aperçoit vite quelle forme le système de mérite va prendre rapidement.

Il y a fort à parier, si la loi 53 était adoptée telle quelle, que le mérite et les aptitudes professionnelles des agents publics soient dans l'avenir proportionnels à l'ardeur de leurs engagements politiques, ou de leurs silences complices.

Et ceci, du haut en bas de l'échelle, puisque le projet de loi 53 prévoit en violation avec un des principes de justice en vigueur dans le droit canadien et québécois (delegatus non potest delegare) la possibilité, pour le sous-ministre bénéficiaire de toutes ces délégations de pouvoirs, de déléguer à son tour ses responsabilités à des fonctionnaires de son ministère. Ce qui entraîne indirectement, en faisant de l'administration active « le juge » et la « partie », le viol d'une importante règle de justice naturelle reconnue depuis longtemps au Canada et au Québec : « Nemo judex in sua causa ».

C'est en fait, sous le couvert de l'efficacité et du mérite, le moyen inventé par le projet de loi 53 pour assurer une mobilité et donc une mise au pas, à des fins multiples — administratives mais aussi politiques et partisanes — , des agents de l'État.

Et tout ceci pourra se passer dans le secret des bureaux, à l'abri des regards indiscrets des médias d'information et des chercheurs universitaires.

Le maintien du secret administratif fait de l'Administration une maison en verre ... dépoli

Le projet de loi 53 maintient les serments d'allégeance et de confidentialité, sans toutefois y apporter les précisions souhaitées.

Quelle est cette « autorité constituée » à qui les agents de l'État devront jurer d'être loyaux et porter vraie allégeance : la Reine du Canada et partant la forme fédérative de l'État, le système démocratique lui-même, ou bien le gouvernement et donc le parti au pouvoir ?

Ce sont là, en ces temps d'incertitude et qui sait demain, de troubles, des questions qu'on est en droit de se poser, même si certaines autorités constituées peuvent juger préférable politiquement de ne pas y répondre.

Quel droit de parole reste-t-il aux agents de l'État après qu'ils auront juré de ne révéler, ni faire connaître, « quoi que ce soit dont (ils auront) eu connaissance dans l'exercice de (leur) charge » ? Et qui devra « dûment les autoriser » ? Leur supérieur immédiat ? hiérarchique ? le ministre ? ou le Premier ministre ?

De deux choses l'une, ou ces serments ne sont pas là pour être appliqués et il faut les retirer, ou bien ils sont là pour servir à autre chose qu'à devenir de simples mesures incantatoires, et ils sont une grave menace pour la liberté d'expression et d'information.

Derrière la limitation de ce droit qui restreint singulièrement la possibilité pour les journalistes et les universitaires d'accomplir leurs devoirs de communicateurs et de chercheurs, c'est tout le droit des citoyens à contrôler l'administration publique qui se trouve violé.

Où donc est passé ce gouvernement à « ciel ouvert » qu'on nous annonce depuis plus d'un an, où est cette « maison de verre », cette « transparence » administrative pour qui tant de citoyens ont voté ?

Une règle doit en ce domaine être reconnue officiellement et rapidement dans la loi de la Fonction publique. Elle s'énonce comme suit : « le droit à l'information est la règle, le secret administratif l'exception ».

De quelques autres lacunes et contradictions du projet de loi 53

On regrettera enfin qu'une foule de problèmes laissés en suspens dans la loi de 1965 n'ait guère fait l'objet de solutions dans le présent texte.

Il en est ainsi du problème du « travail exclusif ». Faut-il maintenir cette règle, alors qu'on sait de notoriété publique qu'il s'agit là d'une norme qui n'a jamais, au grand jamais, aux dires mêmes du ministre, jusqu'ici été respectée ?

Qu'a-t-on prévu dans le projet de loi pour rendre effective la règle de la réintégration du fonctionnaire battu aux élections et éviter cette « inefficacité administrative » qu'est la « tablette » pour cause idéologique ?

Qu'a-t-on prévu dans la loi pour obliger les ministres à s'entourer d'un personnel de cabinet à la hauteur de ceux qu'ils doivent contrôler ou conseiller ?

Qu'a-t-on envisagé pour développer la participation des agents de l'État aux décisions administratives, afin d'accroître leur intérêt au travail et leur rendement.

Qu'a-t-on adopté comme mesure afin d'élever le niveau de satisfaction des fonctionnaires au travail ?

Quels mécanismes ont été étudiés et adoptés, afin de réduire sensiblement les conflits incessants entre le MFP et cette direction parallèle de la fonction publique que représente, à toutes fins pratiques, le Conseil du trésor ?

Enfin, a-t-on pensé à résoudre les importantes contradictions qui opposent au sein d'un même gouvernement « homogène » le projet de loi 45 que patronne le ministre Pierre-Marc Johnson, au projet de loi 53 du ministre De Belleval ? Puisque là où l'on prévoit des mesures anti-scabs, l'autre prévoit utiliser les occasionnels en cas de besoin, là où l'un instaure obligatoirement l'arbitrage des griefs, l'autre les raye de la loi de 1965, là où l'on reconnaît le droit à l'équité, l'autre n'accepte qu'un jugement sur le respect intrinsèque des règlements qu'il confie d'ailleurs à un organisme peu indépendant et désigné par une seule des parties etc... etc...

Alors, que faire ?

De deux choses l'une. Ou bien le projet de loi 53 est une arme de combat en vue de la prochaine ronde de négociations et une machine de guerre dont on entend se doter contre l'opposition. Et alors il faut conserver intact le projet de loi 53. L'honnêteté commanderait toutefois de lever les masques, et de cesser de mettre de l'avant les thèmes du mérite, de la dépolitisation et de l'efficacité administrative.

Ou bien le PQ veut sincèrement atteindre les objectifs qu'il dit être les siens et alors il lui faut :

    1) retirer le projet de loi 53

    2) attendre les conclusions de la Commission Martin

    3) procéder entre temps à une vaste consultation auprès des divers groupes intéressés et

    4) à la lumière du concept « d'intérêt public » rédiger un

nouveau texte sensiblement différent de l'actuel projet et plus proche de la lettre et de l'esprit de son programme.

Alors, mais alors seulement, le Québec pourra peut-être se doter d'une fonction publique reposant vraiment sur le mérite et l'efficacité.

*

*　　　　　　*

Suite à la publication de cet article dans Le Devoir du 1er et du 2 décembre 1977, deux textes devaient peu après s'opposer vigoureusement à mes propos. L'un de M. Denis de Belleval, ministre de la fonction publique (Le Devoir-10 décembre 1977), l'autre de M. Patrice Garant, professeur de droit à l'Université Laval (Le Devoir, 20-21-22 décembre 1977). La réponse que j'entendais apporter à mes deux contradicteurs n'ayant pu être publiée en janvier 1978 par la nouvelle rédaction du Devoir, le lecteur trouvera ci-après la mise au point rédigée, il y a quelques mois à peine, sur ce sujet.

*

*　　　　　　*

*

RÉPONSE À MM. DE BELLEVAL ET GARANT À PROPOS DE LA RÉFORME DE LA FONCTION PUBLIQUE

Tel quel, le projet de la loi 53 ne réflète pas « les véritables intentions du gouvernement ».

par Alain Baccigalupo

En réplique à ma série de deux articles publiée dans le Devoir, les premier et deux décembre dernier, le ministre de la Fonction publique, monsieur Denis De Belleval, parrain du projet de loi numéro 53, mis en cause dans mes écrits, a tenu, afin que mes propos n'acquièrent pas une « respectabilité injustifiée », à faire part au lecteur, des « véritables intentions du gouvernement au sujet de la fonction publique ». Quelques jours plus tard, mon éminent collègue Patrice Garant critiquait ma position et se portait, lui aussi, à la défense du projet de loi 53.

Je dois dire, dès le départ, que je ne m'attendais évidemment pas à convaincre monsieur le ministre de la Fonction publique. Mon seul souci était de projeter la discussion en-dehors de l'enceinte parlementaire et d'ouvrir sur ce thème majeur, un débat public. En ce sens, les réponses de MM. De Belleval et Garant me satisfont pleinement. Sur ce point seulement, malheureusement. Nous allons voir pourquoi.

En gros, le ministre de la Fonction publique me reproche deux choses. 1°) d'ignorer totalement les développements survenus depuis près de deux mois, soit par manque de « rigueur scientifique » soit par « mauvaise foi » ; et 2°) de méconnaître — probablement pour les mêmes raisons — les véritables intentions du gouvernement au sujet de la fonction publique.

J'aimerais succinctement reprendre ces deux accusations point par point et dans l'ordre.

Des amendements qui renforcent mon argumentation

Il est bien entendu que j'ai lu article par article, et le projet de loi, et la littérature publiée tant par les syndicats que par le cabinet même du ministre De Belleval, ainsi que les minutes des débats de la commission parlementaire sur la fonction publique.

Alors pourquoi n'avoir pas parlé des amendements au projet de loi 53, intervenus le 19 octobre, en commission parlementaire ? Si ce n'est pas « par manque de rigueur scientifique », serait-ce alors comme le sous-entend le ministre De Belleval, par manque évident de « bonne foi » ? La réponse là encore est évidemment : NON. Et pour cause. Un article de journal n'est pas une étude exhaustive de tous les points d'un projet de loi. Il est le résultat forcément, d'un choix délibéré qui oblige l'auteur à sélectionner ses cibles parmi celles jugées les plus importantes.

Toute la question ici est donc dès lors de savoir si ce problème aurait dû être retenu comme point fondamental. Ma réponse est là encore, je suis navré pour le ministre De Belleval, négative, et voici pourquoi.

Tout d'abord, ma cible était le projet de loi 53 *original,* avec tout ce que cet ensemble homogène pouvait permettre de déceler concernant les *intentions premières* du ministre en matière de réforme de la fonction publique. Que des amendements aient été ensuite consentis par le ministre ou arrachés par les syndicats à la suite des pressions que l'on connait, ne saurait en aucune façon venir annuler les intentions *profondes* et *initiales* du gouvernement en la matière.

Mais, cela étant dit, en quoi l'information concernant ces amendements aurait-elle, pu conférer au projet de loi 53 révisé, une qualité susceptible d'entraîner de notre part, ou de la part du public, une adhésion sans réserve ? Eh bien, *en rien*, puisque, de l'avis même du ministre, les amendements apportés au texte initial ne font que — et je cite — « maintenir le statu-quo à l'égard du régime syndical prévalant dans la fonction publique jusqu'au dépôt du rapport de la Commission Martin ».

Ce qui signifie en fait :

1°) Qu'il ne saurait être question d'applaudir à tout rompre lorsqu'un ministre qui se dit vouloir réformer une loi, sans doute parce qu'il juge la précédente mauvaise, — et sur ce point nous sommes d'accord avec lui — nous annonce comme réforme importante le simple *retour au statu-quo,* fut-il provisoire. Car, où est le progrès ? Par contre, ne pourrait-on pas se demander devant « ce piétinement administratif » si ce ne serait pas plutôt le ministre De Belleval, pour reprendre sa propre expression, qui aurait parfois tendance à « enfoncer joyeusement des portes ouvertes » ?

2°) Ce qui est sûr, c'est que, ce faisant, le ministre ne fait en pratique que reconnaître le bien fondé des accusations que les syndicats ont porté et que moi-même lui adressais lorsque j'écrivais dans cet article tant décrié par le ministre : « tout cela ne serait rien si le ministre de la fonction publique n'avait poussé l'outrecuidance jusqu'à déposer son projet de loi, la veille de la création par lui-même de la Commission Martin ... la moindre décence aurait suggéré, me semble-t-il, d'attendre le dépôt du rapport de la commission, quitte à ne pas en tenir compte par la suite ».

Par conséquent, cette information que le ministre me reprochait de ne pas avoir donnée par « manque de rigueur scientifique » ou par « manque de bonne foi », non seulement ne saurait être considérée comme un changement notable, mais aurait même eu plutôt pour effet de venir renforcer l'argumentation développée par mes soins contre le projet de loi 53, puisque le recul du ministre était en fait la reconnaissance par lui-même, des « faux pas » et des « indélicatesses » que je dénonçais personnellement lorsque j'écrivais : « ou bien cette réflexion a déjà eu lieu, et la Commission Martin est inutilement onéreuse ... ou bien cette réflexion est en cours et alors pourquoi la mépriser au point de refuser d'attendre ses conclusions pour présenter et discuter le projet de loi 53?

Voilà donc ce qu'il en serait si les amendements de la mi-octobre, introduits par le ministre, rétablissaient comme il le déclare « le statu quo ante ». Or, en réalité, le ministre commet une erreur. Le statu quo n'est pas rétabli intégralement. Tant s'en faut. Et cette affirmation, ce n'est pas seulement la mienne et celle des syndicats; c'est aussi celle de Patrice Garant lorsqu'il écrit : « si le projet de loi 53 est adopté tel que proposé, 8 des 9 matières énumérées à l'art. 3 seront automatiquement exclues de l'aire de négociations » puisqu'un « principe fondamental de notre droit public veut en effet qu'une autorité publique titulaire d'un pouvoir de réglementation ne puisse aliéner ce pouvoir par voie contractuelle ».

Nous avions par conséquent parfaitement raison, et le ministre avait tort, lorsque nous signalions que le projet de loi 53 réduisait bel et bien l'aire des négociations dans la fonction publique. Et d'ailleurs, il semble que le ministre lui-même vienne de prendre récemment conscience des conséquences juridiques de son projet puisque, si l'on en croit Me Garant, des amendements viennent d'être « préparés afin de rassurer les syndicats ».

La preuve étant maintenant faite, que je n'ai pas ignoré dans un but polémique les développements survenus entre le dépôt du projet de loi 53 et le jour de la rédaction de mes écrits, reste à se demander si j'ai, si profondément que cela, méconnu les « véritables intentions du gouvernement ». Voyons donc quels sont les prétendus « inexactitudes et jugements de valeur » « manifestement étrangers à la démarche intellectuelle associée habituellement à l'esprit scientifique universitaire » qu'est censé contenir mon article, aux dires de monsieur le ministre De Belleval.

Le projet de loi 53, d'après son auteur, viserait deux objectifs principaux : 1°) « établir une autorité claire en matière de gestion de personnel » de façon à dégager « un responsable des politiques d'ensemble à ce sujet » chargé de promouvoir la plus grande efficacité et la meilleure productivité de nos ressources humaines ; et 2°) « renforcer les mécanismes qui protègent le fonctionnarisme contre l'arbitraire et le favoritisme, qu'ils soient d'origine politique ou administrative ».

Je n'ai guère l'intention de décortiquer de nouveau, en détails, dans cette réplique, les problèmes posés et les solutions apportées par le projet de loi 53. J'invite le lecteur à se reporter à mon article précédent pour de plus amples informations. Toutefois, certaines remarques complémentaires s'imposent.

Unité ou dualité de responsabilité?

Comment le premier objectif du ministre, à savoir, le « rapatriement au sein du ministère de la Fonction publique les responsabilités actuellement dispersées un peu partout dans les structures gouvernementales », pourra-t-il être atteint avec la loi 53? J'avoue personnellement que je l'ignore, car je vois mal comment il pourrait être créée une autorité claire en matière de gestion de personnel, alors qu'il subsistera toujours trois autres organismes concurrents dans le même domaine : la Commission de la fonction publique, le Conseil du trésor, et les directions ministérielles du personnel, tandis qu'un quatrième viendra se surajouter aux précédents en la personne de l'Office de recrutement. Soit un total de cinq organismes. À moins que le ministre ne soit l'auteur méconnu d'une nouvelle théorie arithmétique voulant que $1 = 5$, — à l'effet de quoi le Québec pourra très bientôt s'enorgueillir d'avoir enfin son premier prix Nobel — on voit mal comment l'unité de gestion sera réalisée. Serait-ce parce que dans l'esprit du ministre, ou la lettre de la loi, ou bien les deux, les organismes précédents compteraient pour du beurre? On serait, hélas, fortement tenté de répondre positivement en ce qui concerne notamment la Commission de la fonction publique et l'Office de recrutement, nous aurons l'occasion de revenir sous peu là-dessus, mais certainement pas en ce qui concerne le Conseil du trésor.

En effet, non seulement l'article 3-C du projet 53 précise que *tous* «les règlements (du ministre de la Fonction publique) *doivent* être soumis à l'approbation du Conseil du trésor» — ce que confirme par ailleurs l'article 7 — mais en outre, l'article 56 attribue au Conseil du trésor le soin d'approuver les plans d'organisation de chaque ministère ou organisme..., de déterminer les effectifs requis pour la gestion des ministères et organismes, ainsi que la répartition de ces effectifs, ét de déterminer, également le niveau des postes des fonctionnaires des cadres supérieurs en relation avec la classification.»

Sans omettre l'article 120 de ce même projet, lequel confère un rôle essentiel au Conseil du trésor, notamment pour «tout ce qui concerne l'approbation des plans d'organisation des organismes du gouvernement, autres que ceux visés par la loi sur la fonction publique, les effectifs requis pour la gestion de ces organismes et sous réserve de la loi sur la fonction publique, *l'élaboration et l'application de la politique administrative générale* à suivre *dans* la fonction publique, ainsi que *les conditions* de travail du personnel des ministères et organismes du gouvernement...».

Sans oublier que c'est toujours le Conseil du trésor qui fixera au ministre de la Fonction publique, «le cadre des mandats» qui lui permettront de «négocier les conventions collectives avec les associations accréditées des salariés de la fonction publique» (article 6).

J'avoue humblement, et au risque de faire «injure à mon titre d'universitaire», que je vois mal pour ma part, comment, avec cinq organismes dont *un* surtout — le Conseil du trésor — conservera comme par le passé, le gros bout du bâton en matière financière et qui de plus, tiendra en tutelle par son pouvoir d'approbation des règlements, le ministre de la Fonction publique, le projet de loi 53 va faire pour atteindre son objectif fondamental *d'unité* et de *clarté* dans la gestion de la fonction publique?

Serait-ce peu objectif, ou serait-ce faire un mauvais procès d'intention à l'auteur du projet de loi, que de parler plutôt, sinon de «pluralité», tout au moins de «dualité» du projet de loi, que de parler plutôt, sinon de «pluralité», tout au moins de *«dualité»* et de *«concurrence parallèle»* dans les modes de gestion des ressources humaines?

Par conséquent, le ministre pourrait-il nous expliquer en quoi ce parallélisme de structures risquant de déboucher très vite, comme par le passé d'ailleurs, sur des chevauchements de mandats, des rivalités et une incohérence dans les modes de gestion, pourra contribuer, selon ses voeux, à introduire dans l'administration publique, «une plus grande efficacité» et «une meilleure productivité»? Par quel miracle»?

Indépendance ou mise en tutelle?

Comment, maintenant, le second objectif — celui de neutralité de la fonction publique — pourra-t-il être atteint avec la mise en application de la loi 53?

J'avoue que là encore, je vois mal comment, avec la loi 53, quoi qu'en dise Me Garant, le ministre fera pour atteindre son but. Car, pour ce faire, il faudrait, pour le moins, que la Commission de la fonction publique et l'Office de recrutement, soient deux organismes *véritablement indépendants*.

Or, comment peut-on qualifier d'indépendants, une commission et un office dont les membres, nommés certes par l'Assemblée nationale à la majorité des deux tiers — mais les péquistes sont déjà soixante-douze — ne le seront toutefois que pour cinq ans? Me Garant reconnaît que 5 ans, c'est trop peu. Quant au ministre, il dit être prêt à aller jusqu'à sept ou dix ans. Mais si l'un et l'autre, veulent vraiment, comme ils l'affirment, créer un office «indépendant» et non «indépendantiste», et faire de la Commission de la fonction publique un tribunal administratif autonome, pourquoi refusent-ils de reconnaître à leurs dirigeants, les garanties qu'offre le statut de la magistrature à ses juges? Le ministre invoque comme objection le fait qu'on devrait pouvoir nommer à la nouvelle commission, des femmes et des hommes assez jeunes, de façon à assurer un meilleur équilibre dans les points de vue... et à garantir un renouvellement régulier et normal de sa composition. Cette argumentation ne tient pas, car premièrement, rien dans ce que je propose n'empêche de nommer des hommes et des femmes assez jeunes. Et deuxièmement, quant à la rotation que le ministre dit vouloir instaurer, elle me paraît plus inutile et dangereuse, que souhaitable. N'est-ce pas d'ailleurs la raison pour laquelle a été inventé le principe de «l'inamovibilité» des juges dans la plupart des régimes occidentaux auquel réfère le ministre? L'important, en effet, ici, n'est pas d'éviter le risque de sclérose, mais bel et bien d'empêcher les pressions du pouvoir sur un tribunal et sur un organisme qui à toutes fins pratiques, seront les deux seuls gardiens de ce système de mérite que le gouvernement déclare vouloir renforcer... tout en faisant exactement l'inverse.

Comment peut-on dès lors écrire, comme le fait monsieur De Belleval, que «les pouvoirs du ministre» seront «fortement encadrés» et que «leur exercice sera soumis à des règles de transparence beaucoup plus sévères et efficaces que celles qui existent présentement»? Comment de la même façon, Me Garant peut-il écrire que «le projet de loi 53 met en place des mécanismes vraiment de nature à protéger le fonctionnaire contre l'arbitraire»? N'est-ce pas là, prendre des rêves et des intentions pour des réalités? Les fonctionnaires, par leur opposition légitime à ce projet de loi, ont déjà pour leur part, répondu à cette question.

Toujours en ce qui concerne la Commission de la fonction publique, le ministère me reproche de vouloir «maintenir la confusion actuelle en conservant à la commission, ses responsabilités présentes de contrôleur et de gestionnaire». Or, ceci n'est pas entièrement exact. Il est vrai que j'ai opté pour la solution visant à répartir entre le Conseil du trésor, la Commission de la fonction publique et les directions ministérielles de personnel, la totalité des services de l'actuel ministère de la Fonction publique qui disparaîtrait». Il est vrai aussi que j'ai recommandé «de conserver intacte, l'indépendance de la Commission de la fonction publique, notamment en ce qui touche les questions vitales du recrutement, de la sélection, de la classification, des promotions, des mutations, des sanctions, etc...».

Mais ces opinions n'avaient pas pour *but* de maintenir à tout pris à la Commission de la fonction publique, les fonctions «de contrôleur et de gestionnaire». Elles avaient simplement pour *conséquence* cet état de fait. Mon but principal était avant toute chose, «d'atteindre les objectifs d'efficacité et de dépolitisation que le ministre De Belleval présente comme les deux objectifs-clés de sa réforme».

Ce qui impose la limitation du nombre d'organismes chargés de la gestion des ressources humaines et l'octroi d'un statut véritablement indépendant à l'organisme chargé d'effectuer les opérations de recrutement.

Or, je l'ai écrit, pour ces deux raisons, la Commission de la fonction publique, avec trois commissaires, me paraissait être un petit peu mieux que le président solitaire de l'Office de recrutement.

Toutefois, si le ministère de la Fonction publique disparaissait, et qu'était créé, au Conseil du trésor, une direction centrale de la fonction publique, pouvant réunir en *un seul* centre de décision, les aspects à la fois politiques et financiers de la gestion du personnel de l'État, agissant sous le regard d'un conseil supérieur de la fonction publique, et qu'était accordé à l'Office de recrutement et à la Commission de la fonction publique, l'un dans le domaine de recrutement et l'autre en matière de juridiction administrative, une véritable indépendance statutaire susceptible de faire d'eux les *garants crédibles* d'un système de mérite renforcé, alors je ne verrai personnellement aucune opposition majeure à la séparation des fonctions de gestionnaire et de contrôleur.

Maintenant, en ce qui concerne le ministère de la Fonction publique, j'aimerais attirer l'attention du ministre sur la regrettable contradiction que contient son texte, en cette matière.

Une regrettable contradiction

D'un côté, le ministre écrit : « il propose (il s'agit de votre serviteur)... le maintien du statu-quo, sous réserve de la disparition du ministère de la Fonction publique dont les responsabilités actuelles (c'est-à-dire, peu de chose selon les *prétentions* de monsieur Baccigalupo) seraient transférées au Conseil du trésor » ; le terme de « prétentions » voulant marquer la désapprobation du ministre, à l'endroit de mon opinion sur le bilan du ministère de la Fonction publique./

Or, trois colonnes plus loin, le même ministre écrit, en confirmant par là-même et sans gêne apparente, ce qu'il qualifiait quelques instants auparavant de « *prétentions* » : « il y a enfin le ministère de la Fonction publique qui constitue paradoxalement le *parent pauvre* de tout ce réseau (il s'agit des directions ministérielles de personnel, de la Commission de la fonction publique et du Conseil du trésor) chargé de conseiller le gouvernement sur l'ensemble du système, *mais qui ne possède pas de pouvoirs réels d'exécution* ».

Ainsi, après m'avoir donné tort, le ministre me donne raison. Est-ce parce que ce qui sort de sa plume acquiert par là-même, force de vérité, alors que ce que j'écris personnellement, même si c'est la même chose, ne saurait alors présenter selon les mots du ministre « qu'un caractère outrancier et pamphlétaire manifestement étranger à la démarche intellectuelle associée habituellement à l'esprit scientifique et universitaire » ? Est-ce ce jugement que le ministre entend aussi qualifier de « jugement de valeur faisant injure au titre d'universitaire dont se pare son auteur » ?

Quant à Me Garant, j'aimerais aussi attirer son attention sur une importante contradiction que contient son texte. Mon éminent collègue écrit en critiquant l'actuelle Commission de la fonction publique : « la question de la délégation de pouvoirs discrétionnaires dans les différentes unités administratives soulevait d'autres difficultés », tandis que les mêmes délégations de pouvoirs attribuées au nouvel Office de recrutement deviennent le lendemain une « mesure de déconcentration tant souhaitée... et absolument nécessaire ». Pourquoi ce revirement brutal d'attitude vis-à-vis de la délégation de pouvoirs en matière de recrutement ? D'autant plus, qu'en ce domaine, le premier jugement était, de loin, le meilleur.

En effet, Me Garant reconnait que la maxime « delegatus non potest delegare », « oblige celui qui est titulaire d'un pouvoir de réglementation à édicter des normes suffisamment objectives pour permettre aux administrés à qui s'appliqueront des règlements de connaître avec précision quelles sont les règles qui les gouvernent ». Ce avec quoi nous sommes parfaitement d'accord. Mais dans le domaine de l'évaluation académique et professionnelle, le professeur Garant doit savoir comme moi que la fixation de normes objectives n'est pas une chose très facile, surtout en matière de sciences sociales, juridiques, humaines etc... C'est pourquoi je préfère, pour ma part, voir mieux définis ce que seront les concours, les jurys et les épreuves, afin que les risques d'erreur provenant de la *subjectivité inévitable* qui règne en maître dans ces domaines, puisse être restreinte et compensée par une pluralité d'épreuves de jurys et d'évaluateurs.

Toujours à propos de cette question, Me Garant me fait remarquer que la maxime « delegatus non potest delegare » n'étant pas une règle de justice naturelle, son refus d'application ne peut entraîner une violation de ces règles. Ce qui est faux ; car le non respect de la maxime « delegatus non potest delegare » produit, par ricochet, la violation de la règle de justice naturelle « nemo judex in sua causa ». En effet, en permettant à l'administration publique de recruter les nouveaux fonctionnaires, la délégation de pouvoirs de l'Office de recrutement aux sous-ministres des ministères, fait de l'administration un juge (évaluateur) et une partie (employeur). Toute la raison d'être de l'Office de recrutement — assurer le recrutement neutre, apolitique et au-dessus de l'administration publique des agents de l'État — disparait du même coup. Tandis que tout le système du mérite vacille sur ses bases, par là-même.

Quant aux délégations de pouvoir du ministre de la Fonction publique aux sous-ministres, qu'autorise le projet de loi 53 en matière de rétrogradation ou de promotion, elles présentent les mêmes effets, et partant, les mêmes inconvénients. En effet, les fonctionnaires non régis par une convention collective et mécontents en appelleront aux Comités d'appel — organes internes à l'administration nommés par le ministre de la Fonction publique lui-même (art. 7). Or, là aussi, le viol de «delegatus non potest delegare» entraîne le viol de « nemo judex in sua causa ». D'ailleurs Me Garant a bel et bien perçu le problème, même s'il n'en a pas tiré toutes les conséquences, puisqu'il a lui-même écrit à ce sujet : « Nous croyons anormal que la création d'instances et de recours quasi-judiciaires soit laissée à la réglementation d'un ministre. Il serait souhaitable que ce soit la loi ou un arrêté en conseil qui crée de tels recours, et la Commission devrait être le tribunal compétent ».

L'enfer aussi est pavé de bonnes intentions

Tout ceci pour conclure : 1) que je suis parfaitement d'accord avec Me Garant lorsqu'il dénonce les défauts de la loi actuellement en vigueur en matière de fonction publique, 2) que je reste personnellement convaincu que les grandes et nobles intentions ministérielles en matière de mérite, de dépolitisation, d'efficacité, de productivité et de motivation, ainsi qu'en matière d'unité de gestion qui, soit dit en passant, et j'insiste là-dessus, *sont aussi les miennes*, ne peuvent pas être concrétisées avec le projet de loi 53. Car ce projet de loi entraîne lui, des conséquences diamétralement opposées.

C'est d'ailleurs là la critique uniforme qui ressort de la lecture des minutes des débats en commission parlementaire et qui d'ailleurs faisait dire au Dr. Richard Authier du S.P.M.G., s'adressant au ministre : « nous voulons en tant que médecins syndiqués, vous sensibiliser à notre crainte vis-à-vis d'une loi qui se veut bonne, mais que nous estimons mal formulée », et à plusieurs reprises à l'ex-ministre Raymond Garneau : « la plus grande difficulté qu'il y a à étudier ce projet de loi, c'est de faire la jonction entre les intentions exprimées et le texte législatif ».

C'est pourquoi j'aimerais bien, si telles sont les intentions du ministre que la loi reflète ces intentions en l'indiquant d'une façon très précise », « parce que c'est bien beau de manifester des intentions... sauf que l'application intégrale du projet va faire en sorte que ces choses vont demeurer des voeux pieux », à moins qu'on puisse les inclure très clairement dans la loi.

Le projet de loi 53 est devenu, à la 3e session parlementaire, «le projet de loi n° 50».

Hormis certaines modifications de détail, la loi 50 sanctionnée le 23 juin 1978, est une reconduction presque fidèle du projet de loi 53.

En effet, en matière de pouvoirs du ministre de la Fonction publique, la loi 50, au lieu de continuer à présenter une longue liste d'attributions comme c'était le cas dans l'art. 3 du chapitre II, a fait éclater cet article qui se retrouve cependant presque intégralement, dispersé cette fois, dans l'ensemble de la nouvelle version. Quant aux matières négociables qui étaient exclues de la convention collective dans le projet initial (cf. art. 3 et 119 du projet 53) elles sont pour la plupart d'entre elles réintroduites dans la loi 50 sauf si les conventions collectives des agents de l'Etat acceptent de les retirer. On peut donc s'attendre à ce que ce renversement en faveur des syndicats donne lieu au cours de la prochaine ronde de négociations à un marchandage serré, les représentants patronaux risquant de vouloir regagner, par le biais des conventions, ce qu'ils ont dû concéder en commission parlementaire et vice-versa, les syndicats tenant eux à conserver cet acquis, sinon à l'élargir le cas échéant.

Les délégations de pouvoir du ministre de la Fonction publique et de l'Office qui dans le projet initial pouvaient être consenties à des fonctions administratives — «catégories» — (art. 3 et 45 projet de loi 53) pourront dorénavant être attribuées à des fonctionnaires nommément désignés par le ministre (art. 7, loi 50) ou l'Office (art. 51, loi 50). Ce qui dans un sens est peut-être plus dangereux encore que le projet initial, la subjectivité des décisions qui découleront de ces obligations, pouvant de la sorte s'engouffrer plus aisément.

Quant à l'indépendance de la CFP et de l'Office, ce n'est pas en portant péniblement le mandat des membres de 5 à 7 ans (art. 19 et 41) et en élevant à 3 le nombre de membres de l'Office (art. 61) qu'elle se verra renforcée très sensiblement.

Par conséquent, la plupart des critiques que nous adressions au projet de loi 53 peuvent être de nouveau formulées mutatis mutandis envers la nouvelle loi de la Fonction publique.

En conclusion, on peut dire qu'avec la loi 50, le gouvernement vient de faire sauter les principaux verrous qui fermaient la porte d'accès au patronage dans la Fonction publique québécoise depuis 1965. Dorénavant, le gouvernement pourra, tout en brandissant l'étendard du «merit-system», gérer la fonction publique québécoise avec une marge de manoeuvre beaucoup plus grande et sous un contrôle de la part de la CFP et de l'Office qui risque d'être moins efficace que celui déjà insuffisant dans la précédente Commission.

CHAPITRE V

LES TECHNIQUES
ADMINISTRATIVES
AU QUÉBEC

LES TECHNIQUES ADMINISTRATIVES AU QUÉBEC

De la bureaucratie traditionnelle à la technocratie actuelle l'évolution s'est faite parallèlement et quasi-proportionnellement au développement des techniques modernes de gestion.

Du jour où le « flair » administratif, les manches de lustrine de MM. les « ronds-de-cuir », les crayons et les saute-ruisseaux se sont vus remplacés par les machines à écrire, les photocopieuses, les téléphones, et les ordinateurs, il devenait évident que la nature du travail et des décisions administratives allait s'en trouver, passablement modifiée.

Le développement des moyens modernes de gestion, en introduisant dans le secteur public, les mathématiques et la quantification, eut pour résultat de réduire sensiblement les marges d'incertitude et les décisions à l'emporte-pièce reposant exclusivement sur un certain « know-how » des administrateurs, fondé lui-même sur l'expérience, le jugement approximatif et, finalement, « l'art » des serviteurs de l'État.

De nos jours, et parce que au plus haut niveau surtout, subsiste toujours une part considérable de choix rationnels politiquement, mais « irrationnels » administrativement, soit parce qu'ils ne sont pas financièrements rentables, soit tout simplement parce qu'ils ne sont pas aisément quantifiables, les grandes décisions de l'État ne constituent pas, loin de là, chaque fois, l'application mécanique et mathématique des recommandations techniques échafaudées par les experts de la machine administrative.

Cependant, une caractéristique fondamentale doit être soulignée. L'usage de ces techniques décisionnelles à l'intérieur de l'appareil de l'État — le PPBS notamment — contribue à réduire les erreurs, à mieux clarifier les choix et les conséquences de ces choix. Dans une certaine mesure, il élargit et précise l'éventail des options et est de nature à permettre à l'homme politique — décideur final — un choix mieux éclairé. Même si, en fin de compte, les données techniques ont été évaluées à la lumière de leurs impacts politiques.

Ainsi fonctionne la machine administrative à l'intérieur d'un système politique de type démocratique.

Parmi les multiples techniques en usage dans l'administration publique québécoise trois d'entre elles, en raison de leur importance et de l'étendue de leur utilisation, ont été sélectionnées par nous, aux fins d'études : la planification, l'informatique et la rationalisation de l'organisation et des méthodes administratives (O et M).

Une autre et importante technique trouverait aisément place dans ce chapitre. Il s'agit du Planning Programming Budgeting System (PPBS). Mais le lecteur comblera aisément cette lacune en consultant un ouvrage publié en 1977 par deux de nos collègues québécois sur ce sujet[1].

---

1. Michel Paquin et Jocelyn Jacques : Le PPBS - co-édition Éditeur officiel du Québec et Agence d'Arc — 1977.

L'INFORMATIQUE DANS LES ADMINISTRATIONS PUBLIQUES ET PARA-PUBLIQUES QUÉBÉCOISES

INTRODUCTION

« Nous sommes à l'aube d'une ère nouvelle, dans laquelle une nouvelle technique — l'informatique — va progressivement transformer nos méthodes de travail, puis notre mode de vie, et cette technique se développe extrêmement rapidement ». C'est par cette prédiction que M. Maurice Allègre, alors délégué à l'informatique du gouvernement français, introduisait en 1969, une de ses conférences à l'institut francais des sciences administratives, lors d'un colloque sur l'informatique dans l'administration[2].

Nous avons voulu savoir, à la suite de ce colloque, et du XVe congrès international des sciences administratives qui s'est déroulé en septembre 1971 à Rome sur ce même thème, quelle était la situation, en cette matière, au sein des administrations publiques et para-publiques du Québec.

Nous avons donc déclenché, dans le cadre d'un de nos cours d'administration publique donné au département de Science politique de l'Université Laval, une enquête sur ce sujet. Durant l'année 1971-2, de multiples informations ont été recueillies auprès des responsables du secteur de l'informatique des principales administrations publiques et organismes autonomes de la province[3].

Ce sont les résultats obtenus par notre équipe de chercheurs[4], actualisés par de récentes interviews[5], que nous présentons de façon très synthétique aux lecteurs, sous les quatre rubriques suivantes: (1) origines et caractéristiques du parc informatique, (2) la coordination et la politique informatique, (3) les problèmes structurels et humains entraînés par l'introduction des ordinateurs, et (4) l'informatique et les Droits de l'Homme.

2. Maurice Allègre, « L'action de la délégation à l'informatique », *L'informatique dans l'administration,* Institut Français des Sciences Administratives, Ed. Cujas, cahier no 4, 1969, p. 113.

3. Les administrations publiques et para-publiques touchées par notre enquête sont les suivantes : Ministère de la Justice, du Travail et de la Main-d'oeuvre, de l'Éducation, des Affaires sociales, des Transports, du Revenu, de l'Industrie et du Commerce, des Finances, le secrétariat du Conseil du trésor, l'Université du Québec, le Service de placement étudiant, l'Office des autoroutes du Québec, l'Hydro-Québec, la Société des alcools et la Société générale de Financement. Cette enquête n'a pu toutefois examiner en détail la situation régnant dans plusieurs autres organismes appartenant au secteur para-public : commissions scolaires, universités, hôpitaux, municipalités. Signalons, d'autre part, qu'il s'agit ici de présenter sur le sujet le point de vue des informaticiens.

4. J'adresse mes plus sincères remerciements à toutes les personnes qui ont bien voulu nous communiquer les précieuses informations qu'elles détenaient sur le sujet, ainsi qu'à tous les membres de mon équipe.

5. Été-Automne 1973.

ORIGINES ET CARACTÉRISTIQUES DU PARC INFORMATIQUE

ORIGINES DU PARC INFORMATIQUE : LE RÔLE PRIMORDIAL JOUÉ PAR LE CTED

Déjà en 1935 la province avait ressenti le besoin de se doter d'un service de compilations statistiques. En 1945, lui succède un service de compilations mécaniques qui vivra jusqu'en 1964, date à laquelle voit le jour le Centre de traitement électronique des données du ministère des Finances.

Le CTED joua un rôle primordial dans l'implantation et le développement du parc informatique au sein du gouvernement québécois, car il est à l'origine des services informatiques de la plupart des administrations provinciales. C'est, en effet, par scissiparité que sont nées nombre de directions informatiques qui aujourd'hui existent de façon autonome[6].

Dès le début, effectivement, le CTED s'occupa de former les nouvelles équipes d'informaticiens et offrit les services de ses propres ordinateurs avant que les jeunes unités aient la possibilité de se doter de leurs propres équipements. Ceci explique, d'ailleurs, pourquoi tous les services informatiques du gouvernement du Québec sont aussi récents et datent de la période 1964-72.

CARACTÉRISTIQUES DU PARC INFORMATIQUE

En 1973, quelque quatre traits principaux caractérisent l'état général du parc informatique utilisé dans le secteur public et para-public du pays. Ces quatre caractéristiques fondamentales sont les suivantes :

De l'omniprésence d'IBM à la diversification des équipements

IBM a été durant plusieurs années la compagnie la mieux implantée au gouvernement provincial. Ceci reste encore vrai. Toutefois, depuis l'introduction en 1971 de la technique des appels d'offre pour l'approvisionnement en équipements électroniques on a assisté à une diversification du matériel. Actuellement, UNIVAC et AMDAHL notamment, pénètrent assez fortement dans les principaux services d'informatique du secteur public provincial[7].

---

6. En effet, le CTED ne paraissait pas toujours en mesure d'offrir tous les services que les divers ministères souhaitaient obtenir de lui et ceci, pour des motifs à la fois matériels et humains. Ceci fut une des causes de la multiplication des unités informatiques au sein du secteur public provincial. Au sein du secteur para-public toutefois, le rôle du CTED ne fut que très marginal ; les commissions scolaires et les municipalités ayant leur propre mode de financement ne firent que très rarement appel à ses services.

7. UNIVAC équipe les services d'informatique du CTED, de la Sûreté du Québec ainsi que de plusieurs municipalités. AMDAHL est surtout localisé au Ministère du Revenu et à la Régie de l'assurance maladie.

Une politique quasi-généralisée d'achat et de location-achat du « hardware »

Certains ordinateurs sont achetés par les administrations provinciales[8], mais la location de l'appareillage constitue la règle générale. Le prix de vente très élevé de ces appareils et la sénilité précoce de ces équipements qu'entraîne le progrès technique très rapide dans le domaine de l'électronique, expliquent cette préférence.

Une tendance à recourir, facultativement, aux procédés de location-achat semble toutefois se dessiner au sein de certains départements ministériels (CTED, Sûreté du Québec), depuis quelques années[9].

La gestion par ordinateur a fait de l'administration publique québécoise l'une des plus mécanisées en Amérique du nord

La plus grande partie du parc d'ordinateurs sert à des travaux de gestion. Ceci s'explique aisément par le fait que les besoins en informatique des divers ministères sont encore, et de loin, des besoins de gestion plutôt que des besoins scientifiques. Cependant, lorsque des travaux de nature scientifique s'imposent, les administrations peuvent toujours recourir aux terminaux APL reliés à l'Université Laval.

Signalons un fait très important : le Québec semble être l'un des États les plus avancés en Amérique du nord en ce qui a trait à l'utilisation de l'informatique comme outil efficace de gestion. En effet, non seulement l'administration québécoise est fortement mécanisée, mais cette mécanisation s'effectue à l'aide des techniques les plus modernes.

En ce qui concerne l'examen des prises de décision, une voie de passage obligatoire s'impose préalablement : la création de banques de données. Actuellement, quelques ministères et organismes para-publics sont en train d'en constituer. Nul doute que très bientôt le recours à l'ordinateur, comme instrument de prise de décision, fera son entrée au sein du gouvernement provincial.

La forte déconcentration du « hardware » dans le secteur para-public

Dans le seul secteur des affaires sociales on dénombre, sans compter le ministère proprement dit, deux régies dotées d'un équipement informatique (Régie des rentes et Régie d'assurance-maladie), auxquelles il convient d'ajouter quelque dix-sept centres hospitaliers. Dans le secteur scolaire, outre le ministère de l'Éducation, soixante-huit établissements (commissions scolaires, CEGEP, universités, écoles et départements) sont dotés d'un équipement de taille très variable que l'on peut recenser. Dans le secteur municipal, quelque soixante-sept cités, villes ou communautés urbaines sont équipées de leurs propres ordinateurs. À ce tableau, il convient d'ajouter la Société des alcools, l'Hydro-Québec, la Commission des accidents du travail et l'Office des autoroutes.

---

8. Le ministère des Transports a procédé à l'acquisition d'un IBM 360/50 actuellement utilisé par le CTED. La Régie des alcools a acheté d'autre part deux IBM, un 360/40 et un 360/50.

9. En 1978, tous les IBM sont achetés. Quant aux Univac et aux Amdahl, ils font l'objet d'une location-achat.

Voilà qui démontre très clairement combien le développement de l'informatique dans le secteur para-public a été passablement rapide au cours des dernières années, et combien celui-ci constitue présentement un ensemble au moins aussi considérable que la totalité des installations gouvernementales.

La relative concentration du «hardware» dans le secteur public

Cette relative concentration entraîne, en raison des besoins propres à chaque ministère, une répartition très variable du potentiel informatique, au sein des administrations publiques provinciales.

Le CTED, SIMEQ[10] et le ministère du Revenu sont les trois services d'informatique les plus considérables du gouvernement. Trois autres ministères se sont, ces dernières années, dotés aussi d'un matériel assez important ; ce sont les Transports, les Affaires sociales et la Justice (Sûreté du Québec).

Abstraction faite du secteur des organismes para-publics, c'est donc six ministères sur vingt-trois qui sont dotés d'un équipement informatique complet et autonome. Sur les dix-sept ministères restant, quatre n'ont quasiment jamais recours aux ordinateurs et treize utilisent plus ou moins régulièrement les services de l'un ou l'autre des six ministères cités précédemment[11]. Le CTED, le ministère de l'Éducation et le ministère des Affaires sociales sont, de loin, les organismes recevant le plus de demandes de la part des autres administrations publiques et para-publiques. Le CTED reçoit la plupart des demandes provenant des autres administrations publiques. Par contre, les ministères de l'Éducation et des Affaires sociales reçoivent surtout les demandes émanant des secteurs para-publics dont ils assument la tutelle, soit respectivement : les commissions scolaires et les collèges d'enseignement général et professionnel d'une part, et les centres hospitaliers d'autre part.

Il y a donc, en quelque sorte, au sein du gouvernement provincial, en matière d'informatique, une minorité d'administrations-vendeuses et une majorité d'administrations-clientes[12]. Ce qui, au demeurant, s'explique aisément par l'inégale importance que présente pour les divers secteurs des administrations publiques, le recours aux services de l'ordinateur. Cet état de fait n'est cependant pas toujours accepté par les diverses administrations publiques et para-publiques qui, pour des raisons multiples — efficacité, prestige — réclament chacune l'attribution d'équipements fort onéreux. Ceci rend évidemment indispensable la mise en place de structures de coordination et l'élaboration d'une politique rationnelle de croissance.

---

10. Service d'informatique du ministère de l'Éducation du Québec.

11. Très souvent ces treize ministères sont dotés d'une équipe informatique (software) capable de recueillir les données de base et de préparer la programmation désirée. Si bien qu'à une situation de relative concentration en matière de «hardware» correspond une forte déconcentration du «software» au sein du secteur public québécois. L'accent mis de plus en plus ces dernières années sur la télé-informatique (traitement à distance) risque de renforcer davantage cette tendance.

12. Selon certains spécialistes le nombre d'administrations-vendeuses est encore trop élevé. Un effort de concentration plus marqué devrait être tenté, non seulement au sein du secteur para-gouvernemental, mais aussi parmi les administrations ministérielles.

LA COORDINATION ET LA POLITIQUE INFORMATIQUE

LA COORDINATION EN MATIÈRE D'INFORMATIQUE ENTRE LES DIVERSES ORGANISATIONS GOUVERNEMENTALES

Elle est apparue très vite indispensable afin d'éviter qu'un développement par trop empirique, voire anarchique, n'aboutisse très rapidement à un gaspillage des fonds publics. En effet, sans coordination le risque aurait été grand d'aboutir à une mauvaise utilisation des ressources humaines[13], à une mauvaise utilisation des équipements, à une redondance des informations, à la mécanisation de systèmes qui n'auraient pas dû l'être, à la non-mécanisation de systèmes pour lesquels la mécanisation aurait conduit à des économies appréciables et à une meilleure gestion. Cette coordination fut l'oeuvre de deux organismes successifs : le CCCAM (juin 1968 à avril 1973) puis le CCI (d'avril 1973 à nos jours).

L'oeuvre du Comité consultatif de coordination des activités mécanographiques (CCCAM)

Les raisons de sa création : la rationalisation. Ce Comité a été créé par un arrêté en conseil du 5 juin 1968[14]. C'est le ministère des Finances qui en fait la proposition par la personne de son sous-ministre adjoint. La raison invoquée pour sa création fut le nombre considérable de demandes adressées au Conseil des ministres ou au Conseil de la trésorerie, au sujet de l'installation mécanographique, du personnel et des services d'informatique.

L'organisation interne du Comité : sa nature interministérielle, sa spécialisation. Ce Comité était, à la date du 24 janvier 1972, composé des directeurs d'informatique des ministères et organismes suivants : Éducation, Revenu, Affaires sociales, Finances, Transport, Voirie, Régie des rentes du Québec, Hydro-Québec, Sûreté du Québec, Commission des accidents du travail[15]. Il fut présidé, à l'origine, par le sous-ministre adjoint des Finances auquel succéda le directeur du CTED. Le secrétariat du Comité était assuré aussi par un membre du CTED. C'est lui qui convoquait les réunions, et recevait les demandes émanant des divers organismes de l'administration. La nature interministérielle de sa composition et son aspect hautement spécialisé caractérisaient le Comité.

Attributions et pouvoirs du Comité : la force réelle de ses recommandations. Ce Comité était chargé d'étudier les demandes en informatique et de

---

13. Notons que si les dépenses informatiques globales sont de beaucoup inférieures à 1% du budget de la province, et si les dépenses en équipements ne représentent que 35% de ces dépenses globales, les dépenses en traitements de personnel atteignent quant à elles 55% de la part consacrée à ce budget, d'où toute l'importance d'une utilisation rationnelle du potentiel humain.

14. Arrêté en conseil no 1629.

15. Le nombre de membres a varié entre 1968 et 1973 conformément au pouvoir qu'avait le Comité de recruter de nouveaux représentants, au fur et à mesure que de nouveaux services informatiques apparaissaient au coeur de l'administration provinciale.

donner des avis soit au Conseil des Ministres, soit au Conseil de la trésorerie. Il s'occupait également de coordonner les activités relevant de l'informatique, plus particulièrement de la création de nouvelles unités. L'établissement de normes pour l'achat et l'utilisation d'équipements mécanographiques, la fixation de critères pour le recrutement et la rémunération du personnel, la coordination des opérations en période de pointe, l'échange de services spécialisés, l'intégration des programmes généraux afin d'éviter les opérations parallèles non justifiées, l'échange d'informations et de renseignements relevaient également de ses compétences.

Globalement, le CCCAM avait donc deux attributions essentielles : examiner les demandes d'équipement cas par cas et dégager une politique globale en matière d'informatique. Pour remplir ces fonctions le Comité ne jouissait que d'un pouvoir de recommandation. Mais, comme ces recommandations étaient, dans plus de 90 pour cent des cas, acceptées, les centres d'informatique considéraient pratiquement CCCAM comme un organisme quasi-décisionnel.

Le fonctionnement du Comité ou les quelques difficultés majeures qui entraînèrent sa fin. Les opinions sont très partagées sur la qualité des tâches remplies par le Comité. En matière de coordination entre les divers centres de calcul, sur six unités interrogées, deux seulement affirment que le Comité remplissait une telle tâche. Parmi les quatre autres unités, deux le nient catégoriquement et deux autres reconnaissent que le Comité ne remplissait cette tâche que de façon indirecte en permettant simplement la rencontre entre eux des divers directeurs d'unités informatiques du gouvernement.

Le Comité était-il mieux placé lorsqu'il s'agissait d'assurer le meilleur rendement possible du matériel informatique existant ? Là encore les réponses obtenues furent très partagées. Trois unités affirmèrent que tel était le cas, deux s'opposèrent nettement à cette interprétation, et la dernière déclara que théoriquement cette tâche appartenait au Comité, mais qu'en pratique celui-ci était incapable de la remplir n'ayant pas de personnel.

CCCAM n'avait en effet comme personnel permanent que son secrétaire et encore celui-ci restait-il au service du CTED. Ce manque de personnel, évidemment, ne pouvait que nuire au Comité en matière de planification et d'étude.

Aussi, la plupart des répondants estimèrent-ils qu'en tant que conseiller technique chargé d'émettre des avis sur les cas présentés à son examen, le Comité remplissait convenablement son rôle, mais qu'en tant que planificateur chargé de la définition d'une politique globale en matière d'informatique le Comité était resté *en deçà* des attentes.

D'autre part, tous les membres du Comité, à une exception près[16], n'étaient que des spécialistes en informatique. Aussi, CCCAM ne pouvait-il

16. Il s'agissait du représentant de la Régie des alcools du Québec.

que difficilement contribuer à établir ce dialogue, pourtant si indispensable entre informaticiens et non-spécialistes au sein de l'organisation gouvernementale.

Une dernière difficulté de fonctionnement semblait résider dans la trop grande dépendance du Comité vis-à-vis du ministère des Finances. Plusieurs répondants percevaient le Comité comme un «espion» au service des organismes financiers du gouvernement. D'autres, nombreux, le voyaient comme une structure de contrôle auprès des ministères dépensiers, créé par et pour le ministère des Finances.

Devant ces multiples défauts, cet organe qui avait eu toutefois le mérite d'être la première tentative de rationalisation des politiques informatiques au gouvernement du Québec, se devait de céder le pas à deux nouvelles structures: le Comité consultatif sur l'informatique (CCI), et la Direction de l'informatique du secrétariat du Conseil du trésor.

L'oeuvre du Comité consultatif sur l'informatique (CCI) et de la Direction de l'informatique (DI)[17]

En raison de la jeunesse du CCI — moins de six mois au moment où ces lignes s'écrivent — et compte tenu du fait qu'il a été réuni qu'une fois — au début de l'été — il nous a été impossible de nous livrer à une étude fonctionnelle de cet organe. Nous ne serons donc en mesure de présenter que les aspects juridico-institutionnels. Toutefois, avant d'examiner la composition et le mandat du CCI, il convient d'indiquer la naissance, en janvier 1973, au secrétariat du Conseil du trésor, d'une direction de l'informatique (DI), à laquelle sont attachés à temps plein trois informaticiens.

La position-clé occupée par la Direction informatique. La fonction de la DI est d'«élaborer et soumettre pour approbation au Conseil, des règles, normes et politiques administratives» afin de «mieux coordonner les activités de l'informatique pour l'ensemble du gouvernement». Son rôle est donc de conseiller le gouvernement provincial en matière d'informatique.

La fonction de la DI consiste d'autre part à analyser les demandes et les plans directeurs ministériels. Il est en effet apparu opportun au Secrétariat du Conseil du trésor que ce soit «désormais le personnel permanent d'informatique de la DI, plutôt que les directeurs des centres d'informatique gouvernementaux composant le CCCAM, qui fasse l'analyse des demandes adressées au Conseil en matière d'informatique». Cela, «de la même façon que les autres types de demandes faites au Conseil sont analysées par le personnel du secrétariat du Conseil du trésor».

Le secrétariat du Conseil du trésor, grâce à cette direction de l'informatique, paraît donc aujourd'hui mieux armé qu'il ne l'était jadis pour examiner adéquatement les demandes de crédits adressées par les divers ministères. Il a en effet, maintenant, à ses côtés, un organe composé de techniciens hautement spécialisés, doté d'une vision horizontale et globale par opposition à la vision verticale et sectorielle des ministères-demandeurs,

---

17. Les informations qui suivent sont extraites de la Directive No 3-73 du Conseil du trésor en date du 11 avril 1973 signée par M. Guy Coulombe, secrétaire dudit Conseil.

ce qui lui permet d'appuyer ses décisions sur des considérations non seulement budgétaires mais techniques. Sans s'être véritablement attribué de nouvelles prérogatives le Secrétariat du Conseil du trésor améliore ainsi, par le biais de la DI, ses moyens d'intervention auprès des divers services informatiques gouvernementaux.

« Toutefois, comme il est important de conserver un mécanisme qui permette d'obtenir de façon régulière, les observations des ministères sur les normes et politiques administratives en matière d'informatique, élaborées au secrétariat du Conseil du trésor et soumises au Conseil pour approbation », un Comité consultatif sur l'informatique (CCI) a été créé.

La position consultative du Comité informatique. Son mandat est de définir des politiques informatiques. Certains pourront s'étonner de voir que c'est précisément ce qui allait le mieux au sein du CCCAM — l'analyse des projets — qui est retiré au CCI, successeur de ce comité. Ceci s'explique toutefois très logiquement par le fait que le CCCAM s'était exclusivement préoccupé de tâches ponctuelles pour lesquelles il avait finalement moins de raison d'être, que de définir des politiques informatiques globales. En effet, un organisme interministériel est mieux outillé pour donner le point de vue des divers ministères intéressés à la définition d'une politique d'ensemble, que pour examiner les demandes de crédit provenant de chacun des ministères gouvernementaux. L'objectivité des décisions en cette matière passait presque obligatoirement par la création d'un organe composé d'informaticiens indépendants de toute attache avec quelque ministère que ce soit. Ce qui est le cas de la direction informatique du secrétariat du Conseil du trésor. Aussi est-ce, à la seule définition des politiques informatiques, que le CCI a été convié à donner ses avis.

Les attributions du CCI telles que définies par le Conseil du trésor ne laissent subsister aucun doute en ce domaine. « Le CCI a pour mandat : (1) d'analyser l'orientation globale du développement de l'informatique au gouvernement se dégageant des programmes individuels des ministères en matière d'informatique (centralisation ou décentralisation du traitement des données, création de nouveaux centres d'informatique, inter-relations entre centres d'informatique gouvernementaux), et formuler ses observations au Conseil ; (2) d'examiner les politiques, règles et normes administratives, concernant l'utilisation de l'informatique, qui sont élaborées en collaboration avec la direction de l'informatique du secrétariat, et faire ses recommandations au Conseil (gestion du personnel technique, acquisition d'équipements, engagement de services extérieurs, développement des systèmes, etc —) ; 3) de fournir des avis sur toute question technique ou administrative en matière d'informatique qui pourrait lui être référée par le Conseil du trésor ; (4) de participer à la formation de comités techniques « ad hoc » chargés de collaborer avec la direction de l'informatique au secrétariat du Conseil du trésor dans l'étude des questions spécifiques ; (5) de faire des commentaires et suggestions susceptibles de faciliter l'application des normes et politiques d'ensemble en informatique dans les ministères ».

Le CCI est un comité pluridisciplinaire composé de douze membres choisis parmi les cadres supérieurs des ministères, tant dans le domaine de la gestion que dans celui de l'informatique. Cette nouveauté, par rapport à la spécialisation du CCCAM, a été introduite en raison du fait que l'informatique jouant un rôle de plus en plus important dans le processus de la gestion gouvernementale, il fallait s'assurer de prendre et les avis des spécialistes et ceux des généralistes sur les questions d'informatique.

Par contre, si au CCCAM le secrétariat était assuré par le ministère des Finances, au CCI cette fonction est assurée par le Conseil du trésor qui dresse l'ordre du jour et convoque les assemblées.

Signalons que les membres ne siègent pas au Comité en tant que réprésentants de leurs ministères, mais sont censés agir, plutôt, selon une perspective plus large, visant les politiques en informatique pour l'ensemble du gouvernement. C'est pourquoi le choix d'un membre par le ministère désigné est basé sur les connaissances et les qualités personnelles de l'individu, sur ses qualifications par rapport à celles des autres membres du Comité et non sur son degré de représentativité au sein de son ministère d'attache.

De la sorte, le Conseil du trésor espère arriver à élaborer une politique globale de l'informatique au sein du gouvernement du Québec, plutôt qu'aboutir à une simple juxtaposition de politiques sectorielles.

LA POLITIQUE INFORMATIQUE

Des politiques informatiques sectorielles d'importance variable

Il n'existait pas, jusqu'à une date toute récente, de politique globale de l'informatique au niveau de l'administration publique québécoise. C'était, du moins, l'avis de la quasi-unanimité des ministères interrogés. Il n'y avait que des politiques informatiques sectorielles que définissait, indépendamment des autres administrations, chaque ministère ou organisme autonome. Et encore, ces politiques ministérielles n'étaient-elles pas toujours très nettement définies. En effet, l'enquête a révélé clairement que les perspectives d'avenir pour les dix prochaines années étaient ébauchées de façon très inégale par les divers services interrogés, la moitié d'entre eux paraissant avoir un plan de développement et des objectifs déterminés de façon assez précise, l'autre moitié semblant n'avoir qu'une vue à très court terme de son expansion éventuelle. Généralement, les directeurs des divers services d'informatique étaient chargés de l'élaboration des politiques pour leur propre organisation. C'était du moins l'avis, là encore, de sept répondants sur dix. Dans les trois autres cas, les réponses étaient moins précises, et il apparaissait que cette tâche était dévolue plutôt à un comité situé au-dessus de la direction informatique mais auquel le directeur du service participait à titre de membre. Ces mêmes personnes étaient aussi chargées généralement de l'exécution des politiques sectorielles, une fois celles-ci plus ou moins précisément définies.

À une politique globale de l'informatique...[16]

Comme nous le mentionnions précédemment, le développement du secteur informatique s'est effectué sans coordination interministérielle. Il faut en effet noter qu'il n'existait à l'origine aucun organe administratif capable

---

18. Cette partie est largement inspirée d'un article publié par M. Gaston Beauséjour, sous-ministre adjoint au ministère des Communications, intitulé «Pour une gestion par coordination de l'informatique dans l'administration» — in revue «Antennes» no. 7,3e trimestre 1977, p. 42-47.

d'analyser les données sectorielles de croissance, et de présenter aux ministères et organismes centraux un plan de développement global et cohérent de l'informatique. Le CCAM, pour des raisons que nous avons déjà mises en évidence, n'a pu remplir cette mission.

De plus, en matière informatique, il n'existait pas vraiment de réglementation, ni de normes officielles. C'est ainsi qu'un ministère pouvait créer son propre centre informatique, un autre pouvait faire appel au CTED et un troisième, recourir à l'entreprise privée. Le choix entre ces diverses options était souvent fonction du degré d'autonomie des gestionnaires en place. Ajoutons encore que les politiques concernant l'embauche des informaticiens étaient très vagues, pour ne pas dire inexistantes. Tout ceci avec pour toile de fond la croissance très rapide des coûts informatiques.

Ce n'est qu'au début de 1973, sous l'impulsion notamment de la direction de l'informatique (DI) du secrétariat du Conseil du trésor et avec la participation du CCI qu'une réelle volonté de mise en oeuvre d'une politique d'ensemble en matière d'informatique est apparue au sein de l'organisation gouvernementale.

C'est ainsi qu'en 1975 la DI entreprenait une étude d'envergure, un projet de politique informatique, qui devait s'étendre sur près de deux années. Il devenait urgent, en effet, de trouver les correctifs nécessaires afin d'aboutir à une meilleure coordination et à une plus grande cohérence dans le fonctionnement de ce secteur de l'administration publique. Ce projet de politique informatique fut soumis à une large consultation. Il faut souligner d'ailleurs qu'un des principaux interlocuteurs de la DI a été le CCI lui-même. Cette étude posait le problème de la centralisation et de la décentralisation de l'administration de l'informatique.

Finalement le projet aboutit et fut accepté par le Conseil du trésor. Il donna lieu à la création d'un Bureau central de l'informatique (BCI), sanctionné par le Conseil des ministres le 16 juin 1976. Le BCI devait être rattaché au ministère des Communications. Dans les faits cependant, ce n'est que le 13 janvier 1977 que le transfert du BCI s'est opéré du ministère des Finances au ministère des Communications[19].

Le BCI apparait comme une solution de compromis entre une contralisation complète et une décentralisation totale, puisqu'il propose une « gestion par coordination ». En effet, alors que les gestionnaires de l'informatique continuent de relever administrativement de leur propre ministère, le BCI a, lui, le mandat et le pouvoir d'assumer auprès de tous les ministères et organismes publics des fonctions de coordination et d'expertises relatives à l'informatique.

À ce titre, le BCI remplit une double mission.

1) Une mission de service, en ce sens que les ministères ou organismes peuvent faire appel au BCI, afin d'obtenir par exemple, les ressources nécessaires à la réalisation technique et à l'exploitation d'un système[20]. C'est

---

19. c.f. Directive no 1-77 du Conseil du trésor
   CT 103534 du 4 janvier, 1977

20. Si le BCI, ne peut pour différentes raisons rendre le service demandé par l'organisme ou le

pourquoi on a confié au BCI la charge d'administrer une partie des responsabilités qui étaient dévolues au CTED, ce dernier n'ayant jamais eu de mandat clair et précis. D'où la constitution au BCI, d'une direction générale des systèmes et du traitement informatique. (DGSTI)

2) Une mission de planification, de conseil, et de coordination : en effet, le BCI est responsable de l'ensemble des normes visant à aider tous les organismes gouvernementaux dans la pratique administrative reliée aux trois phases fondamentales de l'activité informatique, à savoir : la conception administrative (en théorie), la réalisation technique et l'exploitation. Il agit comme conseil auprès du Service général des achats — SGA — du ministère des Travaux publics en matière d'acquisition de biens et de services informatiques. C'est encore au BCI que revient la tâche de synthétiser les plans de développement annuel de chaque ministère, et de dégager la principale orientation à l'échelle interministérielle. Ceci afin de rédiger des recommandations à l'intention du Conseil du trésor qui détient, en dernière analyse, l'autorité décisionnelle. Pour l'aider à remplir cette mission, le BCI s'est rattaché une autre direction, la direction générale de la coordination interministérielle (DGCI).

Enfin le BCI a mis sur pied un comité consultatif interministériel (CCI) qui remplace le comité consultatif sur l'informatique. Le comité est composé de membres choisis parmi les hauts gestionnaires de certains organismes et ministères. Il a comme principal mandat de collaborer à la programmation et à l'orientation des activités du BCI. À cet égard, il peut lui proposer des sujets de recherche et de normalisation dans le domaine de l'informatique.

Ces nouveaux mécanismes sont intéressants, à la fois parce qu'ils permettent une plus grande coordination, une meilleure planification et peut-être aussi un meilleur contrôle (DI).

Notons qu'au BCI, actuellement, de nombreux travaux de normalisation sont en cours, tandis que différents mandats de coordination sont en train d'être remplis. Le BCI a en outre rédigé un document non public intitulé : « La Stratégie du Parc Ordinateur » qui a, depuis, conduit à une économie de l'ordre de trois millions de dollars (achat d'ordinateurs, réaménagement du Parc Ordinateur, etc ...).

Il est peut-être trop tôt pour juger des performances de ces nouveaux organismes. Il est certain qu'en cours de route, on devra se buter à certaines difficultés, mais compte tenu des mandats clairs et précis, ainsi que de la souplesse de ces nouvelles structures, peut-être sera-t-il plus aisé de trouver les solutions appropriées aux multiples problèmes que pose l'informatique au secteur public et para-public.

Ainsi en est-il par exemple des sérieux problèmes structurels et humains posés aux administrations, par l'introduction des ordinateurs.

---

ministère-client, et qu'il faille faire un appel d'offre à l'extérieur, c'est au Conseil du trésor d'en prendre la décision.

LES PROBLÈMES STRUCTURELS ET HUMAINS ENTRAÎNÉS PAR L'INFORMATIQUE

LES PROBLÈMES STRUCTURELS

Trois points principaux ont retenu notre attention : (1) la position des services d'informatique au sein de l'organisation ; (2) la nature des relations entretenues par les services d'informatique avec les autres services de l'organisation ; (3) les changements intra-administratifs découlant de l'introduction de l'informatique dans l'organisation.

La position des services d'informatique au sein de l'organisation : une diversité de rattachement

Il existe une grande diversité de statut et de rattachement entre les diverses unités d'informatique au sein du gouvernement provincial. Cinq d'entre-elles dépendent directement d'un sous-ministre, d'un sous-ministre adjoint, ou d'un vice-président, cinq autres d'un directeur général, et une d'un collège réunissant le président, ses deux adjoints, le vice-président, le gérant et le directeur du service informatique de l'organisation.

Plusieurs de ces unités (quatre) ont été confiées à la Direction générale de l'Administration du ministère qui regroupe habituellement les services de soutien. Deux autres unités ont été placées sous le contrôle du service des finances de l'organisation. Une autre dépend du service du personnel du ministère.

Cette brève analyse de la place occupée par les services d'informatique au sein des organisations publiques québécoises semble bien confirmer l'importance accordée aux travaux de gestion au sein de ces unités. Lorsqu'elles assument essentiellement le service de la paie, ces unités sont rattachées aux services des finances de l'organismes ou au service du personnel. Lorsqu'en plus de cela on leur confie d'autres travaux de gestion plus spécialisés, elles sont rattachées à une direction générale, à un sous-ministre ou un vice-président car on les considère alors comme des services de soutien au même titre que les services juridique, du personnel, ou des finances.

Certains pourront toutefois être quelque peu surpris de voir l'informatique, tâche proprement administrative, dépendre très souvent des niveaux les plus élevés de la hiérarchie (sous-ministres, vice-présidents etc.) qui sont eux, ordinairement considérés comme des niveaux hautement politiques. Il n'y a là, cependant, rien de surprenant, car les chances de succès d'un service informatique dépendent pour beaucoup du support qu'il obtient de la haute-administration. Soulignons d'ailleurs que ceci n'est pas une situation particulière au secteur public québécois. Le secteur privé connaît les mêmes caractéristiques. Il en est de même d'ailleurs pour les autres gouvernements du Canada et des États-Unis.

La nature des relations intra-organisationnelles : consensus et conflit

Certains services d'informatique entretiennent de bonnes relations avec les autres directions de l'organisation. Mais cette situation consensuelle n'est pas la situation générale. Plusieurs organismes font état de relations conflictuelles.

Nous ne sommes pas, en l'état actuel de nos travaux, en mesure de fournir scientifiquement, la, ou les principales raisons qui engendrent au sein d'une organisation recevant pour la première fois une unité informatique ou assistant au développement d'une unité existante, des relations de type consensuel ou conflictuel. Nous pouvons simplement à l'heure présente indiquer à titre d'hypothèse de recherche trois causes principales de conflits :

1) Le manque de communications entre services administratifs, amplifié ici par le langage très technique utilisé par les informaticiens.

2) Une aptitude plus grande aux changements parmi les informaticiens que parmi les bureaucrates des secteurs administratifs traditionnels. Ceci entraînerait un écart entre ces deux groupes d'individus au sein de l'organisation quant aux objectifs à atteindre et aux procédés à utiliser. Des conflits seraient alors engendrés, dans la mesure où les informaticiens, brûlant des étapes, ne prendraient pas le temps de convaincre les autres secteurs de l'administration, du bien fondé de leur point de vue.

3) La notion de risque couru sur le plan professionnel par des éléments plus ou moins nombreux et plus ou moins spécialisés de l'organisation.

Toutes ces hypothèses relieraient étroitement les situations conflictuelles ou consensuelles à la nature sociologique de l'environnement humain au sein des organisations.

Aussi sommes-nous convaincus qu'en raison de l'importance présentée par ce problème, dont les conséquences sur le plan de l'efficacité et de la rentabilité du travail administratif ne peuvent être ignorées, une étude approfondie de nature psychologique ne pourrait que venir éclairer fort utilement une zone d'ombre particulièrement dense. Une telle recherche serait d'autant plus rentable qu'elle risquerait fort de fournir des éléments théoriques d'explication à plus d'un conflit intra-organisationnel dont la naissance et le développement risquent de n'être pas toujours très profitables à l'ensemble du corps administratif.

Les changements intra-administratifs découlant de l'introduction de l'informatique

L'introduction de l'informatique au sein de l'administration québécoise a provoqué un certain nombre de changements. Deux types de changements principaux sont apparus : changements dans les structures d'une part, changements dans les processus d'autre part.

Les changements de structure : variables selon les secteurs. D'après les réponses reçues, l'introduction de l'informatique ne provoque pas nécessairement de restructuration importante. Quatre interlocuteurs ont noté des modifications sensibles de structure, contre cinq qui n'ont enregistré aucun changement notable autre que la mise en place d'une unité nouvelle au sein de l'organisation. Parmi ceux qui ont noté des changements dans les structures administratives plusieurs ont précisé que l'organigramme avait été modifié et que les principaux secteurs remaniés avaient été les services de gestion opérationnelle et de contrôle.

Plusieurs de nos interlocuteurs (sept sur quatorze) signalent que l'informatique conduit à un phénomène de centralisation. Par contre, quatre autres personnes, dont deux relevant des ministères de l'Éducation et du

Revenu — ministères dotés d'importants services d'ordinateurs — croient que l'informatique peut aussi favoriser la décentralisation en permettant à un plus grand nombre de personnes d'avoir accès aux informations.

En vérité, il semble indéniable que l'informatique favorise une centralisation des données. Quant à la prise de décisions, elle peut aussi bien être centralisée que décentralisée: centralisée car toutes les informations peuvent désormais être réunies au sommet; décentralisée car les services locaux et régionaux, par l'intermédiaire des terminaux d'ordinateurs peuvent, mieux qu'avant, prendre des décisions éclairées, tout en étant rapidement contrôlés par l'échelon central.

En réalité, l'ordinateur n'est qu'un instrument, que l'administrateur utilisera à son gré dans le sens d'un renforcement du pouvoir central ou, inversement, dans celui d'une décentralisation des centres de décision.

Les changements de processus: vers une plus grande précision et une plus grande simplification d'ensemble. L'informatique, technique de la logique, réclame une grande précision dans tous les actes de la vie administrative, car l'ordinateur ne peut se satisfaire de «l'à peu près».

Les circuits d'information, de communication, de coordination et de contrôle sont presque tous touchés par l'introduction des ordinateurs. En effet, par les recoupements horizontaux que ces circuits opèrent, l'ordinateur favorise les communications, les échanges d'information, fait éclater les clivages intra-ministériels, renforce la cohésion des décisions et des contrôles.

Les méthodes de travail par là-même, de l'avis général, ont été modifiées dans le sens d'une plus grande rapidité occasionnée par une diminution sensible du travail «clerical». Certains de nos interlocuteurs ont parlé d'un accroissement parallèle du sens des responsabilités et du caractère scientifique des activités.

Des changements structurels localisés, mais par contre, une modification quasi-généralisée des processus; tel semble être, en résumé, le bilan des changements intra-administratifs survenus dans les secteurs publics et para-publics du Québec, à la suite de l'introduction des ordinateurs. Ce bilan peut être établi malgré la crainte manifestée par certains informaticiens d'être identifiés comme une cause de changement profond. En effet, plusieurs d'entre eux semblaient souhaiter que leur introduction dans l'administration publique québécoise passe presque inaperçue. Ils voulaient bien admettre que leur arrivée avait été source d'une plus grande précision, d'une plus grande rapidité dans les décisions, mais ils se refusaient à admettre qu'elle avait pu bouleverser quoi que ce soit d'officiel comme le pouvoir ou l'organigramme.

Presque tous cependant reconnaissaient que l'ordinateur n'avait pas été sans poser quelques sérieux problèmes d'ordre humain au sein de l'organisation.

LES PROBLÈMES HUMAINS

Deux problèmes principaux seront abordés dans cette section. D'une part, la position des fonctionnaires non-informaticiens vis-à-vis de l'informatique; d'autre part, les questions internes au corps des informaticiens.

La position des fonctionnaires non-informaticiens

Deux catégories de personnel seront considérées : (1) les responsables politiques et administratifs de la haute-administration et (2) les personnels des strates moyennes et inférieures de l'administration.

La position des personnels des niveaux moyens et inférieurs de l'administration : une grande méfiance s'expliquant par les conséquences de l'informatique dans le domaine du travail clérical.

L'introduction de l'informatique a amené généralement un déplacement de personnel et un recyclage pour les catégories chargées d'effectuer des tâches répétitives confiées à l'ordinateur. L'introduction de l'informatique a, en effet, brisé la routine d'exécution, entraîné l'adoption de nouvelles méthodes, l'utilisation de nouveaux documents, de nouvelles machines, parfois un changement de statut. Ceci n'a pas été, évidemment, sans déclencher un certain dépaysement chez les personnels d'exécution. Il n'est, dès lors, pas surprenant que plusieurs parmi nos répondants aient enregistré de la part de ces catégories réactions et résistances au changement.

La position des responsables administratifs et politiques de la haute-administration : avec un sentiment nuancé allant de la réticence à l'enthousiasme, l'attitude des dirigeants à l'égard de l'informatique varie fortement selon les unités informatiques interrogées.

Dans cinq cas elle est positive. Les raisons invoquées pour expliquer cette attitude sont nombreuses et diverses. La principale est l'efficacité. Les dirigeants reconnaissent que l'ordinateur est un outil qui peut simplifier énormément leur travail. Pour d'autres, l'ordinateur est synonyme d'avant-garde, de prestige, aussi tiennent-ils à en avoir un. Généralement l'attitude est positive lorsque l'ordinateur a été voulu par la direction du ministère ou lorsque celle-ci connaît bien l'informatique.

Dans deux cas l'attitude est négative. La principale raison invoquée par ces administrateurs est la crainte de voir l'ordinateur les remplacer, prendre les décisions à leur place. Ils refusent de devenir les simples serviteurs d'un cerveau électronique. D'autres raisons sont invoquées ; ainsi le changement dans les méthodes de travail paraît rebuter un certain nombre de hauts-fonctionnaires. Certains informaticiens avouent que parfois ils ont été à l'origine des comportements négatifs apparus au sein de l'organisation. Certains d'entre eux, en effet, se sont pris pour «des grands prêtres», des technocrates dotés de toutes les compétences.

Dans deux autres cas, le passage d'une attitude négative à une attitude positive a été enregistré. Les raisons expliquant ce changement résident, soit dans la prise de conscience par les responsables administratifs des avantages offerts par l'introduction de l'informatique dans l'organisation, soit dans la transformation du comportement des informaticiens eux-mêmes.

On peut donc conclure aux dires mêmes des informaticiens que toutes les catégories de personnel au sein de l'administration ne leur sont pas acquises d'emblée. De nombreuses craintes et réticences subsistent à tous les niveaux. Aussi les spécialistes en informatique ont-ils ressenti la nécessité de «combattre» psychologiquement, afin de mieux se faire accepter par leur environnement. Le meilleur moyen pour sensibiliser les non-informaticiens aux possibilités réelles de l'informatique étant les campagnes d'information, les spécialistes ont créé des séminaires, donné des conférences, organisé des visites, assuré des cours à l'intention de leurs collègues généralistes. Plusieurs informaticiens préconisent de consulter régulièrement les dirigeants sur les politiques à suivre, afin de les impliquer davantage dans le processus d'automatisation en cours au sein de l'organisation. Dans une certaine mesure, l'actuelle composition du CCI est chargée de répondre à ce voeu, en établissant un dialogue permanent entre spécialistes et généralistes au sein de l'administration publique québécoise.

Les informaticiens n'ont cependant pas que des problèmes externes à résoudre. De nombreuses questions, internes au corps, se posent au même moment.

Les questions internes au corps des informaticiens

Jusqu'en 1972 — date à laquelle fut adoptée la nouvelle convention collective dans le secteur public — il existait deux catégories de personnel à l'intérieur de la fonction publique, dans le secteur de l'informatique : les professionnels (catégorie à laquelle appartiennent les analystes) et les auxiliaires (catégorie à laquelle appartenaient les opérateurs, les agents de contrôle et les programmeurs).

La première catégorie posait peu de problèmes et en pose toujours assez peu, si ce n'est en matière de normes d'engagement que d'aucuns jugent encore parfois trop strictes. Ce qui favorise quelquefois le secteur privé.

La seconde catégorie, par contre, connaissait de sérieuses difficultés. C'est essentiellement le groupe des programmeurs qui, au sein de cette catégorie, se sentait le plus mal à l'aise. Premièrement parce que les salaires pour ce genre de personnel n'étaient pas compétitifs avec ceux de l'entreprise privée. Deuxièmement parce que chaque fois qu'une personne appartenant à ce groupe donnait un rendement exceptionnel, le manque de flexibilité inhérent à la catégorie «auxiliaires» empêchait le supérieur immédiat d'apprécier ses performances par une argumentation de salaire ou autrement.

Aussi, depuis 1972, une troisième catégorie (techniciens), intermédiaire entre les professionnels et les auxiliaires, a-t-elle été créée en soustrayant les programmeurs de la branche des auxiliaires. Malgré un récent ajustement de salaires, par ailleurs insuffisant semble-t-il, de réelles difficultés sont toujours enregistrées au sein de cette catégorie.

Ces quelques indications laissent déjà entrevoir l'existence de problèmes en matière de recrutement, mais aussi en matière de formation et de perfectionnement.

Un recrutement pas toujours aisé. Les informaticiens ont des opinions divergentes à ce sujet. D'abord, il y a ceux pour qui le recrutement ne pose aucun problème. Les salaires sont compétitifs et la sécurité d'emploi constitue un avantage appréciable. Pour ces informaticiens, il s'agit de susciter l'intérêt pour le travail offert et, dès lors, les candidats vont venir nombreux dans la fonction publique et y demeurer.

Un autre groupe considère que le recrutement des débutants est facile. Les jeunes sont à la recherche d'expérience et la fonction publique est une excellente école qui offre des salaires compétitifs à ce niveau. Par contre, à leurs yeux, le recrutement de personnes hautement qualifiées s'avère plus difficile. Il serait malaisé, aussi, de garder dans la fonction publique les individus ayant acquis de l'expérience. À ce niveau, il semble que les salaires des entreprises privées soient plus compétitifs. D'après nos interlocuteurs, si les salaires grimpent rapidement dans l'entreprise privée à mesure que l'on accroît son rendement, ils atteignent aussi rapidement un plafond. Par contre, dans la fonction publique, les salaires augmentent régulièrement et plus longtemps, ce qui fait, qu'en définitive, le fonctionnaire vient à gagner plus qu'un informaticien à l'emploi du secteur privé. Malheureusement, il y a une période où les salaires de l'entreprise privée sont, semble-t-il, plus hauts que ceux de la fonction publique et c'est à ce moment-là que la fonction publique perdrait une fraction sensible de ses effectifs.

Enfin, un troisième groupe a de sérieuses difficultés de recrutement. D'après lui, la compétition est forte, la demande dépasse l'offre. Les salaires du privé seraient plus élevés que ceux du public. Mais quelques-uns se consolent en se disant que la situation s'améliore d'année en année et que le marché atteindra bientôt le niveau de saturation.

Cette différence de point de vue entre les unités d'informatique est difficilement explicable. On retrouve dans les trois groupes, des ministères qui normalement font face aux mêmes échelles de salaire. Il se peut que certaines unités informatiques aient plus d'attrait que d'autres chez les finissants en informatique, mais ceci demeure au niveau des hypothèses.

Le désaccord existe aussi en matière de recrutement interne et de recrutement externe. Certaines unités préfèrent recruter des gens de l'intérieur et les former comme programmeur ou analyste. D'après elles, ces personnes ont tendance à demeurer plus longtemps à leur service que celles recrutées à l'extérieur qui sont plus mobiles. Par contre, d'autres unités sont radicalement contre le recrutement interne car selon elles, il est presque impossible de faire un bon informaticien d'un fonctionnaire ayant occupé une autre fonction au gouvernement. Le débat reste ouvert.

La formation collégiale et universitaire: des avis partagés. Quelques groupes informatiques émettent des réserves quant à la formation que reçoivent les étudiants dans les CEGEPS et les universités. Ils la trouvent trop théorique. La plupart des unités admettent toutefois qu'il y a eu une grande amélioration ces dernières années et soulignent que ces institutions ont eu, au moins, le mérite de commencer à former des informaticiens. Plusieurs unités ont tenu cependant à nous signaler qu'elles étaient généralement très satisfaites du niveau de formation atteint par les finissants des établissements collégiaux et universitaires et qu'elles n'hésitaient nullement, pour leur part, à procéder à l'engagement des jeunes informaticiens issus de ces structures.

Tous conviennent, cependant, qu'une période de formation complémentaire s'impose, période qui peut varier de six mois à un an et demi au moment de l'entrée en fonction. Ce complément de formation est alors donné, soit par une unité informatique, soit par le fabricant d'ordinateurs.

Le perfectionnement: indispensable après une certaine période. En raison de l'évolution continue des techniques, le perfectionnement est jugé essentiel par nos interlocuteurs. Il se fait de différentes façons. La plupart des unités informatiques envoient certains membres de leur personnel suivre des cours de recyclage, soit dans les établissements d'enseignement, soit chez les fabricants. Des bourses ou des congés sans solde sont accordés. SIMEQ et le CTED dispensent eux aussi des cours de perfectionnement et pour leur personnel et pour le personnel des unités informatiques du gouvernement[21]. Dans certaines unités, lorsque les gens reviennent d'un cours, on leur demande de dispenser ce même enseignement à leurs collègues.

Le progrès de l'électronique ne se contente pas d'entraîner la naissance de problèmes humains au coeur des administrations. Le milieu externe aussi est touché. C'est tous les citoyens de la province qui, demain peuvent ressentir les multiples effets de cette prodigieuse technique[22].

L'INFORMATIQUE ET LES DROITS DE L'HOMME

L'ordinateur, capable d'emmagasiner dans sa mémoire un nombre considérable d'informations, est, aujourd'hui, à même de gérer des banques de données fort complètes sur la vie professionnelle et privée de chaque citoyen. Or, en traquant de la sorte le citoyen dans tous les aspects de sa vie, «l'ordinateur risque fort de devenir un instrument d'oppression au service d'une Administration trop désincarnée»[23].

Une telle situation n'est évidemment pas sans soulever l'important problème des relations entre l'informatique et les Droits de l'Homme. Sur cette question fort préoccupante plusieurs organismes nationaux ou internationaux à travers le monde se sont déjà penchés[24]. Aussi notre objectif n'est-il pas ici de présenter un panorama mondial sur ce sujet fondamental. Il consiste simplement à donner sur cette matière le point de vue des informaticiens de l'administration publique québécoise. À ce titre, signalons une sensible divergence de points de vue entre l'opinion publique et les informaticiens.

UNE OPINION PUBLIQUE PRÉOCCUPÉE, UNE MAJORITÉ D'INFORMATICIENS RASSURÉE

Les craintes qui se manifestent dans l'opinion publique, au sujet d'une possible régression des libertés individuelles devant le développement continu de l'informatique, sont parvenues aux oreilles de la majorité des unités

---

21. Durant les années 1969 à 1973 le CTED a entraîné, pour le compte du gouvernement environ soixante analystes et quarante-cinq programmeurs.

22. Nous invitons le lecteur à aller voir le film de Jean-Luc Godard intitulé *Alphaville*. Sous des aspects de science-fiction les relations citoyens-ordinateurs entraînent à la réflexion et justifient nos préoccupations.

23. J.-P. Gilli, «Informatique et Administration», in *L'Informatique dans l'Administration*, p. 102.

24. On lira avec intérêt sur ce sujet : «*L'informatique digitale et la protection de libertés individuelles*», OCDE, Comité de la politique scientifique sur l'utilisation des ordinateurs dans les pays membres, Paris, 22 mars 1971; G. Braibant, «L'informatique et les libertés», Conférence à l'Institut Belge des Sciences Administratives, Bruxelles, novembre 1970; F. Delperee, «La déontologie de l'informatique dans la Fonction publique», Colloque de l'Institut des Sciences Administratives sur «les aspects institutionnels, juridiques et déontologiques de l'informatique», Bruxelles, 14-15 mai 1971; U. Thomas, *Les Banques de données dans l'administration publique*, OCDE, Études en informatique, No 1, Paris 1971.

informatiques (dix sur quatorze). Les deux tiers d'entre elles, toutefois, considèrent ces craintes comme très largement exagérées et se déclarent satisfaites de la protection accordée aux citoyens, par la législation et la réglementation en vigueur. Le tiers restant, cependant, partage les craintes de l'opinion publique et déclare espérer l'adoption prochaine de mesures adéquates susceptibles de protéger les Droits de l'Homme. Aux yeux de ces unités (Revenu, Affaires sociales, Éducation), la protection de la vie privée des québécois ne paraît, en effet, assurée qu'en partie.

LA PROTECTION DES DROITS DE L'HOMME NE PARAÎT CEPENDANT ASSURÉE QU'EN PARTIE

Les mesures existant actuellement, dont font état les personnes interrogées, sont en gros les suivantes : la prestation de serment qui, en cas de viol, peut entraîner des sanctions judiciaires, des directives plus ou moins précises signalant la confidentialité des informations détenues, et l'existence de clés d'accès aux banques de données.

À ces mesures peuvent venir s'ajouter plusieurs dispositions disparates du code civil concernant la faute et le droit de propriété, les articles 43 à 46 de la loi de la Protection du consommateur reconnaissant le droit d'accès des consommateurs à leur dossier de crédit, ainsi que l'article 13 de la loi du Protecteur du citoyen permettant au détenteur de cette charge de faire enquête chaque fois qu'il a raison de croire que dans l'exercice d'une fonction administrative le titulaire de cette fonction a lésé les droits d'un administré.

Il ressort toutefois qu'il n'existe présentement aucun code de déontologie propre à la fonction d'informaticiens. En outre, aucune loi relative au secret dans les systèmes d'information utilisant les cerveaux électroniques ne peut être invoquée actuellement. Il semble, cependant, qu'une loi de ce genre soit présentement en préparation au ministère de la Justice.

Lors d'un discours intitulé : «La protection de la vie privée dans une société de dossiers» prononcé par Me Jérôme Choquette, ministre de la Justice du Gouvernement québécois devant les cadres informaticiens du Québec, le 9 octobre 1973, il fut en effet déclaré : «Le Parti Libéral du Québec a inscrit dans son programme, cette année, un article dans lequel il s'engage à présenter une législation afin d'assurer une protection appropriée pour la vie privée des citoyens, en particulier par la règlementation des banques de données». Outre cette législation il semble, d'autre part, «qu'à cause de l'ampleur et de la complexité du problème» les autorités prévoient aussi une règlementation visant à définir les conditions de fonctionnement des «banques d'informations du gouvernement». Cette règlementation pourrait être l'oeuvre, soit d'un organisme administratif, soit du Protecteur du citoyen, soit d'une future Commission québécoise des Droits de l'Homme. Il semble, cependant, que «même après avoir légiféré et règlementé, de grandes sphères de l'activité concernant les banques de données continueront quand même à échapper au domaine du droit». Ainsi en est-il du domaine des renseignements que possède la police. En effet, un rapport fédéral sur «L'ordinateur et la vie privée», publié à Ottawa, souligne que «les systèmes de renseignements, en particulier ceux qui concernent la sécurité publique et la lutte contre le criminalité forment une catégorie à part et ne devraient pas, normalement, être assujettis à la règlementation générale». Aussi, est-il prévu dans ces cas de recourir à l'auto-règlementation c'est-à-dire à l'adoption d'un code d'éthique afin d'encourager «les usagers des banques de données à agir d'une façon prudente et éclairée». Telle sont les principales voies dans lesquelles semble vouloir s'engager le Gouvernement québécois en matière de protection des Droits de l'Homme, afin «d'assurer au maximum la protection de la vie privée que tous les québécois sont en droit de réclamer».

Alors seulement, les administrés de la province de Québec seront prêts à vivre avec les informaticiens, dans un esprit constructif, la grande épopée de l'informatique.

LES SERVICES D'ORGANISATION ET MÉTHODES DANS L'ADMINISTRATION PUBLIQUE QUÉBÉCOISE

INTRODUCTION MÉTHODOLOGIQUE

Cette étude, la première du genre entreprise au Québec, devrait permettre, selon nous, de contribuer à l'élargissement des connaissances, dans un domaine d'activités devenu ces dernières années de plus en plus important, sur le plan de la rationalisation de l'organisation administrative.

À ce titre, elle s'inscrit dans un cadre plus global qui tend à cerner, petit à petit, l'ensemble des grands rouages administratifs de la machine québécoise, notamment les boîtes «staff» de l'appareil de l'État.

C'est ainsi qu'elle constitue, en quelque sorte, le second volet d'une recherche précédente consacrée aux services d'informatique de l'administration publique et para-publique québécoise, car, au Québec, ces deux unités organisationnelles sont souvent très proches les unes des autres, notamment au plan de la direction [1].

Cette recherche s'est déroulée de septembre 1975 à mai 1977 et a comporté trois phases principales :

— Une phase de pré-enquête au cours de laquelle ont été soulevés les principaux problèmes engendrés ou connus par la structure O et M. Cette pré-enquête a abouti, en décembre 1976, à l'élaboration d'un premier questionnaire d'enquête, pré-testé dans les semaines suivantes, et remanié en conséquence, d'où est sortie finalement la version définitive, courant janvier 1976 [2].

— Une phase d'enquête s'en est suivie de mars à juin 1976. Elle a consisté à adresser, par voie postale, à tous les cadres, adjoints aux cadres, professionnels et techniciens des services O et M, systèmes et méthodes et autres unités apparentées du gouvernement du Québec, un questionnaire comportant 78 questions en très grande majorité fermées [3]. Les 21 ministères et organismes para-publics regroupant quelque 286 spécialistes en O et M ont été interrogés. 177 questionnaires dûment complétés nous sont revenus, soit un taux particulièrement élevé de 61.8%, conférant ainsi à l'étude un haut

---

1. Cf. Alain Baccigalupo : « Les services d'informatique dans l'administration publique et para-publique québécoise », *Administration Publique du Canada.*

2. Cette phase de pré-enquête s'est déroulée à l'intérieur du cours d'Institutions administratives du Québec sous la direction de l'auteur, avec la collaboration d'une équipe de quelque dix étudiants.

3. Cette phase d'enquête et celle qui a suivi ont été menées par un groupe de quatre étudiants que l'auteur tient tout particulièrement à remercier et à féliciter tant la qualité de leur travail a grandement contribué à la rédaction de la présente analyse. Il s'agit par ordre alphabétique de MM. Gilles Angers et Claude Fortin, ainsi que de Mlle Lise Hamelin et Mme Jacqueline Lemieux-Côté.

niveau de crédibilité[4]. Tous les organismes interrogés ont répondu à notre questionnaire, à l'exception de deux d'entre eux sur lesquels aucune information n'a pu être obtenue, à savoir : le ministère des Communications et celui de l'Industrie et du Commerce[5]. Ceci ne saurait toutefois entacher en quoi que ce soit la validité de nos résultats puisque, en fait, les 2 services O et M de ces deux ministères ne comportaient chacun en tout et pour tout qu'un seul analyste.

— Une phase d'analyse des données, laquelle a permis de traiter, sur les ordinateurs du Centre de Traitement de l'Université Laval, après codification, les quelque 177 questionnaires reçus et de déboucher sur la présentation des résultats, objets de la présente analyse (juillet-août 76 et janvier-avril 1977).

Comme notre enquête avait pour but de recueillir sur la composition, le fonctionnement interne, et les relations avec l'environnement administratif de ces unités, l'avis des personnes qui y travaillaient, ce sont ces trois éléments fondamentaux qui ont constitué les trois principales charnières de cet article.

A) LA COMPOSITION DES SERVICES O ET M

Trois facteurs ont retenu principalement notre attention. Ils se regroupent autour des trois thèmes suivants : 1) la nature des effectifs en terme de sexe et d'âge, 2) le niveau d'instruction atteint par les spécialistes en O et M avec les problèmes de formation et de perfectionnement qui en découlent et 3) la question du recrutement, à savoir l'origine des analystes et les difficultés d'engagement rencontrées au cours du processus de sélection.

1) La nature des effectifs en terme de sexe et d'âge

a) *Prédominance masculine très nette :* 93.2% des spécialistes en O et M sont de sexe masculin, 6.2% à peine sont des femmes. Il n'y a toutefois pas lieu de désespérer pour l'avenir de la condition féminine si l'on en juge par le fait qu'une très forte majorité d'analystes (68.9%) estime la présence de femmes analystes au sein des services O et M, soit «souhaitable» (45.2%), soit même

4. Dans la liste qui suit nous présentons les noms des ministères ou organismes avec, entre parenthèse, pour chacun d'eux, deux chiffres. Le premier indique le nombre total de personnes interrogées, le second, égal ou généralement inférieur, indique le nombre de répondants réels : Fonction publique (37-21), Justice (21-21), Affaires sociales (32-13), Transports (16-11), Éducation (12-7), Terres et Forêts (7-6), Travail et Main-d'oeuvre (20-6), Immigration (3-3), Revenu (6-3), Richesses naturelles (3-3), Tourisme-Chasse et Pêche (3-3), Affaires culturelles (2-2), Affaires municipales (3-2), Finances (4-2), Travaux publics (5-2), RAMQ (71-32), RRQ (15-12), Sûreté du Québec (18-11), CARR (6-5).

5. L'auteur tient à remercier tous les cadres, ACS, analystes et techniciens qui, aux divers stades de cette étude, ont permis par l'intérêt qu'ils ont porté à notre travail, par leur disponibilité, la chaleur de leur accueil et la qualité de leurs informations, la rédaction du présent article. Qu'ils soient assurés que leur sympathie à l'égard de notre équipe et de moi-même, a été un grand encouragement pour nous tous à poursuivre dans la voie que nous nous étions tracée. L'auteur tient en outre à remercier une fois de plus, qui ne sera d'ailleurs sûrement pas la dernière, M. le sous-ministre de la Fonction publique Claude Bélanger, pour les autorisations accordées à nos demandes d'information concernant les listes de personnel, ainsi que M. Roland Vandal directeur des systèmes de gestion pour sa très compétente et très précieuse collaboration.

« très souhaitable » (23.7%). Seule, en effet, une infime minorité de « mysogines » impénitents juge cette présence « néfaste » (34%), voire même « très néfaste » (O.6%). Un bon 26% de répondants se déclarent, quant à eux, « indifférents » et ne sauraient donc constituer un obstacle infranchissable à la montée des femmes dans ce secteur d'activité.

Cette « ouverture » d'esprit masculine ne paraît pas être faite dans le simple but d'agrémenter la vie de bureau par la présence de collègues féminins attrayants, car 70.9% des analystes interrogés déclarent « accepter d'être encadrés aux niveaux immédiat ou hiérarchique par une femme ». Seuls 14.9% se déclarant hostiles, on ne peut que constater la relativement forte progression des mentalités québécoises au sujet de la condition féminine dans le monde du travail. Il est donc permis d'espérer voir, sous peu, s'accroître très sensiblement le nombre de femmes cadres dans ce secteur d'activité gouvernemental.

Cette ouverture d'esprit masculine découle probablement, entre autres, de la structure d'âge des analystes québécois que caractérise la présence d'une forte majorité d'éléments jeunes.

b) *Forte majorité d'éléments jeunes*: 53.4% des spécialistes en O et M appartiennent à la tranche d'âge des 20-29 ans, et 33% se regroupent dans la strate des 30-39 ans. Le pourcentage de personnes travaillant en O et M paraît être inversement proportionnel à l'âge, puisque les strates 40-49 ans et 50 ans et plus n'ont plus respectivement que 10.0% et 2.8% des spécialistes de ce secteur d'activité. Ceci peut s'expliquer par le caractère assez jeune au Québec de cette discipline et par le goût du changement qu'elle exige de ses serviteurs.

Ceci a pour résultat la constitution d'équipes d'analystes assez homogènes en terme d'âge. En effet, 67.2% des équipes d'analystes sont composées de spécialistes ayant entre eux moins de dix ans de différence. Cette homogénéité pourrait toutefois être édulcorée sans que cela entraîne l'apparition de conflits à l'intérieur des services. Par contre, 6.3% des répondants verraient dans l'élargissement des seuils d'âge une source possible de conflits.

2) Le niveau d'instruction des spécialistes en O et M

a) *Forte représentation des diplômés d'Université*: 86.1% des spécialistes en O et M sont diplômés de l'Université. La majorité d'entre eux détiennent un baccalauréat (69.1%), tandis que 14.9% ont décroché une maîtrise, et 2.9% un doctorat. Parmi les 12% de spécialistes « sous-gradués », notons la présence d'un fort groupe de techniciens détenteurs d'un diplôme de CEGEP (7.4%)[6].

Cette forte représentation des diplômés d'Université a pour conséquence une très forte présence de fonctionnaires de niveau « professionnel » au sein des services O et M. Cette strate constitue effectivement 84.1% du personnel total, tandis qu'au-dessus, les couches d'adjoints aux cadres et de cadres représentent respectivement 6.8% et 6.3%. Au-dessous des professionnels, les diplômés des CEGEPS, notamment en « techniques administratives », composent 1.1% des effectifs globaux. La différence entre 1.1% et 7.4% s'explique, soit par les promotions internes après perfectionnement, soit par

338

le fait que certains techniciens, accomplissant en pratique des travaux de niveau professionnel, préfèrent se situer dans cette catégorie hiérarchique plus flatteuse socialement.

b) Les diplômés en administration représentent le plus fort groupe. En effet, 43.3% des spécialistes en O et M sont des diplômés de cette spécialité. Ils sont suivis, loin derrière, par les diplômés en informatique (15.5%) et en sciences appliquées (11.9%). En ce qui concerne les autres disciplines, on constate l'existence d'un assez large éventail de formations : sciences pures (8.8%), sciences politiques (6.2%), économie (2.6%), histoire (2.1%), arts, lettres, relations industrielles, sociologie (1.5%), sciences de l'éducation, géographie (1%), anthropologie, philosophie (0.5%).

c) *Place relativement importante accordée au perfectionnement.* La diversité des formations offertes par les spécialistes en O et M, ainsi que l'absence de formation véritablement adéquate reçue lors de leur séjour à l'Université, font que le recours au perfectionnement durant la carrière est vu généralement comme un des procédés de spécialisation les plus utiles. Ceci explique que 57.8% des spécialistes en O et M déclarent avoir entrepris des études spécialisées dans ce secteur d'activité. Cette spécialisation s'est principalement effectuée à l'occasion de cours (60.3%), de stages (18.5%), et de colloques (17.2%), lesquels ont été donnés par un très large éventail d'établissements publics et privés tels que : l'École de management de l'armée canadienne, les cours DEITAK, Informatic France-Québec, l'Université Laval, le Centre de l'organisation scientifique de l'entreprise (COSE), Stevenson and Kellogg, la Commission de la fonction publique du Canada, the Institute for Advance Technology, la firme de consultants Camirand — Gagnon — Goulet — Lefebvre et associés, l'association systèmes et méthodes (ASM), l'ENAP, le ministère du Revenu, la Régie d'assurance-maladie, le Centre de formation et de consultation, SIMEQ, IBM, la Régie des rentes, Xerox, IFG, le Cegep de Ste-Foy, le Conseil du trésor, etc...

Il conviendrait, toutefois, de relever le budget attribué à certains services O et M, pour fins de perfectionnement, si l'on en croit quelque 50.9% de nos répondants. En effet, 37.9% d'entre eux estiment ces budgets « peu élevés », pendant que 13% vont même jusqu'à les qualifier d'« inexistants ». Seuls 29.6% des analystes considèrent ces budgets « suffisamment élevés », tandis que respectivement 6.2% et 7.7% les jugent « élevés », voire même « très élevés ».

3) La question du recrutement des spécialistes en O et M

a) *À peine un peu plus du tiers des spécialistes en O et M sont issus de l'entreprise privée.* En effet, 35.2% seulement des personnes actuellement à l'emploi du gouvernement provincial à titre de spécialistes en O et M ont une expérience de l'entreprise privée. La majorité d'entre eux, d'ailleurs, (43 sur 62), ont une expérience de 5 ans ou moins dans ce secteur. Précisons cependant, qu'à peine un peu plus de la moitié de ces 62 personnes travaillaient déjà dans le domaine de l'O et M lorsqu'ils étaient dans le secteur

---

6. Collège d'Enseignement général et professionnel. Correspond grosso-modo aux Instituts Universitaires de Technologie (IUT) français.

privé. 56.3% des spécialistes ont fait toute leur carrière dans le secteur public ou para-public provincial (public: 39.2%, para-public: 15.3%, municipal: 1.8%). Signalons, par ailleurs, que le nombre d'années d'expérience des fonctionnaires de ce groupe est assez peu élevé (la moitié a 2 ans ou moins d'expérience de travail). Quant aux spécialistes en O et M provenant du gouvernement fédéral, ils ne représentent que 6.8% du total.

Par conséquent, on s'aperçoit aisément que si la majorité des spécialistes en O et M, actuellement à l'emploi du gouvernement provincial, n'a aucune expérience de l'entreprise privée ou du gouvernement fédéral, le nombre de spécialistes en O et M au provincial n'ayant jamais travaillé en Organisation et Méthodes, est encore plus élevé. En effet, 94% des agents en O et M au provincial n'ont jamais auparavant travaillé dans cette discipline au gouvernement fédéral. Et 80% des agents provinciaux en O et M n'ont jamais antérieurement travaillé en O et M dans le secteur privé.

Quand on connaît toutes les lacunes de l'enseignement en O et M dispensé dans les établissements collégiaux et universitaires et que l'on compare ces données avec celles relatives à la faible expérience spécialisée antérieure des fonctionnaires provinciaux en O et M, on ne peut que constater le rôle de formation et partant de perfectionnement que se doit de jouer le gouvernement provincial, s'il veut se doter d'un corps d'analystes de valeur.

C'est dire combien dans ce domaine, plus encore que dans d'autres, le gouvernement provincial devra voir à développer ses programmes de formation et de recyclage de ses agents.

Une autre solution consisterait aussi à élargir le champ d'expérience des analystes en organisant de façon plus rationnelle — tout en tenant compte à la fois, et de l'intérêt des agents, et de celui de l'État — la carrière des analystes au sein de la fonction publique québécoise. En effet, dans un but d'efficacité et de rentabilité accrue, 44.6% des analystes recommandent le roulement des analystes qu'ils jugent «très souhaitable». Signalons pourtant qu'un fort groupe — 34.9% — l'estime au contraire «peu souhaitable», tandis que 10.9% se déclarent plutôt sceptiques et 2.3% le jugent «néfaste». Une solution consisterait vraisemblablement à déterminer adéquatement le temps optimum de passage d'un analyste à l'intérieur d'un service O et M, afin d'éviter ainsi, et un «turn over» trop rapide à tendance désorganisatrice, et un «turn over» trop lent, voire nul, à tendance sclérosante, paralysante et bureaucratique. Une période de temps de 3 à 5 ans, avant chaque rotation, pourrait, selon nous, constituer un délai raisonnable d'expérimentation et de rentabilité, avant que surgisse l'engourdissement administratif.

b) *Un recrutement multidisciplinaire pas toujours très facile.* La majorité des services O et M (54.6%), existent depuis 4 à 6 ans environ. Dans près des 4/5 des cas, ces services ont été comblés en personnel à la suite de démarches entreprises directement par les agents en O et M. Seuls 1/4 d'entre eux se sont vus proposer un emploi dans les unités d'O et M. À peine 1.2% déclarent avoir suivi leur supérieur hiérarchique dans son nouveau travail, ce qui semble contredire l'hypothèse parfois énoncée selon laquelle des «écuries» d'O et M se seraient constituées autour de certains patrons. Le phénomène en question paraît au contraire n'être que de très faible amplitude.

La très grande majorité des services O et M paraît constituée de façon multidisciplinaire (83.3%); d'ailleurs, 64.2% des spécialistes interrogés déclarent que tel devrait toujours être le cas, tandis qu'un groupe plus prudent de 31.8% soutient que la composition doit dépendre des corconstances. Seule, une infime minorité de personnes (2.3%) se prononce dans tous les cas en faveur d'équipes unidisciplinaires.

Le recrutement des analystes semble poser de sérieux problèmes si l'on en juge par les quelque 78% de personnes qui l'estiment « difficile » (58.8%), voire même « très difficile ». 16.6% seulement pensent que le recrutement est assez facile, voire même très facile (1.1%).

Ces difficultés de recrutement tiennent sans doute, non seulement aux insuffisances de la formation donnée par les collèges et universités et à la nature du travail confié aux analystes travail qui, dans la plupart des cas (43.8%), leur demande de faire preuve tout à la fois de qualités propres à des généralistes et à des spécialistes, mais aussi aux différences salariales enregistrées par les secteurs public et privé comme nous le verrons plus loin.

Malgré ces problèmes de recrutement il semble que les effectifs des services d'O et M s'avèrent « suffisants » dans une proportion de 56.3%. 30% cependant jugent leurs effectifs « insuffisants », tandis qu'à l'opposé 8.5% estiment leurs effectifs « trop nombreux ».

B) LE FONCTIONNEMENT INTERNE DES SERVICES D'O ET M

Cette partie va nous permettre d'examiner succintement trois points, essentiels à la compréhension du fonctionnement du mécanisme interne des unités O et M. Ces trois points sont les suivants : 1) la structure interne des unités O et M, 2) les aspects techniques du travail effectué au sein de ces unités, et enfin 3) les aspects psycho-sociologiques du travail effectué à l'intérieur de ces mêmes unités.

1) La structure interne des unités O et M

Deux questions principales ont été ici examinées. Première question : dans quelle proportion les unités O et M sont-elles séparées ou dépendantes des unités informatiques ? Deuxième question : quelle est la place occupée par les unités O et M au sein de l'organisation administrative ?

a) *O et M et informatique : séparation ou dépendance ?* En raison des liens étroits qui unissent les techniques d'O et M et celles de traitement des données, on constate que dans 55.4% des cas, là où existe un service O et M, existe aussi un service d'informatique. Cependant, en règle générale (51.8%), ces deux services fonctionnent de façon autonome. Ce n'est que dans 12.9% des cas que le service d'informatique dépend du service O et M. L'inverse arrive aussi quelquefois, c'est-à-dire dans environ 13.7% des cas.

b) *La place des unités O et M au sein de l'organisation administrative*

— *Une place de niveau intermédiaire...* La très grande majorité des unités O et M est au Québec, érigée en «service» (70.3%). Seule une fraction d'entre elles a rang de direction générale (5.1%), de direction (8.6%), de division (7.6%) de service général ou de section: (5.7%).

Ceci explique que le responsable immédiat de ces unités soit un chef de service (37.5% des cas), un chef de division (21.6%), un directeur (15.9%), ou un chef de section (14.8%), c'est-à-dire un cadre intermédiaire. Les cas où le responsable immédiat de l'unité O et M est un directeur-général, un directeur général adjoint ou un sous-ministre, sont effectivement très rares (respectivement 1.7%, 0.6%, 0.6%) et découlent de la place généralement intermédiaire attribuée à l'unité O et M au sein de la pyramide organisationnelle.

—... *Contestée par un groupe assez important* ... D'ailleurs, en raison de la nature même du travail généralement effectué par les services O et M, — que nous examinerons plus loin —, le niveau de rattachement de ces unités dans l'organigramme est assez fortement critiqué. En effet, si 52.1% des personnes interrogées se déclarent satisfaites de la place attribuée à leur unité au sein de l'appareil administratif, 40.8%, par contre, se déclarent insatisfaites et insistent pour qu'*un rattachement direct à un niveau hiérarchique plus élevé intervienne*, afin de donner plus de poids aux unités en question. C'est ainsi que 10.9% d'entre elles souhaitent un rattachement, au moins à un niveau de directeur, 22.7% à un niveau plus élevé de directeur général, et 23.5% à l'échelon supérieur, soit celui de sous-ministre adjoint ou en titre[7].

—... *Pour deux raisons majeures.* Première raison, parce qu'au niveau des activités, la place des services O et M dans l'organisme semble les désavantager (51.7%) plutôt que les avantager (39.1%).

Deuxième raison, parce que, au niveau de la clientèle, la place du service dans l'organigramme paraît, là aussi, être plus désavantageuse (61.7%) qu'autre chose (29.7%).

2) Les aspects techniques du travail effectué au sein des unités d'O et M

Trois questions seront ici examinées : 1) Pourquoi un service d'O et M ? 2) D'où proviennent les projets soumis aux unités d'O et M ? et 3) Quelles sont les principales activités des unités d'O et M ?

a) *Pourquoi un service d'O et M ?* Si l'on en croit la quasi-unanimité des personnes interrogées (99.5%), les services d'O et M sont créés afin « d'améliorer l'efficacité et l'efficience de l'appareil administratif » et, somme toute, jamais pour « retarder une décision administrative » ou pour en faire « un bouc-émissaire pour un autre service ». C'est donc une raison dénuée de tout machiavélisme administratif qui semble bien justifier la création de telles unités.

b) *D'où proviennent les projets soumis aux services d'O et M ?* Il apparaît que les projets sur lesquels travaillent les analystes originent en

---

7. Mentionnons ici l'existence d'un fort pourcentage de non-réponses, dû au fait que les personnes satisfaites du niveau de rattachement n'ont pas répondu à cette question.

grande partie d'un service client extérieur à leur propre service (58.2%), ou encore, mais dans une moindre mesure, de leur propre service (23.7%). Par contre, c'est très rare (4.2%) que les demandes proviennent d'autres services O et M, probablement en raison du traditionnel cloisonnement ministériel.

Dans la majorité des cas, la demande respecte la voie hiérarchique puisque le client passe, à 78.6%, par le responsable de l'unité administrative O et M. Ce n'est en effet que dans 15.9% des cas que le client s'adresse directement à un des analystes du service O et M, courcircuitant ainsi le responsable de l'unité.

Quelquefois, il arrive aussi (9.1%) que le client voit sa demande filtrée par un comité de sélection du ministère. Parfois encore (9.1%), le client passe par le supérieur hiérarchique de l'unité O et M et adresse sa demande soit à un directeur-général, soit à un sous-ministre adjoint.

Les mandats ainsi confiés aux analystes résultent très souvent de contacts personnels directs (45.5%) ou téléphoniques (14.8%), mais sont, la plupart du temps, confirmés par écrit (77.3%).

c) *Quelles sont les principales activités des unités d'O et M?* Interrogés sur la nature du rôle principal joué par leur service dans l'organisation administrative, les analystes ont, à la quasi-unanimité (99.4%), répondu qu'ils agissaient comme organisme-*conseil* et, en aucune façon, comme organe de contrôle ou de vérification systématique des procédures administratives imposées à l'appareil de l'État. La vocation technique et scientifique des services d'O et M l'emporte donc largement sur la vocation policière et gendarme que d'aucuns auraient pu vouloir leur confier.

Par ordre décroissant d'importance, les grandes activités accomplies par les services d'O et M sont: 1) l'élaboration de systèmes et de procédés administratifs (77.4%), 2) la conception de formules (58.7%), 3) la rédaction de documents (57%), 4) la constitution de plans d'organisation (42.9%), 5) la rédaction de directives (42.9%), 6) la gestion de dossiers (33.3%), 7) la mesure du travail (24.8%), 8) les études d'équipement de bureaux (20.3%), 9) l'aménagement de locaux (16.9%) et 10) une série d'activités diverses telles que: planification de projets, montage de systèmes informatiques, inventaire des besoins en instruments de gestion, et systèmes budgétaires de gestion par coûts-bénéfices (18.6%)[8].

Plusieurs de ces activités sont menées souvent par un seul analyste car, malgré une certaine spécialisation à l'intérieur du secteur O et M, la plupart des analystes (82.9%) travaillent sur plusieurs genres de projets. Seuls 14.9% déclarent se consacrer, exclusivement, au même type d'activités.

Le travail de l'analyste consiste principalement à «critiquer un état présent et à proposer des solutions de rechange» (68.8%). Mais il peut tout

---

8. Ce total des réponses dépasse 100 puisqu'il s'agissait ici d'une question à options multiples.

aussi bien, soit se limiter à « localiser et définir un problème » (52.3%), soit au contraire aller beaucoup plus loin, et atteindre le stade de l'implantation du modèle de rechange recommandé (49.4%)[9].

Les études des analystes reposent principalement sur la technique des entrevues (77.8%) et les observations sur place (53.6%), même s'il est vrai que la consultation sur pièces (examen des dossiers) n'est pas pour autant négligée (50%)[10].

De plus, les études sont généralement le fruit de démarches méthodologiques relativement rigoureuses si l'on en croit les intéressés. En effet, 46.6% estiment que, d'une façon générale, leurs collègues utilisent une démarche rigoureuse « moyennement », 31% disent « souvent » et seulement 5.2% « toujours ». À l'opposé, 12.6% et 1.1% respectivement, jugent les travaux des analystes en général, « rarement » voire « jamais », empreints d'une grande rigueur scientifique. Lorsqu'on connait la nature du travail, le niveau de connaissance atteint par la science administrative, et les délais parfois assez courts dans lesquels sont enfermés les analystes, il n'y a rien d'étonnant au jugement « nuancé », mais probablement très honnête, porté par les intéressés sur leur travail.

Quant aux recommandations, les analystes déclarent les formuler en tenant compte dans la plupart des cas (83%), et des facteurs techniques, et des facteurs humains. Seuls deux groupes extrêmement minoritaires avouent ne tenir compte que des facteurs humains (5.7%) ou des facteurs purement techniques (10.8%).

'En ce qui concerne les dates d'échéance imposées pour la réalisation des projets qui leur sont confiés, les analystes en O et M déclarent les respecter « moyennement » (45.7%), « souvent » (23.4%), ou « toujours » (15.4%). Ceci démontre un effort assez marqué en vue de respecter le plus possible les délais fixés. Seule une minorité avoue ne respecter que « rarement » (12.6%), voire « jamais » (1.1%) ses échéanciers de travail.

3) Les aspects psycho-sociologiques du travail effectué au sein des unités d'O et M

Deux éléments ont fait l'objet de notre recherche : 1) les aspects positifs et négatifs du travail tels que perçus par les intéressés eux-mêmes et 2) la nature des relations inter-personnelles nouées par les analystes à l'occasion de leurs activités professionnelles.

a) *Les aspects négatifs et positifs du travail: primauté des aspects positifs.* Le travail en O et M semble, aux dires des intéressés, présenter tout à la fois des aspects positifs et négatifs.

— *Les principaux aspects négatifs* sont, par ordre décroissant d'importance: 1) la faible portée pratique des rapports rédigés (36.9%), ce qui aboutit forcément à une rapide érosion de la motivation des analystes au travail, 2) le salaire peu compétitif avec celui versé dans l'entreprise privée (25.5%); 3) l'inexistence de mandats clairs et précis (19.3%), 4) le climat

---

9. Ibid.

10. Ce total de réponses dépasse 100 car il s'agit ici d'une question à options multiples.

humain, c'est-à-dire tout particulièrement les conflits de personnalité qui surgissent à un moment ou à un autre à l'intérieur d'un groupe d'analystes, 5) la nature du travail considéré souvent comme dénué de tout «challenge» ou «défi» à relever, enfin 6) une série de critiques diverses parmi lesquelles nous avons relevé: le manque de compétence des supérieurs, la faiblesse de la direction, la lenteur des décisions et la longueur des délais, le manque de continuité dans le travail à l'intérieur des services, le haut-taux de roulement du personnel, l'absence de travail en équipes, la nature des critères de promotion interne à l'unité O et M, enfin l'incohérence des usagers des services O et M et leur résistance au changement.

— *Les principaux facteurs positifs* sont, eux aussi, par ordre décroissant d'importance: 1) la diversité du travail confirmée par la variété des activités remplies par les services O et M et la polyvalence très forte des analystes (59.6%), 2) la nature du travail (48.2%), 3) le climat de travail entre collègues (42.6%), 4) l'aspect «défi» qui semble s'attacher à nombre de projets.

En ce qui concerne l'autonomie au travail, il nous parait évident de ranger cette catégorie dans le groupe des facteurs positifs, puisque 77.3% des analystes s'estiment satisfaits des niveaux d'initiative et d'autonomie qui leur sont abandonnés, contre 21.6% à peine qui les jugent «peu élevés» (19.9%) ou «nuls» (1.7%).

Quant aux réunions internes et systématiques de coordination, ce ne sont pas elles qui pourraient tellement réduire la marge de manoeuvre laissée aux analystes, car, dans plus de la moitié des cas (52% très exactement), elles sont tout bonnement inexistantes. Et encore, dans les 45.1% des cas où il semble y en avoir, celles-ci se tiennent généralement mensuellement (35.9%). Ce n'est que dans 20.5% des cas que ces réunions sont hebdomadaires, et à peine dans 3.4% des cas qu'on assiste au déroulement de telles réunions quotidiennement.

b) *Les relations inter-personnelles: consensus et satisfaction dans l'ensemble.*

— *Vis-à-vis des supérieurs immédiats et hiérarchiques.* Les supérieurs immédiats sont généralement jugés par les analystes comme «compétents», à la fois en tant que cadres administratifs (81.2%), et en tant que cadres techniques (80.1%), bien que le taux de ceux qui les jugent très compétents en matière administrative, fléchisse légèrement lorsqu'il s'agit de juger leur valeur technique (21.8% à 15.2%).

En ce qui concerne les supérieurs hiérarchiques, c'est la même opinion qui ressort de notre enquête. Tout comme pour les supérieurs immédiats, les taux de satisfaction pour compétence administrative et technique sont élevés et sans grand écart (78.3% et 73.6% respectivement), tandis que le taux de «très compétent» chûte légèrement, là aussi, lorsqu'on passe de la dimension administrative (23.5%) à la dimension technique (12.4%).

— *Vis-à-vis des autres analystes.* Ici, en ce qui concerne l'ambiance de travail, c'est un niveau très élevé de satisfaction qui transparait bien vite, puisque 75.5% des analystes jugent cette ambiance soit «très agréable» (38.6%, soit «agréable» (36.9%). 20.5% d'autres répondants la jugent «normale». Seule une infime minorité la trouve «désagréable» (1.7%).

Ceci contribue assez fortement, on peut le supposer, à développer cet esprit d'équipe au sein des services québécois d'O et M, dont 49.7% de nos répondants disent qu'il est «assez élevé» et 21.7% «très élevé». Seuls 22.9% et 4% respectivement des analystes font état d'un esprit d'équipe «peu élevé», voire tout simplement «nul».

Cela explique sans doute que 60.6% des analystes s'accordent pour reconnaître qu'il n'existe pas dans leur service de profonds malaises internes, même si 30.9% estiment qu'on peut en déceler.

Lorsque de tels conflits se font jour, c'est principalement avec les responsables hiérarchiques du service O et M et les supérieurs immédiats que se situent les grandes zones de friction, mais très rarement entre analystes ou techniciens.

Cette situation, assez largement consensuelle à l'intérieur des services O et M, alliée à la prédominance des facteurs positifs de travail malgré l'existence de certaines revendications notamment salariales, explique que la majorité des analystes (57.6%) déclare que «si tout était à recommencer ils choisiraient la même carrière dans le même ministère», tandis qu'à peine 7.6% choisiraient la même carrière, mais dans un autre ministère. Soit un taux de 65.2% d'analystes désireux de rester à l'emploi du secteur public. 16.9% seulement avouent qu'ils se «laisseraient bien tenter par l'entreprise privée» et 5.2% à peine, indiquent qu'ils opteraient volontiers pour un autre corps d'emploi, mais à l'intérieur même de la fonction publique. La menace de «pantouflage» des analystes en O et M du gouvernement du Québec ne paraît donc pas, malgré les différences salariales dont il est fait état ici, risquer de se traduire par une bien grave hémorragie en ressources humaines.

Mais ceci est peut-être dû simplement à la conjoncture économique qui présidait dans la province lors de l'enquête et que nous connaissons toujours, conjoncture, on le sait, caractérisée par un taux de chômage élevé conférant à la sécurité d'emploi du secteur public, le caractère d'un bien particulièrement précieux à préserver.

C) LES RELATIONS AVEC L'ENVIRONNEMENT ADMINISTRATIF

Les trois principaux interlocuteurs d'un service d'O et M sont: 1) les autres services du ministère ou organisme auxquels appartient l'unité d'O et M, 2) les autres ministères ou organismes publics et 3) le secteur privé.

1) Les services O et M dans leurs relations avec les autres services de l'organisation à laquelle ils appartiennent.

Avec les interlocuteurs de leur propre organisation, les services O et M sont généralement bien perçus comme des organes-conseils auxquels l'on n'hésite généralement pas à se référer fréquemment, en raison de la qualité offerte par leur expertise.

a) *Des services-conseils tournés principalement vers l'intérieur de l'organisation.*

— *Organismes-conseils ou organismes-contrôles?* Cette fréquence de relations entraîne de la part des services-clients généralement demandeurs et commanditaires de la recherche, une bonne perception du travail accompli par les services O et M. Ces derniers sont en effet quasi-unanimement perçus comme des organismes-conseils (99.4%) par les services-clients, si l'on en croit toutefois ce que nous disent les analystes eux-mêmes.

Dans les très rares cas où, selon eux, ils sont perçus davantage comme organismes-contrôles c'est, selon les analystes, moins dû au fait qu'on confère à leurs travaux une autorité réelle au sein du ministère (1 cas sur 3.5), qu'à une mauvaise connaissance de leur rôle par les services-clients.

— *Tournés principalement vers l'intérieur de l'organisation.* La très grande partie du travail accompli par les services O et M est tournée vers l'organisation interne du ministère ou de l'organisme para-public (79.9% des cas). Ce n'est que dans 21% des cas que les services O et M sont tournés vers un réseau externe au ministère. Il est vrai que seuls trois grands ministères assument la responsabilité du contrôle des trois grands réseaux para-publics : le ministère des Affaires sociales (réseau hospitalier et des services sociaux), le ministère de l'Éducation (réseau des établissements d'enseignement primaires, secondaires, collégiaux et universitaires), le ministère des Affaires municipales (municipalités et cummunautés urbaines).

b) *Des relations de travail inter-services fréquentes, satisfaisantes et complètes.*

— *La fréquence des relations de travail lors de l'accomplissement des projets.* Lors de la réalisation du projet, les services O et M ont généralement avec les services-clients des relations fréquentes (50.3%), voire même dans nombre de cas «très fréquentes» (31.8%). Ce qui s'explique aisément par la nature et la méthode de travail utilisée (interviews et observations sur place).

— *Des relations inter-services largement consensuelles entraînées par l'utilité des unités O et M.* Toujours selon les analystes, leur service est en bon terme avec, au moins, la majorité des autres services du ministère (65%), sinon avec la totalité des services (20%). Le nombre de cas où un service d'O et M n'est en bon terme qu'avec quelques services seulement, voire encore avec aucun d'entre eux, ne constitue que des exemples ponctuels (respectivement 9.7% et 1.1%). On voit donc que le consensus interne, découvert lors de l'étude du fonctionnement des services O et M, se retrouve, ici aussi, assez largement au niveau des relations avec les autres services de l'organisation.

Quant à l'utilité des services O et M vis-à-vis des autres services, c'est dans une très forte proportion (86.4%) que les analystes se jugent favorablement. Ceci ne nous parait pas traduire une vision trop biaisée de leur rôle, même si elle peut n'être pas dénuée d'un zeste de subjectivité bien naturel, car elle est confirmée par le niveau de satisfaction au travail et la faiblesse du taux de pantouflage précédemment mis en évidence.

Cette utilité au sein de l'organisation est renforcée par le fait que dans 83.5% des cas les recommandations du service O et M sont appliquées et adoptées, soit toujours (13.8%), soit «souvent» (69.5%).

En outre, dans la plupart des cas c'est la majorité de l'éventail des recommandations suggérées qui est finalement acceptée par les services commandiaitres. Sans compter que 6.8% pensent même qu'elles sont appliquées en totalité. Néanmoins, une minorité (20.9%) de répondants est plus sceptique sur la portée réelle de leurs travaux et fait état de «recommandations exécutées en partie seulement».

— *Un net effort pour dépasser le niveau des recommandations et mettre en place un système d'évaluation des impacts bouclant ainsi le cycle de l'analyse systémique.* Soit souvent (33.3%), soit toujours (35.6%), les services O et M assurent un certain «suivi» de leurs recommandations, une fois celles-ci mises en application par les services-clients. 23.6% des répondants estiment toutefois que le «follow up» n'est assuré que «rarement» et 1.7% «jamais».

Les services ne se contentent pas d'observer avec intérêt les résultats produits par l'entrée en exécution de leurs avis. Ils tentent, très souvent, de participer à l'évaluation ultérieure de leurs recommandations. Ces opérations de mesure d'impact découlent généralement de l'initiative du service d'O et M lui-même (35% des cas), mais peuvent aussi se faire à la demande conjointe du service-client et du service O et M. Il arrive parfois aussi que ce soit le service-client lui-même, qui prenne l'initiative de la demande d'évaluation.

Toutefois, dans les cas où cette évaluation ultérieure n'est pas effectuée par les services d'O et M, la raison principalement invoquée par les analystes est que «cela ne relève pas de leurs responsabilités» (55.1%). Ces analystes considèrent donc que la mission qui leur est confiée s'arrête au seuil de la communication aux services-clients, des recommandations découlant de leur recherche. Ce qui est une conception un peu étroite de leurs véritables attributions, car l'évaluation est une source incontestable d'enrichissement, ne serait-ce qu'en raison de ce que la rétroaction qui s'ensuit, est elle-même un précieux corridor d'informations, par la voie de l'expérimentation et des leçons positives ou négatives qu'il est possible alors d'en tirer. Ce qui permet aux analystes de connaître la valeur, au moins approchée, de la médication qu'ils ont conseillée et de prendre toutes mesures adéquates de nature à rectifier, dans l'avenir, certaines erreurs ou omissions.

Il est vrai que les analystes dans leur majorité semblent convaincus de cette nécessité, si l'on en juge par le fait que seuls 5.8% d'entre eux ont répondu que, s'ils ne participaient pas à cette évaluation, c'était parce que «cela ne les intéressait pas». Il semble donc que ce soit moins l'intérêt pour cette pratique qui fasse défaut, que l'absence de responsabilités administratives officielles confiées à ces services O et M qui explique souvent le manque de suivi et d'évaluation ultérieure.

Souvent aussi, la responsabilité de ce manque d'évaluation semble incontestablement incomber aux services-clients, puisque dans 39.1% des cas, le désintérêt manifesté par le service demandeur pour ce genre de chose est la cause principale de l'absence de boucle de rétroaction.

2) Les services O et M dans leurs relations avec les services publics extérieurs à leur organisation: déconcentration ou centralisation?

Vis-à-vis des autres services d'O et M, le niveau de coopération et de coordination est, en règle générale, soit «nul» (41.5%), soit «peu élevé» (36.3%), quoiqu'une infime minorité (13.5%) le juge «assez élevé». Le cloisonnement inter-ministériel en matière de services O et M apparait ici très nettement.

Quant à l'idée réformatrice de création d'un service central interministériel d'O et M entraînant la disparition des services O et M ministériels, les opinions des analystes sont très partagées. 42.2% s'y opposent, alors que 40.4% appuient cette proposition. Toutefois un certain consensus semble s'opérer à un niveau moins ambitieux de coopération. En effet, un certain rapprochement, à titre au moins expérimental, paraît être souhaité par nombre de nos interlocuteurs. Il porterait, notamment, sur l'érection d'une table centrale où s'échangeraient des informations, sorte de banque de ressources-conseils à la disposition de l'ensemble des services O et M. Cette table pourrait aussi être le lieu où pourrait s'exercer un leadership administratif de nature à voir, entre autres, à l'uniformisation de la terminologie en usage au gouvernement en matière d'organisation et méthodes.

3) Les services O et M dans leurs relations avec le secteur privé : intérêts de services ou patronage déguisé ?

50% des services O et M se sont, à un moment ou à un autre, liés par contrats avec des firmes-conseils du secteur privé pour la réalisation de certaines études.

Cette pratique ne semble pas être très largement condamnée par les intéressés malgré le fait que ces conseillers-privés exercent une certaine concurrence vis-à-vis de leurs propres services publics. En effet, seuls 11.8% de nos répondants se sont déclarés « toujours opposés à de telles pratiques ». Par contre, la majorité (58.4%) a préféré émettre un avis nuancé qui prend les allures d'un « oui mais ... », d'une sorte d'ouverture conditionnelle aux firmes privées en organisation, puisque cette majorité s'est déclarée « favorable à de telles pratiques *dépendamment des circonstances* »[11].

En effet, s'il est exact que dans 80.7% des cas les divers services d'O et M sont en mesure de répondre aux différents besoins des services demandeurs, il arrive aussi que dans d'autres cas (17.5%), soit par manque d'effectifs globaux — principale raison invoquée par 53.7% des analystes —, soit en raison de l'apparition brutale d'une urgence particulière (61%), soit par manque de spécialisation technique des effectifs en place — troisième importante raison invoquée par 29.7% des analystes — les services gouvernementaux d'O et M ne soient pas en mesure d'effectuer le travail qui leur a été confié.

Ce qui ne veut pas dire que dans certains cas (19%) l'attribution de ces contrats à des firmes conseils extérieures au secteur public, ne prenne pas les formes d'un patronage déguisé en faveur de telle ou telle entreprise privée ...

CONCLUSION GÉNÉRALE

C'est une impression d'ensemble plutôt favorable qui ressort de cette analyse de la composition, du fonctionnement et des relations externes des services gouvernementaux d'organisation et méthodes.

C'est ainsi que sont à inscrire incontestablement dans la colonne crédit de

---

11. 6.8% ne sait pas et 23% préférant ne pas répondre.

ces unités administratives tout à la fois : la jeunesse des professionnels, leur goût pour le service public, leur niveau de formation académique qui en font une des unités où le taux d'universitaires au pied carré est probablement un des plus élevés, leur ouverture d'esprit au changement, leur goût marqué pour les défis et les « challenges », leur capacité à travailler en équipes multidisciplinaires ... Tout ceci aboutissant généralement à la création d'un climat de travail d'où sont la plupart du temps bannis les conflits graves, à l'instauration de liens étroits et satisfaisants avec l'environnement administratif, au développement d'une réputation d'expertise qui confère aux unités d'O et M, malgré leur simple vocation d'organisme-conseil, une assez nette influence sur l'ensemble de l'organisation.

Ce bilan très favorable, pour dominant qu'il soit, ne saurait toutefois laisser complètement dans l'ombre les divers éléments que cette enquête nous a, par contre, amené à inscrire dans la colonne débit de ces unités administratives.

Parmi les points faibles des unités O et M qui devraient faire l'objet de réformes ultérieures figurent principalement : la faiblesse de la représentation féminine, l'absence de véritables enseignements en O et M dans le secteur public, les lacunes du perfectionnement et du recyclage tout au moins dans certains services O et M, la nécessité de voir à la constitution d'un véritable plan de carrière des analystes tenant compte tout à la fois et des intérêts de l'agent et des besoins du service public, le rapprochement éventuel des salaires du secteur public et du secteur privé dans les limites cependant des avantages offerts par le concept public de sécurité d'emploi, afin de faciliter le avantages offerts par le concept public de sécurité d'emploi, afin de faciliter le recrutement et assurer l'engagement d'un certain nombre de professionnels expérimentés, le rattachement, dans nombre de cas, des unités O et M à des niveaux plus élevés dans la pyramide organisationnelle afin notamment d'accroître la portée pratique des recommandations rédigées par les dites unités et d'améliorer la motivation au travail de plusieurs analystes dans certaines unités d'organisation et méthodes, la signature de contrats de travail avec le secteur privé dans les seuls cas où l'intérêt public le justifie et enfin, la mise à l'étude du projet de création, sous une forme ou sous une autre, d'un service central d'O et M, afin de veiller à un développement coordonné et harmonisé de ces services gouvernementaux.

Tels sont, en résumé, les principaux facteurs positifs et négatifs qu'il est possible de présenter sur les services québécois d'O et M, en guise de bilan opérationnel.

ADMINISTRATIONS PUBLIQUES TERRITORIALES ET PLANIFICATION RÉGIONALE DANS LA PROVINCE DE QUÉBEC

INTRODUCTION

Sous l'impulsion des techniques de planification, le phénomène régional est actuellement, au Québec, lentement mais sûrement, en train de connaître un très net développement

Dans le modèle français de planification économique, la dimension régionale n'est apparue qu'une dizaine d'années après le lancement du premier plan. Jusqu'autour des années 1955-1956 la projection géographique des options fondamentales était la plupart du temps ignorée.

La voie québécoise de planification se caractérise, elle, plutôt, par un mouvement de sens inverse. Après une tentative de planification globale qui se solda vite par un échec (plan 1-A) en raison de l'absence des matériaux statistiques de base, de l'inexistence d'un état d'esprit favorable à la mise en oeuvre de techniques avancées d'intervention étatique dans le domaine économique, le Québec s'attacha délibérément à l'élaboration de plans régionaux [1].

Aujourd'hui encore, aucune planification d'ensemble ne vient coordonner ces divers plans rendus indispensables par l'existence de profondes disparités régionales, encore qu'une volonté de prendre une telle orientation existe de plus en plus parmi les cadres de l'organisme central de planification : l'office de planification et de développement du Québec (OPDQ).

Parmi ces plans, le premier est en cours d'exécution : il s'agit du plan d'aménagement du Bas Saint-Laurent-Gaspésie-Îles de la Madeleine (1967-1972) ; d'autres ont abouti à la rédaction d'une esquisse : plan de la région du Saguenay — Lac Saint-Jean, plan de la région du Nord-Ouest — Abitibi ; d'autres encore concernent la région de Québec, de Trois-Rivières, du Montréal métropolitain, du bassin de la Yamaska et de la région de l'Estrie.

C'est l'assemblage des diverses pièces de ce vaste puzzle qui permettra, peut-être, de déboucher d'ici un certain laps de temps, sur un plan national de développement et d'aménagement du territoire.

Toutefois, pour que dans cette partie du continent nord-américain la planification globale puisse être acceptée et désirée, encore faudrait-il qu'elle soit perçue, par les citoyens, comme une méthode efficace d'expansion économique et de mieux-être social. En d'autres termes, il s'agit que l'expérience régionale de planification, actuellement en cours, s'effectue de façon satisfaisante, apportant par des résultats tangibles la preuve de la valeur et de la supériorité du plan sur les doctrines classiques d'économie libérale.

---

1. Cf. Les exigences de la planification économique — Conseil d'orientation économique du Québec — Rapport présenté au Gouvernement du Québec, septembre 1964, 74 p.

Or, le retard accumulé dans le calendrier des réalisations dans la région du Bas Saint-Laurent, les critiques assez vives et les déceptions que cet état de fait a engendrées, parmi les forces socio-économiques et les populations des régions concernées, ne paraissent guère très encourageants pour le développement ultérieur de la planification au Québec.

Cela n'est évidemment pas sans présenter certains dangers pour l'avenir de la province, dans la mesure, précisément, où les excès du libéralisme économique administrent chaque jour la preuve de l'incapacité du «laisser-faire», à résoudre les graves problèmes d'ordre économique et social (chômage) auxquels le Canada et le Québec sont présentement confrontés, dans la mesure, aussi, où un échec de la planification régionale peut discréditer pour plusieurs décennies, les méthodes proprement dites de planification.

Les populations concernées risquent fort, en effet, de confondre ce qui ne saurait être que des conséquences, avec les causes véritables de ces éventuels échecs. Or, les causes du ralentissement dans l'élaboration et l'exécution des plans régionaux ne tiennent pas tant aux méthodes elles-mêmes de planification, qu'à des facteurs externes d'ordre notamment administratif.

Quels sont donc les défauts de l'administration publique québécoise en matière de planification régionale?

Deux niveaux doivent être ici envisagés: le premier est le niveau central de l'État, le second, le niveau territorial. Pour des raisons qui tiennent à la fois à la dimension du sujet et aux limites matérielles dans lesquelles nous voulons enfermer nos développements, nous consacrerons essentiellement cette chronique aux aspects territoriaux de l'administration publique québécoise en matière de planification régionale.

L'administration publique québécoise dans les territoires aurait pu sombrer dans deux vices majeurs: le premier afférent à la nature des relations administration-administrés lors du processus de planification, le second concernant la structure interne de l'administration.

Cela, pour préciser que si l'administration publique québécoise a su, fort bien, éviter le premier défaut, elle a au contraire sombré dans le second.

Il est bien connu que toute planification indicative — et c'est à ce genre que se rattache la planification québécoise — se doit de reposer sur la participation des citoyens au processus d'élaboration, d'exécution et de contrôle du plan. Les raisons de cette impérieuse nécessité sont doubles et reposent à la fois sur le principe de démocratie et sur celui plus matérialiste d'efficacité: du moment qu'un plan n'est pas obligatoire, son exécution ne peut venir que de la libre volonté des forces socio-économiques d'en respecter les objectifs, d'où l'obligation de les associer étroitement tout au long du cheminement.

Cette condition de base, cela est indubitable, a dans son ensemble été remplie, notamment dans la région pilote du Bas Saint-Laurent, mais aussi dans les régions du Lac Saint-Jean et de l'Abitibi.

Ce ne saurait donc être à une insuffisance de relations administration-administrés qu'il faille imputer la responsabilité d'avoir engagé la planification régionale dans la voie, pour le moins cahotante, qu'elle suit depuis plusieurs mois maintenant.

La raison tiendrait plutôt aux défauts de la structure interne des administrations publiques territoriales, et, par ces termes, nous entendons embrasser à la fois les administrations publiques de l'État dans les régions (administrations déconcentrées) et les administrations territoriales décentralisées (collectivités locales).

Voyons comment en 1972, la structure même de ces deux administrations dans les régions s'avère constituer les deux principaux obstacles administratifs à la planification régionale dans la « belle province ».

I. LES ADMINISTRATIONS DE L'ÉTAT SUR LE TERRITOIRE : OBSTACLES À LA PLANIFICATION RÉGIONALE

Nous ne voulons évidemment pas dire, par cet intitulé, que c'est la présence même de ces administrations qui s'érige en obstacle au développement de la planification dans ce pays. Nous voulons seulement indiquer qu'elles sont en grande partie responsables des lenteurs enregistrées dans l'exécution du plan (région du Bas Saint-Laurent) et dans la mise en oeuvre des autres plans régionaux, pour diverses raisons qu'il est possible de synthétiser sous deux rubriques principales :

— L'anarchie des circonscriptions administratives régionales.

— La faiblesse de la déconcentration administrative.

1) L'anarchie des circonscriptions administratives régionales

Dans la perspective d'une politique de planification et d'aménagement du territoire, l'existence de circonscriptions administratives régionales apparaît comme une indispensable nécessité.

En effet, au Québec comme dans la plupart des pays (France, Grande-Bretagne, Italie, Espagne...) le cadre municipal s'avère trop étroit, tandis que le niveau national se révèle trop vaste et hétérogène pour permettre la mise en route d'un plan de développement et d'aménagement.

Seule une circonscription d'étendue intermédiaire et dotée d'une certaine unité — la région — est à même d'offrir un support optimal, propre à recevoir les structures administratives adaptées aux problèmes à résoudre, tout en établissant les relations indispensables avec les forces vives du milieu socio-économique.

Cependant, si l'on veut que ce cadre régional puisse permettre une coordination maximale des efforts en provenance et du secteur des administrations centrales et des collectivités locales, encore faut-il que la plupart des ministères adoptent un même découpage administratif.

Avant 1966, l'anarchie et le manque d'uniformité caractérisaient les systèmes régionaux du pays. On ne recensait pas moins de quarante découpages administratifs différents s'enchevêtrant les uns dans les autres. Si l'on ajoute, à cela, le fait qu'on dénombrait à l'époque moins de vingt ministères et que plusieurs d'entre eux n'avaient aucune représentation régionale, on peut mieux encore mesurer l'état anarchique des divisions administratives de la province.

Cependant, cette situation ne présentait peut-être pas de difficultés majeures, à une époque où la déconcentration administrative était des plus réduite, voire inexistante dans certaines administrations, et où tout était décidé au siège central des ministères, c'est-à-dire dans la capitale administrative et politique de la province: Québec.

L'introduction de la planification régionale à partir des années 1965-1966 a sensiblement modifié les données du problème. En rendant nécessaire la déconcentration administrative dans les régions, la planification a mis en relief l'inadaptation des divisions administratives existantes, car une politique qui vise à la rationalisation des décisions, ne peut tolérer l'irrationalité des découpages administratifs. Il est, en effet, contraire à toutes les règles de saine action administrative de voir une même municipalité relever de plusieurs chefs-lieux de régions, parce que les administrations qu'elle doit contacter pour la réalisation de ses programmes sont éparpillées dans plusieurs centres administratifs.

C'est dans le but de pallier ces inconvénients qu'en 1966 le ministère québécois de l'Industrie et du Commerce publiait à la suite d'une étude approfondie, axée sur la théorie bien connue des «pôles de croissance», une carte administrative en dix régions et vingt-cinq sous-régions qui devait servir de modèle de référence à tous les autres ministères de la province.

La publication de cette carte administrative devait poser peu après et un problème de valeur et une question d'efficience.

Un problème de valeur. — Ce cadre en dix régions est-il le cadre optimal compte tenu de la nécessité de rationaliser les structures administratives dans une perspective de développement planifié? Au Québec, comme d'ailleurs en France, le découpage régional officiel est discuté dans les milieux spécialisés et d'aucuns n'hésitent pas à remettre en question la valeur des dix actuelles régions qu'ils jugent trop étroites, proposant plutôt de ramener les délimitations régionales à quelque six régions centrées autour de six pôles urbains principaux qui seraient d'ouest en est: Hull, Montréal, Sherbrooke, Trois-Rivières, Québec, Chicoutimi.

L'absence de consensus, quant à la valeur du cadre administratif en dix régions proposé par le ministère de l'Industrie et du Commerce, et l'incertitude qui règne quant à son avenir, n'ont pas été sans contribuer à rendre les autres administrations provinciales, déjà réticentes, par nature, à introduire des changements dans leurs habitudes, peu enclines à l'adopter pour leur propre usage. Ce qui n'est pas sans poser une question d'efficience.

Une question d'efficience. — On peut, à la fin de l'année 1971, soit quelques cinq ans après la naissance des dix régions administratives, se demander quel degré d'efficience ce modèle a pu atteindre. Autrement dit, l'harmonisation des circonscriptions administratives régionales a-t-elle été réalisée? La réponse est hélas négative et cela bien que le principe d'harmonisation ait été accepté officiellement par un arrêté en conseil du 29 mars 1966.

Le résultat enregistré se caractérise plutôt par la perpétuation de la situation antérieure à 1966, situation rendue toutefois encore moins rationnelle, à la suite de la mise en route, entre-temps, d'une planification régionale.

Quelques chiffres symptomatiques viendront à propos éclairer la situation particulièrement confuse dans laquelle se trouvent plongées les administrations québécoises [2]. Sous réserve des modifications qui sont présentement en cours d'examen dans certains ministères québécois, il semble que trois catégories principales d'administrations puissent être délimitées, compte tenu du clivage régional qui nous préoccupe.

a) *Les ministères sans division régionale :* les Affaires intergouvernementales, la Fonction publique, les Finances, l'Immigration, les Affaires municipales. Certains d'entre eux, toutefois, disposent d'un bureau général à Montréal ou dans deux ou trois villes de la province.

b) *Les ministères dotés d'une ou de plusieurs divisions régionales* (certains services ou directions internes à un ministère ayant adopté leur propre découpage régional) *autres que la division officielle en dix régions administratives.* Ce sont les plus nombreux : les Affaires culturelles (5 bureaux régionaux d'aménagement culturel, 6 bureaux régionaux de diffusion du français), les Affaires sociales (9 bureaux régionaux, 76 unités sanitaires, 22 services de probation), l'Agriculture et la Colonisation (11 bureaux régionaux, 11 bureaux de la régie d'assurance-récolte — ils ne sont pas localisés dans les mêmes villes — 3 laboratoires régionaux, 7 commissions du salaire minimum, 77 bureaux de renseignements agricoles, 8 offices de crédit agricole, 6 services d'hydraulique agricole), la Justice (26 bureaux d'enregistrement, 34 cours de justice, 24 établissements de détention), le Revenu (8 perceptions régionales), les Richesses naturelles (3 gîtes miniers, 5 inspections des mines, 10 offices régionaux des eaux), le Tourisme-Chasse-Pêche (6 directions générales des parcs, 11 services de protection, 10 services de la faune), les Transports (4 services d'inspection, 44 bureaux des véhicules automobiles), le Travail et la Main-d'oeuvre (64 centres de main-d'oeuvre), les Travaux publics et la Voirie (9 services d'état des routes, 17 garages régionaux).

c) *Les ministères ayant adopté le découpage en dix régions administratives :* l'Industrie et le Commerce, l'Éducation.

L'anarchie qui règne en matière de circonscriptions administratives ne facilite guère la mise en oeuvre d'une action régionale concertée, coordonnée et efficace. D'autre part, la faiblesse de la déconcentration administrative au sein des ministères provinciaux n'est pas sans accentuer elle aussi, cette regrettable situation.

2. Ces indications ont été recueillies au cours du premier trimestre de l'année universitaire 1971-72 dans le cadre d'un séminaire de maîtrise dirigé par l'auteur et portant sur « La planification québécoise ».

2) La faiblesse de la déconcentration administrative[3]

« On administre bien que de près ». Cette formule érigée en loi scientifique se vérifie particulièrement dans le champ de la planification, là où l'action administrative ayant une portée économique et sociale des plus conséquentes appelle des mesures rapides, coordonnées au niveau régional entre les diverses administrations territoriales, et adaptées aux besoins locaux.

Or, seule la déconcentration administrative, en donnant à l'autorité régionale en contact direct avec les besoins et les réalités socio-économiques, la possibilité de prendre en toute connaissance de cause les décisions imposées par le contexte, est à même de permettre la mise en oeuvre d'interventions étatiques conformes à ces nécessités.

Cet indispensable dessaisissement par les autorités centrales, de leur pouvoir de décision en matière de planification régionale, au profit de leurs agents dans les circonscriptions administratives territoriales, suppose que soient pleinement réalisées deux conditions :

— Que l'on accepte l'idée de transférer graduellement, mais réellement, à ces autorités administratives locales des pouvoirs de décision assez importants. Cela suppose, bien entendu, que le gouvernement provincial délègue dans les capitales administratives régionales de hauts fonctionnaires dotés de grandes capacités, aptes à prendre les décisions qui s'imposent, capables quand les circonstances le nécessitent de faire preuve d'initiatives. Pour ces hauts fonctionnaires, la région devrait apparaître comme un tremplin pour l'accès à de plus hautes fonctions au niveau provincial, après un passage de quelques années en contact direct avec les administrés et les aspects concrets d'une administration de mission.

— Que l'on dote les administrations publiques déconcentrées d'une structure de coordination intra-ministérielle, interministérielle et intersectorielle (secteur public et privé). Faute de quoi, le développement régional ne pourra que se heurter aux multiples blocages d'une administration super-cloisonnée.

Voilà pour les conditions de base indispensables à la nécessité d'une planification régionale dans la province. Mais ces conditions sont-elles remplies dans la réalité administrative québécoise ?

À ce propos, deux zones géographiques doivent être distinguées :

— La région du Bas St-Laurent - Gaspésie - Îles de la Madeleine où un effort de déconcentration est tenté depuis deux à trois ans lequel devrait s'accentuer si l'on en croit les déclarations du ministre de l'ODEQ de l'époque[4] le Dr Robert Quenneville.

---

3. Cf. L'administration provinciale dans le territoire pilote — V. Lemieux et Y. Leclerc — B.A.E.Q. — décembre 1965 — 221 pages.
   L'Activité gouvernementale — A. Gélinas et Y. Tremblay — C.O.E.Q. — février 1968 — Cahier ½ — 95 pages.
   Les structures administratives régionales — A. Lajoie — Presses de l'Université de Montréal.

4. L'Office de Développement de l'Est de Québec est l'organisme chargé de l'exécution du plan d'aménagement de la région pilote.

Dans cette région pilote que l'administration publique québécoise utilise comme un véritable terrain d'expérimentation, les structures administratives ne sont pas sans rappeler les institutions régionales françaises. On trouve en effet à côté d'un CRD (Conseil régional de développement) dont le sigle même se rapproche étangement des CODER et dont la mission est aussi une mission de consultation, la CAR (Conférence administrative régionale) laquelle, comme dans l'hexagone, réunit les hauts fonctionnaires territoriaux (appelés ici coordonnateurs régionaux). En haut de l'édifice institutionnel régional se trouve, là encore, un personnage qui n'est pas sans évoquer parfois le préfet régional français: le délégué au Plan, lequel relève de l'OPDQ et a pour fonction la coordination de la machine planificatrice régionale.

— Les autres régions de la province, quant à elles, sont, sur le plan administratif, considérablement moins bien structurées. Le délégué au Plan n'existe pas, la CAR est absente et seules les organes de consultation sont en place.

Mais, d'une façon générale, avec des variations toutefois, selon que l'on envisage telle ou telle des deux zones précédentes, plusieurs défauts internes à la structure administrative territoriale doivent être soulignés qui font qu'à l'heure actuelle la déconcentration administrative est loin d'être une réalité.

— Les « délégations de pouvoirs » dévolues aux agents régionaux sont à peu près inexistantes. Une étude récente réalisée par M. Germain Julien dans le cadre de la Mission de planification régionale Saguenay — Lac Saint-Jean pour le compte de l'OPDQ conclut très nettement en ces termes : « L'analyse des pouvoirs des fonctionnaires régionaux indique que les ministères sont très peu déconcentrés. Il n'y a pas de véritable délégation de pouvoirs formels de consultation, de recommandation ou de décision aux fonctionnaires régionaux »[5]. En effet, les avis de ces derniers — lorsqu'on les leur demande — sont loin d'être toujours suivis par les autorités provinciales. Ce qui encourage évidemment beaucoup plus le ritualisme[6] de la fonction publique régionale que son dynamisme.

— En second lieu, il faut souligner que toutes les administrations n'ont pas procédé à la désignation de fonctionnaires coordonnateurs chargés, au niveau territorial et pour le ministère, d'assurer l'unité d'action de l'ensemble des services. Et quand les administrations y ont procédé (cas de la région pilote), on s'aperçoit que le niveau des pouvoirs délégués à chaque coordonnateur régional varie considérablement d'une administration à une autre, ce qui n'est pas sans alourdir et freiner considérablement le fonctionnement de la machine administrative régionale.

Souvent d'ailleurs, les administrations ne se hâtent guère de procéder à la nomination des coordonnateurs régionaux et il faut les interventions réitérées de l'OPDQ pour que la désignation intervienne.

---

5. Germain Julien. L'Administration provinciale, Mission de planification régionale Sague-nay - Lac St-Jean, Annexe no VI à l'esquisse du plan de développement, Gouvernement du Québec, C.P.D.Q., avril 1970, p. 48.

6. Ce terme est à prendre dans le sens que lui donne Michel Crozier in « Le phénomène bureau-cratique », Ed. Le Seuil Paris.

— En troisième lieu, il faut préciser que les fonctionnaires régionaux ne sont pas toujours les éléments jugés les plus compétents dans le ministère. Si bien que la région semble plutôt considérée par les autorités publiques comme un moyen de reléguer un fonctionnaire qui ne donne pas pleinement satisfaction, une forme de sanction, que comme une promotion.

Résultat, un cercle vicieux administratif difficile à rompre et qui contribue pour une large part à dresser des écueils sur la voie d'une planification régionale rentable : comme les administrations régionales ne détiennent aucun levier d'action important, aucun fonctionnaire qualifié ne désire occuper un poste dans les régions : on y «expédie» donc trop souvent des fonctionnaires de valeur moins affirmée et l'on justifie leur insuffisante compétence, pour refuser la mise en route d'une profonde politique de déconcentration administrative.

— En dernier lieu, il faut encore indiquer que les administrations régionales — nonobstant le cas de la région pilote — sont plutôt squelettiques. Elles n'ont pour emprunter la formule de M. Michel Debré à propos des départements français «que la peau sur les os».

En outre, les bureaux régionaux des diverses administrations, par ailleurs souvent assez vétustes, au lieu d'être regroupés dans un même bâtiment, sont au contraire, la plupart du temps, dispersés aux quatre coins de la capitale régionale.

Bien entendu les lenteurs et les erreurs administratives qui s'ensuivent ne contribuent guère à faire de la planification régionale au Québec, l'expérience réussie que l'on voudrait en même temps voir aboutir. Aussi comprend-on pourquoi la réforme des administrations de l'État sur le territoire nous paraît des plus souhaitable.

D'autre part, parallèlement à la réforme des administrations de l'État dans les régions, devrait être mise en oeuvre une vaste réforme des administrations locales décentralisées.

II. LES ADMINISTRATIONS LOCALES DÉCENTRALISÉES OBSTACLES À LA PLANIFICATION RÉGIONALE

Sans qu'il soit de notre propos dans cet article de faire état des multiples inconvénients de l'actuel éparpillement municipal dans la province, il faut néanmoins souligner la position particulièrement difficile, dans laquelle se trouvent présentement les municipalités, en matière de planification[7].

Ces dernières se trouvent en effet dans une position peu confortable, devant, d'une part, participer en tant que groupement démocratique au processus de planification qui les concerne directement et matériellement, puisqu'elles ont un rôle non négligeable en matière d'équipements collectifs et d'expansion économique, et ne pouvant, d'autre part, influencer le système de planification de façon très sensible, à quelque stade du processus, étant trop exiguës et démunies de moyens, en hommes et en matériel.

---

7. Cf. Contribution à l'étude des gouvernements municipaux, Annexe technique au plan de développement du Bas Saint-Laurent, J-G. Frenette, Léo Jacques, J. Breton, B.A.E.Q., janvier 1966.

Le résultat est là partìculièrement regrettable, puisqu'il se marque par une participation toute formelle, à un mécanisme décisionnel dont les répercussions sur les collectivités locales risquent fort d'être particulièrement notables.

La solution à ce problème passe par l'adoption d'une réforme municipale d'ensemble, seule capable de faire des municipalités rénovées, les interlocutrices qualifiées des administrations de l'État.

Cette réforme municipale, actuellement en cours d'examen au ministère des Affaires municipales et qui viendra vraisemblablement d'ici à quelques semaines en discussion à l'Assemblée nationale du Québec, devrait recouvrir en pratique deux sous-réformes, lesquelles, pour avoir une chance de réussir pleinement, devraient être menées conjointement :

1) La réforme des structures municipales

Elle s'impose dans un pays où l'on recense quelques 1 596 municipalités[8] dont plus de 1 100 ont une population inférieure à 1 500 habitants ; ce qui signifie que 70% du nombre total des municipalités de la province regroupe à peine 18% de la population globale[9].

Cette parcellisation administrative au niveau municipal fait évidemment des municipalités des unités aux pouvoirs restreints, à l'autonomie formelle, sans réelle coordination entre elles (excepté pour les 3 communautés urbaines indiquées en note), ce qui rend bien malaisé la mise en oeuvre d'une planification, au niveau urbain notamment.

La nécessité d'un regroupement municipal fut d'ailleurs clairement perçue par ceux qui contribuèrent à la rédaction des cahiers du plan de la région du Bas Saint-Laurent. L'un de ces cahiers — le no 8 — rédigé sous l'égide du Bureau d'Aménagement de l'Est du Québec (BAEQ) — organisme d'études chargé en son temps de l'élaboration de la région pilote — et consacré au cadre institutionnel, prévoit, non sans raison, de ramener le chiffre de 200 municipalités à 22.

Le nombre des municipalités dans cette région n'a, hélas, que peu varié depuis.

2) La réforme des finances locales.

Les finances étant, comme chacun le sait, l'élément clé en dehors duquel il n'est aucune autonomie possible, il appartient à l'État de doter les municipalités rénovées en ressources suffisantes, afin de leur permettre de remplir les tâches croissantes auxquelles la planification régionale les convie.

Or, présentement, loin d'accompagner une élévation des ressources, l'accroissement continu des besoins entraîne plutôt une augmentation incessante des dépenses budgétaires des collectivités locales.

---

8. Chiffre auquel il convient d'ajouter les trois communautés urbaines de Québec, Montréal et de l'Outaouais.

9. Cité dans *Municipalité* 71, février 1971, p. 6. Bulletin publié par le ministère des Affaires municipales du Québec.

Les administrations territoriales décentralisées ne pourront devenir des partenaires adultes, dans le processus de planification régionale, qu'après avoir comblé leur déficit, par des moyens autres que les subventions étatiques et le recours aux emprunts.

CONCLUSION

La régionalisation de l'administration publique québécoise, étape indispensable pour lever quelques-uns des principaux obstacles accumulés sur la voie de la planification, doit donc être située au point de jonction de deux ·courants réformateurs :

— Une réforme administrative descendante (de l'État vers la région) visant à déconcentrer les administrations de l'État.

— Une réforme administrative ascendante (des municipalités vers la région) visant, par la modification des structures et des finances locales (regroupement municipal), à la décentralisation véritable des administrations locales de la province.

Ces deux réformes sous-entendent toutefois qu'administrateurs locaux et hommes politiques admettent ensemble, et la nécessité de planifier le développement économique et physique de la province, et les inconvénients nés des actuelles structures administratives régionales.

Restera alors à la planification québécoise à surmonter les obstacles que dressent parfois sur son chemin l'administration publique au niveau central cette fois, l'absence de planification au sein de la confédération canadienne et l'omniprésence de l'économie américaine.

L'ADMINISTRATION CENTRALE DU PLAN DANS LA PROVINCE DE QUÉBEC

Dans notre précédent article nous nous sommes attachés aux aspects territoriaux de l'administration publique québécoise en matière de planification régionale[1]. La chronique d'aujourd'hui vise à compléter cette première présentation par un examen des institutions et du fonctionnement de la machine administrative chargée de la planification au niveau central de l'État[2].

I. LES INSTITUTIONS CENTRALES DE LA PLANIFICATION

Deux séries d'organes sont chargés de la mise en oeuvre de la planification dans la «Belle Province». La première série est composée d'une structure de coordination de type horizontal flanquée de deux instances consultatives, l'une de nature administrative (la Commission interministérielle de planification et de développement), l'autre de nature démocratique (le Conseil de planification et de développement du Québec). La seconde série, par contre, composée des divers organes ministériels de planification, présente des aspects sectoriels et verticaux.

A) L'ORGANISME CENTRAL DE PLANIFICATION

Il a porté divers noms depuis sa création en 1961. Aussi conviendra-t-il d'examiner successivement le Conseil d'orientation économique du Québec (COEQ), puis l'Office de planification du Québec (OPQ) et enfin l'Office de planification et de développement du Québec (OPDQ).

1° Le Conseil d'orientation économique du Québec (1961-1968)[3].

C'est au Parti libéral que les Québécois doivent l'instauration du premier organisme central de planification. Ce dernier, inscrit dès 1960 au programme électoral du PLQ, devait, en effet, être créé par une loi en date du 22 février 1961, peu après les élections qui mirent fin au duplessisme dans la province en portant les libéraux au pouvoir.

Le COEQ reçut une double mission: d'une part élaborer le plan d'aménagement économique de la province en prévoyant l'utilisation la plus complète possible de ses ressources matérielles et humaines, d'autre part, conseiller le gouvernement, de sa propre initiative ou sur demande, sur toute question économique[4].

---

1. Cf. Alain Baccigalupo, «Administrations Publiques territoriales et Planification régionale dans la Province de Québec, in *La Revue Administrative,* janvier-février 1972.

2. Nous précisons que dans la terminologie québécoise très souvent les termes «central» voire «national» indiquent le niveau provincial tandis que le terme «fédéral» désigne le gouvernement d'Ottawa. C'est en conformité avec cet usage que nous emploierons les vocables «central» et «national» chaque fois qu'il sera question de l'administration de la province de Québec.

3. On lira avec intérêt à ce propos l'excellent article de Roland Parenteau: «L'expérience de la planification au Québec (1960-1969)», in *L'Actualité Économique,* Montréal, janvier-mars 1970.

La mission du COEQ devait rapidement se traduire, dans les faits, par une profonde déception — l'échec du projet d'élaboration d'un plan global (dit plan IA) — suivie d'une indispensable reconversion d'objectifs.

Le Conseil dut, en effet, s'orienter dans deux autres directions, moins spectaculaires mais plus aisément réalisables : se doter des outils de base indispensables à la construction d'un futur éventuel plan national de développement et préparer un plan régional limité à un territoire-pilote : la région du Bas Saint-Laurent — Gaspésie — Iles de la Madeleine[5].

Cette période 1961-1968 fut donc la période du travail à la pièce. Aussi, le bilan présenté par le COEQ au bout de sept années de fonctionnement laisse-t-il apparaître un contenu très disparate : recommandations au gouvernement débouchant sur la création, ou le développement, de quelques institutions économiques appelées à un avenir prometteur en raison de leur caractère « d'instruments collectifs de planification » (la Société générale de financement, l'Hydro-Québec, un complexe sidérurgique, la Régie des rentes, la Caisse de dépôts et placements), études fort nombreuses, de nature statistique très souvent, mais non exclusivement, et portant sur des sujets aussi variés que le chômage saisonnier, l'armature urbaine, la déconcentration administrative, la participation de la population et l'animation sociale, sans oublier le tableau inter-industriel élaboré conjointement avec le Bureau de la statistique du ministère de l'Industrie et du Commerce, et le PPBS. Le bilan, toutefois, serait incomplet si l'on ne nommait pas, en outre, la participation du COEQ à l'administration des fonds consacrés aux programmes d'aménagement rural et de développement agricole (ARDA).

Cependant, ce foisonnement d'activités ne put faire du COEQ le véritable organisme de planification que la loi avait voulu engendrer.

Malgré la création entre 1962-1964 de structures horizontales de coordination (Conseil ministériel de planification de cinq membres et Comité permanent d'aménagement des ressources — CPAR — composé de sous-ministres) destinées à pallier les difficultés de fonctionnement éprouvées par le COEQ, la situation de ce dernier ne put être complètement améliorée.

Sans vouloir présenter une liste exhaustive de ces difficultés, mentionnons toutefois les trois principales d'entre elles :

— Une relative concurrence se faisait jour entre le COEQ et le CPAR, ce dernier intervenant en pratique de plus en plus, non seulement au niveau de l'exécution, mais aussi à celui de l'élaboration, car la tentation d'établir, au sein même du Comité, les politiques générales des ministères concernés était trop grande, pour que celui-ci puisse y résister bien longtemps.

— Une quasi-impossibilité pour le COEQ de concilier les objectifs prioritaires du plan, avec les priorités établies pour chaque ministère pour son propre compte. Concilier coordination et autonomie ministérielle s'avéra, en effet, très sûrement, l'obstacle majeur que le COEQ ne parvint pas à surmonter. Tout cela parce que le COEQ n'était ni subordonné, ni supérieur à

---

4. Article 3 de la loi instituant le COEQ sanctionnée le 22 février 1961.
5. Cf. Alain Baccigalupo, op. cit.

aucun ministère, sa place étant à côté, en tant que laboratoire parallèle aux structures administratives traditionnelles, chargé de préparer les projets à long et moyen terme, pour le compte du gouvernement.

L'incertitude quant au rôle primordial du COEQ, tiraillé sans cesse entre les deux fonctions opposées et non complémentaires que la loi lui avait attribuées : la fonction planificatrice (moyen et long terme prévisionnel) et la fonction de conseiller économique (court terme conjoncturel)[6].

C'est pourquoi dès l'automne 1966 « le COEQ... sensible aux difficultés... qui paralysaient son action recommandait... au nouveau gouvernement du Québec[7] la création de deux organismes complémentaires — l'Office de planification et le Conseil de développement — destinés à le remplacer ». Ainsi auraient été « nettement dissociées la fonction de planification et la fonction consultative »[8].

Ces recommandations qui constituaient pour le COEQ, en pratique, un acte de sabordage, furent acceptées dans leur principe par le Cabinet dès novembre 1966, mais il fallut patienter jusqu'en 1968 pour les voir se traduire dans des textes législatifs[9].

2° L'Office de planification du Québec

En octobre 1968, succédant au COEQ, est d'abord créé un Office de planification, conformément aux voeux formulés par le défunt Conseil.

Le rôle de l'Office se limitait à l'élaboration des plans et programmes de développement. Il ne devait avoir, en principe, aucune intervention directe sur le développement, par des actions concrètes d'exécution de ces plans ou programmes. La responsabilité de telles actions, jugées nécessaires, devait être confiée à l'Office de développement qu'on se proposait de créer à l'époque, en même temps que l'OPQ. Toutefois, l'Office de développement ne verra jamais le jour, car peu de temps après la création de l'OPQ, courant 1969, ce dernier verra son rôle s'élargir considérablement pour embrasser tout à la fois la fonction de planification et celle de développement, donnant naissance par là-même à l'actuel Office de planification et de développement du Québec.

3° L'Office de planification et de développement du Québec

Trois rouages principaux constituent en réalité la machine horizontale de planification : l'Office proprement dit, la Commission interministérielle de planification et de développement (CIPD) et le Conseil de planification et de développement (CPDQ).

---

6. Nous verrons dans les lignes qui suivent que ces deux dernières difficultés notamment sont, aujourd'hui encore, les principaux obstacles à un fonctionnement satisfaisant de l'OPDQ.

7. L'Union Nationale venait d'accaparer le Pouvoir après l'échec du Parti Libéral.

8. Cf. Premier Rapport de l'OPDQ (1969-1970), Gouvernement du Québec, Conseil exécutif, Québec, février 1971, p. 15.

9. Loi du 5 juillet 1968.

a) *L'Office proprement dit.* Aux termes de la loi du 9 juin 1969 qui institua l'OPDQ, deux *fonctions* essentielles lui furent attribuées : d'une part, « agir comme agent de liaison entre les ministères et organismes du gouvernement dans la mise en oeuvre des plans, programmes et projets de développement économique et social qui intéressent plusieurs ministères ou organismes du gouvernement et qui lui sont indiqués par le lieutenant-gouverneur en conseil » et, d'autre part, « assumer la direction et assurer l'exécution de tout plan, programme ou projet d'aménagement rural et de développement agricole, dont la réalisation lui est confiée par le lieutenant-gouverneur en conseil ».

La mission de planification de l'Office (rôle de conception) fut complétée, concrètement, par la fonction de développement (rôle d'exécution), lorsque l'Office intégra le personnel et les fonds consacrés à l'administration des programmes d'aménagement rural et de développement agricole (ARDA) jusque-là rattachés au ministère de l'Agriculture et de la Colonisation (automne 1969), puis ceux de l'ODEQ (24 février 1970) responsable on le sait de l'administration de l'Entente générale de coopération Canada-Québec signée le 28 mai 1968 par les deux gouvernements[10].

À ce double titre l'OPDQ gère, présentement, de nombreux programmes concernant : l'implantation du nouvel aéroport international de Montréal (Sainte-Scholastique) et la sous-région nord de Montréal, les missions de Saguenay-Lac Saint-Jean, du nord-ouest québécois et de l'Estrie, l'aménagement du bassin hydrographique de la rivière Yamaska, les zones spéciales, l'entente générale de coopération Canada-Québec pour le développement du Bas-Saint-Laurent, l'entente sur l'aménagement rural et le développement agricole (ARDA), le projet Derro-Tétouan de développement économique et rural au Maroc[11], le Bureau d'aménagement et de gestion du complexe scientifique de Sainte-Foy[12].

---

10. « Ces deux gestes administratifs consacraient le nouveau rôle attribué à l'Office par la loi de 1969 : celui d'agent du développement ». Premier Rapport de l'OPDQ, op. cit. p. 33.

11. Programme de coopération Maroc-Québec géré au début par le ministre québécois des Affaires intergouvernementales, puis intégré à l'OPDQ en raison de son caractère économique.

12. Le Bureau — organisme ad hoc — créé par l'Office à l'intérieur de ses propres structures lui demeure rattaché et tient de lui tous ses pouvoirs. Il bénéficie toutefois de l'autonomie nécessaire à l'administration de l'entreprise. Il est situé à Ste-Foy, ville de la banlieue immédiate de Québec-City.

TABLEAU XXIX

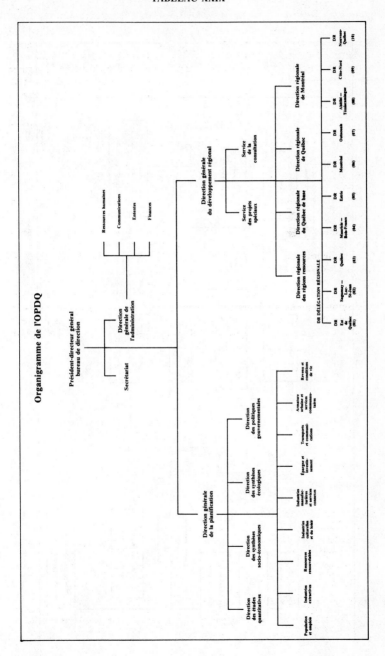

Organigramme de l'OPDQ

368

TABLEAU XXX

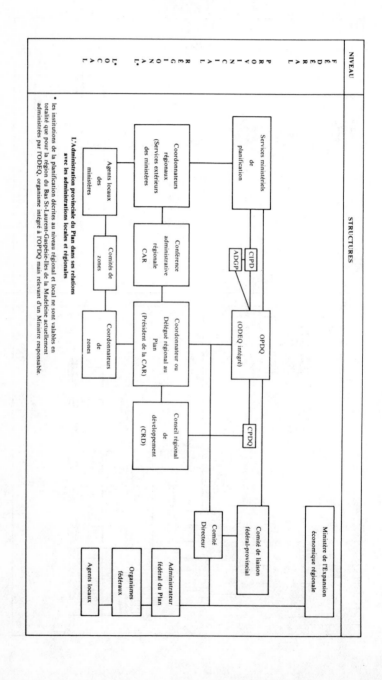

NIVEAU

STRUCTURES

FÉDÉRAL

PROVINCIAL

RÉGIONAL

L'OCAL

Services ministériels de planification

Coordonnateurs régionaux (Services extérieurs des ministères)

Agents locaux des ministères

CIPD

ADGP

OPDQ (ODEQ intégré)

Conférence administrative régionale CAR

Comités de zones

Coordonnateur ou Délégué régional au Plan (Président de la C.A.R.)

Coordonnateurs de zones

Conseil régional de développement (CRD)

CPDQ

Comité Directeur

Comité de liaison fédéral-provincial

Administrateur fédéral du Plan

Organismes fédéraux

Agents locaux

Ministère de l'Expansion économique régionale

L'Administration provinciale du Plan dans ses relations avec les administrations locales et régionales

* les institutions de la planification décrites au niveau régional et local ne sont valables en totalité que pour la région du Bas St-Laurent-Gaspésie-Îles de la Madeleine actuellement administrées par l'ODEQ, organisme intégré à l'OPDQ mais relevant d'un Ministre responsable.

TABLEAU XXXI

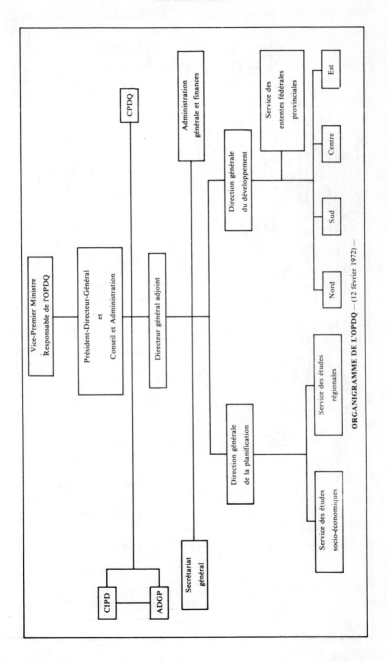

ORGANIGRAMME DE L'OPDQ — (12 février 1972) —

TABLEAU XXXII

Office de planification et de développement du Québec

Évolution budgétaire de l'Office depuis 1969 jusqu'à 1976 (1)

(en milliers de dollars)

	1969/1970	1970/1971	1971/1972	1972/1973	1973/1974	1974/1975	1975/1976	1976/1977	Revue programme 1978
ARDA									
Inventaire canadien des terres	$ 6 000.0	$ 6 000.0	$ 2 982.3	$ 8 477.9	$ 10 450.0	$ 517.7	$ 1 600.0	$ 200.0	---
Zones spéciales	713.0	534.7	647.9	55 064.0	47 475.0	45 421.0	11 327.0	17 996.0	5 200.0
Est du Québec	1 370.1	17 674.0	11 754.0	58 030.8	63 570.1	2 015.0	2 046.4	100.0	6 900.0
Entente cadre	---	14 577.8	23 609.7	---	---	15 000.0	5 000.0	100.0	121 100.0
Autres	470.0	400.0	1 200.0	---	---	---	---	---	---
Fonds de développement régional	---	---	---	---	2 100.0 (5)	4 353.3 (5)	42 600.0	40 054.6	---
Provision	---	---	17 480.6	4 375.6	10 710.0	26 663.2	15 830.0	30 789.5	16 200.0
Sous-total	$ 8 553.1	$39 186.5	$57 674.5	$125 948.3	$134 305.1	$93 970.2	$78 403.4	$89 240.1	$149 400.0
Travaux de planification	---	---	---	578.5	610.7	800.0	2 000.0	1 500.0	1 500.0
Aide à la consultation	250.0	497.0	900.0	1 100.0	1 150.0	1 376.8	1 415.5	1 500.4	1 665.4
Gestion interne et soutien	1 314.3	2 051.9	1 941.8	1 913.2	2 374.4	3 228.4	3 830.3	4 203.6	4 808.2
Sous-total	$ 1 564.3	$ 2 548.9	$ 2 841.8	$ 3 591.7	$ 4 135.1	$ 5 405.2	$ 7 245.1	$ 7 204.0	$ 7 973.6
OPDQ	---	125.0	210.0 (2)	200.0	200.0	301.9	---	---	---
BAGCS	---	---	---	---	200.0	160.0	169.6	---	---
Placement étudiant	---	50.0	250.0	250.0	486.2	(3)	---	200.8 (4)	---
Initiatives locales	---	---	---	---	175.0	(3)	---	---	---
Sous-total	---	$ 175.0	$ 460.0	$ 450.0	$ 1 061.2	$ 461.9	$ 169.6	$ 200.8	---
Total	10 117.4	41 910.4	60 976.3	129 990.0	139 501.4	99 837.3	85 818.1	96 644.9	157 373.6
Contribution fédérale	5 123.0	32 510.0	45 891.6	90 666.7	77 943.9	(6)	---	---	---
Total	$ 4 994.4	$ 9 400.4	$15 084.7	$39 323.3	$ 61 557.5	$99 837.3	$85 818.1	$96 644.9	$157 373.6

(1) Ces chiffres sont tirés du livre des crédits pour chacune des années financières.
(2) Ce montant comprenait $150.0 pour le CPDQ et $60.0 pour le Conseil économique régional de Montréal.
(3) Étaient inscrits en début d'année $425.0 pour placement étudiant et $175.0 pour initiatives locales qui furent transférés en cours d'année.
(4) Transféré au ministère de l'Éducation par A.C. numéro 3802-76 du 3 novembre dernier.
(5) Montants prévus pour la programmation Yamaska et n'apparaissant pas au titre du Fonds DR lequel fut créé en 1975-1976.
(6) À compter de 1974-1975 les contributions fédérales ne sont plus inscrites en déduction de la dépense au livre des crédits.

Québec, le 25 novembre 1976

Après avoir, dans un premier temps, poursuivi l'oeuvre de ses prédécesseurs — COEQ et OPQ — l'OPDQ décida de poursuivre ses objectifs statistiques et régionaux[13] tout en s'attaquant cette fois à la définition des « objectifs globaux de développement socio-économique pour les années 1971-1976 ». Dans le document publié le 25 octobre dernier par l'Office, sept objectifs sont indiqués comme prioritaires : la création d'emplois, l'accroissement de la productivité, la stabilisation des coûts et des prix, le développement régional, la concentration des centres de décision, le développement social, la qualité de l'environnement.

Du point de vue structurel, l'OPDQ est légalement rattaché au Conseil exécutif et au Premier Ministre ou à un autre membre du Conseil désigné par lui. Dans les faits l'OPDQ a relevé du Premier Ministre depuis sa création jusqu'au remaniement ministériel du 2 février 1972. Depuis lors, il a relevé du vice-Premier-Ministre, ministre des Affaires intergouvernementales et leader en chambre : M. Gérard D. Lévesque[14].

Corporation au sens du code civil québécois, l'OPDQ est dirigé par un Conseil d'administration de cinq membres (sous-ministres généralement) à la tête duquel est placé un président-directeur général ayant rang de sous-ministre également.

« Au terme de l'exercice 1969-1970 l'Office ne s'était pas encore doté de structures internes clairement définies et susceptibles de se traduire dans un organigramme traditionnel ». Très pragmatiques « les responsables de l'office s'étaient surtout attachés à mettre en place les équipes de travail correspondant aux divers programmes, anciens ou nouveaux à réaliser... À chacun de ces programmes correspondait une équipe de travail plus ou moins nombreuse composée de professionnels qui lui était attaché en fonction des exigences et de la durée du programme mais qui demeuraient disponibles pour d'autres tâches selon les besoins. Ce type d'organisation souple et mobile était le seul qui pouvait convenir aux conditions particulières dans lesquelles l'Office a été appelé à oeuvrer au cours de sa première année d'existence »[15].

En 1972, il était encore très malaisé de se procurer l'organigramme officiel de l'OPDQ pour autant qu'il en existât un. Toutefois, il était possible, à partir de nombreuses informations recueillies sur cet organisme, de commenter comme suit la nomenclature générale de l'Office.

La structure interne de l'Office reflète la dichotomie de fonctions attribuées à l'organisation. L'organigramme ci-dessous révèle la présence outre le Conseil d'administration, le directeur, le secrétariat général, et le Service des finances, de deux grandes directions : l'une de planification chargée des études régionales et socio-économiques, l'autre du développe-

13. Depuis sa création l'OPDQ s'est en effet attaché à poursuivre l'oeuvre de ses prédécesseurs en matière régionale et en matière de connaissance du milieu socio-économique. Il a élaboré à ce sujet divers rapports portant sur : la comptabilité nationale par niveau régional, le chômage saisonnier, l'inventaire des Terres du Canada, la croissance économique, la répartition géographique du revenu, la démographie et récemment le schéma économique et spatial, étude de caractère plus global.

14. Cf. Gilles Lesage : « Remaniement à Québec — Six ministres sont déplacés », in *Le Devoir*, 3 février 1972, p. 7.

15. Premier Rapport de l'OPDQ, op. cit. pp. 101-102.

ment. Cette dernière direction est divisée géographiquement depuis peu[16] en quatre zones : Sud, Nord, Centre et Est regroupant les dix régions administratives définies par le ministère de l'Industrie et du Commerce[17]. Un service de programmation relié à cette direction coordonne l'exécution des programmes.

Le personnel est constitué de deux catégories de membres : les membres réguliers de l'Office (fonctionnaires régis par la loi sur la Fonction publique) et les contractuels. La première catégorie est assez nombreuse depuis l'intégration à l'OPDQ des administrations de l'ARDA et de l'ODEQ[18]. L'Office souhaiterait voir les effectifs portés à 154 personnes au cours de l'année. Ce chiffre, soulignons-le au passage est de 26 unités supplémentaires à celui accordé par le Conseil du trésor du gouvernement provincial. La seconde catégorie est constituée de nombreux consultants au sens large du terme, ce qui s'explique fort bien par la nature même du travail confié à l'Office. Contrairement à l'activité des administrations de type traditionnel où les tâches présentent souvent un aspect répétitif et permanent, l'office gère de nombreux programmes d'études et de recherches qui présentent par contre un aspect original et temporaire. Comme ces tâches réclament par ailleurs un personnel assez nombreux et hautement qualifié on comprend, dès lors, qu'il accueille un nombre élevé de contractuels non régis par la loi sur la Fonction publique, affectés à des projets spécifiques, pour une période limitée.

La nature même des activités de l'Office, où l'accent est mis très nettement sur les études, la recherche, la direction des groupes de travail inter-ministériels réunissant cadres et professionnels[19] explique aussi que l'Office détienne une proportion de cadres et de professionnels de beaucoup supérieure à celle enregistrée dans toutes les autres administrations ministérielles[20]. Il faut aussi souligner ce qui apparaît comme la grande caractéristique du personnel de l'Office : la diversité des disciplines professionnelles représentées : économie, sociologie, science politique, droit, agronomie, sciences exactes...

La qualité de ce personnel ne suffisant pas à elle seule à assurer une coordination et une exécution des plans élaborés que l'Office il a fallu songer à créer au sein de l'OPDQ une structure consultative de nature interministérielle.

b) *La Commission interministérielle de planification et de développement (CIPD).* — Une structure semblable existait déjà au sein du Conseil d'orientation. Cette commission a toutefois vu son rôle s'accroître entre 1968 et 1969 car, si la première loi de l'Office soumettait la consultation de la commission au bon vouloir des responsables de l'Office — la Commission n'ayant à donner son avis qu'à la demande expresse du directeur général de

---

16. Été 1971.

17. Cf. Alain Baccigalupo, op. cit.

18. 133 personnes au 30 septembre 1971. Sources « les Structures administratives et le plan d'effectifs », OPDQ, Québec, 30 novembre 1971, p. 14.

19. Dans la nomenclature en usage dans cette partie du continent nord-américain les termes cadres et professionnels correspondent à ce que la Fonction publique française range dans la catégorie A.

20. 50% au lieu de 20 à 25% en moyenne.

l'Office — la seconde loi allait, par contre, beaucoup plus loin : « sans doute le rôle de la commission demeure-t-il consultatif, mais le caractère *obligatoire* de la consultation dans certaines matières lui donne un statut nouveau qui traduit, de façon plus nette, l'intention déjà implicite dans la première loi de l'Office d'établir entre ce dernier et l'administration gouvernementale des liens organiques et permanents »[21].

Composée de hauts fonctionnaires représentant les divers ministères québécois elle institutionnalise le précédent établi par le COEQ lequel comprenait déjà, au titre de membres adjoints, quelques fonctionnaires de niveau sous-ministre.

Cette structure — dont la fréquence de réunion est bimensuelle — a pour but de permettre aux administrateurs des divers ministères provinciaux de participer aux travaux de l'Office, de tenter d'assurer cette fonction de coordination sans laquelle il n'est pas de planification possible.

Afin de préparer plus efficacement les travaux de cette Commission il fut décidé de créer une sous-commission interministérielle que l'on désigna sous le terme : d'Atelier des directeurs généraux de planification (A.D.G.P.).

L'ADGP. Le problème de la création de cet atelier fut abordé, dès le 1er décembre 1969, par la CIPD elle-même. Cette dernière se posa très tôt le problème de savoir quelle structure devait être créée si l'on voulait faire participer valablement les ministères aux travaux de planification correspondant au mandat de l'Office.

En effet si une telle participation « incombe d'abord à la commission elle-même qui a précisément été instituée à cette fin », il faut réaliser que « la commission se compose à peu près exclusivement de sous-ministres que leurs nombreuses responsabilités empêchent forcément de se réunir fréquemment et d'être eux-mêmes les agents exclusifs, de la collaboration de leur ministère respectif, à l'entreprise complexe et largement technique, d'élaboration des plans de développement »[22].

L'ADGP était donc le mécanisme qui devait permettre, plus aisément, la participation directe et continue des ministères, aux travaux de planification de l'Office.

Aussi le mandat de l'Atelier se définit-il comme suit : « élaborer les schémas généraux de développement qui sont destinés à constituer, dans une première étape, l'esquisse d'un plan de développement socio-économique pour le Québec et qui doivent servir à ce titre, de toile de fond pour la programmation de l'ensemble des activités des ministres dans le cadre de leurs budgets annuels ».

Mais, comme toute planification, indicative greffée sur le corps d'une économie libérale, la planification québécoise a ressenti le besoin de doter ses

---

21. Ce qui faire dire aux auteurs du Premier Rapport de l'OPDQ, op. cit., p. 30 que « le COEQ se situait dans une large mesure à l'écart de l'administration gouvernementale régulière » tandis que « l'Office, au contraire, en fait partie intégrante même s'il bénéficie par ailleurs d'un statut corporatif ».

22. En ce qui concerne l'ADGP les citations sont extraites du Premier Rapport de l'OPDQ, op. cit., pp. 31-32.

structures d'un organe consultatif représentatif des grandes forces socio-économiques de la province.

c) *Le Conseil de planification et de développement du Québec (CPDQ)*. Prévu par l'article 7 de la loi de l'Office de planification du Québec (5 juillet 1968) sur le nom de «Conseil de planification du Québec» l'instance consultative ne sera pas encore née que la loi de l'Office de planification et de développement du Québec créant une autre structure de participation sous le nom de CPDQ sera sanctionnée (9 juin 1969).

Il fallut toutefois attendre deux ans avant que ne se tienne la première réunion de cette instance nationale consultative, en raison des multiples difficultés rencontrées auprès de certains organismes sur les modalités de désignation des membres du Conseil, en raison aussi du changement de gouvernement enregistré au printemps 1970.

Le 3 juin 1972 toutefois, se tint la première réunion du CPDQ. «C'est, devait dire à cette occasion le Premier Ministre Robert Bourassa, dans la perspective d'une économie libérale de type nord-américain qu'ont été conçus la composition et le mandat de cet organisme»[23].

«Tel que nous l'avons composé, — 35 membres au plus — le Conseil assure une présence structurée et organique de l'ensemble de la population à la détermination des objectifs et des priorités de développement que le gouvernement du Québec a le devoir d'identifier et de réaliser... Le type de représentation... correspond aux grandes dimensions intersectorielles et interrégionales de la planification»[24].

Le Conseil est le lieu de rencontre des grands secteurs de l'éducation, de l'industrie, du travail et de la main-d'oeuvre, des affaires sociales et de la famille.

«Par ailleurs, la présence du milieu est assurée par une autre forme d'enracinement qui fait appel aux grands organismes d'encadrement: le Conseil du patronat, les Centrales syndicales, l'Union catholique des cultivateurs, le Conseil de la coopération, la Fédération des commissions scolaires»[25]. De plus, par la présence des gouvernements municipaux via l'Union des municipalités et les maires de la métropole et de la capitale qui sont, par ailleurs, les présidents des Conseils des Communautés urbaines de Montréal et de Québec, est assurée la représentation des grands centres urbains.

Cette participation s'accompagne d'une «représentation interrégionale grâce à la présence de délégués des Conseils régionaux de développement (CRD)[26] dont l'assiette territoriale couvre pratiquement toutes les régions du Québec»[27].

23. Notes pour allocution de M. Robert Bourassa, Premier ministre du Québec, au Conseil de planification et de développement du Québec, 3 juin 1971.

24. Robert Bourassa, discours, p. 3.

25. Ibid, p. 4.

26. Les CRD sont les instances de participation des forces vives du milieu socio-économique au niveau régional.

27. Robert Bourassa, discours, p. 4.

On notera toutefois que les membres de l'Assemblée nationale sont exclus d'office du CPDQ[28].

Le mandat du Conseil est simple : donner son avis à l'Office de planification et de développement sur toute question que celui-ci lui défère[29]. Il s'agit évidemment de questions relatives au développement du Québec et aux plans, programmes et projets d'expansion économique et sociale et d'aménagement territorial élaborés par l'Office.

Cet organe qui doit être réuni au moins une fois tous les deux mois pourra « faire effectuer les études et recherches jugées nécessaires à la poursuite de ses fins »[30].

Parce qu'en fonctionnement depuis moins d'un an, il est bien trop tôt pour tenter de mesurer l'influence exacte exercée par le CPDQ dans le processus de planification québécoise. Sans doute sera-t-il possible ultérieurement de voir si, comme M. Robert Bourassa le déclarait en conclusion à son discours d'inauguration, le CPDQ constitue vraiment « une des modalités essentielles du dialogue permanent qui doit être maintenu entre le gouvernement et la collectivité[31].

Telle se présente aujourd'hui la structure horizontale de planification dans la province de Québec. Une connaissance globale des institutions centrales en cette matière, appelle cependant en outre, l'examen de la structure verticale que constituent au sein des diverses administrations provinciales, les organes ministériels de planification.

B) LES ORGANES MINISTÉRIELS DE PLANIFICATION[32]

Quelles sont les trois caractéristiques principales des organes de planification au sein des administrations centrales de la province.

1° Moins de la moitié des ministères qui composent le gouvernement du Québec dispose d'un organe de planification : 11 ministères sur 23.

2° La création de ces organes s'est étirée dans le temps, si bien que certains ministères sont dotés depuis 1961, d'un service de planification (industrie et commerce, santé, éducation), tandis que d'autres ont seulement vu le jour en 1969 (travaux publics, institutions financières, compagnies et coopératives).

3° Tous ces organes ne portent pas la même dénomination. En effet, selon leur place hiérarchique dans l'organisation administrative, ils portent

28. Règlement relatif au CPDQ — Arrêté en Conseil — Chambre du Conseil exécutif, no 607, 17 février 1971, art.

29. Ibid, art. 3.

30. Ibid, art. 14 a.

31. Robert Bourassa, discours, p. 9.

32. L'analyse qui suit doit beaucoup au remarquable travail de recherche effectué dans le cadre du cours de maîtrise « Planification québécoise », sous la direction de M. François Poulin et de l'auteur, par deux assistants du Département de Science Politique de l'Université Laval, MM. Gilles Bouchard et Jacques Champagne : « La planification sectorielle dans l'administration publique québécoise », 76 p., février 1972.

pour nom: Direction ou Direction générale (Éducation, Travaux publics, Industrie et Commerce), Bureau du plan ou Bureau de recherches économiques (Richesses naturelles...), Service de la recherche et de la programmation (Institutions financières, Affaires culturelles, Agriculture et Colonisation) voire Comités d'études économiques et de planification (Terres et Forêts de 1963 à 1965).

4° Loin d'être figés, ces organes occupent, au fil des années, une place différente dans la structure administrative. Si bien que selon l'importance que le ministre du moment décide de reconnaître à la planification au sein de son administration, l'organe de planification pourra passer du rang de bureau de service ou de comité à celui de Direction voire de Direction générale (Industrie et commerce, Famille et Bien-être et Santé[33], Terres et Forêts).

L'inverse est aussi vrai et certaines directions générales de planification jugées trop envahissantes ont été réduites au rang de simple services de la recherche (Affaires municipales, par exemple).

Dans d'autres ministères, au contraire, nulle évolution de ce type n'est à enregistrer (Éducation, Travaux publics, Institutions financières).

Quelle est la place hiérarchique occupée par l'organe de planification au sein d'un département ministériel. Cette place varie selon les ministères examinés, si bien que trois cas majeurs peuvent être distingués:

Premier cas: Le circuit direct. — Il se marque par l'absence d'intermédiaire entre le sous-ministre et l'organe de planification (cellule ou direction générale). Ici le service de planification est placé sous l'autorité directe du plus haut fonctionnaire de l'administration.

Deuxième cas: Le circuit indirect à relais unique. Il se traduit par l'existence d'un sous-ministre adjoint jouant le rôle d'intermédiaire, de liaison, entre le sous-ministre et les organes de planification.

Troisième cas: Le circuit indirect à double relais. — Il se définit par l'existence entre le sous-ministre et les organes de planification de deux intermédiaires: un sous-ministre adjoint et une direction générale. Ici la planification est conçue plus comme instrument d'une direction ministérielle que comme service global de coordination de l'ensemble des services du ministère.

Il est, dès lors, assez évident que l'influence qu'exercera l'organe de planification au cours du processus décisionnel intra-organisationnel variera sensiblement selon que cet organe appartiendra structurellement à l'un ou l'autre des trois cas ci-dessus présentés. Son influence sera aussi fonction de l'effectif en personnel dont aura été doté l'organe de planification, car, proportionnellement aux effectifs globaux des différents ministères, le personnel relevant de l'unité de planification varie très fortement: 0,3% à 5,8% (moyenne 2,4%).

Toutefois, bien que les Québécois aient «assisté durant la période 1960-1969 à la mise en place de toute une série de structures administratives

---

33. Nous signalons que ces deux ministères ont été fusionnés en 1971 pour donner naissance à un super-ministère: les Affaires sociales.

nouvelles, au lancement de grandes entreprises économiques porteuses d'avenir, à un effort de pensée et de recherche d'une envergure qu'on n'avait jamais connue auparavant», force est de constater pourtant que « toute cette agitation sans avoir été totalement vaine, n'a pas conduit comme on aurait pu le souhaiter, à l'élaboration d'un véritable plan de développement pour le Québec[34].

L'explication de ce phénomène ne peut être tentée qu'en examinant le fonctionnement même de la machine administrative de planification.

II. LE FONCTIONNEMENT DE LA MACHINE ADMINISTRATIVE DE PLANIFICATION

Le fonctionnement de la machine administrative présente, encore aujourd'hui, en matière de planification, de nombreux défauts. Ces défauts peuvent être regroupés en deux catégories principales : 1° insuffisances des données matérielles et humaines ; 2° Défaillances de l'appareil de coordination gouvernemental.

A) LA PÉNURIE DES DONNÉES MATÉRIELLES ET HUMAINES.

a) *La pénurie des données matérielles.* — Quand la planification québécoise a voulu se développer, très vite est apparue l'insuffisance de l'appareil d'analyse : carence des services statistiques en place, faiblesse des moyens financiers affectés à cette tâche, inexistence de nombreuses données de base, informations disparates et inutilisables car élaborées de façon très diverses dans des perspectives fort éloignées les unes des autres.

C'est ainsi que, « sauf rares exceptions, les données préparées par le plus important service de statistiques, le Bureau fédéral de la statistique (BFS), sont rarement utilisables sur une base régionale. Pour le gouvernement central, la région, c'est la province ou un groupe de provinces. Or, pour trouver des solutions concrètes et adaptées aux besoins des populations, il faut souvent faire porter la recherche au niveau de la petite région[35].

En outre, le Bureau de la statistique du Québec (BSQ)[36] organisme chargé de la collecte et de la compilation de toutes les statistiques de la province ne possédait que des effectifs réduits au regard des besoins.

À l'origine aussi, les renseignements accumulés pour des fins administratives par de nombreux organismes gouvernementaux n'étaient pas compilés et analysés pour des buts de planification. Sans compter qu'en 1964 de nombreux ministères ne possédaient ni services de planification, ni services de recherches économiques. Au départ, très souvent des « lacunes se manifestaient sur le plan du traitement de l'information à cause surtout du fait qu'on en était resté aux méthodes désuètes de compilation et de calcul à la main »[37].

---

34. Premier Rapport de l'OPDQ, op. cit., p. 12.
35. Extrait de « Les exigences de la planification économique », COEQ, septembre 1964, Québec, p. 14.
36. Bureau relevant du ministère québécois de l'Industrie et du Commerce.
37. Cf. « Les exigences de la planification économique », op. cit., p. 14.

Sans omettre que quelques administrations éprouvaient de nombreuses réticences à dévoiler certaines informations ou publier certaines études. Ce diagnostic amenait les planificateurs à prôner une collaboration entre les administrations fédérales et provinciales plus étroite afin que soit fait «un usage plus rationnel et plus systématique de l'information existante» pour aboutir éventuellement à assurer une meilleure comparabilité des données». Depuis 1964, la situation a sensiblement évolué et actuellement un vaste effort de connaissance du milieu socio-économique est tenté dans de nombreux départements ministériels.

D'autre part, un tableau d'échange interindustriel a lui aussi vu le jour ces dernières années, contribuant à réduire notablement la pénurie des données matérielles, obstacle majeur dressé devant la planification économique québécoise.

b) *La pénurie des ressources humaines.* — Dès 1964 les dirigeants du COEQ pouvaient écrire: «la carence du personnel nécessaire à la planification est actuellement tragique»[38].

Cette pénurie en personnel compétent se traduisait en réalité par une double pénurie: pénurie de planificateurs (agents de conception de type généraliste ou spécialiste) et pénurie d'agents d'exécution au niveau de l'administration des programmes dans les divers ministères.

On déplorait, en outre, un gaspillage des énergies et une sous-utilisation des compétences faute:

— d'une organisation du marché du travail assurant une utilisation rationnelle des compétences;

— de cadres d'une certaine expérience en mesure de guider les plus jeunes dans leur travail et de les initier aux techniques de la recherche appliquée.

— de milieux d'apprentissage où les diplômés s'initieraient aux techniques particulières à leur discipline et aux échanges interdisciplinaires.

On regrettait aussi le petit nombre d'agents de développement communautaire chargés de la mise en oeuvre de la consultation des populations aux fins de prise de conscience régionale et d'émergence des besoins collectifs, en vue de l'élaboration d'une esquisse de plan régional.

Aujourd'hui encore, les difficultés de recrutement font que seuls 133 postes ont été comblés à l'OPDQ au 30 septembre 1971 sur les 197 autorisés par le Conseil du trésor pour l'année budgétaire 1970-1971.

C'est d'ailleurs au niveau des cadres, adjoints et professionnels — c'est-à-dire aux échelons supérieurs de la fonction publique — que l'Office ressentait le plus de difficultés à remplir les postes dont il disposait[39].

À ces difficultés matérielles et humaines, il convient toutefois d'ajouter les insuffisances de la coordination administrative entre les divers rouages chargés de la planification québécoise.

---

38. Cf. «Les exigences de la planification économique», op. cit., p. 15.
39. Cf. «Les structures administratives et le plan d'effectifs», op. cit., p. 5, tableau I.

B) LES DÉFAILLANCES DE L'APPAREIL DE COORDINATION GOUVERNEMENTAL.

Il existe un double cloisonnement de l'administration publique canadienne : un cloisonnement horizontal séparant les uns des autres les trois niveaux de gouvernement (fédéral, provincial, municipal) et un cloisonnement vertical, au niveau provincial, entre les diverses administrations de l'État.

Nous consacrerons exclusivement les développements qui suivent au cloisonnement vertical constaté à l'échelon de l'administration publique provinciale.

Peu utile dans le cadre de l'État-gendarme, l'harmonisation des politiques gouvernementales est devenue indispensable avec l'interventionnisme croissant de l'État québécois dans les domaines économiques et sociaux. Or, cette indispensable harmonisation suppose l'existence d'une coordination efficace, à la fois à l'intérieur d'une administration et entre administrations différentes.

a) *La coordination intraministérielle*[40] : au sein d'une même administration, les relations existant entre l'organe de planification et les autres services administratifs traditionnels ne sont pas sans poser certaines difficultés pour l'obtention d'une coordination efficace.

— En effet, il semble que, quelle que soit la position adoptée par l'organe de planification *vis-à-vis des autres services,* une situation conflictuelle soit engendrée.

1° *Position d'isolement de l'organe de planification au sein du département ministériel :* dans tel système relationnel le service de planification développe, à partir de sa tour d'ivoire, un style de commandement autoritaire vis-à-vis des autres services. Cela a pour résultat la naissance de sources multiples de tensions, faites de jalousies et de rivalités, peu favorables à la coordination intraorganisationnelle.

2° *Position d'ouverture de l'organe de planification :* dans un tel système de relations, le service de planification mène la politique dite «de la main tendue» et adopte un style reposant sur l'animation et la connaissance. Or, dans un tel réseau relationnel les conflits sont moins évidents, mais plus sournois. Malgré l'existence de comités conjoints où se rencontrent planificateurs du ministère et services connexes un important barrage psychologique subsiste. Celui-ci s'explique, notamment, par des conceptions et des optiques différentes : les services traditionnels des ministères étant plutôt dotés d'une vue à court terme, se préoccupant peu de la prévision, pas très convaincus de la nécessité de planifier, pensant plutôt en termes d'exécution. beaucoup parmi les fonctionnaires composant ces services voient les planificateurs comme des «rêveurs, des visionnaires, des idéalistes» à moins qu'ils ne voient la planification comme une de leurs propres attributions, niant du même coup l'intérêt d'un service spécifique de planification.

---

40. Cf. G. Bouchard et J. Champagne, op. cit.

Avec la haute administration du ministère (ministre, sous-ministre), deux types de relations peuvent exister :

1° *Les relations d'étroite complicité*. Elles ont pour résultat de conférer une prépondérance indiscutable à l'organe de planification. Cependant, cette situation entraîne l'apparition de rivalités de plus en plus nombreuses qui risquent fort de déboucher sur une situation conflictuelle. Cette situation ne favorise guère, évidemment, la coordination intraministérielle. En outre, elle finit par mobiliser suffisamment de forces pour entraîner une réaction au détriment de l'organe de planification, à l'occasion d'un changement ministériel par exemple (ministère des Affaires municipales du Québec).

2° *Une position de relégation*. Ici, l'organe de planification est relégué au rang de simple service. Les liaisons privilégiées avec le ministre sont dénoncées. L'organe est alors écrasé entre un ministre et un cabinet qui ont le désir de gouverner par eux-mêmes et des directions ministérielles jalouses de leur autorité. Or, chacun sait que les uns et les autres ont une vision à court terme du développement, ce qui ne saurait, là encore, faciliter la coordination intraministérielle.

— Signalons, en troisième lieu, que certaines rivalités sont apparues ces derniers temps entre les directions de planification et les nouveaux services de rationalisation des choix budgétaires, les premières tentant présentement d'accaparer les services PPBS récemment créés au sein des diverses administrations, car ce service détient la clé d'accès aux informations de toutes sortes. Or, il s'agit là d'une clé des plus précieuses, si l'on sait que le PPBS est actuellement l'enfant chéri du Conseil du trésor, organisme grand dispensateur de crédits.

b) *La coordination interministérielle*. Elle a lieu au sein de nombreux comités «ad hoc» formés pour étudier un problème particulier intéressant l'action de plusieurs ministères. Mais il s'agit, le plus souvent ici, d'une simple tentative de coordination, sans souci de planification[41].

C'est donc au sein de l'OPDQ qu'il nous faut examiner le problème de la coordination interministérielle et, notamment, au sein de l'Atelier des directeurs généraux de planification. D'une façon générale, le bilan de l'ADGP, de l'avis même des principaux responsables, ne saurait être pleinement satisfaisant.

L'ADGP a connu, depuis sa création en décembre 1969, deux phases : la première (décembre 1969-printemps 1970) devait porter sur la définition des objectifs fondamentaux du développement. Les résultats n'ont cependant guère été très satisfaisants. Après un passage à vide, l'ADGP a examiné, durant le printemps dernier (seconde phase), le schéma économique, social et spatial du développement québécois. Le résultat présente ici un intérêt plus affirmé. Toutefois, depuis l'été 1971, l'ADGP fait relâche et n'est plus réunie.

Les principales raisons susceptibles d'expliquer un tel état de fait sont les suivantes :

---

41. La coordination est une donnée indispensable à la planification. Il n'est pas de planification possible sans coordination véritable. Mais une simple coordination ne saurait évidemment être confondue avec la planification.

1° *Différences de conception,* au départ, sur la notion de planification entre ministères participant aux réunions de l'ADGP. Trois conceptions s'opposaient, en effet :

— une conception maximaliste désireuse de faire une véritable planification, analysant la situation extérieure, fixant des objectifs, prévoyant les voies et moyens de réalisation[42];

— une conception médiane favorable à la fixation d'objectifs et à la détermination de modes d'action, mais refusant la consultation des forces vives extra-administratives. Il s'agit là d'une conception de la planification en vase clos[43];

— une conception minimaliste confondant planification et simples travaux d'études et de recherches, uniquement préoccupée « d'éteindre les feux », c'est-à-dire de s'attaquer aux problèmes au fur et à mesure qu'ils surgissent du contexte[44]. Les partisans de cette thèse étaient, par là même, peu enclins à s'entendre avec leurs collègues des autres ministères.

Or, une récente enquête[45] laisse entrevoir la troisième conception comme dominant assez nettement les deux premières. Comment, dès lors, concevoir une quelconque coordination interministérielle en matière de planification ?

Cette difficulté se trouve, en plus, renforcée par l'existence d'autres défauts importants :

2° Logiques jusqu'au bout, les représentants ministériels, fidèles à leurs conceptions, se sont présentés aux réunions de l'ADGP avec une vision sectorielle, « ministérielle », et non avec une vision globale des problèmes à résoudre.

3° Les participants étaient, d'autre part, de niveau hiérarchique très inégal. Il y avait là, côte à côte très souvent, sous-ministres expérimentés et jeunes fonctionnaires frais émoulus de l'Université. Cela conférait à l'Atelier une hétérogénéité peu souhaitable.

4° En dernier lieu, soulignons que les représentants des administrations changeaient à chaque réunion. Cela était symptomatique du peu d'intérêt que portaient à l'Atelier les ministères mais, en outre, rendait encore plus malaisée toute action de coordination interministérielle.

On comprend, dès lors, qu'au niveau de la CIPD la situation ait présenté sensiblement les mêmes défauts[46].

Seul pourrait jouer un véritable rôle de coordination, l'Office de planification et de développement proprement dit. Mais, pour cela, l'OPDQ devrait pouvoir exercer un leadership incontesté au sein de l'administration gouvernementale. Or, cela est loin d'être présentement le cas pour des raisons fondamentales suivantes :

---

42. Par exemple celle du ministère des Affaires sociales.

43. Par exemple celle du ministère de la Voirie.

44. Par exemple celle du ministère des Richesses naturelles.

45. G. Bouchard et J. Champagne, op. cit.

46. Exception faite seulement en ce qui concerne les différences de niveau hiérarchique des participants puisque, on le sait, la CIPD ne réunit que des sous-ministres.

1° *L'OPDQ n'a, la plupart du temps, pas de véritable pouvoir de décision* et, en matière d'exécution, doit s'en remettre aux ministères, compter sur leur collaboration bienveillante pour la mise en oeuvre de ses projets. Démuni de tout instrument d'inspection et de contrôle intra-administratif, il n'est pas en mesure actuellement d'exercer une quelconque fonction régulatoire.

2° *L'OPDQ est contesté par plusieurs administrations importantes,* qui voient en lui un rival dont elles supportent difficilement la présence. D'ailleurs, il faut signaler qu'un plan de démantèlement visant à l'éclatement de l'office a été proposé par diverses autorités ministérielles au courant de l'année 1970-1971. Si ce plan avait été accepté, les fonds ARDA seraient retournés au ministère de l'Agriculture, l'ODEQ aurait été extirpé de l'office et l'inventaire des terres du Canada aurait été confié au ministère des Terres et Forêts.

Pour ces ministères, il s'agissait essentiellement d'accaparer les crédits actuellement attribués par le gouvernement fédéral directement à l'OPDQ. L'office ventile en effet, à ce titre, environ $130 millions, les ministères étant, dans ces secteurs, ramenés au rang de simples exécutants.

En outre, quatre organes administratifs estiment, eux aussi, avoir vocation à planifier le développement économique et physique de la province et se posent, là encore, en concurrents de l'OPDQ. Ce sont :

— l'Industrie et Commerce, dont on sait qu'il fut parmi les premiers à se doter d'un bureau de recherches économiques, érigé depuis en direction générale de la planification et de la recherche[47]. Il détient, en outre, un atout non négligeable : le bureau de la statistique du Québec ;

— le ministère des Affaires municipales, qui est chargé des collectivités locales sur le territoire desquelles ont lieu toutes les actions de planification. Aussi présenta-t-il l'an dernier un projet de réforme administrative du ministère visant à faire de l'OPDQ un service rattaché à cette administration.

— le ministère des Finances, car celui-ci effectue des recherches en matière de « politique économique » afin de remplir son rôle de conseil auprès du gouvernement ;

— Le Conseil du trésor, car c'est lui qui détient les principaux instruments de planification, à savoir : le visa financier sur tout programme à incidence budgétaire et le système PPBS, lequel, on le sait, permet à cet organisme de réunir toutes les informations qu'il souhaite détenir au sein de chaque ministère[48]. Résultat : les ministères multiplient les relations avec le

---

47. Cf., annexe no 3.

48. À l'origine du PPBS au Québec il y eut le COEQ puis l'OPDQ. Ce n'est que depuis le printemps 1971 que le groupe PPBS a été retiré du champ de compétences de l'office pour être intégré au sein du Conseil du trésor. Si l'on sait que « les contacts établis entre l'équipe PPBS de l'office et plusieurs ministères avaient transformé ce qui n'était jusque là qu'une étude relativement spéculative en un véritable programme d'action concrète, d'expérimentation et de mise en place de procédures de programmation budgétaire directement intégrées aux opérations courantes des ministères » (premier rapport, op. cit., p. 39) on peut, peut-être, mieux juger de quel instrument essentiel d'intervention l'OPDQ a été privé par cette mesure toute logique soit-elle.

Conseil du trésor et distendent leurs liens avec l'OPDQ. Cela ne saurait être une excellente chose pour la planification si l'on veut bien admettre, premièrement, qu'il ne faudrait pas confondre rationalisation des choix budgétaires et planification et, deuxièmement, se souvenir que le Conseil du trésor est peuplé de comptables beaucoup plus habitués au court terme qu'à la prospection à moyen et long terme.

3° *L'OPDQ n'est pas «persona grata»* auprès de nombreux hommes politiques. Cela s'explique par trois raisons principales :

• L'OPDQ accomplit, dans les régions où il effectue des missions, des tâches que l'élu local considère souvent comme une véritable «chasse gardée».

• En outre, l'OPDQ entre en contact et encourage au niveau régional l'émergence de forces nouvelles de nature socio-économique (CRD par exemple), d'où peuvent surgir, un jour prochain, des candidats dangereux pour le parlementaire en place.

• En troisième lieu, les animateurs sociaux chargés d'établir et d'entretenir des relations avec les populations en matière de planification défendent et propagent très souvent des idées «avancées» pas toujours très favorables à l'idéologie politique dominante.

4° *Cela peut expliquer aussi, pour une part tout au moins, le fait que l'OPDQ ne paraisse pas bénéficier de l'appui privilégié du gouvernement et du Premier Ministre.* Il n'y a pas présentement, de volonté nettement affirmée du gouvernement libéral de M. Robert Bourassa de donner à la planification une place prioritaire parmi les instructions d'action gouvernementaux. D'ailleurs, le Premier Ministre s'est déchargé, au début du mois de février 1972, de sa tâche de premier responsable de l'OPDQ sur le vice-Premier Ministre, M. Gérard D. Lévesque. Or, cela a pour conséquence de rattacher l'office à une personnalité autre que celle du chef du gouvernement, d'en confier la haute direction à un homme politique déjà très accaparé par ses fonctions de ministre des Affaires intergouvernementales et de leader en chambre et, en dernier lieu, de sortir l'OPDQ des sphères économiques de l'État.

5° Signalons encore que l'OPDQ est loin de centraliser actuellement tout ce qui se fait au Québec en matière de planification. C'est ainsi que plusieurs secteurs vitaux, ou appelés à l'être sous peu, comme le secteur eau, le développement de la Baie James et le domaine social, lui échappent pour leur plus grande part.

6° Indiquons en dernier lieu que la tendance au regroupement ministériel qui vise à la création de quelques super-ministères autour des grandes fonctions de l'État = Éducation et Culture, Affaires sociales, Équipement, Affaires économiques, Ressources, risque de vider l'OPDQ de toute activité planificatrice, chacune de ces super-administrations étant alors en mesure de se doter de services de planification suffisamment étoffés pour faire apparaître l'OPDQ inutile sur la scène provinciale.

L'analyse des multiples menaces qui pèsent de plus en plus lourdement sur l'organisme central de planification permet de mieux comprendre pourquoi cet office qui devait tout à la fois jouer le rôle d'agent concepteur, d'agent de recherches, d'agent de liaison, d'animation et de coordination, ainsi que d'administrateur voire d'exécutant, n'a pas pu éviter, qu'aujourd'hui comme hier, la plupart des ministères et des organismes para-publics «continuent de préparer leurs programmes d'action en toute tranquillité sans se préoccuper des projets des voisins»[49].

---

49. Cette citation est extraite du document intitulé : «Les exigences de la planification économique» (op. cit., p. 24), publié en 1966. En 1971 un document de l'OPDQ fait toujours état de cette même difficulté de coordination éprouvée par l'organe central de planification dans ses relations avec les ministères en ces mots : «Au terme de l'exercice 1969-1970, l'usage que les ministères faisaient effectivement de l'office comme instrument de leur propre concertation ne correspondait pas encore et de loin à la disponibilité de l'office lui-même. Beaucoup de chemin reste à parcourir dans la direction où l'office, pour sa part, a voulu s'engager» (in Premier Rapport, op. cit., p. 41).

CONCLUSION

De toute évidence, l'examen institutionnel des organes de planification, en place présentement dans la province de Québec, nous aura convaincu de l'existence de tout le mécanisme indispensable à la mise en oeuvre d'une économie planifiée et concertée.

Seule semble faire vraiment défaut ici, la volonté de planifier, l'état d'esprit, la foi, ce que certains auteurs n'ont pas hésité à appeler « la mystique du plan ».

Aussi, tant que ce désir, cette croyance dans le plan et l'acceptation logique de toutes les conséquences de cette nouvelle conception du gouvernement des hommes et des choses n'auront pas été clairement et fermement affirmés, l'appareil de planification au niveau central de l'État québécois continuera à tourner en présentant tous les défauts ci-dessus énoncés.

Sans cette volonté politique de planifier, les institutions du plan pourront faire l'objet d'un diagnostic comme celui que nous établissons ici, des remèdes divers pourront être proposés pour atténuer le mal, mais rien ne pourra faire en sorte que ces institutions atteignent les objectifs fondamentaux qu'on attend d'elles : la rationalisation des activités gouvernementales d'une part, le développement économique, social et spatial d'autre part.

L'OPDQ CINQ ANS APRÈS (1973-1978)

L'OPDQ en 1972, soit quelques années à peine après sa naissance, nous est apparu, tant dans ses structures que dans son fonctionnement comme un organisme un peu « boiteux ». Non parce qu'il avait vieilli prématurément mais bien parce qu'il était encore trop jeune pour révéler toutes ses potentialités et réussir à s'imposer dans un contexte politico-économique qui ne lui a pas été toujours très favorable.

Au cours des cinq dernières années toutefois, l'OPDQ a tendu nettement, à remplir de façon plus marquée, les mandats que lui avait confié la loi de création de l'institution, à savoir :

« Préparer pour le compte du gouvernement des plans, programmes et projets d'aménagement du territoire et de développement socio-économique qui tiennent compte des particularités régionales et qui permettent la meilleure utilisation des ressources économiques et sociales ;

Donner des avis au gouvernement sur les politiques et programmes élaborés par les ministères en vue d'en favoriser l'harmonisation;

Enfin, coordonner les recherches, études, enquêtes et inventaires qui sont faits par d'autres ministères et organismes du gouvernement et agir comme agent de liaison entre ces mêmes organismes lorsque la mise en oeuvre d'un projet intéresse plusieurs d'entre eux. »

Bien qu'ils soient interreliés et qu'ils fassent partie d'un même processus on peut regrouper ces divers mandats en trois catégories principales d'activités : les activités d'études et de recherche ; les activités de coordination, de développement régional et d'aménagement ; et les activités d'information et de consultation.

a) *Les activités d'études et de recherche* se classent en deux catégories générales : celles qui portent sur des régions spécifiques et celles qui portent sur l'ensemble du territoire québécois. Les premières sont des études essentiellement sectorielles, qui se présentent sous formes de schémas. Elles éclairent et sensibilisent davantage le gouvernement aux besoins de la population. Quant aux secondes, elles consistent principalement à concevoir et à améliorer les méthodes, mécanismes et outils nécessaires à la planification, à monter une banque d'informations sur les études et recherches socio-économique et bio-physique, maintenir des liaisons permanentes avec les organismes gouvernementaux et les ministères, évaluer périodiquement selon un plan d'ensemble les perspectives économiques à moyen terme et les comparer aux possibilités d'expansion de l'économie.

À ce sujet, nous pouvons dire que l'Office durant ses premières années d'existence a connu d'importantes limites. L'absence de politiques propres à l'Office, le manque d'expertise du personnel de l'OPDQ, le caractère sectoriel des structures budgétaires gouvernementales, tout cela faisait qu'il était difficile pour l'Office de proposer, à ses débuts, de véritables priorités en matière de développement et d'aménagement, et d'assurer une réelle cohérence des divers programmes en cours.

Aujourd'hui par contre, l'Office dispose d'une expertise plus valable. Quant à l'ensemble des travaux de l'Office, de même que les productions générales des différents ministères, ils permettent d'amorcer un dialogue véritable sur les grandes orientations du développement du Québec.

Aussi pouvons-nous écrire aujourd'hui, que par ses activités d'études et de recherche, l'Office a réussi à relever, en partie tout au moins, son premier défi qui consistait à tenter d'inscrire son action dans un processus global de planification[50].

b) *C'est par ses activités de coordination et de développement* que l'Office a complété ce premier défi et en a relevé un second. Le contexte des premières années en favorisant l'exercice de ses responsabilités d'agent de coordination fit que l'OPDQ se trouva simplement associé à la mise en oeuvre de projets plutôt qu'à l'élaboration de programmes. Aussi l'impact de son action au niveau des prises de décision susceptibles d'influencer les orientations générales du développement du Québec était-il fort limité.

Par contre, depuis quelques années, l'Office est requis de formuler au Conseil des ministres, au début du cycle budgétaire annuel, des recommandations en regard des orientations générales du développement et des priorités budgétaires. En outre, de nos jours les activités de coordination et de développement sont grandement supportées par les conférences administratives régionales (CAR), l'objectif poursuivi par les CAR étant de favoriser, dans les régions, la coordination interministérielle, en vue d'assurer une plus grande cohérence et une plus grande efficacité des intervenants gouvernementaux dans leurs efforts de développement et d'aménagement.

D'autre part, afin de permettre à l'Office de relever ce second défi qui consiste pour lui à inscrire son action au sein de l'activité gouvernementale, l'OPDQ a, en 1974, été coiffé d'un groupe ministériel de planification et de développement, lequel a fusionné en 1975 avec le groupe ministériel des affaires économiques et du développement régional. Ce nouveau groupe réunissait douze ministres et était présidé par le vice-Premier Ministre et ministre responsable de l'OPDQ. Il était composé du ministre de l'Industrie et du Commerce (vice-président), du ministre d'État à l'OPDQ (vice-président), du ministre d'État à l'ODEQ et des titulaires des ministères suivants : Affaires municipales et environnement, Agriculture, Institutions financières, Compagnies et Coopératives, Revenu, Richesses naturelles, Tourisme, Chasse et Pêche, Terres et Forêts, Transport. Dans le groupe ministériel de planification (1974-1975) on trouvait un ministre responsable pour chacune des 4 régions-plans. La fusion des deux groupes ministériels permettait de nommer un ministre responsable pour chacune des dix régions administratives «afin qu'une attention plus directe et plus soutenue du palier ministériel

---

50. Cf. à ce sujet les nombreuses actions régionales menées ces dernières années par l'OPDQ :
   «Mission de planification régionale Saguenay-Lac St-Jean,
   Mission du Nord Ouest Québécois,
   Mission de planification des Cantons de l'est,
   Mission de développement de la Côte Nord,
   Mission technique du bassin de la Yamaska,
   Mission de Charlevoix,
   Schémas de la région de l'Outaouais,
   Orientation du développement du Québec,
   Préparation et coordination de la mise en oeuvre des ententes ARDA III
   Zones spéciales, révision de FODER, etc. »

soit portée au développement et à l'aménagement de chacune des régions du Québec»[51].

c) Enfin, nous retrouvons en dernier lieu, mais étroitement liées aux deux autres catégories, *les activités de consultation et d'information*. La consultation s'effectue par le biais de la CIPD ainsi qu'aux diverses tables de coordination interministérielles. Il convient aussi de faire mention de deux interlocuteurs importants, les CRD et le CPDQ. À ce propos, nous pouvons dire que les relations entre l'OPDQ et les CRD se sont officialisées par l'adoption en 1975, d'une « Politique à l'égard des CRD». Quant aux relations entre l'Office et le CPDQ, elles sont assurées par le biais d'un agent de liaison relevant directement du président[52]. Les activités d'information se sont aussi développées et se sont concrétisées d'une part, par la publication d'un mensuel « Développement-Québec» et, d'autre part, par la publication de divers documents spécialisés.

Pour accomplir cet ensemble d'activités l'OPDQ possède maintenant un certain nombre de moyens. Il dispose tout d'abord de ressources humaines, dont la diversité et l'excellence méritent d'être soulignées. Et si les caractéristiques du personnel n'ont guère changé depuis 1971, nous retrouvons toujours une proportion très élevée de professionnels, adjoints aux cadres et cadres supérieurs[53] en matière de ressources financières, par contre les budgets ont eu tendance à croître régulièrement, à l'exception des années 1974-1977[54]. En matière d'information, il y a les comités de coordination, auxquels participe l'OPDQ comme animateur ou collaborateur. Ils constituent pour l'Office un excellent réseau d'information. De plus, l'Office s'est doté d'un « Manuel des politiques et procédures administratives», qui s'avère un très bon outil administratif. Enfin, il faut ajouter à cela que l'OPDQ est, depuis décembre 1976, rattaché à quatre comités permanents du Conseil exécutif, ce qui lui permet d'intervenir, au besoin, dans les dossiers de ces comités présidés par les ministres d'État.

La nature de ces multiples activités, a commandé ces dernières années à l'Office de se doter de structures internes clairement définies.

C'est ainsi que l'OPDQ comprend maintenant trois directions générales chargées respectivement de la planification, du développement régional et de l'administration.

La Direction générale de la planification regroupe quatre directions chacune chargée d'un secteur (études quantitatives, synthèses socio-économiques, synthèses bio-physiques, politiques gouvernementales). Elle a comme

---

51. Rapport annuel de l'OPDQ (1974-75) — Gouvernement du Québec — Conseil exécutif — p. 31.

52. Cf. notre article «La consultation dans le processus de planification au Québec» dans le chapitre consacré à la «Participation et à l'information» dans l'administration publique québécoise.

53. Notons qu'au 31 mars 1977, les effectifs autorisés étaient de 202 postes répartis comme suit : 40 cadres supérieurs ; 7 adjoints aux cadres ; 77 professionnels ; 19 techniciens et assimilés ; 59 employés de bureau.

54. Cf. l'évolution budgétaire de l'Office depuis 1969 jusqu'à 1976. 1977-1978 a marqué le point de départ d'une nouvelle phase d'expansion budgétaire.

tâche principale de proposer les orientations à moyen et long terme du développement socio-économique et de l'aménagement du territoire. À cette fin, elle entretient d'étroites relations avec les ministères et organismes gouvernementaux du Québec, ceux du fédéral et des autres provinces, de même qu'avec les milieux scientifiques et le secteur privé. Elle effectue les recherches, les études et les enquêtes nécessaires à ses activités de planification. Elle doit régulièrement formuler des avis sur les politiques, les programmes à caractère économique, social ou spatial envisagés ou mis en oeuvre par les ministères et organismes gouvernementaux.

La direction générale du développement regroupe les services de la consultation et des projets spéciaux, quatre directions régionales de développement et neuf délégations régionales. C'est cette direction qui doit proposer les orientations à moyen terme du développement socio-économique et de l'aménagement du territoire pour chacune des dix régions administratives. Elle le fait en préparant des schémas de développement et d'aménagement. Elle coordonne aussi un certain nombre de projets spécifiques de développement dans chacune des régions et par le biais des CAR elle assure la concertation et la coordination des actions ministérielles dans les régions.

Quant à la direction générale de l'administration, elle regroupe les services techniques qui servent de support à la planification, au développement, et à l'organisme proprement dit. Elle comprend le service des ressources humaines, le service des communications, le service des ententes et le service des finances.

Il est intéressant de souligner que depuis 1976 l'Office s'est, d'une part, inscrit de plus en plus au coeur de l'activité gouvernementale et a d'autre part, développé ses activités de planification et enfin, au niveau interne, s'est doté de structures bien définies, ce qui lui permet une plus grande efficacité.

Notons qu'il existe encore de sérieuses faiblesses, notamment au niveau de la coordination et du développement régional. Ainsi, seulement six ministères possèdent, ou sont en voie d'implanter dans les régions, les structures nécessaires à une participation au processus préparatoire et au processus consécutif aux décisions gouvernementales[55].

Dans les autres ministères, la volonté de déconcentration administrative va de la simple délégation, une fois par mois, d'un représentant de Québec auprès de la CAR jusqu'à la mise en place, dans les régions afin de représenter le ministère, d'une véritable structure qui n'a, cependant la plupart du temps, que très peu de liberté d'action et un mandat vague et imprécis. De plus, les délégués régionaux n'ont pas tous la même autorité et le statut suffisant pour assumer des tâches de coordination interministérielle.

Au niveau de la consultation, il est difficile d'évaluer le rôle qu'ont pu jouer les organes régionaux de consultation rattachés à l'OPDQ. Au niveau central, par contre, les faiblesses de la participation ont, elles, davantage été étudiées et mises en évidence[56].

---

55. Il s'agit des six ministères ci-après: Agriculture, Transports, Terres et forêts, Éducation, Communications, Travail et Main d'Oeuvre.

56. Cf. le chapitre sur la participation et l'information dans l'administration publique.

CONCLUSION

Malgré tous les obstacles dressés sur sa voie de 1968 à 1978, l'OPDQ a réussi, à force de persévérance et de volonté, non seulement à survivre, mais quelquefois aussi, à faire triompher ses vues à l'intérieur de la machine gouvernementale.

Situé à l'origine à l'intérieur des canaux traditionnels de décision l'Office a, petit à petit, réussi à s'infiltrer et à occuper sinon une «place entière», tout au moins un «strapontin» dans les coulisses du Pouvoir.

Avec l'arrivée au gouvernement du Parti Québécois, l'Office était en mesure d'espérer voir son rôle reconnu et revalorisé. Les premiers échos qui filtrèrent des réunions d'un groupe de travail présidé par le Premier Ministre et chargé de repenser l'avenir de l'OPDQ semblèrent confirmer les espérances inscrites déjà dans le programme social-démocrate du P.Q., programme favorable, on le sait, au développement des activités de planification économique et sociale à l'intérieur de l'État.

Toutefois, aucun texte officiel n'est venu par la suite confirmer ou infirmer les propos que la presse du printemps 1977 déclarait tenir de source bien informée.

Le résultat de ce long silence c'est, qu'à l'heure où ces lignes sont écrites, l'OPDQ n'a toujours pas fait l'objet d'une réflexion approfondie concernant son rôle et son devenir.

Pour l'instant, ironie du sort, la boîte administrative dont la première mission est de voir à la coordination des activités gouvernementales est elle-même mal coordonnée. L'OPDQ est actuellement tiraillée entre deux ministres d'État : MM. Landry et Léonard, ce qui amène le PDG de l'Office, M. Pelletier, à rendre des comptes à deux secrétaires généraux associés : l'un chargé des questions économiques, l'autre de l'aménagement.

En effet, le ministre Landry est responsable du contenu et de l'orientation de la branche «Planification» de l'OPDQ, alors que le ministre Léonard est responsable, lui, de la dimension «aménagement» et de l'ensemble du travail de l'Office devant l'Assemblée nationale.

C'est dire, combien une réflexion en profondeur, sur le rôle que devrait en 1978 jouer l'OPDQ à l'intérieur de l'ensemble du processus de planification, s'impose plus que jamais, surtout depuis l'apparition du Comité des priorités et la création des ministres d'État dont l'essentiel du travail consiste finalement à synchroniser et orienter la marche des divers rouages de la machine administrative québécoise.

CHAPITRE VI

PARTICIPATION, INFORMATION ET ADMINISTRATION PUBLIQUE QUÉBÉCOISE

PARTICIPATION, INFORMATION ET ADMINISTRATION PUBLIQUE QUÉBÉCOISE

La démocratisation des institutions politiques a eu pour effet, d'entraîner une sensible démocratisation des institutions administratives, ce qui se marqua par une certaine ouverture de l'administration publique vis-à-vis, notamment, des groupes de pression extérieurs.

En même temps, le passage de l'État-gendarme à l'État-providence, en amenant les administrations publiques à pénétrer dans des secteurs nouveaux — économique, social, éducatif et culturel — où leur expertise faisait souvent défaut, obligea l'État à multiplier les instances consultatives externes.

Le Québec, qui à l'instar des grands pays occidentaux connut lui aussi cette double mutation, ne put échapper à la nécessité de développer, en marge de l'appareil administratif décisionnel, une multitude d'organes consultatifs chargés d'assurer une certaine participation de la population à la définition des politiques gouvernementales.

Or, comme la participation et sa soeur plus timide, la consultation, nécessitent l'une et l'autre une information adéquate des citoyens, l'État a été amené à développer, parallèlement, un important réseau de communications tourné, tout à la fois, vers l'intérieur de la machine administrative et vers l'extérieur de l'appareil de l'État, en direction des citoyens et des représentants des forces vives socio-économiques.

Cette information indispensable, sans laquelle la consultation et, à fortiori, la participation, resteraient des enveloppes vides de tout contenu réel, pose le problème de l'objectivité de l'information gouvernementale, dans un domaine où les intérêts des citoyens et ceux des gouvernements en place semblent parfois s'opposer.

C'est à cet ensemble de problèmes qu'entend s'attaquer le chapitre suivant, lequel présente un texte spécifique sur la consultation en matière de planification, un manuscrit sur la consultation vue de façon comparative à travers une coupe horizontale de la plupart des conseils consultatifs de la province et, enfin, une étude sur les directions de communication au sein de l'appareil gouvernemental québécois.

LA CONSULTATION DANS L'ADMINISTRATION
DE LA PLANIFICATION AU QUÉBEC*

INTRODUCTION

Ce que l'on a appelé au Québec « la révolution tranquille » est très certainement, avant tout, la mise en place, puis le développement considérable et rapide d'une imposante machine administrative gouvernementale et para-gouvernementale. Ce phénomène s'est notamment traduit, depuis 1960, par la multiplication des organismes étatiques ou para-publics à vocation industrielle, commerciale, financière, éducative, culturelle et sociale. Or, cette forme de croissance nouvelle et accélérée devait très vite poser à l'État québécois trois problèmes essentiels : un problème de coordination, un problème d'information et un problème de démocratisation. Notamment dans le domaine de la planification et du développement économique et social.

Le problème de la coordination dans ce secteur, le Québec espérait le résoudre, en partie, par la création d'un organisme central de planification et de développement, à savoir l'Office de planification et de développement du Québec (OPDQ). Cependant, l'économie québécoise largement ouverte sur l'économie nord-américaine où prédominent encore les théories libérales, se trouve être fortement tributaire du secteur privé en matière de planification et de développement. Dans un tel cadre — celui « d'une planification indicative à la française » — l'État ne pouvait résoudre ses problèmes d'information et de démocratisation qu'en mettant sur pied des mécanismes spécifiques de consultation des forces vives, issues des milieux socio-économiques. Le Conseil de planification et de développement du Québec (CPDQ) devait apparaître comme un des rouages vitaux de la mécanique consultative. Prévu par l'article 7 de la loi de l'Office de planification du Québec[1], le CPDQ ne verra toutefois officiellement le jour que le 17 février 1971 dans le cadre de l'OPDQ[2]. C'est en effet ce jour-là qu'est pris un arrêté en conseil no 607, concernant le règlement relatif au Conseil de planification et de développement du Québec.

Afin d'étudier cet organisme central de consultation sur un plan non seulement juridico-institutionnel, mais aussi et surtout dans une perspective

* Ce rapport est le fruit d'une recherche collective menée par neuf étudiants, entre septembre 1974 et mai 1975, dans le cadre d'un séminaire de maîtrise donné au Département de science politique sous la direction de l'auteur. Il s'agit de Mme Pierrette Bouchard St-Amant, Mlle Johanne Emond, et MM. Georges Badeaux, Jacques Fréchette, Gaston Giroux, Frankie Lafontaine, Marcel Proulx, Pierre Roy et Roch Turcotte. L'auteur tient à exprimer tout spécialement ses félicitations et ses remerciements aux rédacteurs des quatre pré-rapports à l'origine du présent manuscrit : MM. G. Badeaux, G. Giroux, M. Proulx et P. Roy.

1. Organe antérieur à l'actuel OPDQ. 16-17 Elisabeth II, chap. 14 et amendements.
2. L'OPDQ qui succède à l'OPQ a été créé le 9 juin 1969. L'article 8 de la loi du 9 juin modifiant la loi de l'OPQ et celle du ministère de l'agriculture et de la colonisation du 5 juillet 1968 concerne le CPDQ.

396

sociologique et fonctionnelle, nous avons adopté la démarche méthodologique suivante :

Méthodologie

La démarche méthodologique a suivi trois étapes principales : la pré-enquête, l'enquête et l'analyse des données.

— *La pré-enquête.* L'objectif de cette première phase était de soulever le plus grand nombre possible de problèmes-clés, susceptibles d'être transformés, ultérieurement, en un questionnaire d'enquête. Aussi cette étape a-t-elle consisté 1) à dépouiller les procès-verbaux des réunions tenues par le CPDQ de ses origines à novembre 1974 ; 2) à examiner le rapport officiel d'activités du Conseil ; 3) à analyser tous les *curriculum vitae* des membres du CPDQ disponibles ; 4) à tenir des discussions libres, souvent de plus d'une heure, avec des responsables du CRD, du CRDAQ, de l'OPDQ, des membres du CPDQ et du secrétaire exécutif de cet organisme.

Cette phase d'information initiale nous a convaincu de l'utilité d'élaborer non pas un, mais deux questionnaires : l'un destiné aux membres du CPDQ et l'autre adressé à l'environnement politico-administratif concerné par les questions de planification et d'aménagement du territoire.

— *L'enquête proprement dite.* C'est ainsi qu'outre les 35 membres du CPDQ ont été questionnés : les députés (110), les adjoints aux cadres et cadres supérieurs de l'OPDQ (26), les sous-ministres de dix ministères choisis en raison de leur participation au processus de planification (43), et les directeurs généraux et adjoints des services de planification des ministères où de tels services existaient (30)[3]. Soit un total (second groupe) de 209 personnes.

— *L'analyse des données.* Les réponses aux deux questionnaires furent de l'ordre de 23 sur 35 pour celui envoyé au CPDQ et de 55 sur 209 pour le second. Soit respectivement un pourcentage de 65,7% et de 25,1%. À l'intérieur de chaque questionnaire les divers groupes ont répondu comme suit :

a) *À l'intérieur du questionnaire adressé aux membres du CPDQ* l'éventail des réponses reçues permet de dire qu'il est largement représentatif puisque presque tous les groupes socio-économiques interrogés ont émis un avis (patronat, conseils, syndicats, CRD, municipalités, etc.).

b) *À l'intérieur du questionnaire adressé aux membres de l'environnement politico-administratif,* la répartition des réponses par groupes s'est effectuée comme suit : députés (9,1%), sous-ministres en titre, associés et adjoints (7,3%), ACS et CS (32,7%), professionnels (43,6%). 7,3% des répondants n'ont pas cru devoir préciser leur appartenance. Quant aux organismes ayant répondu au questionnaire, celui qui a vu le plus grand nombre de personnes donner un point de vue a été, de loin, l'OPDQ (47,3%), suivi par les services ministériels de planification (25,5%).

Les données ainsi compilées ont permis d'effectuer une analyse interprétative qui a tourné autour de trois thèmes principaux. Ces trois

---

3. Les dix ministères principalement interrogés furent : Richesses naturelles, Agriculture, Terres et forêts, Tourisme, Chasse et Pêche, Affaires municipales, Finances, Industrie et Commerce, Transports, Travaux publics et Approvisionnement, Travail et Main-d'oeuvre.

thèmes constituent d'ailleurs les trois charnières de la présente étude : la composition du CPDQ, son fonctionnement interne et les relations du CPDQ avec l'environnement socio-politico-administratif.

Première partie : LA COMPOSITION DU CPDQ

Selon les mots de M. Robert Bourassa, le Conseil veut amener « une présence structurée et organique de l'ensemble de la population à la détermination des objectifs et des priorités de développement que le gouvernement du Québec a le devoir d'identifier et de réaliser pour le mieux-être de la collectivité québécoise »[4]. À cette fin, le Conseil réalise une coupe à la fois intersectorielle et interrégionale de l'ensemble de la réalité québécoise.

a) *La représentation de la dimension intersectorielle* est amenée par la présence des deux catégories ci-après : 1) Le président ex-officio de chacun des cinq organismes suivants (art. 3) : le Conseil supérieur de l'éducation, le Conseil des universités, le Conseil général de l'industrie, le Conseil du travail et de la main-d'oeuvre, le Conseil des affaires sociales et de la famille et 2) Douze membres nommés par le lieutenant-gouverneur en conseil, dont dix après consultation, comme suit (art. 5) : 3 après consultation du Conseil du patronat du Québec, 3 après consultation conjointe de la Fédération des travailleurs du Québec, de la Confédération des syndicats nationaux et de la Corporation des enseignants du Québec, 1 après consultation de l'Union des municipalités, 1 après consultation des Fédérations des commissions scolaires et 1 après consultation du Conseil de la coopération du Québec.

b) *La représentation de la dimension interrégionale* est assurée par la présence des catégories suivantes : les maires de Montréal et de Québec (art. 4), et onze membres nommés par le lieutenant-gouverneur en conseil après consultation des Conseils régionaux de développement associés du Québec (art. 6). Outre les représentants de ces deux dimensions fondamentales, deux autres membres sont nommés également par le lieutenant-gouverneur en conseil : l'un à titre de président et l'autre à titre de vice-président du CPDQ. Soulignons que les membres de l'Assemblée nationale, ainsi que les personnes ne résidant pas au Québec, ne peuvent être membres du conseil (art. 2).

Voilà pour l'approche juridico-institutionnelle. Que révèle maintenant l'approche sociologique ? Elle nous apprend que, dotés d'un statut ambigu, les membres du CPDQ n'assurent qu'une représentation de la population fort discutable et discutée.

I. L'ambiguïté du statut des membres du conseil

Il s'agit en réalité d'une double ambiguïté : au plan du processus de désignation et au plan de la représentation.

a) *L'ambiguïté au plan du processus de désignation*

Les désignations comme membre du CPDQ sont toutes le fait du

---

4. Note sur une allocution de M. Robert Bourassa, Premier Ministre du Québec, au CPDQ, 3 juin 1971.

lieutenant-gouverneur en conseil. Cependant, en pratique, trois catégories d'individus coexistent au sein du conseil:

i) *La catégorie des représentants ex-officio* d'un certain nombre d'organismes (Conseils consultatifs provinciaux, municipalités de Québec et de Montréal). Ici la marge de manoeuvre du lieutenant-gouverneur est nulle;

ii) *La catégorie des membres nommés après consultation* de certains organismes: ici le volant de manoeuvre du lieutenant-gouverneur est plus grand, car une certaine liberté de choix lui est laissée;

iii) *La catégorie des membres nommés, sans consultation préalable,* par le lieutenant-gouverneur. Rentrent, notamment, dans cet ensemble, le président et le vice-président du conseil. Ici, la liberté de choix est sans limite. Or, cette catégorie, avec ses 7 membres, constitue 20% du conseil.

Cette composition tripartite au plan des techniques de désignation introduit une grande ambiguïté en ce qui concerne la nature de l'institution qui ne peut être définie ni comme une organisation démocratique — fût-ce au second niveau — ni comme une organisation administrative. Tant et si bien que les membres qui la composent ne procèdent ni du statut de l'élu, ni de celui d'agent de l'État, mais d'un statut hybride, *sui generis.*

Cette originalité institutionnelle n'offrirait guère de gêne réelle, sinon sur le plan intellectuel, si elle n'entraînait une forte érosion du principe démocratique et n'abaissait le degré de représentativité de ses membres.

Interrogée sur le bien-fondé de cette particularité, la majorité des membres du CPDQ (65%) estime cependant — contrairement à notre avis — que ce quota devrait être maintenu. 4,3% seulement désirent le voir augmenter, tandis qu'à peine 17% parlent de diminution souhaitable et 13% de suppression totale. Interrogés plus précisément sur les modalités de désignation de leur président et vice-président qui échappent, on le sait, aux membres du conseil, ces derniers sont à peine moins nombreux (56,5%) à se dire satisfaits de cette technique. Toutefois, parmi les 39,1% de mécontents, les 2/3 déclarent préférer voir adopter plutôt une procédure élective pour ces deux postes. Le 1/3 restant suggère, quant à lui, un compromis tournant autour d'un mode de nomination permettant au lieutenant-gouverneur de tenir compte du voeu des membres du conseil. Par exemple, en faisant en sorte que le président et le vice-président soient choisis par le lieutenant-gouverneur, parmi une liste de trois noms proposés par le CPDQ. Mais ils sont, on le voit, assez fortement minoritaires. À quoi ce «conservatisme» tient-il? Les membres du conseil entendent-ils majoritairement favoriser le *statu quo* afin de conserver à leur institution l'idéologie dominante? Réagissent-ils de la sorte parce que s'identifiant avec le pouvoir établi, ils n'éprouvent aucune méfiance vis-à-vis du gouvernement? Aucune de ces deux explications ne doit être rejetée d'emblée.

b) *L'ambiguïté au plan de la représentation*

Les membres du conseil sont chargés de représenter la population du Québec. À ce titre ils sont généralement issus de divers groupements socio-économiques. Cependant, une fois nommés, ils doivent agir à *titre individuel* et leurs avis n'engagent qu'eux-mêmes et non leur propre groupement d'origine. Voilà pour l'aspect légal et théorique de leur statut. L'aspect pratique et réel diffère sensiblement de ce qui se révèle vite n'être qu'une fiction juridique, un tour de passe-passe quelquefois commode, mais toujours ambigu. En effet, l'enquête révèle que 61% des membres du conseil se considéraient, en fait, comme «les représentants du groupe à l'origine de leur nomination». Seuls 30% déclarent siéger à titre individuel. Ce qui est parfaitement exact pour 20% des membres du conseil: ceux nommés sans consultation préalable par le lieutenant-gouverneur en conseil. C'est dire que, seule, 1 personne sur 10, ne se perçoit pas comme fortement rattachée à son groupe d'origine.

II. Une représentativité discutable

a) *La représentation régionale*

La représentativité interrégionale du conseil semble relativement convenable, la prédominance qu'elle assure aux représentants des grands centres urbains (70%) correspondant à la réalité d'un Québec largement urbanisé. On peut cependant critiquer la sur-représentation du Québec-métro par rapport à celle de Montréal (Québec 22%, Montréal 48%), et la faiblesse de la représentation des huit autres régions administratives. Mais il est vrai que la forte centralisation à Québec des organismes gouvernementaux et para-publics, ainsi que les contraintes inhérentes à un petit organisme (35 membres au CPDQ), expliquent cet état de fait. Plus grave nous paraissent être les défauts au plan de la représentation sociale.

b) *La représentation sociale*

L'analyse de la composition du CPDQ démontre, hors de tout doute, que les membres du conseil se situent nettement au-dessus du niveau moyen de la population québécoise. Le CPDQ représente en effet *une élite*. Le décalage entre la masse de la population (pays réel) et les membres du conseil (pays légal) apparaît très clairement à la lumière des quatre critères suivants: le degré de scolarité, l'échelle des revenus, les tranches d'âge et le sexe.

— *Le degré de scolarité.* Les membres du conseil sont largement scolarisés. Tous les répondants ont 13 années de scolarité au moins. Plus des ¾ (78% très précisément) ont même 15 ans de scolarité et plus. Or, si l'on en croit des sources officielles, c'est seulement 9,1% de la population québécoise qui détient un niveau de premier cycle d'université[5].

— *L'échelle des revenus.* Toutes les personnes interrogées ont déclaré des revenus personnels annuels supérieurs à $15,000. Près de la moitié d'entre eux (47,7%) jouit même de revenus supérieurs à $25,000. Or, si l'on en croit le ministère québécois du Revenu, c'est 95,8% de la population québécoise qui en 1972 gagnaient moins de $15,000 annuellement. Seul 1,2% de la population gagne au-delà de $25,000[6].

— *Les tranches d'âge.* Elles indiquent une sur-représentation de la catégorie 31-60 ans, au détriment des éléments jeunes et vieux de la société. 4,4% des membres du conseil ont plus de 60 ans, 39,1% ont entre 51 et 60 ans,

5. D. Dufour et Y. Lavoie, «Le niveau de formation scolaire de la population du Québec en 1971», *Revue Statistiques du Québec,* juin 1975, vol. XIV, no 1, pp. 17 et ss.

6. Ministère du Revenu, Volume de Statistiques fiscales, Salaires-individus, 1972.

30,4% entre 41 et 50 et 26,1% entre 31 et 40 ans. Aucun membre du conseil n'est âgé de moins de 31 ans. Or, la population du Québec compte environ 58% de personnes âgées de -31 ans et quelque 11% de personnes âgées de +60 ans[7]. Le conseil représente exclusivement la population active de la société québécoise. Or, la planification et le développement économique et social concernent aussi ces groupes d'âge exclus de la consultation.

— *Le sexe.* Inutile de s'éterniser sur ce critère. Il suffira d'indiquer qu'aucune femme n'est membre du CPDQ alors que la province en compte un peu plus de 50%[8] pour mettre en évidence une autre des grandes faiblesses du conseil au plan de sa composition.

III. Une représentativité discutée

a) *Les perceptions globales.*

— *Au sein du conseil.* Les défauts du CPDQ au plan de sa composition n'ont pas échappé à tous les membres du conseil. En effet, une importante minorité (39%) juge l'organisme auquel elle participe «non représentatif de la population québécoise». La majorité cependant (56,5%) paraît peu consciente, ou indifférente à ce problème, et juge le conseil «représentatif».

— *Au sein de l'environnement.* Le taux de personnes jugeant le conseil représentatif diminue sensiblement lorsque l'on interroge les agents de l'État et les parlementaires québécois. En effet, seulement 45% des membres de ce groupe jugent le conseil «représentatif», tandis que 40% le déclarent franchement «non représentatif».

Une légère différence de point de vue entre la perception des membres du CPDQ et celle des agents de l'environnement peut être enregistrée. Les membres du conseil ont, sur le plan de leur propre représentativité, une perception plus valorisante que celle que leur attribuent leurs interlocuteurs extérieurs. Ceci est-il dû à une meilleure vision des choses procurée par l'existence d'une certaine distance entre l'organisme étudié et l'environnement? À une tendance naturelle à se voir doté de plus de qualités que de défauts? Ou bien à une conception différente de la notion de représentativité? On ne saurait le dire très exactement. Par contre, ce que nos interlocuteurs, critiques vis-à-vis de la composition du conseil, ont plus volontiers tenté de faire apparaître, c'est l'existence au sein du CPDQ de deux catégories socioprofessionnelles: l'une sur-représentée, l'autre sous-représentée.

b) *Les perceptions sectorielles*   •

— *Le secteur sur-représenté.* La plupart des personnes qui ont émis des opinions critiquant la représentativité du conseil ont dénoncé l'existence d'une catégorie sur-représentée. Ainsi en est-il de 87,5% des membres du CPDQ et 57,8% des agents de l'environnement[9]. Cette catégorie sur-

---

7. Annuaire du Québec, 1974.

8. Ibid. Depuis la rédaction de cet article deux femmes ont été nommées au CPDQ. Il s'agit de Mmes Paule Leduc, présidente du Conseil des universités et Manon Vennat, directrice générale du Centre linguistique de l'entreprise.

9. Cette seconde catégorie de membres a donné un taux de non-réponse largement supérieur à celui enregistré au niveau des membres du CPDQ puisqu'il atteint ici 31,5% au lieu de 12,5%. Cette différence de taux contribue à donner l'illusion d'une différence de point de vue.

représentée regrouperait selon eux : « les possédants », « le patronat », « les notables », « les anglophones », « l'élite », « *l'establishment* », « les hommes d'affaires ». Autrement dit, les corps constitués les moins contestataires, les groupes tirant le plus d'avantages du système politique, économique et social actuel.

— *Le secteur sous-représenté.* Par contre, les éléments les plus éloignés du pouvoir, ceux tirant le moins d'avantages du système social que l'on connaît seraient, eux, très largement sous-représentés. Sont cités, en vrac, par nos interlocuteurs : « les non-possédants », « le monde ordinaire », « les défavorisés », « les milieux populaires », « les travailleurs », « la population non-organisée », « les consommateurs », « les jeunes », « les femmes », « les vieillards », « les moins instruits », etc.

L'opinion des deux groupes — internes et externes — au CPDQ et critiques vis-à-vis de la représentativité de cet organisme est, on le voit, très près des réalités mesurées par l'analyse des données factuelles. Surtout si l'on veut bien considérer les facteurs de scolarisation et de revenus comme des éléments importants d'association au pouvoir.

Dès lors, vouloir rapprocher le pays légal du pays réel, oblige à envisager la mise en oeuvre de certaines réformes.

c) *Les perceptions réformatrices : ouvrir le conseil plus largement*

— *Derrière un paradoxe apparent...* Interrogés sur les catégories d'organismes qu'ils souhaiteraient voir représentés au sein du conseil afin d'en améliorer la représentativité, les répondants ont fourni une réponse paradoxale. Au moins en apparence. En effet, alors que l'environnement affirmait précédemment à 40%, que le CPDQ n'était pas représentatif, c'est seulement 25% d'entre eux qui se prononcent en faveur de l'arrivée au conseil de nouveaux organismes. Par contre, les membres dudit conseil qui estimaient leur représentativité valable à plus de 56% souhaitent, contrairement à l'avis des membres de l'environnement et dans une proportion largement supérieure (52% au lieu de 25%), la venue de nouveaux organismes.

— *... Une assez grande unité de vue...* Ce paradoxe n'est qu'apparent cependant, car le taux de « non-réponse » des membres de l'environnement (34,5%) est nettement plus élevé que celui enregistré chez les membres du conseil (13%). En outre, il est fort possible aussi que, tout en s'estimant assez largement représentatifs, les membres du conseil souhaitent voir grossir sensiblement leur assemblée, espérant peut-être par là accroître leur influence en matière de consultation.

— *... Aboutissant à un désir : voir augmenter la représentation des groupes sociaux et économiques.* Une constante se dégage nettement. Tous ceux qui se prononcent en faveur de l'élargissement du conseil souhaitent la venue d'un nombre plus élevé de représentants de *groupes sociaux*. Les membres du CPDQ insistent toutefois, en outre, sur l'utilité d'accroître aussi la participation des groupes économiques.

En utilisant une classification non dénuée de toute critique, car reposant sur le critère plutôt flou de « proximité ou d'éloignement des sources du pouvoir », on aboutit à la typologie ci-après :

— *Groupes situés à proximité du pouvoir et dont la venue au CPDQ est souhaitée:* «Le mouvement coopératif», «les clubs sociaux» (Richelieu, Optimistes), «les parlementaires», «les chambres de commerce», «les représentants des autres conseils consultatifs», «les grands technocrates», «les multinationales», «les agents de la vie économique», etc.

— *Groupes plutôt éloignés du pouvoir et dont la venue au CPDQ est souhaitée.* Sont cités: «tous les organismes qui ne représentent pas ou qui ne soutiennent pas les partis politiques au pouvoir», «les groupes populaires», «les comités de citoyens», «les femmes», «la ligue des droits de l'homme», «les éléments nationalistes», «les universités», etc.

Conclusion

Sans vouloir aboutir à tout prix à faire du CPDQ un organisme exactement représentatif de la population, ce qui serait non seulement irréaliste mais aussi sans doute peu souhaitable, constatons cependant que nombre de réformes importantes s'imposent sur le plan de la composition, si l'on veut simplement conférer au conseil un aspect un peu plus démocratique et un peu plus représentatif que celui qui est le sien actuellement. Ces réformes ne sauraient toutefois, à elles seules, suffire à parfaire cet organisme consultatif, comme le démontre l'analyse ci-après consacrée au fonctionnement interne du CPDQ.

Seconde partie: LE FONCTIONNEMENT INTERNE DU CPDQ

L'analyse du fonctionnement interne du conseil tourne autour des trois concepts-clé suivants: le mandat confié au CPDQ, les moyens mis en oeuvre et l'action réalisée.

I. Le mandat

Le règlement établit une distinction entre les obligations qui incombent au conseil, auxquelles il ne peut échapper, et les possibilités d'action qui lui sont offertes, mais qu'il n'est pas tenu impérativement d'exercer.

a) *Les obligations incombant au conseil*

L'article 13 stipule que «le conseil *doit*»[10]:

i) donner son avis à l'Office de planification et de développement sur toute question que celui-ci lui défère, relativement au développement du Québec et aux plans, programmes et projets de développement économique et social et d'aménagement du territoire élaborés par l'Office. Suivant les termes mêmes de la loi, le conseil doit donc fournir des avis sur des sujets portés à son attention par l'OPDQ. Aussi le président du conseil et ses membres, jugeant ce mandat limitatif, sont convenus «d'arrangements administratifs» avec l'Office, afin de permettre au conseil d'avoir, lui aussi, l'initiative en matière de consultation. Aux termes de cet arrangement, l'Office s'est engagé à

---

10. Souligné par nos soins.

solliciter un avis du conseil sur tout sujet sur lequel le conseil souhaiterait faire connaître son opinion[11]. Ces «arrangements administratifs» gagneraient toutefois à être légalisés et introduits, à titre d'amendements, à la loi de l'OPDQ. En effet, par delà une simple question de droit, c'est une conception nouvelle et améliorée de la participation du conseil au processus de planification et de développement qu'il convient de faire accepter par le législateur.

« C'est dans le cadre agrandi de la conception de son rôle, que le conseil a entrepris ses actions. Dans un premier temps toutefois, il ne fut amené à formuler des avis que sur des sujets soumis par l'Office[12]. Ce n'est qu'au cours des mois suivants que le conseil a initié des dossiers qui lui semblaient prioritaires[13], afin d'élaborer des avis à soumettre à l'Office»[14]. Un bilan de ces activités doit être rédigé et adressé au ministre responsable de l'OPDQ.

ii) *transmettre un rapport annuel sur ses activités* au ministre responsable de l'Office qui le communique à l'Assemblée nationale.

Outre ces tâches impératives, le CPDQ peut facultativement décider d'en remplir d'autres.

b) *Les possibilités d'intervention reconnues au conseil*

L'article 14 indique clairement que «le conseil *peut*»[15] :

i) faire effectuer les études et recherches jugées nécessaires à la poursuite de ses fins ;

ii) édicter pour sa régie interne des règlements qui sont soumis à l'approbation du lieutenant-gouverneur en conseil. C'est d'ailleurs un règlement de ce type qui prévoit le fonctionnement du CPDQ[16].

À côté de ce texte réglementaire, quels sont les moyens mis à la disposition du conseil afin de lui permettre de remplir ce mandat ?

II. Les moyens mis à la disposition du CPDQ

Nous avons retenu pour fins d'enquête, les ressources afférentes au budget, aux dotations en personnel et aux disponibilités en matière d'informations et de temps.

---

11. Le protocole relatif aux objets et modalités de communications entre l'Office de planification et de développement du Québec et le Conseil de planification et de développement du Québec indique clairement que « le président de l'Office est entièrement disposé à ce que l'éventail des sujets, sur lesquels l'Office solliciterait l'avis du Conseil, soit déterminé *conjointement* (c'est nous qui soulignons) entre le président du Conseil et le président de l'Office». Cf. *Arrangements administratifs* — OPDQ — 16 mai 1971, Arthur Tremblay et Pierre Côté, p. 1.

12. Ce fut le cas pour les objectifs inscrits au schéma de développement économique présenté au CPDQ par l'Office.

13. Les quatre dossiers principaux proposés par le conseil et acceptés par l'Office furent : le tourisme, l'agro-alimentaire, l'aéroport de Mirabel et la pétrochimie-énergie.

14. Extrait du rapport de l'OPDQ 1971-72, Conseil exécutif, Gouvernement du Québec, p. 19 (b).

15. Souligné par nos soins.

16. Ce fonctionnement est prévu en détail par le règlement no 3 concernant le CPDQ adopté par un arrêté en conseil no 3615 en date du 27 octobre 1971.

Il va sans dire que le jugement porté sur les moyens (intrants) est très important puisqu'ils conditionnent dans une très large mesure la qualité de l'extrant, constitué, dans le cas présent, d'avis portant sur la planification et le développement. De plus, la quantité de ressources mises à la disposition du CPDQ par le gouvernement peut être très révélatrice de l'importance qu'accorde ce même gouvernement à la consultation de ce conseil.

a) *Des ressources budgétaires insuffisantes*[17]

Les ressources budgétaires dont dispose le CPDQ sont jugées « suffisantes » par seulement 17,4% des répondants alors que 74% d'entre eux sont partiellement ou totalement « insatisfaits » de la masse budgétaire octroyée à cet organisme. Il s'agit là d'un *taux d'insatisfaction très élevé*, même si l'on tient compte du fait que les membres d'une organisation ont généralement tendance à estimer leurs ressources insuffisantes.

b) *Des ressources humaines insuffisantes*

Afin d'aider le CPDQ dans ses travaux, un organe léger de soutien à son action a été créé. Cette création découle directement de l'article 11 qui obligeait le lieutenant-gouverneur en conseil à nommer auprès du CPDQ, « conformément à la loi de la fonction publique, un secrétaire, ainsi que les autres fonctionnaires et employés nécesaires à ses travaux ».

Durant la période de déroulement de l'enquête, le secrétariat comprend à temps plein : un haut fonctionnaire cumulant les fonctions de secrétaire et de secrétaire-adjoint[18], un recherchiste et quatre secrétaires[19]. À cette équipe de permanents venaient s'ajouter des contractuels exerçant, soit des activités de bureau, soit des activités de recherches, pour le compte du conseil.

— *En ce qui concerne le personnel permanent,* les membres du CPDQ estiment insuffisantes les ressources humaines affectées au conseil et ce, dans une proportion identique à celle obtenue à propos des ressources budgétaires (74%). Par contre, la proportion de ceux qui estiment suffisantes les ressources humaines s'élève ici à 21,7% contre 17,4% seulement, précédemment.

— *En ce qui concerne le personnel contractuel* les avis se partagent également. 39% des membres du CPDQ estiment que le conseil recourt « suffisamment » aux contractuels et consultants dans la préparation de ses avis. 39% pensent par contre que ce recours est « insuffisant », 8,7% le jugent, eux, « trop fréquent ».

Ce partage égal peut s'expliquer à notre avis par deux raisons diamétralement opposées. Première explication : certains membres du CPDQ estiment suffisant le recours aux contractuels, car ils craignent de voir

---

17. De l'ordre de $200,000, en 1972-1973, ce budget a été porté à $272,000 en 1975-1976. C'est un montant identique à ce dernier qui est prévu pour l'année budgétaire 1976-1977.

18. Le poste de secrétaire exécutif adjoint, prévu par le règlement était vacant à l'époque où se déroulait la présente enquête. En 1978, les postes de secrétaire général et de secrétaire adjoint sont occupés respectivement par MM. Jean Bouchard et Ghislain Larouche.

19. La situation est toujours la même en février 1976.

leur assemblée « noyautée » par des éléments extérieurs souvent de nature technique (experts) et dont l'influence sur le conseil pourrait être fort marquée. Seconde explication : au contraire, d'autres membres du CPDQ souhaiteraient voir s'accroître le nombre de consultants, car contrairement au personnel permanent mis à leur disposition, les consultants relèvent administrativement non de l'OPDQ mais du conseil, et apportent une dimension moins administrative que technique.

c) *Des ressources informationnelles pas toujours aisément disponibles ou utilisables*

i) *L'accessibilité aux dossiers*

La préparation des avis nécessite une information dont la qualité se réflétera directement sur la teneur de la recommandation et influera sur sa prise en considération. Encore faut-il que cette information soit accessible. Or, 82,6% des membres du conseil estiment bénéficier d'un accès « plus ou moins satisfaisant » aux dossiers dont disposent les ministères et organismes gouvernementaux, contre 13% seulement qui jugent cet accès convenable.

Étant donné la tâche du CPDQ, le gouvernement et ses multiples organismes constituent obligatoirement sa source d'information privilégiée. Or, si cette source se refuse à collaborer, le conseil se voit couper un lien essentiel. Ce qui ne peut qu'avoir un effet néfaste sur son travail, d'une part en l'empêchant d'élaborer des avis détaillés, basés sur une connaissance aussi complète que possible des dossiers en cause, et d'autre part, par voie de conséquence, en réduisant la portée de ses avis aux yeux des ministères et organismes gouvernementaux, ces derniers risquant alors de juger l'action du conseil trop superficielle et incomplète. Argument pouvant être utilisé par le gouvernement, contre le conseil, comme justificatif éventuel à la non-application de ses recommandations.

Si l'on considère que les membres du CPDQ doivent se prononcer sur des questions très complexes et qu'ils ne sont pas, en règle générale, des spécialistes de ces questions, l'accessibilité aux dossiers gouvernementaux devient pour eux aussi vitale qu'un cordon ombilical. Les réponses données à cette question par le CPDQ nous incitent à craindre que celui-ci ne puisse remplir adéquatement sa tâche dans les conditions actuelles. Or, ces dernières dépendent, en dernier ressort, du gouvernement lui-même.

ii) *La nature des dossiers*

Il n'y a pas que le problème de l'accessibilité des dossiers qui soit important. Il y a aussi celui de la valeur des dossiers servant à l'élaboration des avis. Nous avons retenu pour fin d'analyse de la valeur des dossiers transmis au conseil, les trois critères ci-après :

— *le caractère technique des documents :* 78,3% des membres du conseil estiment que ces derniers ne présentent pas un aspect trop technique et sont plutôt assez facilement abordables et compréhensibles. Seulement 13% les jugent « trop techniques » et 8,7% « pas assez techniques ».

— *la qualité de présentation des problèmes soulevés :* 56,5% des membres estiment que les documents transmis ne permettent pas une connaissance suffisante des questions discutées. Il s'agit, là encore, d'une critique très importante, car elle permet de se faire une idée de la qualité d'ensemble des dossiers soumis au conseil.

— *le volume des documents :* les avis sont partagés, 47,8% les trouvent «trop volumineux» et 43,5% les jugent «convenables». La critique prend toute son importance lorsqu'on la rapproche de celle émise à propos de la ressource «temps». Car si on combine un manque de temps pour l'étude des documents, à un volume trop considérable de ceux-ci, on risque d'aboutir, à la longue, à des avis non fondés sur un examen sérieux des questions.

d) *Un échéancier généralement trop serré*

Le temps est une ressource d'autant plus importante qu'elle est restreinte. Or, ceci est particulièrement vrai dans le cas des membres d'un conseil consultatif tel que le CPDQ, qui ne sont pas affectés à un poste à plein temps. Ils ne se réunissent en assemblée que quelquefois par année et ont à faire face très souvent, parallèlement, à de nombreuses autres obligations socio-professionnelles. Dans de telles conditions, il est pertinent de savoir s'ils ont, d'une façon générale, le temps de consulter les documents qui leur sont transmis et à partir desquels ils devront élaborer leurs avis. Il est également important de savoir combien de temps avant les réunions ces documents leur sont adressés.

D'une façon générale, les membres du conseil ont entre deux jours et deux semaines pour consulter les documents. Toutefois, l'analyse tend à démontrer que les membres ont un peu plus de temps pour consulter les documents en provenance de l'OPDQ et des autres organismes gouvernementaux, que pour consulter ceux rédigés par *leurs propres comités internes.* Par conséquent, même s'il ne paraît pas y avoir de volonté manifeste de la part des interlocuteurs du CPDQ de retarder indûment l'expédition des dossiers, il n'en reste pas moins vrai que les délais laissés pour en prendre connaissance sont trop souvent restreints. Cette crainte se trouve confirmée, d'ailleurs, par le fait que 56,5% des membres du conseil estiment avoir «plus ou moins» voire «insuffisamment» de temps pour prendre connaissance de l'ensemble des dossiers qui leur sont transmis et ce en raison principalement de leurs activités professionnelles parallèles.

De l'analyse des moyens offerts au CPDQ, il ressort très nettement que ses membres ont un accès limité aux dossiers gouvernementaux, que ces dossiers, bien que généralement compréhensibles, ne permettent pas toujours malgré leur volume, une connaissance suffisante des questions étudiées. Et cela, d'autant plus que le temps accordé aux membres du conseil s'avère plutôt restreint. Pourquoi le gouvernement maintient-il sur pied un organisme alors qu'il ne l'équipe pas en ressources suffisantes à la réalisation de son mandat? Est-ce parce que l'on attache moins d'importance à la consultation elle-même qu'à son mythe? L'examen de l'action des membres du conseil devrait permettre de lever, en partie, le voile sur cette importante question.

III. L'action accomplie par le CPDQ

À l'exception de la phase d'engouement des premiers mois — de juin 1971 à décembre 1971 le CPDQ s'est réuni sept fois — le nombre de réunions annuelles n'a été que de deux en 1972, quatre en 1973, trois en 1974 et cinq en 1975[20].

L'action du conseil en cours de ces réunions va être présentée en examinant successivement les trois sections suivantes : la participation des membres aux délibérations, la participation des groupes aux débats et l'extrant des délibérations du conseil.

a) *La participation des membres*

Nous allons présenter ici, tout d'abord les raisons de cette participation et ensuite une analyse de l'absentéisme au sein du conseil.

i) *Les raisons*

La majorité des membres du conseil déclare avoir accepté de participer aux débats de l'assemblée, de façon à *représenter* et à *conseiller* le gouvernement en matière de planification et de développement.

— *Le rôle de* «*participation-représentation*» est, en effet, cité largement en tête de liste par plus de 52% des membres. La seconde forte concentration d'opinions se cristallise autour du désir «d'obtenir des informations» (30,4%), le conseil apparaissant alors principalement comme un forum, une table ronde où l'on procède à d'intéressants échanges d'informations confidentielles. Seuls 4,4% des répondants voient le conseil comme un «tremplin politique». Personne ne déclare toutefois avoir accepté de siéger au CPDQ pour «le prestige de la fonction».

Deux autres raisons sont encore avancées :

— *La courtoisie :* Il serait inconvenant qu'un groupe officiel refuse de déléguer un ou plusieurs de ses membres auprès d'un conseil consultatif gouvernemental.

— *La stratégie de surveillance :* Surtout, cela permet aux représentants des groupes d'empêcher l'adoption d'avis qui seraient contraires à l'intérêt de leur groupe. Les membres du CPDQ, tout au moins plusieurs d'entre eux, cherchent peut-être moins à influencer positivement les politiques gouvernementales qu'à *empêcher* l'émission d'avis qui entreraient en compétition avec ceux partagés par les groupes auxquels ils appartiennent.

ii) *L'absentéisme*

Ceci étant dit, il n'en reste pas moins vrai qu'un pourcentage fort variable de membres s'abstiennent de participer aux délibérations.

Le tableau ci-dessous, constitué en calculant le nombre total d'absences par groupes, divisé par le nombre de postes octroyés par arrêté en conseil pour chacun de ces groupes, indique clairement l'existence de deux catégories principales.

---

20. Constatons que le règlement fait obligation au conseil de tenir une assemblée plénière «au moins une fois tous les deux mois». Soit six fois par année. Règlement no 607, art. 15, 2e alinéa.

TABLEAU XXIII

Absences moyennes par groupe
lors des réunions plénières du CPDQ (1971-74) en %

CRDAQ		13,2%
Patronat		14,4%
Autres		15,6%
Municipalités	(12,5)	33,1%
Ministre responsable		35,0%
Syndicats		40,6
Grands conseils		40,6%
Grands conseils		48,7%
Moyenne générale des absences		*28,5%*

Source : Compilation tirée des comptes rendus des 15 premières réunions du CPDQ et du Rapport d'activités 1971-74.

— *La catégorie à faible degré d'absences :* les CRD, le patronat, la Fédération des commissions scolaires et le Conseil de la coopération. Les municipalités doivent aussi être rangées dans cette catégorie car, nonobstant l'absence régulière du maire de Montréal (taux d'absence 75%), les municipalités n'atteindraient qu'un seuil de 12,5% au lieu de 33,1%.

Les principales raisons pouvant expliquer ce haut taux de participation sont celles indiquées précédemment : courtoisie vis-à-vis du pouvoir, désir de représentation, obtention d'informations, stratégie de surveillance. Pour les CRD, l'aspect «officialisation» ou «institutionnalisation» de leur rôle, auquel s'ajoute l'inexistence de canaux extérieurs de pression au niveau central, semble expliquer aussi leur forte participation en tant que groupement.

— *La catégorie à fort degré d'absences :* les grands conseils consultatifs, les syndicats et les personnes nommées sans consultation préalable, sur proposition du ministre responsable.

La faible participation des grands conseils peut s'expliquer soit par l'existence à leur niveau d'un autre réseau de connections avec le pouvoir, soit par la désillusion découlant de l'expérience peu concluante en terme d'influence, engendrée par leur activité préalable au sein de leurs propres organismes consultatifs. Celle des syndicats peut s'expliquer tout à la fois par leur sous-représentation au sein du conseil et par l'existence de réseaux de pression extérieurs, considérablement plus influents que les délibérations du CPDQ (grèves, négociations collectives, etc.). Quant à celle des experts, elle peut s'expliquer principalement par l'absence de contrôles exercés par quelque groupe que ce soit sur leur activité au sein du conseil.

Une étude chronologique de ces absences tend à faire apparaître une sensible élévation ces dernières années. Tendance symptomatique sans doute, d'un certain découragement, d'une certaine déception, voire d'un certain malaise interne. De deux à huit absences en moyenne lors des premières réunions, leur nombre s'est élevé ensuite régulièrement autour de neuf à douze avec même une pointe à seize.

b) *La participation des groupes*

Nous allons présenter dans cette section, premièrement les relations conseil-comités, deuxièmement les relations intra-groupes, troisièmement les relations inter-groupes et quatrièmement la question du *leadership* à l'intérieur du conseil.

i) *Les relations conseil-comités*

Pour les fins de sa tâche, le CPDQ a constitué, conformément à l'article 2 de son règlement intérieur, différents comités spécialisés au sein desquels s'élaborent les diverses propositions d'avis[21], soumises par la suite à l'assemblée générale. Qu'advient-il, d'elles, alors? Sont-elles généralement acceptées d'emblée, modifiées légèrement ou remaniées profondément?

Selon 82,6% des membres du conseil, *les propositions d'avis ne sont généralement que légèrement modifiées.*

En fait, il s'agit là d'une réponse qui caractérise bien le type de relations existant habituellement entre le conseil et ses différents comités. Ces derniers préparent certaines recommandations qui sont par la suite adoptées par le conseil, après quelques retouches finales. En ce sens, le travail au sein du CPDQ suit le schéma classique des relations comités-conseil.

ii) *Cohésion ou division intra-groupes?*

Nous avons cherché à savoir dans quelle mesure les membres issus d'un même groupe (Conseil du patronat, syndicats, CRD, etc.) adoptaient ou non une position commune face aux problèmes soulevés. En d'autres termes, y at-

une position commune face aux problèmes soulevés. En d'autres termes, y a-t-il ou non cohésion interne entre représentants d'un même groupe au sein du conseil?

Les réponses obtenues à cette question ne permettent pas de tirer une conclusion tranchée. En effet, 43,5% des répondants affirment que généralement il y a front commun des représentants d'un même groupe, alors que 47,8% estiment que de tels regroupements s'opèrent «à l'occasion seulement» ou «rarement». La répartition des réponses permet toutefois de dire *qu'il ne semble pas exister de façon régulière, au sein du CPDQ, un véritable comportement de groupe,* car, alors, les réponses auraient été beaucoup moins divisées. Ceci découle sans doute du fait que la majorité des membres se sente beaucoup plus proche des groupes *à l'origine* de leur nomination que des groupes composant le conseil proprement dit. D'où la très grande liberté de vote dont font preuve les membres du conseil.

iii) *Consensus ou conflit inter-groupes?*

S'il n'y a pas de cohésion caractérisée à l'intérieur des groupes, y a-t-il

---

21. À l'époque où s'effectuait la recherche plusieurs comités (quatre à neuf membres) avaient vu le jour. Outre le Comité exécutif-liaison, existaient les comités suivants: priorités et procédures, schéma économique, mécanismes de décision, aménagement et coordination des administrations gouvernementales régionales, analyses sectorielles de la question emploi, agro-alimentation, tourisme, NAIM, révision de certains règlements du CPDQ, aménagement du territoire et développement économique, développement social et habitation. À l'exception du comité sur l'emploi tous s'étaient déjà réunis et quatre rapports rédigés. Depuis lors, d'autres rapports ont été élaborés, dont l'un sur les réformes à apporter au CPDQ, par un autre comité: celui des orientations (avril-novembre 1975).

cohésion globale au sein du CPDQ? Ou bien y a-t-il au contraire des oppositions inter-groupes persistantes?

Selon 56,5% des membres, *il n'y a aucune opposition persistante au sein du conseil. Un large consensus semble prédominer très nettement de façon générale.*

Seuls 30,4% des répondants soulignent l'existence «d'accrochages» entre deux groupes principaux : le patronat et les syndicats. Les raisons idéologiques qui expliquent ces oppositions sont assez bien résumées par un membre du conseil : «Conception différente de la société, de la répartition des richesses, de l'organisation socio-économico-politique, et de leurs intérêts à la fois personnels et de groupe».

Toutefois, le CPDQ n'étant pas le lien privilégié pour de tels débats, en raison de son audience restreinte, tant auprès du public que des autorités gouvernementales[22], on comprend que ces conflits idéologiques ne soient pas une des grandes dominantes du travail régulier du conseil et qu'ils ne constituent pas, par voie de conséquence, un foyer d'oppositions persistantes. Ce qui ne signifie cependant pas que cette situation empêche toute apparition de *leaders* au sein du conseil.

iv) *Le leadership*

Interrogés sur les personnes les plus influentes siégeant au sein du conseil, les répondants ont mentionné à sept reprises et chaque fois au premier rang le nom de M. Pierre Côté alors président du conseil[23]. Parmi les autres noms mentionnés, on trouve MM. Roger Bédard, Léonard Roy, Gilles Lamontagne, Roger Labrecque, Michel Bélanger et Jean Gérin-Lajoie. La source principale d'influence est considérée comme étant principalement la participation à l'exécutif du CPDQ. Ce qui est le cas pour MM. Côté et Bédard. Parmi les autres raisons indiquées notons la personnalité, la compétence technique et les relations politiques. Le «prestige du groupe, l'origine de la nomination» ne recueille aucun pourcentage, ce qui tend à confirmer l'absence d'une véritable conscience de groupe au sein du CPDQ.

Nous avons aussi cherché à connaître l'opinion de l'environnement sur le problème du *leadership* s'exerçant à l'intérieur du conseil. Mais cette fois là par rapport, non aux *leaders* individuels, mais par rapport aux groupes en présence. Les résultats obtenus donnent — du plus influent au moins influent — en tête et de loin, le Conseil du patronat (34,5%), suivi des CRD (27,3%), des municipalités et Commissions scolaires (10,9%), des Conseils consultatifs provinciaux (9,1%) et, en dernier, des syndicats (5,5%). Que le CPQ occupe en terme d'influence le premier rang et les syndicats le dernier, ne surprendra pas le lecteur qui aura vu dans le conseil une assemblée fortement conservatrice sur le plan de la composition. Un fait intéressant à souligner, c'est la réputation d'importance accordée aux CRD au sein du conseil. Il est vrai qu'elle découle vraisemblablement ici, du nombre élevé de membres des conseils régionaux siégeant au CPDQ (près d'un tiers).

---

22. Cf. ci-après, *troisième partie.*
23. Son successeur est M. Ghislain Hawey.

c) *L'extrant des délibérations du CPDQ*

Il s'agit ici d'une part, d'étudier dans quelle mesure le conseil peut planifier ses activités et, d'autre part, d'évaluer la nature des recommandations qu'il a effectuées dans le cadre de son mandat.

i) *La planification du travail*

À la suite d'une entente intervenue avec l'OPDQ, le conseil élabore, on l'a vu, des recommandations sur deux types de questions : celles soumises par l'Office et celles qu'il initie de lui-même.

Dans de telles conditions, le conseil peut-il planifier son travail ? En fait, il ne le peut qu'à moitié, c'est-à-dire sur les seules questions qu'il soulève directement. Quant au second type de questions, le conseil ne peut que s'en remettre à la propre planification de l'Office. C'est ainsi que 52,2% des membres du conseil estiment que le travail est programmé pour une période de six mois à un an maximum. 13% situent même cette période en deçà de six mois. Seuls 21,8% l'évaluent entre un et deux ans tout au plus. Cette période n'est pas très longue. L'Office et le conseil ont vraisemblablement l'un et l'autre une part certaine de responsabilité dans ce manque d'organisation à long terme de leurs propres activités. Cependant, il est bien sûr que le fait que l'OPDQ puisse, en tout temps, demander un avis au conseil, empêche ce dernier d'élaborer une planification plus stricte de son travail à moyen ou long terme.

ii) *La nature de l'extrant*

Un examen attentif des diverses recommandations émises par le conseil depuis sa création, permet de dégager deux caractéristiques principales en partie contradictoires. En effet, au sérieux et à l'effort d'approfondissement qui semble marquer le travail d'analyse et de réflexion des comités, s'oppose l'aspect plutôt assez vague des recommandations formulées par le conseil.

— *L'effort de recherche effectué au sein des comités.* Il est évident dans bien des domaines. Notamment en ce qui concerne la recherche effectuée par le conseil sur le schéma économique portant sur les objectifs globaux de développement socio-économique du Québec (1971-1976). Mais cet effort est aussi très net en ce qui concerne les travaux du conseil afférent au tourisme, à l'aéroport de Mirabel, aux problèmes agro-alimentaires et au développement du secteur pétro-chimie-énergie.

— *L'aspect plutôt vague des recommandations.* Les recommandations sont, par contre, en règle générale, beaucoup plus floues, vagues et globales que celles auxquelles on aurait pu s'attendre, suite aux travaux des comités. Le conseil, très souvent, se contente de préconiser des études ou de décrire en termes très généraux la conception qu'il se fait de la politique à adopter dans tel ou tel secteur de l'activité économique. Sans avoir la prétention ni le désir d'être exhaustif, mais simplement à titre d'exemples, on peut citer les quelques recommandations suivantes toutes extraites du premier rapport d'activités[24] :

---

24. Rapport des activités du CPDQ — Du 1er juin 1971 au 31 mars 1974.

« Il est nécessaire de susciter des conditions favorables à l'expansion économique et à l'urbanisation dans le but d'exploiter au maximum l'existence de l'aéroport »

(p. 51-52)

« Que la construction et le développement d'un port pour super-pétroliers sur le St-Laurent dans la région de Gros - Cacouna - Ile-Verte, soit entreprise dans les meilleurs délais »

(p. 70)

« Que le ministère des Richesses naturelles... parachève dans les meilleurs délais l'étude sur la nature des sols dans l'emprise située à l'est de la Baie d'Hudson pour le gazoduc de Panarctic »

(p. 76)

« Invite les aciéries canadiennes à fabriquer, au Québec, les canalisations pour les industries du pétrole et du gaz »

(p. 86)

« Il nous faut une politique agro-alimentaire qui soit globale, cohérente dans sa conception, dans son adaptation à nos particularités, dans son application dans l'ensemble du système agro-alimentaire et intégrée dans une stratégie de développement industriel du Québec »

(p. 103)

« Qu'un système soit établi pour mesurer la répartition spatiale au Québec a) du nombre et de l'origine des touristes, b) des dépenses de ces touristes »

(p. 187)

L'aspect modéré et très global de ces recommandations est, peut-être, la conséquence de la volonté délibérée des membres du conseil d'éviter l'apparition de conflits internes. De la sorte, le caractère quelque peu vague et pusillanime des avis, découlerait du désir très conscient de recueillir l'adhésion quasi-unanime des membres du conseil. Seul moyen, peut-être, pour celui-ci, de voir ses avis peser d'un quelconque poids dans les décisions à venir du gouvernement. À moins, évidemment, que le caractère très flou de la plupart des recommandations formulées par le conseil soit la cause de cette absence d'oppositions inter-groupes en son sein. En effet, le consensus assez large enregistré lors des délibérations peut s'expliquer par la nature même du contenu des recommandations émises par le CPDQ. Ces dernières sont, en effet, tellement générales et souvent peu précises qu'elles ne peuvent, dès lors, entrer en contradiction flagrante avec les opinions respectives nourries par les divers groupes. Aussi ces avis ne peuvent-ils que susciter assez facilement un large accord de principe de la part de l'ensemble des groupes composant le CPDQ.

Conclusion

Pour des raisons diverses (contraintes internes et externes) le CPDQ paraît se contenter d'émettre des avis plutôt vagues sur des éléments ponctuels de développement. Conscients de cela, semble-t-il, ses membres soit participent aux délibérations du conseil pour des raisons plutôt négatives que positives, soit s'abstiennent en nombre relativement élevé de participer. Cela contribue à donner trop souvent aux débats du conseil, l'allure d'une chambre d'enregistrement quelquefois troublée simplement par les voix des syndicats. Voix discordantes, au milieu de ce concert feutré que se donne, à soi-même, l'*establishment* socio-économique du pays.

Troisième partie : LES RELATIONS AVEC L'ENVIRONNEMENT SOCIAL, GOUVERNEMENTAL ET ADMINISTRATIF

Situé à un carrefour de communications, le CPDQ entretient des relations plus ou moins nombreuses avec trois catégories principales d'interlocuteurs : l'opinion publique et les groupes socio-économiques d'une part, le secteur des administrations publiques (services de planification notamment) d'autre part, enfin, en dernier lieu, le gouvernement du Québec via le ministre responsable de la planification.

I. Les relations CPDQ-environnement social

La loi de création du conseil interdit la publication des avis émanant du CPDQ. Cette interdiction, jointe à la faiblesse des ressources attribuées au conseil, ne facilite guère, on s'en doute, les communications avec la population. Tant et si bien qu'il n'est pas exagéré d'écrire que les relations CPDQ-population sont pratiquement inexistantes. Il est extrêmement malaisé, pour ne pas dire impossible, aux membres du conseil, d'obtenir l'avis de la population sur des dossiers en cours d'étude, puisqu'ils ne peuvent recourir aux média d'information.

Sur ce sujet, l'enquête révèle que la plupart des membres du CPDQ (87%) et de l'environnement administratif (85%) souhaiteraient voir le CPDQ autorisé à informer, sinon « toujours » (49%), tout au moins « généralement » (36%), le public, des avis qu'il a donnés au gouvernement. La diffusion des avis permettrait au conseil de se servir de l'opinion publique afin de faire progresser certains dossiers auprès du gouvernement et de l'administration. Elle permettrait, de la sorte, que la population soit informée et consultée avant qu'une décision soit prise, plutôt qu'avisée des choix gouvernementaux, une fois les programmes en cours d'exécution. En attendant une éventuelle réforme en ce sens, les membres du CPDQ se contentent de consulter « généralement » (21%) mais de préférence « occasionnellement » (47%), le groupe à l'origine de leur nomination, avant d'adopter une position au conseil. Soit un total d'environ 68% de membres qui entretiennent des relations suivies avec leur groupe.

Ces relations sont un peu plus fréquentes si l'on considère, non plus la consultation préalable à l'avis, mais l'information postérieure à l'avis, fournie aux membres du groupe à l'origine de leur nomination au conseil. Le pourcentage atteint en effet 84% se décomposant comme suit : information postérieure communiquée « généralement » (47%), et « à l'occasion » (37%).

Les communications CPDQ-opinion publique sont donc très limitées à une forme médiatisée, elle-même très peu formalisée. Le tout découlant de deux facteurs principaux, à savoir : le secret légal de la consultation officielle et le statut ambigu des membres du conseil, à mi-chemin entre « l'expert » et « le représentant ».

Les relations du CPDQ avec les pouvoirs publics sont cependant un peu mieux organisées. En vue d'institutionnaliser les relations CPDQ-gouvernement-administrations, le conseil a créé un Comité exécutif-Liaison. Composé de sept membres désignés par le président du CPDQ, ce comité est chargé d'assurer une liaison régulière avec les dirigeants de l'OPDQ et le vice-Premier Ministre responsable de l'Office.

II. Les relations CPDQ-administrations publiques

Au sein des administrations publiques, une place à part doit être faite à l'OPDQ en raison des liaisons naturelles de type fonctionnel existant entre cet organisme et le conseil.

a) *Les relations CPDQ-OPDQ sont généralement bonnes, si l'on fait abstraction de la « tutelle » exercée par l'Office.* 52% des membres qualifient « d'étroite collaboration » leurs relations avec l'Office. Cependant 35% d'entre eux déplorent l'existence d'un lien de « dépendance » qui, aux dires de certains, constitue pour le conseil une espèce de tutelle qu'ils déplorent.

b) *Les relations CPDQ-directions ministérielles de planification rencontrent un obstacle de taille sous la forme du secret administratif.* Les relations entre ces deux catégories sont considérablement moins nombreuses que les précédentes. Ce phénomène ressort nettement de l'enquête. En effet 34% des membres de l'environnement seulement déclarent avoir connaissance des avis émis par le conseil. De plus, leur information provient dans 63% des cas, de l'Office, contre seulement 16% des cas, du conseil.

D'autre part, en ce qui concerne l'accès aux dossiers détenus par les divers ministères, on se souvient que les membres du conseil jugeaient dans une proportion de 82,6% n'avoir qu'un accès « plus ou moins satisfaisant » aux dossiers. Il est, certes, dans les habitudes de la fonction publique de restreindre le plus possible la diffusion de ses dossiers. Indispensable dans certains cas, une généralisation de cette pratique du « secret » au secteur de l'administration consultative se justifie assez mal. Aussi serait-il souhaitable, selon plusieurs de nos interlocuteurs, que le ministre responsable de l'Office fasse pression auprès de ses collègues pour que soient communiqués aux membres du CPDQ toutes les informations nécessaires à l'*élaboration éclairée* de leurs avis[25].

III. Les relations CPDQ-gouvernement

Des trois groupes d'interlocuteurs qui constituent l'environnement immédiat du conseil: l'administration, les agents socio-économiques et le gouvernement, ce dernier est indubitablement *un de ceux avec lequel le CPDQ a le plus intérêt à entretenir d'excellentes relations.* En effet, il a absolument besoin du support gouvernemental s'il veut exercer une quelconque influence sur la planification des politiques de développement.

---

25. Depuis quelques mois le CPDQ utilise les services de plusieurs hauts-fonctionnaires à qui il confie le mandat de piloter certains dossiers (Ex.: Tourisme). Ces cadres de la fonction publique assurent entre autres la liaison entre le CPDQ et les consultants externes auxquels il fait appel.

D'abord, afin d'obtenir les ressources de fonctionnement indispensables à la préparation adéquate et à l'émission d'avis sérieux et fondés. Ensuite, afin que ses avis soient examinés avec attention par le gouvernement plutôt que relégués dans le fin fond d'un tiroir. Ce support gouvernemental est d'autant plus nécessaire, que le CPDQ ne se voit pas reconnaître, on le sait, le droit de rendre public le contenu de ses avis[26].

Les relations CPDQ-gouvernement doivent maintenant être évaluées à partir des trois critères suivants : le rôle du conseil, son influence et la portée des avis qu'il émet.

a) Le rôle du CPDQ

i) Le point de vue des membres du conseil

Afin d'amener les membres du CPDQ à évaluer l'attitude du gouvernement à leur endroit, nous les avons interrogés sur la raison principale qui, selon eux, avait entraîné les pouvoirs publics à créer leur organisme. La majorité (60,9%) pense que *le gouvernement a créé cet organisme dans le but d'obtenir la participation des forces sociales au processus de planification et de développement*. Seuls 17,4% semblent plutôt enclins à croire que le gouvernement voyait dans le CPDQ un groupe d'*experts* chargés d'émettre des avis techniques et à peine 8,7% que celui-ci avait été créé afin de « *cautionner les décisions gouvernementales* ». Ainsi, les membres du conseil ne paraissent guère avoir de raisons profondes de douter de la volonté du gouvernement de confier à cet organisme consultatif le soin d'être un canal de communications entre les forces sociales et économiques d'une part et les centres de formulation des politiques gouvernementales en matière de planification et de développement, d'autre part.

ii) Le point de vue de l'environnement

Il diffère sensiblement du précédent. Les interlocuteurs privilégiés des membres du conseil sont un peu plus sceptiques, que ces derniers, à l'égard des raisons officielles invoquées lors de la création de cet organisme. En effet, à côté des 47,3% des personnes qui considèrent que la raison d'être du conseil est d'assurer « la participation des forces sociales », existe *une forte minorité (23,6%) qui croit que le conseil n'a été créé qu'afin de servir de caution aux décisions gouvernementales*. Or les deux autres critères retenus paraissent confirmer dans une large mesure l'opinion de cette minorité.

b) L'influence du CPDQ

Si le gouvernement a vraiment engendré le CPDQ afin de consulter les forces sociales et économiques sur les questions de leur ressort, il devrait alors en avoir fait le canal privilégié de communications entre lui et les divers groupements intéressés aux questions de planification et de développement.

---

26. En pratique toutefois, un accord récent est intervenu ces derniers mois, qui permet au Conseil de rendre ses avis publics après que le gouvernement en ait pris connaissance.
Signalons en outre que le nouveau gouvernement a marqué un certain intérêt vis-à-vis du CPDQ, si l'on en juge par le nombre de ministres qui ont assisté à une ou plusieurs séances de travail du Conseil, notamment MM. R. Lévesque (4), Garon (3), Léonard (3), Joron (2), Landry (1), Léger (1).

Or, est-ce réellement le cas? C'est ce que nous avons tenté de savoir en demandant aux membres du CPDQ et à ceux de l'environnement d'évaluer l'influence relative du conseil, en la comparant à celle des divers groupements représentés en son sein.

i) *Le point de vue des membres du conseil*

Les réponses démontrent clairement que cet organisme consultatif est très loin d'être le canal privilégié par lequel les groupes et organismes qui le constituent influencent les décisions gouvernementales en matière de planification et de développement. En effet, la majorité des groupes qui sont représentés au sein du conseil est perçue comme étant *séparément* plus influent que le CPDQ en ces matières. Seuls les CRD sont considérés comme étant individuellement moins influents que le conseil dans son ensemble.

Une analyse plus détaillée de l'influence relative du CPDQ et des divers groupes qui le constituent, nous a amené à classer ces derniers en deux catégories principales.

— *Première catégorie: celle des groupes clairement identifiés comme plus influents que le CPDQ.* On retrouve là tout d'abord les représentants des deux forces socio-économiques traditionnelles: le patronat et les syndicats. Ceux-ci sont, en effet, considérés par 47,8% des répondants comme plus influents que le conseil, contre 30,4% et 34,8% respectivement qui pensent le contraire. Viennent ensuite les municipalités et les commissions scolaires considérées, elles aussi, comme «plus influentes que le CPDQ» par 43,5% des répondants contre 30,4%.

— *Seconde catégorie: celle des groupes considérés comme aussi influents que le CPDQ.* On trouve ici tout d'abord les *conseils consultatifs provinciaux,* c'est-à-dire principalement: le Conseil supérieur de l'éducation, le Conseil des universités, le Conseil général de l'industrie, le Conseil du travail et de la main-d'œuvre, le Conseil des affaires sociales et de la famille. On trouve ensuite, ici aussi, les *conseils consultatifs régionaux,* c'est-à-dire les CRD. Leur influence paraît toutefois moins grande que celle exercée par leurs homologues à vocation provinciale. Ceci s'explique aisément par la grande similarité de statut et de conception qui a présidé, apparemment, au développement de ces divers conseils. Les uns et les autres constituant ce que l'on appelle quelquefois «l'administration consultative».

— *Le point de vue de l'environnement.* Il présente une grande similarité avec les opinions émises par les membres du conseil, si ce n'est que l'influence prédominante du Conseil du patronat et des Centrales syndicales y est plus fortement soulignée. Si ce n'est aussi que la majorité des répondants estime que les CRD sont moins influents que le CPDQ.

Ainsi, en ce qui concerne l'influence du CPDQ sur les politiques gouvernementales en matière de planification et de développement, une conclusion s'impose. Les communications directes entre les groupes et organismes représentés au sein du CPDQ et le gouvernement restent toujours le principal moyen d'influencer l'action gouvernementale. La mise en place de structures officielles de consultation dans ce secteur, n'a pu réussir à réduire l'importance des «*pressions*» et du *lobbying* des groupes socio-économiques concernés à travers la province. Seuls échappent à cette règle les CRD.

Groupements *régionaux* relativement *jeunes,* les CRD sont, en effet, les seuls à avoir plus de chances de faire prévaloir leur point de vue auprès du gouvernement s'ils réussissent à le faire adopter par le CPDQ. Celui-ci est un peu aux CRD ce qu'est l'ONU aux pays du tiers-monde : une tribune où ils peuvent faire entendre leur voix et, parfois même, faire prédominer leurs options.

c) *La portée des avis du CPDQ*

Quel est l'impact des recommandations formulées par le conseil sur les politiques gouvernementales ? À ce problème nous avons tenté de trouver une solution en demandant à nos répondants d'indiquer, selon eux, la proportion des avis du CPDQ donnant lieu ultérieurement à des mesures gouvernementales conformes. Signalons tout d'abord qu'un nombre particulièrement élevé de personnes interrogées (35%) n'a pas répondu à cette question. Ce qui s'explique vraisemblablement par le manque d'informations dont disposent les membres du conseil sur ce qu'il advient des avis émis à l'issue de leurs délibérations.

i) *Un mécanisme de rétroaction déficient*

Près de la moitié des personnes interrogées affirment que le CPDQ n'est pas très souvent informé des suites données à ses avis : 26% disent n'en être informés »qu'à l'occasion», 17,4% «rarement» et 4,6% «jamais». Ceux qui se disent «toujours» ou «généralement» informés des suites réservées par le gouvernement à leur avis, reconnaissent ne pas obtenir ces informations par les canaux formels de communications établis entre le conseil et le gouvernement. Et pour cause, puisque si l'on en croit près de la moitié des répondants, il n'existe pas au sein du CPDQ de mécanisme formel visant à établir un *follow up* convenable, ni à obtenir des informations de retour, une fois les recommandations formulées. Comme plus de 60% des personnes interrogées conviennent que le gouvernement n'a pas non plus, de son côté, établi de mécanismes concernant l'information des membres du conseil sur les suites réservées en haut lieu à leurs avis, on ne s'étonnera pas si l'on conclut en une regrettable déficience du mécanisme de rétroaction.

ii) *Des avis sans grande portée réelle*

Malgré les insuffisances de ce mécanisme, l'information obtenue par des canaux détournés a tout de même permis, à quelque 65% des répondants, de donner une opinion sur la proportion des avis du conseil donnant lieu à des mesures gouvernementales conformes à l'esprit de leurs recommandations. Près de la moitié de nos répondants estime que *moins de 10% de ces avis sont ensuite mis en application par le gouvernement.* Moins d'1/5 d'entre eux, à peine, estime au contraire, que cette proportion dépasse 50%.

Conclusion

Cette situation peut découler :

— soit du fait que les avis du conseil prenant, pour les raisons que nous avons vues (faiblesse des moyens, désir de maintenir un consensus interne), trop souvent la forme de mesures incantatoires et de voeux pieux, ils s'avèrent par conséquent peu opérationnels au niveau décisionnel.

— soit du fait que le conseil ne jouant qu'un rôle symbolique de participation et à l'opposé un rôle réel d'*intégration* d'éléments socio-économiques qui risqueraient s'ils n'étaient pas assimilés, de troubler l'ordre social, le processus de participation, en soit, a plus d'importance que le choix des décisions finales.

Remarquons au passage que la seconde explication n'est pas antinomique avec la première. En effet, l'objectif intégrationniste mettant l'accent plus sur la symbolique participative que sur la qualité des recommandations, il s'ensuit logiquement une inutilité d'attribuer à l'organe consultatif des moyens matériels et humains considérables. D'où, la faiblesse des ressources allouées au conseil qui en découle et qu'ont largement dénoncée les membres du CPDQ. La relative valeur des avis qui s'ensuit obligatoirement suffit, par ailleurs, à justifier tout à la fois et le non accroissement desdits moyens à l'organe consultatif et la prise de décisions non conformes aux recommandations formulées.

Ainsi, la consultation constituerait un cercle vicieux fort commode assurant, et le maintien de l'ordre socio-économique existant par l'intégration des éléments extérieurs les plus remuants (syndicats, CRD, etc.), et la liberté décisionnelle du gouvernement en matière de politiques gouvernementales. Liberté d'action que ne peut guère troubler un CPDQ muselé par le secret administratif et l'absence de mécanisme de rétroaction. Ce qui confère au système consultatif les caractéristiques d'un circuit déconnecté. Le tout recouvert évidemment du sceau artificiel du principe démocratique dit de participation[27].

Afin de remédier à cet état de choses, les membres du conseil proposent dans une forte proportion (73,9%) que «*le gouvernement soit forcé de consulter le CPDQ avant de prendre quelque décision que ce soit sur toute matière afférente à la planification et au développement*».

Ceci leur paraît une meilleure solution que celle qui consisterait à modifier le rattachement actuel de cet organisme aux instances gouvernementales. En effet, si 43,5% des répondants préconisent un rattachement direct du conseil aux services du Premier ministre, il n'en reste pas moins vrai que 30,4% d'entre eux préfèrent le maintien du *statu quo* actuel, soit le rattachement au ministère responsable de l'OPDQ. Nous croyons, pour notre part, qu'effectivement le changement de rattachement n'aurait guère de portée pratique, surtout lorsqu'on connaît la surcharge de travail qui en découlerait pour un Premier ministre déjà débordé. Mais aussi, car cela n'entraînerait nullement la rupture du cercle vicieux dans lequel se déroule la consultation. Nous préférerions quant à nous, de beaucoup, assister à la dissolution du CPDQ et à l'émergence d'une seconde chambre provinciale à vocation économique et sociale. Mais cela ne paraît guère être une opinion partagée par tous, puisque majoritairement les membres du CPDQ (52,2%) et les membres de l'environnement (65,5%) se déclarent défavorables à la mise en oeuvre d'un système bicaméral dans la province de Québec[28].

---

27. Pour de plus amples détails sur ce phénomène de déconnection cf. la conclusion générale de l'article suivant : « L'Administration consultative au Québec ».

28. Cette proposition en faveur du bicaméralisme ne recueille que 34,8% des voix au sein du CPDQ et seulement 21,8% parmi les personnes extérieures à celui-ci.

CONCLUSION GÉNÉRALE

La participation de la population au processus de planification et de développement est, en soi, un principe démocratique auquel on ne peut faire autrement qu'adhérer.

Cependant, tout au long de cette étude sont apparues les importantes lacunes et défaillances enregistrées par l'appareil québécois chargé de donner vie à ce principe. Les défauts de ce système de « concertation » incombent d'ailleurs, il faut le souligner davantage au gouvernement qu'aux membres du conseil proprement dit. En effet, le CPDQ ne paraît pas avoir spécialement ménagé ses efforts et, avec les moyens dont il dispose, nombre des travaux réalisés par ses soins sont dignes d'attention. Ceci rend d'ailleurs d'autant plus regrettables les faiblesses du système de consultation et d'autant plus urgente l'adoption de profondes réformes. Doivent par conséquent être adoptées, dans les meilleurs délais, plusieurs importantes mesures visant à permettre au CPDQ de se mettre en circuit avec l'ensemble de la population, les administrations publiques concernées et le gouvernement. Ce qui revient à recommander tout spécialement que lui soit reconnu le droit de tenir des réunions publiques et de faire connaître à l'opinion, le contenu de ses recommandations. Ce qui revient aussi à préconiser que soit mis en place un processus administratif permettant au CPDQ d'évaluer concrètement la portée de ses avis au niveau des politiques gouvernementales. Ceci sans omettre, évidemment, les importantes mesures de correction qui doivent intervenir au double plan de la composition et du fonctionnement interne du conseil. Cet ensemble de réformes s'avère en effet indispensable, si l'on veut vraiment, comme l'ex-Premier Ministre Robert Bourassa le disait lui-même, lors de la première séance d'ouverture du conseil, que le CPDQ constitue enfin et réellement « une des modalités essentielles du dialogue permanent qui doit être maintenu entre le gouvernement et la collectivité »[29].

---

29. Extrait d'un communiqué du Conseil exécutif, Service d'information, Source Charles Denis, Québec le 3 juin 1971.

L'ADMINISTRATION CONSULTATIVE AU QUÉBEC ★

I. -INTRODUCTION

Les années soixante ont marqué, au Québec, une période de l'histoire de cette province communément désignée aujourd'hui par une expression, celle de « Révolution tranquille ». C'est en effet durant cette décennie que le Québec est passé d'un modèle traditionnel, religieux, rural et autoritaire de gouvernement — le Duplessisme — à un modèle moderne, laïc et industriel de développement sous l'impulsion d'un nouveau parti politique — le parti libéral — et d'un nouveau leader — Jean Lesage.

La révolution tranquille s'est traduite, en matière d'administration publique, par un développement phénoménal et extrêmement rapide, de la machine administrative. Les secteurs public et para-public se sont en effet considérablement accrus. C'est ainsi que se sont multipliés les organismes publics et para-publics à vocation industrielle, commerciale, financière, éducative, culturelle et sociale.

Parallèlement à cette croissance, se sont développés dans la province, sous l'impulsion généralement de l'État, et pour des motifs politiques, techniques, ou psychologiques, une kyrielle d'organismes consultatifs.

Certains conseils consultatifs existaient bien avant les années soixante en application du vieux principe médiéval qui voulait que « le roi agisse toujours par sages conseils de bonnes gens » [1]. Mais, leur multiplication au cours de cette décennie fait qu'on pourrait fort bien, de nos jours, appliquer au Québec la formule célèbre que Sir Winston Churchill utilisait pour la Grande-Bretagne lorsqu'il écrivait : « nous sommes envahis par les comités comme les Australiens par les lapins » [2].

Or, chose curieuse, ces multiples conseils consultatifs n'avaient cependant, jusqu'à notre étude, jamais vraiment donné lieu à un examen d'ensemble approfondi. Certains auteurs [3] avaient bien tenté une approche, mais celle-ci ne considérait les conseils que comme une simple composante d'un tout plus vaste : les organismes autonomes. Avec, pour simple résultat — non dénué cependant de tout intérêt — une réflexion sur le concept de

---

★ Cet article est le résultat d'une étude menée dans le cadre d'un cours de maîtrise sur « la vie administrative québécoise » sous la direction de l'auteur par quatre étudiants de l'Université Laval : MM. Patrick Cluzeau, Jean-Charles Denis, Jean-Maurice Landry et Robert Leblanc. L'auteur tient à les remercier tout particulièrement M. Patrick Cluzeau pour le remarquable travail effectué par lui, durant la phase de traitement et d'analyse es données.

L'auteur tient à souligner notamment combien il a apprécié la qualité du rapport d'étude rédigé par M. Cluzeau sans lequel cet article de revue n'aurait jamais vu le jour. C'est aussi à tous les membres des Conseils consultatifs de la province et à leurs fonctionnaires, sans omettre le personnel du Centre de Traitement de l'Information de l'Université Laval que s'adressent les remerciements de l'auteur et de son équipe. L'auteur tient, enfin, à bien préciser que les propos tenus ici ne sauraient, évidemment, engager que sa seule responsabilité.

1. François-Olivier Martin, « Précis d'Histoire du droit français », 6e éd., Paris, 1945, p. 152.

2. Sir Winston Churchill : « Second World War », vol. 2, p. 606.

3. André Gélinas, les organismes autonomes et centraux, Presses de l'Université du Québec, Montréal, 1975, 346 p.

consultation et un inventaire classifié de ces conseils. Inventaire qui servira d'ailleurs de base de départ à notre recherche. D'autres chercheurs — dont l'auteur du présent article — s'étaient eux aussi penchés sur le sujet, mais en opérant une coupe verticale et approfondie d'un seul organisme consultatif[4].

Le moment paraissait venu de réaliser une coupe horizontale à travers l'ensemble des conseils consultatifs de la province[5]. Cependant, en raison de l'étendue de la matière, seuls ont retenu notre attention, les conseils consultatifs externes et centraux, ce qui laisse évidemment en dehors du champ de l'enquête les nombreuses commissions consultatives internes à l'administration, les contrats de service passés par l'administration avec des experts individuels ou avec des bureaux d'étude, les consultations auprès d'organismes étrangers ou internationaux, ainsi que les conseils consultatifs externes régionaux ou locaux.

II. MÉTHODOLOGIE

La méthode de recherche utilisée a pris la forme d'un questionnaire d'enquête, instrument le plus susceptible de projeter une image fonctionnelle des conseils consultatifs. Trois phases principales ont constitué la démarche méthodologique : la phase de pré-enquête, l'enquête proprement dite et la phase de traitement et d'analyse des données.

La phase de pré-enquête visant à l'élaboration du questionnaire définitif s'est déroulée sur une période de quatre mois (15 janvier — 15 mai 1976) et a comporté, outre l'examen documentaire (textes de lois, règlements, rapports annuels, etc...)[6] et plusieurs interviews préliminaires, la constitution d'un questionnaire première version, suivi de deux pré-tests[7].

La phase d'enquête, proprement dite, s'est échelonnée entre le 28 mai et le 23 juillet de la même année. Elle s'est effectuée par voie postale et a atteint les

4. Alain Baccigalupo, la consultation dans l'administration de la planification au Québec, *Revue Internationale des Sciences Administratives*, no 4, 1976, pp. 372-397.

5. Un projet de ce genre a, semble-t-il, été confié à un chercheur québécois de l'École nationale d'administration publique par le Cabinet du Premier Ministre, auteur des années 1972-1974, avant d'être donné à l'Office de planification et de développement du Québec, mais il aurait avorté en cours de route.

6. Sans omettre les excellents ouvrages et articles de M. Yves Weber, « L'administration consultative », LGDJ - Paris 1968 - Georges Langrod « la consultation dans l'administration contemporaine » - Ed. Cujas, Paris, 1972 - 970 p. et Léon Dion « Politique consultative et système politique » - *Revue Canadienne de Science Politique* - juin 1969 - pp. 227-244.

7. Le premier pré-test a été réalisé auprès des huit répondants suivants : Pierre Vella, président du Conseil du tourisme, Léon Tremblay, secrétaire du Conseil du saumon, Jean Deronzier, directeur du Conseil supérieur de l'éducation, Alain Bergeron, secrétaire par intérim du Comité de la recherche socio-économique, André Beaudoin, membre du Conseil des affaires sociales et de la famille, Jean-Benoît Bundock, président du Conseil consultatif de l'environnement, Louisette Robillard, présidente du Conseil du statut de la femme et Francine Depatie, secrétaire du Conseil du statut de la femme. Le second pré-test a été réalisé auprès de deux autres personnalités : Yvon Leclerc, secrétaire du Conseil de l'artisanat et Marc Pigeon, secrétaire du Conseil de protection du consommateur. À tous, l'auteur et son équipe tiennent à adresser leurs remerciements pour le temps accordé à cette enquête et pour la qualité des informations et des critiques constructives apportées à nos premières ébauches de questionnaire.

trente-neuf conseils consultatifs opérationnels en 1976[8]. Nous précisons bien opérationnels car une bonne douzaine d'autres conseils, véritables institutions fantômes nées d'une préoccupation passagère et frappées depuis d'obsolescence administrative, n'existent que sur le papier. Deux autres organismes consultatifs n'ont pu être inclus dans l'enquête. Ce sont: le Conseil consultatif de la justice alors en période de réorganisation et dont les nouveaux membres n'avaient pas encore été nommés et le Conseil consultatif du transport qui refusa tout simplement de participer. En outre trois organes consultatifs touchés par l'enquête n'ont pas répondu. Il s'agit du Comité consultatif de la construction, le Comité de recherche épidémiologique et la Commission permanente de la réforme des districts électoraux.

C'est dire que sur les trente-neuf conseils ayant fait l'objet d'une enquête regroupant au total 548 membres, présidents, vice-présidents et secrétaires, 277 personnes appartenant à trente-six organismes différents ont répondu, soit 50,5%. Comme il s'agissait là d'une population totale et non d'un simple échantillon représentatif, ce taux de répondants ne peut que garantir très largement la validité des résultats obtenus.

Le questionnaire comprenait cent questions se répartissant comme suit: 66 questions fermées, 30 partiellement ouvertes et 4 totalement ouvertes. Le traitement de l'information a été réalisé par le Centre de l'Université Laval en Fortran pour le programme original et en PL 1 pour le programme de vérification sur IBM 310.

Ce sont les résultats de ce traitement informatisé qui nous permettent de présenter aujourd'hui, à partir de simples distributions de fréquence, une image de la composition, du fonctionnement interne et des relations entretenues par les conseils avec leur environnement socio-politico-administratif.

Ce sont, en effet, ces trois critères qui devaient nous permettre de répondre à la problématique principale de notre recherche que l'on peut énoncer comme suit: le gouvernement du Québec fonctionne-t-il selon un système de polysynodie administrative?

---

8. Ce sont: le Comité catholique de l'éducation, le Comité protestant de l'éducation, le Comité consultatif du livre, le Comité consultatif du travail et de la main-d'oeuvre, le Comité consultatif de la bibliothèque natonale du Québec, le Comité d'étude de la mortalié périnatale, le Comité de recherche épidémiologique et opérationnelle, le Comité de la recherche socio-économique, le Comité relatif à la moralité maternelle et obstétricale, le Comité de la santé mentale du Québec, le Comité consultatif de la construction, la Commission consultative de l'enseignement privé, la Commission de l'éducation des adultes, les Commissions de l'enseignement élémentaire, secondaire, collégial et supérieur, la Commission de la recherche universitaire, la Commission des bibliothèques publiques, la Commission des biens culturels, la Commission permanente de réforme des districts électoraux, le Conseil d'artisanat du Québec, le Conseil des affaires sociales et de la famille, le Conseil des universités, le Conseil du tourisme, le Conseil supérieur de l'éducation, le Conseil consultatif de pharmacologie, le Conseil consultatif des denrées alimentaires du Québec, le Conseil consultatif des productions animales, le Conseil consultatif des productions végétales, le Conseil de la protection du consommateur, le Conseil du statut de la femme, le Conseil de la recherche en santé du Québec, le Conseil de la politique scientifique, le Conseil des recherches et services agricoles, le Conseil québécois de la jeunesse, des sports, des loisirs et du plein-air.

III. -COMPOSITION DES CONSEILS CONSULTATIFS

Les conseils consultatifs au Québec regroupent, tout à la fois, des conseils proprement dits, des commissions et des comités. La plupart de ces divers organismes sont créés, soit par une loi spéciale — les plus nombreux (27%) — soit par arrêté en conseil (26%), soit dans le cadre d'une loi générale (22%), soit par simple décision ministérielle (9%)[9]. Tous ces organismes consultatifs sont rattachés à un ministre. Quatre ministres à eux seuls rassemblent, sous leur responsabilité, près de 77% des conseils existants. Il s'agit du ministre de l'Éducation (39%), du ministre des Affaires sociales (14%), du ministre de l'Agriculture (12%)et du ministre des Affaires culturelles (12%). Les autres conseils sont placés sous la responsabilité du Premier ministre (6%), du ministre du Tourisme, de la chasse et de la pêche (5%), du ministre des Consommateurs, coopératives et institutions financières (3%), du ministre des Terres et Forêts (2,5%), du ministre du Travail et de la Main-d'oeuvre (2%), du ministre de l'Industrie et du Commerce (0,4%), du ministre de la Justice (0,4%) et autres ministres (0,8%).

La plupart de ces conseils ont été créés depuis 1964. Certaines années ont vu, d'ailleurs, naître un nombre assez considérable d'organismes consultatifs : 1964 (22), 1969 (20), 1971 (28), 1974 (15) notamment.

Trois avenues de recherche ont été explorées afin de cerner convenablement la composition réelle des organes consultatifs québécois. La première avenue concerne les modalités entourant les désignations à ces fonctions de conseillers. La seconde avenue touche les caractéristiques globales des personnes ainsi désignées. Et la troisième voie nous amène à examiner les raisons de la participation de ces personnes au fonctionnement de ces conseils.

1) **Les modalités de la désignation : des mandats relativement courts, issus de procédures juridiques autoritaires, corrigées toutefois par des procédures consultatives préalables.**

C'est généralement le lieutenant-gouverneur en conseil, autrement dit le conseil des ministres qui procède à la nomination des conseillers (40% des cas). Mais il arrive aussi, assez souvent, (30% des cas) que cette nomination soit directement le produit d'une simple décision ministérielle. Dans les deux cas toutefois, ce qui est important à retenir, *c'est le rôle extrêmement marqué joué par les ministres, matière de nomination aux postes de conseillers à l'intérieur des conseils consultatifs.* Les désignations provenant, soit du président de l'organisme consultatif, soit du conseil d'administration, soit des pairs par voie de cooptation sont, en effet, des procédures assez exceptionnelles (15% des cas).

---

9. Les pourcentages ci-indiqués, une fois additionnés, ne donnent pas 100. Il faut en effet tenir compte des catégories « ne sais pas » et « ne réponds pas ». Il en sera ainsi dans la plupart des statistiques dont nous ferons état tout au long de cet article. Le lecteur ne devra donc pas s'en étonner. Nous attirerons cependant son attention, toutes les fois où le pourcentage atteint par ces deux catégories présentera une caractéristique, appelant de notre part une explication particulière.

Cette procédure quelque peu autoritaire et «politique» est cependant sensiblement démocratisée par le fait que, généralement, la désignation intervient soit «après consultation du groupe d'origine» (37% des cas), soit sur «recommandation de l'organisme consultatif» (20%), soit en dehors des deux formes précédentes (1%). Si l'on ajoute à cela, les cas où un conseiller est membre d'office d'un conseil, par suite de son appartenance à un autre organisme social (15%), et les 10% de cas où une personne est désignée, soit par élection, soit après consultation provinciale, soit sur recommandation de plusieurs organismes autres que ledit conseil, on s'aperçoit que le pourcentage de cas où les nominations sont opérées «sans consultation du groupe d'origine» est, en réalité, très minoritaire: 4%. Ceci entraîne cependant une regrettable érosion du principe démocratique en abaissant le degré de représentativité des membres des conseils. Tendance fâcheuse que viennent d'ailleurs, renforcer les modalités de désignation aux postes de président et souvent aussi de vice-présidents. Celles-ci échappent, en effet, dans nombre de cas aux membres du conseil et constituent un des privilèges du gouvernement qui n'est pas sans rappeler la technique de la tutelle.

La durée moyenne des mandats remplis réellement par les personnes ainsi nommées est de 2 ans et 4 mois environ. Elle varie comme suit: moins d'un an (20%), un à deux ans (25%), deux à trois ans (19%), trois à quatre ans (12%) et plus de quatre ans (19%).

2) Les caractéristiques principales des conseillers.

a) *Un groupe nettement au-dessus de la moyenne nationale.* Les conseillers consultatifs du gouvernement sont majoritairement de sexe masculin (83%) et mariés (82%). Ils ont, généralement, entre 45 et 54 ans (37% d'entre eux), entre 35 et 44 ans (29%) ou entre 25 et 34 ans (17%). La moyenne d'âge se situe en réalité à 43 ans et 9 mois. Ils sont particulièrement scolarisés puisque 86% détiennent un diplôme universitaire, tandis que 29% d'entre eux possèdent même un diplôme de 3ème cycle. Les spécialités universitaires que l'on retrouve le plus fréquemment sont successivement: les sciences appliquées (12%), les sciences de la santé (10,5%), les sciences de l'éducation (7,5%) et les sciences pures (4%). Nombreux (18%) sont ceux qui ont indiqué plusieurs spécialités. Les autres disciplines citées, tournent, soit autour de 2,5% et 3,5% (administration, histoire, économique, droit, service social, théologie), soit autour de 1% (sociologie, lettres, philosophie, sciences politiques), soit descendent au-dessous de ce seuil (relations industrielles, anthropologie, géographie).

Compte tenu du haut degré de scolarisation des conseillers, il n'est pas étonnant de constater que les occupations professionnelles les plus fréquemment indiquées par les intéressés soient celles «d'administrateurs-cadres» (41%), de professions libérales (19%) et de professeurs (16,5%). Il n'y a donc pas lieu de s'étonner, non plus, si les niveaux moyens de revenus déclarés se situent très nettement au-dessus de la moyenne nationale. Au moment de l'enquête, 71,5% des répondants avouaient des revenus annuels supérieurs à $20,000. Tandis que le revenu moyen annuel des membres des conseils consultatifs s'établissait déjà à l'époque à plus de $28,000, 26% d'entre eux gagnaient plus de $35,000 par an.

Quand on sait que la population du Québec compte environ 52% de femmes, 58% de personnes de moins de 31 ans, 11% de plus de 60 ans, seulement 9.1% de diplômés d'université (1er cycle) et à peine 1% de revenus supérieurs à $25,000 [10], on s'aperçoit très vite du décalage très marqué qui existe entre la population québécoise (pays réel) et les membres des conseils consultatifs (pays légal). C'est dire par là-même combien ces conseils constituent une «assemblée de notables», une élite nationale.

b) *Un groupe d'experts et de représentants des milieux socio-économiques.* Les organismes consultatifs sont composés tout à la fois de représentants des milieux socio-économiques (37%) qui sont là comme avocats et mandataires du public, des usagers et des groupes de pression, et d'experts d'une discipline académique particulière qui jouent le rôle de «sages». Les premiers relèvent de ce que l'on appelle la consultation des intérêts, tandis que les seconds apportent à l'administration une consultation technique.

D'ailleurs, près d'un tiers des conseillers (31,5% des personnes interrogées très exactement) s'accordent pour dire que ces deux groupes sont tous les deux présents à l'intérieur de l'administration consultative. Dépendamment des types d'organismes c'est l'un ou l'autre de ces deux ensembles qui l'emporte en nombre.

Il arrive aussi, dans nombre de cas, que des fonctionnaires ayant droit de vote fassent partie de certains organismes consultatifs externes. En effet, 17,5% des personnes interrogées déclarent appartenir à des conseils ayant quatre, ou plus de quatre fonctionnaires de ce type. Le reste de l'éventail se répartit entre trois (8%), deux (10%) et un fonctionnaire (13%). 43% des membres signalent toutefois ne siéger avec aucun agent de l'État, si ce n'est le secrétaire du conseil, dépourvu d'ailleurs de tout droit de vote.

Quant aux ministres responsables de ces organes consultatifs, la majorité d'entre eux ne participe pas directement aux réunions. 54% de nos répondants indiquent que leur ministre ne participe «jamais» aux assemblées. Quant à ceux qui font part de la présence du ministre à leurs réunions (37%) ils s'empressent de préciser que celle-ci n'est qu'occasionnelle. Seuls 4,5% des répondants dans certains conseils rapportent une participation «régulière» ou «constante» du ministre responsable.

Si les ministres sont rarement présents aux délibérations des conseils consultatifs et s'il est vrai que 20% des conseillers signalent qu'ils ne se font jamais représenter, il n'en reste pas moins que la majorité des répondants (70%) fait état de la présence d'un délégué du ministre à ses travaux soit toujours (13%), soit régulièrement (28%), soit occasionnellement (29%).

c) *Un groupe dont la représentativité est très discutable.*

— Une sur-représentativité de la région de Québec. En terme de distribution géographique, deux régions dominent les huit autres régions administratives de la province : ce sont Montréal (46% des conseillers en sont

---

10. *Sources:* D. Dufour et Y. Lavoie « Le niveau de formation scolaire de la population du Québec en 1971 », *Revue Statistique du Québec,* juin 1975. Vol. XIV, n° 1, p. 17 et ss., Ministère du revenu, Volume de Statistiques fiscales, Salaires-individus, 1972 et Annuaire du Québec 1974.

issus) et Québec (33%). Une simple comparaison avec les indices de répartition géographique de la population globale met en évidence la surreprésentation de la région de Québec et la sous-représentation de celle de Montréal.

— Une relative prédominante des secteurs public et para-public. Les deux secteurs sont ceux d'où originent principalement les membres des conseils avec respectivement 37,5% et 25%. Le secteur privé avec 30% des membres constitue cependant un groupe non négligeable. Tant et si bien qu'il n'est pas exagéré d'écrire qu'au Québec aussi l'administration consultative a, dans un certain sens «facilité la pénétration des intérêts privés dans le système gouvernemental»[11]. Il est vrai, toutefois, que si ces intérêts n'ont pas cherché à être davantage représentés dans le secteur de l'administration consultative c'est que bien avant le développement de celle-ci, ils étaient déjà largement présents dans le processus décisionnel, notamment par le biais des caisses électorales, de leurs organisations et du lobbying.

— Une nette sur-représentation du niveau provincial au détriment du niveau municipal. C'est très majoritairement du niveau provincial que viennent les membres des conseils (70%). Compte tenu de l'importance relative de la fonction municipale, ce dernier niveau, avec seulement 5% de répondants qui en sont issus, apparait assez fortement sous-représenté.

— Une forte dépolitisation des membres. La plupart des répondants (89%) disent ne pas prendre une part active à la vie politique à l'intérieur du cadre d'un parti. Toutefois, ceux qui y prennent part militent surtout aux niveaux provincial et fédéral, et sont davantage membres du Parti Québécois (64%) que du Parti Libéral (28%)[12].

— Une fort probable domination des groupes «patronaux et professionnels», au détriment des groupes sociaux et de salariés. Proviennent, en effet, des associations professionnelles (11% des conseillers), des associations patronales (4%), des groupes d'affaires (5%), de la fonction publique (10%), tandis que sont issus des groupes sociaux et des syndicats de salariés respectivement 9% et 2% seulement des conseillers. Il s'agit là de fortes présomptions de déséquilibre en terme de représentativité sociale, qui confirment les résultats dégagés par nous lors de notre précédente enquête sur le Conseil de planification et de développement du Québec[13]. Il ne nous est toutefois pas possible, scientifiquement, d'être plus précis dans nos affirmations en raison, d'une part, de la forte proportion de non-réponses enregistrée exceptionnellement dans cette question et en raison, d'autre part, de l'imprécision de la catégorie «autres» qui recueille ici aussi, de façon assez spéciale, 32,5% de réponses. Il nous parait toutefois peu vraisemblable que les représentants syndicaux n'aient pas osé se déclarer comme tels et aient préféré

---

11. Cf. Jean Meynaud-CFNS P. Paris, n° 118, p. 239.

12. Ces statistiques ne sont données qu'à titre indicatif, car en raison du petit nombre absolu sur lequel elles reposent (11 conseillers), elles ne peuvent avoir de valeur scientifique. Malgré cela il est intéressant de constater l'avancée très forte du P.Q. qui apparait déjà dans cette enquête, quelque 5 mois avant le scrutin du 15 novembre 1976 qui devait largement confirmer cette tendance.

13. Cf. «   La consultation dans l'administration de la planification au Québec   » - op. cit.

venir grossir une catégorie aussi floue que celle intitulée « autres », alors que le groupe « association syndicale de salariés » était nettement indiqué dans le questionnaire [14]. Tout laisse à craindre plutôt, que cette dernière catégorie traduise assez bien la place réelle, occupée par elle, au sein de l'administration consultative québécoise.

Malgré ces multiples indices qui nous laissent quelque peu songeur sur le caractère vraiment représentatif de ces divers conseils consultatifs, il ne parait pas qu'ils soient de nature à troubler de quelque façon que ce soit la conscience de l'écrasante majorité des membres desdits conseils. En effet, l'opinion qu'ont les membres de ces organismes sur la représentativité de leurs conseils respectifs est particulièrement positive. Plus de 94% des répondants estiment que leur organisme est représentatif. 33% d'entre eux le jugent même « très représentatif ».

Nous croyons, quant à nous, devoir, pour les raisons ci-haut invoquées, partager plutôt l'avis très largement minoritaire des 2,8% des conseillers qui trouvant leur conseil « peu ou pas représentatif » estiment, en même temps, que les associations professionnelles et patronales sont nettement sur-représentées au détriment des groupes sociaux et des associations syndicales de salariés.

3) Les raisons de la participation des membres

Les raisons individuelles à l'origine de l'acceptation par les conseillers d'être nommés membres d'un organisme consultatif sont nombreuses et variées. L'une d'elle, cependant, domine largement les autres. Il s'agit du « sentiment de participer à la prise de décision ». Elle recueille, en effet, 41% des réponses. Elle est suivie, loin derrière, par le « sentiment que l'on peut éviter ainsi que des décisions contraires (aux intérêts du groupe représenté) soient prises » par les pouvoirs publics (18,5%).

C'est donc, principalement, la volonté d'infléchir, positivement ou négativement, une décision gouvernementale qui incite les membres des conseils à accepter leurs postes de conseillers, au sein de l'administration consultative.

Loin derrière sont invoquées les raisons suivantes qui paraissent considérablement moins déterminantes, si l'on en croit la bonne foi des conseillers : « les informations pouvant être obtenues » (10%), « le prestige du poste » (1%), le sentiment de courtoisie à l'égard des autorités (1%), les relations pouvant être nouées au sein des conseils (0,8%).

Parmi les 22% de répondants qui estiment que leurs raisons sont autres, que celles précédemment énoncées, figurent les motivations suivantes : *le devoir national* (« pour rendre service », « pour aider la recherche », « par goût de servir la collectivité », « par esprit de collaboration », « par intérêt pour la mise en valeur du patrimoine national »), *l'intérêt personnel* (« à cause du défi et de l'intérêt inhérent d'un point de vue scientifique aux travaux du conseil »,

---

14. Cf. question 22 du questionnaire d'enquête.

«prolongement d'activités professionnelles et intérêt pour le domaine étudié»), *l'absence de choix* («membre d'office»)[15].

IV. FONCTIONNEMENT INTERNE DES CONSEILS CONSULTATIFS

L'étude du fonctionnement interne des organismes consultatifs est passée par l'examen de trois concepts-clés: 1) les intrants à la consultation, 2) le mécanisme consultatif et 3) les extrants de la consultation.

1) Les intrants à la consultation.

Trois questions principales ont retenu notre attention: Quelle est la fonction principale des conseils? Pour quelle raison le gouvernement a-t-il créé les conseils consultatifs? Quels moyens a-t-il mis à leur disposition?

a) *Une fonction de consultation et de réglementation plutôt que de contestation et de revendication.* Pour la grande majorité des membres des conseils (70%), les organismes dont ils font partie sont uniquement destinés à «la consultation». 10% les voient plutôt comme de simples organes «d'études et de recherches», tandis que 12% les voient, tout à la fois, comme des organes de consultation, d'études et de recherches». Un nombre important de répondants (37%) pense aussi que les conseils remplissent souvent une fonction de réglementation (élaboration de normes, de procédures, de règles).

Ce qui est sûr, c'est qu'un nombre très minime de membres seulement voient, dans l'organisme où ils siègent, dominer la dimension «revendication» (1,2%) ou «contestation» (1,2%). Signalons, au passage, que ces derniers chiffres, d'ailleurs, correspondent assez bien aux 2% de représentants des syndicats de salariés composant les conseils consultatifs[16].

b) *Les raisons invoquées par les conseillers concernant les motifs de création des conseils par le gouvernement attestent de la bonne foi des pouvoirs publics.* Les quatre raisons principales invoquées par les conseillers pour justifier la création par les pouvoirs publics des organismes consultatifs sont en effet les suivantes: «obtenir l'avis d'experts» (59%), «obtenir la participation des groupes sociaux et des groupes d'intérêts» (53%), «faciliter la prise de décision» (41%) et, «obtenir de l'information» (34%).

Par contre, les raisons qui feraient éclater la mauvaise foi des pouvoirs publics, voire leur machiavélisme, telle que «faire cautionner les décisions gouvernementales», «retarder la prise de certaines décisions», «laisser refroidir des sujets brûlants», apparaissent aux yeux de la très grande

---

15. La rémunération attachée au poste n'est jamais indiquée comme motivation, puisqu'aucune rémunération comme telle, n'est versée aux membres des conseils. Ceux-ci perçoivent simplement, en règle générale, de simples vacations, à titre de compensation partielle pour le temps ainsi prélevé par les conseillers sur leurs activités professionnelles, auxquelles s'ajoutent des indemnités de déplacement et de séjour.

16. Parmi les autres fonctions indiquées par 4% à peine des membres soulignons les fonctions de direction, de pression, de recommandation et d'allocation de fonds de recherches.

majorité des conseillers comme des raisons d'une importance très marginale [17].

c) *Les moyens en vue de remplir leurs fonctions laissent parfois quelque peu à désirer.* En effet, les divers moyens mis à la disposition des conseils, par leurs défauts, ne sont pas sans constituer une forme de tutelle exercée par le gouvernement sur l'administration consultative.

— *Les ressources financières.* 50% des conseils disposent de budgets de fonctionnement égaux ou inférieurs à $400,000. 1/3 d'entre eux précise même que leurs budgets sont inférieurs à $100,000. Toutefois un petit nombre d'organismes dispose de ressources importantes, puisque près de 10% des répondants précisent que leurs budgets sont supérieurs au million de dollars.

Ceci explique que si 52,5% des conseillers jugent leurs ressources financières «suffisantes», un nombre très appréciable, lui aussi, de conseillers, (1/3) partage un avis diamétralement opposé.

— *Les ressources humaines.* La très grande majorité des conseils consultatifs disposent de secrétariats, si l'on en croit 93% de nos répondants. Théoriquement, le rôle de ces boîtes administratives est un rôle de mémoire et de soutien à l'action des conseils : «rédaction de procès verbaux», «élaboration de rapports d'activités, notamment de rapports annuels, recherche d'une documentation pertinente aux travaux du conseil», conservation des documents, etc...

Cependant, la pratique a élargi ce rôle initial. Ce qui fait, qu'aujourd'hui, les secrétariats, quand ils existent, sont devenus la cheville ouvrière des organismes consultatifs dont ils assurent les tâches matérielles : envoi des convocations et de l'ordre du jour, organisation des séances, centralisation et répartition des dossiers, etc... Or, ils ont parfois tendance à se comporter comme des auxiliaires dociles de l'administration consultante, des agents de tutelle administrative, d'autant plus qu'ils en sont la plupart du temps l'émanation.

En terme de ressources humaines proprement dites, ces secrétariats disposent en moyenne de 1 à 3 personnes selon 54% de nos répondants. Tout comme en matière de ressources financières, il existe ici aussi, parmi les conseils, une assez grande variété de situations. En effet, 13% des conseillers se plaignent, d'une part de ne disposer en propre d'aucun personnel de secrétariat, tandis que 12% d'autres répondants ont la chance de pouvoir bénéficier de secrétariats disposant de 10 personnes ou plus.

Même diversité en matière de personnel administratif à temps partiel : 31% disent ne pas en avoir, alors que 28,5% de conseillers en ont, en moyenne, de 1 à 3.

Même variété en matière de personnel technique à temps plein puisque la moitié des conseillers interrogés déclare ne pas en posséder, alors que 23% de nos répondants disposent du soutien de 1 à 3 de ces personnes. La même

17. En effet les pourcentages de répondants, indiquant ces motifs comme raison principale sont respectivement d'à peine 6%, 0%, et 0%, et comme raison seconde de 3%, 0,4% et 2% seulement.

situation prévaut aussi pour le personnel technique à temps partiel (aucun : 41,5% ; 1 à 3 personnes : 20% et 10 personnes et plus : 4%).

Les conseils recourent, en outre, assez fréquemment à des fonctionnaires et à des consultants à titre de personnes ressources[18].

— *Les ressources informationnelles.* Elles sont aussi vitales pour les conseillers que le cordon ombilical pour l'embryon. D'une façon très générale, la majorité des conseillers (77%) ont tenu à exprimer leur satisfaction face à la nature de la documentation qui leur est fournie dans le cadre de leurs activités au sein des conseils. Seuls, quelque 18% des membres ont tenu à faire part de certaines réserves.

82% des membres se montrent satisfaits de la technicité de la documentation qui leur est adressée. Seuls, 5% la trouvent insuffisamment technique, alors que 2% la jugent au contraire « trop technique ou trop spécialisée ».

L'accès aux documents gouvernementaux, aux dossiers d'organismes para-publics ou ministériels semble satisfaire la majorité des conseillers (56%), toutefois, une importante proportion de membres (31%) semble d'un avis plutôt mitigé. Seuls, cependant, 6,5% de répondants osent se déclarer franchement insatisfaits.

La documentation distribuée aux conseillers est jugée convenable par 41% d'entre eux. Cependant, les avis sont, là aussi, assez partagés puisque 37% la jugent « abondante » et 12% « trop abondante » tandis qu'à l'opposé 4,5% l'estiment « insuffisante » et 3% « largement insuffisante ».

La question des délais laissés aux conseillers pour prendre connaissance des dossiers administratifs a été aussi examinée avec soin, en raison de l'influence de ce facteur sur la nature véritable et la qualité même de la consultation. En effet, si les délais sont trop courts et ne permettent pas aux membres d'étudier profondément le sujet débattu, la consultation ne sera qu'une parodie et un faux-semblant, pour ne pas dire un alibi pur et simple.

Devant cette documentation, 45% estiment disposer de suffisamment de temps pour en prendre connaissance, alors qu'une fraction presque identique (39%) estime elle n'en disposer que « plus ou moins ». 11% déclarent même être franchement débordés.

Il est vrai que si en moyenne, le délai pour consulter cette documentation avant d'en discuter, est de 1 à 2 semaines (40% des cas), voire parfois de plus de 2 semaines (11%), il arrive aussi très souvent qu'il s'étale simplement de 2 à 7 jours (37% des cas), voire se limite tout juste à 48 heures ou moins (8%).

2) Le mécanisme consultatif.

Le double objectif visé ici était d'une part, de délimiter les cadres de la consultation en précisant les règles du jeu consultatif et, d'autre part, de filmer le jeu des acteurs à l'intérieur de l'action consultative.

---

18. Recours à des fonctionnaires : régulièrement (30,5%), occasionnellement (55,5%). Recours à des consultants externes (cabinets privés, universités, etc   ...) : qui (65%), non (23%). Signalons que ces derniers en apportant généralement un point de vue technique exercent, de ce fait même, une fonction consultative au second degré.

a) *Les règles du jeu consultatif.* Il convient de présenter d'abord les modalités de fonctionnement des conseils et ensuite les échéances de travail.

— *Les modalités de fonctionnement des conseils : le recours aux groupes de travail.* Étant donné que l'expérience a, depuis longtemps, prouvé que l'efficacité d'une assemblée est inversement proportionnelle au nombre de ses membres, la plupart du temps le travail effectif est, en réalité, réalisé à l'intérieur de formations restreintes.

C'est pourquoi la plupart des organismes consultatifs québécois disposent de groupes de travail internes, si l'on en croit 82,5% de nos répondants. Près de la moitié de ces groupes (45%) est constituée, tout à la fois, de comités ad hoc et de comités permanents. Seuls 6% des conseillers signalent qu'ils ne disposent que de comités permanents, tandis que 30,5% font plutôt état de «comités ad hoc seulement».

On s'aperçoit donc que la plupart des groupes de travail internes sont davantage constitués autour de problèmes spécifiques et temporaires qu'autour de problèmes permanents. Ceci s'explique, notamment, par la nature même des conseils consultatifs, beaucoup plus portés à se pencher, surtout momentanément, sur des problèmes précis, particuliers et d'actualité que de façon permanente sur des sujets à long terme.

Ces groupes de travail internes sont relativement nombreux. 38% des membres interrogés rapportent que leurs conseils en comportent de 3 à 5, et 18% en indiquent même 6 ou plus.

Si une proportion assez grande (1/3) de ces groupes de travail est constituée uniquement de conseillers, il n'en reste pas moins vrai que la majorité (51%) des groupes de travail est mixte, puisque composée, tout à la fois, de conseillers proprement dits et de personnes ressources extérieures à l'organisme consultatif. La majorité des conseillers estime, d'ailleurs, qu'elle a «suffisamment» recours à des consultants pour participer à l'élaboration d'avis, alors que cette proportion est jugée «insuffisante» par 18% d'entre eux.

La majorité des groupes de travail (45%) regroupe en moyenne 4 à 6 personnes. Toutefois, les groupes comprenant moins de 3 personnes et plus de 6 personnes constituent chacun 20% de l'ensemble des conseils.

Plus des ¾ des conseils consultatifs (78%) siègent «à huis-clos». Une proportion non négligeable (18%) accepte cependant de siéger soit «à huis-clos», soit «en séances publiques», «dépendamment des circonstances».

Le recours très répandu au huis-clos, s'explique de différentes façons. «La nature du travail», aux dires de la majorité des conseillers (51%), semble se prêter assez peu à des débats publics. C'est là, la raison la plus souvent invoquée. Il en est une seconde, moins fonctionnelle et plus juridique, signalée, avec raison, par ¼ des conseillers : les stipulations expresses de la loi constituant nombre d'organismes consultatifs, sinon la plupart d'entre eux. Une troisième raison beaucoup plus discutable est aussi signalée par 13,5% des conseillers : «la tradition et l'habitude».

— *Des échéances de travail assez courtes.* Afin d'éviter que les travaux des conseils consultatifs, en traînant en longueur, gênent ou paralysent l'action administrative, la tendance gouvernementale est à l'effet d'accorder aux conseils des échéances de travail assez courtes.

Ceci explique pourquoi les délais accordés généralement par les ministres responsables, aux divers conseils, pour formuler leurs recommandations, sont jugés «relativement courts» par la grande majorité des conseillers qui fait état de délais inférieurs à 2 mois (50%). 15% indiquent des délais de 2 à 4 mois, 7% des délais de 4 à 12 mois et 0,4% des délais supérieurs à un an.

Rien d'étonnant, dès lors, si le programme de travail des conseils est essentiellement fondé sur une vision à court terme, comme l'indiquent, très franchement d'ailleurs, les conseillers[19].

b) *Le jeu des acteurs à l'intérieur de l'action consultative.* Trois thèmes principaux ont tout spécialement retenu notre attention. Le premier visait à dépeindre le style de leadership que pouvaient bien exercer, à l'intérieur des conseils, les présidents des organismes consultatifs. Le second avait pour but de mesurer le degré et la nature de la participation des membres aux délibérations de leur organisme. Le troisième avait pour objectif de décrire, et expliquer, le mode de relations inter-groupes qui s'établissait au sein de l'administration consultative.

• Un leadership présidentiel souple et peu contesté. Plus des ¾ des personnes interrogées s'accordent pour qualifier de «souple» le leadership exercé sur leur conseil par leur président. Cette attitude «basée sur l'animation de groupe» aurait pour but «de stimuler les membres de l'organisme», plutôt que de «les contrôler». Seule une infime minorité de membres (7%) déclare trouver le leadership de leur président «rigide, autoritaire et rigoureux».

Quant à l'influence particulière que peuvent, à l'intérieur des conseils, exercer certaines personnes, celle-ci semble davantage découler, selon nos répondants «du degré d'expertise» ou de «la personnalité» d'un individu, que de «son appartenance au milieu patronal» ou de «ses nombreuses relations publiques».

• Juridiquement, les membres des organismes consultatifs doivent généralement agir en fonction «de leurs opinions personnelles». Or, si 54% des conseillers déclarent se conformer à l'esprit de la loi, une bonne proportion (34%) estime qu'ils agissent aussi «compte tenu des opinions émises par le groupe qu'ils représentent».

• L'absentéisme aux réunions plénières des organismes consultatifs ne paraît guère être un phénomène de grande ampleur. En effet, 44% des conseillers évaluent à «10% et moins» le taux d'absentéisme à l'intérieur de leur assemblée, et 42% l'évaluent, eux, entre «11 et 25%» en moyenne. Si l'on met en parallèle d'une part ces taux moyens d'absentéisme et d'autre part le nombre d'assemblées plénières annuelles moyen (entre 8 et 12 si l'on en croit 83% des conseillers), on s'aperçoit que le nombre annuel moyen de

---

19. 61% des membres estiment cette période à un «un an au moins» et 85,5% l'évaluent à «deux ans ou moins». Seuls 8% disent qu'il existe dans leurs conseils un programme de travail a moyen terme (2-4 ans) ou à long terme (4 ans et plus).

réunions plénières manquées par la plupart des conseillers tourne entre 1 et 3. Ce qui est plutôt normal.

La raison la plus fréquemment mentionnée pour tenter de justifier ces absences est, principalement, « le manque de temps » (47% des répondants). D'autres raisons, plus négatives, telles que « le manque d'intérêt », « l'existence de voies parallèles de pression », « la déception » sont aussi quelquefois rapportées sans jamais, cependant, recueillir un grand nombre de voix[20].

• Les « groupes d'experts », les « groupes sociaux » et le « milieu de la fonction publique » sont parmi les groupes qui semblent participer le plus assidûment. Les raisons les plus fréquemment mentionnées par les intéressés pour expliquer cette participation assidue sont, successivement et par ordre d'importance décroissant : « l'intérêt personnel ou de groupe » (24%), « le respect du principe de la consultation » (18%) et enfin « la confiance vis-à-vis du travail et du mandat confié à l'organisme consultatif » (14,5%). La participation plus faible des milieux patronaux et syndicaux de salariés peut s'expliquer par l'existence, pour ces groupes très structurés et bien organisés, de réseaux parallèles de pression probablement plus efficaces que les délibérations des conseils. Tandis qu'au contraire, pour les experts et les groupes sociaux, les conseils consultatifs constituent, peut-être, les seules plateformes où il leur est possible de faire entendre leurs voix et défendre leurs vues officiellement. Le milieu de la fonction publique, quant à lui, pourrait bien ne pas avoir le choix et devoir par raison professionnelle pure et simple participer aux travaux des assemblées, soit pour défendre le point de vue de l'administration, soit pour en assurer le déroulement.

• La quasi-unanimité des membres (89%) dit avoir droit à la dissidence. Ce droit qui garantit les libertés individuelles des membres et permet de présenter à l'autorité décisionnelle toutes les facettes d'un sujet, a toutefois pour conséquence d'atténuer, en pratique, le poids des avis et des recommandations émis par l'organisme consultatif, dans la mesure où il fait état de divergences de vues. Il permet cependant de réduire très sensiblement, sinon d'éliminer complètement, les risques de conflits inter-groupes à l'intérieur des conseils.

• Les relations inter-groupes apparaissent généralement harmonieuses à l'intérieur des conseils. Certes, des oppositions éclatent. Mais elles ne constituent jamais un phénomène très fréquent (11%). Elles présentent, beaucoup plus, un aspect « occasionnel » et « sporadique » (67,5%).

Les principaux types de conflits recensés sont, par ordre d'importance décroissant : « les conflits idéologiques » (39%), « les conflits d'intérêts » (14%) et enfin loin derrière « les conflits de personnalités » (4%).

Les groupes qui s'affrontent alors sont, principalement, les « experts » et les « groupes sociaux ». Là encore il semble bien que patronat et salariat préfèrent livrer, à l'extérieur des conseils consultatifs, les batailles sociales que l'on connaît en raison, vraisemblablement, de l'aspect purement consultatif des conseils et de la portée très relative de leurs travaux.

---

20. Respectivement 5%, 4% et 0,8%.

3) Les extrants de la consultation

Comme leur nom le laisse clairement entendre, les conseils consultatifs n'émettent que des avis et des recommandations. Trois questions principales se trouvent dès lors posées : quelle est la nature de ces avis et recommandations ? Quelle est leur fréquence ? Quelle est leur portée en matière de prise de décision ?

a) *Des avis et des recommandations consensuels mais trop souvent à caractère confidentiel.* Plus de la moitié des conseils (62%) formule tout à la fois des «avis» de leur propre initiative et des «recommandations» à la demande du ministre responsable. Toutefois, près du quart des organismes consultatifs (22,5%) émet uniquement des «recommandations», et seuls 11% des conseils ne formulent que des «avis». On voit donc nettement, ici, que les conseils dotés d'une complète initiative vis-à-vis des dossiers sectoriels sur lesquels ils entendent se prononcer sont largement minoritaires. Ce qui s'explique fort bien par l'aspect public de leur statut.

Même si 46% des avis et recommandations sont généralement rendus publics, il n'en reste pas moins qu'un pourcentage encore bien trop élevé d'avis et recommandations demeure confidentiel (34,5%), ce qui laisse aux ministres responsables une latitude, à notre avis bien trop grande, de les utiliser comme bon leur semble, quand bon leur semble, en tout, en partie ou pas du tout.

La plupart des conseils consultatifs (44%) adoptent leurs avis et recommandations à la majorité des membres présents. Cependant, la catégorie des organismes où l'on cherche à dégager un large consensus est également fort nombreuse (39%). Seule, la catégorie des conseils où les avis et recommandations sont émis après qu'un vote unanime ait été obtenu est peu importante (12,5%).

La majorité des conseils tend, par conséquent, davantage à mettre l'accent sur la recherche des concordances que sur la constatation de divergences de vues. Ce qui a pour effet d'éviter d'exagérer les oppositions inter-groupes à l'intérieur des conseils.

b) *Des avis et des recommandations adoptés à la suite de réunions plénières dont la fréquence moyenne s'établit entre 7 et 12.* La moitié des membres des conseils déclare avoir entre «7 et 12 réunions» par an. Les membres ayant de «4 à 6 réunions» par an sont nettement moins nombreux (19%). Quant aux deux extrêmes, ceux disant se réunir «3 fois ou moins par an» et ceux déclarant le faire «13 fois ou plus annuellement», ils représentent à peine, respectivement, 13% et 13,5%.

80,5% de ces réunions ont d'ailleurs lieu dans les deux principales agglomérations du pays, à savoir : Québec, la capitale politico-administrative, et Montréal, la métropole économique. Ce qui explique que 71% des conseillers trouvent les lieux de tenue des réunions plénières «éloignés mais aisément accessibles».

c) *La portée limitée des avis et des recommandations émis par les conseils consultatifs.* C'est là, à n'en pas douter, le point fondamental, la pierre angulaire de tout l'édifice consultatif. Or, cette pierre angulaire n'apparaît pas très solide. Qu'on en juge.

Près du 1/3 des membres « ne sait pas » quelles sont les suites données par le gouvernement aux avis et recommandations émis par leur propre organisme consultatif. Ceci, incontestablement, constitue une proportion plutôt élevée. Quant à ceux qui se déclarent au courant des suites données à leurs rapports par les pouvoirs publics, la proportion de ceux qui estiment que « plus de la moitié de ces rapports a donné lieu à des mesures gouvernementales conformes » s'avère être inférieur au tiers (31% très exactement). Par contre, 23,5% des conseillers pensent que les avis et recommandations formulés par l'organisme dont ils font partie n'ont donné lieu, à des mesures gouvernementales concrètes, que dans moins de 25% des cas.

On ne peut par conséquent qu'être pour le moins surpris, de voir une majorité aussi forte que 88% des conseillers déclarer que les conseils consultatifs sont « très utiles » (36%) ou « utiles » (52%), contre seulement 10% qui les jugent « peu utiles » et 4% franchement « inutiles ».

Certes, il ne faut pas que l'autorité consultante abdique ses pouvoirs devant l'autorité consultée et, par démission, se contente, dans tous les cas, de reprendre, purement et simplement, le contenu de l'acte consultatif. Toutefois, les pourcentages recueillis ici montrent plutôt un effet inverse assez regrettable.

Y aurait-il chez les membres des conseils consultatifs québécois un certain décalage entre la réalité objective telle qu'ils la décrivent à partir de critères concrets et la perception de cette même réalité lorsqu'elle risque de les remettre personnellement en cause?

V. LES RELATIONS DES CONSEILS CONSULTATIFS AVEC L'ENVIRONNEMENT

L'environnement des conseils consultatifs est constitué par trois milieux distincts : le milieu social, le milieu gouvernemental et le milieu parlementaire.

1) Les conseils consultatifs et l'environnement social.

Deux moments privilégiés dans l'action des conseils consultatifs sont susceptibles de mettre en contact les conseillers avec leur milieu social : 1) lors de la phase d'élaboration des avis et recommandations et 2) lors de la phase d'information du public des opinions émises par les conseils.

a) *La faiblesse de la consultation sociale lors de la phase d'élaboration des avis et recommandations.* À la question de savoir si les conseillers « consultent leurs groupes d'origine, avant de prendre position au sein de leurs organismes respectifs », on constate que les membres qui « consultent toujours » ou « généralement » sont peu nombreux (respectivement 6% et 15%). Par contre, ceux qui avouent ne consulter « qu'à l'occasion », « rarement » ou « jamais » sont nettement plus nombreux (54%). À cette dernière catégorie, il convient, évidemment, d'ajouter tous les conseillers dont la nomination ne découle pas de leur appartenance à un groupe social (experts, membres d'office, etc...).

b) *La faiblesse de l'information sociale postérieure à l'émission des avis et des recommandations.* L'information sociale des opinions émises par les conseils est généralement insuffisante, qu'elle provienne des conseillers individuellement ou des conseils proprement dits.

— *L'insuffisance de l'information individuelle.* À la question de savoir si les membres des conseils «informaient le groupe à l'origine de leur nomination, après qu'ils aient adopté individuellement une position au sein du conseil, on constate que la proportion de ceux qui déclarent informer «toujours» ou «généralement» est largement minoritaire là encore, (respectivement 6% et 15,5%), comparativement à tous ceux qui reconnaissent n'informer leurs groupes «qu'à l'occasion», «rarement» ou «jamais» (52%).

— *L'insuffisance de l'information collective.* D'une façon générale on peut dire que la voie privilégiée par laquelle passe l'information collective communiquée par les organismes consultatifs à l'environnement social, est celle du *rapport annuel.*

Une proportion très élevée d'organismes consultatifs (81%) produit en effet un rapport annuel. Près de la moitié des conseils (48%) introduit dans son rapport annuel des éléments divers tels que «un compte rendu d'activités» (24%), «un état financier» (0,5%), divers autres éléments (procès-verbaux de réunions, listes des membres, règlements intérieurs, textes de loi de fondation, etc... (4%) et, quelques rares fois aussi, la liste des avis et recommandations émis» (4%).

On voit nettement que ce n'est pas par le biais des rapports annuels qu'il faut espérer voir rendus publics les avis et recommandations de l'administration consultative québécoise. Quand ces opinions sont portées à la connaissance du public (46% des avis seulement) c'est, d'abord et avant tout, par le canal du «ministre responsable» que cela s'effectue (43% des cas) car, en principe, le consultant est seul propriétaire de l'avis rendu[21]. Dans les autres cas (36%) c'est l'organisme lui-même qui le fait, par voie de presse, généralement après qu'un certain délai de réflexion ait été laissé aux pouvoirs publics[22]. Quelquefois, il arrive que certains conseils aient recours à «la fuite tactique» pour informer le public d'opinions que la loi leur demande de garder confidentielles. Mais ce n'est cependant pas là un procédé très fréquent (3% des membres seulement pensent qu'il est utilisé).

Signalons un point très important. Seule une minorité de membres estiment que «les avis et recommandations des conseils n'ont pas à être rendus publics» (1%), auxquels s'ajoutent 20% de conseillers, convaincus que les avis et recommandations ne doivent être rendus publics que «dans certains cas seulement».

---

21. Principe éminemment discutable puisque tous les budgets de fonctionnement des conseils s'alimentent à des fonds publics.

22. Il semble que les avis et recommandations portés à la connaissance du public le sont généralement (47%) à l'intérieur d'une période de 6 mois. Seuls 12% des avis et recommandations rendus publics demandent un délai plus long.

Quant à la très grande majorité des membres (72%) elle estime que ces avis et recommandations devraient être rendus publics, soit «dans tous les cas» (39%), soit «dans la plupart des cas» (33%).

C'est dire, clairement, combien la plupart des membres des conseils consultatifs ressent fortement le besoin de s'ouvrir vers l'extérieur et de sortir de la « tour d'ivoire » dans laquelle une législation et une réglementation timorées et peu démocratiques, fondées sur le secret légal de la consultation et le statut ambigu des membres à mi-chemin entre « l'expert » et « le représentant », les enferment trop souvent.

2) Les conseils consultatifs et l'environnement gouvernemental

Trois éléments essentiels doivent retenir notre attention : 1) l'importance des relations conseils-gouvernement, 2) la question du «suivi» des recommandations formulées par les conseils et 3) la nature des relations conseils-gouvernement.

a) *L'importance des relations conseils-gouvernement.* Des trois groupes d'interlocuteurs qui constituent l'environnement immédiat des conseils : les agents socio-économiques, le parlement et le gouvernement, ce dernier est, indubitablement, *un de ceux avec lequel les conseils ont le plus intérêt à entretenir d'excellentes relations.*

En effet, les conseils ont absolument besoin du support gouvernemental s'ils veulent exercer une quelconque influence sur les politiques gouvernementales. D'abord, afin d'obtenir les ressources de fonctionnement indispensables à la préparation adéquate et à l'émission d'avis sérieux et fondés. Ensuite, afin que ses avis soient examinés avec attention par le gouvernement plutôt que relégués au fin fond d'un tiroir.

Ce support gouvernemental est d'autant plus nécessaire, que les conseils, la plupart du temps, on le sait, ne se voient pas reconnaître le droit de rendre public le contenu de leurs avis. Ce qui les prive légalement de la possibilité d'exercer une influence indirecte sur le pouvoir, en contribuant à soulever des débats publics autour de leurs recommandations.

b) *La question du «suivi» des recommandations.* Sur ce point, les résultats ne sont pas non plus toujours très satisfaisants et le mécanisme de «suivi» (follow up) des avis formulés par les conseils reste encore à perfectionner sensiblement.

En effet, comparativement à 65% des conseillers qui estiment qu'il y a, soit «toujours» (17%), soit «généralement» (48%) un suivi des avis et recommandations émis par leur conseil, il y a encore 29% de conseillers pour partager un avis opposé et juger que le suivi ne se fait « qu'à l'occasion » (17%), « rarement » (10%), voire «jamais» (2%).

Quand le «suivi» est mis en oeuvre, ce sont les secrétariats des organismes consultatifs qui occupent une place importante dans sa réalisation. Près de 45% des membres interrogés pensent, en effet, que ce sont les secrétariats qui ont mis en place les mécanismes de «follow up». 11% des membres attribuent, quant à eux, aux hauts-fonctionnaires la réalisation du « suivi », tandis que 12% des membres estiment, pour leur part, « qu'il n'existe pas spécifiquement de mécanismes formels, bien que l'information soit quand même transmise». Constatons, au passage, que seulement 1% des membres estime que les hommes politiques contribuent à l'existence et au fonctionnement d'un mécanisme de «suivi» à l'intérieur de leur conseil, contre 5% qui attribuent davantage ce rôle aux mass-media.

c) *La nature des relations conseils-gouvernement.* Les conseils consultatifs apparaissent, au Québec, comme dans la plupart des États occidentaux, comme une tentative de changement de style de l'action gouvernementale par la voie d'une certaine forme «d'administration concertée». Les conseils sont, un peu, ce par quoi «la démocratie formelle» pourrait un jour devenir «une démocratie réelle». Ou, pour reprendre le célèbre distinguo de G. Burdeau, l'étape intermédiaire entre «la démocratie gouvernée» et «la démocratie gouvernante».

En effet, l'administration consultative marque un changement dans la nature des relations administration-administrés. L'État semble abandonner «sa morgue hautaine» et condescendre, enfin, à considérer les assujettis comme des personnes auxquelles il reconnaît le droit d'exprimer des avis, même si ceux-ci sont contraires à ceux de l'autorité consultative. Autrement dit, c'est un peu à un renversement des conceptions que l'administration consultative nous convie. À l'administré au service de l'administration succède l'administration au service de l'administré. D'où, le terme parfois employé de «Révolution Copernicienne»[23], pour qualifier cette transformation des relations États-citoyens.

Cette transformation a même chez les fonctionnaires une certaine valeur thérapeutique puisqu'elle contribue sensiblement à combattre plusieurs maladies bureaucratiques: ritualisme, formalisme outrancier, myopie intellectuelle, paranoïa administrative, isolement, dilution des responsabilités, insensibilité etc...

Toutes ces transformations tendent à rapprocher, évidemment, l'administration publique d'une certaine forme de *participation* des citoyens à la vie publique. Même si cette «participation» reste encore, au Québec, quelque peu embryonnaire.

3) Les conseils consultatifs et l'environnement parlementaire.

Les relations entre organismes consultatifs et parlementaires, lorsqu'elles existent, passent par l'intermédiaire généralement du gouvernement et plus précisément des ministres responsables des organismes consultatifs.

Deux questions fondamentales se devaient d'être posées ici: 1) le problème de la complémentarité ou de la rivalité de l'action consultative et parlementaire? 2) l'amalgame, élus politiques-forces socio-économiques au sein des conseils, est-il une solution souhaitable?

a) *Complémentarité ou rivalité?* Si la fonction consultative a été

---

23. Cf. Roger Gaillant «Aspects psycho-sociologiques de la consultation et du travail en commun» in «La consultation dans l'administration contemporaine» sous la direction de Georges Langrod-Cujas, Paris, 1972, 970 p., p. 877.

longtemps vue comme un mode original de conciliation entre la démocratie politique et la démocratie économique et sociale, il n'en reste pas moins qu'avec le développement tentaculaire et récent des organismes consultatifs, la question se pose, aujourd'hui, de savoir si la consultation ne contribue pas, plutôt, au déclin de la démocratie représentative.

En effet, l'exécutif et l'administration, en s'appuyant sur les conseils consultatifs dès le stade de la préparation des décisions, risquent fort de limiter sensiblement la marge d'appréciation-critique des parlementaires et d'accélérer le processus déjà entamé de transfert du centre de gravité décisionnel du législatif vers l'exécutif et la technostructure administrative.

Interrogés sur la question de savoir si les membres des organismes consultatifs pouvaient faire concurrence aux membres des partis politiques et aux membres de l'Assemblée nationale, les conseillers québécois ont répondu dans une bonne proportion « ne pas le croire » (21%), 37% estimant, eux, que « c'était plutôt rare ». Toutefois, 24,5% des membres pensaient de leur côté qu'ils faisaient « parfois » concurrence à ces catégories de personnalités et 8,5% pensaient même que cela arrivait « souvent » ou « toujours ».

Il semble donc bien qu'il existe, au Québec, une certaine et relative rivalité dans les relations conseils consultatifs-assemblée nationale. Celle-ci est cependant moins marquée que la relation d'ignorance, probablement réciproque, qui caractérise peut-être davantage, et mieux encore, ces deux groupes de personnalités.

b) *L'amalgame : une solution souhaitable ?* À la question de savoir si la présence de membres du parlement du Québec au sein des organismes consultatifs pourrait être de nature à réduire les risques d'antagonisme possibles, à renforcer les liens par ailleurs très faibles qui relient les deux institutions, et à conférer une plus grande autorité et un prestige accru aux avis et aux recommandations des conseils, les réponses apportées par les conseillers ont été très claires.

67,5% d'entre eux ont répondu à cette question par la négative, contre seulement 19% partageant une opinion favorable.

Là encore la majorité n'a peut-être pas entièrement raison.

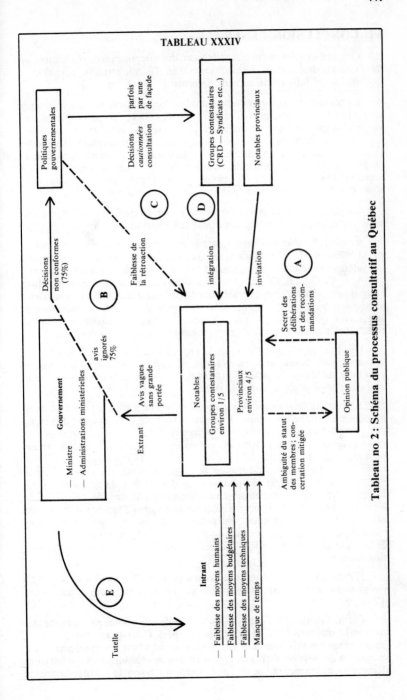

TABLEAU XXXIV

Tableau no 2 : Schéma du processus consultatif au Québec

VI. CONCLUSION GÉNÉRALE

Que ce soit au plan des objectifs visés, des mécanismes de réalisation, ou de l'impact des avis et recommandations, l'administration consultative québécoise est faite d'une certaine diversité de situations.

La plupart des conseils s'étirent tout au long d'une ligne dont les bornes sont constituées, à une extrémité, par le noble concept de participation, axé sur le dialogue véritable et, à l'autre extrémité, par celui, moins reluisant, d'intégration de forces socio-économiques, axé, lui, sur la volonté d'assimiler et ainsi de contrôler des éléments sociaux qui risqueraient, sans cela, de troubler l'ordre social existant. Dans le premier cas, la consultation est honnête, dans le second cas, elle présente davantage les caractéristiques d'un alibi, d'une mascarade, d'un faux-semblant ou d'une parodie.

Ce qui est sûr, c'est que la consultation doit, au Québec, être l'objet d'une nette revalorisation, pour ne pas dire d'une réelle réhabilitation.

En effet, le schéma, ci-après, met en évidence les cinq principaux points de faiblesse de la consultation au Québec. Le système d'administration consultative est effectivement, dans la province, déconnecté aux cinq points-clés A, B, C, D, et E. Ce qui revient à assurer de mauvaises communications entre les conseils et l'opinion publique (A) (information), entre les conseils et le gouvernement (B) (portée des avis) et entre le gouvernement et les conseils (C) (suivi et rétro-action) à quoi s'ajoutent les défauts en matière de composition (D) et le poids de la tutelle gouvernementale par le biais des intrants (E).

Or, comme la consultation de la population, par le gouvernement, au sein de conseils consultatifs, est en soi un principe démocratique auquel on ne peut faire autrement qu'adhérer, il convient d'adopter plusieurs réformes afin de pallier les défauts de l'actuel système.

En matière de *composition*, il conviendrait de distinguer très nettement les administrations consultatives de nature technique, composées d'experts, des administrations consultatives de nature démocratique, composées de représentants des milieux socio-économiques. En effet, si le premier groupe peut aisément supporter la critique de n'être pas très représentatif du milieu socio-économique, le second groupe, par contre, devrait voir sa représentativité nettement améliorée. Sa composition devrait être démocratisée et des catégories entières, largement absentes de ces conseils, devraient être invitées à participer aux débats. Il en est ainsi pour les groupes d'âge de 18-30 ans et de plus de 60 ans, les femmes, les syndicats de salariés, les représentants régionaux, et les groupes sociaux divers actuellement défavorisés sur le plan de la représentation en raison, quelquefois, de leur faible degré d'organisation sociale.

Il conviendrait aussi, dans ce second groupe, d'éliminer tous les cas de désignation, sans consultation préalable des groupes socio-économiques d'origine.

Enfin, il ne serait pas mauvais de lever cette ambiguïté, plus gênante que commode, qui caractérise le statut des membres. Ceux-ci, en effet, ne savent jamais vraiment s'ils sont là, à titre personnel ou à titre de représentants du milieu. La distinction plus nette entre consultation technique et consultation démocratique permettrait de dire aux experts qu'ils sont là à titre personnel et aux membres de groupements socio-économiques qu'ils sont là à titre de représentants du milieu.

En matière de fonctionnement interne, il ne serait pas mauvais :

1 — d'accroître les ressources en personnel, en généralisant notamment la pratique des secrétariats permanents et en veillant à ce que ces derniers soient au service et sous le contrôle de l'administration consultée et non de l'administration consultante,

2 — d'augmenter les ressources budgétaires,

3 — d'accroître les ressources informationnelles en améliorant chaque fois que cela s'avère souhaitable, l'accès à l'information principalement gouvernementale,

4 — d'allonger, dans plusieurs cas, les délais imposés pour l'étude des dossiers,

5 — de généraliser la pratique de l'initiative en matière de travaux et d'avis, afin de permettre aux conseils de générer leurs propres projets,

6 — d'éviter la rédaction d'avis trop vagues et trop généraux, peu opérationnels. Cette caractéristique d'un certain nombre d'avis et recommandations formulés par les conseils et qui paraît découler de la recherche délibérée d'un large consensus interne afin d'éviter les conflits de groupe, abandonne, en effet, au gouvernement, une trop grande marge de manoeuvre. Trop vagues pour être souvent opérationnels, nombre d'avis permettent aux centres de décision gouvernementaux d'interpréter à leur guise ces textes, sans pour autant réussir à conférer plus de poids et de force aux conseils.

En matière de relations avec l'environnement il conviendrait :

a) *Vis-à-vis du public,* d'améliorer l'information 1) en supprimant le huis-clos lors des délibérations, hormis les cas où l'ordre et la sécurité publique pourraient s'en trouver menacés, 2) en améliorant la consultation des groupes à l'origine de la nomination, avant une prise de position au sein des conseils, dans le cas de conseils représentatifs et 3) en rendant public tous les avis et recommandations des conseils dans un délai raisonnable sauf, là encore, les cas où l'ordre et la sécurité publique devraient être protégés.

b) *Vis-à-vis du gouvernement* 1) de renforcer le lien gouvernement-conseils en assurant la présence continue d'un représentant de haut niveau du ministère de rattachement 2) de mieux assurer « le suivi » des avis et recommandations des conseils en mettant en place, là où il n'y en a pas, les mécanismes indispensables à cette opération de « contrôle », et 3) d'accroître sensiblement la portée des avis et des recommandations des conseils en terme de prise de décision, afin d'éviter que la consultation soit, dans nombre de cas, une sorte de parodie et d'alibi des plus regrettable.

c) *Vis-à-vis du parlement,* d'éviter l'apparition d'un divorce trop marqué entre les députés et les conseillers consultatifs de l'État 1) en assurant la présence institutionnelle de membres du parlement auprès des divers conseils consultatifs, afin qu'ils puissent en suivre les travaux dès la phase de préparation des projets et qu'ils soient mieux armés à la chambre, lors de la phase de décision, 2) d'appeler devant les commissions parlementaires spécialisées, les représentants des conseils consultatifs, chaque fois que ces derniers peuvent contribuer à éclairer les travaux de l'Assemblée nationale.

Telles sont les principales mesures susceptibles d'améliorer le concept de consultation et d'orienter l'action administrative vers un style plus participatif de gouvernement, tout en renforçant la cohésion et l'unité de la société québécoise de demain.

LES DIRECTIONS DE COMMUNICATIONS AU SEIN DE L'APPAREIL GOUVERNEMENTAL QUÉBÉCOIS*

INTRODUCTION

Le meilleur moyen de percevoir et de comprendre les problèmes auxquels ont actuellement à faire face les services gouvernementaux de communications afin de réussir à atteindre leur objectif principal — rapprocher l'administration des administrés — est sans doute celui qui consiste à recourir à l'approche historique.

En matière d'informations et de communications gouvernementales, trois périodes se dégagent de l'histoire — plutôt courte — qu'a connue le Québec : la période de balbutiements (1933-1961), la période de consolidation (1961-1969), la période d'expansion (1969-1978).

1) la période de balbutiements ou l'information touristique de l'OTPQ et de l'OPPQ (1931-1961)[1]

Le problème des communications gouvernementales est un problème relativement récent. C'est en effet en 1933, par le biais de la promotion touristique que le gouvernement québécois pénètre pour la première fois dans le secteur des communications. Cette loi permettait au ministre de la Voirie d'effectuer la publicité touristique du Québec et l'autorisait à créer un office du Tourisme[2]. Ce qu'il fit dès 1937[3].

Neuf années plus tard, le mandat de l'office du tourisme de la province de Québec était sensiblement élargi et l'OTPQ devenait l'office provincial de la publicité. Le mandat de l'OPPQ concernait la publicité générale de la province[4].

Jusqu'en 1961 toutefois, la très grande majorité des postes de l'OPPQ était affectée aux activités touristiques et de ciné-photographie. Moins d'une demi-douzaine de personnes à peine s'occupaient à l'époque de publicité gouvernementale.

Cette même année voit l'OPPQ scindé en trois organismes : l'office du tourisme de la province de Québec (OTPQ), l'office du film du Québec (OFQ) et l'office d'information et de publicité de la province de Québec (OIPQ).

---

* Le terme de «Directions» est à prendre dans un sens très large car il n'y a, dans l'administration publique québécoise en cette matière, aucune uniformité terminologique. Les auteurs d'un récent document sur «les communications gouvernementales : la situation en 1977, quelques orientations», font état de pas moins de 17 appellations différentes. Aussi utiliserons-nous la plupart du temps pour notre part le concept «d'unité de communication»
cf. Rapport préliminaire du comité de travail des directeurs de communications. Éditeur officiel du Québec — septembre-octobre 1977, p. 16.

1. Les renseignements qui suivent sont extraits d'un document intitulé «les Communications gouvernementales»: la situation en 1977, quelques orientations.

2. Loi concernant le tourisme (23, Georges V, chapitre 36).

3. Loi relative au tourisme du 27 mai 1937.

4. 10, Georges V, chapitre 44.

2) la période de consolidation ou l'entrée véritable de l'OIPQ dans le champ de l'information gouvernementale (1961-1971)

a) *du Secrétariat de la Province au Conseil exécutif (1961-1966)*

La création en 1961 de l'OIPQ marque, enfin, l'entrée véritable du gouvernement provincial dans le champ de l'information gouvernementale. Rattaché au Secrétariat de la province, l'OIPQ au début « ne s'occupe que de la publicité payée par le gouvernement et pratiquement pas de l'information gouvernementale proprement dite ».

Ce n'est qu'en 1963 que, suite aux conclusions du rapport Gagnon, l'OIPQ voit son mandat s'étendre à la coordination de toute l'information émanant des ministères.

Signalons toutefois qu'à l'époque seuls deux ministères hébergeaient de véritables services d'information: le ministère de la Jeunesse et celui de la Voirie. Partout ailleurs seuls des embryons de service, parfois constitués d'au plus une personne chargée de la rédaction de discours ou de communiqués, existaient.

Ce n'est qu'au printemps 1964 que l'OIPQ entame réellement ses opérations. Celles-ci devaient être marquées toutefois de certains incidents. On se souvient peut-être de la démission des dirigeants de l'office intervenue le 26 mars 1965 et rendue publique à l'occasion « d'une conférence de presse, au cours de laquelle ils avaient accusé le gouvernement québécois de l'époque et le secrétaire de la province d'ingérence politique dans le travail de l'office ».

Ces démissions seront suivies l'année suivante d'un démantèlement de l'OIPQ qui voit sa Division des publications transférée à l'Imprimeur de la Reine. Ce qui amènera quelques mois plus tard le directeur de l'époque à se prononcer en faveur de la disparition de son organisme.

L'OIPQ continuera cependant d'exister, le gouvernement se contentant de le rattacher le 20 juillet 1966 directement au Conseil exécutif[5].

b) *du Conseil exécutif au ministère des Communications (1966-1969)*

— *le rapport Loiselle — Gros d'Aillon*

Peu après, à la demande de M. Daniel Johnson, alors premier ministre de la province, MM. Jean Loiselle et Paul Gros d'Aillon se voient confier la rédaction d'un rapport sur les communications gouvernementales. Ce rapport aboutit à quelques cinquante-neuf recommandations portant sur l'organisation matérielle des communications gouvernementales (studio de radio, bandes magnétiques au service des postes de radio, salle de conférence de presse, bureaux pour les journalistes parlementaires...), les structures de l'office (trois divisions: information, publicité, administration) et le problème des communications, de l'information et de la publicité gouvernementale.

— *l'action centralisatrice de l'OIPQ*

Plusieurs des recommandations du rapport « Loiselle — Gros d'Aillon » furent adoptées par le gouvernement unioniste de l'époque qui se

---

5. Arrêté en conseil, no 1146-66.

traduisirent tout à la fois par une certaine centralisation de l'OIPQ et l'ouverture systématique, de 1966 à 1969, de services d'information, au sein de tous les ministères, sous la tutelle de l'office.

Fin 1969, l'OIPQ est rattaché au nouveau ministère des Communications et finalement complètement intégré à celui-ci en 1971, lorsque naît l'actuelle Direction générale des communications gouvernementales (DGCG)

3) la période d'expansion ou l'action décentralisatrice de la DGCG du ministère des Communications (1969-1978)

À la phase de centralisation des années 1966-1969 en matière de budget, personnel et publications succède, surtout à partir de 1971, une phase de «décentralisation rapide et accélérée sous l'autorité des ministères sectoriels et des organismes gouvernementaux.»

Le bilan[6] de toute cette intense activité, tel qu'il ressort des divers rapports d'enquête, fait apparaître incontestablement une série impressionnante d'éléments positifs tels que : la création de la bibliothèque administrative, la publication de divers bottins et guides, l'ouverture de dix bureaux régionaux d'information et de renseignements, le remplacement, sous l'autorité du ministre des Communications, des services de l'Imprimeur de la Reine par les nouveaux services de l'Éditeur officiel du Québec, l'étendue à tout le territoire québécois de la liaison Telbec, l'ouverture dans presque tous les ministères de services d'informations[7], l'insertion plus marquée des directions de communication au sein des exécutifs des ministères, l'amélioration du recrutement en terme de spécialistes, la création d'un service de la recherche au ministère des Communications, l'organisation de la rétro-information (information ascendante) au sein des ministères, la création d'une presse à l'édifice A, et le réaménagement des locaux réservés aux journalistes de la presse parlementaire.

Comme tout bilan objectif, celui-ci présente aussi une colonne négative. Conscient de l'existence d'un certain nombre d'éléments à inscrire dans la colonne «Passif» de l'activité des directions de communications, nous sommes partis entre avril et décembre 1977 à la recherche des principales zones de faiblesse et des causes suceptibles d'affecter la marche des services gouvernementaux en matière d'information.

Ces recherches ont été entreprises le long de trois grands axes. Le premier nous a amené à examiner la *composition* actuelle des directions de communications. Le second nous a permis d'étudier le *fonctionnement interne* de ces unités. Le troisième nous a entraîné à analyser les *relations entretenues par les directions gouvernementales de communications avec leur environnement socio-administratif.*

---

6. Ce bilan ne saurait être exhaustif évidemment. Il constitue simplement une sélection des éléments qui ont paru à l'auteur être les plus marquants.

7. Les unités de communication sont effectivement, dans la majorité des cas, très récentes au sein des ministères et organismes gouvernementaux. 54.7% de nos répondants, nous signalaient en effet que leur unité avait moins de huit ans d'âge. 5.1% nous indiquaient que la leur avait moins de 2 années, 12% entre 2 et 4 ans, 18.8% entre 4 et 6 ans et 18.8% entre 6 et 8 ans.

Ces recherches ont été effectuées à l'aide de questionnaires d'enquête, comprenant 108 questions dont 26 semi-ouvertes. Ces questionnaires ont été adressés par voie postale, en janvier 1978, aux quelques 435 personnes employées dans les unités de communication à titre de cadre, adjoint aux cadres, professionnels ou techniciens. Le personnel de soutien administratif n'a toutefois pas été touché par cette enquête.

Ont été atteint de la sorte les vingt-et-un ministères du gouvernement[8], douze organismes gouvernementaux[9], ainsi que l'Assemblée nationale et le secrétariat du Conseil du trésor.

Ont répondu à notre enquête 135 personnes dont huit en dehors des délais prescrits. Un dossier ayant en outre dû être rejeté car rempli de façon inadéquate, le total net de questionnaires analysés par les services de traitement de l'information de l'Université Laval fut donc de 126. Soit un pourcentage de réponses valides de l'ordre de 29%.

Quatre unités n'ont toutefois fourni aucune réponse. Ce sont : les ministères des Affaires culturelles, du Revenu, des Travaux publics et le Secrétariat du Conseil du trésor.

Toutes les autres unités de communications ont répondu à notre questionnaire ce qui dans l'ensemble devrait conférer un haut niveau de crédibilité aux résultats de cette enquête[10].

COMPOSITION DES DIRECTIONS DE COMMUNICATIONS

Afin de mieux connaître le personnel faisant l'objet de notre enquête, nous avons circonscrit huit critères descriptifs : le sexe, l'âge, le salaire, le niveau de scolarité, la formation académique, l'expérience, les effectifs et le grade hiérarchique.

1) le critère sexuel : 2 hommes pour 1 femme

Les agents d'information — toutes catégories — se répartissent comme suit : 66% d'hommes et 34% de femmes. C'est évidemment surtout au niveau professionnel que l'on retrouve la plupart du personnel féminin.

2) le critère d'âge : un groupe relativement jeune

Le groupe des 20-29 ans représente en effet 35.2% de l'effectif global,

---

8. Plus l'Environnement et le Haut Commissariat à la Jeunesse, aux loisirs et aux sports.

9. Il s'agit des organismes suivants : CAT, CFP, CSF, CSE (Conseil supérieur de l'éducation), OPDQ, Protecteur du citoyen, RAMQ, RLF (Régie de la langue française), RRQ, RSP (Régie des services publics), RAAQ (Régie d'assurances autos du Québec), OPC (Office de la protection du consommateur).

10. Nombre de personnes et pourcentage par rapport à l'ensemble ayant répondu à notre enquête : Affaires intergouvernementales (5,4%) ; Affaires municipales (3;2.4%) ; Affaires sociales (9;7%) ; Agriculture (11;8.7%) ; Communications (14;11.1%) ; Consommateurs, coopératives et institutions financières (8;6.3%) ; Éducation (9;7.1%) ; Finances (4;3.2%) ; Fonction publique (2;1.6%) ; Immigration (3;2.4%) ; Industrie et Commerce (8;6.3%) ; Justice (3;2.4%) ; Richesses naturelles (2;1.6%) ; Terres et Forêts (3;2.4%) ; Tourisme, Chasse et Pêche (3;2.4%) ; Transports (1;0.8%) ; Travail et Main-d'Oeuvre (3;2.4%) ; Conseil exécutif (5;4%) ; Assemblée nationale (3;2.4%) ; organismes gouvernementaux (régies, offices, conseils, etc... (26;20.8%).

suivi de près par celui des 30-39 ans: 32%. Quant à la catégorie des 40-49 ans elle tombe à 24.8%. Les plus de 50 ans ne représentent qu'à peine 7.2%.

Ceci est dû évidemment à la jeunesse de la plupart des directions de communications, ainsi qu'à la jeunesse même de «la science des communications».

3) le critère de salaire: prédominance du groupe $15,000 à $30,000

Un tiers des personnes interrogées gagne entre $15,000 et $20,000, 22.2% entre $25,000 et $30,000, 15.9% entre $20,000 et $25,000. Soit 71.4% entre $15,000 et $30,000.

Les moins de $15,000 ne représentent eux que 17.7% et les plus de $30,000 à peine 9.7%.

4) le critère de scolarité: plus des 2/3 de diplômés d'université.

Le groupe le mieux représenté est celui détenant un premier diplôme universitaire (baccalauréat ou licence): 57.9%, le groupe des maîtrises et des doctorats ne réunit quant à lui respectivement que 7.3% et 3.3%. Soit un total de 68.5% de diplômés d'université.

Quant au niveau collégial il représente 19.5% se répartissant comme suit: collégial I (2.4%) et collégial II (17.1%)[11].

5) le critère de formation académique: un large éventail d'origines

Le groupe des communicateurs provient d'un éventail très large de disciplines diverses. Par ordre décroissant d'importance on peut citer: communications (15.9%), journalisme (15.9%), lettres (13.8%) et, relations publiques (7.2%). Cet ensemble regroupe, à lui seul, quelque 52.8% des disciplines de base suivies à l'Université par les «spécialistes» en communications.

L'autre moitié provient des secteurs suivants: administration (6.7%), éducation (6.7%), science politique (6.2%), histoire (4.8%), sociologie (4.8%), arts (4.1%), géographie (2.1%), droit (2.1%), philosophie (1%), théologie (1%), anthropologie (1%), économie (1%), relations industrielles (1%), sciences appliquées (1%), informatique (0.5%), autres (3.6%).

Un peu plus des 2/3 (67.8%) déclarent avoir reçu une formation spécifique en «communications». Cette formation leur a été donnée dans 6 cas sur 10 avant leur entrée dans la fonction publique, généralement au sein des Universités; les autres cas (4 sur 10) l'ayant reçue postérieurement à leur entrée dans l'administration publique.

Cette formation spécifique en communication a été reçue principalement à l'occasion de cours spécialisés (42.1%), de stages (33.3%), ou de colloques (12.7%).

Cette question de formation qui met réellement en évidence la faible quantité de véritables spécialistes en communications (15.9% seulement

---

11. 10.6% de nos répondants se rangent dans la catégorie «Autres» sans toutefois apporter de précisions. Ne pouvant se situer au-dessus du doctorat, sont-ils à ranger dans le groupe infra-collégial?

formés vraiment à l'Université dans ce secteur spécifique) explique sans doute pourquoi plus de 83% des personnes interrogées jugent «assez difficile» (60.2%) voire même «très difficile» (22.9%) le recrutement d'un personnel compétent en communications gouvernementales.

En outre, ceci renforce évidemment, la thèse de ceux qui regrettent «l'absence d'un plan intégré de formation, de perfectionnement, et de recyclage à l'intention des professionnels de la communication oeuvrant au gouvernement« [12].

6) le critère d'expérience professionnelle: la majorité a moins de 10 années d'expérience

6 personnes sur 10 ont moins de 10 années d'expérience professionnelle dans le domaine des communications (publiques ou privées). Le groupe des moins de 5 ans d'expérience représente en outre, à lui seul, 4 personnes sur 10.

16.3% déclarent avoir entre 11 et 15 années d'expérience dans ce secteur, 8.9% entre 16 et 20 années et 14.6% au-dessus de 20 ans d'expérience en communication.

Seuls 8.3% du personnel actuellement à l'emploi du gouvernement provincial en matière de communications a déjà travaillé dans ce même champ au sein de la fonction publique fédérale. Par contre, la majorité des communicateurs — 56.7% — provient du secteur privé.

Quant à la mobilité au sein de la fonction publique québécoise elle est, dans le domaine des communications, en général, relativement modérée: 75% du personnel ayant, au plus, travaillé dans 2 unités de communications différentes et près de 50% d'entre eux n'ayant travaillé que dans une seule de ces unités.

On doit faire part d'ailleurs ici des regrets manifestés récemment par les auteurs du rapport sur «les Communications gouvernementales» devant l'absence d'un véritable «plan institutionnalisé» de mobilité pour les communicateurs gouvernementaux »[13].

Enfin, signalons que pour obtenir leur poste au sein de leur unité de communication, 70% des fonctionnaires ont dû entreprendre eux-mêmes les démarches nécessaires. Le reste (3%) a eu la chance d'être sollicité par les responsables de l'unité dans laquelle ils travaillent actuellement. Par contre, personne ne déclare avoir suivi son directeur ou son chef de service dans ses nouvelles fonctions. Ce qui semble infirmer une fois de plus la thèse des «écuries» au sein de la fonction publique, contrairement à certaines idées préconçues, souvent répandues, mais jamais vérifiées.

7) le critère des effectifs: des disparités très sensibles

Toutes catégories hiérarchiques — y compris le personnel de secrétariat — participaient à la fonction «communication»au sein du gouvernement du Québec, en juin 1977, quelque 867 personnes dont 71 occasionnels et 796

---

12. Cf. rapport sur «les Communications gouvernementales» *op. cit.* p. 9.

13. *op. cit.* p. 9.

réguliers. À ce nombre, il convient d'ajouter les 234 employés de la DGCG du ministère des Communications. Soit un total de 1011 personnes réparties dans 21 ministères et 16 organismes gouvernementaux[14].

Les 867 personnes employées dans les ministères et organismes gouvernementaux se répartissent comme suit: dans les ministères (529 réguliers et 56 occasionnels), dans les organismes gouvernementaux (267 réguliers et 15 occasionnels).

Dans les ministères, on dénombre, par catégories hiérarchiques: 31 cadres et ACS, soit une moyenne de 1.48 par ministère, 190 professionnels, soit une moyenne de 9.05, 95 techniciens (moyenne 4.5), 176 employés de bureau (moyenne 8.38) et 37 ouvriers dans trois ministères seulement.

Dans les organismes gouvernementaux la répartition était la suivante: cadres et ACS (22), professionnels (79), techniciens (43), employés de bureau (122), ouvrier (1).

Une analyse comparative détaillée par ministères et organismes met en évidence «les écarts très nets existant par exemple entre les ministères les mieux nantis comme ceux du Conseil exécutif (8.4%), des Affaires intergouvernementales (4.1%), des Consommateurs (3.6%), de l'Industrie et Commerce (3.2%), de l'Agriculture (3.2%) et les moins bien pourvus comme ceux des Travaux publics (0.13%), de la Justice (0.15%), du Revenu (0.21%) etc...[15]

Notre propre enquête confirme nettement l'existence de ces difficultés en matière de personnel. Nos données statistiques nous obligent à constater en effet que le total des effectifs (cadres, adjoints aux cadres, professionnels, techniciens), excluant le personnel de secrétariat, est extrêmement variable. 12.7% des personnes interrogées le fixent à 5 personnes et moins, 33.3% — le plus fort groupe — le situent entre 6 et 10, 16.4% l'évaluent entre 11 et 15, 16.4% encore indiquent la catégorie «entre 16 et 25», 5.7% donnent «26 à 40» et 13.9% citent «41 et plus».

Ce qui explique la grande variété de jugements portés sur l'aspect quantitatif de ces effectifs: «trop nombreux» (3.4%), «assez nombreux» (10.9%), «suffisant» (34.5%), «plutôt insuffisant» (31.1%), «nettement insuffisant» (20.2%).

La majorité par conséquent — 51.3% — se déclare mécontente des effectifs qui lui sont attribués et souhaiterait pouvoir procéder à des engagements supplémentaires.

---

14. Ces 16 organismes gouvernementaux sont: l'Office de protection du consommateur, la Commission des transports, la Commission des accidents du travail, la CFP, la Caisse de dépôt, l'OPDQ, la Commission du salaire minimum, l'Office des professions, la Régie des rentes, la Régie des services publics, le Haut-commissariat à la Jeunesse, aux Loisirs et aux Sports, la Régie de la langue française, l'Office de crédit agricole, la RAMQ, le CRIQ, le Conseil du statut de la femme. Cette liste ainsi que les effectifs globaux cités précédemment sont extraits du rapport sur «les Communications gouvernementales», *op. cit.* annexe 1 et p. 13.

15. cf. «Les Communications gouvernementales», *op. cit.* annexe 21.

8) le critère des grades : un manque criant de cadres et de fonctionnaires subalternes

Les cadres (8.1%) et les ACS (8.9%) dirigent un fort contingent de professionnels (67.7%) lesquels n'ont pour soutien qualifié qu'un faible pourcentage de « techniciens » à leur service (15.3%).

Ce vide trop important oblige nombre de professionnels à remplir des tâches subalternes, qu'un technicien pourrait effectuer, parfois mieux, et à des coûts généralement moindres.

Si l'on en croit les auteurs du rapport sur les Communications gouvernementales ce vide se creuse davantage encore si l'on considère l'ensemble du personnel de soutien. Il semble que dans le secteur de l'information le ratio professionnel/personnel de soutien tel qu'établi par le Comité consultatif de la gestion du personnel ne soit que de 1.8 alors que la moyenne gouvernementale est deux fois plus élevée : 3.5[16].

Le manque de personnel de soutien se double d'un manque criant de cadres. Le ratio ici n'est que de 1 pour 6.8 alors que le ratio moyen gouvernemental est de 1 pour 4.3.

Tout ceci, bien entendu, présente, là encore, de grandes diversités puisque les ratios à l'Agriculture et à l'Industrie et Commerce sont encore plus détériorés : respectivement 1 pour 13 et 1 pour 10.

À noter aussi, un autre élément inquiétant : le peu d'ancienneté des directeurs de communications. Le rapport sur les Communications gouvernementales[17] signale que dans les 21 ministères étudiés, dix directeurs sont en fonction depuis deux ans au plus, et dans les 16 organismes gouvernementaux sept directeurs sont en exercice depuis moins d'un an. Sans compter les nombreuses vacances de postes qui se prolongent indûment (Justice : poste vacant depuis plus d'un an et demi, Affaires sociales : plusieurs mois, etc...).

Enfin, signalons que les directeurs de communications ne sont pas tous titulaires du même grade. Là aussi les disparités de classification sont grandes. L'examen des statistiques ministérielles révèle la présence de trois administrateurs classe III, de trois classes IV, de huit ACS, et de trois professionnels classe I[18].

Tout ceci pour conclure qu'en terme de composition, les unités de communications présentent de nombreuses faiblesses, tant au plan des effectifs qu'au plan de la formation de leur personnel. La question est maintenant de savoir dans quelle mesure ces éléments sont susceptibles d'affecter le fonctionnement interne de ces services.

FONCTIONNEMENT INTERNE DES DIRECTIONS DE COMMUNICATIONS

Trois problèmes principaux seront examinés ci-après : 1) la place

---

16. cf. annexes 11 à 18.
17. *op. cit.* p. 16.
18. Quatre directions ministérielles de communications étaient vacantes au moment de l'enquête. *op. cit.* p. 17.

occupée par les unités de communication au sein de l'organisation 2) l'organisation interne du travail et 3) la nature du travail effectué par les unités de communication.

I. LE NIVEAU HIÉRARCHIQUE DE RATTACHEMENT DES UNITÉS DE COMMUNICATIONS : UNE GRANDE VARIÉTÉ DE SITUATIONS ENTRAÎNANT DES DEGRÉS VARIABLES DE SATISFACTION

Si 42.3% de nos répondants indiquent que leur unité de communications est rattachée directement au sous-ministre en titre et si 61.8% d'entre eux déclarent qu'elle est rattachée, au moins au niveau d'un sous-ministre adjoint, il n'en reste pas moins que 27.6% de communicateurs déclarent qu'elle relève simplement d'un directeur général et 10.6% d'un niveau inférieur[19].

Il en résulte évidemment que ceux dont l'unité est située à un niveau élevé au sein de la pyramide administrative ont davantage tendance à se déclarer «très satisfaits» (28.4%), «assez satisfaits» (20.7%) ou «satisfaits» (20.7%), tandis qu'à l'inverse «15.5%» se disent «peu satisfaits» et 13.8% «très peu satisfaits» du niveau d'autorité auquel est rattachée leur unité.

On remarquera au passage que les trois niveaux de satisfaction cumulés donnent un total de 69.8%, chiffre qui se rapproche très sensiblement du pourcentage d'unités rattachées au moins au niveau d'un sous-ministre adjoint (61.8%).

De la même façon on constate qu'à la question : «avez-vous assez d'autonomie par rapport à l'autorité ministérielle?» quelques 77% de nos répondants se déclarent satisfaits (beaucoup : 23%, assez : 54%). Quant au taux de 22.1% de personnes qui estiment que leur unité a plutôt «peu» (19.5%), «très peu» (2.7%) ou «pas du tout» (0.9%) d'autonomie, il est, lui aussi, à rapprocher des quelques 27.6% de communicateurs déclarant à tort ou à raison que leur unité relève d'un niveau infra-ministériel.

Deux brèves conclusions découlent de ces données. Premièrement, en règle générale, les unités de communications paraissent avoir été greffées à un niveau élevé le long de l'arbre hiérarchique administratif, ce qui paraît traduire l'importance que présente pour les autorités ministérielles les services de communications. Deuxièmement, ceci renforce assez nettement la recommandation du groupe sur les Communications gouvernementales voulant que les services de communications relèvent toujours «directement de la première instance décisionnelle et, par voie de conséquence, que le

---

19. Cette perception de nos répondants est à rapprocher des données présentées à l'annexe 8 du rapport sur «les Communications gouvernementales», où il est fait état de 13 rattachements directs à un sous-ministre en titre, de 8 rattachements directs à un sous-ministre adjoint et de 2 rattachements à un directeur. Le tout calculé sur une base de 23 ministères et organismes. Les quelques différences enregistrées peuvent découler soit d'une erreur de perception de nos répondants soit d'une base statistique différente incluant dans cette question un nombre plus élevé d'organismes gouvernementaux.

directeur des communications fasse partie intégrante du Conseil de direction du ministère ou de l'organisme »[20].

II. L'ORGANISATION INTERNE DE TRAVAIL

Elle dépend tout à la fois des chefs d'unités et des agents d'information.

1) les responsables des unités de communications : des compétences assez largement reconnues.

Selon 36.7% des personnes interrogées, le responsable de leur unité consacre soit « trop de temps » (13.8%) soit « pas mal de temps » (22.9%) à régler des problèmes quotidiens et de « petite administration ».

Les principales raisons de cela semblent être par ordre d'importance décroissant : le côté « très centralisateur » du chef du service (21.2%), une mauvaise compréhension par lui de son rôle de « leader » (21.2%), la mauvaise répartition des tâches ou des rôles au sein de l'unité (19.7%), le fait qu'il soit mal secondé (16.7%), voire le manque d'effectifs (13.6%).

Le chef de l'unité paraît donc, dans la plupart des cas — si l'on en croit les raisons invoquées — le principal responsable de la surcharge de travail qui le submerge.

Signalons toutefois que cette situation épargne la majorité des responsables d'unités de communications puisque 63.3% des personnes interrogées se déclarent satisfaites de la part de temps consacré par le responsable de leur unité à l'administration courante.

Ceci explique pourquoi les 2/3 de nos répondants qualifient leurs supérieurs de « très compétents » (17.3%) ou de « plutôt compétents » (49.1%) en matière de gestion administrative.

À peine une faible minorité (7.3%) juge leurs supérieurs vraiment « très incompétents ».

En matière de qualifications techniques les réponses sont de même amplitude : « très compétents » (30.1%), « plutôt compétents » (32.7%) soit un total de 62.8%. Tandis que ceux qui jugent leurs « patrons » « très incompétents » recueillent à peine 6.2%.

2) les agents d'information au sein de l'organisation : quelques traits caractéristiques

a) *Primat du travail en équipes*

La majorité des activités au sein des unités de communication (53.2%) s'effectue en équipes. Ces équipes sont constituées soit de spécialistes d'une même discipline (26.2%), soit de spécialistes de diverses disciplines (27%).

Le reste du travail s'effectue individuellement (42.6%).

b) *Un large esprit d'équipe*

Si la majorité des activités se déroule au sein de groupes de travail mono ou multidisciplinaires c'est parce qu'en règle générale (64.2%) il règne à

---

20. *op. cit.* p. 57.

l'intérieur des unités de communications soit «un excellent esprit d'équipe» (17.1%), soit «un très bon esprit d'équipe» (17.1%), soit simplement «un bon esprit d'équipe» (30.1%).

Signalons toutefois que ce tableau idyllique ne serait pas exact si l'on omettait de dire que 21.1% jugent cet esprit d'équipe «plutôt passable» et 14.6% «très faible, voire nul».

c) *Prédominance de l'aspect consensuel malgré l'existence de certains conflits au sein des unités de communications et...*

Si 58.7% de nos répondants s'accordent à mettre en évidence le consensus régnant au sein de leur unité, il n'en reste pas moins qu'un groupe assez important de communicateurs estime qu'il y a dans leur unité «assez de conflits» (24%), voire même «beaucoup de conflits» (17.4%).

Les principales causes responsables des conflits qui naissent et se développent au sein des unités de communications sont, par ordre d'importance décroissant : l'absence de politiques clairement définies (25%), le manque d'organisation administrative (22%), les personnalités en présence (16%), le style d'autorité employé (10%), le chevauchement des mandats (8.5%). Plus loin derrière sont cités encore : la répartition de la charge de travail (6%), les conflits de générations (4.5%), le manque de travail (2.5%), la présence de diverses spécialités (2%), l'éloignement géographique (1%).

d) *...Un style pas toujours très participatif*

Si plus des 2/3 des agents d'information (67.8%) estiment qu'ils ont peu (39.8%), très peu (14.4%) ou pas du tout (13.6%) de difficultés à faire approuver leurs projets par leurs supérieurs, il se trouve toutefois que plus de la moitié des communicateurs (54.1%) n'ont pas le sentiment de réellement participer à la définition des grands objectifs de leur unité[21].

e) *Un niveau élevé de satisfaction au travail confirmé par un «turn over» normal*

Malgré cela 4 personnes sur 5 se déclarent contentes du travail qu'elles effectuent au sein de leur unité de communications. Ce total se décompose comme suit : «très satisfaites» (21.8%), «assez satisfaites» (57.3%). Seules 12.9% se déclarent «peu satisfaites», 3.2% «très peu satisfaites» et 4.8% «pas du tout satisfaites».

Ce niveau relativement élevé de satisfaction est confirmé par le fait que le taux de rotation (turn over) du personnel des unités de communications est relativement peu élevé si l'on en croit plus des 2/3 de nos répondants : «sensiblement le même que celui des autres services» (49.1%), inférieur à celui des autres services (16.1%), «très inférieur à celui des autres services» (4.5%)[22].

---

21. «peu» (25.4%), «très peu» (12.3%), «pas du tout» (16.4%).

22. Les principales causes du «turn over» sont, par ordre d'importance décroissant : les mutations (24.6%), les conflits de fonctionnement (14.6%), les promotions (12.6%), les conflits de personnalité (10.6%), la nature du travail (9.5%), l'autorité hiérarchique (9%), la retraite (4%), le manque de travail (3%), le salaire (2%), le lieu de travail (1.5%), la multidisciplinarité (1%).

3) la nature du travail

a) *Information administrative ou propagande politique?*

La réponse à cette question est nette. Les agents d'information estiment à une très large majorité — 82% — que les deux principaux rôles qu'attendent d'eux les autorités du ministère sont d'une part « d'informer objectivement le public » (58.2%) et d'autre part « d'informer objectivement les membres de la fonction publique » (23.8%).

Les autorités ministérielles conçoivent donc essentiellement la mission des agents d'information comme devant être tournée prioritairement vers l'extérieur de l'administration, vers le grand public. C'est la relation État - Citoyen qui semble être une préoccupation majeure dans leur travail.

D'ailleurs, d'une façon générale, l'organisation elle-même des unités de communications favorise cette communication Administration-Administrés. 60.6% de nos répondants signalent effectivement que leur unité est tournée vers le public en général (30.8%) et le public spécifique au ministère (29.8%). La partie tournée vers l'intérieur de l'administration ne représentant que 34.4% se répartissant comme suit : vers l'intérieur du ministère (25.3%), vers les autres ministères et organismes publics (9.1%)[23].

Par contre le rôle de propagandiste partisan est loin d'être le souci majeur des autorités ministérielles. Seuls 6.9% des agents d'information déclarent, en effet, que les autorités administratives attendent d'eux qu'ils fassent « de la publicité pro-gouvernementale »[24].

82.6% des communicateurs jugent d'ailleurs que leur unité ne joue quasiment pas de rôle de propagande en faveur du parti politique au pouvoir (« quelquefois » : 27.8%, « rarement » : 33.9%, « jamais » : 20.9%). Seule une infime minorité estime que leur unité joue un rôle actif de propagandiste de l'action politique du gouvernement en place (« souvent » : 13.9%, « toujours » : 3.5%).

Et lorsqu'on demande directement aux agents d'information quels sont, selon eux, idéalement, les deux principaux rôles d'un membre d'une unité de communication, les résultats obtenus sont quasiment identiques. Simplement que les agents insisteraient davantage sur les relations intra-administratives (27.7% au lieu de 23.8%) tout en maintenant telles quelles les communications avec le public (57.7% — 58.2%).

Par contre, l'action de propagandiste pro-gouvernemental, chûterait elle de 6.9% à seulement 2.8%. Ce qui laisse à penser que certains agents d'information ont quelquefois l'impression d'être contraints de dire ce qui ne leur paraît pas exactement conforme à la réalité.

De ceci, deux conclusions partielles doivent être dégagées. Première-ment, un large consensus semble exister entre tous les communicateurs et les autorités administratives quant au rôle que doivent jouer dans une

---

23. Signalons que 5.1% déclarent quant à eux que leur unité « n'aide personne parce que mal organisée ».

24. On se souvient que cette intention semble toutefois être celle que couvent, depuis quelques mois, plusieurs membres du Cabinet du Premier Ministre Lévesque.

démocratie les services gouvernementaux d'information. Tous reconnaissent le rôle majeur d'information du public qui constitue l'essentiel de leur vocation. Deuxièmement, un très grand accord se réalise aussi aisément pour refuser systématiquement de devenir des « marionnettes » au service d'un parti politique. Et ceci est une réaction très réconfortante pour tous ceux qui considèrent comme nous la liberté d'information comme la pierre angulaire de tout véritable système démocratique.

b) *Un éventail largement ouvert d'activités au sein des unités de communications*

Parmi les techniques de communications susceptibles d'être utilisées au sein des unités de communications les principales d'entre elles sont, par ordre décroissant d'importance : l'information externe (26.5%)[25], les relations publiques (17.4%), l'information interne (14.8%), la publicité (11%).

Tombent en dessous du seuil de 10% toutes les autres techniques : gestion (5.8%), audio-visuel (5.8%), colloques et séances d'information (4.9%), service téléphonique (4.4%), expositions (4.1%), l'accueil phyique (2%) etc...[26]

c) *La qualité du service offert : très variable selon les unités*

La plupart des agents d'information — 88.5% — estiment que leur unité de communicatior.s remplit adéquatement les différents services que le ministère attend d'elle.

Quant à ceux — minoritaires — qui émettent un avis contraire, ils invoquent, comme principales causes expliquant cet état de fait, par ordre décroissant d'importance : le manque d'effectifs (33%), le manque de budgets (27.4%), les discordances entre les directives des ministères et celles du responsable de l'unité de communications (17.9%) et enfin le manque de spécialistes (10.4%).

Tout comme la question des effectifs est une question importante, la dimension budgétaire se trouve être, elle aussi, au coeur des réclamations. En effet, 55.4% des agents d'information dénoncent les montants qui leur sont alloués comme nettement « insuffisants ».

Et, tout comme les disparités sont nombreuses en matière d'effectifs, les variétés de situation en matière budgétaires sont très grandes. Les montants

---

25. Ceci est conforme à la vocation « information du public » que les communicateurs gouverne-mentaux mettent régulièrement de l'avant.

26. Ces données sont à rapprocher des indications fournies par les auteurs du rapport sur «Les communications gouvernementales». Selon ces auteurs les principales fonctions exercées dans les ministères et les organismes gouvernementaux par tous les agents d'information sont : l'information générale et les publications. Dans les ministères, tous les agents d'information font, en plus, des revues de presse, et donnent des renseignements. En outre, de façon spécifique, les agents font, soit des relations publiques, de la publicité, de l'information interne, soit de la rétro-information, des productions audio-visuelles, de la révision de textes, soit s'occupent de l'expédition, participent à des expositions, font des traductions, réalisent des graphiques, s'occupent de la documentation ou de bibliothèque, soit sont responsables de l'identité visuelle, de l'accueil, de l'information régionale, font de la repro-graphie ou de la recherche, voient à l'implantation du système métrique, rédigent des discours ou sont responsables des télécommunications.

budgétaires de fonctionnement des diverses unités de communications s'étirent en effet entre $4,669,300 à l'Éducation et à peine $115,000 aux Travaux publics. Soit, en terme de pourcentage par rapport au budget global de fonctionnement des ministères, des taux variant de 5.4% (Éducation) à seulement 0.05% aux Finances. La moyenne, pour l'ensemble des 21 ministères, s'établissant à un peu moins de 1%[27].

Tout ceci pour conclure, avec d'ailleurs les rapporteurs du groupe de travail sur les Communications gouvernementales, que « tous les ministères n'accordent pas la même importance aux communications gouvernementales et que même certains d'entre eux faillissent carrément à leurs tâches d'information ».

Ce qui conduit immanquablement dans nombre de cas « à une sous-information du citoyen »[28] et sans doute aussi de l'administration, peu compatible avec le principe, maintes fois réaffirmé par le gouvernement péquiste, d'une « administration à ciel ouvert ».

Et d'ailleurs, les changements intervenus dans ce secteur depuis l'avènement au pouvoir du parti québécois semblent être des plus relatifs.

d) *Continuité ou changement?*

Quant à l'orientation des unités de communications au cours de 1977, il semble qu'elle ait évoluée très diversement selon les ministères ou organismes gouvernementaux. 29.2%, soit près d'un tiers des unités, estiment que leur unité a beaucoup évoluée depuis l'arrivée du PQ au pouvoir. 25.8% émettent un jugement plus nuancé en disant : cela a «assez changé». Par contre, 44.9% estiment que le changement a été faible (25.8%), très faible (5.8%), voire nul (13.3%).

Les principaux agents de changement cités par nos informateurs semblent se situer à l'extérieur du ministère (31.5%)[29]. À l'intérieur du ministère les principaux responsables des réorientations des unités de communications paraissent être : le sous-ministre (24.2%) et le directeur du service (23.1%) ; le Cabinet du ministre (10.2%), et le ministre (5.6%) ne jouant apparemment ici qu'un rôle très faible en matière de fixation des objectifs.

Ces résultats sont d'ailleurs largement confirmés par la question de savoir « qui détermine en pratique l'orientation des programmes d'information des unités de communications ». Tout comme précédemment, la responsabilité principale incombe aux autorités administratives, c'est-à-dire aux fonctionnaires supérieurs des ministères ou des organismes para-publics :

---

27. Soit $27,117,700 pour l'information par rapport à un budget global de fonctionnement pour les 21 ministères de l'ordre de $2,964,790,600. Exercice financier 1977-1978.

28. *op. cit.* p. 18.

29. Sans qu'il soit possible de situer exactement l'emplacement des responsables du changement — nos interlocuteurs restant muets là-dessus — on peut d'ores et déjà éliminer d'une part la Direction générale des communications gouvernementales (DGCG) du ministère des Communications, ainsi que certains rapports rédigés pour le compte de ce ministère par des universitaires (Rapport V. Lemieux de 1974). En effet, à peine 5.6% imputent ces changements au travail de la DGCG, et personne ne cite le rapport Lemieux-Quinty comme auteur de ces changements.

« l'unité de communications elle-même » (25.2%), « le chef hiérarchique de l'unité » (23.5%), « le sous-ministre » (21.8%). Par contre, l'influence réelle des « politiques » reste jusqu'à présent très circonscrite : « cabinet du ministre » (13.4%), « ministre » (1.7%)[30].

Le poids du responsable de l'unité de communications sur l'organisation ou l'orientation de son service semble peser assez lourdement dans la balance décisionnelle au sein du ministère. 55.1% des agents d'information indiquent, en effet, que plus de 60% des recommandations de leur patron en ces matières, reçoivent un avis favorable de l'exécutif du ministère ou des organismes autonomes[31].

Ce qui évidemment ne veut pas dire que l'inverse soit vrai et que le ministère prenne toujours l'avis du responsable de l'unité de communications avant de lancer une campagne ou d'avancer des projets. En effet, 56.4% des agents d'information signalent qu'il n'est pas rare que le ministère lance des campagnes ou annonce publiquement des projets sans avoir préalablement consulté l'unité de communications[31]. 43.6% estiment quant à eux que cela n'arrive que « rarement » (29.9%) voire « jamais » (13.7%).

On peut donc dire que, un peu plus d'une fois sur deux, les services d'information sont davantage considérés par les autorités du ministère comme des instruments de communications que comme des conseillers en ce domaine.

Si le fonctionnement interne des unités de communications semble présenter de nombreux éléments positifs : niveau hiérarchique de rattachement généralement élevé, compétence administrative et technique des responsables d'unités largement reconnue, situation de type plutôt consensuel se traduisant par un degré important de satisfaction au travail, nette séparation entre activités d'information administrative et activités de propagande partisane, il n'en reste pas moins que les disparités en terme d'effectifs et de budget entraînent des conséquences négatives au plan des services. La qualité des services offerts — notamment à la population — paraît en effet être très variable selon les ministères et organismes gouvernementaux examinés. Tout comme s'avère très variable la fréquence des relations entretenues par les unités de communications avec leur environnement socio-administratif.

LES RELATIONS AVEC L'ENVIRONNEMENT SOCIO-ADMINISTRATIF

Les unités de communication entretiennent des relations plus ou moins fréquentes avec un grand nombre d'organisations. Plusieurs de ces

---

30. Pour circonscrit qu'il soit — 15.1% au total — cet empiètement du politique sur l'administratif en entraînant, même partiellement, une liaison entre l'information politique et l'information administrative justifierait à lui seul, sans peine, une étude socio-administrative sur les relations attachés de presse — agents d'information, au sein de l'appareil gouvernemental québécois.

31. Le reste se répartit comme suit : 0-20% des recommandations (9.2%), 20-40% des recommandations (16.1%), 40 à 60% des recommandations (19.5%).

organisations sont situées à l'intérieur de la machine administrative, d'autres à l'extérieur.

1. LES RELATIONS INTRA-ADMINISTRATIVES

Les unités de communications entretiennent des relations plus ou moins services administratifs situés tantôt à l'échelon central, tantôt à l'échelon régional.

a) Au niveau central

1) les relations unités de communications/autres services du ministère : un certain froid regrettable

Des améliorations sensibles mériteraient d'être apportées dans ce secteur car si l'on en croit nos répondants — 30% — l'information qui parvient des autres services du ministère est soit «insuffisante» (28.1%), soit «nulle» (2.5%). 43.8% estiment encore que cette information est «plus ou moins complète». Ce qui ramène à peine à 1 personne sur 4 le nombre de communicateurs vraiment satisfaits des relations de travail que leur unité entretient avec les autres services.

Ceci est d'autant plus incompréhensible et dommageable que les agents d'information croient, selon eux, que les autres services du ministère perçoivent le travail qu'ils accomplissent comme «très utile» (15.5%) ou «utile» (52.6%). Par conséquent, ou bien ce total de 68.1% est le résultat d'une surévaluation du travail réalisé par les communicateurs, ce qui expliquerait la résistance des autres services à collaborer avec eux, ou bien cette donnée statistique résulte d'une appréciation correcte et alors les résistances des autres services sont pour le moins regrettables.

En outre, il semble se poser de sérieux problèmes de chevauchements de compétence et de répartition des fonctions si l'on en croit nos informateurs. Presque les 3/4 d'entre eux — 72.3% — se plaignent, en effet, du fait que «d'autres directions ou services de leur ministère aient tendance à faire «toujours» (5%), «assez souvent» (26.1%), ou «quelquefois» (41.2%) du travail qui devrait normalement être effectué par les unités de communications.

La responsabilité du développement de ce type de relations à vocation conflictuelle que nous constatons entre les unités de communications et les autres services des ministères incombe peut-être autant aux «autres» qu'aux communicateurs eux-mêmes.

Ne faut-il pas, en effet, se demander si le fait qu'un communicateur sur deux avance que son unité n'est entraînée à faire circuler l'information qu'elle possède dans les divers services du ministère que de façon «relativement peu fréquente», n'est pas une des raisons à la base des mauvaises relations qu'entretiennent trop souvent «les communicateurs» avec les autres fonctionnaires de leur ministère?

En tout cas, tout le monde aurait sûrement à gagner à voir les communicateurs professionnels développer vis-à-vis de leurs collègues des autres services, une politique de relations publiques, susceptible de réduire les tensions et de faire place à des rapports plus consensuels.

2) les relations unités de communications/autres ministères: un consensus largement fondé sur l'ignorance réciproque

Le contraste des chiffres est ici frappant. En effet, autant les relations ne sont pas toujours très bonnes avec les autres services des ministères auxquels appartiennent les unités de communications, autant les relations avec les autres ministères semblent ne poser aucun problème particulier.

87.6% des communicateurs estiment en effet que ces rapports sont «excellents» (6.8%), «très bons» (23.9%), ou «bons» (54.9%).

Mais ces relations sont-elles bonnes bien que fréquentes? Ou bien sont-elles jugées bonnes, parce qu'en fait peu fréquentes, et par conséquent moins susceptibles d'engendrer des tensions ou des conflits?

La question vaut la peine d'être posée, et la réponse esquissée, quand on sait que selon 64.3% d'agents de communications eux-mêmes, leur unité entretient «peu» (36.6%), «très peu» (17.1%) voire «pas du tout» (10%) de relations de travail avec les unités de communications des autres ministères.

Notre enquête confirme largement, là encore, les conclusions du groupe de travail sur «les Communications gouvernementales». Ce groupe dénonçait il y a peu de temps «l'absence d'une coordination soutenue dans les expositions publiques au niveau conception — production — participation», «l'absence de coordination au niveau des publications (nombreuses duplications)», «l'absence de contacts permanents et structurés avec les autres producteurs de biens de communications dans le secteur gouvernemental (Radio-Québec, l'Éditeur officiel, l'Office du film, le DGCG, etc...)»[32]

Ce qui les amenait à conclure et selon toute vraisemblance avec raison:

«Chaque service d'information fonctionne d'une façon autonome et les relations qu'ils entretiennent entre eux sont plus souvent consécutives aux liens existants entre les individus ou bien encore en raison des contraintes budgétaires et des services que les mieux nantis peuvent à l'occasion rendre aux plus démunis. Il n'y a pas de consultation systématique et coordonnée.

C'est ainsi que l'on pourrait très bien voir sortir simultanément des presses d'un imprimeur une brochure sur les ponts couverts du Québec si les directeurs du Tourisme, des Transports et des Affaires culturelles avaient à un moment donné la même préoccupation. En outre, il n'est pas rare que deux conférences de presse puissent se tenir la même journée, à la même heure, alors qu'il n'y en aura qu'une seule au cours des quatre jours suivants[33].

Enfin, comment pourraient être franchement mauvaises les relations inter-unités de communications alors qu'il n'existe même pas de structure formelle de consultation regroupant les directeurs de communications[34]?

---

32. *op. cit.* p. 9.

33. *ibid.* p. 18.

34. La conférence des directeurs des communications dont fait état le document de travail sur «les Communications gouvernementales» — Éditeur officiel du Québec — sept. octobre 1977-p.55-n'est qu'une recommandation des auteurs du rapport (MM. G. Frigon, B. Roy, G. Racine, J-C Sauvé et L. Duvernois). Malgré cela ¼ des agents d'information croient à tort que cette structure existe et qu'elle permet des rencontres annuelles (20.8%), hebdomadaires (20.8%), mensuelles (16.7%), tri-mensuelles (12.5%) ou trimestrielles (4.2%).

Signalons cependant qu'un espoir perce à l'horizon car, outre les recommandations formulées en ce sens par les auteurs du récent rapport sur les communications gouvernementales, notre enquête révèle que cette structure de coordination spécialisée est vue comme nécessaire par 81.6% de nos répondants[35].

3) les relations unités de communications/organismes centraux de l'État : une majorité en faveur de l'assouplissement des procédures

Elles concernent trois organismes principaux : la Commission de la fonction publique pour ce qui est de l'allocation des ressources humaines, le Conseil du trésor pour ce qui touche les ressources budgétaires et enfin le Service général des achats du ministère des Travaux publics pour ce qui concerne l'attribution des ressources matérielles.

a) *Vis-à-vis de la CFP*

Les procédures déterminées par la CFP en matière d'allocation des ressources humaines sont jugées « trop contraignantes » par 58.7% de nos répondants. 38.5% les jugent « normales » et une infime minorité les estime même « trop peu contraignantes ». (2.8%)

b) *Vis-à-vis du CT*

Les procédures sont, chose curieuse, jugées un peu moins contraignantes en matière d'allocation des budgets. En effet, 51.4% au lieu de 58.7% précédemment ont jugé « trop contraignantes » les normes fixées par le CT. Quant au pourcentage de ceux qui jugent ces normes « normales » il s'élève parallèlement jusqu'à atteindre 46.7%[36].

c) *Vis-à-vis du SGA*

Les résultats se situent ici à mi-chemin entre ceux enregistrés à propos de la CFP et du CT. 55.1% jugent les règles d'attribution des biens matériels « trop contraignantes » et 43.9% « normales »[37].

D'une façon générale il est reproché à toutes ces procédures d'entraver par leur lourdeur, le fonctionnement normal des directions de communications.

C'est une situation de ce type qui devait amener les auteurs du rapport sur « les Communications gouvernementales » à écrire à l'automne 1977 :

« Simplifier les procédures administratives, agir davantage par délégation de pouvoir du sous-chef du ministère, octroyer une plus grande autonomie de gestion aux directeurs des communications, bien sûr sous l'autorité et la responsabilité directe du sous-chef du ministère, voilà qui amé-

---

35. Le détail statistique s'établit très *précisément* comme suit : croient « beaucoup » en la nécessité d'une telle structure (48.3%), « assez » (33.3.), « peu » (11.5%), « très peu » (3.4%), « pas du tout » (3.4%). Ceci ne peut évidemment que venir renforcer et appuyer la recommandation formulée en ce sens par les auteurs du rapport sur « les Communications gouvernementales ».

36. « trop peu contraignantes » : 1.9%.

37. « trop peu contraignantes » : 0.9%.

liorait considérablement l'action informative des unités administratives concernées qui, répétons-le, car en bien des endroits cela n'est pas encore très bien compris, ne peuvent fonctionner efficacement, pour la réalisation technique, sans le concours d'agents extérieurs à la Fonction publique (imprimeurs, graphistes, photographes, rédacteurs, correcteurs d'épreuves, etc.)...[38]

Ceci s'impose d'autant plus que le produit «information» n'est pas un produit comme les autres. C'est un produit extrêmement éphémère et volatil qui demande à être traité rapidement.

Ce qui fait que ce serait une «grossière erreur de jugement de vouloir assimiler le statut d'une direction des communications» à n'importe quelle autre «unité opérationnelle purement administrative»[39].

D'où les réclamations précédemment énoncées afin, non pas «d'obtenir un statut particulier pour les unités informatives ou quelque chose du genre, mais de permettre à ces mêmes unités, on ne le dira jamais assez, de fonctionner le mieux possible... en exerçant pleinement le mandat qui leur est confié à l'intérieur de chaque ministère ou organisme gouvernemental»[40].

4) les relations unités de communications/ministère des Communications: des relations peu fréquentes

C'est essentiellement avec la Direction générale des communications gouvernementales (DGCG) que les unités ont affaire au ministère des Communications[41].

Structure coincée entre les organes centraux (CT, CFP, SGA) et les directions ministérielles de communications la DGCG éprouve depuis sa création moult difficultés à être autre chose qu'une simple structure-enveloppe ou, comme on l'appelle encore, «une structure à contenants».

En effet, la DGCG paraît n'avoir «d'assises réelles que dans la mesure où des organismes ou des ministères veulent bien l'impliquer au plan des contenus[42].;

Aussi les relations unités de communications — DGCG ne sont-elles pas très nombreuses actuellement.

D'ailleurs 69.1% de nos répondants déclarent être en fait «peu» (22.8%), «très peu» (19.5%), voire même «pas du tout» (26.8%) informés sur la vocation et les fonctions de la DGCG[43].

---

38. *op. cit.* p. 40.

39. *Ibid.* p. 40.

40. *Ibid.* p. 40.

41. Il existe, en effet, d'autres organismes qui exercent des fonctions centrales à l'échelle du ministère des Communications et à l'exclusion de la Direction générale des communications gouvernementales. Il s'agit de: La Direction générale du Cinéma et de l'Audio-visuel, La Direction générale de l'édition et le Bureau de l'Éditeur officiel, La Direction générale des services techniques (téléphonie, radio-communications, radio-mobile, etc.), le Bureau central de l'informatique.

42. *op. cit.* p. 23.

43. Pour de plus amples informations sur la DGCG cf. «Les Communications gouvernementales» *op. cit.* p. 19-28 et p. 42-48.

Nombre de communicateurs souhaiteraient que la DGCG intervienne principalement comme « conseiller technique » (37%), d'autres — 31.5% — favoriseraient davantage son rôle de « coordonnateur entre deux ou plusieurs unités de communications lors de la réalisation d'un projet commun », enfin, un dernier groupe — 25% — verrait plutôt la DGCG mettre l'accent sur les recherches et les études.

C'est à peu de choses près, les recommandations que formulent pour l'avenir les membres du groupe de réflexion sur les communications gouvernementales. Ce groupe envisage de transformer la DGCG en une « Centrale de services » dont le mandat devrait « s'articuler autour des six grandes fonctions suivantes: conseil, recherche et expérimentation, concertation, coordination, services communs et suppléance »[44].

La DGCG aurait aussi, selon les auteurs de ce même rapport, « beaucoup plus de chances de s'impliquer dans les contenus et d'offrir aux ministères et organismes des services de qualité dans des secteurs qui, actuellement, sont négligés bien qu'investis d'une grande importance. Ce faisant, la DGCG ne serait pas un organisme qu'on pourrait appeler « à rabais », mais bien un organisme jouissant d'un certain prestige de par la nécessité et la souplesse de ses services[45].

b) Au niveau régional: les relations unités de communications/bureaux régionaux se caractérisent par une sous-utilisation des services de communications-Québec

Les auteurs du rapport sur « les Communications gouvernementales » indiquent que « quelques ministères et organismes seulement se sont dotés de bureaux régionaux... d'ailleurs plus ou moins actifs dans le domaine des communications ». Quant aux bureaux de Communications-Québec « ils ne remplissent à peu près pas de fonctions de coordination », leur action étant principalement axée sur la dimension « renseignements » au public. Depuis le début de 1977 toutefois, les bureaux de Communications-Québec ont sensiblement évolué. « Ces bureaux assurent maintenant davantage une présence gouvernementale dans son ensemble et offrent parallèlement de nouveaux services tels que la rétro-information (« à l'écoute des citoyens »), l'organisation de tournées ministérielles d'information, et l'organisation de séances d'information auprès de clientèles spécifiques »[46].

Nous allons voir que, malgré ces changements, les relations unités centrales de communications — bureaux régionaux, ne paraissent guère s'être tellement améliorées. Qu'on en juge.

En matière de diffusion de l'information, les unités de communications ignorent 3 fois sur 4 (75.6%) les Bureaux régionaux de Communications-

---

44. *op. cit.* p. 42-43.

45. *Ibid.* p. 48.

46. *op. cit.* p. 24-25. Rappelons que Communications-Québec avait reçu deux mandats principaux. Celui de favoriser l'accessibilité des services gouvernementaux en offrant dans les régions le service des renseignements aux citoyens et en aidant les services ministériels de communications dans leurs activités auprès des clientèles régionales. Celui aussi d'assurer la présence directe du ministère des Communications dans les diverses régions du Québec.

Québec[47]. Seuls 16.5% de nos répondants déclarent les utiliser «souvent» et à peine 7.8% «toujours».

En matière de cueillette de l'information la sous-utilisation des Bureaux régionaux de Communications-Québec par les unités de communications est encore plus marquée. 83.6% de nos répondants déclarent en effet, n'y avoir quasiment pas recours («quelquefois»: 32.8%, «rarement» 24.1%, «jamais» 26.7%). Seuls 12.9% disent y faire «souvent» appel et 3.4% recourir «toujours» à leur service.

Or, près des 3/4 des agents d'informations — 72.5% — croient en la nécessité d'une régionalisation de l'information au Québec. Près de la moitié — 46.7% — y croit même «beaucoup».

Les sceptiques et les opposants ne regroupent que 27.5% des agents d'information. En effet, y croient «peu» (15%), «très peu» (5%), «pas du tout» (7.5%).

Les raisons pour lesquelles le premier ensemble favorise la régionalisation de l'information sont, en premier lieu, de rendre plus accessible à la population de toute la province l'information administrative (64%) et, en second lieu, de favoriser un processus décisionnel plus largement déconcentré au niveau régional. (32.6%)

Ce souci de rapprocher l'État des Citoyens apparaît, là encore, comme la motivation principale et le premier objectif des unités administratives de communications.

Quant au groupe peu favorable à la régionalisation de l'information, les deux principales raisons invoquées sont 1) la crainte d'un manque d'uniformité dans l'information diffusée (48.5%) et 2) le manque de personnel compétent dans les régions.

On constatera au passage qu'il ne semble pas y avoir d'oppositions entre les partisans et les non-partisans de la régionalisation en terme d'objectifs. Les uns et les autres visent à une meilleure information du public. Les divergences portent essentiellement sur les voies à prendre pour y parvenir.

Les premiers estiment que la régionalisation, en rapprochant l'administration des administrés, favorisera un meilleur contact et permettra aux informations administratives de mieux s'insérer auprès des couches éloignées de la population.

Les seconds, sans nier cela, craignent simplement de voir l'information ainsi transmise, déformée en cours de route en raison notamment de la difficulté d'envoyer dans les régions éloignées et enclavées du Québec, du personnel hautement qualifié.

Les pessimistes n'ont d'ailleurs pas tout à fait tort. Car il se pourrait bien, qu'actuellement tout au moins, les craintes qu'ils éprouvent soient parfaitement fondées.

---

47. Le détail statistique est le suivant: «quelquefois» (36.5%), «rarement» (26.1%), «jamais» (13%).

En effet, si l'on en juge par les quelques agents régionaux d'information qui ont répondu à notre enquête — 11 en chiffres absolus — et sous réserve bien entendu de cette limite, il se trouve qu'à peine 1/3 d'entre eux estime être «toujours» ou «souvent» informé de ce qui se passe au niveau central. Presque la moitié des agents régionaux répond avec prudence «quelquefois» et les deux autres «rarement» ou «jamais».

Aussi la régionalisation, principe bon en soi et que peu de gens contestent, présente-t-elle au niveau des applications, notamment au Québec, certaines difficultés qui appellent une sérieuse réflexion.

Il y a, en effet, un important problème de communications, précisément entre les professionnels de l'information situés au niveau central et ceux situés dans les régions.

Les agents déconcentrés estiment, on l'a vu pour 1/3 seulement d'entre eux, être bien informés de ce qui se passe au niveau central. Or, c'est 57.7% d'agents centraux d'information qui estiment informer «convenablement» leurs agents régionaux. Ce décalage est déjà en soi tout un problème.

En retour, c'est la même chose, sinon pire. Alors que les agents régionaux déclarent faire parvenir «toujours» (63.6%) au bureau central l'information pertinente qu'ils possèdent sur leur région, c'est à peine 6.9% d'agents centraux qui estiment recevoir l'information pertinente que possèdent leurs représentants dans les régions.

Aussi, tant et aussi longtemps, que ces questions de communications entre agents centraux et régionaux n'auront pas trouvé une solution satisfaisante il y a effectivement des risques sérieux de voir l'information régionale, diffusée actuellement, l'être de façon peu convenable. Ce qui ne signifie évidemment pas qu'il faille condamner pour l'avenir, définitivement, la mise en place d'un réseau régional d'information. Bien au contraire. Et cela d'autant plus que le gouvernement ressent de plus en plus le besoin d'atteindre les couches les plus larges de la population et d'effectuer une évaluation rétroactive de ses politiques.

II — LES RELATIONS EXTRA-ADMINISTRATIVES

Les unités de communications sont en relations avec de nombreux groupes d'intérêt auxquels elles apportent d'importantes informations. Ces interlocuteurs sociaux peuvent d'autre part se révéler être de remarquables agents de rétroaction et la source d'un précieux courant d'informations ascendantes.

1) les relations unités de communications/groupes d'intérêts

a) Avec les partis politiques: peu de relations

Les agents de communications ne paraissent guère très enclins à partager l'information qu'ils possèdent avec les partis politiques. Plus des 3/4 constatent qu'ils partagent «peu» (34.3%) voire «pas du tout» (42.2%) l'information qu'ils détiennent avec les partis politiques. Seuls 8.8% répondent «moyennement», 13.7% «assez» et 1% «beaucoup».

b) *Avec les consultants du secteur privé et des Universités:*
des relations un peu plus fréquentes motivées
par un souci d'efficacité administrative

Les relations sont là nettement plus fréquentes. 4.1% répondent «très souvent», 22% «souvent» et 27.6% «normalement». Toutefois, près de la moitié de nos répondants (46.3%) déclare ne recourir au secteur privé ou aux Universités que dans des cas «assez rares» (32.5%) voire «jamais» (13.8%).

Lorsqu'on fait appel aux consultants extérieurs à l'administration les principales raisons invoquées sont, par ordre d'importance décroissant: «l'obligation de rencontrer une urgence particulière» (29%), la nécessité de «suppléer à un manque de spécialistes dans le service» (28.2%), et le besoin de «suppléer à la faiblesse en effectifs du service» (23.9%).

Les raisons telles que «une meilleure qualité de travail» (10%), «le patronage déguisé» (2.3%) etc... ne viennent que très loin derrière la première série de causes citées.

Ce sont donc presque toujours, à de très rares exceptios près, des soucis d'efficacité administrative qui semblent motiver les agents de communications lorsque ces derniers recourent à l'aide du secteur privé et des Universités.

Dans près d'un cas sur deux, lorsque les Unités de communications engagent les services d'un spécialiste de l'extérieur du secteur public, c'est pour bénéficier de «son assistance technique» (47%). Dans de nombreux cas aussi (31.2%) c'est-à-dire de pigistes (rédaction de textes notamment) que les Unités de communications retiennent la collaboration de consultants extérieurs. Enfin, 14.9% des communicateurs citent comme type d'activités confiées à ces experts externes, les travaux dits de recherches opérationnelles, notamment des études sur les structures et le fonctionnement de l'organisation.

c) *avec les média d'information: des relations plutôt fréquentes*
concurrencées toutefois par les services de presse des cabinets ministériels

Les auteurs du rapport sur les «Communications gouvernementales» reprochent à la DGCG «l'absence de contacts permanents et étroits avec la tribune de la presse à Québec, avec les grands médias», «l'absence d'un service structuré d'accueil aux visiteurs étrangers particulièrement pour les journalistes», «le peu d'efforts déployés pour obtenir des média des espaces et des temps compensatoires pour l'information institutionnelle», ainsi que «l'absence d'un service central de l'information ascendante produisant quotidiennement une revue de presse nationale».

Les unités de communications ministérielles, de leur côté, entretiennent des relations plutôt fréquentes avec la presse si l'on se fie aux déclarations de 63.7% des agents d'information.

Ces relations sont généralement de type concensuel. 83.3% des répondants les qualifient, en effet, de «très bonnes» (35%), de «bonnes» (33.3%), ou d'«assez bonnes» (15%).

Quant aux journalistes, il sparaissent apprécier le travail effectué au sein des services gouvernementaux de communications puisque 78% des communicateurs interrogés nous signalent que les journalistes se servent de l'information diffusée par les unités de communications des ministères et organismes publics. Seuls 21.2% sont plutôt d'avis que les services mis à la disposition des média par leur Unité sont «peu» (13%), «très peu» (4.9%) voire «pas du tout» utilisés (3.3%).

Lorsque les média ne se servent pas des services mis à leur disposition par les unités de communications, la principale raison revient au fait que «les journalistes fonctionnent avec l'actualité, ce qui n'est pas la préoccupation majeure des unités de communications» (46.2%). La seconde raison invoquée c'est que les journalistes s'adressent souvent, de préférence, au Cabinet du ministre (attaché de presse) plutôt qu'aux services de communications administratifs. (34.6%)

d) *Avec le public en général: des efforts certains, des résultats modérés, un souci marqué de l'impartialité*

Si près des 2/3 de nos répondants estiment que leur Unité informe «complètement» (10.7%), voire «plus ou moins complètement» (50.8%) le public, plus du tiers par contre émet un jugement plutôt négatif en ce domaine: «partiellement» (29.5%), «très peu» (6.6%), «pas du tout» (1.6%).

On voit donc que, dans l'ensemble, c'est un jugement nuancé, traduisant bien la nature limitée de leurs résultats que les Unités de communications émettent vis-à-vis de leur rôle d'informateur du public; ce qui est curieux à constater lorsqu'on se souvient que «rapprocher l'État des Citoyens par une meilleure information» était cité comme «objectif principal» par les diverses Unités de communications.

Doit-on comprendre que cet objectif n'a été atteint qu'en partie seulement?

Ce rôle d'informateur, les unités de communications tentent de le remplir au mieux de leur capacité, en ayant à la fois un rôle passif et actif vis-à-vis de l'information du grand public. En effet, la moitié de nos répondants signale qu'elle joue tout à la fois un rôle actif en allant rejoindre la population pour communiquer avec elle, et un rôle passif consistant à délivrer de l'information sur demande seulement. 1/3 de communicateurs déclare toutefois jouer plutôt, uniquement un rôle actif et une minorité, 1 personne sur 10 environ, avoue se contenter d'atteindre du public les demandes de reseignements.

Lorsque les unités de communications ne diffusent pas assez d'informations dans le public, les raisons sont diverses. Parmi les principales d'entre elles, deux sont à citer qui reviennent régulièrement: le manque d'effectifs (32.3%) et le manque de budgets (24.7%).

L'information gouvernementale émise par les unités de communications atteint tout à la fois les groupes organisés et les individus (56.9%). Près d'un tiers toutefois (31%) déclare favoriser plutôt les groupes organisés, tandis qu'une petite minorité (12%) préfère mettre plutôt l'accent sur les personnes non-organisées.

Cette information est jugée très largement «impartiale» par la quasi-unanimité des communicateurs gouvernementaux (94.2%). En effet, 34.7%

signalent que l'information qu'ils fournissent à la population est «toujours impartiale» et 59.5% la qualifient d'«assez impartiale».

On retrouve là, de nouveau, la volonté clairement affirmée par les agents d'information du gouvernement du Québec, de se comporter avec le maximum d'objectivité possible et le refus réitéré de devenir de simples agents de propagande partisane.

Ceci explique peut-être le fait que les agents d'information fixent à un niveau relativement convenable le degré de crédibilité dont bénéficieraient les unités de communications auprès du public. 46.4% de communicateurs voient, en effet, ce degré supérieur à 60% et 40.2% le fixent entre 40% et 60%. Des progrès devraient toutefois pouvoir être réalisés en ce domaine si «l'impartialité» de l'information dont font état les communicateurs gouvernementaux est exacte.

Un peu plus de la moitié de nos répondants avoue ne guère utiliser très souvent les systèmes non gouvernementaux existants (syndicats, associations, groupes de citoyens, etc...) afin de diffuser et répercuter l'information administrative dans le public. 1/3 cependant estime y recourir «souvent», mais à peine 14.6% signalent s'en servir «la plupart du temps» ou «toujours».

Les communicateurs qui utilisent assez fréquemment les canaux d'information que constituent les systèmes non gouvernementaux le font, non pour des raisons d'économie ou des motifs politiques, mais dans un souci d'efficacité opérationnelle.

Cette méthode de diffusion de l'information semble avoir donné de bons résultats d'ensemble, si l'on en croit les quelques 82.8% de nos répondants qui qualifient cette technique de «satisfaisante» (60.9%) voire même de «très satisfaisante» (21.8%).

D'une façon générale c'est un jugement là encore nuancé, empreint de satisfaction modérée, que portent sur leur activité d'informateur les agents de communications du gouvernement du Québec. En effet, si 23% jugent «très bon» leur effort de vulgarisation de l'information entreprise par leur unité auprès du public, 36.9% la jugent plus modérément «bonne» et 29.5%, de façon encore plus modeste, la jugent simplement «moyenne».

2) la rétroaction des informations : une fonction encore insuffisamment remplie malgré l'importance que lui reconnaissent les agents d'information

La majorité des agents d'information — 61.2% — déclare que leur unité remplit un rôle de rétroaction (feed back) en matière d'information, afin de pouvoir informer convenablement le ministère de l'accueil réservé par le public, aux nouvelles politiques ministérielles. Ce rôle n'est toutefois pas accompli de façon généralisée puisque près de 4 personnes sur 10 (38.8%) reconnaissent que leur unité ne le joue pas.

Par contre, la prise de conscience de cette nécessité par les communicateurs semble être très largement réalisée, puisque 99.2%, soit l'unanimité de nos répondants, se déclarent favorables à développer ce rôle.

Il y a de bons espoirs par conséquent de voir dans un avenir plutôt proche l'information ascendante (Citoyens — État) venir compléter très utilement l'information descendante (État — Citoyens).

a) *la rétroaction de l'information* :

Actuellement il semble que les unités de communications tentent de plus en plus d'évaluer directement auprès du public l'impact des divers programmes d'information réalisés par elles. À ce sujet répondent, en effet, «toujours» (18.1% des agents de communications), «très souvent» (17.2%), et «souvent» (32.8%). Soit une pratique à laquelle se livrent un peu plus des 2/3 des agents d'information.

Là encore de réels efforts en vue de permettre à l'appareil administratif de réaliser une rétroaction convenable paraît s'imposer. Si 24.5% des agents d'information estiment que les structures actuelles sont «généralement adaptées à la rétroaction», c'est à peine 5.9% d'entre eux qui estiment que l'organisation est «toujours» adaptée à cela. Par contre, le pourcentage de ceux qui jugent l'adaptation présente simplement «moyenne», voire «très faible» ou même «nullement prête à permettre ce travail» est respectivement de 30.4%, 34.3% et 4.9%. Soit tout près de 70% de spécialistes.

b) *la rétroaction des politiques gouvernementales* :

En règle générale, les unités de communications paraissent vouloir se diriger aussi vers l'évaluation rétroactive des politiques gouvernementales mises de l'avant par leur ministère. Si cela ne se fait pas «toujours» (12.4% seulement), ni même «très souvent» (12.4%) cela semble toutefois se faire «souvent» (30.1%).

Cependant, près de la moitié de nos répondants (45.2%) estiment que cela ne s'effectue que «très peu souvent» voire «jamais».

D'ailleurs, là encore, les structures paraissent généralement peu conformes à cette activité. 75.3% des agents les jugent, en effet, soit «moyennement adaptées à la rétroaction (36.6%), soit «peu adaptées» (38.7%).

Rien d'étonnant dès lors si, en règle générale, à en croire plus des 3/4 des agents de communications, les informations que fournissent les agents régionaux n'influencent que «dans certains cas seulement» (52.9%) sinon «rarement» (17.6%) voire «jamais» (5.9%) les décisions prises par la direction centrale du ministère.

Autant dire que c'est toute la question de la rétroaction qui est à revoir et à améliorer très sensiblement si le gouvernement veut pouvoir, demain, évaluer intelligemment la qualité et l'efficacité de ses programmes de communications et de ses politiques générales c'est-à-dire, à la fois le contenant et le contenu de ses actions.

CONCLUSION GÉNÉRALE

Si l'on tente un bilan-synthèse de cette enquête, force est de constater, dans la colonne «actif», la présence de nombreux éléments positifs tels que : un nombre important de jeunes professionnels, des cadres compétents, un niveau de rattachement hiérarchique situé assez haut dans la pyramide administrative, un esprit d'équipe et un large consensus interne, un taux élevé de satisfaction au travail, le refus très nettement affirmé de mêler information administrative et partisane, un effort en vue de rapprocher l'administration des administrés, etc...

De nombreux défauts existent aussi, que notre étude a mis en évidence.

Au plan de la composition, les principaux problèmes concernent la disparité très grande des effectifs entre les diverses unités gouvernementales de communications, le manque flagrant de cadres et de fonctionnaires subalternes de soutien, et la nécessité d'améliorer la formation et le perfectionnement des agents d'information afin de doter ces unités de véritables communicateurs professionnels.

Au plan du fonctionnement interne, c'est la question de l'insuffisance et des disparités budgétaires qui doit être principalement soulevée car elle porte pour une large part la responsabilité des variations assez marquées que l'on enregistre au niveau de la qualité du service offert.

Enfin, au plan des relations avec l'environnement socio-administratif, on regrettera, soit l'absence de relations avec certains organismes publics (autres unités de communications), soit la faiblesse de ces relations (DGCG), soit, là où les relations sont plus fréquentes (à l'intérieur du ministère, avec les bureaux régionaux, avec les organes centraux) les tensions de nature diverse que l'on voit apparaître, au détriment de la qualité des services. Quant aux relations avec la population, les groupes organisés, et les média d'information, on ne peut que constater la nécessité d'améliorer là aussi sensiblement, les relations. L'information des citoyens, comme celle de l'État (rétroaction) y gagneront très sensiblement.

La plupart de ces résultats, signalons-le au passage, confirment largement ceux auxquels sont parvenus de leur côté les hauts fonctionnaires du groupe de travail sur «les Communications gouvernementales».

Certes, la jeunesse de la plupart des unités de communications existant à l'intérieur du gouvernement du Québec explique et excuse en partie, les défauts que connaissent ces services, mais maintenant qu'une prise de conscience claire et précise vient de s'effectuer, nul ne pourra plus, demain, invoquer cet élément pour justifier le maintien du statu quo.

L'amélioration des relations État-Citoyens passe, en effet, au Québec, par la voie des divers changements que le gouvernement de la province devra apporter le plus tôt possible à ses unités de communications au triple plan de leur composition, de leur fonctionnement, et de leurs relations avec l'environnement socio-administratif.

Sans cela, le concept si souvent brandi par le Parti québébois de «gouvernement à ciel ouvert» ne restera qu'une simple formule incantatoire, sans grande portée réelle.

CHAPITRE VII

POLITIQUE GOUVERNEMENTALE ET ADMINISTRATION PUBLIQUE QUÉBÉCOISE

POLITIQUE GOUVERNEMENTALE ET ADMINISTRATION PUBLIQUE QUÉBÉCOISE

Les hommes politiques, notamment les ministres sectoriels, après avoir soumis et fait approuver par l'un des cinq Comités ministériels permanents auxquels est rattaché leur ministère, puis par le Comité des priorités et enfin par le Conseil des ministres leur projet de politique gouvernementale devront recourir à leur administration publique ou à l'organisme autonome dont ils assurent la tutelle, afin de le mettre en oeuvre.

Il appartient en effet à la fonction publique de voir à l'exécution des décisions politiques adoptées par le gouvernement et votées par l'Assemblée nationale.

Mais, antérieurement à ces étapes c'est la plupart du temps à l'administration publique elle-même qu'est revenue pendant des semaines, souvent pendant des mois et quelquefois aussi durant des années, la tâche lourde, ingrate, mais indispensable, de penser le projet de loi, d'en mesurer les contraintes techniques, les impacts économiques, les coûts financiers et aussi, au niveau des sous-ministres et des cabinets politiques, d'en évaluer les conséquences politiques.

On le voit, toute politique gouvernementale dans le monde organisé, technicisé, complexifié d'aujourd'hui doit immanquablement s'appuyer sur la fonction publique pour prendre forme d'abord, pour être exécutée ensuite.

Mais, rares sont les fois où l'administration ne subit pas, plus ou moins fortement, dans ses structures, ses effectifs, ses moyens matériels, le contrecoup des nouvelles politiques gouvernementales.

Dans une assez large mesure l'étude ci-après sur «les implications juridico-administratives de la nouvelle politique québécoise en matière de langue française (loi 101)» devrait contribuer à illustrer, à partir d'un exemple important et d'actualité, ce phénomène de contre-choc administratif.

LES IMPLICATIONS JURIDICO-ADMINISTRATIVES DE LA NOUVELLE POLITIQUE QUÉBÉCOISE EN MATIÈRE DE LANGUE FRANÇAISE

INTRODUCTION

ASPECTS HISTORIQUES ET CONTEMPORAINS DE LA QUESTION LINGUISTIQUE AU QUÉBEC

Voilà plus de deux siècles — en fait depuis la conquête de la Nouvelle-France par les anglais en 1760 — que, « dans ce pays, la langue française provoque des discusions et des débats » [1]. C'est dire combien le problème de la langue est, au Québec, un vieux problème. Toutefois, il est resté, jusqu'à la fin de la décennie 50, masqué quelque peu par la question religieuse, considérée alors comme prédominante. Cependant, depuis les années dites de Révolution tranquille (1960-69), avec le recul massif des forces religieuses qui a accompagné la naissance d'un Québec urbanisé, industrialisé et éduqué, l'écran de fumée religieux s'est dissipé et le véritable problème a surgi. À la dichotomie confessionnelle Protestantisme-Catholicisme a succédé une opposition linguistique Anglophones-Francophones suffisamment forte, pour entraîner la remise en cause du principe même de l'unité canadienne [2].

Ceci explique que depuis une quinzaine d'années les deux principaux niveaux de gouvernement se soient préoccupés du sujet. Au fédéral, ce fut l'oeuvre de la Commission royale d'enquête sur le bilinguisme et le biculturalisme, mieux connue sous le nom de Commission Laurendeau-Dunton (1963-1969). Au provincial, ce fut la tâche de la commission d'enquête sur la situation de la langue française et sur les droits linguistiques au Québec dite Commission Gendron (1968-1972).

Ceci explique aussi pourquoi les trois principaux partis politiques, qui ont accédé au pouvoir au Québec ces quinze dernières années, n'ont pu échapper à la nécessité de légiférer dans ce domaine. C'est ce que fit l'Union Nationale en 1969 avec la loi 63 sur l'enseignement du français, puis le Parti Libéral du Québec en 1974 avec la loi 22 sur la langue officielle et enfin le Parti Québécois en août 1977 avec la loi 101 sur la charte de la langue française.

Cette législation en chaîne était devenue d'autant plus nécessaire que la question linguistique présentait au Québec une acuité sans cesse croissante.

---

1. La Politique québécoise de la langue française — Gouvernement du Québec — mars 1977, p. 1.
2. Sur des tons plus ou moins fermes, les divers grands leaders politiques québécois, quelle que fut leur appartenance politique, ont tous brandi, à un moment ou un autre, depuis 1960, la menace du séparatisme. Ce fut d'abord le slogan de Jean Lesage (Libéral) : « Maîtres chez nous », auquel succéda celui de Daniel Johnson (Union Nationale) : « Égalité ou Indépendance », qui céda sous Robert Bourassa (Libéral) la place au concept de « souveraineté culturelle » auquel le Parti Québécois de René Lévesque substitua celui de « Souveraineté-Association ».

D'abord, parce que dans l'entreprise, le français est dans une très large mesure la langue des petits emplois et des faibles revenus, tandis que l'anglais est celle des postes supérieurs et la langue principale des affaires.

Ensuite, parce que les 5 millions de francophones du Québec, s'ils sont majoritaires dans leur province (80% environ), restent largement minoritaires dans l'ensemble du Canada (25% environ)[3] et complètement noyés dans l'océan anglophone de 200 millions de nord-américains (2.5% environ).

En outre, les francophones québécois ne peuvent plus être assurés de leur survie linguistique, puisque la célèbre «revanche des berceaux» a cédé la place, depuis une quinzaine d'années, à une politique familiale de contrôle des naissances. Avec, pour résultat, que «si l'évolution démographique se maintient, les québécois francophones seront de moins en moins nombreux». Sans compter que dans le système scolaire la qualité du français laisse plutôt à désirer.

Enfin, parce que le redressement ne peut venir, dès lors, que de la fraction immigrante, d'autant plus que celle-ci devrait peu à peu se substituer au groupe britannique et prendre une importance croissante, surtout dans la région métropolitaine de Montréal qui regroupe à elle seule près de la moitié de la population globale de la province[4].

Or, et c'est là que le bât blesse le plus, «les immigrants marquent une forte tendance à s'intégrer au groupe minoritaire anglophone», en raison du fait que le pouvoir d'attraction du groupe économiquement le mieux assuré est toujours plus fort que celui du groupe économiquement dominé.

D'où une conclusion logique: «ce n'est que lorsque le français sera devenu véritablement la langue de travail et des affaires que la plupart des immigrants comprendront que leur intérêt les pousse à se solidariser avec la communauté francophone». De quoi découlent, en guise de solution à la question linguistique au Québec, un corollaire, et une politique. Un corollaire qui s'énonce comme suit: l'intégration des immigrants à la communauté francophone ne pourra donc être possible que si la société québécoise elle-même est globalement francisée. Et une politique qui porte pour nom: la Charte de la langue française.

Cette charte, qui fut considérée comme la première des priorités du programme législatif du gouvernement péquiste, a pour objectif de donner aux institutions et à la société québécoise un caractère «non bilingue», mais «foncièrement français».

À ce titre, la charte est une réaction à la loi 22 adoptée par les libéraux de Robert Bourassa à laquelle le P.Q. reprochait, d'une part, «un manque de rigueur dans (les) principes et une trop grande complexité (en matière) de contrôle»[5] d'autre part, «de poursuivre en même temps deux objectifs

---

3. Ce pourcentage s'élève à environ 35% si l'on ajoute les quelques 2,500,000 francophones vivant au Canada, mais à l'extérieur de la province de Québec.

4. 45% exactement.

5. La Politique Québécoise de la Langue Française — mars 1977 — Éditeur Officiel du Québec, p. 34.

divergents : l'un, de francisation du Québec et l'autre, de bilinguisme institutionnel» et enfin d'être, somme toute, contraignante[6].

La charte, elle, entend favoriser une reconquête par la majorité francophone du Québec de l'emprise qu'elle estime, devoir lui revenir, sur tous les leviers de la vie et de la société québécoise que ce soit en matière d'enseignement, de commerce, d'affaires, de relations au travail, dans le domaine public, para-public ou privé, de façon individuelle ou collective.

Cette reconquête, bien entendu, suppose une intervention énergique de l'État et de tous ses instruments d'intervention coercitifs, puisqu'il s'est révélé à l'expérience, que «les correctifs qui reposent uniquement sur la bonne foi et la bonne volonté sont impuissants à enrayer le danger»[7] que présente pour les francophones, l'assimilation par les anglo-canadiens.

Ce sont donc les implications juridico-administratives[8] de cette nouvelle loi, oeuvre du Parti Québécois (P.Q.), que nous présenterons ci-après en examinant d'une part, les effets prévisibles de cette politique linguistique sur l'ensemble des organes administratifs publics et para-publics et, d'autre part, les caractéristiques des organes administratifs chargés tout spécialement d'assurer la mise en oeuvre et le respect de la loi 101, au sein de la société québécoise.

A) LES ORGANISMES ADMINISTRATIFS SUBISSANT LA LOI 101

Deux questions principales se posent en cette matière. Première question : qu'elle est l'étendue de la loi 101 ? Seconde question : qu'elles sont

---

6. Ibidem, p. 34. Soulignons que la loi 22, loi de compromis, n'a en fait abouti qu'à déplaire à tout le monde : aux anglophones et aux immigrants non-francophones qui la jugeaient trop coercitive et aux francophones qui la jugeaient trop timide. Elle devait peser d'un poids très lourd aux élections du 15 novembre 1976 qui vit l'échec du Parti Libéral de Robert Bourassa et l'accès au pouvoir du parti de l'indépendance de René Lévesque.

7. La Politique Québécoise de la Langue Française — mars 1977 — Éditeur Officiel du Québec, p. 6.

8. Une présentation plus « poussée » de type «sociologie administrative» est, à l'heure où ces lignes s'écrivent, tout à fait impossible en raison du caractère extrêmement récent de la loi et de la jeunesse des institutions chargées de son application qui sont toutes actuellement soit dans leur phase de rodage soit en cours de création. Au 15 novembre 1976 seul l'Office de la Langue Française a vu intervenir la nomination de son président (Raymond Gosselin), du vice-président (Jean-Guy Lavigne) et des trois autres membres prévus par la loi 101. Jusqu'à présent toutefois, la structure interne de l'OLF n'a pas été montée. Les commissions de terminologie ne sont pas non plus constituées. L'ancienne direction de la terminologie de l'ex-Régie de la Langue Française créée par la loi 22 est simplement, actuellement, en train de mettre sur pied un comité chargé d'étudier la forme que devront prendre lesdites commissions dans un proche avenir. On espère créer d'ici février 1978 deux commissions de 6 à 10 membres chacune environ. Le Comité d'appel des décisions de l'Office n'a pas lui non plus été encore constitué. Il en est de même de la Commission de Toponymie. La Commission de Surveillance a de son côté connu la nomination de son nouveau président en la personne de M. Maurice Forget ex-président de l'ex-Régie de la Langue Française. Il est jusqu'à présent entouré seulement de trois commissaires-enquêteurs. Aucun inspecteur n'a jusqu'à date été nommé. Quant au Conseil de la langue française il est uniquement doté d'un président Jean-Denis Gendron ex-président de la Commission provinciale d'enquête sur la langue citée par nous précédemment. Aucune autre nomination n'est intervenue depuis, concernant les onze autres membres qui doivent constituer le Conseil.

les principales dispositions s'imposant dorénavant au domaine des administrations publiques et para-publiques et que celles-ci devront respecter?

1. L'ÉTENDUE DE LA LOI DANS LES SECTEURS PUBLIC ET PARA-PUBLIC

La loi sur la langue fera sentir ses effets sur l'ensemble des secteurs publics et para-publics qui joueront dorénavant un rôle moteur dans l'application de la charte.

1) Le rôle moteur des secteurs public et para-public

La loi attribue à l'administration publique, au sens le plus large du terme, «une tâche de *premier plan* dans la mise en oeuvre de la charte de la langue française»[9]. L'État devra en effet servir d'*exemple* et remplir une fonction d'*entraînement.* Tout l'appareil gouvernemental devra apporter «une vigoureuse collaboration»[10] à l'entreprise de francisation de la société québécoise. C'est à l'ensemble des corps publics qu'il reviendra de «comprendre les intentions (de la charte), et de les traduire dans des actions concrètes de la vie quotidienne»[11]. Car «tant que l'administration reste officiellement bilingue l'implantation du français dans la vie sociale, peut longtemps demeurer un voeu pieux», tandis que «le voeu devient sérieux quand le secteur public *pèse de tout son poids en faveur du français*»[12].

Il s'agit donc bel et bien de confier à l'administration publique un rôle dynamique en matière de francisation du paysage québécois. Quelles sont donc les diverses composantes de l'administration qui dorénavant devront «participer au redressement de la situation linguistique du Québec»[13]?

2) La totalité des organismes publics et para-publics impliqués

La charte fera sentir ses effets sur l'ensemble de l'appareil gouvernemental. Cependant l'adéquation des actes administratifs aux nouvelles exigences légales pourra se faire avec un certain étalement dans le temps.

a) *L'implication des secteurs publics et para-publics*

— *Les diverses instances administratives impliquées*

Outre les tribunaux judiciaires et quasi-judiciaires, se trouvent impliquées les diverses instances étatiques et para-étatiques énumérées par l'annexe de la loi 101[14]. À savoir:

- *le gouvernement et ses ministères;*

---

9. «La Politique Québécoise de la Langue Française — *op. cit.* p. 36 (souligné par nous).
10. *Ibid.*
11. *Ibid.*
12. *Ibid.,* p. 38.
13. *Ibid.,* p. 55.
14. Loi 101 — charte de la langue française sanctionnée le 26 août 1977 — Éditeur Officiel — p. 55.

- *tous les organismes dont le gouvernement ou un ministre nomme la majorité des membres, dont la loi ordonne que les fonctionnaires ou employés soient nommés ou rémunérés suivant la loi de la fonction publique (1965, 1ère session — chapitre 14), ou dont le capital-actions provient pour la moitié, ou plus, du fonds consolidé du revenu* (c'est-à-dire du budget de l'État). Soit, environ, 65 organismes para et péri-publics.

- *Tous les organismes municipaux.* C'est-à-dire les quelques 1600 corporations de cité, de ville, de village, de campagne ou de comté, qu'elles soient constituées en corporation en vertu d'une loi générale ou spéciale, ainsi que tous les autres organismes relevant de l'autorité de ces corporations et participant à l'administration de leur territoire. À cette liste s'ajoutent les deux communautés urbaines de Québec, et de Montréal, la communauté régionale de l'Outaouais, ainsi que tous les organismes para-communautaires qui y sont rattachés, à savoir : la commission de transport de la communauté urbaine de Québec, de Montréal et de l'Outaouais, celle de la ville de Laval et de la rive sud de Montréal, ainsi que le Bureau d'assainissement des eaux du Québec métropolitain et la Société d'aménagement de l'Outaouais.

- *Tous les organismes scolaires.* C'est-à-dire toutes les commissions scolaires et les corporations de syndics régies par la loi de l'Instruction publique, les commissions scolaires régionales et le Conseil scolaire de l'Île de Montréal.

- *Tous les services de santé et les services sociaux* au nombre desquels les centres hospitaliers, les centres d'accueil, les centres locaux de services communautaires et les centres de services sociaux.

- *Toutes les entreprises d'utilité publique.* C'est-à-dire les entreprises de téléphone, de télégraphe, de câblodistribution, de transport par avion, bateau, autobus ou chemin de fer, les entreprises de production, transport, distribution ou vente de gaz, d'eau ou d'électricité, ainsi que les entreprises titulaires d'une autorisation de la commission des transports.

- *Enfin, les ordres professionnels*[15]. Ils se divisent en deux catégories : les corporations professionnelles d'exercice exclusifs et les corporations professionnelles à titre réservé.

Les premières regroupent les vingt et un ordres suivants : les agronomes, les architectes, les arpenteurs-géomètres, les audio-prothésistes, les avocats, les chimistes, les chiropraticiens, les comptables agréés, les dentistes, les denturologistes, les infirmières et infirmiers, les ingénieurs, les ingénieurs-forestiers, les médecins, les vétérinaires, les notaires, les opticiens d'ordonnances, les optométristes, les pharmaciens, les pôdiatres, et les techniciens en radiologie.

Les secondes sont composées des dix-sept corporations ci-après : les administrateurs agréés, les comptables en administration industrielle, les comptables généraux licenciés, les conseillers en orientation, les conseillers en relations industrielles, les diététistes, les ergothérapeutes, les évaluateurs agréés, les hygiénistes dentaires, les infirmières et infirmiers auxiliaires, les

---

15. Cf. annexe I du Code des Professions (1973, chapitre 43).

orthopédistes et audiologistes, les physiothérapeutes, les psychologues, les techniciens dentaires, les technologistes médicaux, les travailleurs sociaux et les urbanistes.

— *Quelques exemples concrets d'implication*

La charte elle-même explique, à l'aide de cas concrets, comment l'administration publique peut «participer au redressement de la situation linguistique du Québec»[16]. Elle souligne tout d'abord «la responsabilité du ministère de l'Éducation, des commissions scolaires, des collèges d'enseignement général et professionnel, des divers centres de formation de la main d'oeuvre et des universités» en matière de qualité et de maîtrise de langue française (terminologie, instruments pédagogiques etc...). Tous ces organismes, auxquels se joindront d'autre part les ministères des Affaires culturelles, des Communications, de la Fonction publique, des Affaires municipales, de l'Immigration et les Municipalités, devront veiller à assurer l'intégration linguistique des enfants des minorités ethniques, l'enseignement des langues et littératures autres que françaises, l'aide sous forme de subventions à la presse ethnique et à leurs organismes culturels, permettre «la participation des québécois des diverses origines à la fonction publique» etc... D'autres organismes publics tels que le ministère des Consommateurs, coopératives et institutions financières et le ministère de la Justice devront veiller à la qualité de la langue des raisons sociales. Tous les ministères qui s'intéressent au commerce en général et à l'étiquetage en particulier, notamment le ministère de l'Agriculture et l'Office de la protection du consommateur, devront participer de très près à l'appliction de la Charte en matière d'étiquetage, de contrats, de relations avec les membres des ordres professionnels et le monde des affaires.

De leur côté, le ministère des Affaires municipales et les municipalités devront intégrer dans leurs propres lois et règlements les dispositions de la charte en matière de publicité et d'affichage public. Le ministère de l'Immigration devra, lui, informer les immigrants éventuels du fait que le français est la langue du Québec dans tous les domaines de la vie culturelle, sociale, économique et administrative et intensifier les efforts entrepris au Québec en vue d'intégrer les immigrants à la société québécoise. Le ministère de l'Industrie et du commer ce devra faire connaître aux investisseurs, par ses conseillers à l'étranger, les exigences linguistiques du Québec à l'égard des entreprises. Le ministères des Affaires intergouvernementales devra, quant à lui, 1) s'assurer que le personnel des délégations du Québec à l'étranger connaît tous les aspects de la charte du français, et en effectue une diffusion adéquate, et 2) faciliter les relations du Québec avec les autres pays francophons organismes internationaux qui ont avec le Québec des relations de collaboration et d'échange en matière de langue, de culture et de terminologie.

Enfin, tous les membres de l'administration devront accorder «soin et attention» à la qualité de la langue écrite et orale chaque fois qu'ils en feront un usage officiel ou public. «Songeons tout particulièrement aux textes de loi

---

16. Cf. La politique Québécoise de la Langue Française — *op. cit.* p. 55 et ss.

et règlements, aux textes des nombreux imprimés diffusés par l'administration, aux textes des avis et communications adressés aux fonctionnaires et aux citoyens, etc...». À cette fin, il est envisagé de donner une plus grande autorité aux agents d'information et d'établir une forme de collaboration plus étroite entre l'office de la langue française et les divers organismes de l'administration.

b) *Une mise en route progressive par l'adoption de programmes de francisation.*

En raison de l'ampleur des changements envisagés et de la multiplicité des rouages administratifs concernés, il est bien évident que la mise en route de la charte ne pouvait guère « s'accomplir instantanément, surtout dans le cas des municipalités et commissions scolaires à majorité anglophone». C'est pourquoi la charte prévoit que ces organismes adopteront un *programme de francisation* analogue à celui des entreprises privées, afin de leur permettre de « s'ajuster progressivement, dans un délai de six ans, à la situation prévalant dans les autres organismes de l'administration».

Ces programmes de francisation concernent, on le voit, tout à la fois le secteur public, para-public et privé.

— En effet «*les organismes de l'administration* doivent présenter à l'Office, avant le 31 décembre 1978, un rapport comprenant une analyse de leur situation linguistique et un exposé des mesures prises pour se conformer à la loi 101» (art. 131).

La mise en route de ces programmes se fera sous le contrôle de l'office de la langue française qui verra à circonscrire, dans les limites légales, les délais et les dispenses que certaines circonstances particulières pourraient nécessiter [17] (art. 131 à 134).

— En outre, *les entreprises d'utilité publique* — tout comme d'ailleurs les entreprises du secteur privé — devront, entre le 3 janvier 1979 et le 31 décembre 1983 au plus tard, si elles emploient 50 personnes ou plus, posséder un certificat de francisation délivré par l'Office. Ce certificat « attestera que l'entreprise applique un programme de francisation approuvé par l'office ou que la langue française y possède déjà le statut que les programmes de francisation ont pour objet d'assurer» (art. 136 à 138).

Ces programmes «ont pour but la généralisation de l'utilisation du français à tous les niveaux de l'entreprise». Ce qui implique :

• la connaissance de la langue officielle chez les dirigeants, les membres des ordres professionnels et les autres membres du personnel ;

• l'augmentation à tous les niveaux de l'entreprise, y compris au sein du conseil d'administration, du nombre de personnes ayant une bonne connaissance de la langue française, de manière à en assurer l'utilisation généralisée ;

---

17. Les programmes devront par exemple « tenir compte de la situation des personnes près de la retraite ou qui ont de longs états de service au sein de l'administration » (art. 130). Pour une période « d'un an au plus, l'office peut aussi dispenser de l'application de toute disposition de la loi 101 un service ou un organisme de l'administration qui en fait la demande... » (art. 133).

- l'utilisation du français comme langue du travail et des communications internes;

- l'utilisation du français dans les documents de travail de l'entreprise, notamment dans les manuels et les catalogues;

- l'utilisation du français dans les communications avec la clientèle, les fournisseurs et le public;

- l'utilisation d'une terminologie française;

- l'utilisation du français dans la publicité;

- une politique d'embauche, de promotion et de mutation appropriée.

Notons que les entreprises employant cent personnes ou plus devront, de leur côté, «avant le 30 novembre 1977, instituer chacune un comité de francisation d'au moins six personnes dont au moins le tiers sera formé de représentants des travailleurs. Ces comités auront pour mission d'analyser la situation linguistique de l'entreprise et, le cas échéant, d'adopter et d'appliquer un programme de francisation».

Quant aux entreprises employant moins de cinquante personnes l'Office pourra avec l'approbation du ministre responsable de l'application de la loi [18], exiger de certaines d'entre elles qu'elles procèdent à l'élaboration et à l'application d'un programme de francisation.

C'est l'office de la langue française qui «aura notamment pour mission, de vérifier si les organismes de l'administration prennent les mesures voulues pour se conformer à la loi et, de voir à ce que les entreprises concernées adoptent et appliquent des programmes de francisation et obtiennent des certificats de francisation. C'est aussi l'Office qui pourra, en cas de contravention, suspendre ou annuler ledit certificat. Un appel des décisions de l'Office de refuser, suspendre ou annuler ces certificats est prévu «auprès d'une commission d'appel de 3 membres instituées à cette fin par le gouvernement selon les modalités» fixées par lui (art. 155).

C'est-à-dire que, somme toute, si la charte atteint ses buts, 1983 devrait marquer le point de non-retour de la politique québécoise en matière de langue française.

D'ici là, qu'elles sont les principales dispositions qui s'imposent désormais au domaine de l'administration québécoise?

II. LES PRINCIPALES DISPOSITIONS IMPOSÉES PAR LA CHARTE AUX SECTEURS PUBLIC ET PARA-PUBLIC

1) Un contenu très vaste

a) *La langue officielle langue de communication sociale*

---

18. Il y a, en fait, non pas un, mais deux ministres responsables de la loi 101 : le ministre de l'Éducation pour ce qui relève de la loi d'enseignement et le ministre d'État au développement culturel pour tout le reste de la charte. C'est d'ailleurs ce dernier — le Dr. Camille Laurin — qui fut le parrain de la charte linguistique.

Le français étant «la langue officielle du Québec»[19], toutes les administrations, services de santé ou services sociaux, entreprises d'utilité publique, ordres professionnels ainsi que le secteur privé devra obligatoirement être en mesure de s'adresser en français car «toute personne a le droit d'exiger que communiquent en français avec elle»[20] les organismes précités. C'est ainsi qu'il est expressément prévu par la loi — art. 29 — que «seule la langue officielle peut-être utilisée dans la signalisation routière» quitte à compléter ou remplacer le texte français par des symboles ou des pictogrammes.

b) *La langue française : langue de la législature*

À l'Assemblée nationale elle-même, les projets de loi devront être obligatoirement rédigés, déposés, adoptés et sanctionnés dans la langue officielle[21]. Seul, d'ailleurs, le texte français des lois et règlements sera considéré comme officiel[22].

c) *La langue française langue de la justice*

En ce qui concerne l'administration de la justice il est dit — art. 7 - que le français est la langue de la justice au Québec. Ce qui implique que «les personnes morales devront s'adresser dans la langue officielle aux tribunaux et aux organismes exerçant des fonctions judiciaires ou quasi-judiciaires et plaider devant eux, dans la langue officielle. Une seule exception possible : si toutes les parties à l'instance consentent à plaider en langue anglaise (art. II). Par conséquent, les pièces de procédure émanant des tribunaux et des organismes exerçant des fonctions judiciaires ou quasi-judiciaires ou expédiées par les avocats exerçant devant eux, doivent être rédigées dans la langue officielle. Une seule exception est là encore possible : ces pièces peuvent être rédigées dans une autre langue, si la personne physique à qui elles sont destinées y consent expressément (art. 12).

Quant aux jugements rendus au Québec, par les tribunaux et les organismes exerçant des fonctions judiciaires ou quasi-judiciaires, ils devront «être rédigés en français ou être accompagnés d'une version française dûment authentifiée». Toutefois, «seule la version française du jugement» sera considérée là encore comme «officielle» (art. 13)[23].

d) *La langue française langue de l'Administration publique*

— *Le français langue de désignation.* Dorénavant le gouvernement, ses ministères ainsi que tous les autres organismes de l'administration et leurs services ne seront désignés que par leur dénomination française (art. 14).

19. Loi no. 101 — art. 1er.

20. *Ibid.,* — art. 2.

21. *Ibid.,* — art. 8.

22. *Ibid.,* — art. 9. Toutefois il est prévu expressément par l'article 10 que «l'administration imprime et publie une version anglaise des projets de loi, des lois et des règlements».

23. Signalons que le juge en chef Jules Deschênes de la Cour supérieure a déclaré nuls le 24/1/78 tous les articles de la loi 101 portant sur la langue de la législation et de la justice pour cause de violation de l'art. 133 de la constitution canadienne (A.A.N.B.). Le gouvernement du Québec a aussitôt interjeté appel de ce jugement devant la Cour d'Appel de la Province. Au moment où ces lignes s'écrivent la cause est pendante devant ce tribunal. Cf. *Le Devoir,* 25, 26 et 27 janvier 1978.

— *Le français langue de communication.* En effet, dorénavant, l'administration rédigera et publiera dans la langue officielle ses textes et documents (art. 15)[24]. Elle n'utilisera que la langue officielle «dans ses communications écrites avec les autres gouvernements et avec les personnes morales établies au Québec» (art. 16). Il en sera fait de même pour tout ce qui touche aux communications écrites intra et inter-gouvernementales, ministérielles et administratives (art. 17 et 18). Les avis de convocations, les ordres du jour et les procès-verbaux de toute assemblée délibérante dans l'administration seront eux aussi rédigés en français (art. 19). C'est encore le français qui sera utilisé exclusivement dans l'affichage public administratif sauf, si «la santé ou la sécurité publique exige aussi l'utilisation d'une autre langue» (art. 22).

— *Le français langue des relations de travail.* Tant dans le secteur public, que para-public et privé il est prévu par la loi 101 que « les conventions collectives et leurs annexes doivent être rédigées dans la langue officielle ... » (art. 43). Les sentences arbitrales découlant des griefs et des différents relatifs à la négociation devront, elles aussi, tout comme les décisions rendues en vertu du code du travail par les enquêteurs, les commissaires-enquêteurs et le Tribunal du travail «être rédigées dans la langue officielle (art. 44). Quant aux associations de salariés elles doivent utiliser « la langue officielle dans (leurs) communications écrites avec (leurs) membres ». Une exception est légalement possible: l'association pourra, si elle le veut bien, «utiliser la langue de son interlocuteur lorsqu'elle correspond avec *un membre en particulier*[25]» (art. 49).

— *Le français langue du travail.* Dans tous les secteurs il est dorénavant « interdit à un employeur de congédier, de mettre à pied, de rétrograder ou de déplacer un membre de son personnel pour la seule raison que ce dernier ne parle que le français ou qu'il ne connaît pas suffisamment une langue donnée autre que la langue officielle» (art. 45). Il est, en outre, interdit à un employeur — quel qu'il soit — d'exiger pour l'accès à un emploi ou à un poste la connaissance d'une langue autre que la langue officielle, à moins que l'accomplissement de la tâche ne nécessite la connaissance de cette autre langue (art. 66). Toutefois, la charge de la preuve en cette matière incombe à l'employeur que la loi place sous le contrôle, en cas de litige, de l'office de la langue française (art. 46).

Signalons, chose très importante, que tous les articles concernant la langue de travail (art. 41 à 49 inclus.) « sont réputés faire partie *intégrante*[26] de toute convention collective ». Si bien que toute « stipulation de la convention, contraire à une disposition de la présente loi, est nulle» (art. 50).

---

24. Une exception là encore: « le présent article ne s'applique pas aux relations avec l'extérieur du Québec, à la publicité et aux communiqués véhiculés par des organes d'information diffusant dans une langue autre que le français, ni à la correspondance de l'administration avec les personnes physiques, lorsque celles-ci s'adressent à elle, dans une langue autre que le français.

25. Souligné par nous.

26. Souligné par nous.

— *Le français langue officielle dans la passation des contrats publics.* Les contrats conclus par l'administration y compris ceux qui s'y rattachent en sous-traitance, devront eux aussi être rédigés en français. Ce n'est que dans le cas où l'administration contracte à l'extérieur du Québec que ces contrats, et les documents qui s'y rattachent, pourront être rédigés dans une autre langue (art. 21).

— *Le français langue indispensable à toute nomination, mutation, ou promotion dans l'administration.* Pour être nommé, muté ou promu à une fonction dans l'administration il faudra dorénavant avoir de la langue officielle une connaissance appropriée à cette fonction (art. 20)[27].

e) *La langue française, langue des secteurs para et péri-publics*

— *Le cas des services sociaux et de santé.* Ils devront s'assurer « que leurs services sont disponibles dans la langue officielle » et devront, en outre, « rédiger dans la langue officielle les avis, communications et imprimés destinés au public » (art. 23). Toutefois, les pièces versées aux dossiers cliniques pourront être rédigées en français ou en anglais, à la convenance du rédacteur, sauf si le service de santé ou le service social concerné décide que ces pièces seront rédigées uniquement en français. Les résumés des dossiers cliniques devront cependant « être fournis en français à la demande de toute personne autorisée à les obtenir » (art. 27).

— *Le cas des organismes scolaires*

• En matière de communication il est dit — art. 28 — que dans les organismes scolaires, la langue officielle et la langue d'enseignement peuvent être utilisées comme langue de communication interne des services chargés d'organiser ou de donner l'enseignement dans une langue autre que le français.

• En matière d'enseignement, il est prescrit à l'article 72 que celui-ci se donne en français dans les classes maternelles, dans les écoles primaires et secondaires[28].

Toutefois « par dérogation à l'article 72 peuvent recevoir l'enseignement en anglais, à la demande de leur père *et* de leur mère[29],

a) les enfants dont le père *ou* la mère[30] a reçu *au Québec*, l'enseignement primaire en anglais.

b) les enfants dont le père *ou* la mère[31] est, *à la date d'entrée en vigueur*

---

27. Ce concept de «connaissance appropriée» devra être défini ultérieurement par chaque organisme administratif sous le contrôle de tutelle d'un organisme nouveau : l'Office de la Langue Française (art. 20, alinéa 2).

28. Cette disposition vaut, non seulement pour les organismes scolaires tirés de l'annexe à la loi 101 et cités par nous précédemment, mais s'applique aussi «aux enseignements subventionnés dispensés par les institutions déclarées d'intérêt public ou reconnues pour fins de subventions, en vertu de la loi de l'enseignement privé (1968, chapitre 67).

29. Souligné par nous.

30. *Ibid.*

31. *Ibid.*

de la présente loi, domicilié au Québec et a reçu, hors du Québec, l'enseignement primaire en anglais[32].

c) les enfants qui, lors de leur dernière année de scolarité au Québec, avant l'entrée en vigueur de la présente loi, recevaient légalement l'enseignement en anglais dans une classe maternelle publique ou à l'école primaire ou secondaire.

d) les frères et soeurs cadets des enfants visés au paragraphe c).

Il est prévu toutefois que «certaines personnes ou catégories de personnes, séjournant de façon *temporaire* au Québec ou leurs enfants, pourront être soustraites à l'application de la précédente disposition» (art. 85). Un règlement 77-487 du 26 août 1977 est d'ailleurs venu déterminer avec précision quelles étaient ces personnes et catégories de personnes pouvant être considérées comme séjournant de façon temporaire et susceptibles d'échapper à l'obligation de suivre l'enseignement en français dans les établissements scolaires de la province.

Un autre cas spécial est prévu: celui des commissions scolaires Crie et Kativik où «les langues d'enseignement sont respectivement le Cri et l'Inutituut» ainsi que les autres langues d'enseignement en usage dans les communautés indiennes et eskimaudes (inuit). Il est cependant prévu que «la commission scolaire Crie et la commission scolaire Kativik visent, comme objectif, l'usage du français comme langue d'enseignement, en vue de permettre aux diplômés de leurs écoles de poursuivre leurs études en français, s'ils le désirent, dans les écoles, collèges ou universités du Québec» (art. 88 — alinéa 2)[33].

— *Le cas particulier des organismes municipaux et scolaires, des services sociaux et de santé qui fournissent leurs services à des personnes en majorité d'une langue autre que française ou qui sont chargés d'organiser ou de donner l'enseignement dans une langue autre que le français (art. 113 f).*

Tous ces organismes «peuvent afficher à la fois en français et dans une autre langue avec prédominance du français» (art. 24). Ils peuvent, de même, «utiliser à la fois la langue officielle et une autre langue dans leur dénomination et leurs communications internes» (art. 26). Ils ont toutefois jusqu'au 31 décembre 1983 — soit un délai supplémentaire de trois ans — pour prendre dès l'entrée en vigueur de la loi 101, les mesures voulues pour atteindre le même degré de francisation que tous les autres organismes publics et para-publics et se conformer par conséquent aux articles 15 à 23 de la loi.

— *Le cas des entreprises d'utilité publique, des ordres professionnels et de leurs membres.*

Désignés uniquement par «leur dénomination française» (art. 34), ils doivent faire en sorte que leurs services soient disponibles dans la langue officielle. Aussi devront-ils rédiger en cette langue les avis, communications et

---

32. *Ibid.*

33. Compte tenu des changements nécessaires ces dipositions sont aussi celles qui s'appliquent aux Naskapi de Schefferville.

imprimés destinés au public, y compris les titres de transport en commun (art. 30).

Ces organes devront utiliser «la langue officielle dans leurs communications écrites avec l'administration et les personnes morales» (art. 31), ainsi qu'avec l'ensemble de leurs membres.

Deux exceptions à l'ensemble de ces règles. Première exception : les organismes pourront répondre dans la langue de l'interlocuteur, lorsqu'il s'agit *d'un membre en particulier* (art. 32, alinéa 2). Deuxième exception : les articles 30 et A31 ne s'appliqueront «ni aux communiqués, ni à la publicité destinée aux organes d'information diffusant dans une langue autre que le français» (art. 33).

La «loi 22» avait déjà imposé un certain nombre de règles pour l'accès aux ordres professionnels dans la province de Québec. Elle avait inclus l'obligation aux corporations professionnelles de ne délivrer de permis d'exercice «qu'aux personnes ayant donné la preuve d'une connaissance suffisante du français». Ce système comportait cependant deux lacunes que la charte entend corriger.

D'abord elle prend des dispositions afin d'éviter que le permis temporaire — un an au plus — décerné aux personnes venant de l'extérieur du Québec et reconnues aptes à exercer leur profession, mais qui n'ont pas de la langue officielle une connaissance appropriée à l'exercice de leur profession, ne soit renouvelé automatiquement et n'aboutisse en fin de compte à violer l'esprit de la loi. C'est ainsi que les ordres professionnels ne pourront renouveler ces permis qu'à deux reprises, à la condition qu'à chaque renouvellement les intéressés se soient présentés aux examens requis par l'article 35 (art. 38).

Enfin, «des mesures sont prises pour faciliter la tâche aux candidats non francophones en leur permettant de passer leur examen de français durant les deux dernières années de leur cours universitaire». Ceci, afin d'éviter «les tensions et les déceptions de dernière minute qui surgissent lorsqu'un candidat doit préparer à la fois ses examens professionnels et ceux relatifs à la connaissance de la langue française»[34] (art. 36).

Maintenant, «dans le cas où l'intérêt public le justifie, les ordres professionnels peuvent, avec l'autorisation préalable de l'office de la langue française — dont on verra plus loin le rôle exact — délivrer un *permis restrictif* aux personnes déjà autorisées à exercer leur profession en vertu des lois d'une autre province ou d'un autre pays». Ce permis restrictif autorise cependant uniquement son détenteur «à exercer sa profession, exclusivement pour le compte d'un seul employeur, et ce, dans une fonction ne l'amenant pas à traiter avec le public» (art. 40).

2) L'impact de la loi sur la législation existante

La loi a entendu se doter «de muscles» afin d'être respectée. En outre, son adoption a entraîné plusieurs changements au plan de la législation et des structures administratives existantes.

---

34. La politique québécoise de la langue française — *op. cit.,* p. 44.

a) *L'implantation de mesures coercitives*

La loi prévoit une triple série de sanstions :

— Tout d'abord, les entreprises qui n'auront pas obtenu leur certificat de francisation à la date établie par l'échéancier ne seront pas autorisées à recevoir de l'administration les permis, primes, subventions, concessions ou avantages déterminés par le règlement. De plus, ces entreprises ne pourront conclure aucun contrat d'achat, de vente, de service ou de location avec l'administration, ainsi qu'avec les services de santé, les services sociaux, les entreprises d'utilité publique, les CEGEPS et les universités[35].

— En second lieu, des amendes sont prévues. La loi a fixé pour chaque infraction constatée le paiement d'amendes d'un montant variant entre $25 et $500 dollars dans le cas d'une personne physique et entre $50 et $1000 dans le cas d'une personne morale. En cas de récidive dans les deux ans l'amende peut varier entre $50 et $1000 dans le cas d'une personne physique et entre $500 et $5000 dans le cas d'une personne morale.

Des peines spéciales sont en outre stipulées, pour toutes les entreprises employant cinquante personnes ou plus qui auront contrevenu à l'article 152 leur imposant l'obtention d'un certificat de francisation d'ici au plus tard le 31 décembre 1983. Elles varient entre $100 et $2000 dollars pour chaque jour où elles poursuivent leurs activités sans être en possession du certificat requis.

— En troisième lieu, une sanction morale s'abattra sur les enreprises qui contreviendront aux dispositions de la loi. Leurs noms figureront dans le rapport annuel de l'office de la langue française qui entend ainsi les clouer au pilori en les dénonçant publiquement[36] (art. 56).

b) *Les changements législatifs*

Le vote de la loi 101 a entraîné l'amendement de près d'une dizaine de lois importantes telles que la loi d'interprétation, la loi de la commission de géographie, le code du travail, le code municipal, la loi des déclarations de compagnies et sociétés, la loi de l'instruction publique, le code civil, la loi de l'enseignement privé, la loi de la protection du consommateur et le code des professions.

En outre, les membres et le personnel de la Régie de la langue française, mise en place dans le cadre de la loi 22 de 1974, ont été affectés aux nouveaux organes chargés de la mise en oeuvre de la charte à savoir: l'office de la langue française. Tandis que de leur côté, les membres de la commission de géographie et le personnel du ministère des terres et Forêts qui lui était attaché,venus membres d'un quatrième organisme créé par la loi 101 à savoir: la commission de toponymie (art. 226).

---

35. La politique québécoise de la langue française — *op. cit.*, p. 42.
36. *Ibid.*

B) LES ORGANISMES ADMINISTRATIFS CHARGÉS D'ASSURER LA MISE EN OEUVRE ET LE RESPECT DE LA LOI 101

Au nombre de quatre — comme on vient de le voir — ces organismes chargés d'assurer la mise en oeuvre et le respect de la nouvelle charte linguistique présentent chacun des caractéristiques spécifiques. Deux d'entre eux présentent les aspects d'organes de gestion administrative tandis que deux autres ont davantage une vocation soit de contrôle soit de consultation.

1. LES ORGANES DE GESTION ADMINISTRATIVE

1) L'Office de la langue française (OLF) maître d'oeuvre de la politique de francisation

C'est le plus important des quatre organismes créés. D'ailleurs la loi lui consacre spécifiquement une bonne vingtaine d'articles, sans compter ceux qui y font référence tout au long du texte de loi.

a) *Le rôle primordial de l'OLF*

Cet organisme est la pièce maîtresse de tout l'édifice administratif chargé de la gestion de la charte. La lecture de l'article 100 est très révélateur à ce sujet puisqu'il décrit les rôles de l'OLF comme étant ceux de «définir et conduire la politique québécoise en matière de recherche linguistique et de terminologie » et de «veiller à ce que le français devienne le plus tôt possible, la langue des communications, du travail, du commerce et des affaires dans l'administration et les entreprises».

b) *La composition de l'OLF: un instrument du pouvoir.*

La composition de l'OLF montre bien qu'il s'agit en fait là, d'un outil de francisation dans la main du pouvoir, et en aucune façon d'un organisme vraiment autonome.

En effet, l'Office est composé de cinq membres, dont un président, tous nommés par le gouvernement pour au plus cinq ans, soit un délai très restreint (art. 101). Ce qui met l'ensemble de l'Office entre les mains du pouvoir.

C'est d'ailleurs aussi le gouvernement qui fixe lui-même les honoraires, les allocations ou le traitement du président et des autres membrs de l'OLF, ou, le cas échéant, leur traitement supplémentaire (art. 104).

Le personnel de l'Office est, en outre, lui aussi nommé et rémunéré suivant la loi de la fonction publique. Quant au président de l'office il exerce, à l'égard de ce personnel, les mêmes « pouvoirs que la loi de la fonction publique attribue aux sous-chefs des ministères » [37] (art. 103).

La loi prévoit aussi l'obligation de «service exclusif», les cas d'incapacité, interdit les cas de conflits d'intérêt, fixe le siège de l'OLF à

---

37. Le poste de «sous-chef» correspondrait en France grosso-modo à celui de secrétaire général de ministère soit, la plus haute fonction administrative à l'intérieur d'une administration gouvernementale.

Québec ou Montréal selon le bon vouloir du gouvernement, établit le quorum à trois membres, confie une voie prépondérante au président en cas de partage égal des voix et accorde d'importantes immunités judiciaires aux membres de l'OLF et à leur personnel qui ne pourront «être poursuivis» en justice en raison d'actes officiels accomplis par eux, de bonne foi, dans l'exercice de leurs fonctions»[38].

c) Les multiples fonctions de l'OLF

Elles se divisent en deux groupes. Premier groupe : les fonctions impératives. Second groupe : les fonctions facultatives.

— Les fonctions impératives

C'est l'article 113 qui les énonce sous la forme ci-après : l'Office doit[39] :

- normaliser et diffuser les termes et expressions qu'il approuve[40] ;

- établir les programmes de recherche nécessaires à l'application de la présente loi ;

- préparer les règlements de sa compétence nécessaires à l'application de la présente loi et les soumettre pour avis au Conseil de la Langue Française ;

- définir, par règlement, la procédure de délivrance, de suspension ou d'annulation du certificat de francisation ;

- aider à définir et à élaborer les programmes de francisation prévus par la présente loi et en suivre l'application

- reconnaître d'une part, les organismes municipaux, les organismes scolaires, les services de santé et les services sociaux qui fournissent leurs services à des personnes en majorité d'une langue autre que française et d'autre part, les services qui, dans les organismes scolaires, sont chargés d'organiser ou de donner l'enseignement dans une langue autre que le français.

C'est donc une quadruple fonction de recherche, de conception, d'assistance-conseil et de réglementation qui constitue l'essentiel des tâches impératives de l'Office.

— Les fonctions facultatives

L'article 114 les énonce de la façon suivante : l'Office peut[41] :

---

38. Cf. art. 105 à 112. L'article 121 prévoit aussi par ailleurs qu'«aucune action civile ne peut être intentée du fait de la publication intégrale ou partielle des rapports de l'Office ou de résumés desdits rapports si cette publication est faite de bonne foi».

39. Souligné par nous.

40. «Sur publication à la «Gazette Officielle du Québec» des termes et expressions normalisées par l'Office, leur emploi devient obligatoire dans les textes et documents émanant de l'Administration, dans les contrats auxquels elle est partie, dans les ouvrages d'enseignement, de formation ou de recherche publiés en français au Québec et approuvés par le ministre de l'Éducation ainsi que dans l'affichage public» (art. 118).

41. Souligné par nous.

• adopter des règlements qui sont de sa compétence en vertu de la présente loi et qui seront soumis à l'examen du Conseil de la Langue Française;

• instituer des commissions de terminologie, en déterminer la composition et le fonctionnement et, au besoin, les déléguer auprès des ministères et organismes de l'administration[42];

• adopter un règlement de régie interne soumis à l'approbation du gouvernement;

• établir, par règlement, les services et les comités nécessaires à l'accomplissement de sa tâche;

• conclure — sous réserve de la loi du ministère des affaires intergouvernementales[43] — des ententes avec d'autres organismes ou un gouvernement en vue de faciliter l'application de la présente loi;

• exiger de toute institution d'enseignement collégial ou universitaire un rapport sur la langue des manuels utilisés et faire des observations en la matière dans son rapport annuel;

• assister les organismes de l'administration, les organismes parapublics, les entreprises, les associations diverses et les individus en matière de correction et d'enrichissement de la langue parlée et écrite au Québec.

C'est donc la fonction réglementaire principalement, suivie de la fonction d'assistance-conseil, qui constituent l'essentiel des tâches facultatives de l'Office.

Toutes ces fonctions restent sous la tutelle étroite du gouvernement, puisqu'en déhors des institutions collégiales et universitaires dont il est dit que l'Office pourra «exiger» lui-même, directement, un rapport sur la langue des manuels utilisés, pour tout le reste, l'accès à l'information dépend uniquement de règlements que «peut» adopter le gouvernement, afin de «prescrire les mesures que les ministères et les autres organismes de l'administration doivent prendre pour apporter leur concours à l'Office» (art. 115).

Les rênes sont donc tenues très courtes au cou de l'office, probablement en raison du problème politique majeur que revêt pour le parti de l'indépendance, la question linguistique. N'oublions pas que celle-ci a constitué, en pratique, le premier acte législatif important du nouveau gouvernement.

Et, afin de marquer l'importance accordée par le gouvernement au travail de l'Office, ainsi que l'intérêt porté par les élus à ce problème, il est prévu aux articles 119 et 120 que l'Office *doit*[44], au plus tard le 31 octobre de chaque année, remettre au ministre le rapport de ses activités de l'exercice

---

42. « Les commissions de terminologie instituées par l'Office ont pour mission de faire l'inventaire des mots et expressions techniques employés par le secteur qui leur est désigné, d'indiquer les lacunes qu'elles y trouvent et dresser la liste des mots et expressions techniques qu'elles préconisent » (art. 116).

43. 1974 — chapitre 15.

44. Souligné par nous.

précédent. Le ministre — quant à lui — verra à déposer « le rapport de l'Office devant l'Assemblée nationale dans les trente jours qui suivent sa réception[45] ».

2) La Commission de Toponymie: un organe très spécialisé rattaché à l'OLF

a) *Composition: prédominance du personnel permanent de l'OLF*

Instituée par l'article 122 et «rattachée administrativement à l'Office de la Langue Française, la commission de Toponymie est composée de sept personnes nommées par le gouvernement dont au moins quatre, y compris le président et le secrétaire, font partie du personnel permanent de l'Office». La durée de cette nomination n'est pas précisée dans la loi.

Par contre, comme dans le cas de l'OLF, c'est le gouvernement qui «fixe la rémunération et les indemnités des membres non-permanents de la Commission» (art. 123).

b) *Le rôle très spécialisé de la Commission de toponymie*

Il est précisé par l'article 124 en des termes assez larges: «la Commission a compétence pour établir les critères de choix et les règles d'écriture de tous les noms de lieux et pour attribuer en dernier ressort des noms aux lieux qui n'en ont pas encore, aussi bien que pour approuver tout changement de nom de lieu».

c) *Les fonctions obligatoires et facultatives de la Commission: leur impact sur le secteur public et para-public*

Tout comme l'OLF, dont elle relève, la Commission exerce des fonctions obligatoires et facultatives.

— *Les fonctions obligatoires*

L'article 125 en énumère six, à savoir:

• établir les normes et les règles d'écriture à respecter dans la dénomination des lieux;

• procéder à l'inventaire et à la conservation des noms de lieux;

• établir et normaliser la terminologie géographique, en collaboration avec l'Office;

• officialiser les noms de lieux;

• diffuser la nomenclature géographique officielle du Québec;

• donner son avis au gouvernement sur toute question que celui-ci lui soumet en matière de toponymie.

Les principales fonctions obligatoires de la Commission sont donc des fonctions normatives, de recherche, de communication et de conseil.

— *les fonctions facultatives.*

---

45. S'il le reçoit alors que l'Assemblée nationale ne siège pas, il (le ministre) le dépose dans les trente jours de l'ouverture de la session suivante ou de la reprise des travaux, selon le cas.

C'est l'article 126 qui en fait état en ces termes : la Commission *peut*[46] :

● donner son avis au gouvernement et aux autres organismes de l'administration sur toute question relative à la toponymie ;

● faire des règlements sur les critères de choix de noms de lieux, sur les règles d'écriture à respecter en matière de toponymie et sur la méthode à suivre pour dénommer des lieux et pour en faire approuver la dénomination ;

● nommer les lieux géographiques ou en changer les noms, dans les territoires non-organisés ;

● déterminer ou changer le nom de tout lieu dans un territoire organisé, avec l'assentiment de l'organisme de l'administration ayant une compétence concurrente sur le nom de lieu[47].

La Commission détient donc une fonction facultative en matière de conseil, de conception et de réglementation.

Signalons que ces deux dernières fonctions ont un certain impact sur le secteur administratif puisque « dès la publication à la Gazette Officielle du Québec des noms choisis ou approuvés par la Commission, leur emploi devient obligatoire dans les textes et documents de l'administration et des organismes para-publics, dans la signalisation routière, dans l'affichage public, ainsi que dans les ouvrages d'enseignement, de formation ou de recherche, publiés au Québec et approuvés par le ministre de l'Éducation » (art. 128).

II. LES ORGANES DE CONTRÔLE ET DE CONSULTATION

1) La Commission de surveillance : un organisme d'enquête mais non un organe juridictionnel

a) *Un rôle d'enquête et d'inspection largement défini*

La Commission a été instituée afin de « traiter des questions se rapportant au défaut de respect de la présente loi » (art. 158). Elle peut-être saisie soit par une personne soit par un groupe de personnes (art. 173). Il est simplement exigé que ces demandes d'enquête soient faites « par écrit » et « accompagnées de renseignements établissant les motifs et l'identité des requérants. Mais, afin de faciliter la réception des plaintes il est prévu d'une part que « l'identité des requérants ne peut être divulguée qu'avec leur autorisation expresse » (art. 174) et, d'autre part, que les commissaires, ou leur personnel, devront, si besoin est, prêter assistance aux requérants pour la rédaction de leur demande » (art. 175).

b) *La composition : une équipe d'enquêteurs et d'inspecteurs*

La Commission est dirigée par un président nommé par le gouvernement pour une période de temps restreinte n'excédant pas cinq ans et composée de

---

46. Souligné par nous.
47. « Les noms approuvés par la Commission au cours de l'année doivent faire l'objet de publication au moins une fois l'an à la Gazette Officielle du Québec » (art. 127).

commissaires-enquêteurs, d'inspecteurs et du personnel nécessaire à l'exercice de sa tâche (art. 159 et 160). À part le président qui a rang de sous-chef et qui voit le gouvernement fixer ses honoraires et ses allocations, tous les autres membres du personnel de la Commission, y compris les commissaires-enquêteurs et les inspecteurs, «sont nommés et rémunérés suivant la loi de la fonction publique» (art. 161 à 163).

— «*Le président*» dirige, coordonne et répartit le travail des commissaires-enquêteurs, des inspecteurs et des autres membres du personnel de la Commission de surveillance». Ce qui ne lui interdit pas «d'exercer lui-même les fonctions de commissaire-enquêteur» (art. 167).

— «*Les commissaires-enquêteurs* procèdent (eux) aux enquêtes prévues par la loi» (art. 169) «chaque fois qu'ils ont des raisons de croire que la loi 101 n'a pas été observée» (art. 171).

Ils *doivent* toutefois refuser d'enquêter dans les quatre cas ci-après prévus à l'article 176:

- lorsqu'ils n'ont pas la compétence voulue aux termes de la loi 101;

- lorsque la question relève du Protecteur du Citoyen ou de la Commission des droits de la personne;

- lorsque le motif de la demande n'existe plus au moment où celle-ci est déposée;

- lorsqu'ils ont la conviction que la demande est frivole ou faite de mauvaise foi.

Et ils *peuvent* aussi refuser d'enquêter si, à leur avis (art. 177):

- le requérant dispose d'un appel ou d'un recours approprié;

- le motif de la plainte n'existera plus au moment où pourrait débuter l'enquête;

- les circonstances ne le justifient pas.

Une certaine liberté d'appréciation en matière de poursuites est donc laissée aux commissaires. Ceux-ci sont toutefois tenus d'aviser les requérants «en leur donnant, en cas de refus, les motifs et en leur indiquant leurs éventuels droits de recours» (art. 178).

— *Les inspecteurs* de leur côté «assistent les commissaires-enquêteurs dans l'exercice de leurs fonctions, vérifient et constatent les faits pouvant constituer des infractions à la présente loi et soumettent aux commissaires-enquêteurs des rapports, assortis de recommandations, sur les faits constatés» (art. 170).

c) *De vastes pouvoirs d'enquête protégés par d'importantes immunités juridiques*

Les commissaires-enquêteurs et le personnel de la commission bénéficient d'immunités juridiques, puisqu'ils «ne peuvent être poursuivis en raison d'actes accomplis de bonne foi dans l'exercice de leurs fonctions» (art. 168).

D'autre part, «pour les enquêtes, les commissaires-enquêteurs et les inspecteurs délégués par eux sont investis des pouvoirs et de l'immunité accordée aux commissaires nommés en vertu de la loi des commissions d'enquête[48]» (art. 179).

Les seules limites au pouvoir d'enquête des commissairs et des inspecteurs résident dans les articles 307 et 308 du Code de procédure civile de la province de Québec. Ces articles prescrivent respectivement :

— qu' «un témoin ne peut être contraint de divulguer une communication que son conjoint lui aurait faite pendant le mariage»

— que «ne peut être — de même — contraint de divulguer ce qui lui a été révélé dans l'exercice de ses fonctions le fonctionnaire de l'État, si le juge est d'avis, pour les raisons exposées dans la déclaration assermentée du ministre ou du sous-ministre de qui relève le témoin, que la divulgation serait contraire à l'ordre public».

Par contre, afin de favoriser les témoignages devant la commission de surveillance, celle-ci a le droit d'appliquer lors de ses audiences l'article 309 du C.P.C. qui stipule qu'un témoin peut demander à être placé sous la protection de la justice afin que son témoignage «ne puisse servir contre lui dans aucune poursuite pénale intentée en vertu de quelque loi de cette province».

«Lorsque, à la suite d'une enquête, un commissaire-enquêteur a la conviction qu'il y a eu contravention à la présente loi ou aux règlements adoptés conformément à la présente loi, il met en demeure le contrevenant présumé de se conformer dans un délai donné» (art. 182).

Cependant, la commission, n'étant pas un tribunal administratif, ne peut sanctionner elle-même, directement, le contrevenant. Le commissaire peut simplement, s'il estime que, passé ce délai, la contravention subsiste, transmettre le dossier au procureur général pour que celui-ci en fasse l'étude et intente, s'il y a lieu, les poursuites pénales appropriées.

Cet organisme de surveillance étant lui même l'objet d'un étroit contrôle de la part des autorités ministérielles de tutelle il doit, «au plus tard le 31 octobre de chaque année, remettre au ministre un rapport de ses activités» concernant l'exercice précédent, dans lequel il doit signaler «les enquêtes menées et les poursuites intentées, ainsi que les résultats obtenus» (art. 183). Ce rapport doit ensuite être communiqué à l'Assemblée nationale dans les mêmes conditions que celles prescrites pour l'Office de la langue française.

2) Le Conseil de la Langue Française : un groupe restreint de représentants du milieu doté d'un assez large droit d'observation et d'expression.

a) *Un donneur d'avis*

Le Conseil de la langue française a été institué afin de «conseiller le ministre sur la politique québécoise de la langue française» ainsi que «sur toute question relative à l'interprétation et à l'application de la présente loi» (art. 186).

b) *Une composition légère à vocation représentative*

---

48. Cf. Statuts refondus du Québec — 1964 — chapitre 11.

Le conseil est composé d'un petit nombre de membres — douze — tous nommés par le gouvernement, comme suit :

— un président et un secrétaire

— deux personnes choisies après consultation des associations socioculturelles représentatives

— deux personnes choisies après consultation des associations patronales représentatives

— deux personnes choisies après consultations des milieux universitaires

— deux personnes choisies après consultation des associations représentatives des groupes ethniques.

La durée du mandat du président et du secrétaire est d'au plus cinq ans, tandis que celle des autres membres est de quatre ans. Toutefois, afin d'assurer un remplacement ultérieur des membres, sans que cela rompe la nécessaire continuité du conseil, les mandats du premier conseil sont de durée variable. Trois des premiers membres autres que le président sont nommés pour un an, trois pour deux ans, deux pour trois ans et deux pour quatre ans. Les mandats peuvent cependant être reconduits (art. 190).

Le président et le secrétaire se voient imposer une obligation de travail exclusif qui leur interdit l'exercice de « toute autre fonction » (art. 194). Ils sont cependant les seuls à toucher des honoraires et des allocations ou un traitement supplémentaire (art. 195), tandis que les autres membres du conseil ne sont pas rémunérés. Ces derniers ont simplement « droit au remboursement des frais engagés par eux dans l'exercice de leurs fonctions et à une allocation de présence fixée par le gouvernement » (art. 196). Quant au personnel du conseil il est nommé et rémunéré suivant les dispositions de la loi de la fonction publique (art. 197). L'article 199 permet toutefois au conseil, avec l'assentiment du ministre, « d'engager les personnes requises pour effectuer des travaux dûment autorisés ». Ce qui laisse la porte entr'ouverte à l'emploi d'occasionnels et de contractuels à des fins spécifiques.

c) *Des fonctions impératives et facultatives relativement importantes*

— *des fonctions impératives étendues*

Le conseil *doit*[49] — dit l'article 188 — :

• donner son avis au ministre sur les questions que celui-ci lui soumet touchant la situation de la langue française au Québec et l'interprétation ou l'application de la présente loi ;

• surveiller l'évolution de la situation linguistique au Québec quant au statut de la langue française et à sa qualité et communiquer au ministre ses constatations et ses conclusions ;

• saisir le ministre des questions relatives à la langue qui, à son avis, appellent l'attention ou l'action du gouvernement ;

---

49. Souligné par nous.

- donner son avis au ministre sur les règlements préparés par l'office.

On voit donc clairement que le conseil dispose, de par la loi, d'un large volant de manoeuvre et de la capacité d'attirer directement, et de son propre chef, l'attention du ministre, sur tout ce qui concerne en fin de compte la situation de la langue française au Québec. Signalons au passage que cette capacité de se prononcer directement, sans attendre la consultation du gouvernement, est d'ailleurs plus qu'une possibilité pour le conseil, c'est un *devoir* pour lui, d'agir de la sorte.

— d'assez larges fonctions facultatives en matière d'information, limitées, toutefois, par une certaine «tutelle ministérielle»

Le conseil — dit l'article 189 — *peut* [50] :

- recevoir et entendre les observations et suggestions des individus et des groupes sur les questions relatives au statut et à la qualité de la langue française ;

- entreprendre — avec l'assentiment du ministre — l'étude de questions se rattachant à la langue et effectuer ou faire effectuer les recherches appropriées ;

- recevoir les observations des organismes de l'administration et des entreprises sur les difficultés d'application de la présente loi et faire rapport au ministre ;

- informer le public sur les questions concernant la langue française au Québec ;

- adopter un règlement de régie interne soumis à l'approbation du gouvernement.

Le conseil *peut* aussi, *avec l'assentiment du ministre* [51], former des comités spéciaux pour l'étude des questions particulières et charger ces comités de recueillir les renseignements pertinents et de faire rapport au conseil de leurs constatations et recommandations. Ces comités peuvent — toujours avec l'approbation préalable du ministre — être totalement ou partiellement formés de personnes qui ne sont pas membres du conseil.

Comme on le voit, le conseil dispose, dans son secteur de spécialisation, d'assez larges pouvoirs en vue de s'informer et d'informer. Ces pouvoirs sont toutefois limités, pour des raisons probables de contraintes budgétaires et dans le but aussi d'éviter certains chevauchements de mandats avec notamment l'OLF, par l'obligation qui lui est faite, en matière d'études et de recherches, de recevoir préalablement «l'assentiment du ministre».

Reste à savoir si, dans la pratique, cet assentiment ministériel sera accordé très largement et avec un grand libéralisme, ou au contraire si cet assentiment devra à chaque fois être «arraché» après moult interventions des membres du conseil. Il en est évidemment de même pour la question des budgets de fonctionnement, notamment en matière de recherche, d'études et

---

50. Souligné par nous.
51. Souligné par nous.

d'engagement de personnel occasionnel et contractuel, pour lesquels «l'assentiment du ministre» est là aussi requis.

Toutes ces fonctions sont placées sous l'autorité du président à qui la loi confie le soin de «diriger les activités du conseil, d'en coordonner les travaux, et d'assumer la liaison entre le conseil et le ministre» (art. 193). Afin que le président puisse remplir adéquatement ses fonctions l'article 197 de la loi lui confie, à l'égard des membres de son personnel, les mêmes pouvoirs que la loi attribue aux sous-chefs des ministères (art. 197). Quant à l'article 201, il attribue lui aussi au président — en cas de partage égal des voix — une voix prépondérante.

Bien que le conseil ait son siège dans une municipalité du territoire de la communauté urbaine de Québec (art. 200), celui-ci peut tenir ses séances partout au Québec et ce, aussi souvent que nécessaire. Une seule limite légale est imposée: un quorum de six membres est requis (art. 201).

Enfin, dans le but d'assurer l'information du gouvernement et des parlementaires il est imposé au conseil de remettre au ministre, tout comme doivent le faire l'OLF et la commission de surveillance, un rapport d'activités, au plus tard le 31 décembre de chaque année, que le ministre devra déposer à l'Assemblée nationale dans un délai de trente jours après sa date de réception (art. 204).

CONCLUSION :

UNE SOLUTION LINGUISTIQUE COURAGEUSE MAIS INCERTAINE ET RISQUÉE

Instrument de reconquête engagé sur le chemin de la coercition, la charte linguistique est, par là-même, un acte de mobilisation de toutes les forces d'interventions publiques et para-publiques aux fins de «stopper» l'avance lente, mais régulière,des forces anglophones et de leurs «alliés» immigrants.

Ce combat, pour assurer la survie du fait français dans cette partie du continent nord-américain, le gouvernement péquiste espère le gagner en jetant dans la mêlée, pour la première fois de son histoire, tout le poids du secteur public et para-public, de ses organes, de ses ressources humaines, matérielles, budgétaires, légales et réglementaires[52].

Cela suffira-t-il à imposer l'usage général de la langue française au Québec ou au contraire cela aboutira-t-il, simplement, à la création d'un «nouveau ghetto» qui fera du Québec selon l'expression du journaliste français Olivier Todd «la plus vaste réserve de la dernière grande tribu, d'Amérique du Nord[53]»?

Il est évidemment, à l'heure où se mettent simplement en place les divers organes de lutte et de défense, beaucoup trop tôt pour donner à ces importantes questions des réponses satisfaisantes.

Ce qui est sûr, par contre, c'est qu'il ne sera pas inintéressant pour l'administratiste, d'examiner demain le comportement et d'évaluer les résultats obtenus dans les mois à venir par l'administration publique de la province engagée dans cette colossale, courageuse et périlleuse[54] mission de francisation qu'est la mise en oeuvre de la nouvelle politique linguistique québécoise.

---

52. La loi 101 comprend au total 232 articles soit 88% d'articles supplémentaire et souvent fort différents de ceux de la précédente loi 22 (123 articles). Elle accorde aussi à l'administration publique et para-publique une place nettement plus importante que celle que lui reconnaissait la loi sur la Langue officielle de Robert Bourassa (120 articles au lieu de 75 soit une augmentation de 60%). Ces deux données numériques suffisent à elles seules à attester de la précision, du soin et de l'étendue des opérations qui font l'objet de l'actuelle et nouvelle politique linguistique québécoise.

53. «Le Ballet Québécois» — L'Express — Édition Internationale — no. 1374 — 7-13 novembre 1977 — p. 59.

54. Périlleuse, la politique linguistique du P.Q. l'est, dans la mesure où les retombées négatives au plan économique (frein des investissements, déplacements des sièges sociaux des compagnies hors de la province etc...) et au plan social (chômage accru, baisse de niveau de vie etc...) sont, non seulement peu négligeables, mais peuvent même se révéler lourdes de conséquences.

CHAPITRE VIII

LES CONTRÔLES DE L'ADMINISTRATION PUBLIQUE QUÉBÉCOISE

LES CONTRÔLES DE L'ADMINISTRATION PUBLIQUE QUÉBÉCOISE

Dans une société moderne et hautement organisée comme l'est la société québécoise, les contrôles exercés par un État de plus en plus omniprésent sur la vie des citoyens abondent. Qu'il suffise de citer les contrôles fiscaux, les contrôles d'identité, les contrôles de vitesse etc...

Cette abondance de contrôles, lesquels se manifestent très souvent par une immixtion dans la vie de tous les jours des citoyens, quand ce n'est pas dans leur vie privée, appelle en contrepoids la mise en place de contrôles efficaces chargés de surveiller l'action de l'administration et de ses agents.

Dans le premier groupe — celui de l'État-contrôleur — nous avons cru bon, en raison du rôle particulièrement important joué dans ce domaine par les forces de sécurité publique, de consacrer une étude à «l'administration de la police au Québec».

Quant au second groupe — celui de l'État-contrôlé — l'auteur avait le choix entre plusieurs formes de contrôle:

1°) Les contrôles internes à l'administration notamment les contrôles hiérarchiques exercés le long du «line», les contrôles fonctionnels assumés sur le «line» par les «staff» et les contrôles de tutelle exercés par une administration sur des organismes para-publics autonomes.

2°) Les contrôles gouvernementaux notamment ceux qu'effectuent au québec les ministres sectoriels sur leur administration, ceux exercés par les ministres d'État sur leurs collègues de rattachement au sein des Comités permanents, enfin ceux exercés par le Comité des Priorités et le Conseil des Ministres.

3°) Les contrôles d'ordre juridictionnel assumés par les tribunaux judiciaires et quasi-judiciaires sur les décisions administratives et les agents de l'État.

4°) Les contrôles sur l'administration exercés par l'opinion publique et les groupes de pression, notamment la presse, les syndicats, les groupements patronaux, les partis politiques etc...

5°) Les contrôles parlementaires des plus traditionnels (vote du budget, questions en chambre, travail en commission parlementaire) aux plus récents: vérificateur général, protecteur du citoyen.

Les traiter tous en profondeur eut nécessité, uniquement pour ce sujet, un ouvrage en plusieurs tomes. L'auteur a donc été contraint de sélectionner et son choix s'est poré sur le protecteur du citoyen du Québec. Pour des raisons qui apparaîtront très vite et très clairement à la lecture des textes qui sont consacrés à cette institution, mais qui peuvent se résumer en deux mots : nouveauté, efficacité.

Deux excellentes raisons pour faire mieux connaître dans l'opinion publique une institution, par ailleurs, hélas, encore trop peu et trop mal connue.

L'ADMINISTRATION DE LA POLICE AU QUÉBEC★

INTRODUCTION

À l'instar de ce que les criminologues du monde entier constatent, le Québec, tout comme le reste du Canada et son voisin américain, a connu ces dernières années un net accroissement de la criminalité[1]. Me Jérôme Choquette, alors ministre québécois de la Justice est même allé jusqu'à dire en 1971, que cette province comptait «parmi les zones les plus criminogènes au Canada»[2].

Cette criminalité a, en outre, évolué,donnant naissance au crime organisés principales sphères d'activités lucratives sont : le jeu, le prêt usuraire, les narcotiques, la prostitution, l'infiltration dans le monde des affaires, les fraudes, les faillites frauduleuses, et les incendies criminels[3]. À quoi il faut ajouter le terrorisme politique qui a fait, depuis une douzaine d'années, des apparitions sporadiques dans la province de Québec[4].

Or, parallèlement à cette complexification du crime et à son intensification, le taux de solution de la criminalité est, partout au Québec, depuis 1962, en nette diminution[5]. C'est ainsi que les crimes contre la personne ne sont élucidés que dans une proportion de 40 à 69%, tandis que les atteintes à la propriété connaissent un taux de résolution encore plus bas, variant de 12 à 25%[6]. Ceci est d'autant plus inquiétant qu'une comparaison effectuée en 1969 révèle que les taux de résolution des crimes sont, au Québec, inférieurs à ceux qu'enregistrent l'Ontario et le Canada[7].

Cette «position peu enviable du Québec», pour reprendre les mots de l'ancien ministre de la Justice, nous amène évidemment à nous interroger sur

---

1. Le recueil statistique publié le 19 mars 1976 à Ottawa par le Solliciteur Général du Canada M. Warren Allmand révèle qu'au cours des dix dernières années (1965-1974) le taux de crimes violents, de meurtres, d'homicides involontaires, de tentatives de meurtres, de vols qualifiés, de blessures et voies de fait, de viols et autres infractions d'ordre sexuel, a doublé au Canada. Le Québec se situe légèrement au-dessus de cette moyenne avec un taux de 116%.

2. Jérôme Choquette, La Police et la Sécurité des Citoyens. L'Éditeur officiel du Québec, 2e édition, septembre 1974, p. 16.

3. Ibid, p. 24. Signalons d'autre part que depuis 1971 fonctionne au Québec, dans le cadre de la Commission de Police, une Commission d'enquête sur le crime organisé (CECO).

4. Qu'on se souvienne notamment de l'enlèvement d'un diplomate britannique M. James Cross, et de l'assassinat d'un ministre du gouvernement du Québec en octobre 1970 M. Pierre Laporte, par une cellule du Front de Libération du Québec (FLQ) favorable à l'indépendance de la province.

5. Ce triste privilège n'est pas propre au Québec. La situation est, hélas, partout la même, à travers tout le Canada.

6. J. Choquette, op. cit., p. 18.

7. Ibid, p. 18 et tableau XIII.

l'organisation de la police québécoise d'une part, et sur la condition policière au Québec, d'autre part. Ceci, dans l'espoir de faire surgir quelques-unes des causes qui peuvent en partie expliquer cette regrettable situation et préconiser quelques-unes des principales solutions susceptibles d'éviter, dans l'avenir, que le Québec ne devienne davantage encore un territoire où le crime paie.

A) L'ORGANISATION DE LA POLICE

À l'image de son voisin américain et comme cela existe aussi dans nombre de pays étrangers[8], le Québec connaît, non pas *une* administration de la police, mais *plusieurs* administrations policières. .

En effet, exercent leurs activités sur tout, ou partie, du territoire québécois, les divers corps suivants : la Gendarmerie Royale du Canada (G.R.C.), la célèbre police montée canadienne (« les tuniques rouges »), la Sûreté du Québec (S.Q.) relevant elle, non des autorités fédérales, mais du gouvernement du Québec et les quelques 228 corps de police municipaux.

À cela, il convient d'ajouter les polices spéciales du métro de Montréal, du chemin de fer « le canadien national » (C.N.), des ports, de l'armée, et les divers corps para-policiers regroupés sous le concept d'agents de la paix, à savoir : les surveillants en établissement de détention, les constables de la Cour de bien-être social, les inspecteurs des transports, ceux des autoroutes, les gardiens-constables du ministère québécois des Travaux publics, ceux de l'Assemblée nationale, ceux des aéroports, les agents de conservation de la faune et ceux des pêcheries.

La liste ne serait pas exhaustive, si l'on omettait de citer le service de sécurité créé en 1972 afin d'assurer la protection rapprochée des membres du gouvernement et autres V.I.P., le Centre d'analyse et de documentation (C.A.D.) rattaché au ministère du Conseil exécutif[9] et chargé, depuis sa création en 1971, de réunir certains renseignements, de les analyser et de faire des recommandations au chef du gouvernement[10], et les services de la Protection civile rattachés au ministère de la Justice.

---

8. Cf. sur la police en France et à l'étranger, l'excellent petit ouvrage de Marcel Le Clère, La Police, PUF, Collection Que sais-je ?, n° 1486, 1972.

9. Ce ministère a à sa tête le Premier ministre du gouvernement du Québec.

10. Crée par le gouvernement au lendemain de la crise d'Octobre, le CAD a toujours été entouré d'un certain mystère. Si le nom de son directeur fut très vite connu — Gilles Néron — le montant exact de son budget, ses effectifs et ses activités sont eux, encore aujourd'hui, assez largement ignorés. Des évaluations effectuées par certains journalistes laissent à penser que le budget était en 1974 d'environ $500,000 et le personnel d'environ 18 personnes. Quant aux activités, ce seraient celles auxquelles se livrent habituellement les divisions « analyse » de toutes les centrales de renseignements. Cf. Le Soleil, 9 juin 1975.

   Les renseignements obtenus par nos propres contacts en 1978 nous permettent de préciser quelque peu le rôle du CAD avant que l'arrivée au pouvoir du gouvernement péquiste entraîne sa disparition formelle et sa réapparition informelle au Ministère de la Justice. Le CAD se livrait semble-t-il à l'analyse d'informations sur des questions d'actualité (grèves par exemple) à partir de renseignements provenant tant des média que de la Sûreté du Québec. Les analyses de simulation et les projections à long terme qui en découlaient étaient à la disposition du Premier Ministre et de ses collaborateurs immédiats, en tout ou en partie, grâce à un système de clés-restrictives. Le CAD effectuait aussi des enquêtes sur des personnes soit parce que ces dernières souhaitaient se voir attribuer des subventions gouvernemen-

À tout cela s'ajoutent une trentaine d'agences privées d'investigation et une cinquantaine d'agences privées de sécurité chargées des transports de fonds ou bien de la garde d'édifices para-publics, commerciaux, résidentiels, industriels, etc...

Il va de soi que devant cette multitude de corps policiers nous nous attacherons simplement à dégager les caractéristiques essentielles des trois principales administrations policières (G.R.C., S.Q. et corps de police municipaux) et à présenter les organes essentiels de contrôle de leurs activités.

I. PRINCIPALES CARACTÉRISTIQUES DE L'ORGANISATION POLICIÈRE

L'organisation policière se caractérise, essentiellement, par une coordination sporadique malgré l'existence d'un chevauchement de mandats, et des moyens d'intervention limités, bien qu'en voie de modernisation.

1) Un chevauchement de mandats, une coordination sporadique.

Presque tous les corps de police voient leurs missions définies en des termes similaires. La S.Q. «assume la responsabilité de maintenir la paix, l'ordre et la sécurité publique sur tout le territoire du Québec, de prévenir le crime et les infractions aux lois, et de rechercher les auteurs des délits et des crimes»[11]. Les corps de police municipaux ont, eux aussi, pour fonction, de «maintenir la paix, l'ordre et la sécurité publique dans le territoire, prévenir le crime ainsi que les infractions aux règlements et en rechercher les auteurs»[12]. La G.R.C. bien qu'exerçant en fait, au Québec, une juridiction limitée à l'application des lois fédérales sur les aliments et drogues, sur les narcotiques, les douanes et la monnaie, accorde aussi une grande importance à la répression de plusieurs crimes, notamment le crime organisé et le terrorisme[13].

Quant à la police des ports nationaux et des chemins de fer qui exerce une juridiction extra-territoriale dans un rayon respectif de 25 et 4 milles, elle génère, elle aussi, quelquefois, un enchevêtrement de juridictions que l'on ne peut ignorer. Ce qui pose le problème très aigu de la coordination des forces policières.

Ces divers corps bénéficiant d'une *très large autonomie* les uns par rapport aux autres, «*il n'existe entre eux aucune véritable coordination*[14], sauf dans les rares domaines où des organismes ont été mis en place pour

---

tales, soit parce qu'elles postulaient ou étaient pressenties pour occuper un poste au cabinet du PM ou dans la haute-fonction publique.

Après vérification du passé de l'individu auprès de divers organismes publics (GRC, Conseil privé, Conseil du trésor etc...) le CAD émettait un avis sur les suites à donner à la demande. L'avis était évidemment négatif lorsque le CAD jugeait la personne «subversive».

11. J. Choquette, op. cit., p. 41.
12. Art. 54 de la Loi de Police du Québec.
13. J. Choquette, op. cit., p. 41.
14. Souligné par nos soins.

assurer l'échange de renseignements et pour susciter une action concertée dans toute la mesure du possible[15]. Il en est ainsi dans les domaines du crime organisé et du terrorisme. Pour toutes les autres activités policières, la coopération des corps policiers, entre eux, n'est que sporadique ou occasionnelle».

Or, non seulement «le cloisonnement des forces policières est tel que les renseignements circulent trop peu» entre les divers corps, mais «la prudence et la confidentialité poussées jusqu'à l'excès», conjuguées à «la rivalité entre corps policiers», nuisent à l'efficacité de leur action.

C'est dire combien l'ex-ministre de la Justice, J. Choquette a raison lorsqu'il déclare que «le besoin d'une action policière coordonnée est manifeste» au Québec.

La population, pour l'instant, semble plutôt encline à favoriser le statu-quo et à maintenir des forces policières aux trois niveaux de gouvernement, fédéral, provincial et municipal même si, comme on vient de le voir, «ces trois gouvernements disposent de pouvoirs qui tantôt s'excluent, tantôt sont concurrents, tantôt se recoupent». En effet, 68% de la population interrogée par sondages se prononcent en faveur du maintien de la situation actuelle. Il est vrai que, peu et mal informée, elle croit majoritairement (52%) que la collaboration des polices entre elles est bonne[16].

Les autorités semblent, cependant, s'orienter lentement vers une *régionalisation* des structures policières au Québec. L'ex-ministre Choquette voyait déjà, en 1971, quatre avantages à une telle formule :

- Éviter les duplications.
- Améliorer les possibilités de carrière des membres des corps policiers.
- Accroître la coordination des forces policières indispensable à une amélioration de l'efficacité en matière de répression notamment.
- Permettre de tenir compte des particularismes régionaux.

En corollaire, la S.Q. deviendrait un corps policier *spécialisé* en matière de crime organisé, de crime économique et de terrorisme, *mobile* (appui supplétif au niveau régional en cas de besoin) et offrirait aux autres corps une armature *technique* et *scientifique* accrue[17].

Ce regroupement des forces policières locales, au niveau régional, devrait, selon Me Choquette, être coiffé par un *Conseil de Sécurité Publique* chargé «du maintien de la paix et de l'ordre public dans le territoire désigné et de veiller à ce que le corps de police s'acquitte des responsabilités qui lui auront été assignées». Ces C.S.P. seraient composés de cinq membres, dont

---

15. En vue de coordonner les efforts des divers services de police pour prévenir le crime et dépister les auteurs, et afin de favoriser un échange d'informations entre les divers services de police la Commission de Police du Québec a préconisé l'établissement de Comités régionaux de prévention du crime. Coiffés par un conseil de direction formé d'officiers accrédités, chacun des neuf CRPC existant s'est réuni en moyenne 8 à 10 fois au cours de 1975.

16. Ibid, op. cit., annexe 2, p. 156.

17. J. Choquette, op. cit., pp. 131-136.

deux seulement seraient désignés par les autorités locales, tandis que les trois autres le seraient par le lieutenant-gouverneur en conseil[18].

Cette structure, on le voit, marque une volonté de *centralisation,* puisque les autorités municipales seraient désormais minoritaires dans les décisions touchant l'organisation et le fonctionnement des corps policiers régionaux. Cette centralisation s'arrête cependant au niveau régional, puisque l'idée de créer un corps de police unique au Québec est, pour l'instant, rejetée par l'auteur du rapport sur la Police et la Sécurité des citoyens. Cette réforme des structures s'inscrit aussi dans le cadre d'une *rationalisation* administrative, en vue d'une meilleure rentabilité des services policiers actuels.

Les propositions de M. Choquette ne recueillent cependant pas l'unanimité des experts. Un autre ancien ministre du gouvernement Bourassa — M. Claude Castonguay — [19] vient récemment de préconiser une autre voie, celle de la *fonctionnalisation,* à l'intérieur d'un rapport d'enquête sur l'urbanisation dans la province[20]. M. Castonguay, analysant la situation dans la seule région — celle de la Communauté urbaine de Montréal (C.U.M.) — où a été opérée un regroupement des forces policières, constate que «les citoyens de l'île de Montréal se retrouvent, aujourd'hui, avec une force policière métropolitaine qu'ils financent largement à même leurs taxes municipales[21], mais dont l'organisation échappe, à toutes fins pratiques, à leur contrôle». En effet, l'autorité qui anime la police de la C.U.M., à savoir le Conseil de la Sécurité publique, est composée de «trois représentants municipaux et de trois personnes nommées par le gouvernement provincial, dont le président qui possède un vote prépondérant»[22]. Quant au budget de la police, il entre en vigueur, même s'il n'est pas approuvé par le Conseil de la C.U.M., du moment qu'il a été adopté par le Conseil de Sécurité Publique.

Craignant qu'une politique généralisée de régionalisation des forces policières n'aboutisse, également, à «une hausse... des coûts, ainsi qu'à une mainmise accentuée du gouvernement provincial sur la police locale, M. Castonguay recommande, plutôt de «soulager les autorités municipales de leur responsabilité en matière de police criminelle» (enquêtes, lutte contre les homicides, fraude, crime organisé, terrorisme...) et de «permettre à la police locale de se concentrer sur une fonction de gendarmerie[23] (patrouille, circulation, prévention contre le crime et la délinquance juvénile, information des citoyens...) et d'application des règlements municipaux, dans le cadre,

---

18. En pratique, le Conseil des ministres.

19. Ancien ministre des Affaires sociales.

20. «Urbanisation au Québec», Groupe de travail présidé par M. Claude Castonguay, Québec, Éditeur officiel du Québec, 13 février 1976, 510 pp.

21. «En 1975, les services policiers accaparaient près de 60% du budget de dépenses de la CUM». Extrait de Lawrence Hanigan, «Bilan et perspectives de la Communauté urbaine de Montréal», dans G. Lord, A. Tremblay, M.O. Trépanier (sous la direction de) «*Les Communautés urbaines de Montréal et Québec*», Presses de l'Université de Montréal, 1975, p. 25.

22. C. Castonguay, op. cit., p. 357.

23. Pour une explication plus détaillée de ces concepts, cf. le présent article chapitre B, section II, a) intitulé: La Gendarmerie.

bien sûr, de municipalités urbaines consolidées»[24]. C'est à la S.Q., évidemment, que les municipalités abandonneraient toute la responsabilité des enquêtes criminelles.

Les avantages de la formule «fonctionnelle» de C. Castonguay sont les suivants[25]:

- Permettre une plus grande efficacité sur le plan des enquêtes criminelles et de la lutte contre le crime organisé, par une centralisation provinciale de ces fonctions.

- Soulager les villes et les municipalités d'un fardeau administratif et financier de plus en plus énorme.

- Rationaliser les tâches en fonction des capacités de chaque niveau de gouvernement.

- Éliminer l'iniquité qui résulte présentement du fait que les citoyens de plusieurs villes doivent payer pour la Sûreté du Québec, en même temps que pour leur police municipale[26].

- Supprimer la duplication des services et la dispersion des efforts qu'entraîne trop souvent, à l'heure actuelle, l'existence de juridictions fractionnées et parallèles.

Les recommandations Choquette et Castonguay s'accordent toutefois sur deux points:

1.-le besoin d'introduire des réformes au niveau de l'organisation policière, compte tenu de l'apparition d'une nouvelle société criminelle et de la nécessité d'accroître l'efficacité des forces policières, face à cette montée du crime;

2.- le rejet de la formule de centralisation au niveau provincial, par la création d'un corps de police unique, dans lequel seraient fondus tous les corps municipaux et régionaux (C.U.M.) actuels[27].

Pour l'instant, entre ces deux thèses, le gouvernement du Québec n'a point encore tranché. Tant et si bien que le fractionnement de l'appareil policier reste toujours la caractéristique dominante. Cette multitude d'organismes policiers détient, pour remplir sa mission, des moyens très variés. Ces derniers apparaissent, cependant, quelquefois insuffisants, face à l'importance des besoins. Plusieurs indices laissent toutefois entrevoir une rapide augmentation et une modernisation sensible de ces divers moyens d'action.

---

24. *Ibid*, pp. 359-360.

25. *Ibid*, p. 358.

26. Pour une explication plus détaillée de cette question cf. le présent article chapitre A, section II, c) intitulé «Des budgets...».

27. La thèse centralisatrice bien que théoriquement défendable et peut-être même fortement souhaitable est rejetée d'un revers de main par les auteurs de ces deux rapports sans beaucoup d'explications. La raison principale qui semble toutefois se dégager est la non-conformité de cette option aux traditions décentralisatrices des administrations publiques en général, et policières en particulier, dans le pays.

2) Les divers moyens d'intervention mis à la disposition des corps policiers.

a) *Des moyens humains très variables et très fragmentés, assurant une protection très inégale.* La G.R.C., au Canada, dispose actuellement d'environ 13 500 membres réguliers[28]. 1 200 d'entre eux sont affectés à la division C dont la juridiction recouvre, grosso-modo, la province du Québec[29]. La S.Q., avec ses 8 districts et ses 106 postes locaux, regroupe 5 061 personnes incluant 953 civils. Quant aux corps de police municipaux, ils regroupent au total 9 488 personnes. Toutefois, les effectifs policiers municipaux varient considérablement les uns par rapport aux autres. Si la C.U.M. peut disposer de 6 848 policiers[30], 189 corps de police municipaux, sur les 228 recensés en 1975, n'ont, par contre, que des ressources humaines inférieures à 25 personnes. Ce qui signifie, à toutes fins pratiques, que compte tenu de la durée normale d'une journée de travail (8 h) et des divers congés accordés aux policiers (fériés, hebdomadaires, maladie, annuels, etc...) 189 corps de police municipaux ne sont pas capables de maintenir plus de 5 policiers en service, en même temps.

La conséquence logique de cet état de fait est la grande inégalité de protection offerte à la population. En effet, le taux d'encadrement de la population, par la police, varie énormément d'une région du pays à une autre. Il oscille entre 1,28 pour 1 000 habitants dans les Cantons de l'Est et 4,71 dans le Nouveau-Québec. Montréal se situe un peu au-dessus de la moyenne provinciale (1,95) avec un taux d'encadrement de 2,14 pour 1 000 habitants[31].

b) *Des équipements souvent insuffisants et pas toujours très fonctionnels, cependant en cours de modernisation.* Les équipements peuvent être regroupés en quatre catégories principales : le système d'analyse scientifique, le système de communications, le système de renseignements, et les locaux.

— *Le système d'analyse scientifique.* C'est au Québec que fut fondé, en 1914, le premier laboratoire de recherche médico-légal en Amérique. Il porte aujourd'hui le nom d'Institut de médecine légale et de police scientifique. La division de Montréal est bien équipée pour répondre à des expertises en matière de pathologie, de balistique et de toxicologie, etc... Celle de Québec, par contre, manque encore des moyens essentiels. La dotation en effectifs de cet institut, en raison du caractère hautement technique de ses spécialistes, pose, toutefois, certains problèmes de recrutement et de formation. Le ministère de la Justice, auquel est rattaché l'institut, examine depuis quelque temps ces questions, en vue d'améliorer le service dont se prévalent plus de 150 corps policiers à travers la province. Les réformes à venir paraissent s'orienter vers une définition légale et plus précise du statut de l'institution, une ouverture de l'institut aux fins de la justice criminelle et civile, la recherche de

---

28. Ce total est porté à tout près de 16,000 personnes si l'on ajoute au personnel régulier les membres temporaires et les effectifs civils.

29. Toutes les indications statistiques données, ici sont celles de 1975.

30. À l'exception de la GRC, le service de police de la CUM constitue le plus important service de police au Canada et le 7° en Amérique du Nord en terme d'effectifs.

31. Cf. Commission de Police du Québec. Rapport annuel 1975. Éditeur officiel du Québec, p. 206.

solutions aux problèmes de recrutement et de formation de son personnel, l'amélioration des équipements et services du bureau de Québec. Ce qui devrait entraîner une hausse sensible du budget et du personnel de cette institution dans les années à venir[32].

— *Le système de communications.* Il comprend tout à la fois des véhicules automobiles[33], des motocyclettes (269), des motos-neige, quelques hélicoptères et bateaux. Outre ces équipements de communication matérielle, la police est dotée évidemment de moyens de communication sonore. La plupart des corps de police possèdent leur propre système *autonome* de communication (radio-téléphone). Ces divers réseaux sont généralement très modernes, notamment ceux de la S.Q. et de la police de la C.U.M. (radio-téléphone, télescripteurs). Cependant ils présentent le défaut de ne pas pouvoir se relier aisément entre eux. Des modifications sont en cours, afin d'améliorer sensiblement la *coordination*, tout au moins au niveau régional, grâce au concours de la Protection Civile qui possède, dans plusieurs régions, des services régionaux qu'elle prête aux polices municipales de son territoire. Signalons toutefois que les divers réseaux régionaux, là où il en existe, ne peuvent cependant pas être reliés les uns aux autres, tandis que de nombreux corps policiers restent en-dehors de tout réseau régional. Sans omettre la relative facilité avec laquelle tout citoyen peut intercepter les messages diffusés sur les ondes-radio[34].

Il faut regretter aussi l'existence de quelque 25 numéros téléphoniques différents correspondant à chacun des corps de police des municipalités du territoire de la Communauté urbaine de Montréal. Aussi l'implantation d'un système de communications à numéro unique s'impose-t-il sur le territoire de la C.U.M., comme le recommande, fort justement d'ailleurs, la Commission de Police du Québec[35]. Le choix d'un numéro téléphonique facilement mémorisable ne serait pas, non plus, une innovation superflue.

— *Le système de renseignements.* Jusqu'en 1973, la compilation manuelle des données, conjuguée, là aussi, à une pénurie de main-d'oeuvre qualifiée, en entraînant «une mauvaise gestion de l'information (a) entravé l'efficacité policière»[36]. Depuis lors, la création à la S.Q. d'un Centre de renseignements policiers recourant aux services des ordinateurs et accessible à tous les corps policiers du Québec a sensiblement amélioré la situation. Présentement, plusieurs banques de données existent concernant notamment des personnes, des organisations, les véhicules-automobiles et les permis de conduire. Afin d'améliorer la qualité de ce service une recommandation du ministère de la Justice visait, en 1974, à faire reconnaître cette centrale de renseignements comme «le seul fichier central au Québec», à obliger tous les

---

32. J. Choquette, op. cit., pp. 82 et 148.

33. En 1975, la SQ comptait 1,327 véhicules; la CUM en possédait 236, et les autres municipalités 923 au total.

34. Cf. J. Choquette, op. cit., pp. 95-97.

35. Rapport annuel 1975 de la CPQ, op. cit., p. 136.

36. *Ibid*, pp. 97-98.

corps de police à lui «transmettre tous les renseignements utiles à l'action policière et à établir son raccordement avec celle de la G.R.C.[37].

Une centaine de terminaux d'ordinateurs permettront, d'ici la fin de 1976, aux divers corps de police du Québec, d'avoir accès aux fichiers du Centre de renseignements policiers.

— *Les locaux.* Comme dans beaucoup de pays, ils laissent quelquefois à désirer. Rébarbatifs, peu accueillants, rarement fonctionnels, ils sont, en outre, généralement meublés de façon désuète et font trop souvent fi des règles élémentaires de sécurité.

Selon les rapports mêmes des plus hautes autorités spécialisées du pays, il semble donc que les divers équipements de la police appellent, pour le moins, un accroissement sensible, une coordination et une centralisation améliorées et une modernisation rapide, seules façons de doter la police québécoise d'instruments efficaces de lutte contre une criminalité sans cesse plus envahissante. Ce qui ne saurait être, évidemment, sans effet au plan budgétaire.

c) *Des budgets en voie d'accroissement, alimentés de façon inégale par l'ensemble de la population.* L'organisation et l'entretien de tous les corps policiers du Québec ont coûté, en 1975, plus de $320 millions dont 1/3 environ était consacré à la S.Q. (plus de 104 millions). Dans cette masse globale, 80,9% étaient consacrés aux rémunérations, 2.8% aux équipements, 0,4% aux immobilisations, 0,2% à la formation, et 15,7% aux autres dépenses. Cette masse globale a eu tendance à s'accroître sensiblement ces dernières années, sous l'effet conjugué de deux facteurs principaux : le gonflement des effectifs et l'inflation.

Cette masse budgétaire est toutefois alimentée inégalement, au plan fiscal, par les citoyens de la province. Tous, en effet, ne contribuent pas également à la constitution du budget de la police[38]. La répartition de ce fardeau fiscal s'établit en fait, comme suit, en raison de ce que tous les citoyens ne sont pas protégés par la même police :

«a) pour les citoyens qui ne sont protégés que par la S.Q. : $16.83 par personne.

b) pour les citoyens des cités et villes qui maintiennent — obligation légale — un corps de police municipale, le coût d'entretien de ce service ($44,64) s'ajoute à celui de la S.Q. soit $16.83 + $44.64 = $61.47,

c) pour les citoyens des municipalités rurales qui maintiennent — c'est facultatif — un corps de police municipal, le coût d'entretien de ce service ($17.84) s'ajoute là aussi à celui de la S.Q. ($16.83) soit au total $34.67»[39].

La variation s'avère donc de forte amplitude puisqu'elle s'établit de 1 à 4 environ.

---

37. *Ibid.,* p. 148.

38. Les statistiques qui suivent sont celles de 1971. Si les montants ont varié depuis, l'inégalité dans la répartition du fardeau fiscal, elle, n'a guère varié.

39. Rapport annuel 1975 de la CPQ, op, cit., pp. 207-208.

Ces divers corps policiers, pour multiples et autonomes qu'ils soient, ne sont cependant pas à l'abri de tout contrôle. Plusieurs organismes de «tutelle» existent, chargés de veiller à leur fonctionnement, dans le respect des lois qui les régissent.

II. LES ORGANES DE CONTRÔLE

La police est, au Québec, contrôlée par plusieurs organes administratifs. Si on laisse de côté la G.R.C. contrôlée par le Solliciteur Général du Canada, on trouve, dans la province, des organismes de contrôle situés aux deux principaux paliers de gouvernement : le palier provincial et le palier municipal.

1) Au palier municipal.

Au Québec, toutes les municipalités de cités et villes sont tenues — sauf autorisation contraire — de se doter d'un corps de police. Les autres municipalités — celles de moindre importance, mais de loin les plus nombreuses — peuvent, si elles le désirent, en créer un[40]. Les corporations municipales peuvent, dès lors, adopter tout règlement visant à régir l'organisation, le fonctionnement, la discipline, les devoirs et les sanctions imposables aux membres de ces corps policiers. Dans le cas de Montréal, l'intégration des corps policiers de toutes les municipalités membres de la C.U.M., réalisée en 1972, a transféré ces pouvoirs de réglementation et de contrôle aux organes dirigeants de la Communauté, tout spécialement au Conseil de Sécurité Publique.

Les corps de police municipaux subissent aussi le contrôle de la Commission de Police du Québec (C.P.Q.). Quant aux corps de police relevant d'une municipalité mise en tutelle ils subissent, en outre, le contrôle de la Commission Municipale du Québec (C.M.Q.). Ces commissions sont, toutes deux, situées à l'échelon provincial.

2) Au palier provincial

La C.M.Q. et la C.P.Q. ne sont cependant pas, en matière de police, les deux seuls organes provinciaux de contrôle. Le ministère de la Justice pénètre, en effet, de plus en plus dans ce champ d'activités, comme l'indique nettement la création en 1974, au sein de ce ministère, d'une Direction Générale de la Sécurité Publique (D.G.S.P.).

a) La Commission Municipale du Québec : *un contrôle non spécifique, sauf en cas de tutelle*[41]. En tant qu'organisme provincial de contrôle des corporations municipales, la C.M.Q. jouit de vastes pouvoirs d'enquête et de tutelle sur l'ensemble de l'administration des municipalités. À ce titre, elle est parfois appelée à se pencher sur le fonctionnement des services de police. En outre, dans les cas de mise en tutelle d'une municipalité, la C.M.Q. se voit

---

40. En pratique, c'est la tendance inverse qui prédomine. Ce sont les municipalités tenues légalement d'entretenir un corps policier qui tentent d'échapper à cette dispendieuse obligation.

41. La CMQ est un organe autonome relevant du ministère québécois des Affaires municipales.

reconnaître le droit de destituer un policier. Cette décision est alors finale et sans appel[42].

b) La Commission de Police du Québec : *un organe récent, caractérisé par des conflits de rôles, et ne détenant généralement qu'un vaste pouvoir de recommandations.* Instituée en 1968, et relevant du Procureur général, la C.P.Q. s'est vue reconnaître un vaste champ d'intervention. Celui-ci concerne, en effet, tout ce qui a trait à la prévention du crime et à l'efficacité des services de police provinciaux et municipaux.

La C.P.Q., composée de 12 membres, dont 7 juges, remplit quatre fonctions principales :

— *Une fonction de conseil.* La C.P.Q. a pour mission de faire des études afin d'améliorer les techniques policières en matière de prévention, détection et répression des crimes. Elle a aussi pour tâche, de conseiller la Sûreté du Québec et les polices municipales en matière d'organisation policière.

— *Une fonction d'enquête.* La C.P.Q. a pour mission d'enquêter sur les corps de police et la conduite de leurs membres, soit de sa propre initiative, soit sur plainte d'un citoyen, soit sur demande d'une municipalité, du Procureur général ou du Lieutenant-gouverneur en conseil.

— *Une fonction de réglementation.* La C.P.Q. a aussi, comme pouvoir, d'édicter des règlements qui n'entrent, toutefois, en vigueur, qu'après approbation par le lieutenant-gouverneur en conseil[43], dans les principaux domaines suivants, limitativement précisés par la loi : normes d'admission aux postes de constables, conditions pour accéder aux postes de chefs de police, programmes de formation et de perfectionnement dispensés à l'Institut de Police de Nicolet et dans d'autres écoles de police, caractéristiques des uniformes, insignes, formulaires, livres comptables, archives etc... utilisés par les diverses polices, et établissement de règles d'éthique.

— *Une fonction quasi-judiciaire.* La C.P.Q. agit en dernière instance comme tribunal d'Appel dans les cas de destitution ou de réduction de traitement d'un directeur ou chef de police ou de tout autre membre non salarié au sens du Code du Travail.

Signalons, cependant, un élément important. À l'exception des pouvoirs qu'elle détient en tant que tribunal et qui sont exécutoires, toutes les autres décisions de la C.P.Q. ne sont que des *recommandations.* Elle ne détient aucune autorité coercitive sur les divers corps de police. C'est dire, en d'autres termes, qu'en tant qu'organisme de contrôle, la C.P.Q. « n'a pas tous les pouvoirs requis pour remplir le rôle qui lui a été assigné par le législateur »[44].

---

42. Cette disposition est discutable dans la mesure où l'appel est une garantie de bonne et saine justice. Elle semble s'expliquer à défaut de se justifier — par la difficulté qu'il y aurait à soumettre les décisions d'une Commission (la CMQ) à l'appréciation d'une autre Commission (la CPQ) située au même niveau organisationnel. En raison toutefois de la spécialisation de la CPQ on peut souhaiter que la CMQ prenne au préalable l'avis de la Commission de Police dans les cas où la destitution d'un policier serait envisagée par ses services.

43. En pratique le Conseil des ministres.

44. J. Choquette, op. cit., p. 111.

En outre, nombre de fonctions attribuées à la C.P.Q. mettent cette dernière en position délicate de conflits d'intérêts avec elle-même. Plusieurs conflits de rôle ont déjà surgi. C'est ainsi qu'il est déjà arrivé à la Commission de recommander le remplacement d'un directeur ou chef de police pour cause d'incompétence ou d'inconduite et que le même policier, une fois remplacé par le conseil municipal, suite à cette recommandation, loge appel de la décision de la municipalité devant la C.P.Q.

Afin de réduire ces conflits, dûs à l'exercice de fonctions concurrentes difficilement compatibles entre elles, et afin de distinguer les tâches juridictionnelles, des autres activités de la Commission, il est présentement question, si l'on en croit certains milieux généralement bien informés, de ne laisser essentiellement à la C.P.Q. que l'exercice des fonctions quasi-judiciaires et d'attribuer au ministère de la Justice, l'exercice des trois autres fonctions.

c) La Direction Générale de la Sécurité Publique : *un organe nouveau chargé d'une mission de cohésion.* Son apparition, en 1974, a posé un problème de partage des tâches entre la nouvelle D.G.S.P. et la C.P.Q. En effet, plusieurs services, celui de la recherche, des deux organismes, ainsi que celui des conseillers de la C.P.Q. et celui de l'implantation des programmes de la D.G.S.P., oeuvraient dans des domaines se chevauchant en partie. Une collaboration entre la D.G.S.P. et la C.P.Q. s'est donc avérée indispensable.

La D.G.S.P. s'est vue tout particulièrement attribuer le mandat « d'assurer la cohérence de l'action des divers corps policiers ou organismes (para-publics) chargés de veiller à l'application des lois à travers le Québec) »[45] ce qui en pratique se traduit par :

— l'information régulière du ministre de la Justice en matière de criminalité

— l'élaboration d'une politique visant à coordonner l'action des divers agents policiers et para-policiers.

— la mise sur pied de programmes de formation et de perfectionnement pour ces deux catégories d'agents.

— la poursuite de la politique de régionalisation entamée dans l'île de Montréal.

— l'élaboration d'une politique en matière de sécurité routière.

— l'implantation d'un programme visant à assurer le maintien de l'ordre sur les territoires réservés aux autochtones (indiens et inuits) par des constables spéciaux issus du milieu.

— la planification de l'action des corps de police et des Forces armées canadiennes, en vue d'assurer la sécurité des athlètes et de la foule, durant la tenue des Jeux Olympiques de Montréal (été 1976), afin d'éviter que ne se renouvellent les tristes événements de Munich.

d) Vers un ministère québécois de la Police ? Cette possibilité n'est, pour

---

45. J. Choquette, La Justice contemporaine, l'Éditeur officiel du Québec, 1975, 360 p., p. 78.

l'instant, qu'au stade de la simple recommandation. M. J. Choquette dans son rapport[46] se déclare, en effet, partisan de la création d'un ministère de la Police, distinct du ministère de la Justice, comme cela existe en G.-B. et en France notamment. Cette solution aurait, selon lui, l'avantage « de ne pas lier la justice à l'action policière », mais également de décharger le ministre de la Justice et son administration de services de plus en plus nombreux. Ce ministère devrait, selon l'ancien ministre de la Justice, avoir alors autorité sur la S.Q. et jouir d'un pouvoir d'intervention et de coordination sur les forces policières locales et régionales.

Il va sans dire qu'une telle création aurait vraisemblablement, à plus ou moins long terme, pour conséquence, une réforme des actuels organismes de contrôle.

B) LA CONDITION POLICIÈRE

La condition policière est fonction de deux facteurs : l'un interne, l'autre externe. Le premier est constitué de l'organisation proprement dite, à l'intérieur de laquelle se déroule la carrière de l'agent. Le second est constitué de l'environnement social avec lequel, par son travail, le policier est en contact permanent.

I. LE POLICIER DANS L'ORGANISATION

C'est au sein de l'organisation que se déroule la carrière de l'agent. C'est aussi, au coeur de l'organisation, que sont mis en application les grands principes régissant la gestion de cette carrière.

1) L'organisation de la carrière : de la multiplicité à l'unicité des statuts ?

La multiplicité des corps policiers existants, conjuguée à la très large autonomie dont ils ont largement bénéficié, font que la caractéristique no 1 de l'organisation de la carrière s'avère être, incontestablement, la grande variété des statuts en vigueur. Et ce, malgré l'apparition récente d'organismes de coordination et le développement, ces dernières années, d'un syndicalisme policier assez influent.

Toutefois, malgré les différences assez considérables enregistrées entre les divers corps policiers recensés, certaines constantes peuvent être dégagées tout au long des principales étapes de la carrière.

Nous distinguerons cinq étapes principales : a) la phase de recrutement-sélection, b) la phase de formation-perfectionnement, c) la phase d'avancement-promotions, d) la phase de mutations et e) la phase de la cessation des fonctions.

a) *Le recrutement et la sélection : de la disparité des formules à l'uniformité des conditions d'accès.* Le recrutement et la sélection constituent « la pierre angulaire » de tout l'édifice policier[47]. Or, ils ont très longtemps

---

46. Op. cit., p. 126.
47. Selon les termes de M. le Clère, op. cit., p. 110.

reposé sur le principe de la grande liberté accordée aux diverses municipalités. D'où, des variations assez marquées au niveau des normes de recrutement. La scolarité requise oscillait toutefois entre 9 et 10 années en moyenne, l'âge d'admission entre 19 et 35 ans. Certaines municipalités recouraient largement au patronage et au favoritisme pour l'accès à ces postes, tandis que d'autres préféraient confier le soin d'assurer un recrutement fondé sur la règle du mérite, à des commissions du service civil local.

Depuis 1971, sous l'effet d'une réglementation édictée par la C.P.Q., les règles de base ont été uniformisées. La recrue doit maintenant être obligatoirement de citoyenneté canadienne, de bonnes moeurs, sans casier judiciaire, âgée d'au moins 18 ans et demi et d'au plus, moins de 30 ans, posséder une 11e année minimum et répondre à des normes physiques et médicales spécifiques.

Interrogée sur les normes physiques et scolaires qui devraient régir l'engagement des policiers, la population s'est déclarée satisfaite au plan physique, mais souhaitait une amélioration au plan du niveau de formation scolaire des candidats[48]. «84 à 90% de la population désirent, en effet, qu'on exige du policier entre 10 et 15 ans de scolarité»[49].

Un nouveau règlement adopté par la C.P.Q. le 21 août 1975 et relatif aux normes d'embauche des agents et cadets de la S.Q. et des corps de police municipaux vise, entre autres, à rendre obligatoire l'introduction de tests psychométriques au moment de la sélection, à exiger à partir de 1981 le diplôme d'études collégiales en techniques policières, pour tout candidat à un poste de policier, à favoriser davantage l'entrée des candidats de sexe féminin dans les services de police et à imposer une période de probation d'une année, à tout nouveau policier. Ce règlement doit cependant recevoir l'approbation du lieutenant-gouverneur en conseil pour pouvoir entrer en vigueur. À la date du 1er mars 1978 ce nouveau règlement n'a toujours pas été approuvé.

L'ex-ministre de la Justice J. Choquette estime, d'autre part, «absurde de sélectionner à l'aide d'un processus *unique*[50] (comme cela se fait actuellement), des policiers qui seront appelés à exécuter des tâches différentes qui exigent des caractéristiques personnelles distinctes»[51]. Aussi, préconise-t-il, plutôt, de procéder en premier lieu à une analyse des postes à pourvoir, puis en second lieu de créer un *service de sélection* qui s'occuperait de choisir les meilleurs candidats, compte tenu des postes en question.

Certains observateurs se prononcent aussi en faveur d'un recrutement latéral offrant un éventail plus ouvert, et assurant l'entrée, à un niveau d'échelle plus élevé, de diplômés universitaires, ce qui n'est pas le cas actuellement. Si une réforme en ce sens était adoptée, la police québécoise s'orienterait alors nettement vers une formule qui nous paraît souhaitable :

---

48. Cf. Rapport Prévost sur l'administration de la justice criminelle et pénale au Québec, op. cit., annexe 2, p. 57.

49. *Ibid.*, p. 94.

50. C'est nous qui soulignons.

51. Rapport Prévost, Annexe 8, pp. 91-93.

celle d'une professionnalisation du corps policier. Celui-ci deviendrait, en effet, plus spécialisé et mieux formé qu'il ne l'est actuellement.

b) *La formation et le perfectionnement : de l'insuffisance marquée à l'insuffisance relative.*

La formation. Avant 1971 quelque 40% des policiers du Québec n'avaient jamais reçu de formation en début de carrière. Quant aux autres, ils avaient reçu une formation qui variait très largement d'un corps policier à un autre, en terme à la fois de qualité et de durée. C'est ainsi que la formation pouvait consister en un apprentissage de deux semaines sur le tas, ou à un cours dans une école de police, pour des périodes allant de trois semaines à onze mois.

Depuis l'instauration en 1968, par la loi de police, de l'Institut de Police du Québec à Nicolet[52], la situation au plan de la formation s'est sensiblement améliorée. Les nouvelles recrues reçoivent maintenant une formation théorique (droit criminel, code de la route, règlements municipaux, rédaction de rapports, notions de fonctions policières, règles disciplinaires, etc...) et une formation pratique (entraînement physique, maniement d'armes...).

Cette formation gagnerait toutefois à être améliorée. M. J. Choquette préconise, pour sa part, l'introduction dans les programmes de formation des policiers, de cours de psychologie, de relations humaines, de sociologie et de criminologie[53]. Il recommande, en outre, d'intégrer la formation policière aux institutions d'enseignement ouvertes à tous les citoyens : C.E.G.E.P.S.[54] et universités notamment, afin d'éviter le cloisonnement et la naissance d'un esprit de caste au sein des corps policiers. Les écoles de police deviendraient alors des écoles professionnelles spécialisées et complémentaires.

C'est cette recommandation qu'a adoptée la C.P.Q. en optant, elle aussi, pour la formation en milieu ouvert. De plus en plus de policiers seront, dans l'avenir, formés en cinq semestres dans les huit C.E.G.E.P.S. où est dispensé un enseignement complet en techniques d'auxiliaires de la justice et techniques policières. Le sixième semestre d'enseignement est assuré, sur un plan plus pratique, par l'Institut de Police du Québec. En 1975, 829 étudiants se trouvaient inscrits à ces cours à travers toute la province.

— *Le perfectionnement.* Il constitue indiscutablement un des secteurs les plus largement sous-développés de toute l'organisation de la carrière policière. Il n'existe, présentement, en effet, « aucun programme uniforme de

---

52. L'IPQ de Nicolet assure depuis quelques années la formation de base de tous les aspirants policiers (SQ, polices municipales, corps para-policiers) à l'exception de ceux du service de police de la CUM. La Communauté urbaine de Montréal a, en effet, depuis longtemps, sa propre école de police. Des instructeurs itinérants dispensent aussi une formation de base à l'intention des policiers qui n'ont pu bénéficier jusqu'ici de cette formation. L'Institut organise, de plus, des cours de perfectionnement, notamment à l'intention des cadres policiers à qui il fait suivre des cours de «management», et des cours de spécialisation (ivressométrie, tir, empreintes digitales...). L'Institut organise, en outre, des sessions d'examens de promotion pour les différents grades de la hiérarchie policière. Depuis sa création, tous programmes compris, l'École a vu passer quelque 10,976 élèves. (Chiffres de 1976).

53. J. Choquette, op. cit., p. 140.

54. Collèges d'Enseignement Généraux et Professionnels.

formation continue »[55]. Seuls, existent certains enseignements généraux ou spécialisés offerts par quelques établissements d'éducation (écoles secondaires, C.E.G.E.P.S.[56], universités) ou certaines écoles de police (I.P.Q. de Nicolet, École de police de Montréal, Centre de formation de la G.R.C.[57] ou du F.B.I. américain).

D'une façon générale, l'obligation qui est faite aux municipalités, de se passer des services d'un de leurs agents pendant des périodes jugées par elles trop longues et susceptibles de nuire au bon fonctionnement du service, fait que l'accès aux cours de perfectionnement est trop souvent refusé aux agents les plus à même d'en profiter.

Signalons, toutefois, que parmi les municipalités les plus conscientes de l'utilité et de l'importance du recyclage pour leurs agents et par là-même les plus enclines à favoriser l'accès de leur personnel à ces programmes, figure la Ville de Montréal. Le système de bourses d'études en vigueur, les fonctions offertes aux agents accédant à une scolarité plus élevée, l'aménagement des horaires de travail des agents poursuivant parallèlement des études, font du modèle montréalais un exemple dont devraient s'inspirer nombre de corps policiers municipaux.

Un moyen de nature à accroître le perfectionnement du personnel de police consisterait, comme le réclame J. Choquette, à grossir les montants budgétaires consacrés à ces secteurs et à rendre obligatoire pour les municipalités dotées d'un corps policier, l'inscription d'un crédit consacré à cette fin[58].

Ne nous cachons pas cependant un fait. Ces programmes de formation, et surtout de perfectionnement, ne produiront pleinement l'effet désiré, qu'en autant qu'ils déboucheront sur un système d'avancement qui recourra, comme le réclament les policiers, à la compétence comme critère fondamental.

c) *L'avancement et la promotion : priorité à l'ancienneté sur la compétence.* L'avancement et la promotion ne reposent pas sur un système d'évaluation et de notation du personnel car, actuellement encore, « rares sont les corps policiers du Québec qui se sont préoccupés... d'évaluer les membres du personnel policier »[59]. Il est vrai que l'avancement et les promotions reposant systématiquement plus sur l'ancienneté que sur le rendement et la personnalité de l'agent, l'utilité d'un tel système d'évaluation n'est apparu, jusqu'à présent, très criante.

Ce système n'est évidemment pas très motivant sur le plan du travail professionnel. Les défauts de ce mécanisme sont tels, qu'actuellement, la population s'accorde pour reconnaître que « la compétence et l'instruction

---

55. J. Choquette, op. cit., p. 81.

56. En 1975, quelque 1,736 policiers suivaient des cours de perfectionnement en « techniques policières » dans divers CEGEPS de la province.

57. À Régina, (Saskatchewan).

58. J. Choquette, op. cit., p. 151.

59. J. Choquette, op. cit., p. 82.

(doivent devenir) des facteurs de promotion recommandés, par opposition aux arrestations éclatantes et à l'ancienneté »[60].

Les policiers, eux-mêmes, souhaitent, d'ailleurs, la mise sur pied d'un système de promotion objectif, intégrant «avec une pondération appropriée», les résultats aux examens, la notation et l'expérience des candidats. Ce qui suppose, cela va de soi, la création d'un «système de notation efficace», afin de permettre à l'organisation policière et aux policiers eux-mêmes, d'évaluer leur propre rendement[61].

Actuellement, les principaux échelons de la hiérarchie policière sont, pour la Ville de Québec, les suivants : constable (5 classes), caporal, sergent quartier-maître, sergent, détective, sergent-détective, lieutenant, capitaine, inspecteur, inspecteur-chef, assistant-directeur et directeur.

d) *Les mutations : un système très variable selon les corps.* À la G.R.C., les mutations peuvent s'effectuer «from coast to coast» à la discrétion des autorités fédérales. Il ne semble pas y avoir eu, jusqu'ici, de politique de transfert clairement établie. À la S.Q., le policier peut être aisément déplacé durant ses sept premières années de service. Après cette période, l'agent devient beaucoup moins mobile.

À l'opposé, aucune mutation n'est possible dans les municipalités de faible importance. Par contre, dans les municipalités de l'importance de Québec ou de la Communauté Urbaine de Montréal, des mutations inter-services peuvent intervenir.

e) *La cessation des fonctions : des causes très diverses.* Elle intervient, soit par démission volontaire ou révocation, soit à la suite d'un décès ou d'une maladie grave, soit par la mise à la retraite de l'agent.

Ces diverses étapes de la carrière sont généralement précisées et réglementées par des organes de gestion.

2) La gestion de la carrière ou l'autorité négociée et limitée.

Nous pénétrons, ici, dans le champ des relations de travail. Ce qui nous entraîne à examiner, d'une part, les principaux outils de la gestion et, d'autre part, les productions essentielles qui en résultent.

a) *Les principaux outils ou intrants de la gestion.* Ils sont au nombre de trois : le syndicalisme policier, les négociations collectives et le rejet du droit de grève.

— *Le syndicalisme policier.* Il est à l'origine de conditions de travail nettement améliorées. Il est aussi à la source de relations de travail moins arbitraires, par l'introduction de la procédure des griefs. Le syndicalisme est organisé au niveau municipal : Assocation des Policiers-Pompiers de Thetford Mines, Syndicat Professionnel de la Police Municipale de Québec, etc...

---

60. Rapport Prévost, annexe 3, p. 205, et annexe 2, p. 102.

61. *Ibid,* annexe 8, pp. 91-93.

À la C.U.M., l'intégration au niveau syndical est en cours de réalisation. Sous peu, la Fraternité des Policiers de Montréal devrait devenir l'unique syndicat de la police de la Communauté Urbaine conformément au désir manifesté par les policiers de la C.U.M. depuis avril 1975. Les syndicats des policiers municipaux de la province sont, eux-mêmes, regroupés au sein de la puissante Fédération des policiers municipaux. À la Sûreté du Québec, les policiers, salariés au sens du Code du Travail, sont représentés par l'Association des policiers provinciaux.

La syndicalisation reste toutefois interdite aux cadres supérieurs de tous les corps policiers de la province, ainsi qu'à *tous* les agents de la G.R.C., quelque soit leur rang hiérarchique[62].

Depuis quelques années le syndicalisme policier n'a pas hésité à pénétrer parfois de façon à peine tolérable dans l'arène politique, tentant d'influencer la politique gouvernementale dans un sens réactionnaire très marqué. C'est ainsi que les pressions, contre le rejet de la peine de mort de la panoplie des sanctions pénales au Canada, n'ont pas été, pour le moins, très discrètes.

— *Les négociations collectives.* Elles permettent d'aboutir à des conventions collectives régissant toutes les conditions de travail des agents et cadres moyens des corps de police. Elles sont évidemment aussi nombreuses que sont nombreux les corps policiers au Québec. Négociées séparément, par et pour chaque corps policier, elles sont, par là-même, assez variables de l'une à l'autre. Signalons toutefois que la montée récente et forte du phénomène syndical à travers la province est apparue comme un facteur d'uniformisation des conditions du travail policier. Chaque corps visant à atteindre les conditions favorables obtenues par le corps voisin, une tendance à vouloir s'aligner sur les conditions assez généreuses obtenues par les policiers des grandes villes (Toronto, Montréal) s'est dessinée ces dernières années. Il s'en est suivi une surenchère que les municipalités ont bien du mal à canaliser et à contrôler, et ce, malgré l'absence de tout droit de grève.

— *Le rejet du droit de grève.* Le droit de grève n'a pas été reconnu aux corps policiers considérés comme services publics d'autorité et d'urgence. 3 personnes sur 4 à travers la province ne croient pas, pour la raison précédemment énoncée, qu'il faille accorder ce droit aux policiers[63]. En effet, les ¾ de la population classent « la police dans ce petit groupe de professions dont l'exercice continu est essentiel au bon fonctionnement de la société et au bien-être des individus »[64]. D'ailleurs, les policiers eux-mêmes se refusent généralement le droit de grève[65].

Le recours à la grève, par quelque policier que ce soit, est donc un acte illégal, susceptible d'entraîner les plus graves sanctions. Cependant le zèle intempestif, le relâchement général, le refus de dresser des contraventions,

---

62. Les chefs de police municipaux sont toutefois regroupés en une association : l'Association des chefs de police et pompiers de la province de Québec.

63. Cf. Rapport Prévost, annexe 2, p. 105.

64. *Ibid.,* p. 105.

65. Rapport Prévost, annexe 3, p. 205.

l'organisation de journées d'études, etc... font partie de l'arsenal des moyens de pression détournés, auxquels n'hésitent pas à recourir régulièrement les policiers du Québec, afin de faire aboutir leurs revendications.

b) *Les principales conquêtes faites par les corps policiers en matière de relations de travail où les extrants de la gestion.* Nous examinerons successivement les cinq domaines ci-après : la sécurité d'emploi, les horaires, les salaires, les bénéfices divers, la responsabilité de l'agent et la question du Code d'éthique policier.

— *La Sécurité d'emploi.* Elle est accordée aux policiers, salariés au sens du Code du Travail, et garantie par la procédure des griefs prévue dans les diverses conventions collectives. Elle constitue, aux dires mêmes des intéressés, «la première raison d'entrer dans la police»[66].

Actuellement, les cadres policiers, toujours exclus du bénéfice de ces conventions, peuvent simplement recourir, en cas de destitution notamment, à la procédure d'appel prévue devant la Commission de Police du Québec. Le rapport Choquette préconise de modifier cet état de fait. Il recommande, en effet, «que les dispositions de l'article 63 de la loi de Police soient modifiées, de façon à assurer aux directeurs, chefs ou membres du corps de police, non salariés au sens du Code du Travail, ainsi qu'aux salariés, non couverts par une convention collective, *une sécurité d'emploi véritable*»[67].

Ceci afin, notamment, de renforcer la neutralité de la police et la mettre à l'abri de toute partisanerie, favoritisme, ou pression politique.

— *Les horaires.* Les policiers de la S.Q. et de la C.U.M. fournissent légalement en moyenne 35 heures/semaine. À cela s'ajoutent les heures supplémentaires qui portent en pratique la moyenne hebdomadaire à 43 heures/semaine dans les cités et villes et à 50 heures/semaine dans les petites municipalités[68].

Des rémunérations additionnelles au salaire de base sont alors versées aux policiers syndiqués. Les cadres, cependant, ne bénéficient qu'à l'occasion, de compensations sous forme de congés supplémentaires.

— *Les salaires.* L'absence de droit de grève fait que, en compensation, «l'État doit reconnaître aux policiers un traitement spécial au point de vue salarial»[69]. Cet argument de J. Choquette nous paraît discutable à un double point de vue. D'une part, nous avons vu qu'il existe des voies détournées, mais très efficaces de pression, auxquelles les forces policières n'hésitent pas à recourir. D'autre part, nous savons que nombre d'agents de l'État ne disposent pas non plus du droit de grève et ne sont même pas syndicables, sans bénéficier pour autant de conditions salariales plus avantageuses.

---

66. *Ibid.*, p. 204.

67. J. Choquette, p. 51. C'est nous qui soulignons.

68. Tant à la GRC qu'à la SQ on expérimente, depuis quelques mois, la formule de la semaine de 4 jours, à 10 heures de travail par jour.

69. Cette formule connue sous le nom de 4-3 a été, fin 1977 — début 1978, à la source d'un important conflit à la CUM. Elle doit, à la demande des policiers, entrer en vigueur à l'automne 1978.

Malgré cela, le tableau ci-après concernant les conditions salariales faites aux policiers dans la province montre combien les négociateurs ont été sensibles à l'argument de l'ex-ministre de la Justice.

Salaires annuels de divers corps policiers de la province de Québec au 1er avril 1976.

Corps de police Grade	Sûreté du Québec $	Communauté Urbaine de Montréal $	Trois Rivières $
Cadet	10,109	—	12,230
Agent	13,446 (0-6 mois ancienneté)	13,788 (0-6 mois ancienneté)	
Caporal	18,348	—	
Sergent	20,183	19,992	16,598
Lieutenant	21,180	21,944	17,472
	23,300		
Capitaine	22,770	23,966	
	25,050		
Inspecteur	24.480	—	
	28,150		
Inspecteur-chef ..	27,235	—	
	31,320	—	
Directeur général adjoint	25,750		
	30,900		

TABLEAU XXXV

La situation salariale avantageuse, faite aux policiers dans la province, apparaît de façon plus éclatante quand on la met en comparaison avec celle faite à d'autres catégories professionnelles, notamment les enseignants. Dans un récent article M. Roger Meunier écrit dans le journal «Le Jour» (13 mai 1976), qu'un enseignant avec 18 années de scolarité (maîtrise) touche à sa onzième année d'expérience professionnelle un salaire, enfin, comparable à celui d'un policier provincial qui n'aura lui que de 10 à 12 ans de scolarité et 3 ans de métier. À ce moment-là, l'enseignant a 39 ans d'âge tandis que son confrère policier aura lui à peine 22 ans. Si bien qu'à 39 ans le policier provincial aura gagné $366,681 comparativement aux $217,587 versés à l'enseignant. Soit une différence de 180,906 dollars. Une comparaison avec les professeurs d'université donnerait sensiblement les mêmes résultats compte tenu de leur niveau de formation plus élevé (doctorat : 20 années de scolarité) et leur entrée plus tardive sur le marché du travail.

M. Choquette préconise, en outre, avec raison cette fois, afin d'éviter des différenciations trop marquées dans les salaires versés aux cadres et aux membres d'un corps de police, non salariés au sens du Code du Travail, « que le pouvoir soit accordé à la C.P.Q. d'établir *une échelle de salaire minimum*» pour cette catégorie de personnel[70].

---

70. *Ibid*, p. 151.

— *Les bénéfices sociaux*. Prévus par les conventions collectives ils comprennent entre autres : les congés de maladie, les congés annuels, les congés pour convenance personnelle, l'assurance-salaire, l'assurance-maladie, les primes d'ancienneté, et la retraite. Tous ces avantages varient encore assez fortement d'une convention à une autre[71]. C'est ainsi que la retraite peut être accordée dans certains corps après 25 ans de service, tandis qu'elle ne peut être prise dans un corps voisin qu'à 65 ans révolus, sans égard au nombre d'années de service effectuées.

— *La responsabilité de l'agent*. Une recommandation du rapport Choquette vise à établir très clairement et légalement, « que l'employeur soit tenu de payer le montant de tout dommage, frais et intérêts payables en vertu de tout jugement pouvant être rendu contre un membre d'un corps policier et qu'aucun recours récursoire ne soit prévu contre un membre d'un corps de police, à l'exception des cas où tel membre d'un corps de police aurait agi de mauvaise foi ou aurait commis une faute lourde et inexcusable »[72].

— *Vers un code d'éthique policier ?* Le rapport Choquette préconise « que la C.P.Q. après consultation des représentants de la direction, des membres d'états-majors, des syndicats policiers et de l'Union des Municipalités, recommande les dispositions qui pourraient faire l'objet d'un code de discipline applicable à tous les corps policiers du Québec et qu'une loi édictant un tel code de discipline soit subséquemment adoptée »[73].

En décembre 1975 la C.P.Q. a constitué un Comité afin d'établir des règles de déontologie et déterminer la procédure applicable. « Les règles retenues traitent des devoirs du policier dans son service, de l'intégrité requise dans l'exercice des fonctions, de l'obéissance aux ordres et directives, du respect de l'autorité et de la loi, de sa collaboration avec l'administration de la justice, de l'impartialité nécessaire dans sa conduite, de ses attitudes dans ses relations avec le public, de l'utilisation de l'arme, et du respect des citoyens et de la personne humaine »[74]. Les travaux relatifs à ce projet de règlement se poursuivent actuellement.

Ce problème de la déontologie policière conduit évidemment tout droit à la frontière de l'organisation policière et de l'environnement social.

II. LE POLICIER DANS LA SOCIÉTÉ

Le travail de policier consiste à remplir certaines fonctions sociales.

---

71. Il y a, au Québec, 99 régimes supplémentaires de rentes en vigueur, dont 23 rien que pour le service de police de la CUM. La CPQ et la Commission administrative du régime de rentes du Québec étudient, depuis 1975, l'opportunité d'aboutir à un régime universel et uniforme de rentes pour l'ensemble des corps policiers de la province.

72. *Ibid*, p. 151. C'est à peu de chose près la situation actuelle — y compris au sein de la SQ et de la GRC — telle qu'elle ressort de la jurisprudence. La recommandation Choquette vise simplement à mettre les choses au clair dans un texte de loi.

73. *Ibid*, p. 151.

74. Rapport annuel de 1975 de la CPQ, op. cit., p. 46.

Quelles sont ces fonctions? Comment sont-elles perçues en général par la population québécoise?[75].

1) Les fonctions policières: diversité et difficulté.

a) *La diversité des fonctions.* Nous ne tiendrons pas compte du fait que, dans nombre de municipalités de petite ou moyenne importance, les policiers assument aussi les fonctions de pompier à l'intérieur d'un corps unique de policiers-pompiers[76]. Nous ne présenterons ici que les tâches de police proprement dites. Ces tâches sont de deux sortes: les tâches de gendarmerie d'une part, les tâches de sûreté d'autre part.

— *La gendarmerie.* Confiées aux patrouilles, les missions de gendarmerie mobilisent environ 80% des effectifs policiers. Malgré la multiplication, ces quinze dernières années, des édifices en hauteur, la patrouille reste le fer de lance de la prévention du crime grâce à la présence qu'elle assure dans la rue. Ce qui ne signifie pas, évidemment, que sa tâche de répression du crime soit négligeable. Un grand nombre d'arrestations sont le résultat du travail des patrouilleurs. Ce quadrillage au sol permet, outre ces fonctions de prévention et de répression, de rendre de nombreux services auxiliaires à la population: constats d'accidents, secours aux personnes malades ou blessées, querelles de voisinage, stationnement, circulation aux croisées de voies etc... La patrouille constitue, on le voit, le premier point de contact entre les citoyens et les corps plus spécialisés de police.

Les patrouilles manquent toutefois d'une certaine efficacité due principalement aux facteurs suivants: faiblesse de la coordination des patrouilles entre elles, mauvaise communication entre les patrouilleurs et le corps des détectives, insuffisance de la formation reçue par les agents, morcellement de l'activité découlant de la multiplicité et de l'abondance croissante des cas d'intervention, tendance à se comporter plus en promeneurs passifs qu'en observateurs attentifs etc...

Un effort pour remédier à ces défauts, notamment par la priorité donnée à la concertation et à la spécialisation (police-jeunesse) est tenté actuellement, à titre expérimental, dans quelques corps policiers.

— *La sûreté.* Elle est confiée aux détectives. C'est eux qui sont chargés d'effectuer les enquêtes criminelles. Leur corps présente cependant un certain nombre de défauts; ce qui n'est pas fait pour accroître leur efficacité. La formation reçue par nombre de détectives s'avère très souvent largement insuffisante, surtout dans les petites et moyennes municipalités. Chaque enquêteur se voit, d'autre part, confier un nombre surabondant de plaintes à traiter. Sans compter le manque, là aussi, de coordination, de collaboration et de communications inter-escouades. Quant aux meilleurs détectives, ils finissent très vite par être happés par des responsabilités administratives

---

75. Un comité chargé d'étudier le rôle et les fonctions policières a été constitué en 1975 par la CPQ. Ce comité a siégé à quelques occasions depuis sa création. À la date où ces lignes sont écrites — mai 1976 — les travaux du Comité se poursuivent. les développements qui suivent n'ont donc pas pu tenir compte de cette recherche.

76. Sur 228 services de police municipaux permanents, 121 agissent aussi comme services de protection contre les incendies — Rapport annuel 1975 de la C.P.Q, op. cit., p. 197.

croissantes qui leur permettent d'atteindre et d'illustrer par là-même le principe «Peterien» du niveau d'incompétence, tandis que de jeunes détectives inexpérimentés leur succèdent.

Signalons, en outre, que la Sûreté ne constitue pas, au Québec, un organisme autonome au sein de la police, comme c'est le cas en France par exemple où il existe une police judiciaire. Or, la majorité de la population (86%) se déclare favorable à «la création au Québec d'une véritable P.J. chargée de la découverte des crimes et de la recherche des preuves et des criminels»[77]. Il ne s'agit cependant, là, que d'une éventualité de changement pour l'avenir.

b) *La difficulté des fonctions.* Les fonctions policières sont difficiles d'exercice car le système de démocratie libérale, qui constitue le cadre socio-politique de leur action, fixe des barrières très étroites aux corps policiers. C'est ainsi que le corridor à l'intérieur duquel ils se meuvent, est étroitement limité par les exigences contradictoires de la sécurité générale du corps social tout entier et la protection des droits fondamentaux de chaque citoyen membre de ce corps social.

Cependant, comme la loi et le règlement ne peuvent tout prévoir par le menu détail, il reste au policier au contact avec les réalités, à faire preuve d'un pouvoir discrétionnaire et d'un jugement personnel dont la portée dépasse, hélas trop souvent, le niveau de préparation académique reçu. «Adjust the law on the books, to the law on the street» n'est pas toujours une tâche aisée[78].

Enfin la tâche policière s'avère de plus en plus dangereuse au fur et à mesure que croissent, dans la société, la criminalité et la violence sociale, tandis que le représentant des forces de l'ordre ne trouve pas toujours, auprès de la population, l'appui moral qu'il aimerait y trouver.

2) Le policier et le public

La police est indispensable. La société en a besoin, mais ne l'aime pas toujours. Au Québec, le sentiment de la population québécoise, vis-à-vis de la police est mitigé, bien qu'en général assez favorable[79]. La police quant à elle aurait plutôt tendance, au Québec, à nourrir un complexe de «persécution».

a) *La police vue par le public: un sentiment mitigé bien que plutôt favorable.* L'opinion québécoise distingue deux types de tâches:

— *les tâches de protection* qui regroupent notamment cette série de «servitudes extra-criminelles» — 90% des interventions de la gendarmerie — qui, elles, sont bien perçues par la population. Ce qui explique que nombre de

---

77. Rapport Prévost, annexe 2, p. 159.

78. Cressey, D.R., The role of discretion, diplomacy and subcultures of justice in crime control — Copenhagen — cité par Hulsman, Rico et Rizkalla «Fonctions et tâches de la police» dans «Police, culture et société» — Presses de l'Université de Montréal — 1974, 233 pp., p. 30.

79. Ce sentiment mitigé est peut-être dû au fait que «malgré les diverses sources d'informations offertes au citoyen pour connaître son corps policier, le degré et la valeur de cette connaissance sont loin d'être satisfaisants». Rapport Prévost, annexe 2, p. 171.

530

responsables policiers ne souhaitent pas voir la police se départir de ces fonctions, que pourraient aisément remplir des services auxiliaires non-policiers, de crainte de voir la police apparaître, aux yeux de l'opinion publique, uniquement comme une force de répression.

— *les tâches de répression* (contrôle des manifestations, escouades anti-émeutes, perquisition, arrestation, etc...) qui elles, sont considérablement moins bien vues par la population. D'autant plus que la police se heurte ici à des forces de changement, s'érige en défenseur d'un ordre contesté et recourt elle-même à l'usage de la violence.

Mais disons qu'au Québec, d'une façon générale, la police n'a pas trop lieu de se plaindre de sa population. En effet, « l'évaluation par les citoyens de la façon dont leur service de police s'acquitte de ses tâches essentielles (maintien de l'ordre, protection de la vie et de la propriété, observation des lois etc...) est en général assez élevée », puisque les taux de satisfaction varient entre 50 et 70%[80].

b) *Le public vu par le policier : un certain complexe de « persécution ».* Les policiers québécois ont tendance à faire de l'autosatisfaction. Ils perçoivent de manière très favorable la façon dont ils établissent les contacts avec le public. « Particulièrement satisfaisant est, à leurs yeux, leur comportement à l'égard de certaines catégories de citoyens : victimes, étudiants, automobilistes, plaignants, témoins ». Aussi comprennent-ils mal pourquoi, selon eux « le public juge la police de façon plutôt défavorable ». Ils « dénoncent le peu de collaboration de la part du public dans l'accomplissement de certaines de leurs tâches, expriment leur insatisfaciton vis-à-vis du comportement des citoyens sur certains points reliés au travail policier »[81].

Sans présenter une acuité extrême, il existe, au Québec, un problème réel de relations policier-public. Une politique adéquate d'informations et d'accueil, visant à rendre plus attractif que répulsif le contact des citoyens avec les agents de police semble s'imposer. Certains observateurs soulignent, quant à eux, la possibilité de création d'un ombudsman spécialisé en matière policière. C'est ainsi que le rapport de la Commission d'enquête Morin rendu public le 19 mars 1976 recommande la création d'un ombudsman chargé de recevoir les plaintes du public à l'égard de la G.R.C., ainsi que celles des membres de la G.R.C. contre les mesures disciplinaires qui les frappent[82]. Cette recommandation n'a eu, pour l'instant, aucune suite. Signalons simplement qu'au Québec, le protecteur du citoyen habilité à recevoir les plaintes du public contre la S.Q. mais non contre les polices municipales — ne traite chaque année qu'un très petit nombre de cas afférent à ce secteur. Il est vrai que la C.P.Q. lui fait concurrence, dans un domaine où elle est plus spécialisée et où elle détient un champ de juridiction plus étendue, ayant compétence sur les polices municipales[83].

80. Rapport Prévost, annexe 2, p. 61.
81. Rapport Prévost, annexe 3, p. 205.
82. Cf. Le Soleil - 20 mars 1976.
83. Sur le Protecteur du citoyen. cf. Alain Baccigalupo « le Protecteur des citoyens et la Société québécoise ». RISA, vol. XLI, no 2, pp. 128-134.

CONCLUSION

L'administration de la police au Québec devrait, dans l'avenir, orienter son développement autour de deux réformes principales.

La première, d'ordre interne, tournerait autour de la notion de *réorganisation administrative*. La police québécoise gagnerait beaucoup en efficacité, si elle mettait l'accent sur la modernisation et l'accroissement des moyens, la coordination de ses services, la planification de ses activités, la rationalisation de ses fonctions, la neutralité politique et la professionnalisation de son personnel. La substitution des relations axées sur la motivation et les relations humaines, au style périmé de commandement autoritaire[84] ainsi que l'établissement de relations syndicats-état-major policiers plus confiantes, ne nuirait pas non plus à l'action des services de police.

La seconde réforme, d'ordre externe, tournerait, elle, autour du concept de *relations-publiques*. Le policier doit accepter d'être démythifier aux yeux de l'opinion. C'est là une condition indispensable à la sortie de la police québécoise d'un isolement encore tout relatif, mais déjà bien réel. Certains observateurs sont allés jusqu'à recommander la création d'un organisme consultatif en matière policière, regroupant des policiers et des citoyens, rattaché au ministère de la Justice ou d'un éventuel ministère de la police : le Conseil National de la Police. Cette formule, et bien d'autres encore, ne pourraient, effectivement, que contribuer à améliorer les relations police-citoyens et à rétablir un contact qui risque sans cela de se détériorer gravement.

Tels sont les principaux moyens qui, mis en oeuvre, devraient concourir à rendre l'administration de la police, mieux à même de lutter plus efficacement, contre une criminalité sans cesse plus envahissante.

* * * * * *

Conscient des multiples problèmes qui assaillent l'organisation policière de la province, le gouvernement libéral d'abord, puis le gouvernement péquiste ont, par deux arrêtés en conseil en date du 6 octobre 1976 et du 16 mars 1977, créé un groupe de travail sur les fonctions policières (GTFP). Ce groupe présidé par M. Lucien Saulnier, conseiller spécial auprès du Conseil exécutif, et rattaché au ministre de la Justice, avait pour tâche de réfléchir sur les moyens les plus susceptibles d'aider la police dans ses missions de prévention du crime et d'arrestation des criminels[85].

Déposé et rendu public au courant du mois de janvier 1978, le rapport du

---

84. N'oublions pas, qu'aux dires mêmes des policiers, ce sont les facteurs motivationnels de première importance (considération, travail, responsabilités, perspectives de promotion et d'accomplissement, etc...) qui sont les plus négligés par l'administration des services de police au Québec. Rapport Prévost, annexe 3, p. 88.

85. Les autres membres du GTFP étaient les suivants : Me Jacques Bellemare, avocat, M. Réjean Brault, secrétaire de la Commission de Police, M. Roch Duford, sergent et instructeur à l'Institut de police de Nicolet, M. Gérard Giroux, conseiller technique de l'Association des chefs de police et pompiers de la province de Québec, Me Jacques O'Bready, maire de Sherbrooke, et M. Roméo Landry, directeur du service des études et recherches à la Direction générale de la sécurité publique, secrétaire du GTFP.

GTFP contient les principales recommandations suivantes[86]:

1°) En matière de compétence: éviter les chevauchements de mandats[87]

Ceci entraînera pour le gouvernement l'obligation de:

a) Re-définir le rôle de la Gendarmerie royale du Canada de façon à ce qu'elle ne s'occupe plus que des lois fédérales à caractère fiscal, comme la loi de l'impôt sur le revenu, la Loi des douanes, les lois d'accises, celles relatives aux monnaies, et selon toute vraisemblance, les matières d'application du code criminel qui comportent un élément international comme certaines opérations reliées au trafic de drogues;

b) Préciser, en conséquence, les attributions respectives de la Sûreté du Québec et des corps de police municipaux de façon à leur permettre de voir à l'application de toutes les lois qui sont en vigueur (dans la province), y compris les lois fédérales, à l'exception de celles énoncées précédemment;

c) Changer le nom de la Sûreté du Québec en Gendarmerie du Québec. Celle-ci devrait avoir la responsabilité particulière de lutter contre le crime organisé et le crime économique, se substituer aux services d'inspection du ministère des Transports et à la police des autoroutes, surveiller les personnes libérées sous caution, contrôler le permis de personnes et d'agences de protection et de gardiennage, ainsi que les permis de port d'armes, et assurer à la population demeurant en dehors des districts urbains la protection policière complexe à laquelle elle a droit.

2°) En matière d'organisation: une coordination améliorée au niveau régional

Ce qui signifie pour un gouvernement désireux de rationaliser l'organisation actuelle des forces de police la nécessité de:

a) faire disparaître les corps policiers municipaux dont la trop faible taille les empêche de se bien structurer et de fournir un service adéquat;

b) abroger pour les municipalités hors des districts urbains, les dispositions statutaires qui les obligent actuellement à établir et à maintenir un corps de police;

c) regrouper les corps policiers à l'intérieur de 34 ensembles intégrés desservant chacun un territoire urbanisé bien défini;

d) faire administrer localement le service de police de chaque district urbain

---

86. Rapport du Groupe de Travail sur l'Organisation et les Fonctions policières au Québec, Éditeur officiel du Québec, 1978, 476 p., plus annexes.

87. Cette question des chevauchements de mandats, ainsi que toute la question des compétences de la police fédérale en territoires québécois ont fait l'objet de nombreuses discussions entre les deux niveaux de gouvernement et les milieux judiciaires, suite à la création par les deux niveaux de gouvernement des commissions d'enquête MacDonald (fédéral) et Keable (provincial) au courant de l'année 1977. Au moment où ces lignes s'écrivent — février 1978 — la Cour d'Appel du Québec vient d'obliger la Commissions Keable à cesser toute activité. Quant au ministère de la Justice du Québec, il vient d'interjeter appel de ce jugement devant la Cour Suprême du Canada.

par des conseils de district. Ces conseils devront être autorisés à partager le coût des services policiers au moyen d'un système de taxe foncière à deux taux. Ils se verront en outre distribuer la subvention par habitant actuellement versée aux municipalités, mais calculée dorénavant sur la base de la population consolidée des municipalités comprises dans ces districts. C'est eux aussi qui verront à remettre aux municipalités constituantes la part des subventions qui leur revient, calculée sur les mêmes bases.

À l'exception des districts de Laval, Sept-Iles, et des communautés urbaines de Montréal et Québec où existent déjà des conseils, tous les autres districts urbains devront avoir à leur tête un conseil composé, soit des maires des municipalités du district, soit des maires et des conseillers désignés par les municipalités constituantes. Dans ces conseils, la pondération des voix des membres sera définie selon la proportion de la population respective de chacune des municipalités par rapport à celle du district. Ces conseils bénéficieront pour les services de protection policière et de soutien des pouvoirs que possèdent les municipalités. En conséquence, les pouvoirs des gérants municipaux devront être revus et le Conseil de sécurité de la CUM aboli. En effet, ce dernier devra avoir les mêmes pouvoirs que les autres conseils de district.

3°) En matière de contrôle : l'Inspectorat général et la Commission de Police

Le G.T.F.P. préconise la création d'un Inspectorat général de la police et l'éclatement de la Commission de Police.

a) L'Inspectorat général de la police sera chargé notamment d'analyser de façon permanente l'organisation, la fonction policière et l'efficacité de son action. Son personnel sera constitué des personnes actuellement attachées à la Direction générale de la sécurité publique du ministère de la Justice, ainsi que des personnes membres ou à l'emploi de la Commission de Police qui ne seront plus nécessaires aux termes de la mission modifiée de cette Commission ;

b) La Commission de Police sera démantelée et ne conservera que ses pouvoirs quasi-judiciaires vis-à-vis de tout corps de police et de tout policier en service au Québec ; les pouvoirs de conseil étant dorénavant attribués à l'Inspectorat général de la police et le pouvoir de réglementation désormais réservé au lieutenant-gouverneur en conseil.

4°) En matière de fonction policière : rapprocher le policier du citoyen

Cet objectif devrait être atteint par la mise en vigueur des trois recommandations ci-après :

a) Reconnaître une importance prioritaire au travail de quadrillage visible au sol et de connaissance du milieu humain effectué par les patrouilleurs afin de réaliser le but premier de tout service de protection policière : la dissuasion et la prévention des actes prohibés. Ce but sera d'autant mieux atteint que le travail des policiers s'effectuera, sauf cas exceptionnel, dans des véhicules nettement identifiables (peints à leurs couleurs officielles) et par des agents en tenue (uniforme). Ces opérations de patrouille devront s'effectuer principalement par des policiers agissant seuls, le GTFP étant arrivé à la conclusion que le jumelage tant réclamé par les policiers était une formule moins efficace;

b) Valoriser la fonction policière en en faisant une carrière professionnelle complète par l'amélioration des critères de recrutement existants, l'introduction de normes nouvelles mettant l'accent sur la dimension « formation », les qualifications intellectuelles, et l'accès de professionnels à certaines fonctions policières;

c) Créer un corps d'auxiliaires volontaires de la police utilisables en cas de battues, conflagrations, tempêtes de neige, inondations, feux de forêts, etc...

Selon le G.T.F.P., la mise en oeuvre par le gouvernement de ces principales recommandations devrait présenter les trois avantages essentiels suivants:

— améliorer la qualité de la protection policière;

— accroître la motivation au travail des policiers découlant de la possibilité désormais offerte d'effectuer une carrière professionnelle;

— alléger en règle générale le fardeau fiscal tout en le répartissant de façon plus équitable.

Le tout pour une augmentation « raisonnable » évaluée par le GTFP à $25,000,000. de la charge financière de la Trésorerie provinciale découlant principalement de la création des 34 districts policiers.

À l'heure où ces lignes s'écrivent, le rapport du GTFP fait l'objet d'études et de consultations tant au gouvernement que dans les milieux policiers de la province.

LE PROTECTEUR DU CITOYEN
DANS LA PROVINCE DE QUÉBEC

En sanctionnant le 14 novembre 1968 la Loi du Protecteur du Citoyen, la province de Québec, loin d'innover dans le domaine du contrôle de l'administration publique, créait, au contraire, une institution adoptée depuis 250 ans par la Suède et imitée, depuis le début du siècle et surtout depuis la fin de la seconde guerre mondiale, par de très nombreux pays.

Au Canada même, le Québec ne fut que la troisième province à mettre sur pied un tel organe, après l'Alberta et le Nouveau-Brunswick (1967). Depuis lors, l'exemple de ces trois provinces a été suivi par tous les autres États de la confédération, à l'exclusion de l'île du Prince-Édouard. Quant au gouvernement canadien, il a adopté, à la fin 1977, le principe de la création d'un ombudsman pour l'administration fédérale et a confié à un comité le soin de prévoir dans les meilleurs délais, les modalités d'application.

En 1962, l'Union Nationale, parti d'opposition au gouvernement libéral, défend, la première, l'idée d'un ombudsman pour le Québec. Mais c'est surtout en 1966, avec le retour au pouvoir de l'Union Nationale sous l'égide du Premier Ministre Daniel Johnson, que l'idée va rapidement se concrétiser. Dès 1967, plusieurs études sont entreprises, encouragées par l'apparition d'un ombudsman en Alberta (30 mars 1967) et au Nouveau-Brunswick (19 mai 1967). Elles permirent la rédaction d'un projet de loi, lequel fut présenté en mars 1968 à l'Assemblée Nationale de Québec, débattu en octobre de la même année et adopté le 14 novembre 1968 sous le nom de : Loi du Protecteur du Citoyen.

Quels sont les principaux rouages institutionnels créés par cette nouvelle loi ? Comment fonctionne en pratique l'organe de contrôle ? Telles seront les deux principales parties de nos développements.

I. LES ROUAGES INSTITUTIONNELS

A) ORIGINE ET RÔLE DE L'INSTITUTION

1. Les facteurs de création

La création d'un ombudsman au Québec est la conséquence d'une situation se caractérisant par divers facteurs d'importance capitale :

1° *le rôle grandissant de l'État*

a) *Le développement de la machine administrative.* Depuis 1960, le citoyen québécois assiste à la multiplication des Services publics et à l'extension des responsabilités de l'État, à des secteurs qui relevaient jadis des individus et de la libre entreprise.

b) *Le développement des pouvoirs discrétionnaires abandonnés aux mains des agents administratifs.* Le nouveau domaine d'intervention de l'État

---

* Texte écrit avec la colalboration de Mlle E. Groulx, assistante à la recherche.

étant le secteur socio-économique, et le Parlement ne pouvant se permettre d'entrer dans le détail et de légiférer sur tous les aspects d'un problème, il s'en suivit le vote de lois-cadres et, pour leur application pratique, de délégations aux ministres et aux agents publics de pouvoirs discrétionnaires, de marges de manoeuvres de plus en plus larges aboutissant à une dépersonnalisation de l'administration dans un souci d'efficacité.

Cette nouvelle situation ne fut pas sans poser rapidement et logiquement le problème du contrôle de l'administration publique québécoise.

Ce problème se posait au pays, avec d'autant plus d'acuité, que les deux moyens traditionnels de contrôle des activités de l'administration par les citoyens, s'avéraient de moins en moins capables de répondre aux besoins pour lesquels ils avaient été créés.

2° *la faiblesse des moyens de contrôle traditionnels*

a) *L'insuffisance du contrôle parlementaire sur l'administration.* Dans les systèmes politico-administratifs évolués, le parlementaire, mal préparé à son rôle, peu au courant bien souvent du labyrinthe administratif, trop accaparé par des tâches de plus en plus envahissantes, n'est plus à même de remplir ses fonctions d'intermédiaire entre l'État et le citoyen.

En outre, très souvent, les commissions parlementaires se heurtent au cours de leurs enquêtes au sacro-saint secret administratif et au principe de la séparation des pouvoirs, qui fait qu'une zone d'ombre, plus ou moins dense et étendue, échappe au contrôle de la députation. Et lorsque cette zone d'ombre disparaît, alors c'est l'exercice même de la responsabilité ministérielle qui apparaît dans la plupart des cas, démesuré par rapport aux fautes commises par les administrateurs, pour pouvoir être mis en oeuvre. Si bien que seuls, là encore, certains scandales peuvent entraîner, exceptionnellement, la mise en jeu de cette procédure, tandis que l'immense majorité des cas échappe pratiquement à tout contrôle politique.

Enfin, lorsque malgré tous ces obstacles le contrôle sur l'administration est exercé en personne par un député, cette intervention résulte plus souvent d'une amitié ou d'un calcul politique que de la volonté de réparer, en toute objectivité, une erreur commise.

Reste au citoyen à communiquer avec l'autorité juridictionnelle.

b) *L'insuffisance du contrôle juridictionnel sur l'administration.* Dans la plupart des pays de tradition anglo-saxonne où règne le principe d'unité de juridiction, c'est aux tribunaux de l'ordre judiciaire qu'il appartient de régler le contentieux né des actes des agents de l'administration.

Le rôle de ces cours de justice — la Cour supérieure en l'occurence au Québec — porte sur l'appréciation de la légalité des décisions de l'administration, par le biais de recours divers qui sont, d'une part, peu adaptés à la conjoncture nouvelle et qui, d'autre part, n'offrent aux administrés qu'une défense assez limitée de leurs droits et de leurs libertés.

De plus, la multiplication des organismes quasi-judiciaires, souvent exempts de tout contrôle judiciaire par la volonté même du législateur, afin de leur conférer une plus grande efficacité, renforce encore le domaine des actes discrétionnaires de l'administration.

2. Rôle de l'institution

L'essentiel de la tâche consiste en quatre grandes fonctions :

a) *Fonction d'information.* Le Protecteur du Citoyen est au carrefour d'un réseau de communications dont les trois principaux interlocuteurs sont les citoyens, l'administration, le Parlement[1].

L'ombudsman reçoit, en effet, les plaintes des citoyens l'informant de ce qui, selon eux, ne va pas, enquête alors auprès des administrations et recueille toutes les informations utiles, puis informe à son tour les plaignants de la suite donnée à leurs requêtes et à ses recommandations, avant de porter à la connaissance du Parlement, par le biais du rapport annuel, l'état de ses activités.

En ce sens, l'ombudsman contribue à favoriser une meilleure compréhension réciproque entre administrateurs et administrés, entre gouvernants et gouvernés.

b) *Fonction de correction.* Parce qu'il est chargé d'assurer la protection des citoyens contre les abus de la puissance publique, l'ombudsman joue un rôle correctif par le biais des recommandations qu'il adresse à l'administration, chaque fois qu'il relève un cas concret de maladministration.

c) *Fonction de prévention.* La fonction de correction que nous venons d'examiner est, en réalité, la fonction pathologique de l'ombudsman. Elle n'intervient que lorsque la première fonction de l'ombudsman, celle de prévention, n'a pas suffi à assurer un fonctionnement satisfaisant de la machine administrative.

Il y a, en effet, un rôle de dissuasion rempli par le Protecteur du Citoyen. C'est un peu «la peur du gendarme» que fait naître la seule présence de l'ombudsman qui devrait contribuer à éviter la naissance d'un grand nombre de mesures injustes pour le citoyen et qu'une administration sans contrôle de cette sorte pourrait plus facilement se laisser aller à commettre, à peu près assurée de l'impunité de ses actes.

d) *Fonction de réformation.* En interprétant les textes et en critiquant les actes des administrateurs, en recherchant des solutions et en faisant des suggestions pour que soient amendées les lois existantes, afin d'éviter que ne se répètent à l'avenir des situations malheureuses, éclaircies à la lumière des plaintes reçues, le Protecteur du Citoyen développe une jurisprudence et une pratique nouvelle peut se développer à partir de là pour les agents administratifs.

B) NATURE ET ATTRIBUTIONS DE L'INSTITUTION

a) *L'ombudsman : ce qu'il n'est pas.* C'est de façon négative qu'il convient au départ de cerner cet organe. En effet, le Protecteur du Citoyen, au cours de ses activités, revêt des aspects multiformes qui le font apparaître tantôt comme un parlementaire, tantôt comme un administrateur, tantôt encore comme un magistrat ou un avocat, or :

---

1. Pour plus de renseignements sur les relations de l'ombudsman avec ses autres partenaires, cf. infra-section VI.

— ce n'est pas un parlementaire, bien qu'il remplisse, comme les députés, un rôle d'intermédiaire[2] entre les citoyens et l'État, et bien qu'il tire son pouvoir de l'autorité de l'Assemblée Nationale qui le nomme, car il n'en présente pas les autres caractères : il n'est pas élu au suffrage universel direct, son mandat n'est pas lié à celui de l'assemblée qui le désigne, il reste étranger aux changements politiques pendant toute la durée de son mandat ;

— ce n'est pas un administrateur, bien qu'il remplisse, à la fois, les fonctions de contrôleur et de réformateur de l'administration, car l'ombudsman québécois ne relève pas de la loi sur la fonction publique, n'accomplit pas personnellement d'actes administratifs, reste complètement extérieur à la hiérarchie administrative ;

— ce n'est pas un magistrat, bien qu'il participe du pouvoir judiciaire par ses privilèges de commissaire enquêteur, car les avis qu'il émet, dans les litiges qui opposent le citoyen à l'État, ne sont que des recommandations non exécutoires ;

— ce n'est pas non plus un « avocat chargé de défendre les intérêts d'un client en faisant valoir ses prétentions dans le cadre d'un système de procédure fondé sur le principe du contradictoire (adversary system) »[3].

b) *L'ombudsman : ce qu'il est.* Me Louis Marceau donne, dans son premier rapport, une définition de l'ombudsman qu'il convient de rappeler. Selon lui, le Protecteur du Citoyen est un « fondé de pouvoir de l'Assemblée Nationale chargé de recevoir les plaintes du public à l'égard de l'administration gouvernementale, de faire enquête à leur sujet et de faire, au besoin, aux autorités concernées, sous forme de recommandations ou de rapports, les représentations qu'il juge appropriées »[4].

1. *C'est un intermédiaire indépendant.* Le Protecteur du Citoyen se situe entre les administrés et l'administration publique provinciale. C'est dire que les principales qualités que l'on est en droit d'attendre de l'ombudsman sont : la disponibilité, l'accessibilité et l'ouverture sur autrui.

Il ne peut toutefois remplir valablement sa tâche, que dans la mesure où il est indépendant et de l'administration et des citoyens et du Parlement. Aussi, la loi de fondation garantit-elle l'indépendance de l'ombudsman par une procédure de nomination et de cessation de fonction adéquate, par une rémunération honorable et par une série d'indispensables immunités.

— *La procédure de nomination et de cessation de fonction.* « L'Assemblée législative nomme, sur proposition du Premier Ministre, une personne appelée « Protecteur du Citoyen »... Une telle nomination doit, pour être valide, avoir été approuvée par les deux tiers des membres » de ladite assemblée[5]. « La durée du mandat du Protecteur du Citoyen est de cinq ans »

---

2. N'oublions pas que le mot « ombudsman » emprunté à la langue suédoise se traduit en français par « intermédiaire », « représentant ».

3. Me Louis Marceau. Premier Rapport Annuel, op. cit., p. 36.

4. *Ibid.,* p. 37.

5. Article 1er de la Loi du Protecteur du Citoyen.

(art. 2) et il ne peut être destitué que par une résolution de l'Assemblée législative approuvée par les deux tiers de ses membres» (art. 3).

— *Le traitement du Protecteur du Citoyen* est fixé par l'Assemblée (art. 1) ce qui répond au besoin de sauvegarder son indépendance vis-à-vis du gouvernement[6].

— *Les immunités* dont bénéficie le Protecteur du Citoyen sont nombreuses. L'ombudsman ne peut, en effet, être poursuivi en justice en raison des actes officiels accomplis de bonne foi dans l'exercice de ses fonctions (art. 30)[7].

En outre, «aucune action civile ne peut être intentée en raison ou en conséquence de la publication d'un rapport du Protecteur du Citoyen en vertu de la présente loi, ou de la publication faite de bonne foi, d'un extrait ou d'un résumé d'un tel rapport» (art. 35).

2. *Un intermédiaire n'ayant toutefois qu'un simple pouvoir de recommandation.* Le Protecteur du Citoyen n'a, en effet, qu'un simple pouvoir de recommandation. Il ne jouit ni de l'autorité du supérieur hiérarchique, ni de celle, juridictionnelle, d'un tribunal[8].

Cette absence de pouvoir de coercition ne présente cependant pas que des inconvénients.

Certes, elle rend quelque peu aléatoire le succès de la mission et suppose, pour réussir, la réunion de deux conditions majeures à tout pouvoir de persuasion : premièrement, une grande autorité morale de la part du titulaire de la fonction[9] et deuxièmement, une certaine ouverture d'esprit de la part des administrateurs. Sans cette confiance réciproque indispensable au dialogue, le contrôle sur l'administration ne serait qu'un leurre.

Il faut cependant préciser, outre le fait qu'il apparaît malaisé de conférer à un individu le droit d'imposer à un exécutif gouvernemental ses propres conceptions en matière d'administration, que c'est justement la conséquence de ce principe qui fait que l'ombudsman 1. jouit de pouvoirs d'enquête extrêmement étendus, 2. peut se permettre de fonder ses avis sur l'équité, 3. a vu son champ de compétences défini de façon peu rigide, 4. a été autorisé à se prononcer, non seulement sur l'opportunité d'une politique administrative, mais aussi sur le contenu même d'un texte de loi, ce que n'est évidemment pas autorisé à faire un tribunal.

Ces deux derniers points appellent quelques développements concernant le domaine de compétences de l'ombudsman québécois.

Pour être convenablement délimités, deux secteurs doivent être distingués : le domaine hors-compétence et le domaine de compétence proprement dit.

---

6. Notons que sa rémunération correspond aux plus hauts salaires versés par le Gouvernement québécois, notamment à ceux perçus par les sous-ministres.

7. Il en est de même pour son adjoint ainsi que pour ses fonctionnaires et employés.

8. Sur les instruments d'intervention de l'ombudsman, cf. infra section VII.

9. Ce qui soit dit en passant est le cas incontestablement de l'actuel titulaire de la fonction, Me Louis Marceau, ancien doyen de la Faculté de Droit de l'Université Laval.

a) *Le domaine hors-compétence: 1. Le champ d'attributions voit des limites se dresser au niveau supra et infra-provincial.*

En effet, au niveau supra-provincial, les actes de l'administration fédérale et des autres provinces échappent à la compétence de l'ombudsman.

Au niveau infra-provincial, deux grands secteurs administratifs lui échappent aussi: le domaine de l'administration municipale et celui de l'administration scolaire.

Signalons, que rien ne justifie vraiment l'absence d'attributions de l'ombudsman québécois sur ces deux domaines de compétence exclusivement provinciale que sont les corporations municipales et scolaires.

Trois raisons ont été avancées afin de tenter d'expliquer pourquoi ces secteurs avaient été laissés hors des compétences reconnues à l'ombudsman : **1.** la volonté de limiter le nombre de plaintes de façon à les contenir et à permettre à l'ombudsman de les traiter valablement ; **2.** une conception selon laquelle les affaires aux niveaux local et régional seraient moins lourdes de conséquences pour le citoyen ; **3.** l'opinion selon laquelle soumettre les collectivités locales au contrôle d'un agent du pouvoir central serait porter atteinte à leur autonomie.

Aucun de ces trois arguments ne résiste à l'examen. Premièrement, parce qu'il n'est pas vrai d'affirmer que toutes les affaires traitées au niveau central sont plus lourdes de conséquences que les affaires traitées au niveau local. En effet, pour un citoyen lésé dans son droit par l'administration, le fait que la décision ait été prise par une administration municipale ou ministérielle importe peu. L'injustice est là et mérite, elle aussi, d'être corrigée.

Deuxièmement, parce que rien ne s'opposerait si le nombre de plaintes grossissait exagérément et devait dépasser les capacités de travail d'un seul ombudsman, de créer deux fonctions de Protecteur du Citoyen.

Une autre solution pourrait encore être envisagée qui aurait l'avantage sur la précédente de maintenir une unité de vue en matière de contrôle et de jurisprudence administrative : conserver un seul poste d'ombudsman, mais lui attribuer un plus grand nombre d'adjoints, afin de répartir l'ensemble de la tâche de façon plus équilibrée.

Troisièmement, l'argument selon lequel ce serait porter atteinte à l'autonomie des collectivités locales que de les soumettre au contrôle d'un agent du pouvoir central ne peut être retenu, d'une part, parce qu'il y a bien d'autres façons de diminuer le degré d'autonomie des collectivités locales, ne serait-ce que par le biais des subventions, d'autre part, parce que le Protecteur du Citoyen n'a aucun pouvoir de décision. Comment dans ce cas pourrait-il porter atteinte à l'autorité des élus locaux ?

C'est dire clairement qu'une nécessité s'impose : celle d'étendre le domaine d'attributions actuel du Protecteur du Citoyen au Québec.

Cette réforme s'impose d'autant plus que d'autres actes pris par le gouvernement québécois échappent, eux aussi, bien que de niveau provincial, à la compétence de Me Marceau.

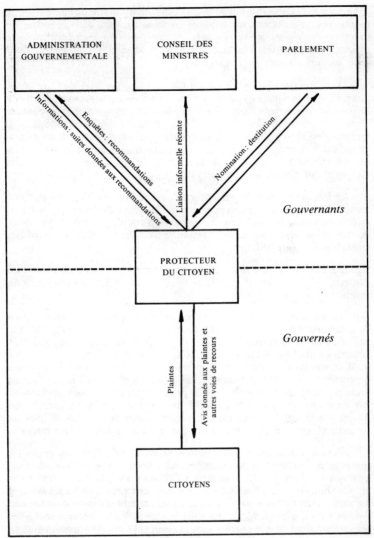

ADMINISTRATION GOUVERNEMENTALE

CONSEIL DES MINISTRES

PARLEMENT

Informations : suites données aux recommandations

Enquêtes : recommandations

Liaison informelle récente

Nomination : destitution

Gouvernants

PROTECTEUR DU CITOYEN

Gouvernés

Plaintes

Avis donnés aux plaintes et autres voies de recours

CITOYENS

Le médiateur au coeur du réseau socio-gouvernemental de communications.

TABLEAU XXXVI

2. *Le champ d'attributions voit des limites se dresser au niveau provincial.* C'est ainsi que l'article 16 stipule : « Le Protecteur du Citoyen ne peut faire enquête sur un acte ou une omission du lieutenant-gouverneur, du lieutenant-gouverneur en conseil, d'un tribunal visé à l'article 1 de la loi des

tribunaux judiciaires (Statuts refondus 1964, chap. 20) ou de l'un des juges, fonctionnaires ou employés d'un tel tribunal agissant dans l'exercice de fonctions judiciaires, ni sur un acte ou une omission à un fonctionnaire officier ou employé visé à l'article 13 dans ses relations de travail avec un autre fonctionnaire, officier ou employé».

D'autre part, «le Protecteur du Citoyen» doit refuser de faire ou de poursuivre une enquête lorsqu'il constate qu'il n'a pas compétence en vertu de la présente loi, lorsque la personne qui lui demande de faire une enquête dispose en vertu d'une loi, d'un appel ou d'un recours également adéquat ou, lorsqu'il s'est écoulé plus d'une année depuis que la personne qui lui demande de la faire a eu connaissance de l'acte ou de l'omission qui en ferait l'objet, à moins que cette personne ne démontre qu'elle a été, en fait, dans l'impossibilité d'agir plus tôt» (art. 17).

Le Protecteur du Citoyen «peut refuser de faire ou de poursuivre une enquête lorsqu'il estime que la personne qui lui demande de la faire n'a pas un intérêt personnel suffisant, qu'une demande d'enquête est frivole, vexatoire ou faite de mauvaise foi ou qu'une enquête n'est pas nécessaire eu égard aux circonstances» (art. 18).

L'article 41 limite lui aussi la compétence de l'ombudsman: «Le Protecteur du Citoyen ne peut faire enquête sur un acte ou une omission antérieure au 20 mars 1968».

b) *Le domaine de compétence.* C'est l'article 13 qui détermine le domaine de compétence en ces termes: «Le Protecteur du Citoyen fait enquête, à la demande de toute personne, chaque fois qu'il a raison de croire que dans l'exercice d'une fonction administrative, le titulaire d'une fonction, d'un office ou d'un emploi relevant du gouvernement ou de l'un de ses ministères ou organismes, a lésé cette personne. Il fait également enquête à la demande de toute personne, sur la procédure suivie par un organisme du gouvernement ou l'un de ses membres dans l'exercice d'une fonction quasi judiciaire, chaque fois qu'il a raison de croire que la procédure suivie est entachée de quelque irrégularité grave et que justice n'a pas été ou ne pourra être rendue».

Plusieurs dispositions — notamment celles relatives aux règles de compétence — n'étant pas toujours dénuées «d'équivoques et d'obscurité», il a fallu à l'ombudsman les interpréter. Celui-ci a alors la plupart du temps favorisé une interprétation libérale de la loi. Cette position lui a été dictée et par un souci de justice et par le fait que «si aux nombreux cas évidents de non juridiction... il avait fallu ajouter tous les cas douteux, presque toutes les plaintes auraient dû être rejetées sans examen et l'institution aurait perdu sa raison d'être».

Grâce à cette position libérale, de nombreux administrés purent recourir aux services de l'ombudsman. Comment ces services sont-ils organisés? Comment les citoyens s'y sont-ils pris? Quel cheminement a parcouru leurs demandes? À quels résultats ont-elles abouti?

Toutes ces questions posent le problème du fonctionnement de l'organe de contrôle, lequel sera examiné sous deux aspects principaux: le processus organisationnel d'une part et le jeu inter-administratif d'autre part.

II. LE FONCTIONNEMENT DE L'ORGANE DE CONTRÔLE

A) LES SERVICES ADMINISTRATIFS DE L'OMBUDSMAN

Deux points essentiels retiendront notre attention : le matériel et le personnel.

a) *Le matériel.* Constitué par les locaux et les équipements, il se compose présentement d'un siège central à Québec et d'un bureau à Montréal[10].

Le budget des dépenses d'opérations est relativement peu important puisque, traitements du personnel compris, il s'élevait à environ $120,000 en 1969, $250,000 en 1971, $430,000 en 1973, $540,000 en 1975 et $740,000 en 1977.

b) *Le personnel.* Assez peu nombreux afin d'éviter tout risque de bureaucratisation, il est constitué par une équipe légère et souple de spécialistes parmi lesquels un adjoint, des assistants, des employés de bureau et un conseiller juridique.

1. *L'adjoint.* Il est nommé par le gouvernement sur recommandation de l'ombudsman pour une durée de 5 ans. Son traitement — qui ne peut être réduit par la suite — est fixé par le lieutenant-gouverneur en conseil. Ce dernier peut le destituer avant la fin de son mandat, mais uniquement pour cause (art. 4).

Il bénéficie des mêmes immunités que le Protecteur du Citoyen et il est astreint au même serment.

Son seul rôle légal défini est de remplacer le Protecteur du Citoyen quand ce dernier ne peut pas exercer ses fonctions. Il appartient, en effet, au Protecteur du Citoyen de préciser les tâches de son adjoint (art. 12). Actuellement, ce dernier dirige le bureau de l'ombudsman à Montréal[11].

2. *Les assistants.* Ils sont choisis par l'ombudsman personnellement, mais leur nombre est fixé par le gouvernement à la suite d'un arrêté en conseil, après consultation du Protecteur du Citoyen (art. 11).

Leur destitution intervient à la suite d'un accord entre l'ombudsman et le gouvernement. Leur rémunération est fixée aussi par le gouvernement. Ils bénéficient des mêmes immunités et sont astreints aux mêmes serments que l'ombudsman et son adjoint.

3. *Le personnel de soutien.* Il est peu nombreux — moins de 15 personnes — et comprend surtout les chefs de secrétariat, les secrétaires, les réceptionnistes et le messager.

Cette équipe permanente de 20 à 25 personnes au total reçoit l'aide occasionnelle du conseiller juridique.

4. *Le conseiller juridique.* Il donne son avis d'expert sur certains

---

10. À Québec, les locaux sont situés dans une maison historique, 15, rue Haldimand, à proximité de l'Hôtel du Gouvernement, mais hors de la Cité parlementaire. À Montréal, ils sont situés au 1255, Carré Philips, chambre 500.

11. Nommé en vertu de l'article 4. Il s'agit de Me Robert Levêque, cr.

problèmes de nature juridique et, à ce titre, vient renforcer l'équipe pluridisciplinaire que composent l'ombudsman, l'adjoint et ses assistants[12].

B) LE PROCESSUS ADMINISTRATIF DE TRAITEMENT DES PLAINTES

Le processus de traitement des plaintes est prévu par les articles 20 à 29 de la loi. La pratique a nécessité cependant l'introduction de quelques étapes supplémentaires, si bien qu'une analyse fonctionnelle du processus met en évidence les quatre phases suivantes :

a) *La phase de réception*. La saisine de l'ombudsman s'opère très simplement et une absence presque totale de formalisme caractérise cette première étape. «Toute personne, dit l'article 20, qui demande au Protecteur du Citoyen de faire enquête doit le faire par écrit, indiquer ses nom, prénoms, adresse et occupation et exposer les faits qui donnent lieu à sa demande». Précisons, en outre, que «le Protecteur du Citoyen, son adjoint, ainsi que ses fonctionnaires et employés doivent prêter leur assistance pour la rédaction d'une demande d'enquête à toute personne qui le requiert» (art. 22).

Ceci, afin de mettre l'ombudsman à la portée de tous les citoyens, y compris les plus humbles, les moins instruits, qui sont souvent aussi parmi les plus vulnérables de la société.

D'autre part, rappelons qu'au terme de l'article 13, le Protecteur du Citoyen «peut aussi faire enquête de sa propre initiative»[13].

b) *La phase d'instruction*. Elle consiste en l'ouverture d'un dossier au nom du plaignant dans un premier temps. Dans un second temps, elle aboutit, soit à une décision de rejet de la demande sans enquête dans les cas de non-compétence (une lettre explicative est alors adressée à l'intéressé conformément à la loi), soit au déclenchement d'une enquête de type inquisitorial menée par un assistant de l'ombudsman en vue de l'établissement des faits[14]. Une fois le dossier constitué, se déclenche la phase troisième : celle de la délibération.

c) *La phase de délibération*. Elle a subi par la force des choses — à savoir l'accroissement du nombre des plaintes — une légère modification. À l'origine

---

12. Il faut signaler en effet qu'il n'y a pas que des juristes au sein de cette équipe puisque plusieurs assistants ont une formation sciences sociales au sens québécois du terme: psycho-sociologie et service social notamment.

   Ce poste de conseiller n'existe plus. Ce sont les assistants de formation juridique et l'ombudsman lui-même qui réalisent les études juridiques nécessaires.

13. Afin d'assurer le meilleur accueil possible des plaignants il existe à Québec, depuis septembre 1977, un assistant de garde chargé de la réception de toutes les plaintes téléphonées, écrites, ou par entrevues déposées au bureau du Protecteur.

14. Depuis l'automne 1974 un seul assistant reste chargé de l'enquête, mais deux assistants au lieu d'un seul, se spécialisent dans chaque secteur de l'activité gouvernementale entrant dans le domaine de compétence du Protecteur. Cette réforme a été introduite pour deux raisons : 1) obtenir une plus grande objectivité dans les recommandations formulées en favorisant éventuellement une délibération entre spécialistes d'un même secteur et 2) permettre le remplacement, sans à coups, d'un assistant et par là-même, une meilleure continuité du service en cas de départ de l'un d'eux.

de l'institution, en effet, le Protecteur examinait personnellement l'ensemble des plaintes traitées. Rapidement débordé, il a dû, au bout de quelques mois, mettre en place le système ci-après, d'ailleurs représenté par le diagramme de cheminement du graphique 2. Toutes les plaintes transitent désormais par un secrétariat chargé d'adresser les plaintes aux assistants spécialisés. En règle générale ce sont ces assistants qui règlent le litige jusqu'à la conclusion finale et la fermeture du dossier. Exceptionnellement toutefois, c'est-à-dire lorsqu'une affaire paraît poser un problème particulièrement grave ou bien lorsqu'une administration fait des difficultés pour répondre aux demandes de renseignements ou pour exécuter une recommandation des services du Protecteur, ce dernier intervient alors personnellement. Les affaires les plus importantes présentant un aspect jurisprudentiel majeur peuvent, en outre, faire l'objet d'une recommandation collégiale du Protecteur et de ses assistants réunis. On espère, par là, donner plus de poids à un avis de l'ombudsman en engageant pratiquement la responsabilité collective de tout le service[15].

d) *La phase de conclusion.* Les interventions du protecteur doivent, dans tous les cas, s'appuyer sur des motifs qui présentent un certain degré de généralité et s'inspirer d'idées qui ne soient pas suscitées strictement par la pitié, la compassion, la charité ou encore le simple désir de satisfaire. Elle signifie aussi que ses jugements et ses recommandations doivent tenir compte des politiques du législateur et des exigences d'une administration saine et efficace[16].

Deux catégories de conclusions sont à noter selon le cas :

1. Lorsqu'après enquête, la plainte apparaît sans fondement, l'ombudsman ne fait aucune recommandation, le statu quo est maintenu et le plaignant informé.

2. Par contre, lorsque la plainte apparaît fondée, l'ombudsman émet des recommandations au chef de service auteur de l'acte, au sous-ministre ou au ministre. Bien entendu, le plaignant est là aussi avisé.

L'examen de ce processus décisionnel ayant permis de voir combien l'ombudsman se trouvait au centre d'un réseau relationnel dont les trois pôles principaux sont constitués par les administrés, l'administration et le Parlement, examinons les rapports établis fonctionnellement entre l'ombudsman et ses trois interlocuteurs principaux.

C) LES QUATRE ACTEURS DU CONTRÔLE ADMINISTRATIF

a) *Les relations ombudsman — administrés.* L'institution étant très personnalisée et l'ombudsman devant être au service de chaque citoyen, Me Marceau est apparu, très vite, comme un homme très disponible qui s'est efforcé, malgré un accroissement considérable du nombre de plaintes en trois ans, d'avoir avec les plaignants des rapports directs et des contacts personnels.

---

15. La phase de délibération tend à devenir de plus en plus souvent collégiale surtout lorsqu'il s'agit d'une affaire délicate risquant de faire en quelque sorte «jurisprudence».

16. Extrait du Premier Rapport, *op. cit.,* p. 39.

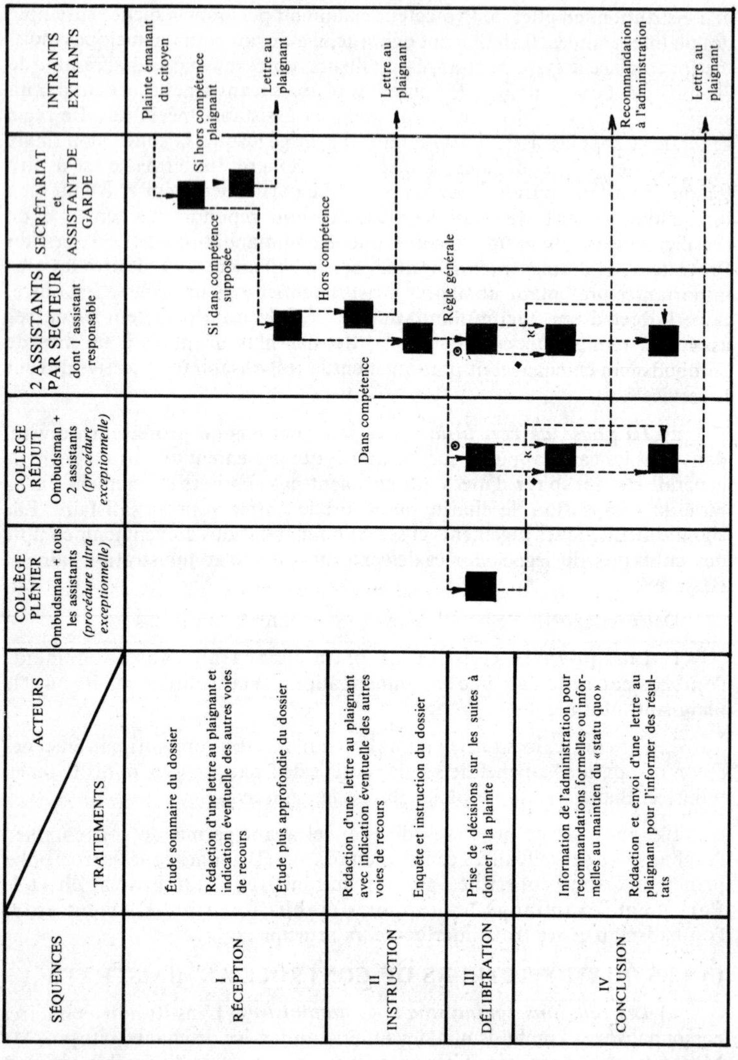
SÉQUENCES
TRAITEMENTS
ACTEURS
COLLÈGE PLÉNIER
Ombudsman + tous les assistants
(procédure ultra exceptionnelle)
COLLÈGE RÉDUIT
Ombudsman + 2 assistants
(procédure exceptionnelle)
2 ASSISTANTS PAR SECTEUR
dont 1 assistant responsable
SECRÉTARIAT et ASSISTANT DE GARDE
INTRANTS EXTRANTS
I RÉCEPTION
Étude sommaire du dossier
Rédaction d'une lettre au plaignant et indication éventuelle des autres voies de recours
Étude plus approfondie du dossier
II INSTRUCTION
Rédaction d'une lettre au plaignant avec indication éventuelle des autres voies de recours
Enquête et instruction du dossier
III DÉLIBÉRATION
Prise de décisions sur les suites à donner à la plainte
IV CONCLUSION
Information de l'administration pour recommandations formelles ou informelles au maintien du «statu quo»
Rédaction et envoi d'une lettre au plaignant pour l'informer des résultats
Plainte émanant du citoyen
Si hors compétence plaignant
Lettre au plaignant
Si dans compétence supposée
Hors compétence
Lettre au plaignant
Dans compétence
Règle générale
Recommandation à l'administration
Lettre au plaignant

◆ *Si plainte fondée*

◉ *Si plainte non fondée*

ϰ *Éventuellement*

Diagramme de traitement des plaintes dans les services du Protecteur du citoyen.

TABLEAU XXXVII

Vis-à-vis du public, il faut souligner que l'institution, parce que nouvelle, était à l'origine mal connue. Toutefois, s'il n'est pas possible, faute de sondages d'opinion réalisés sur ce sujet, de mesurer exactement l'impact et la perception que les Québécois ont de l'institution, il apparaît clairement toutefois que le rayonnement du Protecteur du Citoyen se fait de plus en plus sentir[16]. L'accroissement annuel considérable du nombre de plaintes en est une preuve irréfutable : 1419 en 1969 ; 3,342 en 1970, 5,203 en 1971, 6,913 en 1976.

Le rayonnement que connaît actuellement l'institution est dû, en partie, à l'effort de relations publiques et de publicité auquel l'ombudsman a participé : conférences publiques, émissions radio-télévisées, dépliants publicitaires diffusés massivement (150,000 exemplaires). Il est à souhaiter d'ailleurs que cette audience s'élargisse considérablement au sein de la population d'une part parce que la clientèle potentielle de l'ombudsman est constituée de l'ensemble de la population et d'autre part parce que, en tant qu'instrument de pression sur l'administration, l'opinion publique est, pour l'ombudsman, un gage d'efficacité de ses interventions.

Au tout début de la création de l'Ombudsman, les résultats de ses interventions ont été de nature diverse et tous les plaignants ne s'en sont pas retournés également satisfaits. Mais cette situation a été très vite corrigée[17].

b) *Les relations ombudsman-administration.* Deux questions doivent ici être examinées : quelle est la nature proprement dite des relations administration-ombudsman d'une part, et d'autre part, quelles sont les administrations qui paraissent faire l'objet du plus grand nombre de plaintes ?

1. *La nature des relations.* L'absence de relations d'autorité, entre ces deux institutions, oblige l'ombudsman à se montrer objectif et impartial vis-à-vis de l'administration. Il a dû convaincre l'administration qu'il n'est pas leur adversaire farouche, mais un auxiliaire et, pour ce faire, s'est attaché à gagner la confiance et la collaboration des organes administratifs qu'il était chargé de contrôler. Dans son premier rapport il indique, en ces termes, comment il s'y est pris :

« Peu de temps après mon entrée en fonctions, j'ai écrit à tous les chefs et sous-chefs des services et organismes du gouvernement et rencontré plusieurs d'entre eux afin d'établir, pour chacune des unités administratives, le mode de communication le mieux approprié. Au mois de janvier (1970) une réunion avec tous les ministres et sous-ministres a ensuite permis un échange de vues plus global à partir d'une expérience de huit mois. Ces rencontres ont permis d'aplanir bien des difficultés. »[19]

---

17. Une des raisons d'insatisfaction parmi d'autres tient à ce que durant les premiers mois d'opération il a été souvent impossible de donner suite aux plaintes dans un délai objectivement raisonnable (Premier Rapport, *op. cit.,* p. 63). Actuellement, les délais requis pour le traitement d'une plainte sont de 3 à 8 semaines en moyenne avec des maximum parfois de 5 à 6 mois en raison de l'accroissement du volume total des plaintes enregistrées. Cf. Sur ce sujet, l'article suivant.

18. Une étude de cette nature a été réalisée par nous, peu après la rédaction de cet article. Cf. « Le Protecteur du citoyen et la société québécoise ».

19. Me L. Marceau, *op. cit.,* p. 65.

En effet, si le Protecteur du Citoyen est là « pour combattre l'erreur, l'arbitraire et l'injustice dont peuvent se rendre coupables les administrateurs, il n'est cependant pas et ne doit pas être perçu comme l'adversaire de l'administration dont il doit au contraire expliciter et défendre les positions lorsqu'elles lui paraissent correctes »[20].

Ce sont présentement des rapports harmonieux qui caractérisent les relations ombudsman-administration, même si parfois, comme l'avoue Me Marceau, cette volonté de coopération de l'administration est plus apparente que réelle »[21].

2. Les principaux ministères concernés

— Le ministère le plus souvent concerné chaque année, régulièrement, depuis la création de l'ombudsman, s'avère être le Ministère des Affaires sociales.

— La Commission des accidents de travail, avec un nombre moins important de réclamations, se classe aussi dans les cinq premiers organismes, objet de plaintes chaque année depuis 1969.

— Le Ministère de l'Éducation apparaît lui aussi parmi les ministères les plus souvent objets de critiques (3e place en 1969, 6e place en 1970, 2e place en 1971)[22].

— Le Ministère de la Justice est parmi les ministères concernés assez régulièrement, avec un nombre record de plaintes en 1970 à la suite des arrestations opérées en relation avec la crise d'octobre 1970[23].

— Les quelques autres organismes administratifs qui recueillent, eux aussi, régulièrement, un nombre assez élevé de plaintes de la part des administrés s'avèrent être les Ministères du Revenu, de la Voirie et des Finances.

c) *Les relations ombudsman-Parlement.* Bien qu'étant un officier de l'Assemblée Nationale, le Protecteur du Citoyen jouit d'une indépendance très grande vis-à-vis de cette institution. En effet, l'ombudsman n'agit pas sur conseil du Parlement et n'intervient que peu auprès de lui.

Deux seuls liens existent entre eux :

— L'Assemblée législative en tant qu'organe souverain peut lui adresser des directives, même si elles ne sont pas prévues par la loi, et si le Protecteur du

---

20. Premier Rapport Annuel, *op. cit.,* p. 37-38.

21. Rapporté par J.M. Woehrling. L'ombudsman du Québec: Le Protecteur du Citoyen, Mémoire IEP, Paris, direction M. Braibant, mars 1970.

22. Le fait que les Ministères des Affaires sociales et de l'Éducation soient l'objet d'un très grand nombre de plaintes ne signifie pas que ces Ministères fonctionnent « moins bien » ou « plus mal » que les autres administrations du gouvernement québécois. Cela provient simplement du fait que nous sommes ici en présence des deux plus gros Ministères du gouvernement, lesquels absorbent à eux seuls 60% à 65% du budget de l'État et brassent un nombre particulièrement volumineux de dossiers: d'où un risque d'erreurs, d'injustices et de mécontentement accru en proportion.

23. Il s'agit, rappelons-le, de l'enlèvement de l'attaché commercial britannique M. James Cross et de l'assassinat peu après du Ministre québécois Pierre Laporte par une cellule du Front de Libération Québécois (F.L.Q.).

Citoyen ne les respecte pas, il est passible de destitution. Cependant, il n'y a pas pour autant création d'un véritable lien de subordination.

— Le Protecteur du Citoyen est, d'autre part, tenu de présenter un rapport annuel d'activités à l'Assemblée législative, conformément à l'article 28 de la loi, au 31 mars de chaque année.

Ce rapport toutefois, dans lequel le Protecteur du Citoyen expose les difficultés rencontrées au cours de ses démarches et suggère à l'Assemblée des mesures qui lui paraissent opportunes, est moins un lien de dépendance qu'un instrument d'intervention et de pression sur l'administration. Il va de soi que l'attention accordée par les députés à ce rapport est essentielle pour assurer l'efficacité du rôle joué par leur officier.

D) LES INSTRUMENTS D'INTERVENTION

L'ombudsman n'ayant aucun pouvoir de décision sur l'administration, ses avis n'ayant aucun effet obligatoire, il ne peut que tenter d'obtenir un changement volontaire de l'attitude de l'administration.

Pour ce faire, il dispose pratiquement de deux armes : la persuasion et la dissuasion.

a) *La persuasion.* L'ombudsman fera appel régulièrement à cette arme psychologique. Il va tenter de convaincre, de persuader l'administration d'un nécessaire changement de la situation, conformément à ses recommandations. Il est servi en cela par deux atouts majeurs :

— sa qualité d'expert, sa compétence en matière juridique et administrative, une vue d'ensemble des grandes maladies de l'administration. À ce titre, il est le pathologiste de l'administration publique ;

— son prestige, son autorité morale, son sens de l'équité, de la justice, de l'impartialité. L'ombudsman doit être, au vrai sens du terme, un citoyen au-dessus de tout soupçon.

b) *La dissuasion.* Elle consiste en l'appel toujours possible à l'opinion publique que peut utiliser à tout moment l'ombudsman, afin de sensibiliser les citoyens et les amener à faire pression sur l'administration. Comme toute arme de dissuasion, elle est moins faite pour être utilisée — car elle serait source de tensions vives entre l'ombudsman et l'administration — que pour dissuader l'adversaire éventuel de se montrer trop peu coopérant. Elle est un instrument d'action utilisé en cas d'ultime recours.

Un des vecteurs essentiels de cette arme se trouve constitué par les rapports que doit rédiger le Protecteur du Citoyen.

On comprend sans peine que les fonctionnaires préfèrent ne pas voir leurs services ou leurs noms figurer en toutes lettres dans les rapports de l'ombudsman.

Jusqu'à date et selon les déclarations mêmes de l'ombudsman, ces instruments d'action se sont révélés être d'efficaces instruments d'intervention.

CONCLUSION

Le succès présent de l'institution permet de recommander et d'espérer pour les années prochaines, au Québec, un élargissement des compétences du Protecteur du Citoyen, et ailleurs au Canada, là où l'institution n'existe pas encore, sa création notamment au niveau fédéral[24].

Nous devons signaler que la personnalisation de l'institution, la modicité de son coût de fonctionnement, la gratuité des services qu'elle fournit aux citoyens, la relative rapidité des interventions de l'ombudsman, la qualité de ses jugements en équité, sans omettre sa réelle efficacité, contribuent à faire de l'institution un organe qui ne saurait faire double emploi, ni avec les institutions judiciaires d'un système d'unité de juridiction, ni même avec l'existence de véritables tribunaux administratifs.

N'est-ce pas déclarer que l'éventuelle introduction d'un ombudsman en France ne pourrait selon nous que contribuer davantage encore à protéger les citoyens de l'arbitraire administratif, tout en renforçant « au lieu de le ruiner le crédit de l'Administration »[25] ?

---

24. Il était de plus en plus question dans les milieux parlementaires, à Ottawa, au début 1978, qu'un poste d'ombudsman fédéral soit créé prochainement.

25. C'est dire combien nous partageons sur ce point l'opinion émise par notre éminent collègue de l'Université d'Aix. M. Charles Debbasch in « Science Administrative », Dalloz, Paris, 1970, p. 616-617. Un poste de médiateur a été créé peu après en France. Jusqu'à présent deux titulaires ont occupé successivement cette fonction : MM. Antoine Pinay, ancien ministre des Finances et Aimé Paquet, ancien député (R.I.) de l'Isère.

LE PROTECTEUR DU CITOYEN ET LA SOCIÉTÉ QUÉBÉCOISE

INTRODUCTION

Plusieurs études de type juridico-institutionnel ont, au cours des années 1970-73, été réalisées, voire publiées, dans des revues spécialisées d'administratique, concernant le Protecteur du citoyen québécois[26]. Toutefois, nulle recherche de nature psycho-sociologique n'avait jusqu'alors été effectuée. Or, la réalisation d'une telle étude devenait chaque jour plus urgente, car elle s'avérait seule capable, après cinq années d'activités, de saisir le fonctionnement réel de cette institution, de fournir un *feed-back* au titulaire de cette fonction, et d'élaborer un certain nombre de propositions de réformes.

C'est dans ce but qu'a été menée, en 1973-74, une vaste enquête[27] sur le sujet.

Cette dernière a utilisé les divers instruments d'investigation suivants:

1. Analyse des cinq rapports publiés par le Protecteur du citoyen[28].
2. Examen des quelques articles consacrés par de rares auteurs québécois et étrangers à l'ombudsman québécois[29].
3. Étude de la situation des divers ombudsman à travers le Canada et le monde[29].
4. Une série d'entrevues libres avec le Protecteur du citoyen et plusieurs de ses assistants.
5. Un sondage mené entre les mois de mai 1973 et juin 1974, au cours duquel furent interrogés:
   a) un échantillon stratifié de 218 membres de la Fonction publique provinciale[30].
   b) un échantillon aléatoire de 184 anciens plaignants[31].
   c) un échantillon représentatif de 600 personnes de dix-huit ans et

---

26. V. à ce propos, Patrice Garant, «Le contrôle de l'administration au Québec», *Revue Internationale des Sciences Administratives,* 1973, pp. 225-235; Michel Combarnous, «Ombudsman et juge administratif: observations sur les premiers rapports du protecteur du citoyen du Québec», *Bulletin de l'Institut International d'Administration Publique,* oct.-déc. 1971, pp. 569-685; Jean-Marie Woehrling, *L'ombudsman du Québec: le Protecteur du Citoyen,* Mémoire présenté à l'I.E.P. de l'Université de Paris sous la direction de G. Braibant, mars 1970 et Alain Baccigalupo, «Le Protecteur du Citoyen dans la province de Québec», *La Revue Administrative, nov.-déc. 1972, pp. 640-646.*

27. Effectuée par voie de questionnaires grâce à une subvention du ministère québécois de l'Éducation.

28. Me Louis Marceau, *Le Protecteur du citoyen. Premier rapport annuel,* Québec, L'Éditeur officiel du Québec, 1969, pp. 35-36.

29. Voir bibliographie sélective en annexe.

30. Ouvriers, fonctionnaires, professionnels, adjoints aux cadres et cadres supérieurs.

31. Afin de préserver l'anonymat des plaignants conformément à la loi de création du Protecteur, ce sont les services de celui-ci qui ont relevé tous les Xe noms de leurs dossiers en conformité avec nos indications. Les plaignants nous ont ensuite adressé, directement, leurs questionnaires dûment remplis.

plus prises parmi la population des agglomérations québécoises et montréalaises[32].

d) les 110 parlementaires provinciaux[33].

À l'exception de l'opinion publique qui a été interrogée par voie téléphonique, tous les autres groupes ont répondu à des questionnaires par voie postale et anonymement. Tous les questionnaires comprenaient des questions ouvertes et fermées. Un certain nombre de questions étaient communes à deux ou plusieurs questionnaires tandis que certaines autres étaient spécifiques à chacune des clientèles concernées. L'ensemble de ces données a été confié ensuite au Centre de traitement de l'Université Laval.

6. Une mise à jour de ces informations a été réalisée en décembre 1974, en vue de la présente publication, par entrevues au bureau du Protecteur.

Il faut souligner en outre, pour être précis, que l'étude réalisée auprès des parlementaires

a) a débuté postérieurement à la publication par le journal de Québec *Le Soleil* des résultats de notre étude, sur l'ombudsman, donnant le point de vue des citoyens et des administrateurs, d'où une probable influence sur l'opinion émise quelques semaines après par les députés ;

b) a été effectuée essentiellement par voie postale ne permettant pas de contrôler exactement leur degré de connaissance réelle de l'institution. En effet, les parlementaires ont pu puiser directement dans les rapports annuels du Protecteur, les réponses aux questions chargées de mesurer leur niveau de connaissance, d'où la possibilité d'une surévaluation de ce niveau lors de l'analyse des résultats ;

c) n'a pu éviter, en raison de la composition de la Chambre au moment de notre enquête, caractérisée par une immense majorité de libéraux (102) et une infime minorité d'opposants (8) divisée elle-même en deux mini-formations (6 PQ et 2 RC), de faire en sorte que les pourcentages indiqués ici aient été établis sur une base très large pour les uns et très réduite pour les autres. C'est ainsi que 50% représentent quelque vingt-cinq libéraux mais seulement un créditiste.

Ces limites méthodologiques posées, il n'en subsiste pas moins que sur le fonctionnement de l'institution, comme en matière de réformes susceptibles de venir amender la loi du 14 novembre 1968, l'analyse présentée ici donne une image aux contours assez nets, des opinions nourries par l'ensemble des diverses couches de la société québécoise.

---

32. L'enquête sur l'opinion publique dans les deux agglomérations de Québec et Montréal a été réalisée avec le concours technique (traduction du questionnaire en langue anglaise, cueillette des données, et perforation des cartes) du Centre de sondages de l'Université de Montréal.

33. Seuls cependant quelque 58 parlementaires québécois ont répondu à notre questionnaire. Ils se répartissent comme suit : 1) *clivage politique :* 50 PLQ, 4 PQ, 2 RC et 2 non-identifiés ; 2) *clivage fonctionnel :* 32 simples députés, 5 secrétaires parlementaires, 4 whips ou leaders parlementaires, 12 ministres, 1 premier ministre, 1 chef de parti et 2 non-identifiés.

Ce sont les conclusions très synthétisées, de cette analyse, que nous publions dans les lignes qui suivent.

I. UNE INSTITUTION ENCORE MAL CONNUE

L'institution est inégalement, mais largement méconnue. Telle est la première et importante conclusion révélée par l'enquête. Une analyse plus détaillée permet de voir que la catégorie la moins bien informée est celle des administrés, tandis que les individus moins mal informés se trouvent dans les administrations publiques elles-mêmes. Les parlementaires se situeraient plutôt, à mi-chemin, entre ces deux précédentes catégories.

1) La situation dans l'opinion publique et l'administration

En effet, la majorité de l'opinion publique ignore jusqu'à l'existence même de l'institution. Alors que 95,4% des membres de la fonction publique connaissent l'existence d'un ombudsman au Québec, moins de la moitié de la population —44,7% seulement— sait qu'un tel organisme a été créé. Le nom de l'actuel Protecteur du Citoyen est encore moins connu de la population. Seuls 22,4% de l'opinion publique citent le nom de Me Louis Marceau comme étant détenteur de la charge, tandis que 66,3% se déclarent incapables de répondre. Le reste des pourcentages s'éparpille entre Claude Ryan (4%)[34], Gilles Leblanc (personnage fictif, 1,1%), Michel Chartrand (1,1%)[35], et Jérôme Choquette (5,1%)[36]. Là encore Me Marceau est mieux connu chez les administrateurs puisque 90,4% citent son nom sans hésitation.

Les résultats sont encore moins brillants lorsque l'on analyse les réponses concernant la date de création de l'institution. 10,8% seulement des citoyens sont en mesure de donner l'indication exacte —à savoir les années 1968-1969. Comme c'était le cas dans les questions précédentes, les réponses à cette interrogation sont cependant, là encore, moins mauvaises chez les membres de la fonction publique provinciale puisque l'on enregistre, ici, 62,8% de résultats exacts.

Toutefois, lorsqu'il s'agit de préciser le contenu du champ de juridiction de l'ombudsman, la situation devient plus confuse, à la fois pour les administrés et les administrateurs. En effet, la compétence *ratione loci* dont dispose le protecteur est l'objet de graves confusions tant chez les citoyens que chez les fonctionnaires provinciaux. 8,7% des membres de la fonction publique québécoise pensent que le domaine d'attribution de l'ombudsman s'étend à l'administration fédérale, 25,2% à l'administration municipale et 22,9% aux commissions scolaires. Ce qui est complètement faux. Les citoyens commettent, d'ailleurs, la même erreur mais de façon encore plus marquée puisque les chiffres obtenus sont respectivement de 20,5%, 27,8% et 24,8%. La compétence *ratione materiae* confiée à l'ombudsman est encore moins bien connue que la précédente. C'est ainsi que 65,9% de l'opinion publique pensent pouvoir faire appel à un protecteur s'ils sont victimes d'une publicité

---

34. Rédacteur en chef et éditorialiste au journal montréalais : *Le Devoir*.

35. Anarcho-syndicaliste au verbe très coloré, fort connu au Québec.

36. Ministre provincial de la Justice (libéral).

frauduleuse au sujet d'un produit. Chez les membres de la fonction publique le pourcentage d'erreurs, bien qu'inférieur, s'élève toutefois encore à plus de 30%.

D'autres questions afférentes au domaine de compétence du protecteur montrent de façon aussi nette combien est vaste dans l'opinion et les administrations la zone d'ombre qui recouvre les capacités légales d'intervention de l'ombudsman québécois.

Par exemple, 52,7% de l'opinion croient, à tort, que ce dernier a compétence si un voisin cause des dommages à leur propriété et 63,8% attribuent — à tort évidemment — au protecteur, la compétence de faire casser la décision d'un juge les soumettant à une amende. Là encore, bien que moins marquées, les réponses erronées atteignent tout de même chez les administrateurs respectivement des seuils de 7,3% et 37,6%.

En ce qui concerne le rapport annuel de l'ombudsman québécois, on pourrait penser, en raison de l'importance d'un tel document comme arme de dissuasion et instrument de pression, qu'il est fort bien connu de la population québécoise. Hélas, il n'en est rien : il est, lui aussi, largement méconnu, surtout dans l'opinion publique. En effet, 14,6% seulement de citoyens savent que ce document, dressant le bilan quantitatif et qualitatif d'une année d'interventions aussi nombreuses que diverses, est adressé à l'Assemblée nationale du Québec ; 60,7% préfèrent ne rien répondre, tandis que le reste des pourcentages s'éparpille au hasard entre le Premier Ministre du Canada, celui du Québec, le directeur de l'Office de Protection du Consommateur et le ministre de la Justice. Ici aussi, soulignons-le, les réponses fournies par les administrateurs provinciaux sont sensiblement meilleures, puisque 76,2% d'entre eux citent la bonne réponse.

Si, d'une façon générale, les réponses précédentes n'incitent guère à un optimisme délirant, les résultats fournis par les parlementaires, dont le Protecteur est le mandataire nommé par eux et responsable devant eux seuls, apparaissent pour le moins décourageants, sinon inexcusables.

2) La situation chez les parlementaires

En effet, les parlementaires eux-mêmes méconnaissent très largement l'institution. Si la majorité des députés sait dans quelles villes de la province sont situés les bureaux de l'ombudsman, il n'en reste pas moins que près d'un tiers d'entre eux, en moyenne, donne une réponse fausse ou avoue son ignorance.

De 1968 à 1973, le nombre de plaintes traitées dans les deux bureaux du Protecteur a connu un net accroissement. Interrogés sur cette évolution, les députés ayant donné la réponse convenable représentent 56,9% du total. Signalons au passage que plus de la moitié des ministres (58,3%) donnent, eux aussi, une réponse erronée, ou s'avouent incapables de répondre.

Concernant, en outre, les deux principaux ministères ou organismes faisant chaque année l'objet du plus grand nombre de plaintes, les députés citent, en premier lieu, les Affaires sociales et, en second lieu, la Justice. Or, cet ordre n'est qu'à demi exact. En effet, les Affaires sociales sont bien en tête par la quantité de plaintes reçues en moyenne chaque année (397), mais la Justice n'arrive en réalité qu'en quatrième position (140) derrière la Commission des accidents du travail (188) et le ministère Voirie-Transport (162).

Devant une aussi large méconnaissance de l'institution, rien d'étonnant à ce que les 3/4 des fonctionnaires interrogés et la majorité de l'opinion publique s'accordent pour reconnaître que, «d'une façon générale, l'information concernant le Protecteur du Citoyen leur parvient en quantité insuffisante».

Ceci ne signifie cependant pas que la responsabilité du Protecteur en ce domaine soit totale. En effet, les anciens plaignants, interrogés sur la facilité ou la difficulté d'obtenir les informations dont ils avaient besoin au moment du dépôt de leurs plaintes, en ce qui concernait l'ombudsman ont, à une très forte majorité (73,9%), répondu que se procurer de telles informations était «chose facile» et 17,4% «une affaire plus ou moins facile». C'est dire clairement que les services du Protecteur sont beaucoup mieux équipés pour retourner individuellement de l'information sur leurs propres services aux citoyens qui s'adressent à eux, que pour informer largement, globalement et de leur propre initiative, l'ensemble de la population québécoise.

3) La raison principale de cette situation

Il semble, en effet, que le Protecteur n'ait pas suffisamment insisté, jusqu'ici, sur l'importance que devait revêtir une politique de relations publiques au sein d'un organisme dont la vocation première est d'être au service du citoyen le plus défavorisé et, partant, le moins susceptible d'être en mesure de s'informer directement et personnellement de ses droits. Si bien que malgré les informations se rapportant au Protecteur fournies par les *mass-media* — notamment la presse et dans une moindre mesure la télévision — la connaissance de l'ombudsman reste largement insuffisante à presque tous les niveaux de la société québécoise. Ceci est d'autant plus regrettable que l'analyse détaillée du fonctionnement de l'institution nous oblige à conclure, sans hésitation aucune, en faveur de son maintien.

II. UNE INSTITUTION REMARQUABLE À MAINTENIR

La quasi totalité des informations recueillies sur le fonctionnement des services de l'ombudsman a nettement mis en évidence le large consensus de satisfaction existant au niveau du jugement porté sur l'institution.

Cette appréciation majoritairement favorable est fondée sur plusieurs facteurs. Nous en avons retenu trois principaux qui nous sont apparus comme les grandes caractéristiques de l'institution, à savoir: 1) l'excellence du service, 2) l'indépendance, l'objectivité et l'efficacité des recommandations formulées par le Protecteur, et 3) l'impartialité et le sens diplomatique du détenteur de la charge.

1) Un service excellent

La grande majorité des personnes ayant eu affaire au Protecteur ou à ses assistants font état de la grande *politesse*. Seuls 1,1% des anciens clients ont jugé les assistants de l'ombudsman, ou lui-même, «peu polis». La majorité des anciens plaignants s'attache aussi à souligner sa grande *disponibilité*

(85,8%). Sa *compétence* est aussi nettement affirmée par 89,5% des hauts fonctionnaires et 71,8% des anciens clients. Malgré le nombre de plaignants auquel l'ombudsman n'a pu donner objectivement raison, le jugement porté sur la compétence de Me Marceau par cette catégorie reste, on le voit, très favorable au Protecteur.

Sur le plan des *délais* nécessités pour l'obtention d'une réponse, les anciens plaignants interrogés sur le temps écoulé entre leur première demande et la réponse définitive apportée par l'ombudsman, font état de leur satisfaction. En effet, 57% indiquent que la durée de ce délai a été inférieure à un mois, et 21,2% la situent entre un et deux mois. Seuls 8,1% font état d'une période de deux à trois mois et 8,7% d'une période de plus de trois mois.

Un autre élément de satisfaction résulte de la *clarté des explications* fournies aux plaignants par le Protecteur à propos des plaintes déposées à ses services. Environ les 2/3 des anciens «clients» jugent ces explications «plutôt claires». En outre, la majorité de ceux-ci (90%) est satisfaite des heures d'ouverture des bureaux du Protecteur, de même que de leur localisation. La majorité des parlementaires partage cette opinion très favorable, devant le travail effectué par le Protecteur du citoyen: 77,6% des députés estiment «satisfaisant» voir «très satisfaisant» le travail effectué.

Outre le fonctionnement proprement dit des services, la nature et la valeur des recommandations formulées par le Protecteur ont largement contribué à porter à un haut niveau, le degré de satisfaction ressenti par toutes les catégories interrogées.

2) Une institution indépendante, objective et efficace

Toutes les catégories interrogées estiment, à une très large majorité (de 62,5% à 81,4%), que le Protecteur du Citoyen est «complètement indépendant du parti au pouvoir». C'est aussi l'opinion de 87,7% des députés interrogés. Tous les groupes sont aussi d'avis que le Protecteur, lors de ses interventions, s'est montré en général «juste et objectif». 70,7% des parlementaires pensent, en effet, que, d'une façon générale, le Protecteur recommande à l'administration des mesures «justes et objectives». Seule une poignée juge le Protecteur «plutôt favorable aux citoyens», tandis qu'une petite minorité isolée le voit, par contre, «plutôt favorable aux fonctionnaires». L'efficacité atteinte par l'institution n'est pas non plus passée inaperçue. Très souvent les plaignants ont recours aux services de plusieurs spécialistes pour obtenir gain de cause dans les litiges les opposant à l'administration: avocats, hauts fonctionnaires, groupes de pression, parlementaires... Or, la plupart reconnaissent que dans la majorité des cas où ils ont obtenu satisfaction, ce fut grâce à l'intervention de l'ombudsman.

L'excellence du service offert, l'indépendance et l'efficacité de l'institution tiennent, bien entendu, aux moyens légaux et matériels mis à la disposition de l'ombudsman. Ils reposent aussi — et nous serions presque tentés d'écrire *surtout* — sur les qualités personnelles du Protecteur. Ce dernier a, en effet, su apparaître comme une personnalité absolument impartiale, tout en développant dans ses relations avec les administrations publiques, un style diplomatique qui lui a, semble-t-il, fort bien réussi.

3) Un ombudsman impartial et diplomate

Le succès de l'institution semble résider dans l'impartialité reconnue au détenteur de la charge. En effet, parmi les facteurs pouvant inciter les administrateurs publics à appliquer les recommandations du Protecteur, l'impartialité est citée en premier (45,4%). Arrive, en seconde position, son droit d'appel au public et au parlement (31,4%). Puis, suivent par ordre d'importance décroissant : ses compétences professionnelles et son droit d'appel à un supérieur hiérarchique.

Bien qu'impartialité et diplomatie soient deux qualités difficiles à faire cohabiter, Me Marceau a réussi à établir un style de relations, avec l'administration, qui lui a permis d'améliorer sensiblement son image de marque auprès de la fonction publique québécoise. En effet, de l'avis même de la majorité des fonctionnaires interrogés (62,8%), l'impression première qui se dégageait, lors de leurs contacts avec le protecteur, était celle d'un climat de « pleine confiance ». Or, après cinq ans de fonctionnement, l'image de marque de l'ombudsman auprès des fonctionnaires s'est effectivement améliorée. Le pourcentage de fonctionnaires déclarant éprouver un sentiment de « pleine confiance » a progressé de 62,8% à 84,8%, tandis que les jugements « d'indifférence » et de « crainte mitigée » ont régressé, passant respectivement de 11,6% à 8,1% et 20,9% à 4,7%.

Ceci explique sans doute pourquoi 86% des fonctionnaires intéressés déclarent ne manifester aucune hésitation à fournir au bureau du Protecteur toutes les pièces des dossiers en cause, quel que soit leur degré de confidentialité. On comprend par conséquent aussi pourquoi l'administration elle-même renvoie un citoyen aux services de l'ombudsman à l'occasion du règlement d'un litige. 58% des hauts fonctionnaires déclarent, en effet, avoir, au moins une fois en cinq ans, adressé de leur propre chef un administré au bureau du Protecteur.

Tout ceci confirme le réel succès de la fonction du Protecteur du Citoyen. Rien d'étonnant dès lors, à ce qu'une des conclusions de cette enquête soit de se prononcer en faveur du maintien de l'institution. D'ailleurs, toutes les catégories questionnées se déclarent favorables au maintien du poste dans des proportions jamais inférieures à 90%. Les parlementaires eux-mêmes se prononcent à plus de 93% en faveur du maintien de cet organisme de contrôle. Cette opinion recueille non seulement la très grande majorité des voix libérales (92%), mais aussi l'unanimité des partis d'opposition de l'époque.

Cette enquête ne s'est toutefois pas limitée à mettre en évidence les nombreux avantages et qualités d'une institution qui apparaît à bien des points de vue comme particulièrement remarquable. Plusieurs questions visaient aussi à faire surgir les points de réforme à introduire dans la loi et dans son application, afin que, par un effet de rétroaction, l'institution puisse rendre, dans l'avenir, un service d'une qualité encore plus grande.

III. UNE INSTITUTION À DÉVELOPPER

L'enquête a, en effet, révélé la nécessité d'opérer certaines modifications afin de parfaire l'institution. Ces changements devraient affecter les trois interlocuteurs classiques du Protecteur, à savoir : les administrés, les administrateurs, et les parlementaires.

1) L'ombudsman, les administrés et le changement

Deux mesures essentielles s'imposent :

a) *Faire mieux connaître l'institution au sein de l'opinion publique*

La nécessité de développer, sans plus tarder, l'information auprès des citoyens, afin de faire connaître l'existence d'un tel organisme et préciser, en termes clairs, le domaine de juridiction de l'ombudsman, s'avère indispensable. En effet, la force de l'ombudsman et sa raison d'être reposant principalement sur sa capacité de s'appuyer sur l'opinion publique, seule une bonne connaissance de cette fonction, par tous les citoyens de la province, sera de nature à renforcer adéquatement le prestige et l'autorité du détenteur de la charge. Cet effort risque, certes, d'entraîner à court terme un accroissement de la clientèle, mais, parallèlement, il devrait aboutir à une diminution du nombre de dossiers rejetés pour motif de « non-juridiction ».

Outre l'utilisation plus intensive des moyens classiques utilisés de nos jours en matière de publicité (Presse, radio-TV, affichage public, conférences, etc.) le Protecteur pourrait aussi tenter d'obtenir de l'Assemblée nationale qu'elle l'autorise à ouvrir des bureaux régionaux.

b) *Régionaliser les services du Protecteur*

Cette politique de déconcentration des services de l'ombudsman dans les principales capitales administratives régionales contribuerait fortement à rapprocher le Protecteur des administrés. Signalons qu'un grand nombre de députés (39,7% contre 20,7% et 39,7% d'abstentions) se déclarent favorables à l'ouverture de tels bureaux dans les régions administratives de la province. Cette opinion est d'ailleurs partagée et par les députés membres du parti au pouvoir et par les membres de l'opposition. Les parlementaires semblent toutefois se heurter, sur ce point, à l'avis de plusieurs ministres, puisque 8,3% seulement d'entre eux se déclarent favorables à de telles ouvertures de postes, tandis que 25% s'y opposent catégoriquement. Les implications budgétaires de l'opération sont, peut-être, une des raisons des réticences des membres du gouvernement[37].

Par contre, ministres et députés tombent d'accord (députés 89,7%, ministres 83,3%) pour se déclarer intéressés à recevoir, du bureau du Protecteur, un rapport sur les plaintes formulées par les électeurs de leur

---

37. En attendant qu'une telle réforme d'ensemble intervienne, les services du Protecteur ont inauguré depuis les mois d'octobre-novembre 1974 une politique qui se rapproche sensiblement de celle que nous préconisons ici. En effet, depuis l'automne 74, des membres de l'entourage immédiat du Protecteur ont donné plusieurs conférences dans quelques villes de la province au cours desquelles la population était invitée (Hull, Trois-Rivières, Chicoutimi). Devant le succès enregistré par ces rencontres, le Protecteur a décidé que, mensuellement, quelques-uns de ses collaborateurs se rendraient et résideraient quelques jours dans plusieurs villes importantes de la province, afin d'y rencontrer les citoyens désireux de déposer une plainte. Expérimentales pour l'instant, ces mesures sont appelées à connaître une certaine extension dans l'avenir, si le succès futur de cette initiative, confirme le succès présentement enregistré.

comté. Ici, l'aspect électoral sous-jacent, toujours présent chez les parlementaires, à quelque formation qu'ils appartiennent, réalise un consensus remarquable entre tous les partis politiques.

Les parlementaires souhaiteraient, en outre, mettre en place un mécanisme susceptible de rapprocher les élus de leur mandataire.

2) L'ombudsman, les députés et le changement

Le lien Protecteur-députés, actuellement fort tenu, devrait être resserré. 67,2% des députés estiment insuffisant le contact qu'ils ont présentement avec le Protecteur. Cette situation est sensiblement ressentie, de la même façon, par toutes les formations politiques.

Élément significatif, de l'avis même des députés, le rapport annuel n'est lu intégralement que par 31% seulement d'entre eux. On ne peut, dès lors, être surpris d'entendre 75,9% de députés avouer honnêtement n'avoir jamais relevé en séance un des points soulevés par le Protecteur dans son rapport annuel. Ceci concerne surtout les députés de la majorité (84%), ce qui à la rigueur peut se comprendre, mais aussi, dans une moindre mesure il est vrai, les députés de l'opposition, ce qui se conçoit facilement[38].

Aussi n'est-il pas étonnant que 75,9% des députés souhaitent vivement la mise en place d'autres moyens, afin d'intensifier les relations Protecteur-parlementaires. Un des moyens le plus souvent préconisé serait la création d'un Comité parlementaire spécialisé. Ce Comité serait chargé d'étudier le rapport annuel de l'ombudsman et d'entendre celui-ci sur les recommandations adressées aux administrations et restées sans effet. Il pourrait, en second lieu, examiner les suggestions de l'ombudsman relatives aux amendements à apporter selon lui aux lois et règlements. En outre, il pourrait être chargé de recevoir les rapports spéciaux concernant des problèmes-clés que l'ombudsman désirerait adresser à l'Assemblée, en cours d'année, et sur lesquels il aimerait attirer l'attention des parlementaires, afin d'obtenir d'eux une position officielle.

Ces remèdes et quelques autres[39], susceptibles de sortir l'ombudsman québécois de sa solitude[40] et de secouer l'apathie et l'inertie des membres de l'Assemblée, s'avèrent d'autant plus indispensables qu'ils sont seuls de nature à éviter, à la longue, le dépérissement d'un organisme démocratique de contrôle, dont l'utilité et l'efficacité ne sont plus à démontrer.

D'autres projets de réformes devront, en outre, être examinés par l'Assemblée nationale. Ils concernent cette fois les relations Protecteur-administrateurs.

3) L'ombudsman, les administrateurs et le changement

Vis-à-vis de l'administration publique trois changements majeurs ont été

---

38. Voir: Jocelyn Lavoie, «Des remèdes à la solitude de l'ombudsman», *Le Soleil,* 15 janvier 1974
39. Par exemple l'établissement d'un lien officiel entre l'ombudsman et le Conseil des Ministres.
40. Cf. Jocelyn Lavoie: «Des remèdes à la solitude de l'ombudsman», *Le Soleil,* 15 janvier 1974, p. 18.

examinés qui sont autant de questions posées actuellement par le fonctionnement même de l'institution :

a) *Pouvoir de recommandation ou pouvoir de décision exécutoire ?*

Présentement, le Protecteur du citoyen ne possède qu'un pouvoir de recommandation. Sur la question de savoir s'il faudrait lui attribuer des pouvoirs de décision exécutoires, semblables à ceux d'un juge, les avis sont partagés.

Dans l'opinion publique et chez les anciens «clients», les réponses favorables sont très largement majoritaires : 79,7% de oui et 8% de non chez les plaignants ; 64% de oui et 20,5% de non dans l'opinion publique. Les administrés préféreraient, en effet, voir le Protecteur, chargé de défendre leurs intérêts, posséder un véritable pouvoir exécutoire.

Du côté des membres de la fonction publique en général, les avis sont bien partagés : 45% y sont favorables et 44% s'y opposent.

Par contre, du côté des hauts fonctionnaires, c'est le refus à une large majorité : 76,7% contre 19,8%. Les parlementaires se refusent eux aussi, majoritairement (53,4% contre 39,7% et 6,9% d'abstentions), à accorder au Protecteur du citoyen des pouvoirs de décision exécutoires. Il semble que les hauts fonctionnaires détenant actuellement le pouvoir administratif ne seraient guère heureux de se laisser dépouiller d'une partie de leur autorité.

Nous sommes enclins pour notre part à partager l'opinion de la majorité des députés et des hauts fonctionnaires et ce pour deux raisons :

— parce que le système fonctionne actuellement fort convenablement et qu'un tel changement ne semble pas s'imposer, vu l'attitude, en général, très réceptive, de l'administration publique ;

— parce qu'il serait beaucoup plus judicieux de donner, enfin, naissance à une véritable juridiction administrative dont les décisions auraient force exécutoire et qui pourrait dès lors agir, entre autres, comme voie de recours juridictionnelle pour la minorité de recommandations du Protecteur qui se heurterait à un «mur administratif». Ceci renforcerait, en effet, davantage le pouvoir de négociation de l'ombudsman, accroîtrait son pouvoir de persuasion, tout en sauvegardant les avantages découlant du style diplomatique si caractéristique actuellement des relations Protecteur-administrateurs.

Nous serions cependant beaucoup plus favorable, pour notre part, à l'idée de voir le Protecteur accroître son rôle de réformateur des lois et règlements administratifs.

b) *Accentuer le rôle de réformateur des lois et normes administratives*

La loi créant la fonction d'ombudsman attribuait à ce dernier une fonction de réformation des lois, règles et pratiques administratives[41]. Le Protecteur peut, en effet, en interprétant les lois et en critiquant les actes des administrateurs, rechercher des solutions et faire des suggestions à

---

41. Article 27 § 2, loi organique.

l'Assemblée nationale et aux chefs des administrations publiques, pour que soient amendées certaines lois ou règles administratives. Or, cette activité, que les hauts fonctionnaires et l'opinion publique citent comme étant prioritaire et qui arrive en seconde position chez les membres de la fonction publique et les anciens «clients», est jugée, par la majorité des groupes interrogés, comme ayant insuffisamment été remplie. D'ailleurs, 88,4% des hauts fonctionnaires interviewés se déclarent, eux aussi, favorables à l'accentuation de ce rôle. À une très large majorité (74,1%), le Parlement de Québec souhaite, lui aussi, voir, dans l'avenir, le Protecteur du Citoyen accentuer ce rôle de réformateur des lois et règlements administratifs. Cette opinion est d'ailleurs générale puisqu'elle recueille une majorité très importante (66% à 100%) dans tous les partis politiques, ministres inclus.

Il serait d'ailleurs excellent que les services de l'ombudsman continuent dans l'avenir, comme ils l'ont fait pour la première fois en 1974, à consacrer dans le rapport annuel une section spéciale consacrée aux textes de lois et aux règlements qu'il serait judicieux de réformer afin d'éviter la répétition de mesures injustes pour le citoyen.

Cet important courant en faveur de l'accentuation du rôle dévolu par la loi au Protecteur souhaite, en outre, voir étendue l'actuelle juridiction de l'ombudsman à des secteurs administratifs qui lui sont présentement interdits.

c) *Étendre la juridiction du Protecteur*

C'est à une très large majorité que toutes les catégories se déclarent favorables à un accroissement de la juridiction actuelle du Protecteur : hauts fonctionnaires : 54,7% ; fonction publique moyenne et inférieure : 66,5% ; anciens plaignants : 71,2% ; opinion publique : 77,3%.

Se prononcent, en outre, en faveur d'un accroissement du domaine d'attributions de l'ombudsman quelques 56,9% des députés. Signalons toutefois, l'existence d'une relative opposition chez certains députés de la majorité (36,2%), ainsi que dans le groupe des ministres (66,7%).

Si un élargissement du champ de compétence du Protecteur devait être adopté, c'est vraisemblablement le secteur municipal qui tomberait le premier dans la sphère de son contrôle. Ce secteur vient en effet en tête chez les membres du Parlement, de la fonction publique, chez les anciens «clients» et dans l'opinion publique, devançant dans chaque cas légèrement le secteur hospitalier, cité en première position uniquement par les hauts fonctionnaires. Suivent, en troisième et quatrième position, le secteur scolaire et celui des sociétés d'État.

L'analyse détaillée par formation politique laisse apparaître cependant quelques différences sensibles. En effet, si les membres de la majorité donnent des résultats conformes à la moyenne d'ensemble, l'opposition par contre met la priorité soit sur le municipal et le scolaire, soit sur les secteurs hospitaliers et les sociétés d'État. À noter une autre différence sensible : dans le groupe des ministres, c'est le secteur scolaire qui est cité en premier, contrairement à l'avis général des députés de la majorité.

Malgré ces légères divergences d'opinions, un large accord semble s'établir en faveur de l'extension de la fonction d'ombudsman. Cette volonté marquée de l'opinion québécoise confirme par là même ce que nous souhaitions pour notre part il y a deux ans lorsque nous écrivions : « Le succès présent de l'institution permet de recommander et d'espérer pour les années prochaines au Québec, un élargissement des compétences du Protecteur du Citoyen »[42].

En effet, la personnalisation de l'institution, la modicité de son coût de fonctionnement, la gratuité des services qu'elle fournit aux citoyens, la rapidité des interventions du Protecteur, la qualité de ses jugements en équité, sans omettre sa réelle efficacité contribuent à assurer son succès.

Aux services du Protecteur et aux élus nationaux revient maintenant le soin d'ouvrir le dossier et sous l'éclairage nouveau apporté par cette étude scientifique, d'entamer les réformes souhaitées, afin de parfaire cette jeune et déjà si indispensable institution.

* * * * *

Depuis la rédaction de ces articles certains changements sont intervenus dans la vie de l'institution. À commencer par le départ de Me Marceau — nommé juge à la Cour Fédérale — et son remplacement le premier septembre 1976 par Me Luce Patenaude, professeur de droit à l'Université de Montréal.

Dans le huitième rapport annuel du Protecteur du Citoyen et premier rapport du nouvel ombudsman, Me Luce Patenaude indique d'entrée de jeu son intention de « maintenir l'élément de continuité » imprimé à l'institution par son premier titulaire.

Toutefois, si les années 1969-1976 furent, comme on l'a vu, des années « d'implantation », la période postérieure est conçue par le nouvel ombudsman, comme devant être « celle de la mise sur le marché et de l'épanouissement public ». Cet objectif, s'il se réalise, répondra ainsi parfaitement aux souhaits émis par la grande majorité des citoyens du Québec lors de notre précédente enquête, et sera la concrétisation d'une de nos propres recommandations.

Afin d'atteindre ce but, Me Luce Patenaude a décidé d'imprimer à son organisation certaines réformes internes et externes.

1° Sur le plan intérieur

a) *Définition plus précise du rôle de l'adjoint du Protecteur du Citoyen.* Dorénavant, « tout en continuant d'assumer un certain travail d'enquête », Me R. Lévêque assure un contrôle a posteriori des recommandations émises par le bureau de l'ombudsman. Il a, en effet, été chargé d'examiner « tous les dossiers fermés qui, en cours d'année, ont nécessité une enquête, en vue de déceler les erreurs, et les oublis qui auraient pu se glisser et se produire involontairement ». En outre, il doit aviser les chefs de ministère et d'organismes publics intéressés de la teneur des conclusions auxquelles est parvenu le bureau du Protecteur et voir à « la coordination » de la réalisation strictement matérielle de la partie du rapport annuel consacrée aux résumés des plaintes et à leur traitement.

---

42. « L'ombudsman québécois », *La Revue administrative,* Paris, nov.-déc. 1972.

b) *Institutionnalisation accentuée des relations ombudsman-assistants.* Là où, par le passé, les relations Protecteur-assistants se faisaient au gré des besoins, Me Patenaude entend avoir avec chaque groupe d'assistants divisés en secteurs de compétence des rencontres statutaires hebdomadaires d'une demi-journée, afin d'être parfaitement informée des plaintes adressées à son service et des suites données par ses collaborateurs.

c) *Développement du Centre de documentation.* Embryonnaire durant les premières années de l'institution, le centre de documentation tend à regrouper sur place « la législation, les arrêtés en conseil, les directives, les règles de pratique des tribunaux administratifs plus un minimum vital d'ouvrages de droit civil, pénal, et administratif et de recueils de jurisprudence ».

Ce centre sera en outre chargé de conserver et de classer les décisions du Protecteur du Citoyen à partir d'un index de « mots-vedettes » de consultation facile et rapide. Ceci dans le but de « planifier le travail des différents groupes d'assistants, d'uniformiser les recommandations faites aux ministères et organismes du gouvernement, d'éviter la duplication des recherches, de fournir une banque de cas réels et concrets, d'aider les assistants récemment engagés à se familiariser avec le travail, enfin de centraliser les archives du bureau du Protecteur du Citoyen et de ce fait contribuer à bâtir l'histoire de l'institution ».

d) *Réduire les effectifs attribués au bureau de Montréal* de façon à ce qu'il retrouve sa vocation première à savoir, celle qui était de recevoir les plaintes et de traiter les cas concernant les fonctionnaires provinciaux oeuvrant dans la métropole. En outre, le bureau de Montréal devrait disposer prochainement d'un assistant de garde affecté exclusivement à la réception des plaintes téléphoniques, écrites, ou par entrevues, de la même façon que ce poste existe à Québec. Ceci de façon à améliorer la qualité de l'accueil dans la région métropolitaine.

2° Sur le plan extérieur

a) *Un rapport annuel en deux parties.* Depuis l'arrivée du nouvel ombudsman et dans l'avenir, le bureau du Protecteur entend publier un rapport annuel en deux parties. La première, de nature juridique, contiendra une chronique de législation traitant des lois dont le Protecteur a recommandé la modification, et s'adressera tout spécialement au législateur. C'est cette partie principalement qu'examinera la commission parlementaire spécialisée le jour où le Parlement aura, enfin, reconnu l'utilité d'en constituer une.

Cette décision du Protecteur devrait répondre à une des lacunes dénoncées par nous dans notre précédente enquête et permettre au nouvel ombudsman de jouer, plus qu'il ne l'a fait dans le passé, *un rôle de réformateur des lois et règlements.*

La seconde partie visera davantage le public et sa teneur « relèvera plutôt de la science administrative ». Le lecteur y trouvera les condensés des opinions du Protecteur rapportés en fonction d'un système de classification clair et simple, ainsi que de nombreux tableaux statistiques.

b) *Une meilleure information du public.* D'une part, les opinions du Protecteur seront dorénavant accessibles à la consultation des journalistes, des professeurs et des personnes intéressées d'une manière particulière à la vie de l'institution, sans pour autant que soit violé le principe de confidentialité des dossiers.

D'autre part, le Protecteur entend rejoindre les plus larges couches possibles de citoyens en mettant en place « une publicité bien orchestrée » et en remettant en vigueur « les visites de promotion régionales » qui étaient déjà apparues dans les derniers mois du mandat de Me Marceau.

Cette activité d'information, sur laquelle nous avions nous-même insisté fortement lors de notre précédente enquête, suppose évidemment un dégel des effectifs, car les effectifs actuels suffisent à peine à la tâche présente.

Telles sont, en résumé, les principales orientations d'une institution qui a jusqu'ici fait ses preuves et qui mériterait amplement de pouvoir, dans l'avenir proche, poursuivre son importante mission de contrôle démocratique de l'activité administrative.

* * * * *

CONCLUSION

CONCLUSION PROSPECTIVE:
L'AVENIR DE L'ADMINISTRATION
PUBLIQUE QUÉBÉCOISE

La science administrative, comme la plupart des sciences sociales, présente tout à la fois les aspects d'un art et d'une science.

C'est dire, en toute modestie, mais aussi en toute honnêteté, que si les propos tenus par l'auteur dans les chapitres antérieurs sont empreints de cette méthodologie scientifique et de ce souci d'objectivité auxquels doit s'astreindre le chercheur universitaire, ils n'en sont pas moins susceptibles de la part, tant des experts que des néophytes, de désaveux, de débats, et de contradictions. Ainsi progresse la science.

Mais dès que le spécialiste de science sociale tend à quitter le domaine du réel vécu pour celui de la prospective et de la futurologie — surtout administrative — alors le caractère scientifique de ses propos tend immédiatement à s'effriter pour ne plus présenter que l'aspect fort modeste de l'opinion raisonnée. Avec tout ce que cela comporte d'art, de flair, de hasard et de risque aussi.

C'est pourtant ce à quoi va s'attacher l'auteur de ces lignes en quittant le domaine déjà mal stabilisé de la « science de l'administration » pour le champ très instable, et mal connu de « la futurologie administrative ».

C'est donc presque avec la boule de cristal et le marc de café du devin, bien conscient du caractère de tireuse de cartes et de voyante extralucide qu'exige ce défi pour être relevé, que l'auteur invite le lecteur à une courte prospective sur « l'avenir de l'administration publique québécoise ».

LE P.Q. AU POUVOIR LAISSE ESPÉRER LA RÉALISATION PROCHAINE D'UNE VASTE RÉFORME ADMINISTRATIVE.

À la veille du scrutin du 15 novembre 1976, l'administration publique provinciale était en proie à de nombreux malaises. Depuis plusieurs mois déjà, certains observateurs avaient fait connaître publiquement les multiples raisons qui justifiaient, selon eux, un tel diagnostic de crise, et préconisé plusieurs remèdes[1].

Le pouvoir politique en place à l'époque, en l'occurence le Parti Libéral de M. Robert Bourassa, en partie responsable de la léthargie dans laquelle se trouvait plongée la fonction publique québécoise, avait toutefois fini par prendre conscience, au courant de l'été 1976, de la gravité de la situation. C'est, en effet, le 25 août qu'était rendue publique une lettre du Premier ministre aux membres du Conseil exécutif, dans laquelle il faisait connaître les priorités de son gouvernement[2]. Au nombre de ces priorités figuraient la réforme des collectivités locales, les modifications des structures et des mécanismes de négociation à l'intérieur des secteurs public et para-public, la redéfinition des relations entre le gouvernement et les sociétés d'État, la réorganisation administrative de la planification et du développement, la réforme de la loi de la fonction publique et la décentralisation effective des activités gouvernementales vers les régions.

L'échec du Parti Libéral aux élections historiques de novembre ne devait pas permettre de donner suite à ces projets de réforme administrative.

Le succès du PQ, par contre, pose le problème des modifications qui devraient normalement intervenir dans les secteurs public et para-public si, une fois au pouvoir, celui-ci reste fidèle à ses orientations telles qu'exprimées dans son programme de 1975 et dans les thèmes développés durant la dernière campagne électorale. Orientations confirmées dans les toutes récentes mesures prises, ou mises en chantier, depuis la passation des pouvoirs.

Ces changements fondamentaux paraissent devoir être au nombre de deux:

1) L'application de toute une série de remèdes destinés à supprimer plusieurs des maux qui affectent actuellement l'administration publique québécoise;

2) La croissance et un grossissement inévitable de l'appareil administratif québécois.

---

1. Notamment la conférence de M. Yves Martin, recteur de l'Université de Sherbrooke, prononcée devant la section québécoise de l'Institut Canadien d'Administration Publique le 24 novembre 1975 et intitulée «Sens de la fonction publique et sens de l'État au Québec», ainsi que Alain Baccigalupo «Les malaises de la fonction publique», *Le Soleil*, 11-12 décembre, p. 5.

2. «Les cinq priorités de mon gouvernement», *Le Soleil*, 25 août 1976, p. 5.

LE PQ DEVRAIT REMÉDIER À LA CRISE DE L'ADMINISTRATION PUBLIQUE

Le PQ peut permettre la réconciliation du politique et de l'administratif, la démocratisation de l'administration publique et la rationalisation des activités de l'État.

1) La réconciliation du Politique et de l'Administratif

La plupart des maux dont était affectée l'administration québécoise avaient une origine commune, dans le sentiment de profonde méfiance qu'éprouvait le gouvernement libéral-fédéraliste de M. Bourassa, vis-à-vis d'une fonction publique qu'il savait très largement « contaminée » par l'idéologie nationaliste. En outre, le P.L.Q. était principalement dirigé par des hommes d'affaires et de professions libérales (notaires, avocats, actuaires, médecins, publicistes...) portés par nature à se méfier du secteur public, considéré à maints égards comme un monstre budgétivore, inefficace, désireux de limiter l'initiative privée, et à relent de collectivisme dirigiste.

L'accès du PQ au pouvoir a quasiment renversé ce courant de pensée. Le Parti québécois constitue en effet une nouvelle classe dirigeante. Composé principalement d'étudiants, d'enseignants, d'agents de l'État et de représentants de la petite et moyenne bourgeoisie francophone, le nouveau parti gouvernemental a davantage confiance dans l'État et son administration pour la réalisation de son programme social-démocrate. Par là-même se trouve réalisée une identité de vue considérablement plus grande, entre le pouvoir politique et le pouvoir administratif. Identité de vue renforcée par l'origine universitaire et haute-fonction publique de la plupart des nouveaux ministres.

Cette réconciliation des pouvoirs politiques et administratifs devrait, dans l'avenir, s'avérer fort précieuse pour la réalisation de l'immense effort de réforme qui attend ce jeune gouvernement. Elle devrait aussi, et surtout, permettre l'implantation d'une vaste et indispensable réforme administrative. Celle-ci, selon toute probabilité, devrait s'orienter vers la démocratisation de l'administration publique, d'une part, et la rationalisation de l'appareil étatique, d'autre part.

2) La démocratisation de l'administration publique

Elle tend à se manifester par la mise en oeuvre prochaine de trois réformes principales visant à réduire la politisation de l'administration, à favoriser le rapprochement administrations-administrés et à accroître la décentralisation et la déconcentration de l'organisation administrative.

a) *La dépolitisation croissante de la fonction publique*

Commencée lors de la révolution tranquille sous le gouvernement de M. Jean Lesage, la dépolitisation de la Fonction publique devrait être parachevée par le gouvernement péquiste, si l'on en croit ses déclarations d'intentions. En effet, le PQ souhaite que « la nomination de tous les fonctionnaires, *y compris ceux appelés aux fonctions administratives les plus élevées,* se fonde sur un critère unique, celui de la compétence reconnue par des concours publics tenus sous l'autorité de la Commission de la Fonction publique ». D'autre part, afin d'éviter les conflits d'intérêts financiers au sein des agents de l'État, le PQ préconise que «toute personne occupant ou postulant un emploi dans l'administration publique (dans son sens le plus large) fournisse à la C.F.P. un bilan de ses intérêts financiers personnels». La lutte contre le patronage devrait en outre aboutir à une réduction et un contrôle accrus du nombre de postes d'employés occasionnels, lesquels jusqu'ici permettaient au parti au pouvoir d'offrir des emplois à ses amis politiques, en-dehors de tout contrôle réel.

Un commencement d'exécution de cette volonté de dépolitisation s'est manifesté récemment par le mandat confié par le gouvernement péquiste au Conseil du trésor, lequel doit déposer le 1er mar 1977 un rapport recommandant au gouvernement de M. René Lévesque des «mesures pour assainir les pratiques administratives». Soulignons aussi que la prise du pouvoir par les péquistes n'a pas, jusqu'à présent, donné lieu à de grands chambardements au niveau des hauts-fonctionnaires. Le gouvernement de M. René Lévesque a même tenu à les rassurer au lendemain des élections. S'agissait-il alors d'une politique de longue durée ou d'une simple mesure tactique visant à permettre une passation sans «à-coups» des pouvoirs? Les anciens hauts-fonctionnaires resteront-ils longtemps à leur poste ou bien les fournées de nominations importantes, bien qu'encore très limitées en quantité, auxquelles vient de procéder le 12 janvier 1977 le nouveau gouvernement, seront-elles appelées à se multiplier dans les mois qui viennent?[3] Il est encore trop tôt pour donner une réponse définitive à ces importantes questions. Il est cependant très logique de penser que l'on n'assistera pas dans un avenir rapproché à l'utilisation par le gouvernement québécois du système des dépouilles (spoils-system). De même que l'on n'assistera sûrement pas non plus à une dépolitisation complète de l'appareil étatique surtout aux niveaux «les plus élevés», comme le programme péquiste dit vouloir le réaliser[4]. D'ailleurs, cela serait-il même vraiment souhaitable? La vérité passera ici aussi entre ces deux extrêmes. Il y aura probablement dans les mois qui viennent un certain renouvellement du personnel administratif de haut niveau par voie de mutations, de promotions et de nominations qui interviendra mais de façon graduelle. Ce qui est probablement la meilleure des politiques à adopter, compte tenu de la compétence et de l'évidente bonne foi avec lesquelles la plupart des grands technocrates québécois semblent vouloir servir le nouveau gouvernement.

Il est d'autre part envisagé au ministère de la Fonction publique de renforcer, selon des procédés actuellement en cours d'examen, l'indépendance de la Commission de la Fonction publique. Celle-ci pourrait se voir retirer

---

3. Il s'agit de MM. Claude Rioux, André Saumier, Guy Rocher, Thomas Boudreau et Florian Rompré. Les quatre premiers deviennent secrétaires généraux associés au Conseil Exécutif et sous-ministres d'un ministre d'État, tandis que la cinquième personnalité, nommée elle aussi «secrétaire général associé», se voit confier, en outre, la responsabilité du programme de gestion des hauts-fonctionnaires nommés discrétionnairement par le lieutenant-gouverneur en conseil, *Le Soleil,* 13 janvier 1977.

4. Il est actuellement, semble-t-il, envisagé, au Ministère de la Fonction publique, la possibilité de dépolitiser la nomination des sous-ministres adjoints en confiant la sélection et le recrutement de cette catégorie de cadres supérieurs de l'État à un organisme indépendant : la Commission de la Fonction publique.

certaines attributions de gestion courante, tandis qu'elle verrait s'accroître son rôle de défenseur d'un système de mérite lui-même renforcé. Elle pourrait de la sorte apparaître, dans les mois prochains, comme un véritable « ombudsman » de la fonction publique, tandis que les pouvoirs de redressement de certaines décisions administratives, qui sont les siens actuellement, seraient eux aussi accrus.

b) *Le rapprochement administration-administrés*

Commencé, lui aussi, lors des années 1960-1970, le rapprochement États-Citoyens devrait se poursuivre et tendre à faire davantage de l'administration publique une maison de verre. Jusqu'ici, l'administration québécoise restait encore trop souvent abritée derrière un secret administratif qui avait plus pour but de masquer les lacunes, les erreurs, les défaillances et les irrégularités politiques et administratives, que de garantir la défense de l'intérêt public.

À ce titre, les citoyens du Québec peuvent s'attendre à un accès plus libre aux dossiers publics et à une amélioration sensible de l'information gouvernementale (télédiffusion des débats).

On peut, de la même façon, s'attendre à voir l'administration consultative s'enfler de quelques unités nouvelles, notamment d'un Conseil consultatif de la publicité et d'un Conseil consultatif de l'habitation.

La cogestion dans le réseau collégial et universitaire pourrait, elle aussi, prendre une ampleur plus grande que celle enregistrée jusqu'à présent.

Les réserves indiennes quant à elles pourraient bien être transformées en municipalités. Ces municipalités regroupées au niveau régional pourraient se voir attribuer des gouvernements amérindiens chargés d'exercer une autorité législative déléguée en matière d'éducation, de culture, de droits civils, de propriétés privées, etc...

c) *La déconcentration et la décentralisation de l'appareil administratif*

La décentralisation administrative concerne principalement les municipalités. Trop nombreuses au Québec, celles-ci devraient voir progressivement leur nombre réduit, tandis que l'on assisterait parallèlement à leur revalorisation, tant au plan local que régional. Cette revalorisation pourrait prendre naissance dans une nouvelle attribution aux pouvoirs locaux et régionaux (communautés urbaines et régionales) de sources directes de revenus fiscaux, en relation avec les responsabilités accrues qui leur seraient alors confiées. Le PQ serait ainsi le premier maître d'oeuvre d'une réforme institutionnelle et fiscale des administrations locales, souhaitée depuis longtemps, et d'autant plus urgente qu'elle n'a jamais vraiment été réalisée.

La décentralisation administrative devrait aussi toucher tout le réseau des affaires sociales, à savoir les secteurs de la santé et des services sociaux.

Quant à la déconcentration administrative, c'est surtout au niveau régional qu'elle se manifestera, puisque le PQ entend mettre l'accent sur l'aménagement du territoire, le développement régional, la régionalisation accrue des services administratifs (justice, pêche commerciale, etc...), et l'implantation de véritables capitales régionales.

Toutes ces réformes en vue d'une humanisation accrue de l'administration publique devraient, de surcroît, être suivies de plusieurs et importantes mesures de nature à rationaliser le fonctionnement de l'appareil étatique.

3) La rationalisation de l'administration publique

Elle s'effectuera vraisemblablement comme suit. Tout d'abord, nous allons assister, dans les semaines à venir, à un redémarrage de la machine administrative. Ensuite, cette machine administrative devrait voir sa rentabilité améliorée sensiblement par la pleine utilisation de tous ses rouages et notamment de ses ressources humaines. Enfin, cette machine va «produire» de façon plus rationnelle, par l'importance toute particulière qui sera accordée à la coordination et la planification des activités de l'État.

a) *Le redémarrage de la machine administrative*

Faute d'objectifs clairs et précis de nature gouvernementale, faute de confiance entre le politique et l'administratif, faute de participation de l'administration aux décisions gouvernementales, faute de mécanismes susceptibles de motiver les agents de l'État à leur travail, la fonction publique québécoise s'était, sous le gouvernement libéral, progressivement assoupie. Tant et si bien qu'à la veille des élections de novembre, une bonne partie de l'appareil administratif paraissait tourner au ralenti et dans le vide.

L'accès du PQ au pouvoir vient de permettre, en quelques semaines, au moteur administratif, d'embrayer de nouveau sur les réalités socio-politiques. La définition de nouvelles priorités par le gouvernement péquiste, l'immense étendue des défis qu'il voit se poser à lui, tant en matière économique, sociale, culturelle, linguistique que politique, la nécessité pour lui de s'appuyer sur une administration expérimentée et très souvent fort qualifiée, ainsi que le capital confiance recouvré, devraient donner un véritable «coup de fouet» et relancer à plein gaz la machine administrative, une fois passé le traumatisme administratif dû au changement de gouvernement.

b) *La pleine utilisation des ressources humaines de l'État*

Elle découle de la volonté péquiste de rapprocher l'administration publique de l'administration privée, en vue d'accroître la rentabilité et l'efficacité administrative.

Elle est, en effet, d'autant plus indispensable que la situation financière laissée par le précédent gouvernement (déficit budgétaire provincial, endettement, déficit olympique, etc...) et la conjoncture économique peu favorable présentement à l'expansion limitent passablement la marge de manoeuvre du gouvernement de M. René Lévesque.

Des économies substantielles devant dès lors être réalisées pour la mise en chantier du programme social-démocrate, il faut s'attendre à une utilisation maximale des ressources de l'appareil administratif.

Ceci devrait se manifester, notamment, par une diminution sensible du nombre de contractuels rémunérés en-dehors et au-dessus des normes fixées par les conventions collectives des agents de l'État, et par une réduction du nombre de consultants extérieurs, issus du secteur privé, auxquels le gouvernement libéral recourait si souvent dans un souci de «patronage» qui aboutissait davantage à frustrer l'administration qu'à servir l'intérêt général.

D'ailleurs, des signes concrets de changement sont déjà apparus. Le 29 décembre 1976, le ministre québécois de la justice, par le biais de l'affichage public dans les journaux, cherchait à recruter de façon permanente une trentaine d'avocats désireux d'agir à titre de substituts du procureur général dans les différents districts judiciaires du Québec, alors que le gouvernement de M. Bourassa préférait utiliser des cabinets privés rémunérés par honoraires.

La pleine utilisation des ressources humaines se concrétisera, fort probablement aussi, par l'accent qui sera mis sur une amélioration du statut des cadres et des professionnels, notamment par l'accentuation du système de carrière, en lieu et place de l'actuel système hybride entre l'emploi et la carrière, que l'on connaît depuis plus de dix ans.

Le gouvernement péquiste verra encore à améliorer l'actuel système de perfectionnement et de recyclage de ses agents à tous les niveaux. Il devrait, en outre, favoriser la mobilité interne horizontale et verticale des personnels de l'État, notamment en ce qui concerne les strates professionnelles et d'encadrement. Ceci, afin de faire en sorte que la mobilité serve, non seulement l'intérêt de l'agent — comme c'est souvent le cas actuellement — mais aussi celle de l'employeur étatique.

Les promotions devraient elles aussi être repensées dans l'avenir et résulter d'une évaluation améliorée du personnel administratif.

La volonté gouvernementale qui paraît se manifester dans le fait d'utiliser demain plus judicieusement les ressources humaines de l'État, nous conduit droit à une question-clé : va-t-on, sous peu, assister à la fin du système des « tablettes » ? Une réponse peut être avancée en indiquant que vouloir l'élimination définitive des « tablettes » serait du pur angélisme, mais que par contre une réduction sensible de cette pratique apparaît effectivement beaucoup plus réaliste.

Le gouvernement péquiste semble vouloir aussi promouvoir une réforme du cadre juridique des négociations de travail, l'actuel Code du Travail, élaboré pour le secteur privé et étendu au secteur public par la suite, s'étant avéré, à l'usage, peu adéquat, pour éviter les conflits interminables (grèves) et assurer l'indispensable continuité des services publics (éducation, santé notamment).

c) *La coordination et la planification administratives*

Le grossissement phénoménal enregistré, lors de la Révolution tranquille des années soixante, par les secteur public et para-public a rendu indipensable, au Québec, la coordination et la planification administrative.

C'est là une nécessité absolument vitale dont est heureusement très fortement conscient le Premier ministre Lévesque, comme en témoignent les tous premiers actes posés par lui en matière d'organisation gouvernementale. La création au sein du Cabinet d'un Comité des Priorités composé de cinq ministres d'État séniors sans aucune responsabilité administrative directe, mais chargés d'établir avec le Premier ministre, le ministre des Affaires intergouvernementales, et le ministre des Finances, la liste des priorités du gouvernement et de voir si la préparation et la mise en place des grandes réformes[5], découlent, comme le disait M. René Lévesque lui-même, de l'obligation que lui faisait le programme d'action de son parti «d'améliorer considérablement tout le secteur de la planification et de la coordination entre les ministères[6]».

Toujours au niveau central, on peut s'attendre à ce que le mouvement de regroupement de certains ministères, commencé avec la liaison Finances-Revenu confiée à M. Jacques Parizeau, se poursuive par la création de super-ministères. Le programme péquiste prévoit, en effet, la formation de quelque sept super-ministères : Présidence (incluant planification et défense), Affaires étrangères, Intérieur, Finances et Revenu, Économie, Affaires sociales, Éducation et Culture.

Cette volonté, généralement affichée, de coordination administrative devrait descendre jusqu'au bas de la pyramide administrative et toucher tous les services de l'État, tout spécialement ceux qui souffrent actuellement d'un manque criant de coordination tels que les services de police.

Les services de planification ministériels centraux et régionaux de-vraient, eux aussi, se voir attribuer de plus larges responsabilités et surtout voir leurs avis, davantage que par le passé, pris en considération.

Ce désir d'améliorer sensiblement la coordination administrative — qu'avait d'ailleurs aussi à l'esprit le précédent gouvernement, sans avoir jamais pu vraiment le réaliser — n'est pas d'une mise en oeuvre toujours très aisée. En effet, la définition d'objectifs politiques opérationnels et à moyen terme n'est déjà pas une sinécure. Mais vouloir, en outre, réussir l'intégration des objectifs politiques aux grands cycles législatifs, budgétaires et administratifs, c'est aller au devant de nombreuses difficultés de réalisation. Ce défi ne pourra être relevé que par un effort d'imagination et un travail très sérieux où l'innovation administrative aura une très large part.

* * * * *

CE QUE DIT LE PROGRAMME DU PQ SUR... L'ADMINISTRATION PUBLIQUE

Au Québec, on a beaucoup parlé de réforme administrative, sans pour autant faire grand chose pour y procéder d'une façon rapide et soutenue. Les ministères ont continué à se multiplier sans coordination réelle les uns avec les autres pendant que dure la duplication administrative qui résulte de l'existence parallèle de deux niveaux de gouvernement agissant souvent dans le même domaine. Par ailleurs, l'appareil administratif brime souvent le citoyen par son inhumaine complexité. Il importe de corriger cet état de choses.

En conséquence, *un gouvernement du Parti québécois s'engage à:*

P5.1 Organiser un appareil gouvernemental et administratif fonction-

---

5. Ces cinq réformes visent le domaine parlementaire et électoral (Robert Burns), le développement culturel (Camille Laurin), social (Pierre Marois), économique (Bernard Landry) et l'aménagement (Jacques Léonard).

6. Cité par J.C. Picard — «Lévesque crée un comité des priorités», Journal montréalais «*Le Devoir*» — 27/11/1976.

nel regroupant, en un petit nombre de «super-ministères», les départements ministériels, directions générales, etc.

Ces super-ministères pourraient compter par exemple:

— *La Présidence:* Cabinet présidentiel, l'Office du Plan (sous la responsabilité spécifique d'un secrétaire d'État), la Défense.

— *Le ministère des Affaires étrangères:* Relations internationales; Coopération internationale.

— *Le ministère de l'Intérieur:* Justice, Police, Fonction publique, Administration locale et régionale, Citoyenneté.

— *Le ministère des Finances et du Revenu:* Finances, Trésor, Revenu national.

— *Le ministère de l'Économie:* Richesses naturelles (mines, forêts, eaux, pêcheries, etc.), Industrie, Agriculture, Commerce, Accords de communauté avec le Canada, Transport, Communications, Tourisme, Travaux publics, Voirie, etc.

— *Le ministère des Affaires sociales:* Travail et Main-d'oeuvre, Bien-être social et Famille, Santé, Jeunesse, Immigration.

— *Le ministère de l'Éducation et de la Culture:* Éducation permanente, Moyens de communication de masse, Affaires culturelles, Recherche scientifique, Animation culturelle, Loisirs et Sports, etc.

P5.2 Réformer et humaniser l'administration publique en appliquant des principes visant à assurer que:

— la nomination de tous les fonctionnaires, y compris ceux appelés aux fonctions administratives les plus élevées, se fonde sur un critère unique, celui de la compétence reconnue par des concours publics tenus sous l'autorité de la Commission de la Fonction publique;

— toute personne occupant ou postulant un poste dans l'administration publique (dans son sens le plus large) fournisse à la Commission de la Fonction publique un bilan de ses intérêts financiers personnels;

— les normes d'efficacité et de rentabilité appliquées dans l'entreprise privée prévalent dans l'administration publique;

— les cadres supérieurs et les cadres moyens soient associés à l'élaboration des politiques;

— les employés de l'État aient accès au perfectionnement selon leurs centres d'intérêt ou de responsabilité grâce à des cours ou des stages d'étude;

— la mobilité des effectifs à l'intérieur de l'administration soit rendue possible.

P5.3 Intégrer à la Fonction publique québécoise les fonctionnaires et employés fédéraux résidant au Québec qui en exprimeront le désir de manière à ce qu'ils n'aient à subir aucun préjudice financier:

a) l'échelle de leur traitement et salaire ne sera pas modifiée;

b) le transfert au Québec de leurs fonds de pension et de retraite, ainsi que des contributions de leur employeur, sera négocié avec le gouvernement du Canada en élargissant la portée de l'accord existant;

c) tous les avantages sociaux acquis seront maintenus;

d) une indemnité de déménagement sera accordée le cas échéant;

e) les droits des retraités seront maintenus intégralement.

P5.4 Établir dans l'Outaouais un programme spécial de création de nouveaux emplois fondé sur:

a) l'établissement à Hull du centre administratif des institutions d'association avec le Canada;

b) la localisation dans la région de certains services administratifs qu'il n'est pas nécessaire de localiser à Québec;

c) le renforcement du rôle de capitale régionale de Hull, notamment par le développement des services publics et un programme de développement économique accéléré.

* * * * *

Le programme ne dit toutefois rien sur une coordination, selon nous souhaitable, des activités des principaux organes chargés de la gestion de la fonction publique québécoise: CFP, ministère de la Fonction publique, Conseil du trésor et directions ministérielles de personnel.

Toutefois, des informations en provenance de milieux généralement bien informés permettent d'entrevoir l'avenir de ces quatre organismes comme suit: 1) indépendance accrue de la CFP, débarrassée de ses tâches de gestion courante; 2) accroissement du rôle du ministère de la Fonction publique en matière notamment de classification, mutation et promotion, ainsi qu'en matière d'animation, en vue d'une coordination plus efficace des ressources humaines; 3) autonomie des directions ministérielles de personnel conservée, mais renforcement des liens organiques en vue d'un dialogue plus soutenu et d'une concertation accrue avec le M.F.P.; 4) rôle renforcé du Conseil du trésor en matière de régulation et de réglementation ainsi qu'en matière de relations de travail dans le secteur public, compte tenu des impacts de ce champ d'activités sur le plan budgétaire.

Le programme ne dit toutefois pas grand chose non plus en ce qui concerne la coordination, par le gouvernement, des activités des secteurs publics et para-publics. Coordination indispensable si l'on veut éviter un certain démembrement de l'autorité de l'État.

Inutile de dire que la coordination et la planification des activités de l'administration sont, aujourd'hui, d'autant plus indispensables à l'État que le grossissement de l'appareil administratif pourrait bien s'amplifier très sensiblement avec l'avènement du gouvernement péquiste.

LE PQ DEVRAIT ENTRAÎNER UN GONFLEMENT DE L'ADMINISTRATION PUBLIQUE

Le PQ est un parti politique nationaliste, indépendantiste et social-démocrate. Or, chacune de ces trois caractéristiques fondamentales milite en faveur d'un gonflement du secteur public et para-public.

1) Le Nationalisme est créateur d'administrations nouvelles

La volonté d'affirmer son existence nationale, liée au désir légitime d'afficher son identité propre, entraînera irrésistiblement le Québec à prendre en mains une partie de l'activité nationale, jusqu'ici abandonnée au capital anglophone canadien ou étranger. C'est ainsi que le PQ ne saurait hésiter bien longtemps à placer « ce patrimoine public qu'est la forêt sous contrôle de la collectivité en mettant fin au régime des concessions forestières ». Ce qui entraînera immanquablement la création d'un Office du Crédit Forestier. La Société québécoise d'exploration minière (SOQUEM) devrait, elle, voir ses ressources s'accroître sensiblement, tandis que naîtra un office de mise en marché pour le minerai d'amiante chargé d'être l'agent exclusif pour l'achat et la vente du minerai sur les marchés locaux et internationaux et de favoriser la transformation, au Québec même, de la matière première. Il est aussi prévu la création d'un « fonds minier », ainsi que plusieurs parcs nationaux.

Il est aussi envisagé la création d'un Centre québécois de Recherche sur les pêcheries, ainsi qu'un Conseil Québécois de la Recherche scientifique jouxtant un organisme encore à créer : le Secrétariat d'État à la recherche scientifique.

D'autres organismes publics et para-publics verront encore le jour dans le domaine des communications et de la culture, afin de sauvegarder et répandre la culture et la langue nationale. C'est dans cette perspective que sont prévus par le PQ l'intégration à Radio-Québec des installations québécoises de Radio-Canada, la création d'une Régie d'État en matière de radio-télévision, d'un Centre national des Industries du Cinéma, d'une Agence de Presse québécoise, d'un Institut national des Arts populaires, de maisons régionales de la culture, de bibliothèques publiques au niveau local, régional et national, etc.

Quant à la politique d'achat du gouvernement péquiste elle devrait très largement favoriser dorénavant les entreprises québécoises.

2) L'indépendance est créatrice d'administrations nouvelles

Si l'accès à la souveraineté nationale met fin au dédoublement institutionnel, en faisant disparaître la duplication administrative résultant de l'existence parallèle de deux niveaux de gouvernement agissant souvent concurremment, il n'entraînera pas toutefois la réduction du secteur public. Bien au contraire.

D'abord parce que l'indépendance entraînera le gonflement de plusieurs administrations provinciales dèjà existantes dont les champs d'intervention étaient, jusque là, à compétence partagée avec le fédéral : justice, police, diplomatie, économie, industrie et commerce, fiscalité, urbanisme, communications, agriculture, etc. C'est pourquoi il faut s'attendre à voir les fonctions du ministère des Affaires intergouvernementales, des Finances, de la Justice, ainsi que celles de la Caisse des Dépôts et Placements, de la Société québécoise d'Initiatives pétrolières, etc. s'élargir sensiblement, tandis que se développeront les institutions publiques spécialisées dans le domaine du crédit agricole et forestier, des pêches commerciales, du crédit hôtelier et touristique, du crédit et de l'export-import, du crédit commercial et du crédit à l'expansion industrielle...

Ensuite, parce que devront être créées, parfois de toutes pièces, des administrations publiques nouvelles: ministère de la Défense, Banque centrale du Québec pour le crédit et la monnaie, ministère des Postes nationales, Service des douanes, etc. Parallèlement, la souveraineté aura pour effet de remettre au nouvel Etat la responsabilité de nombreuses entreprises publiques aujourd'hui dirigées par Ottawa: voies ferrées, lignes aériennes, flotte marchande...

Enfin, parce que les nouvelles relations permanentes que le Québec entend tisser prioritairement avec le reste du Canada, au lendemain de l'indépendance, entraîneront probablement la création et la fixation à Hull de l'ensemble des administrations publiques chargées tout spécialement de négocier avec le gouvernement étranger d'Ottawa. La ville-frontière de Hull devenant alors la capitale des institutions Québec-Canada.

Nombre de ces administrations publiques et para-publiques québécoises verront d'ailleurs leurs effectifs s'accroître, par l'intégration des agents québécois actuellement à l'emploi du gouvernement fédéral à Ottawa.

3) La Social-démocratie est créatrice d'administrations nouvelles

Il est bien connu de tous les spécialistes de la «chose publique» que l'interventionnisme étatique en matière économique, sociale, culturelle, éducative, etc. renforce généralement les secteurs public et para-public, souvent, d'ailleurs, au détriment du secteur privé.

Le Québec social-démocrate échappera difficilement à cette loi.

Le désir de rendre une meilleure justice, en spécialisant les tribunaux, tout en les démocratisant et en les dépolitisant, aura pour effet la création d'un ordre juridictionnel nouveau: l'ordre administratif, doté d'un réseau de tribunaux administratifs spécialisés coiffés d'un Conseil d'État, la création de tribunaux de la Famille, la constitution d'une École de la Magistrature, une régionalisation des services judiciaires et l'implantation à travers le pays de services juridiques gratuits et universels.

La volonté de limiter les profits réalisés par les compagnies d'assurances privées, au détriment des conducteurs d'automobiles, devrait avoir pour effet d'entraîner l'adoption d'un régime public complet et obligatoire d'assurance-automobile. Cette nationalisation partielle de ce secteur d'activités se traduira, sans nul doute possible, par le développement d'organismes para-publics chargés de sa gestion.

L'intention, affirmée par le PQ, de mettre sur pied un réseau public de garderies et de centres de jours gratuits, de compléter le régime d'assurance-santé de façon à y inclure toutes les disciplines de la médecine et de la chirurgie, d'introduire un programme obligatoire de médecine préventive, de contrôler la fabrication, la distribution, la publicité et le prix des produits pharmaceutiques, d'accroître les contrôles sur les actes posés par les professionnels de la santé, sinon de nationaliser tout ce secteur, ne pourra qu'entraîner un accroissement de l'administration des Affaires sociales et la multiplication des régies d'État.

Il faut s'attendre, de la même façon, à ce que l'importance grandissante donnée à la protection du consommateur, aux locataires, aux catégories défavorisées, etc. se traduise concrètement par un renforcement des pouvoirs de l'Office de Protection du Consommateur, des responsabilités de la Société d'Habitation du Québec, de la Régie des loyers, etc...

Il en sera de même lorsqu'il s'agira de mettre en branle les programmes de lutte contre les diverses formes de pollution, les mesures de planification, d'appliquer les normes d'urbanisme, de développer en priorité les transports en commun, de mettre l'accent sur les loisirs sociaux et le sport populaire...

CONCLUSION

Les nombreux et importants défis que le Parti québécois s'est juré de relever dans les mois et les années à venir, ne pourront se réaliser sans la participation massive et vitale de la machine administrative québécoise. Celle-ci, nous pouvons en être assurés, sera entre les mains du nouveau gouvernement un instrument indispensable au succès de son entreprise. Nul doute, par conséquent, que l'accès du PQ au pouvoir se traduise dans les faits, par un net renforcement du rôle des agents de l'État dans le devenir québécois.

Dans ce sens, on est en droit de s'interroger sur le devenir des politiques d'austérité budgétaire entamées avec le parti libéral et suivies par le PQ qui aboutissent à une réduction des ressources humaines dans le secteur public. Car il y a là, n'en doutons pas, quelque chose d'un peu paradoxal, à vouloir tout à la fois accroître le rôle de l'État et diminuer la masse de ses effectifs[7]. Il n'est pas sûr du tour que l'intensification de la rationalisation des ressources humaines puisse suffire à résoudre ce paradoxe.

Outre cette importante question, outre le coût de ces nombreuses réalisations politiques à venir, outre la nécessité indiscutable d'avoir à procéder par étapes successives, afin de surmonter les diverses résistances au changement qui ne sauront manquer d'apparaître une fois la phase d'enthousiasme populaire passée[8], le PQ devra se garder d'un double risque. Risques d'autant plus menaçants que l'inexpérience relative de la nouvelle équipe et la plus menaçants que l'inexpérience relative de la nouvelle équipe et la participation majeure des fonctionnaires de l'État seront grandes. Ces risques sont, aux deux extrémités, la paralysie bureaucratique d'une part et la technocratisation administrative d'autre part.

C'est entre ces deux écueils que les changements administratifs devront s'opérer, si l'on veut éviter que les malaises de demain deviennent pires que ceux d'hier.

Un moyen s'offre pour cela au gouvernement : garder un oeil vigilant sur le développement organisationnel, en mettant en place, au plus haut niveau, des organes efficaces, chargés de la mise en oeuvre d'une réforme administrative continue.

---

7. Nous faisons ici allusion bien entendu aux propos tenus par certains hommes politiques visant à réduire très sensiblement les effectifs de la fonction publique dans des secteurs aussi concernés par le développement d'un programme social-démocrate que les ministères de l'Éducation et des Affaires sociales (cf. les propos du Dr. Denis Lazure notamment).

8. Cf. à titre d'illustration récente, les premières inquiétudes que soulève, parmi les policiers municipaux, le projet du ministre de la Justice M. Marc-André Bédard de revaloriser la Sûreté Nationale. Sans compter les conflits que ce projet ne manquera pas de soulever avec le gouvernement fédéral, puisqu'il remet aussi en question le rôle de la Gendarmerie Royale du Canada (GRC) sur le territoire québécois. Ce n'est évidemment là qu'un exemple, parmi les nombreux autres, qui ne manqueront pas de surgir dans l'avenir.

LE GOUVERNEMENT CHANGE
LES PROBLÈMES ADMINISTRATIFS DEMEURENT

Près d'un an et demi après l'accession du PQ au pouvoir et un peu plus d'un an après avoir écrit le texte précédent, l'observateur spécialisé, tout comme le grand public, peut avoir la désagréable sensation de voir revenir le temps des désillusions.

Le changement de gouvernement, à la lecture du programme du Parti Québécois et à l'audition des premiers discours officiels, laissait très nettement entrevoir, fin 1976 début 1977, les nombreuses et importantes mutations que pourrait être amenée à connaître l'administration publique québécoise.

Dans l'ensemble, la plupart des changements qui se profilaient à l'horizon, apparaissaient devoir apporter bien des améliorations aux divers maux que connaissaient les secteurs public et para-public provinciaux.

Ils annonçaient aussi, nous en étions pour notre part très conscients, un certain grossissement du corps administratif.

Or, au printemps 1978, le bilan présenté par le gouvernement Lévesque fait apparaître dans la colonne « actif », un nombre extrêmement restreint de solutions satisfaisantes, aux principaux problèmes que connaissait l'administration publique québécoise[1].

Par contre, les dangers du gonflement de l'appareil étatique que nous craignions voir s'inscrire dans la colonne « passif » du bilan sont, eux, bel et bien apparus.

Le mieux, pour prouver ces affirmations, consiste sans doute à reprendre les principaux points de changement que le Parti Québécois se proposait d'apporter en matière administrative, et de mesurer le chemin parcouru en quelques dix-huit mois de pouvoir.

En matière de réconciliation du Politique et de l'Administratif, une donnée fondamentale se dégage des déclarations faites par le ministre Denis de Belleval et les porte-paroles des divers syndicats de la fonction publique, relativement au projet de loi 53. Le moins que l'on puisse dire, c'est que ce projet, n'a pas paru plaire à la fonction publique provinciale. Les diverses mesures qu'il comportait et les risques de politisation qu'il faisait peser sur la neutralité de la fonction publique n'étaient guère de nature à maintenir au « beau fixe », les relations pourtant empreintes d'espoir et de confiance qui s'étaient établies entre les nouveaux dirigeants politiques et le personnel administratif de l'État. On voit mal par conséquent comment ce regrettable climat de méfiance et la nature extrêmement tendue des relations qu'entretiennent actuellement ces deux ensembles, pourraient venir s'inscrire dans la colonne « actif » du bilan du gouvernement péquiste.

Or, le fait que les agents de l'État soient maintenant braqués en grand nombre contre le PQ, est d'autant plus regrettable, que c'est un immense

---

1. Cf. Bilan législatif du gouvernement du Québec — session 1976 et 1977. Service de presse du Cabinet du Premier Ministre, Janvier 1978.

capital de confiance et d'espérance que le projet de loi 53 a nettement entamé. Capital qui risque de se réduire davantage encore, si le gouvernement s'entête à vouloir faire adopter ce projet, sans y apporter les modifications importantes que la plupart des groupes concernés s'accordent à réclamer.

Le Parti Québécois laissait espérer une plus grande démocratisation de l'administration publique. Il se déclarait notamment, en faveur de la réduction de la politisation de la fonction publique, prêt à tout mettre en oeuvre afin de rapprocher l'administration des administrés, et favorable à une large décentralisation et une forte déconcentration des activités de l'État dans les régions et les municipalités. À quel stade de réalisation ces diverses promesses électorales sont-elles rendues?

En matière de dépolitisation de la fonction publique, nous avons vu, en détail, que le projet de loi 53 du ministre de Belleval risquait davantage d'aboutir à un modèle bien plus proche du «spoils-system» que du «merit-system» qu'il déclarait officiellement vouloir mettre en place. Or, la vie politique apprend très vite à celui qui la suit de près combien il faut toujours distinguer, entre le «logos» et la «praxis». Les déclarations ministérielles sont souvent, en effet, en contradiction avec la pratique suivie et les réalités engendrées.

Quant aux nominations, elles devaient, à tous les niveaux, y compris aux plus élevés, être effectuées en fonction du seul mérite des candidats. Or l'examen de la situation actuelle veut hélas, que, comme cela était à craindre, le mérite des amis politiques du gouvernement en place ait été jugé trop souvent, supérieur à celui des adversaires du parti au pouvoir.

Est-ce là un jugement a priori et sans fondement? Nous ne le croyons pas. D'ailleurs un récent article écrit par J.C. Picard et publié dans les colonnes du *Devoir* confirme sans peine les informations recueillies par nos soins, lors de nos travaux sur ce sujet. Intitulé «De départs en mutations, un véritable chambardement» le journaliste écrit: «Petit à petit, mine de rien, et tout en proclamant haut et fort l'indépendance des fonctionnaires par rapport au nouveau régime politique, le gouvernement du Parti Québécois a chambardé quasi de fond en comble toute la haute fonction publique du Québec. Ainsi, au rythme des départs, des nominations, des mutations et des mises à la retraite volontaires ou forcées qui se sont succédés, à petit feu, presque délicatement, mais sans relâche depuis plus d'un an, les nouveaux dirigeants politiques de la province auront modifié presque complètement la direction administrative des ministères».

Des chiffres et des noms appuient ces incontestables affirmations. «De la centaine de hauts-fonctionnaires en poste en novembre 1976, à peine la moitié occupe encore la même fonction, tandis que près d'une trentaine, et pas parmi les moindres ont quitté le service de l'État. Déjà importante chez les sous-ministres adjoints et associés où pas moins du tiers des effectifs en poste au moment du déclenchement des élections n'est plus là, ce remue-ménage devient phénoménal à l'échelon supérieur des sous-ministres en poste sous le régime libéral; sept seulement, soit le tiers, occupent la même fonction au même ministère, tandis que trois autres ont été mutés ailleurs».

Or, la liste de ces sept «survivants» tend à se rétrécir mois après mois puisque des rumeurs persistantes veulent que plusieurs d'entre eux quittent prochainement leur poste[2].

Entre les 16 novembre 1976 et le 1er avril 1978, huit personnes ont accédé au rang de sous-ministre[3]. Et, si comme le dit J.C. Picard, « dans aucun de ces cas on ne peut vraiment prétendre à des nominations qui ont quelque saveur partisane, il en va tout autrement cependant de plusieurs personnes qui ont été nommées aux ministères d'État à titre de secrétaire général associé du Conseil Exécutif. Qu'il s'agisse de mentionner les noms de MM. Eric Gourdeau ami personnel de M. Lévesque, de Jean Vézina, de Louis Bernard longtemps premier « fonctionnaire du PQ » et premier chef de cabinet de René Lévesque, de Guy Rocher et Thomas Boudreau. Sans compter que sur la trentaine de nouveaux sous-ministres adjoints quelques-uns ont des sympathies fort avouées envers le nouveau régime. Les cas les moins contestables sont ceux de Jean Taillon qui de candidat péquiste dans le comté de Limoilou en 1973 est devenu en 1976 chef de cabinet de Lucien Lessard et est maintenant sous-ministre adjoint aux Travaux publics et à l'Approvisionnement, d'André Larocque ancien fonctionnaire du PQ et chef de cabinet de ministre péquiste actuellement sous-ministre adjoint à la réforme parlementaire, et de François Dagenais péquiste notoire, nommé sous-ministre adjoint à l'Agriculture».

Quant à l'indépendance de la Commission de la fonction publique nous avons vu qu'elle paraissait bien plus menacée que renforcée, par le projet de loi 53. Aussi est-il plutôt difficile d'inscrire les intentions du gouvernement en cette matière, au chapitre des mesures positives visant à réduire la politisation de la fonction publique.

Seules sont à citer dans la colonne des mesures susceptibles de contrôler la politisation de la fonction publique, les règles adoptées en vue de lutter

---

2. Étaient toujours présents au 1er avril 1978 : MM. Guy Coulombe, secrétaire général du Conseil exécutif, Robert Normand muté de la Justice aux Affaires intergouvernementales, Jean-Claude Lebel ami personnel de M. Guy Coulombe et secrétaire du Conseil du trésor, Pierre Martin (Éducation), Gérard Frigon (Communication), Claude Bélanger (Fonction publique), André Gauvin (Revenu), Jean-Noël Poulin (Terres et Forêts), et Michel Duchesneau (Tourisme, Chasse et Pêche).
Étaient partis au 1er avril 1978 pour l'entreprise privée ou l'administration fédérale : MM. Claude Rouleau (Transports), Pierre Goyette (Finances) — tous les deux pour le secteur privé —, Arthur Tremblay (des Affaires intergouvernementales à l'enseignement universitaire), Jacques Brunet (des Affaires sociales à la direction d'un hôpital), Gaétan Lussier (de l'Agriculture provinciale à l'Agriculture fédérale), John Dismore (de l'Industrie et Commerce à Marine Industries).
Étaient partis au 1er avril 1978 pour un autre poste — souvent moins important — dans la fonction publique provinciale : René Didier (Immigration aux affaires intergouvernementales), Roger Trudeau (Travaux publics à la vice-présidence de la RIO), Gilles Laporte (Travail à un poste au cabinet du PM).

3. Ont accédé au rang de sous-ministre entre le 16 novembre 1976 et le 1er avril 1978 huit personnes. Cinq proviennent du secteur public et trois du para-public (universités ou hôpitaux). Il s'agit de MM. Michel Caron qui, de sous-ministre adjoint des Finances devient sous-ministre en titre, Claude Descôteaux qui de directeur général du CRIQ devient sous-ministre de l'Industrie et du Commerce, René Dussault (de la présidence de l'Office des professions au Ministère de la Justice), André Saumier (du Conseil exécutif aux Richesses naturelles), Bernard Angers (de sous-ministre adjoint aux Affaires municipales aux Travaux publics), Ferdinand Ouellet et Hugues Morissette respectivement de l'Université à l'Agriculture et aux Transports, et Jean-Claude Deschênes du réseau hospitalier aux Affaires sociales.

contre le « patronage » lors de l'accès aux postes d'occasionnels dans le secteur public et le droit à la syndicalisation de ce personnel, reconnu par le ministère de la Fonction publique en juillet 1977.

Le fait qu'aux plus hauts sommets de la hiérarchie politico-administrative les ministres eux-mêmes doivent déclarer, au moment de leur entrée en fonction, leurs diverses sources de revenus ainsi que celles de leur épouse et se débarrasser des intérêts qu'ils peuvent avoir dans certaines compagnies susceptibles de passer des marchés avec l'État, est aussi à citer au nombre des quelques mesures adoptées, susceptibles de réduire les effets négatifs de la politisation outrancière de l'administration publique[4].

Mais on concevra sans peine, que ces deux mesures restent limitées comparativement à l'ampleur du problème et à l'éventail de solutions que cette question appelle en vain depuis de nombreuses années.

En matière de relations Administrations-Administrés les quelques mesures adoptées sont, là encore, peu nombreuses. On peut citer par exemple la création de nouveaux conseils consultatifs — celui sur la langue française, celui plus récent sur le financement des partis politiques et la décision de procéder à la création de municipalités en milieu amérindien.

Toutefois, ces conseils risquent fort de présenter les mêmes défauts et insuffisances que la plupart des principaux organes consultatifs québécois. Quant aux municipalités en milieu amérindien il n'est pas dit qu'elles échapperont aux nombreuses maladies qui assaillent, depuis plusieurs décennies, le système municipal des « blancs ».

La télédiffusion des débats parlementaires, cheval de bataille du ministre d'État Robert Burns, a manqué être renvoyée aux calendes grecques malgré l'accord de principe donné par le Conseil des Ministres. Le compromis récent, arraché de peine et de misère par le ministre d'État à la réforme parlementaire, laisse espérer pour l'automne 1978 l'entrée en vigueur de cette mesure. Celle-ci devrait permettre aux citoyens, non seulement de voir travailler leurs élus, mais aussi d'être mieux informés des projets que l'administration a préparés à leur intention et qu'elle devra ensuite appliquer.

Maintenant, en ce qui concerne le rôle d'information joué par les Directions de communications du gouvernement du Québec, nous avons vu quelles insuffisances, là encore, ces rouages présentaient. Or, pour l'instant, en dehors du travail de réflexion accompli par le groupe présidé par le sous-ministre des communications, rien de vraiment concret, susceptible d'apporter des remèdes à ces maux, ne peut être inscrit au titre de l'actif dans le bilan du gouvernement péquiste.

Au plan de la déconcentration et de la décentralisation, les changements introduits par le PQ depuis son arrivée au pouvoir, marquent un décalage sensible par rapport aux espérances données.

---

4. Cf. Directives du Premier Ministre aux membres du Conseil exécutif concernant les conflits d'intérêts, 12 janvier 1977.

C'est ainsi que la déconcentration dont on parle tant, n'a affecté, jusqu'à présent, qu'un nombre assez restreint d'organismes (la CAT, la Régie des loyers[5]) et de ministères (Richesses naturelles[6] et Affaires culturelles[7]).

Quant à la décentralisation, elle a donné lieu à l'adoption, le 17 novembre 1977, de la loi no 10 modifiant la loi sur les services de santé et les services sociaux et à un rapport global soumis récemment au Conseil des ministres. Si la loi no 10 risque de favoriser la décentralisation du réseau des affaires sociales, puisqu'elle prévoit diverses dispositions octroyant une plus grande autonomie administrative à la fois aux établissements et aux CRSSS, le rapport du ministre d'État à l'aménagement et à la décentralisation est lui, trop récent, pour avoir pu engendrer des répercussions fonctionnelles de forte amplitude.

Dans le domaine scolaire, l'essentiel des réformes est actuellement circonscrit par les limites du livre vert sur l'enseignement primaire et secondaire. Or, la plupart des observateurs ne voient pas en quoi les dispositions qu'il contient, seraient de nature à favoriser vraiment une plus grande décentralisation.

Dans le secteur municipal rien n'a, à l'heure actuelle, débouché du volumineux rapport préparé sous le gouvernement libéral par les autorités du ministère des Affaires municipales et déposé sur le bureau du ministre Tardif peu après son arrivée au ministère. Seules quelques mesures ponctuelles concernant certaines municipalités ont été prises soit afin d'assurer le respect de certains principes démocratiques dans l'administration des villes (Jonquière, Chicoutimi, Montréal), soit pour implanter un meilleur contrôle par l'État de l'utilisation des deniers publics (communautés urbaines et régionales), soit pour obtenir une gestion plus efficace de certains services de police (CUM)[8].

Par contre, aucune réforme d'ensemble du système municipal concernant tout à la fois les structures internes, le regroupement, le personnel et les finances locales n'a, jusqu'à ce jour, été adoptée.

Or, l'accroissement continu des phénomènes d'urbanisation et de dépeuplement rural font qu'une telle réforme d'ensemble s'impose chaque jour davantage.

Aussi peut-on se demander si le PQ, tout comme ses prédécesseurs libéraux et unionistes, n'est pas en train de retarder la mise en route de ces profondes réformes, de crainte de dresser contre son gouvernement nombre de notables locaux dont l'influence politique est forte. Au moment où le PQ tente de regrouper le maximum de forces disponibles pour gagner la bataille du référendum, il n'est peut-être pas complètement erroné de penser que le maintien du statu quo en ce domaine, soit politiquement et électoralement plus payant que l'introduction d'une réforme administrative pourtant

---

5. Cf. les bureaux itinérants de la commission des loyers.

6. Cf. Loi 16 modifiant le ministère des Richesses naturelles.

7. Cf. Loi 68 modifiant le ministère des Affaires culturelles.

8. Cf. à ce sujet les lois 47 et 82 (session 1976) et 7, 36 et 57 (session 1977).

indispensable à une gestion coordonnée, efficace et véritablement décentralisée des affaires locales.

Le PQ a-t-il davantage mis l'accent sur la rationalisation de l'administration publique? Là aussi un jugement très nuancé et empreint d'un enthousiasme plutôt modéré semble devoir s'imposer. Certes, la machine administrative a redémarré à des vitesses variables selon les ministères, mais l'esprit militant insufflé du sommet s'est vite confronté aux mécanismes et aux processus de la machine administrative. Or, ceux-ci ont tendu, bien plus que n'auraient pu le faire certains opposants au régime, à ralentir sensiblement le «grand bond en avant» que paraissaient vouloir réaliser les nouveaux dirigeants politiques.

D'autre part, les mécanismes politico-administratifs mis en place par le nouveau gouvernement (Comité des priorités, comités permanents, ministres d'État, secrétaires généraux associés au Conseil exécutif etc...) ont eu, eux aussi, pour conséquence, de freiner trop souvent le fonctionnement de l'appareil étatique. D'où, dans plusieurs ministères, un certain encombrement des dossiers et un «embouteillage» qui a obligé l'administration à rétrograder et à prendre un rythme de croisière plus lent.

La planification administrative tentée par les nouveaux gouvernants s'est apparemment limitée à une sorte de planification au niveau des hommes politiques (Comités permanents, Comité des priorités) et au niveau des grandes missions de l'État (économique, sociale, culturelle etc...). Cependant le rôle, la place et les structures de cet organisme administratif central et global de planification qu'est l'OPDQ n'ont jamais été véritablement redéfinis. Le groupe de réflexion présidé par le Premier Ministre lui-même et qui semblait s'orienter au printemps 1977 vers une revalorisation de l'office de planification n'a, en effet, jamais fait connaître officiellement sa position en cette matière.

Quant à la pleine utilisation des ressources humaines que le PQ se promettait d'atteindre, eh bien, force est de constater aujourd'hui que, là encore, le bilan, au bout d'un an et demi d'activités, est plutôt maigre.

Certes, quelques avocats ont été engagés par le ministère de la Justice afin de limiter le recours au secteur privé et renforcer l'expertise juridique du gouvernement, mais c'est à peu près tout. Car en ce qui concerne la question des relations de travail dans le secteur public et para-public, il faut bien admettre que les recommandations du rapport Martin qui ne sauraient guère pécher, c'est le moins que l'on puisse dire, par une recherche constante de l'innovation, invitent le gouvernement à peu de chose près, au maintien du statu quo.

Quant aux nombreux défauts du système de fonction publique en matière de perfectionnement, de motivation au travail, d'évaluation, de participation, de mobilité etc.. peu de changements sont, jusqu'à présent, intervenus. Et qui oserait soutenir avec un brin de sérieux que la fin du système des «tablettes» est arrivée?

Par contre, plusieurs structures administratives sont venues s'ajouter à celles déjà existantes ou ont grossi sensiblement, afin de répondre aux besoins nés des diverses politiques mises de l'avant par le gouvernement.

Le facteur « nationaliste » que l'on envisageait pour notre part, comme devant avoir pour effet de grossir le corps administratif, a entraîné effectivement l'augmentation en matière budgétaire du capital-actions de Sidbec, Rexfor et Soquem[9]. Toujours dans le domaine économique, il convient ausi de signaler la création, par le gouvernement, de la Société de développement coopératif rattachée au ministère des Consommateurs, Coopératives et Institutions financières[10]. De la même façon le projet de « nationalisation » de l'Asbestos Corporation viendra sous peu accroître d'une unité supplémentaire, dans le secteur de l'amiante cette fois, le nombre des Sociétés d'État.

En matière de passation des marchés de l'État, la politique d'achat du gouvernement péquiste qui devait favoriser les entreprises québécoises semble présenter certaines faiblesses, si l'on en juge par le récent contrat octroyé à General Motors, au détriment de Bombardier Ltée, pour la construction d'autobus publics pour la province de Québec.

Et s'il est trop tôt pour voir se confirmer nos prévisions administratives découlant de l'entrée en scène du facteur « indépendance nationale », il est par contre d'ores et déjà possible de voir se réaliser quelques-unes des prévisions découlant du côté « social démocrate et interventionniste » de l'actuel gouvernement. Qu'il suffise d'énoncer la création de la Régie d'assurance automobile[11], la loi 101 sur la langue, la loi permettant la municipalisation des transports en communs[12], la loi no 5 créant une division des accidents du travail à la Commission des affaires sociales dont le mandat sera d'examiner en appel les décisions de la CAT et la loi no 96 élargissant le champ de juridiction de la Commission des loyers, pour se convaincre de la tendance au grossissement de l'appareil administratif québécois.

Quant aux diverses autres mesures sociales prises par le gouvernement actuel, elles ne peuvent que venir, elles aussi, gonfler les dépenses publiques, même si elles s'avèrent être humainement et socialement défendables. Ainsi en est-il par exemple de la possibilité de retirer les rentes du Québec dès 65 ans[13], et du droit, aux médicaments prescrits gratuits, reconnu depuis peu aux personnes du troisième âge[14].

---

9. Cf. Lois no. 41, 62 et 82.

10. Loi no 44.

11. Loi no 49.

12. Loi no 73.

13. Loi no 42.

14. Loi no 37.

CONCLUSION GÉNÉRALE.

On se rend compte qu'à la suite de la prise du pouvoir en 1976, le gouvernement péquiste a mis principalement l'accent sur le secteur de la politique linguistique et électorale[15] au détriment des politiques économiques et des réformes administratives majeures. Avec pour résultat qu'à la phase d'enthousiasme populaire a succédé une phase de désenchantement voire d'opposition, laquelle regroupe actuellement nombre d'organisations syndicales et patronales[16].

Ceci explique sans doute qu'à l'approche du référendum qu'il faudra bien tenir un jour et devant les coûts élevés que risque d'entraîner la mise en oeuvre du programme du Parti Québécois, le gouvernement péquiste ait décidé pour l'année financière 1978-79 de mettre «la pédale douce»[17].

Aussi ne devrons-nous pas nous surprendre si dans les mois qui viennent seul un nombre restreint de réformes administratives devait surgir, ou être mis en application par l'actuel gouvernement[18].

Les problèmes politiques (le référendum notamment) et les délicates questions économiques (inflation, stagnation, chômage) risquent fort, en effet, là encore, comme par le passé, de reléguer aux oubliettes les vastes réformes de l'administration publique que le PQ nous laissait tant espérer, il y a dix-huit mois à peine.

---

15. Loi 101 sur la langue française, lois 2 et 102 sur le financement des partis politiques, loi sur la consultation populaire (référendum).

16. Cf. Québec et la confiance des milieux patronaux : Le gouvernement ne peut agir comme s'il ne pouvait y avoir qu'une seule réponse à la question du référendum. *Le Devoir,* 20 février 1978, p. 5.

17. Cf. discours inaugural du Premier ministre René Lévesque à l'Assemblée nationale du Québec, in *Le Devoir,* 22 février 1978.

18. Sinon quelques mesures très ponctuelles telles que, par exemple : la création, reliée au Livre blanc sur la culture, d'une Société de développement des industries culturelles, la réforme de la fonction publique et la fixation de certaines procédures en matière de négociation des conditions de travail dans les secteurs public et para-public, et peut-être une certaine décentralisation.

BIBLIOGRAPHIE SÉLECTIVE

OUVRAGES GÉNÉRAUX

Annuaire du Québec, 1975-76, (milieu physique, humain, économique, échanges, finances). Gouvernement du Québec, ministère de l'Industrie et du Commerce. Bureau de la statistique du Québec, 1977, 1366 p.

Baccigalupo, Alain, *L'administration québécoise,* Éditions Berger-Levrault, collection « Encyclopédie Administrative », publiée sous l'égide de l'Institut International d'Administration Publique, Paris, 1976, 138 p.

Barbe, Raoul P., *Droit administratif canadien et québécois.* Éditions de l'Université d'Ottawa, 1969, 684 p.

Bibliographie politique du Québec, 1973-74 et 1975. *Assemblée nationale du Québec,* 1976, 346 p. — 1977, 709 p.

Dussault, René, *Traité de droit administratif canadien et québécois.* Les Presses de l'Université Laval, 1974, 2 tomes, 2016 p.

Le contrôle judiciaire de l'administration au Québec. Les Presses de l'Université Laval, 1970, 487 p.

Garant, Patrice, *La Fonction publique canadienne et québécoise.* Les Presses de l'Université Laval, 1973, 463 p.

Gélinas, André, *Les Parlementaires et l'administration au Québec.* Les Presses de l'Université Laval, 1969, 245 p.

Les organismes autonomes et centraux. Les Presses de l'Université du Québec, 1975, 346 p.

Gow, Iames Iam, *Administration publique québécoise.* Textes et documents. Éditions Beauchemin, 1970, 281 p.

Guide du citoyen. Ministère des Communications, Édition officielle du Québec. Québec, 1977, 2e éd. 554 p.

Julien, Germain, et Grasham, W.E., *Administration publique canadienne :* *Bibliographie.* L'Institut d'administration publique du Canada. Presses de l'Université de Toronto, 1972, 261 p. Suppléments publiés en 1974, 122 p.

Julien, Germain et Trudel, Denys, *Bilan de la recherche sur l'administration publique québécoise in Recherches Sociographiques.* Presses de l'Université Laval, XVI, 3, 1975, p. 413-438.

Lajoie, Andrée, *Les Structures administratives régionales, déconcentration et décentralisation au Québec.* Les Presses de l'Université de Montréal, 1968.

Les rapports officiels des ministères et organismes para-publics du gouvernement du Québec.

Les rapports officiels des Commissions d'enquête du gouvernement du Québec.

Répertoire administratif du Québec 1977. Ministère des Communications. Éditeur officiel du Québec. Québec 1977, 3e éd. 587 p.

Répertoire analytique des publications gouvernementales, Centre de documentation du ministère des Communications. Éditeur officiel du Québec, 1976, 420 p.

Répertoire téléphonique, Ministère des Communications, Direction Générale des services techniques.

Sabourin, Louis, *Le Système politique du Canada : Institutions fédérales et québécoises.* Éditions de l'Université d'Ottawa, 1970, 517 p.

HISTOIRE

Garneau, Raymond, *Les nouveaux développements dans l'administration publique: la réforme de l'administration financière au Québec in Administration publique du Canada,* été 1971, no 2, pp. 256-270.

Gow, James Ian, *L'histoire de l'administration publique québécoise in Recherches Sociographiques,* Revue du Département de sociologie de l'Université Laval, XVI, 3, 1975, pp. 385-411.

> *La modernisation et l'administration publique, p. 157-185, in «La modernisation politique du Québec»* sous la direction de Edmond Orban, Éditions du Boréal Express, 1976, 249 p.

Legendre, Pierre, *Histoire de l'administration de 1750 à nos jours* PUF, collection Thémis, Paris, 1968, 580 p.

> *L'administration du XVIIIe siècle à nos jours,* PUF, collection Thémis, Paris, 1969, 352 p.

Les rapports officiels des Commissions d'enquête.

ENSEIGNEMENT, RECHERCHE ET ADMINISTRATION PUBLIQUE

Gournay, Bernard, *La situation des chercheurs in «Les problèmes actuels de la recherche administrative»* publié sous l'égide de l'Institut Français des Sciences Administratives par Cujas, 1971, p. 75 et ss.

Julien, Germain et Trudel, Denys, *« Bilan de la recherche sur l'administration publique québécoise»* in *«Recherches sociographiques»* Revue du Département de sociologie de l'Université Laval, XVI, 3, 1975, p. 413-438.

Langrod, Georges, *«La recherche administrative au CNRS et à l'École Pratique des Hautes Études»* in *«La recherche administrative en France»* publié sous l'égide de l'Institut Français des Sciences Administratives par Cujas, Paris, 1968, p. 48 et ss.

L'École Nationale d'Administration Publique (ENAP), Annuaire 1977-1978, Presses de l'Université du Québec, Québec.

L'ENAP au 1er octobre 1977. Université du Québec, Québec, 221 p.

Parenteau, Roland, *« Une nouvelle approche dans la formation des administrateurs publics: l'ENAP»* in *Administration Publique du Canada,* Toronto, XV, 1972, No 3, p. 465-480.

L'ORGANISATION ADMINISTRATIVE

Brunet, Jacques, Houde, Jean-Guy, et Savard, Gabriel, *« La gestion ministérielle et les organismes centraux»,* Administration publique du Canada, XVII, 2, été 1974, pp. 321-327.

Bussières, Roger, *le régime municipal de la province de Québec,* Ministère des Affaires municipales, 1964, 110 p.

594

Caritey, Jacques, *sur le cabinet du Premier Ministre (français)* Série « lettres à un ami anglais » no XV in La Revue Administrative, Paris, pp. 11-15.

Castonguay, Claude, *L'urbanisation au Québec.* Éditeur officiel du Québec, 13 février 1976, 510 p.

Catherine, Robert et Thuillier, Guy, « *Philosophie de l'administration* », Éd. Colin, Paris, 1969, 373 p.

Commission royale d'enquête sur l'administration fédérale canadienne Ottawa, 1962-1963.

Gélinas, André, *Le cadre général des institutions administratives et la déconcentration territoriale,* Administration publique du Canada, Vol. 18, No 2, été 1975, pp. 254-268.

Jacques, Jocelyn, *La déconcentration administrative au Québec,* Québec, Université Laval, thèse de maîtrise (science politique), 1970, 210 p.

Julien, Germain, *l'Administration provinciale,* Québec, Office de planification et de développement du Québec, Mission de planification régionale du Saguenay-Lac Saint-Jean, Annexe à l'Esquisse du plan de développement, 1969, 81 p.

Julien, Germain, *La déconcentration territoriale au Québec: les régions administratives,* oct. 1973, ENAP, Québec.

Lalonde, Marc, *Le cabinet du Premier Ministre (Canadien): son rôle, son évolution in Administration publique du Canada,* Toronto, Hiver 1971, vol. 14, no 4, p. 509-537.

La revue Municipalités. Bulletin publié par le ministère des Affaires municipales du Québec.

Lemieux, Vincent, « *L'analyse stratégique des organisations administratives* ». Administration publique du Canada, décembre 1965, pp. 535-547.

Les rapports annuels des divers ministères et organismes para-publics du gouvernement du Québec.

Lord, G., Tremblay, A., Trépanier, M.O., (sous la direction de) : *Les communautés urbaines de Montréal et Québec,* Presses de l'Université de Montréal, 1975.

Massot, Jean, *La présidence de la république en France.* La documentation française. Paris, 1977, 234 p.

Meynaud, Jean, et Léveillée, Jacques, *La régionalisation municipale au Québec,* Éd., Nouvelle frontière, 1973, 237 p.

Paquin, Michel, *La décentralisation dans l'administration publique* ENAP, Québec, 1977, 118 p. Dacty.

Robertson, Gordon, *The Changing Role of the Privy Council Office, in Canadian Public Administration,* Vol. 14, No 4, hiver 1971, pp. 487-508.

Tellier, Paul M., *L'évolution du rôle du Bureau du Conseil privé et du Bureau du Premier Ministre* (commentaire). Administration publique du Canada, été 1972, vol. 15, no 2, p. 378-382.

Tellier, Paul, *Pour une réforme des Cabinets des ministres fédéraux in Administration publique du Canada,* vol. XI no 4, pp. 414-427.

Word, Norman, *The Changing Role of the Privy Council Office and Prime Minister's Office (a Commentory)* Administration Publique du Canada été 1972, vol. 15, no 2, pp. 375-377.

LA FONCTION PUBLIQUE QUÉBÉCOISE

Beaucage, André, *Les moyens de pression des syndiqués du secteur public,* Montréal, Université McGill, thèse de maîtrise (économique), 1972, 260 p.

Boilard, Paul, «*Le fonctionnarisme*», Le Soleil, série de cinq articles du 12 au 22 février 1963.

Boivin, Jean, «*La négociation collective dans le secteur public québécois: une évaluation des trois premières rondes*», Relations industrielles, XXVII, 4, décembre 1972, pp. 679-708.

Boivin, Jean, *Le syndicalisme chez les professionnels du Gouvernement du Québec.* Québec, Université Laval, thèse de maîtrise (relations industrielles), 1968, 191 p.

Bolduc, Roch, «*Le perfectionnement des cadres*», Administration publique du Canada, XVII, 3, automne 1974, pp. 482-494.

Bolduc, Roch, «*Le recrutement et la sélection dans la fonction publique du Québec*», Administration publique du Canada, VII, 2, juin 1964, pp. 205-214.

Bourgault, Jacques, *Les sous-ministres québécois de 1945 à nos jours,* Montréal, thèse de maîtrise (science politique), 1972, 430 p.

Chartrand, Maurice, «*La réforme de la fonction publique au Québec*», Commerce, LXXI, 4, avril 1969, pp. 32-43.

Commission de la fonction publique, *La composition du service civil de la province de Québec,* Québec, La Commission, 1965, 53 p.

Commission de la fonction publique. *Les démissions chez les professionnels et les cadres,* Québec, La Commission, 1971, 39 p.

Dussault, René et Bernatchez, Roger, «*La fonction publique canadienne et québécoise*», Administration publique du Canada, XV, 1, printemps 1972, pp. 74-159; XV, 2, été 1972, pp. 251-374.

Francoeur-Hendriks, Kathleen, *Rapport du comité d'étude sur la gestion des cadres.* Gouvernement du Québec, nov. 1975 (I), janvier 1976 (II), janvier 1977 (synthèse).

Garant, Patrice, *Essai sur le service public au Québec,* Québec, Université Laval, Faculté de droit, 1966, 503 p.

Garant, Patrice, «*L'éthique dans la fonction publique*», Administration publique du Canada, VIII, 1, printemps 1975, pp. 65-90.

Garant, Patrice, «*Loi concernant le régime syndical applicable à la Sûreté du Québec*», Cahiers de droit, X, 1969, pp. 199-205.

Garant, Patrice, «*Loi du Ministère de la Fonction publique*», Cahiers de droit, XI, 1970, pp. 92-98.

Garant, Patrice, «*Le secret professionnel du fonctionnaire au Québec,* Cahiers de droit, IX, 3-4- 1967-68, pp. 777-792.

Garant, Patrice, «*Le statut de la fonction publique*», dans Barbe, Raoul-P., Droit administratif canadien et québécois, Ottawa, Éditions de l'Université d'Ottawa, 1969, pp. 419-475.

Garant, Patrice et Harbour, Maurice, «*LE statut de la fonction publique au Québec : à la frontière du droit administratif et du droit du travail*», Cahiers de droit, XII, 3, 1971, pp. 393-417.

Garant, Patrice et Morin, Marcel, «*Le droit disciplinaire de la fonction publique*», Relations industrielles, août 1972, pp. 454-496.

Garon, Lise, *Les aspirations des fonctionnaires,* Québec, Université Laval, thèse de maîtrise (science politique), 1968, 249 p.

Gazier, François, *La fonction publique dans le monde*, Bibliothèque de l'IIAP. Ed. Cujas, 1972, 246 p.

Gow, James, I., «*La gestion du personnel dans les ministères du Gouvernement du Québec*», Relations industrielles XXIX, 3, 1974, pp. 560-577.

Gow, James, I., «*La modernisation de la fonction publique du Québec*», Revue internationale des sciences administratives, décembre 1970, pp. 234-242.

Gow, James I., «*La nouvelle loi de la fonction publique dans la province de Québec*», Administration publique du Canada, mars 1966, pp. 96-107.

Hébert, Gérard, «*Les relations de travail dans la fonction publique au Québec*». Relations industrielles, XXIX, 4, décembre 1974, pp. 750-772.

Houde, Eugène, *Le droit de grève dans les services publics.* Québec, Université Laval, thèse de maîtrise (relations industrielles), 1964, 163 p.

Lapointe, Gérard, *Essais sur la fonction publique québécoise,* Ottawa, Information Canada, Documents de la Commission royale d'enquête sur le bilinguisme et le biculturalisme, 1971, 338 p.

Larivière, R., *Les procédures d'organisation du personnel dans la fonction publique provinciale,* Québec, Université Laval, thèse de maîtrise (relations industrielles), 1970.

Léger, Jean-Marc, «Le Québec à la recherche d'une fonction publique», Le Devoir, série de huit articles du 19 novembre au 3 décembre 1963.

Les rapports annuels du ministère de la fonction publique et de la Commission de la fonction publique.

Lévesque, R., *Le règlement des griefs dans la fonction publique du Québec,* Québec. Université Laval, thèse de maîtrise (relations industrielles), 1970.

Mankiewiecz, René H., « *Les services publics au Canada et le droit de grève* », Revue du Barreau, XVII, 4, 1957, pp. 186-200.

Matteau, Arthur, « *Considérations sur la loi sur la fonction publique du Québec* », Revue de droit du travail, 1967, p. 257-266.

Parent, Raymond, « *Le syndicalisme des fonctionnaires provinciaux* », Socialisme 67, 11, février-mars 1967, pp. 65-78.

Rapport de la Commission d'enquête sur l'exercice de la liberté syndicale dans l'Industrie de la construction (rapport Cliche). Ministère du Travail et de la Main-d'oeuvre, Montréal, 1975, 355 p.

Tapin, Jean-Robert, *Absentéisme du professionnel dans la fonction publique,* Montréal, Université de Montréal, thèse de maîtrise (relations industrielles), 1970, 99 p.

SPGQ, *Pour une vraie fonction publique in « Dans la mêlée »* (dossier) Québec, août 1977, 62 p. plus annexes.

SFPQ, *le Québec sera pavé de fonctionnaires,* Québec, août 1977, 53 p.

LES TECHNIQUES ADMINISTRATIVES

Allègre, Maurice, « *L'action de la délégation à l'informatique in l'informatique dans l'administration* ». Institut français des sciences administratives. Ed. Cujas, Cahier no 4, 1969.

Ambroise, Antoine, *La Direction générale de la planification du ministère des Affaires municipales ou tentative d'implantation de la planification dans une institution québécoise,* Québec, Université Laval, thèse de maîtrise (science politique), 1971.

Benjamin, Jacques, *Planification et politique au Québec,* Montréal, Presses de l'Université de Montréal, 1974, 142 p.

Beauséjour, Gaston, *Pour une gestion par coordination de l'informatique dans l'administration, in revue « Antennes »,* ministère des Communications du Québec, no 7, 3e trimestre 1977, pp. 42-47.

Braibant, Guy, « *L'informatique et les libertés* ». Conférence à l'Institut Belge des Sciences Administratives, Bruxelles, nov. 1970.

Bureau d'aménagement de l'Est du Québec, Le plan de développement : *objectif de l'établissement d'un cadre institutionnel de planification et de participation,* Mont-Joli, B.A.E.Q., cahier 8, chap. 5, 1966, 215 p.

Bureau de recherches économiques, *Division du Québec en dix régions et vingt-cinq sous-régions administratives,* Québec, ministère de l'Industrie et du commerce, 1967, 38 p.

Busque, Maurice, Covert, Richard, Gagnon, Réjean, Pelletier, Pierre, *La classification au Québec,* Université Laval, 1971, 61 p.

Desperée, F., *La déontologie de l'informatique dans la fonction publique.* Colloque de l'Institut des sciences administratives sur « les aspects institutionnels périodiques et déontologiques de l'informatique », Bruxelles, 14-15 mai 1971.

598

Demers, Guy, *L'organisation de l'action planification régionale dans la région de l'Est du Québec*, Ottawa, ministère de l'Expansion économique régionale, 1970, 81 p.

De Sève, Micheline, *Les comités de planification du ministère de l'Éducation*, Québec, Université Laval, thèse de maîtrise (science politique), 1969, 167 p.

Frenette, J.-G., Jacques, Léo, Breton, G., *Contribution à l'étude des gouvernements municipaux*. Annexe technique au plan de développement du Bas-St-Laurent. BAEQ janvier 1966.

Gélinas, André, *L'organisation formelle de l'exécution du plan*, Mont-Joli, Bureau d'aménagement de l'Est du Québec, Annexe au Plan de développement, 1965, 30 p.

Gélinas, André et Tremblay, Yvon, *L'activité gouvernementale*, COEQ, février 1968, 95 p.

Julien, Germain, *L'administration provinciale*, Mission de planification régionale Saguenay-Lac Saint-Jean, annexe no 6 à l'esquisse du plan de développement. Gouvernement du Québec. OPDQ, avril 1978.

Lapointe, Paul-Henri, *La planification québécoise*, Montréal 1969, 146 p. thèse (Sc. Économiques).

Lemieux, Vincent et Leclerc, Yves, *l'administration provinciale dans le territoire-pilote*, Mont-Joli, Bureau d'aménagement de l'Est du Québec, Annexe au plan de développement, 1965, 191 p.

Le PPBS et son utilisation au gouvernement du Québec: Conseil du trésor, gouvernement du Québec, avril 1972, 59 p. et annexes.

Les exigences de la planification économique. Conseil d'orientation économique du Québec. Rapport présenté au gouvernement du Québec, septembre 1964, 74 p.

L'information digitale et la protection des libertés individuelles, OCDE, Comité de la politique scientifique sur l'utilisation des ordinateurs dans les pays membres, Paris, 22 mars 1971.

Paquin, Michel et Jacques, Jocelyn, *Le PPBS*, co-édition, éditeur officiel du Québec et Agence d'Arc Inc., Québec, Montréal, 1977.

Parenteau, Roland, « *L'expérience de la planification au Québec, (1960-1969)*», Actualité économique, XLV, 4, 1970, pp. 679-696.

Pilote, Justin, *La méthode de programmation des activités gouvernementales adoptées par l'Office de planification et de développement du Québec*, Québec, Université Laval, thèse de maîtrise (science politique), 1971.

Prost, Robert et Rioux, Laval, *La planification: éléments théoriques pour le fondement de la pratique*, Presses de l'Université du Québec, 1977.

Rapports annuels de l'OPDQ, Gouvernement du Québec, Conseil exécutif, Éditeur du Québec.

Thomas, U., *Les Banques de données dans l'administration publique*, OCDE, Études en informatique, no 1, Paris, 1971.

PARTICIPATION, INFORMATION ET
ADMINISTRATION PUBLIQUE

Andrew, Caroline, Blais, André, Desrosiers, Rachel, *L'information sur le logement public à Hull* in Recherches Sociographiques. PUL, XVI, 3, 1975, pp. 375-384.

Antennes, *La revue québécoise des communications,* Ministère des Communications.

Bourassa, Guy, *Modernisation des mécanismes de participation,* p. 145-156 in « La modernisation politique du Québec » sous la direction de Edmond Orban. Éditions du Boréal Express, 1976, 249 p.

Conseil québécois de la jeunesse, des loisirs, des sports et du plein air, « La fonction consultation dans le développement du loisir ». Avis transmis au ministre délégué au Haut-Commissariat à la jeunesse aux loisirs et aux sports. Éditeur officiel du Québec. Janvier-février 1978, 159 p.

CPDQ, *Rapport d'activités,* 1er juin 1971 — 31 mars 1974.

Dalfond, C. Edgar, *L'information administrative: une analyse politique préliminaire* in Recherches Sociographiques, PUL, XVI, 3, 1975, pp. 307-320.

De Guise, Jacques, *Le colloque: une réflexion sur la relation État-citoyen* in Recherches Sociographiques, PUL, XVI, 3, 1975, pp. 334-336.

Dion, Léon, « *Politique consultative et système politique* » in Revue canadienne de Science Politique, juin 1969, pp. 227-244.

Dion, Léon, *Société et politique: la vie des groupes,* Presses de l'Université Laval, 2 tomes, 1971.

Fortin, Gérald, *Participation et Société in Économies et Sociétés,* Tome IV, no 9, septembre 1970, pp. 1576-1613.

Frigon, Gérard, Roy, Benoît, Racine, Gilles, Sauvé, Jean-Claude, Duvernois, Louis, *les communications gouvernementales, la situation en 1977, quelques orientations.* Rapport préliminaire du Comité de travail des directeurs de Communications. Éditeur officiel du Québec, octobre 1977, 58 p. plus 22 annexes.

Gélinas, André, *Les organismes autonomes et centraux.* Presses de l'Université du Québec, Montréal, 1975, 346 p.

Grand'Maison, Jacques, *Nouveaux modèles sociaux de développement,* Éditions Hurtubise HMH, Montréal, 208 p.

Hurtubise, R.A., *Les systèmes d'information aux fins de gestion.* Presses de l'Université du Québec.

Langrod, Georges, *La consultation dans l'administration contemporaine,* Éditions Cujas, Paris, 1972, 970 p.

Lemieux, Vincent, « Administrations et Publics: leurs problèmes de communication » in *Recherches Sociographiques,* Presses de l'Université Laval, XVI, 3, 1975, pp. 299-306.

Lemieux Vincent, *L'information administrative au Québec: faits et inter-prétations* in Administration publique du Canada, automne 1975, pp. 409-427.

Lemieux, Vincent et Dalfond, C. Edgar, *La communication inachevée, recherche sur la relation État-citoyen.* Rapport préparé pour la direction générale des communications gouvernementales du Ministère des Communications du Québec. L'Éditeur officiel du Québec, 1974.

Les communications gouvernementales: la situation en 1977, quelques orientations. Rapport préliminaire du Comité de travail des directeurs de communications. Éditeur officiel du Québec, sept-oct. 1977, 58 p. et 22 annexes.

Lord, Guy et Chenard, Daniel, *les structures politiques et administratives du Québec,* centre de recherche au droit public, Université de Montréal, novembre 1974, 156 p. (annexe sur rapport du groupe de travail sur l'organisation) Ministère des Affaires municipales, février 1976.

Meynaud, Jean, *Nouvelles études sur les groupes de pression en France,* Ed., Colin, Cahiers de la Fondation Nationale des Sciences Politiques, Paris, no 118.

OPDQ, *Compte rendu des réunions de l'équipe interministérielle de consul-tation.* Document de travail, Québec, mai/octobre 1974.

OPDQ, *la participation à la planification et au développement: une problé-matique,* document de travail, Québec, 1977, 20 p.

Quinty, Jean-Paul, *L'analyse et l'acheminement du feed-back* in Recherches sociographiques, PUL, XVI, 3, 1975, pp. 337-353.

Weber, Yves, *L'administration consultative.* Librairie générale de droit et de jurisprudence, Paris, 1968, 326 p.

POLITIQUES GOUVERNEMENTALES ET ADMINISTRATION PUBLIQUE QUÉBÉCOISE

La politique québécoise de la langue française, gouvernement du Québec. Éditeur officiel du Québec, mars 1977.

La revue, «*Analyse de politiques*», (Canadian public policy). Presses de l'Université de Toronto.

La situation de la langue française au Québec (rapport Gendron), rapport de la Commission d'enquête sur la situation de la langue française et sur les droits linguistiques au Québec, Volume I (la langue de travail) 1972 380 p., vol. II (les droits linguistiques) 1972, 474 p., vol. III (les groupes ethniques) 1973, 570 p.

Loi 101, *charte de la langue française.* Éditeur officiel du Québec, 20 aoû 1977.

Meynaud, Jean et Bouthillier, Guy, *Le choc des langues au Québec (1960 1970)* Presses de l'Université du Québec, 1972, 767 p.

Paquin, Michel, *La rationalisation des politiques publiques, un état de l* *question.* Administration publique du Canada, vol. 20, no 2, été 197? pp. 305-316.

LES CONTRÔLES

Bernard, André, «*La fonction du contrôle parlementaire des finances publiques à l'Assemblée législative du Québec*», in Réflexions sur la politique au Québec, Montréal, Presses de l'Université du Québec, 1970, pp. 31-45.

Castonguay, Claude, *L'urbanisation au Québec,* Éditeur officiel du Québec, 13 février 1976, 510 p.

Choquette, Jérôme, *La Police et la Sécurité des Citoyens.* Éditeur officiel du Québec, 2e édition, septembre 1974, 184 p.

Choquette, Jérôme, *La justice contemporaine,* Éditeur officiel du Québec, 1975, 360 p.

Combarnous, Michel, *Ombudsman et juge administratif: observations sur les premiers rapports du protecteur du citoyen du Québec,* Bulletin de l'Institut international d'Administration publique no 20, oct.-déc. 1971, pp. 669-685.

Dussault, René, *Traité de droit administratif canadien et québécois,* PUL, 1974, tome 2, pp. 983-1570.

Garant, Patrice, «*Le contrôle de l'administration provinciale sur les administrations décentralisées au Québec*», Cahiers de droit, 1967, pp. 175-217.

Garant, Patrice, «*Le contrôle de l'administration au Québec*», Revue internationale des sciences administratives, XXXIX, 3, 1973, pp. 225-235.

Garant, Patrice, «*Loi du Protecteur du citoyen*», Cahiers de droit, X, 1969, pp. 189-198.

La lutte au crime organisé (au Québec), Rapport CECO, Édition Stanké et l'Éditeur officiel du Québec, 1976, 375 p.

Lavoie, Jocelyn, *Le protecteur du «citoyen du Québec»,* préface de Roland Drago, PUF, Paris, 1976, 144 p.

Lebel, Louis, «*Les brefs de prohibition et de certiorari en tant qu'instruments de contrôle de l'administration québécoise par le pouvoir judiciaire*», cahiers de droit, IV, 3, avril 1961, pp. 32-49.

Le Clère, Marcel, *La police,* PUF, Collection que sais-je? n° 1486, 1972.

Le crime organisé et le monde des affaires, Rapport d'enquête sur le crime organisé et recommandations (rapport CECO). Ministère de la Justice, Commission de police du Québec, 1977, 303 p.

Les rapports annuels du Protecteur du Citoyen. Éditeur officiel du Québec (huit rapports en 1977).

602

Les tribunaux administratifs du Québec, rapport d'un groupe de travail, Éditeur officiel du Québec, août 1973, 300 p.

Marceau, Louis, « *Le protecteur du citoyen : les institutions publiques traditionnelles et les tribunaux administratifs* », Revue du Barreau, XXX, 1970, pp. 67-76.

Pépin, Gilles, « *Les tribunaux administratifs* », dans Barbe, Raoul-P., Droit administratif canadien et québécois, Ottawa, Éditions de l'Université d'Ottawa, 1969, pp. 551-629.

Pépin, Gilles, *Les tribunaux administratifs et la Constitution : étude des articles 96 à 101 de l'A.A.N.B.* Montréal, Presses de l'Université de Montréal, 1969, 422 p.

Rapports officiels de la Commission de police du Québec.

Rapport d'enquête sur l'administration de la justice criminelle et pénale au Québec (rapport Prévost).

Rapport du groupe de travail sur l'organisation et les fonctions policières au Québec. Éditeur officiel du Québec, 1978, 476 p. et annexes.

Rapport du Vérificateur général : année financière terminée le 31 mars 1976, Assemblée nationale du Québec, 1977.

Schmid, Werner, *Der Ombudsman in Kanada.* Schulthess Polygraphischer verlag AG, Zurich, 1976, 245 p.

Szabo, Denis, *Police, Culture et Société.* Presses de l'Université de Montréal, 1974, 233 p.

Woehrling, Jean-Marie, *L'Ombudsman du Québec : le protecteur du citoyen.* Mémoire présenté à l'I.E.P. de l'Université de Paris sous la direction de G. Braibant, mars 1970.

CONCLUSION PROSPECTIVE
L'avenir de l'Administration Publique Québécoise

Bilan législatif du gouvernement du Québec, sessions 1976 et 1977, Service de presse du cabinet du premier ministre, janvier 1978.

Discours inaugural du premier ministre René Lévesque à l'Assemblée nationale du Québec. *Le Devoir,* 22 février 1978.

Latouche, Daniel, (sous la direction de): *Premier mandat.* Édition de l'Aurore, Montréal, 1977, 2 tomes, 504 p.

Parti Québécois, *Le Programme, l'action politique, les statuts et règlements,* Éditions 1975, 55 p.

LISTE DES PUBLICATIONS ANTÉRIEURES
mises à jour en 1978

I EN FRANCE

La Revue administrative (Paris)

1.- Les administrations publiques territoriales et la planification régionale dans la province de Québec (1972).

2.- Le protecteur du citoyen dans la province de Québec (1972).

3.- L'administration centrale du plan dans la province de Québec. (1972).

4.- Les cabinets ministériels québécois (1973)

5.- L'école Nationale d'Administration Publique du Québec (1974)

6.- Le nouveau visage de l'administration publique québécoise (1975)

7.- Les grands technocrates québécois (1976).

8.- L'administration de la police au Québec (1976).

9.- L'administration consultative au Québec (1977).

II EN BELGIQUE

La Revue Internationale des Sciences Administratives (Bruxelles)

1.- Problèmes actuels de l'enseignement et de la recherche sur les administrations publiques dans les universités québécoises (1974).

2.- Le protecteur du citoyen et la société québécoise (1975).

3.- La consultation dans l'administration de la planification au Québec (1976).

III AU CANADA

Administration Publique du Canada (Toronto)

-- L'informatique dans les administrations publiques et para-publiques québécoises (1974)

Annuaire du Québec (Québec)

-- Le nouveau visage de l'administration publique québécoise (1974)

Recherches Sociographiques (Québec)

-- Le protecteur du citoyen (1975)

Éditions de l'Aurore (Montréal)

-- L'arrivée au pouvoir du P.Q. laisse espérer la mise en oeuvre de profondes réformes administratives -in *Premier Mandat*.

« *Le Devoir* » (Montréal)

1.- La fonction publique québécoise: indépendance ou politisation (1975)

2.- Le fonctionnaire québécois: un rond-de-cuir intouchable? (1975)

3.- Le projet de loi 53 ou la réforme menaçante de la fonction publique québécoise (1977).

« *Le Soleil* » (Québec)

1.- Les anciens élèves de l'ENAP et l'administration publique québécoise (1975).

2.- Les malaises de la fonction publique (1975).

3.- La disparition du ministère de la fonction publique: une réforme qui s'impose depuis longtemps. (1976)

LISTE DES TEXTES INÉDITS

-- L'organisation interne des ministères québécois.

-- Le cabinet du Premier Ministre sous le gouvernement de Robert Bourassa (PLQ).

-- Le cabinet du Premier Ministre sous le gouvernement de René Lévesque (P.Q.)

-- Les services d'organisation et méthode (O et M) dans l'administration publique québécoise.

-- Les directions de communication au sein de l'appareil gouvernemental québécois.

-- Les implications juridico-administratives de la nouvelle politique québécoise en matière de langue française.

-- Le gouvernement change, les problèmes administratifs demeurent.

607

LISTE DES TABLEAUX

INDEX DES SIGLES

INDEX DES NOMS CITÉS

INDEX DES SUJETS

A

Administration consultative (voir Consultation)
Administration-gendarme, 16.
Administration-providence, 17.
Advance, 139-140, 154.
Âge (clivage par), 61-62, 114, 143, 217-218, 234, 241-242, 336-337, 399-400, 425, 448-449.
Aménagement, 201-202.
Attaché parlementaire, 126, 225-226.
Attaché de presse (voir Service de presse).
Autonomie administrative, 25, 304-305, 453, 509.
Autorité fonctionnelle, 185-186, 511-512.
Autorité hiérarchique, 185-187, 258, 376-377.
Auxiliaires (services), 109.
Avancement d'échelon, 271-272, 522-523.
Avis consultatif (voir Consultation).

B

Boîtes administratives (voir aussi Organisation administrative), 102-109.
Budget, 20-21, 22-24, 106, 171, 404, 430, 511, 515-516, 543.
Bureaucrates, 9, 264.
Bureaux, 82-84, 136.

C

Cabinet des sous-ministres, 106.
Cabinet du Premier ministre,
  Robert Bourassa, 111-141.
  René Lévesque, 143-156.
Cabinet ministériel, 105,
  Robert Bourassa, 211-232.
  René Lévesque, 233-244.
Cadres et ACS, 95-98, 190, 543.
Carrière, 64-65, 292-293, 519, 527, 534.
Centralisation, 25, 39, 281, 446-447, 511-512.
Changement,
  - structurel 17-19, 254-256, 266-267, 277-285, 327-328, 442-444, 531, 558-564.
  - ressources humaines, 20, 442-444, 523.
  - ressources matérielles, 20, 458-459, 490.
Chef de cabinet, 135-136, 147-149.

Comités ministériels (ou inter-ministériels),160-165, 372-373, 574.
Commissaire-enquêteur, 40.
Commission de la fonction publique, 278-285, 294-296, 305, 577, 584.
Communications, 107, 132-133, 138, 153, 388, 405-406, 413-414, 431, 436-438, 445-470, 484-489, 514, 531, 537, 541, 555, 558, 563, 585.
Concours dans la fonction publique, 272-273, 290.
Conflit administratif, 186, 201, 269-270, 379, 409-410, 517.
Conseil consultatif, (voir Consultation).
Conseil du Trésor, 22, 25, 76, 187, 188, 205, 278-285, 304, 382-383, 577.
Conseiller à la législation, 126.
Conseiller en affaires sociales, 159.
Conseiller en relations internationales, 155.
Conseiller juridique, 543-544.
Conseiller économique, 129-131, 154, 159.
Conseiller politique, (voir Services politiques).
Conseiller technique, 154, 193.
Consultation, 63-43, 274, 294, 322-323, 374-375, 388, 389, 419, 421-422, 428-441, 495-500, 517, 539, 560, 587.
Contentieux juridique, 106.
Contrôle, 24, 258, 495-500, 505-564.
(notamment, 516-519, 533, 536).
Contrôleur des finances, 23.
Coordination administrative, 35, 39, 121, 131-132, 150, 160-165, 187-188, 198-199, 199-200, 224, 319-323, 379-384, 395, 509-512, 518, 532-533, 574-575, 587.
Corruption administrative, 259-260.
Crise, 269-276, 569.
Critères organisationnels, 85-89.
  - Fonctionnel, 85-86.
  - Clientèle, 85-88.
  - Service, 85, 87.
  - Géographique, 86, 87.
  - Produit, 86, 88, 89.

D

Décentralisation, 27, 75, 201-203, 347-348, 358-361, 447-448, 572-573, 583, 585-586.

TABLE DES MATIÈRES

624

Nous remercions les publications suivantes pour certains extraits de textes publiés par leurs soins :

— Annuaire du Québec
— Revue internationale des sciences administratives, Bruxelles
— Revue administrative, Paris
— L'Institut international d'administration publique (Paris)
— Le Soleil
— Le Devoir
— Administration publique du Canada
— Revue française d'administration publique

ACHEVÉ   D'IMPRIMER
EN   JANVIER   1979
SUR LES PRESSES DE
PAYETTE & SIMMS INC.
À SAINT-LAMBERT, P.Q.